**Pareceres de Direito
Público e Privado**

Pareceres de Direito Público e Privado

2021

Antonio Cezar Peluso
Ministro aposentado
Ex-presidente do Supremo Tribunal Federal
Ex-professor da Faculdade de Direito da PUC de São Paulo

PARECERES DE DIREITO PÚBLICO E PRIVADO

© Almedina, 2021

AUTOR: Antonio Cezar Peluso

DIRETOR ALMEDINA BRASIL: Rodrigo Mentz
EDITORA JURÍDICA: Manuella Santos de Castro
EDITOR DE DESENVOLVIMENTO: Aurélio Cesar Nogueira
ASSISTENTES EDITORIAIS: Isabela Leite e Larissa Nogueira

DIAGRAMAÇÃO: Almedina
DESIGN DE CAPA: FBA

ISBN: 9786556271811
Fevereiro, 2021

Dados Internacionais de Catalogação na Publicação (CIP)
(Câmara Brasileira do Livro, SP, Brasil)

Peluso, Antonio Cezar
Pareceres de direito público e privado / Antonio Cezar Peluso.
-- São Paulo : Almedina, 2021.

Bibliografia.
ISBN 9786556271811

Índice:
1. Direito privado 2. Direito privado - Brasil 3. Direito público
4. Direito público - Brasil 5. Pareceres jurídicos I. Título.

20-51754	CDU-34(035)

Índices para catálogo sistemático:
1. Direito público e privado 34(035)
Cibele Maria Dias - Bibliotecária - CRB-8/9427

Conselho Científico Instituto de Direito Público – IDP
Presidente: Gilmar Ferreira Mendes
Secretário-Geral: Jairo Gilberto Schäfer; *Coordenador-Geral*: João Paulo Bachur; *Coordenador Executivo*:
Atalá Correia
Alberto Oehling de Los Reyes | Alexandre Zavaglia Pereira Coelho | Antônio Francisco de Sousa |
Arnoldo Wald | Sergio Antônio Ferreira Victor | Carlos Blanco de Morais | Everardo Maciel | Fabio
Lima Quintas | Felix Fischer | Fernando Rezende | Francisco Balaguer Callejón | Francisco Fernandez
Segado | Ingo Wolfgang Sarlet | Jorge Miranda | José Levi Mello do Amaral Júnior | José Roberto Afonso
| Elival da Silva Ramos | Katrin Möltgen | Lenio Luiz Streck | Ludger Schrapper | Maria Alícia Lima
Peralta | Michael Bertrams | Miguel Carbonell Sánchez | Paulo Gustavo Gonet Branco | Pier Domenico
Logoscino | Rainer Frey | Rodrigo de Bittencourt Mudrovitsch | Laura Schertel Mendes | Rui Stoco |
Ruy Rosado de Aguiar | Sergio Bermudes | Sérgio Prado | Walter Costa Porto

Este livro segue as regras do novo Acordo Ortográfico da Língua Portuguesa (1990).

Todos os direitos reservados. Nenhuma parte deste livro, protegido por copyright, pode ser reproduzida,
armazenada ou transmitida de alguma forma ou por algum meio, seja eletrônico ou mecânico, inclusive
fotocópia, gravação ou qualquer sistema de armazenagem de informações, sem a permissão expressa e
por escrito da editora.

EDITORA: Almedina Brasil
Rua José Maria Lisboa, 860, Conj.131 e 132, Jardim Paulista | 01423-001 São Paulo | Brasil
editora@almedina.com.br
www.almedina.com.br

APRESENTAÇÃO

O Direito brasileiro passou, nos últimos anos, por intensas transformações. Além das importantes mudanças legislativas recentes – a exemplo do Código de Processo Civil de 2015 –, a dinamicidade dos dias atuais apresenta aos intérpretes do Direito novas situações, que, quando não tratam de novos institutos, não raro trazem questões aparentemente antigas, mas sob outras matizes e contextos.

Não é novidade que essa realidade exige não apenas notório conhecimento sobre o tema objeto de análise, mas igual sensibilidade para se buscar uma hermenêutica coerente – porém aberta às situações futuras.

Como poucos, o Ministro Antônio Cezar Peluso conhece e viveu esse desafio. Em quase 45 anos como magistrado, 09 deles como Ministro do Supremo Tribunal Federal, Peluso foi testemunha do surgimento de uma nova Constituição, de novos Códigos, de legislações cada vez mais específicas e, especialmente, das inúmeras transformações sofridas por nossa sociedade nessas décadas.

Em todos esses anos, seu rigor técnico e sua atenção às vicissitudes dos casos concretos foram marcas constantes de seu trabalho em tantos anos de magistratura.

A presente obra, que com grande honra apresento, permite ao leitor acompanhar essa feliz e prodigiosa trajetória do Ministro Peluso, agora no seu exercício da advocacia. Com pareceres sobre temas atuais e de grande complexidade do nosso Direito Público e Privado, esta coletânea, que faz parte da prestigiada coleção IDP/Almedina, demonstra a profundidade com que o ministro se propõe a debater e apreciar as questões analisados.

A visão do Ministro Peluso certamente abrilhantará as discussões sobre esses temas e servirá como uma importante base doutrinária para todos os estudiosos e profissionais do Direito Privado.

Desejo a todos uma proveitosa leitura!

GILMAR FERREIRA MENDES

SUMÁRIO

Questões Processualísticas

Questões Peremptórias no Processo Civil
1. Litispendência de ações com sinal invertido. Prorrogação de competência   11
2. Legitimidade ativa para a causa em ação coletiva. Mandado de segurança   21
3. Coisa julgada material. Tutela por mandado de segurança. Limites da eficácia   31
4. Carência de ação. Exigibilidade do ônus probatório do autor   47
5. Representação comercial. Prescrição e *suppressio*   61
6. Reclamação constitucional. Natureza e requisitos de admissibilidade   77
7. Ação rescisória de sentença em fase de execução. Regra de fidelidade ao título   85

Questões do Direito no Tempo
8. Decadência e prescrição. Ação de indenização por ato ilícito absoluto   101
9. Decadência de ação anulatória de partilha em dissolução de união estável   115
10. Prescrição administrativa intercorrente   125
11. Prazo de decadência administrativa estabelecido por lei estadual   137
12. Prescrição administrativa intercorrente. Conceito de ato inequívoco de prova   147

Questões Relativas aos Efeitos das Decisões
13. Julgamento de recurso e conversão em diligência   163
14. Ação rescisória de sentença objetivamente complexa   183
15. Ação rescisória de sentença objetivamente complexa. Limites da coisa julgada   195
16. Ação rescisória e prequestionamento. Depósito judicial. Taxa SELIC   219
17. Rejulgamento de recursos decididos por acórdão anulado por omissão   231

Questões cíveis

Direito das Coisas

18. Direito de preferência do locatário em venda judicial   241
19. Criação de unidade de conservação ambiental e desapropriação   259
20. Uso de solo urbano. Inconstitucionalidade da lei municipal e seus efeitos   269

Direito Contratual

21. Contrato complexo. Resolubilidade de venda e compra com preço parcelado   285
22. Interpretação integrativa de contrato pelo método analógico   299
23. Exceções de contrato mal cumprido e de contrato não cumprido   311
24. Contrato de seguro de dano ou coisa. Limites da obrigação de indenizar   323
25. Negócio jurídico indireto e fraude a direito de preferência   333
26. Alteração tácita e prolongada da disciplina contratual. *Suppressio*   343
27. Informática. Aplicativo *Guiabolso* e sigilo bancário   353

Direito da Família e Sucessões

28. Testamento. Liberdade do testador. Intervenção do Judiciário   365
29. Investigação de maternidade. Paternidade socioafetiva   377

Responsabilidade Civil

30. Responsabilidade civil do *Google*. Pesquisa por marca comercial não autorizada   387
31. Responsabilidade de subempreiteira em contrato de empreitada de obra pública   401
32. Advocacia. Alcance da garantia da inviolabilidade constitucional do advogado   415

Direito Comercial

33. Sociedade anônima. Vantagens pagas a administrador eleito por acionistas   431
34. Tributo. Conceito e base de cálculo da taxa   439
35. Sociedade estrangeira e presença em juízo. Desconsideração da personalidade   455
36. Aquisição de sociedade mercantil. Contrato preliminar e contingência   467

QUESTÕES PROCESSUALÍSTICAS

Questões Peremptórias no Processo Civil

1
Litispendência de Ações com Sinal Invertido. Prorrogação de Competência

1. RELAÇÃO ENTRE CAUSAS PENDENTES. Ação declaratória de validade e ação de nulidade de patentes. Partes e causa de pedir comuns. Pedidos contrapostos ou contraditórios entre si. Caso típico de litispendência de ações com sinal invertido, que é espécie de conexão, e não, de relação de continência. *Há litispendência de demandas com sinal invertido, que é caso especial de conexão, e não, de relação de continência, entre ações que, com partes e causas de pedir comuns, apresentem pedidos contrapostos, na medida em que tenham por objeto a pronúncia de efeitos jurídicos cuja contradição prática entre si advém da qualificação normativa contraditória que cada autor atribui aos mesmos fatos que compõem as respectivas causas de pedir.*

2. COMPETÊNCIA. Modificação. Prorrogação. Causas conexas em curso perante juízos com competência territorial diversa. Prevenção do juízo em que se deu a primeira citação, cuja falta foi suprida por comparecimento espontâneo do réu. Necessidade de reunião dos processos para julgamento conjunto. *Considera-se prevento, para causas conexas pendentes em juízos sem a mesma competência territorial, aquele perante o qual se deu a primeira citação, cuja falta foi suprida por comparecimento espontâneo do réu.*

1. Consulta

A. Os ilustres advogados TKRA e GM dão-nos a honra de consulta sobre questão de competência, representada pelo fato de o juízo da 1ª Vara Federal da Seção Judiciária do Distrito Federal, perante o qual sua cliente AB Ltd. ajuizou ação declaratória de validade de patentes, ter declinado da competência em favor do juízo da 13ª Vara da Seção Judiciária do Rio de Janeiro, a requerimento do réu Instituto Nacional de Propriedade Industrial – INPI, que contra ela havia proposto, perante o segundo juízo, ação de nulidade das mesmas patentes. Fundou-se a decisão em que o caso seria de continência, cuja cognição tocaria ao juízo da causa continente.

2. Síntese dos dados relevantes das causas

B. O Instituto Nacional de Propriedade Industrial – INPI ajuizou, perante o juízo da 13ª Vara Federal da Seção Judiciária do Rio de Janeiro, contra AB Ltd., atual denominação de AB Ltd., e outras empresas, ação de nulidade de patentes, sob fundamento de que as patentes *mailbox* concedidas às litisconsortes, para produtos farmacêuticos, teriam contrariado o disposto no art. 229, § único, da Lei nº 9.279, de 14 de maio de 1996 (LPI), que lhes limitaria o prazo de vigência previsto no art. 40, *caput*, impedindo tenham proteção para além de 20 (vinte) anos a contar do depósito dos pedidos. Nenhuma patente poderia, então, vigorar depois de 14 de maio de 2017.

Sucede que as patentes foram concedidas pelo prazo do art. 40, § único, cuja aplicação, alheia às patentes *mailbox*, estaria pré-excluída pela norma do art. 229, § único. Logo, foi-lhes atribuído prazo de extensão de 10 (dez) anos que, contados da data de concessão, ultrapassam o limite legal, adiando-lhes a entrada no domínio público, com prejuízo de medicamentos genéricos. A nulidade consequente seria parcial, pois atingiria tão só o prazo excedente do limite legal de vigência das patentes, que é de 20 (vinte anos).

Depois doutros argumentos e pedido de antecipação de tutela, irrelevantes para efeito desta consulta, remata a petição inicial:

> "71. Diante do exposto, o INPI requer:
>
> I. A citação dos réus para responderem a presente demanda;
>
> II. A produção de provas complementares eventualmente necessárias no curso da instrução processual;
>
> III. **A declaração de nulidade das patentes submetidas ao mailbox compreendidas nesta petição inicial, porquanto a concessão contrariou o art. 229, parágrafo único, da LPI;**
>
> IV. **Alternativamente, a decretação de nulidade parcial das patentes para adequar a duração delas à inteligência do art. 229, parágrafo único, e art. 40, caput, da LPI;**

V. Subsidiariamente, caso se entenda não ser caso de nulidade, seja determinada a correção do ato administrativo concessório para fins de adequação da vigência das patentes aos termos do art. 229, parágrafo único, e art. 40, caput, da LPI;

VI. A confirmação/concessão dos efeitos da tutela na forma acima requerida;"[1]

C. Com diferença de dias, a AB Ltd. propôs, no juízo da 1ª Vara Federal da Seção Judiciária do Distrito Federal, contra o mesmo Instituto Nacional de Propriedade Industrial, ação declaratória de validade das mesmíssimas patentes, alegando, em suma, ser, deveras, titular de duas patentes concedidas com vigência até 3 de novembro de 2019 e 23 de fevereiro de 2020, as quais lhe conferiam exclusividade sobre princípio ativo de medicamentos destinados ao tratamento de doenças graves, que discriminou. Tais patentes compõem o mecanismo do *mailbox system*, estabelecido pelo Acordo TRIPS, o qual criou, para os países signatários que, como o Brasil, não concediam proteção patenteada a produtos farmacêuticos, as chamadas patentes *mailbox*, cujos pedidos ficariam depositados até poderem ser analisados após edição de lei que o permitisse.

O sistema entrou a funcionar com o início de vigência da Lei nº 9.279, de 1996 (LPI), em 15 de maio de 1997. A autora depositara os pedidos em 10 de fevereiro de 1997. Mas, durante seu processamento, foram inseridos na lei, pela MP nº 2000/1999 (Lei nº 10.196, de 14 de fevereiro de 2001), os arts. 229, 229-A, 229-B e 229-C, que hospedam regras de transição, entre as quais a que fixa em 20 (vinte) anos, da data do depósito, o prazo de validade das patentes, porque o art. 229-B impôs ao INPI a obrigação de analisar os pedidos até 31 de dezembro de 2004, ou seja, até 10 (dez) anos do início do *mailbox system*. Se o tivesse feito, não haveria razão para adoção do tempo mínimo de vigência previsto no art. 40, § único. Ora, os pedidos da autora foram deferidos apenas em 3 de novembro de 2009 e 23 de fevereiro de 2010, daí os prazos que, como garantia mínima de vigência em razão da demora, lhes estipulou o Instituto, respectivamente, até 3 de novembro de 20129 e 23 de fevereiro de 2020.

Acontece que, em setembro último, acolhendo parecer de sua procuradoria, passou o Instituto a entender que o prazo de 10 (dez) anos, objeto

---

[1] Grifos nossos.

do art. 40, § único, não se aplicaria a patentes *mailbox*, por força da exclusão constante do art. 229, § único, de modo que o prazo de exclusividade dos inventos estaria limitado a 20 (vinte) anos, independentemente de seu exame ter sido feito 10 (dez) anos após o início do *mailbox system*. Mas esse entendimento violaria o art. 229-B, que prescreveu obrigação de exame até 31 de dezembro de 2004. Se o tivesse observado o Instituto, não se aplicaria o art. 40, § único. E, com a demora de quase 5 (cinco) anos para exame dos pedidos das patentes da autora, não poderia esta sofrer os efeitos danosos do descumprimento da obrigação legal do Instituto.

Com pedido também de tutela antecipada, conclui a autora:

> "Diante do exposto, requer a Autora, liminarmente, que V. Exa. se digne determinar a suspensão dos efeitos do Parecer nº 0018-2013-AGU/PGF/PFE/INPI/COOPI-LBC-1.0 aprovado pelo Presidente do INPI com relação as patentes PI 9707379-2 e PI 9715219-6 da Autora, até o julgamento final da presente demanda, por meio de publicação na Revista Eletrônica da Propriedade Industrial.
>
> Ao final, requer a Autora que V. Exa. se digne **declarar, por sentença, que as patentes PI 9707379-2 e PI 9715219-6 são válidas, bem como que não há qualquer vício com relação ao seus prazos de vigência fixados em 03.11.2019 e 02.2020, respectivamente, o que significa 10 (dez) anos a partir da concessão, nos exatos termos do parágrafo único do artigo 40 da LPI e tal qual consta da decisão administrativa originária da Autarquia.**"[2]

D. Sem ter sido citado, o Instituto, depois de seu patrono retirar os autos de cartório, interveio neste segundo processo, para, revelando inteiro conhecimento do teor da inicial, alegar, dentre outras matérias, que, entre seu pedido mais amplo, formulado na primeira demanda, e o da segunda, haveria relação de continência, de modo que deveriam os feitos ser reunidos, para julgamento conjunto, no juízo do Rio de Janeiro, competente para a causa continente e a contida. O juízo da 1ª Vara deu-lhe razão e declinou da competência para aqueloutro juízo.

Não acertou.

---

[2] Grifos nossos.

3. Dos claros elementos identificativos das ações

E. Não precisa grande esforço intelectual para, à luz dos termos substantivos de ambas as petições iniciais, escoimados de considerações acessórias e resumidos com fidelidade no capítulo anterior, perceber-se, logo, que, além da identidade de partes, embora configurada apenas no polo ativo de cada demanda, apresentam ambas a mesma causa de pedir e pedidos contrapostos, muito visíveis a despeito dos sentidos inversos em que se traduz, sobre a interpretação das mesmas normas relativas ao mesmo fato jurídico, a pretensão de cada demandante.

F. A *causa petendi* **comum**, entendida como fato ou conjunto de fatos jurídicos do qual se irradia por si só o efeito jurídico pretendido pelo autor, e sobre cujas consequências jurídicas aqui controvertem as partes enquanto autores, está em que teria o Instituto Nacional de Propriedade Industrial praticado ato jurídico administrativo específico, substanciado na concessão de patentes ditas *mailbox*, com prazo certo de vigência. A qualificação jurídica desse fato incontroverso e as normas jurídicas que incidiriam, invocadas e interpretadas de maneira diversa de cada parte, para inferir-lhe efeitos distintos, objeto dos respectivos pedidos, não integram, como se sabe, a causa de pedir.[3]

G. Os correspondentes **pedidos** não são autônomos, mas apenas **contrapostos**, na medida em que têm por objeto a pronúncia de efeito jurídico cuja contradição prática entre si advém da qualificação normativa contraditória que, em cada demanda, preconizam as partes ao mesmo fato-ato jurídico que constitui a causa de pedir comum, ou seja, a concessão das patentes. É que, como se vê nítido aos pedidos transcritos, enquanto o Instituto, na sua demanda, pede seja declarado que tal concessão é **nula**, no todo ou em parte, por má interpretação das normas em que se baseou, a empresa postula de modo inverso, na ação própria, seja declarada **válida**, porque conforme com a correta interpretação das mesmas normas. Conquanto seja isto questão adiáfora, as partes aludem a validez e a nulidade das patentes, quando, em substância, tais predicados normativos são mera decorrência da validez ou nulidade do ato administrativo que as deferiu com **prazos certos de vigência**.

---

[3] **BARBOSA MOREIRA**, José Carlos. *O novo processo civil brasileiro*. 27ª ed.. RJ: Forense, 2008, p. 17, nº VI.1.

Tal é a essência da relação lógico-jurídica entre os pedidos, perante os quais a suma relevante das causas está em que a empresa pretende seja declarada a **validade** do ato de concessão das patentes quanto aos períodos reconhecidos de vigência, ao passo que o Instituto persegue pronúncia de sua **invalidade** nesse mesmo ponto. O pedido dito *subsidiário* do Instituto, quanto a eventual correção dos prazos, é apenas forma diferente de pedir pronúncia de invalidade dos prazos que reputa excedentes ao da lei. Está compreendido no pedido principal!

4. Da relação entre as causas

H. Daí, salta aos olhos que, em se tratando de pedidos evidentemente **contrapostos** ou **contraditórios**, enquanto têm por objeto imediato providências jurisdicionais de todo incompatíveis entre si, uma de declaração de validez, e a outra de pronúncia de invalidade, não pode correr entre eles relação quantitativa[4] que caracteriza a chamada **continência** de causas. E a razão é simples e manifesta. Só pode dar-se continência, se, pressuposta identidade das partes[5] e da causa de pedir, o pedido de uma das causas é, do ponto de vista quantitativo, mais amplo que o da outra, o qual se acha, por conseguinte, compreendido no alcance do primeiro (art. 104 do Código de Processo Civil)[6], de tal arte que alguns doutrinadores veem nisso o fenômeno de *litispendência parcial*.

Escusaria advertir que pedido de pronúncia de **nulidade** de um ato jurídico não contém, no seu objeto, o pedido contraposto de declaração de sua **validade**, nem este abrange aquele, senão que são **exclusivos** entre si, pois a procedência de um exclui, necessariamente, a do outro, no contexto da mesma causa de pedir, ou seja, perante o mesmo estado de coisas. E, aqui, avulta o erro capital do Instituto e da decisão de incompetência, aos quais passou despercebido que o critério adotado para solucionar a questão

---

[4] Para o aspecto da continência como *"rapporto meramente oggettivo di quantità"*, cf. **Roco**, Ugo. *Trattato di diritto processuale civile.* 2ª ed.. Torino: UTET, 1966, vol. I, p. 359, nº 5; **Garbagnati**, **Edoardo**. voce *Continenza di cause*. In: *Novíssimo digesto italiano*. Torino: UTET, 1921974, vol. IV, p. 404; **Fabi**, **Bruno**. voce *Continenza di cause*. In: *Enciclopedia del diritto*. Milano: A. Giuffrè, 1961, vol. IX, p. 650; e, entre nós, **Theodoro Júnior, Humberto**. *Curso de direito processual civil*. 53ª ed.. RJ: Forense, 2012, vol. I, p. 205, nº 171.

[5] E há jurisprudência que sustenta não haver continência, quando, como no caso, não há coincidência de todas as partes nas ações: a do Rio de Janeiro inclui litisconsortes passivas que não são parte na ação declaratória em curso do juízo de Brasília.

[6] Atual art. 56 do CPC/2015.

da competência para as causas pode, com os mesmos argumentos, levar a conclusão absolutamente oposta: o pedido declaratório de validade conteria, segundo o equivocado raciocínio, o pedido de pronúncia de nulidade!

O caso, a todas as luzes, não é de continência.

I. Observe-se que, se toda sentença de improcedência de ação de cunho positivo implica declaração de inexistência do direito afirmado pelo autor, nos limites da *causa petendi*,[7] então eventual decreto de improcedência da ação de nulidade movida pelo Instituto importaria declaração de inexistência da **causa de nulidade** invocada como *causa petendi*, ou seja, declaração de **validez** das patentes (*recte*, do ato que lhes estabeleceu os prazos de vigência). De igual modo, improcedência hipotética da ação declaratória de validade ajuizada pela empresa equivaleria a declaração ou, antes, pronúncia da existência de **nulidade absoluta** das patentes, se o vício seja ou fosse dessa ordem.

Isto significa não apenas teórica desnecessidade de uma ação frente à outra e, nesse sentido, falta de interesse processual no uso de uma delas, em bastando a mera contestação para tutela cabal da parte em caso de improcedência,[8] mas sobretudo a possibilidade de, na pendência simultânea de ambas, definir-se **litispendência** de ações com sinal invertido. Mas, como a litispendência é, na verdade, caso especial de **conexão**,[9] cujo reflexo é idêntico no campo da fixação de competência, é suficiente à resposta da consulta reconhecer a existência de causas conexas, caracterizada pela **comunidade** indiscutível da causa de pedir e, até, em sentido invertido, do objeto (art. 103 do Código de Processo Civil)[10]. Pedem-se aqui providências jurisdicionais contraditórias, com fundamento no mesmo fato jurídico (ato administrativo da concessão das patentes com prazos determinados), qualificado, pelas partes, também de modo contraditório.

---

[7] Sobre os efeitos declaratórios negativos da sentença de improcedência, os quais ficam limitados ou condicionados ao contexto da causa de pedir, sem prejudicar reexame de igual pedido fundado noutra *causa petendi*, cf. **Arruda Alvim**, **José Manuel**. *Manual de direito processual civil*. 10ª ed.. SP: Revista dos Tribunais, 2006, vol. II, p. 570, nº 289.

[8] O interesse no uso de ação autônoma ou reconvenção só surge quando a procedência de uma ou outra traga utilidade jurídica que a parte não obteria com a só rejeição do pedido (cf. **Marinoni**, **Luiz Guilherme**; e **Arenhart**, **Sérgio Cruz**. *Manual do processo de conhecimento*. 5ª ed.. SP: Revista dos Tribunais, 2006, p. 153).

[9] A respeito, veja-se **Franchi**, **Giuseppe**. *La litispendenza*. Padova: CEDAM, 1963, p. 137-139, nº 17.

[10] Corresponde ao art. 55 do CPC/2015.

Não há dúvida, pois, de que são **causas conexas**, que impõem reunião dos processos e julgamento conjunto para evitar desperdício de energia e, em especial, decisões contraditórias.

5. A consequente solução jurídica da questão da competência

J. Como é de sabença elementar, assim a continência, como a conexão são causas legais de **prorrogação** de competência e reunião de processos, não, porém, fator de **fixação** de competência entre juízes igualmente competentes. Entre estes, o que fixa a competência de um deles para as causas conexas é a **prevenção**.

Como regra geral, a prevenção é produzida pela **citação válida**, quando se trate de juízes que não têm a mesma competência territorial (art. 219, *caput*, do Código de Processo Civil)[11], como sucede na espécie, e, de acordo com regra especial, pelo primeiro despacho, quando tenham a mesma competência territorial (art. 106).

Ora, no caso, sabe-se que a empresa não foi ainda citada na causa pendente na 13ª Vara Federal do Rio de Janeiro. Já o foi, porém, o Instituto, na ação em curso na 1ª Vara Federal do Distrito Federal, por **comparecimento espontâneo**, o qual, por expressa disposição legal, faz as vezes de citação válida, para todos os efeitos (art. 214, § 1º, do Código de Processo Civil)[12]. Seria fraqueza de espírito insistir em coisa tão óbvia, onde há aplicação muito particularizada da figura da **ciência inequívoca**, que dispensa, por inútil, a via de comunicação formal. O comparecimento pode ser para qualquer fim, não necessariamente para contestar. O que decide é a **ciência da causa**.

Depois de seu patrono haver retirado os autos de cartório, assenhoreando-se de todo o conteúdo do pedido, o Instituto não apenas já compareceu *sponte propria* ao processo, quando não precisava fazê-lo sequer para atender a despacho do juízo antes de ser citado, mas, comparecendo sem arguir devesse o juízo aguardar a citação e a contestação, revelou sobretudo, na larga intervenção preordenada a impugnar a competência da Vara e o pedido de antecipação de tutela, **completo conhecimento** e **domínio** de todos os termos da inicial, que de certo modo até já contestou no cerne, como se lhe pode ver à longa peça de intervenção, donde não poder afetar

---

[11] Corresponde ao art. 240 do CPC/2015.
[12] Corresponde ao art. 239, § 1º, do CPC/2015.

LITISPENDÊNCIA DE AÇÕES COM SINAL INVERTIDO. PRORROGAÇÃO DE COMPETÊNCIA

prejuízo algum ao propósito. É importantíssimo observar que o Instituto compareceu aos autos representado, textualmente, por procuradores federais com **mandato *ex lege***, que lhes confere poder legal de receber citação.[13] Já está citado, pois.

K. Reputando-se *ex vi legis* consumada a citação, desde a intervenção que lhe supriu a falta está **prevento** o juízo da 1ª Vara Federal do Distrito Federal. Os efeitos da citação produzem-se a partir da data do comparecimento a juízo.[14]

Esta solução seria aplicável até na hipótese retórica de o caso ser de **continência**. Precedentes isolados, ou não, que prediquem competência automática do juízo da causa continente, não são de imitar, por duas graves razões. A primeira, porque

> "Poder-se-ia cogitar de uma disciplina diferente do sentido vetorial da **vis attractiva**, de modo que a causa continente atraísse sempre a contida, independentemente da ordem cronológica na propositura de cada uma dela ou na efetivação da citação do demandado – mas sequer isso acontece e as mesmas referências à conexidade valem de igual modo em relação à continência. O Código dá clara demonstração do intuito de conferir trato homogêneo a essas duas categorias jurídicas, ao empregar mais de uma vez o binômio **conexidade** e **continência** sem distinguir efeitos de uma e de outra. É assim o art. 105, que manda reunir processos em uma hipótese ou em outra, bem como o art. 253, inc. I, que determina a distribuição por dependência em ambas as hipóteses. Dada essa unidade sistemática, o art. 106 do Código de Processo Civil tem o efeito de fixar a competência do juiz prevento pela primeira manifestação nos autos, seja em caso de demandas conexas, seja quando entre elas houver relação de continente a conteúdo".[15]

A segunda é que, sobre não distinguir a lei a respeito, não há sequer razão prática para a distinção, pois a reunião dos processos e o julgamento conjunto das causas se darão sempre perante o **mesmo juízo prevento**, seja este da causa continente, seja da causa contida, nenhum dos quais

---

[13] Confira-se o introito da petição de intervenção do Instituto.
[14] Cf. **Barbosa Moreira**, José Carlos. *Op. cit.* p. 27-28, nº 2, e p. 35, nº 12.
[15] **Dinamarco**, Cândido Rangel. *Instituições de direito processual civil.* 6ª ed.. SP: Malheiros, 2009, vol. II, p. 159-160. Grifos do original. No mesmo sentido, **Didier Jr.**, Fredie. *Curso de direito processual civil.* 12ª ed.. BA: Podium, 2010, vol. I, p. 156.

apresenta qualidade especial ou particularidade capaz de justificar a prevalência absoluta e automática da competência do juízo da causa continente.

Qualquer que fosse, destarte, a categoria jurídica conveniente à definição da relação entre as causas, a competência para ambas seria do juízo prevento, que é o da 1ª Vara Federal da Seção Judiciária do Distrito Federal.

6. Conclusão

L. Do exposto, estamos em que deve provido eventual recurso contra a decisão do juízo da 1ª Vara Federal da Seção Judiciária do Distrito Federal que declinou da competência em favor do juízo da 13ª Vara Federal da Seção Judiciária do Rio de Janeiro, para que se reconheça a prevenção e a consequente competência do primeiro para julgamento conjunto das duas causas, ou, quando menos, da ação declaratória proposta por AB Ltd., atual denominação de AB Ltd., e da ação de nulidade que contra esta ajuizou o Instituto Nacional de Propriedade Industrial – INPI, permanecendo, nesta hipótese alternativa, no juízo da Vara do Rio de Janeiro o pedido formulado contra as demais litisconsortes.

É o que, salvo melhor juízo, nos parece.

Brasília, 20 de outubro de 2013.

2
Legitimidade Ativa para a Causa em Ação Coletiva. Mandado de Segurança

1. LEGITIMIDADE PARA A CAUSA. Ativa. Caracterização. Ação coletiva especial. Mandado de segurança coletivo. Impetração por entidade associativa em favor dos associados. Desnecessidade de autorização e relação nominal dos associados. Caso de legitimação extraordinária, segundo a figura da substituição processual. Coisa julgada que aproveita aos que se associaram antes e no curso do processo, bem como depois da sentença e de seu trânsito em julgado. Interpretação do art. 5º, LXX, b, da CF. Jurisprudência do STF. Hipótese estranha aos temas nº 499 e 082 de recursos com repercussão geral reconhecida. Inépcia de ação cautelar dos impetrados. *A legitimação ativa para o mandado de segurança coletivo, que é ação coletiva especial, pertence à classe das extraordinárias, segundo a figura da substituição processual, que faz dos substitutos, os quais agem em nome próprio, parte ativa **ad causam**, até na execução. Daí é que se entende e proclama que não exige autorização expressa, nem relação nominal dos substituídos, para tutela de cujos interesses é atribuída pela Constituição da República. E sua coisa julgada aproveita aos que eram associados ou membros da entidade de classe na época da propositura da ação, aos que se filiaram até o momento da sentença e aos que o fizeram após o trânsito em julgado.*

2. LEGITIMIDADE PARA A CAUSA. Ativa. Ação coletiva genérica, distinta do mandado de segurança coletivo. Propositura por entidade associativa em favor dos associados. Caso de representação constitucional. Consequente necessidade de autorização individual e expressa dos associados, que são os legitimados ordinários para a causa. Interpretação do art. 5º, XXI, da CF. *A legitimidade para propositura das ações coletivas previstas no art. 5º, inc. XXI, da Constituição Federal, ditas genéricas ou ordinárias, enquanto*

diversas do mandado de segurança coletivo, dá-se por representação constitucional das entidades associativas, as quais, por definição, não são autoras ou parte nas causas, daí dependerem de autorização formal de seus filiados, que são os legitimados ordinários.

1. Consulta

A. O ilustre advogado WNS dá-nos a honra de consulta sobre a sorte de agravo regimental interposto por sua cliente, a Associação ORRPMESP, contra decisão da Exmª Min. Carmen Lucia, presidente do Supremo Tribunal Federal, na Ação Cautelar nº xxxx, movida pelo Estado de São Paulo e pela autarquia SPP, para dar efeito suspensivo a agravo de despacho denegatório de recurso extraordinário que ambas interpuseram de acórdãos proferidos em agravos de instrumento, tirados contra decisões do juízo de execução de sentença concessiva de mandado de segurança coletivo, impetrado pela Associação para extensão do *Adicional de Local de Exercício*, previsto nas Leis Complementares estaduais nº 994, de 18 de maio de 2006, nº 998, de 26 de maio de 2006, e nº 1.020, de 23 de outubro de 2007, aos inativos e pensionistas da Polícia Militar.

A ação cautelar funda-se em que teriam as decisões do juízo de origem estendido os efeitos da sentença exequenda aos inativos e pensionistas que se associaram após a impetração da segurança e ordenado pagamento de valores, em folha, sem observância do art. 100 da Constituição Federal, desrespeitando, assim, os acórdãos do STF que reconheceram a repercussão geral dos recursos extraordinários cujo objeto eram os Temas nº 499, ainda não julgado, e os de nº 082 e nº 831, já julgados em sentido contrário ao teor das decisões impugnadas. A r. decisão liminar da presidente do STF deferiu o efeito suspensivo, entendendo plausível o pedido, uma vez reconhecida repercussão geral da questão de fundo, no julgamento eletrônico do RE nº 612.043 (Tema 499).

Sustenta, em suma, a agravante, ter-se equivocado tal r. decisão, porque o caso não seria de sentença proferida em ação coletiva ajuizada por associação com apoio no art. 5º, XXI, da Constituição Federal, mas de decisão prolatada em mandado de segurança com amparo no art. 5º, LXX, *b*, estranho aos Temas nº 499 e nº 082, além de ser o de nº 831 impertinente ao pedido executório formulado.

Estamos em que, *data venia*, lhe assiste vistosa razão.

2. Síntese dos fatos incontroversos e relevantes do caso

B. A Associação ORRPMESP impetrou, contra atos do Diretor do Centro de Despesas e Pessoal da PMESP e outro, ***mandado de segurança coletivo***, para estender aos associados, que são inativos e pensionistas, pagamento da gratificação denominada *Adicional de Local de Exercício*, prevista nas Leis Complementares estaduais nº 994, de 18 de maio de 2006, nº 998, de 26 de maio de 2006, e nº 1.020, de 23 de outubro de 2007. A ação mandamental foi julgada procedente, em parte, por sentença que, reconhecendo e garantindo o direito à percepção da verba, **transitou em julgado em 25 de abril de 2013**.[1]

Na execução, enquanto ainda provisória, a impetrante requereu apostila da sentença como ato declaratório do direito subjetivo à remuneração mensal daquela vantagem, reconhecido aos associados todos, compreendidos os que se associaram depois da impetração (***a***), desde quando deveriam pagos os atrasados sem expedição de precatório (***b***), o que lhe foi deferido, em 18 de setembro de 2012, pelo juízo. Dessa decisão os impetrados agravaram, tendo o TJSP dado provimento parcial ao agravo, apenas para determinar fossem pagos os atrasados mediante precatório (***b***).[2] Contra o acórdão, que manteve a extensão da eficácia da sentença aos associados que se filiaram no curso da ação (***a***), foi, após rejeição de embargos declaratórios, interposto, pelos impetrados, recurso extraordinário, a que, embora admitido de início, foi negado seguimento na origem em atenção a agravo regimental da impetrante. Dessa decisão denegatória é que foi interposto agravo ao qual os impetrados pediram e obtiveram, na ação cautelar de que se trata, o efeito suspensivo deferido pela presidência do STF.

C. Entre outros incidentes da então execução provisória, mas sem relevo para o caso, os impetrados interpuseram agravo de instrumento contra decisão reiterativa do teor doutra, a qual, proferida cerca de três meses antes, lhes havia determinado observassem o mandado de apostila do título dos que se associaram no curso da ação de segurança. Tal recurso específico[3] teve seguimento negado pelo Relator, cuja decisão foi mantida em agravo regimental à conta de manifesta **preclusão**, uma vez que a matéria

---

[1] Fls. 665 dos autos originários.
[2] **AI nº 0071439.**
[3] **AI nº 0006253.**

tinha sido julgada no agravo anterior.[4] Desse acórdão os impetrados interpuseram recurso especial, não admitido na origem com base na *súmula 7* do STJ, e de cuja decisão denegatória ainda pende agravo.

3. A questão específica objeto do recurso extraordinário

D. Para encarecer o equívoco, de si já transparente, da r. decisão que, na ação cautelar, deferiu *in limine* efeito suspensivo ao recurso extraordinário, é de notar que, como não podia deixar de ser à luz do requisito da lesividade, seu objeto único está na impugnação do capítulo decisório do acórdão proferido no primeiro agravo de instrumento,[5] onde foi mantida a decisão de extensão dos efeitos da sentença aos reformados e pensionistas que se associaram após a impetração (*a*). Seu fundamento textual é que o acórdão teria violado o disposto no art. **5º, XXI**, da Constituição da República, consoante o prenunciaria a decisão eletrônica do **RE nº 612.043**, que tem por objeto o Tema **499,** o qual abrangeria a hipótese da singular ação coletiva do mandado de segurança, em que consiste esta causa.

E. Não cuida, pois, nem poderia, à falta evidentíssima de interesse recursal, ter cuidado de impossibilidade de exigência dos atrasados sem observância do disposto no art. 100 da Constituição da República, pois, nesse tópico, como se viu, fora já favorável o provimento parcial do agravo de instrumento (*b*), sem recurso, nem pedido ulterior da impetrante! São, pois, desde logo, de clara impertinência, todas as remissões, deduzidas na ação cautelar, a respeito dessa matéria, sobre a qual andou bem em omitir-se a r. decisão liminar da presidência do STF.

4. Da distinção entre as hipóteses do Art 5º, XXI e LXX, *b*, da CF

F. Mais do que assentada, diz-se aturada a jurisprudência do STF acerca da indiscutível distinção entre as modalidades de legitimação ativa para o mandado de segurança coletivo, prevista no art. **5º, LXX, *b***, da Constituição Federal, e para as demais ações coletivas compreendidas pelo art. **5º, XXI**. Neste passo, escusam largos latins. A legitimidade para estoutras

---

[4] **AI nº 0071439**. É interessante advertir que a preclusão aí reconhecida como *lógica*, embora pareça, a rigor, tenha sido *temporal*, decorreu também do fato incontroverso de a decisão agravada do juízo da execução ter apenas reiterado o teor de outra, que, **sem recurso**, mandara cumprir a obrigação fazendária de apostilar o título dos impetrantes que se associaram após a impetração da segurança.

[5] **AI nº 0071439**, já referido no item nº 2, *supra*.

ações coletivas, que se poderiam chamar genéricas, dá-se por *representação* das entidades associativas, as quais, por definição, não são autoras ou parte nas causas, daí depender de autorização formal de seus filiados. A legitimação para o mandado de segurança coletivo, que é ação especial, essa pertence à classe das extraordinárias,[6] segundo a figura da *substituição processual*, que faz dos substitutos, os quais agem em nome próprio, parte ativa *ad causam*, até na execução.[7] Daí é que se entende e proclama que não exige autorização expressa, nem relação nominal dos substituídos, para tutela de cujos interesses é atribuída pela Constituição da República.[8]

5. Da exuberante impertinência do tema 499
G.É inepta a petição inicial da ação cautelar.

É que, pressuposta essa distinção elementar entre as espécies de ações coletivas, a qual não se pode presumir ignorada dos impetrados, ora autores da cautelar, cuja atuação mal se acomoda ao dever jurídico de *lealdade processual*, se vê logo, sem muito esforço, que, aduzida como fundamento único do recurso extraordinário e uma das *causae petendi* do pedido cautelar de efeito suspensivo, a matéria objeto do **RE nº 612.043**,[9] cuja decisão eletrônica lhe reconheceu repercussão geral sob catalogação de Tema **499**, em nada, em absolutamente nada se entende com a específica e única questão jurídica suscitada no recurso extraordinário dos impetrados. Basta ler dois tópicos do seu relatório, nos quais se reproduzem trechos do acór-

---

[6] Há, na doutrina, quem a qualifique como **legitimidade autônoma**, enquanto *tertium genus*. Mas tal concepção em nada repercute na clareza da distinção, nem no resultado deste parecer.
[7] Cf. **RE nº 210.029-RS**, Pleno, rel. p/ac. Min. Joaquim Barbosa, j. 12.06.2006, DJ 17.08.2007.
[8] Além das **súmulas 629** e **630** do STF, que são expressões particularizadas da distinção, cf., dentre incontáveis precedentes, **RMS nº 21.514-DF**, 2ª Turma, rel. Min. Marco Aurélio, j.27.04.1993, DJ 18.06.1993; **RE nº 182.543-SP**, 2ª Turma, rel. Min. Carlos Velloso, j. 29.11.1994, DJ 07.04.1995; **RE nº193.382-SP**, Pleno, rel. Min. Carlos Velloso, j. 28.06.1996, DJ 20.09.1996 (cita **RE nº 181.438-SP**, Pleno, rel. Min. Ilmar Galvão, DJ 04.10.1996); **MS nº 23.769-BA**, Pleno, rel. Min. Ellen Grace, j. 03.04.2002, DJ 30.04.2004, *RTJ 191/519*; **RE nº 364.051-SP**, 1ª Turma, rel. Min. Marco Aurélio, j. 17.08.2004, DJ 08.10.2004, *RTJ 194/1052*; **RE nº 363.860-AgR-RR**, 2ª Turma, rel. Min. Cezar Peluso, j. 25.09.2007, DJe 10.10.2007, RTJ 204/3834; **AI nº 650.404-AgR-SP**, 1ª Turma, rel. Min. **Ricardo Lewandowski**, j. 20.11.2007, DJe 14.03.2008; **RE nº 437.971-AgR-BA**, 1ª Turma, rel. Min. **Carmen Lucia**, j.24.08.2010, DJe 24.09.2010; **RE nº 501.953-AgR-DF**, 1ª Turma, rel. Min. Dias Toffoli, j. 20.03.2012, DJe 26.04.2012; **ARE nº 772.807-DF**, decisão monocrática, Min. **Carmen Lucia**, j. 18.10.2013, DJe 22.10.2013.
[9] Pleno, meio eletrônico, rel. Min. Marco Aurélio, j. 17.11.2011, DJe 11.05.2012

dão recorrido, e das pontuais razões de decidir do voto condutor do Min. Marco Aurélio:

"(...)

1. **Na hipótese, não se trata de mandado de segurança coletivo (CF, art. 5º, LXX, alínea b),** tampouco de ação civil pública (ante a vedação expressa à veiculação de pretensão envolvendo tributos, segundo o parágrafo único do art. 1º da Lei nº 7.347/85). **Trata-se, isso sim, de ação ordinária coletiva, proposta por entidade associativa,** e por isso inaplicável a disposição do art. 8º, III, da CF, que se dirige a organizações sindicais (STF, AgRg em RE nº 225.965-3/DF, Relator Min. Carlos Velloso, DJ 05.03.1999). **Em verdade, a associação autora encontra-se legitimada à presente demanda por força do inciso XXI do artigo 5º da Constituição Federal.**

2. Em se tratando de ação coletiva ordinária proposta por entidade associativa de caráter civil, os efeitos da coisa julgada em relação aos substituídos são regulados pelo artigo 2º – A da Lei nº 9.494/97, que dispõe que os efeitos da coisa julgada abrangem unicamente os substituídos que, na data da propositura da ação, tivessem domicílio no âmbito da competência territorial do órgão prolator. **De todo necessário, portanto, instruir-se a inicial da execução de sentença com a documentação comprobatória de filiação do associado até a data da propositura da ação.** 3. Agravo de instrumento improvido."

(...)

"2. O questionamento pode repetir-se em inúmeras **ações coletivas ajuizadas a partir do disposto no inciso XXI do artigo 5º da Constituição Federal.** Cumpre definir o alcance da representatividade da associação, ou seja, se são beneficiários da sentença proferida somente aqueles que estavam filiados à data da propositura da ação ou também os que, no decorrer desta, chegaram a tal qualidade.

3. Admito a repercussão geral. Ressalto que, no Recurso Extraordinário nº 573.232/SC, da relatoria do Ministro Ricardo Lewandowski, a discussão concerne à obrigatoriedade, ou não, de juntada de documento comprobatório da filiação para haver o ajuizamento de ação por parte de sindicato, à luz dos artigos 5º, incisos XXI e XXXVI, e 8º, inciso III, da Constituição da República."[10]

Está, nesses enunciados cristalinos, que *o caso ali não é de mandado de segurança coletivo*, previsto no art. **5º**, **LXX**, *b*, da Constituição Federal,

---

[10] Grifos nossos. O parágrafo final do voto apenas confirma que o tema do **RE nº 573.232-SC** é outro!

LEGITIMIDADE ATIVA PARA A CAUSA EM AÇÃO COLETIVA. MANDADO DE SEGURANÇA

mas de uma das demais ações coletivas, genéricas ou ordinárias, de que se ocupa o art. **5º, XXI**, como também se enfatiza e releva na ementa, de modo que o precedente não se aplica aqui, onde a hipótese é de mandado de segurança coletivo. Querer a fórceps equiparar uma e outra coisas é depreciar a lucidez e a coerência do STF, ao subentender que este já não sabe distinguir as duas hipóteses, nem velar por sua própria jurisprudência! Um despropósito.

Caracteriza-se aí grosseira inépcia, pois da invocação do **RE nº 612.043** e do Tema **499**, enquanto fato narrado, não pode decorrer logicamente a conclusão de sua aplicabilidade à hipótese, nem, portanto, de razoabilidade da atribuição de efeito suspensivo a recurso extraordinário cujo objeto é muitíssimo diverso (art. 330, § 1º, III, do Código de Processo Civil).

6. Das outras impertinências

H. Tal inépcia vai muito além.

Suposto a questão não tenha sido ventilada, nem remotamente, no recurso extraordinário dos impetrados, alegaram estes, na ação cautelar, que incidiriam aqui também *"as razões de decidir que emanam do julgamento do RE 573.232"*, com repercussão geral igualmente reconhecida, indexada como Tema **082**. O erro inescusável é não menos sutil.

O mérito do **RE nº 573.232**, já julgado,[11] não respeita tampouco ao caso. O que nele se discutiu e decidiu não foi, a despeito de a ementa da repercussão geral poder sugerir outra coisa, a temática da legitimação de entidade associativa para promover ação e execução coletivas – o que, aliás, de per si já não teria nenhuma relação com o teor do recurso extraordinário dos impetrados –, mas apenas a de *associado* para ajuizar *execução* do crédito que lhe foi reconhecido em sentença de procedência de ação coletiva movida por sua associação, expressamente autorizada por ele e pelos demais filiados, tal como verte nítido à substância do voto prevalente do saudoso Min. Teori Zavascki:

> "2. Desde logo é importante realçar os contornos da controvérsia a ser decidida. Consta dos sistemas do Supremo Tribunal Federal sobre repercussão geral que o tema 082, que tem como paradigma este recurso extraordinário, diz respeito a *"Legitimidade de entidade associativa para promover execuções, na qualidade de substituta processual, independentemente da autorização de cada um*

[11] Pleno, rel. p/ac. Min. Marco Aurélio, j. 14.05.2014, DJe 19.09.204.

de seus filiados". Não é esse, exatamente, o foco do debate. Trata-se de classificação influenciada pela ementa do acórdão recorrido, destoante do debate travado. Com efeito, **aqui *não está em questão a legitimidade de sindicato ou de associação* para promover ação coletiva ou sua execução**. O que aqui se questiona é, unicamente, **a *legitimidade ativa do associado*** (e não da associação ou do sindicato) **para executar em seu favor a sentença de procedência resultante de ação coletiva, proposta por sua Associação, mediante autorização individual e expressa de outros associados**. Essa a questão.

3. Realmente, a *legitimidade das entidades associativas* para promover demandas em favor de seus associados tem assento no art. 5º, XXI da Constituição Federal e a *das entidades sindicais* está disciplinada no art. 8º, III, da Constituição Federal. Todavia, em se tratando de entidades associativas, a Constituição subordina a propositura da ação a um requisito específico, que não existe em relação aos sindicatos, qual seja, a de estarem essas associações *"expressamente autorizadas"* a demandar. É diferente, também, da legitimação para impetrar mandado de segurança coletivo, prevista no art. 5º, LXX da Constituição, que prescinde da autorização especial (individual ou coletiva) dos substituídos (Súmula 629 do STF), ainda que veicule pretensão que interesse a apenas parte de seus membros e associados (Súmula 630 do STF e art. 21 da Lei 12.016/2009)."[12]

Que nexo lógico teria essa questão, adstrita à *legitimação de associado* para promover execução de seu crédito, com o mérito do recurso extraordinário em que, para arguir que não aproveitam aos que se associaram depois da impetração, os ora autores da ação cautelar controvertem ali os *limites subjetivos* da eficácia da sentença que, agora revestida de coisa julgada material, concedeu mandado de segurança coletivo à associação impetrante? Nenhum!

I. Nenhum vínculo ou afinidade guarda tampouco com esse objeto único do recurso extraordinário dos impetrados, sua alegação de afronta ao disposto no art. 100 da Constituição Federal, como decorreria da postura do STF mantida no julgamento do **RE nº 889.173**, que tinha por objeto o Tema **831**.[13] E não o guarda por curta e boa razão, a qual está em que, como já advertimos, o acórdão recorrido já decidiu a favor dos impetrados,

---

[12] Itálicos do original. Grifos nossos.
[13] Pleno, meio eletrônico, rel. Min. Luiz Fux, j. 07.08.2015, DJe 17.08.2015.

LEGITIMIDADE ATIVA PARA A CAUSA EM AÇÃO COLETIVA. MANDADO DE SEGURANÇA

dando-lhes provimento parcial ao agravo de instrumento, para assentar a necessidade de precatório para pagamento dos atrasados até a apostila dos títulos (*b*),[14] de modo que tal matéria não constou, nem poderia ter constado das alegações do recurso extraordinário, *à míngua de interesse recursal*. Aliás, a decisão liminar da presidência do STF nem sequer se debruçou sobre esse fundamento despropositado da inicial da cautelar, o qual só lhe exacerba a inépcia e a improbidade processual.

7. A simplicidade jurídica da solução

J. Para rematar o quadro da inviabilidade da cautelar, não precisa muito. A própria Exmª Min. **Carmen Lucia** já demonstrou alhures, em total sintonia com avisada doutrina e perseverante jurisprudência do STF, que a eficácia da sentença concessiva de mandado de segurança coletivo, impetrado por qualquer dos entes legitimados pelo art. **5º, LXX, *b***, da Constituição da República, alcança todos os membros ou associados que, tendo a mesma situação jurídico-material tutelada, se filiaram antes da propositura da ação, no curso do processo e após o trânsito em julgado, tal como se dá no caso e foi bem decidido pelo TJSP:

> "10. Ao tratar da abrangência do mandado de segurança coletivo, Celso Agrícola Barbi pondera que: "Como se pode ver, esse segundo aspecto, o da legitimação para requerer mandado de segurança junto com o aspecto do objeto, compõe a parte fundamental, que é a abrangência do mandado de segurança e quem pode requerê-lo. (...) Simplificando, se uma associação requer mandado de segurança em favor de seus associados, e esse mandado de segurança leva dois ou três meses para ser julgado, **quem será o beneficiário da concessão? Só quem era associado antes? Quem entrou depois? Quem entrou durante a demanda ou quem veio depois da demanda?**
>
> Sou liberal nisso. Acho que tanto devem ser beneficiados os que eram associados, quanto os que entraram depois e os que apoiaram o litígio quando se fez a execução. Na minha opinião, isso não vai criar nenhum problema, e vai evitar mais demandas. (...) Aí é uma questão de espírito prático. No caso do sindicato, a conclusão é a mesma, partindo do princípio geral de que ele não representa só os filiados, e sim a categoria. Entendo, então, que, no caso de mandado concedido, toda a categoria será beneficiada. Cabe ainda perguntar: será necessário mencionar, na petição inicial, os nomes dos beneficia-

---

[14] Vide, *supra*, itens nº 2 e 5, pp. 2 e 3.

dos? Entendo que não. (...) O mais adequado é deixar para exigir os nomes se o mandado for concedido, e na hora da execução" (Mandado de segurança coletivo. In: Mandado de Segurança. Coordenação Aroldo Plínio Gonçalves. Belo Horizonte: Del Rey, 1ª Ed., 1996, p. 70-71).

Em outra oportunidade, o mesmo autor reiterou: *"A sentença concessiva atinge os que eram associados ou membros da entidade de classe na época da propositura da ação, os que se filiaram até o momento da sentença e os que o fizeram após o trânsito em julgado"* (BARBI, Celso Agrícola. Do mandado de segurança. 11ª Ed. Rio de Janeiro: Forense, 2008, p. 281)."[15]

8. Da urgência de decisão

K. De tudo inferem-se duas coisas decisivas.

A primeira, que é, *primo ictu oculi*, inviável o recurso extraordinário dos impetrados, autores de ação cautelar eivada de inépcia e animada do só propósito injurídico e desleal de retardar o cumprimento de obrigação indiscutível, que é de pagar a gratificação cujo direito foi reconhecido, desde a data de expedição da primeira ordem de apostilamento dos títulos dos credores. Daí a **consequente inviabilidade da cautelar**. A segunda, que tal dilação está a causar gravíssimo dano, inverso, aos credores de verba de caráter **alimentar**, que, como reformados e pensionistas, são, de regra, **idosos**, os quais fazem jus a pronta satisfação, sobretudo em execução **prioritária** de sentença de mandado de segurança.

10. Conclusão

L.Do exposto, estamos em que, *data venia*, deve reconsiderada a liminar e, desde logo, indeferida, por inépcia, a petição inicial da cautelar, provendo-se, em qualquer caso, o agravo regimental da requerida, impetrante, sem prejuízo das cominações por litigância de má-fé dos autores, impetrados.

É o que, salvo melhor juízo, nos parece.

Brasília, 2 de abril de 2017.

---

[15] **MS nº 26.156-MC-DF**, decisão monocrática, j. 07.10.2009, DJe 15.10.2009. Grifos nossos.

3
Coisa Julgada Material. Tutela por Mandado de Segurança. Limites da Eficácia

1. COISA JULGADA. Material. Mandado de segurança impetrado por instituições financeiras para não pagar COFINS ou pagá-la apenas sobre receitas de prestação de serviços. Ordem concedida para que a autoridade fiscal se abstivesse de exigir o tributo calculado nos termos do art. 3º, § 1º, da Lei nº 9.718/98. Acolhimento consequente do pedido subsidiário. Sentença confirmada pelo TRF. Decisão explícita da inexigibilidade da contribuição nos termos do art. 3º, § 1º, da Lei 9.718/98, declarado inconstitucional pelo STF. Trânsito em julgado. Inscrição ulterior de dívida de COFINS incidente sobre receitas de intermediação financeira. Inadmissibilidade. Ofensa à autoridade da coisa julgada. Violação do art. 5º, XXXVI, da CF. Direito líquido e certo tutelável em novo mandado de segurança. *É tutelável por mandado de segurança o direito de contribuinte, instituição financeira, a que o Fisco exija pagamento de COFINS sobre receitas de intermediação financeira, depois do trânsito em julgado de sentença que, em mandado de segurança, concedera ordem para que se abstivesse de exigi-lo nos termos do art. 3º, § 1º, da Lei nº 9.718, de 1998.*

2. COISA JULGADA. Material. Incidência sobre o dispositivo sentencial que responde ao pedido. Situação jurídica concreta julgada e disciplinada por sentença insuscetível de recurso. Imutabilidade enquanto norma referida a essa situação. Matéria tributária. COFINS. Situação entre Fisco e contribuinte governada por sentença que aplicou o disposto no art. 2º, *caput*, da LC nº 70/91. Relação jurídica continuativa, que perdurou até o início de vigência da Lei nº 12.973/2014. Invulnerabilidade da coisa julgada sobre os fatos jurídico-tributários ocorridos até essa data.

Formação sob aquele domínio ou quadro normativo. Eficácia vinculante enquanto este não se modificou. *Nas relações jurídico-tributárias continuativas, como a oriunda da incidência da COFINS, é invulnerável, até que sobrevenha lei modificativa, a coisa julgada que impede o Fisco de exigir ao contribuinte impetrante o pagamento desse tributo sobre receitas não previstas na lei vigente ao tempo da sentença.*

1. Consulta

A. Os ilustres advogados MPN e GY dão-nos a honra de consulta sobre a sorte de mandado de segurança impetrado por seus clientes, Banco X S.A. e PIDTV Ltda., contra ato que, emanado do Procurador-Chefe da Procuradoria Seccional da Fazenda Nacional em São Paulo, lhes está em vias de cobrar, a título de créditos tributários inscritos como dívida ativa, valores de depósito em garantia já levantados pelos impetrantes nos autos de mandado de segurança anterior, cuja decisão, transitada em julgado, determinou à autoridade fiscal se abstivesse de lhes exigir recolhimento da COFINS na forma do art. 3º, § 1º, da Lei nº 9.718, de 27 de novembro de 1998. Pedem, em suma, os impetrantes seja cancelada tal dívida, cuja inscrição, contrária a coisa julgada, os assujeita a iminente execução e à condição gravosa de irregularidade fiscal. O fundamento básico da impetração é que, sob pretexto de a decisão transitada em julgado não ter excluído incidência do tributo sobre a receita de intermediação financeira, o ato impugnado ofende direito líquido e certo, reconhecido, sem ressalva alguma, com a autoridade de coisa julgada, pelo acórdão que garantiu aos impetrantes pagar a contribuição apurada sobre a só base de cálculo prevista no art. 2º, *caput*, da Lei Complementar nº 70, de 30 de dezembro de 1991. Postulam, em consequência, concessão de liminar e, ao final, de ordem que a confirme.

Estamos em que têm clara e integral razão. Senão, vejamos.

2. Síntese relevante das causas

B. No mandado de segurança precedente, os impetrantes expuseram, com nitidez, na moldura da *causa petendi*, que, como instituições financeiras, estavam, até o advento da Lei nº 9.718, de 27 de novembro de 1998, isentas do pagamento da COFINS, por força do art. 11, § único, da Lei Complementar nº 70, de 30 de dezembro de 1991, cuja revogação seria inconstitucional, assim porque operada por lei ordinária, como porque o art. 3º,

§ 1º, desta, igualando-o ao de receita bruta, teria dilatado o conceito de faturamento, contra expressa previsão do art. 195, I, da Constituição da República, na redação original.

Daí, em cúmulo objetivo, formularam dois pedidos principais (**a** e **c**) e um subsidiário (**b**), muito límpidos, consistentes em obter ordem de não efetuarem recolhimento da COFINS (**a**), *"ou ao menos recolhê-la sobre as receitas advindas da prestação de serviços"* (**b**), e, em qualquer caso, proceder à compensação dos valores indevidamente recolhidos entre fevereiro de 1999 a abril de 2005 (**c**).

C. Não foi, na resposta, menos límpida a sentença que, negando o pedido de reconhecimento da isenção (**a**), concedeu a ordem para determinar à autoridade abster-se *"de exigir das impetrantes a COFINS mediante aplicação da base de cálculo estabelecida pela Lei 9.718/98* (**b**), *bem como para declarar compensáveis, com quaisquer tributos ou contribuições administrados pela Secretaria da Receita Federal, os valores indevidamente recolhidos a este título"* (**c**)*"*. Donde é evidente que acolheu, em seus claros e estritos termos, sem reserva, nem ressalva alguma, o pedido subsidiário (**b**), repelindo, por boa consequência lógico-jurídica, outra base de cálculo que não as receitas advindas da prestação de serviços.

E revestida de igual nitidez foi a motivação dessa concessão parcial. Consta das *rationes decidendi* da sentença:

> "No presente caso, a legislador ordinário, em clara burla ao Código Tributário Nacional e à Constituição Federal, atribuiu ao termo faturamento conceito tão amplo que o descaracterizou por completo. Tal procedimento implicou não a modificação da legislação infraconstitucional que regulamenta a COFINS, mas a instituição de verdadeiro imposto que, no entanto, não obedeceu à regra formal imposta no § 4º, que exige a edição de lei complementar para a criação de novo tributo. Tal vício mostra-se suficiente para fulminar a exigibilidade do tributo, independentemente da verificação de outros eventuais questionamentos. **Por tais fundamentos, deve ser afastado o alargamento da base de cálculo instituída na Lei 9.718/98, permitindo ao contribuinte a compensação dos valores eventualmente recolhidos pela sistemática aqui questionada"**.[1]

---

[1] Grifos nossos.

D. No recurso da apelação, a União Federal, ciente de que a sentença não lhe acolhera essa tese, arguiu, dentre outras questões, que os impetrantes deveriam pagar a COFINS também sobre as *receitas financeiras* componentes da sua receita operacional, pois, segundo precedente invocado, essa tributação encontraria respaldo no art. 195, I, da Constituição da República. Mas o v. acórdão do TRF, que, à unanimidade, se limitou a dar provimento parcial à apelação e ao reexame necessário, *"apenas para permitir a compensação dos recolhimentos posteriores a 07/06/2000 até 30 de janeiro de 2004"*, não lhe deu ouvidos. Antes, vergando-se a decisão do STF que pronunciou inconstitucionalidade do art. 3º, § 1º, da Lei nº 9.718, de 1998, como sustentaram os impetrantes, estatuiu, de modo expresso, que a base de cálculo do recolhimento, por observar, era só a receita bruta da prestação de serviços, tal como decorria do texto incólume do art. 2º, *caput*, da Lei Complementar nº 70, de 1991, ao qual era de todo estranha receita oriunda de intermediação financeira. A tese da União não vingou, dessarte, tampouco em segundo grau!

A respeito, nenhuma dúvida ficou ao voto condutor do Relator sorteado:

> "Desse modo, curvo-me ao entendimento da Suprema Corte para o fim de considerar inconstitucional o artigo 3º, § 1º, da Lei nº 9.718/98, **sendo certo que o recolhimento da COFINS deveria ser feito considerando o conceito de base de cálculo – faturamento – de que trata o art. 2º, 'caput', da Lei Complementar nº 70/91."[2]

E. Esse acórdão, de teor inequívoco, transitou em julgado.

É que não foi conhecido nenhum dos recursos extraordinários interpostos pela União *com o propósito textual de obrigar os impetrantes, na condição de instituições financeiras, a pagar a COFINS também sobre a receita operacional de intermediação financeira.*

Não o foi o primeiro, porque intempestivo, na medida em que, interposto antes, não foi ratificado após julgamento de embargos declaratórios. Não o foi o segundo, ante preclusão consumativa sobrevinda à interposição do primeiro. Não foi conhecido o agravo contra sua inadmissibilidade, porque, sem recurso, o STF devolveu os autos nos termos do art. 543-B do Código de Processo Civil[3], à vista da repercussão geral reconhecida ao

---

[2] Grifos nossos.
[3] Corresponde ao art. 1.036 do CPC/2015.

tema do RE nº 585.235. Julgado este, o TRF, pela vice-presidência, negou seguimento àquele agravo e rejeitou embargos de declaração, em não tendo competência para remediar suposto erro decisório do STF ao deixar de indicar a pertinência da matéria do RE 609.096. O TRF negou provimento a agravo regimental contra essa decisão monocrática. E, quanto ao recurso especial da União, que tão só propugnava aplicação do art. 170-A do CTN, mandou observá-la a turma julgadora do TRF, adequando o acórdão da apelação ao decidido no REsp nº 1.164.452-MG.

F. Daí, certificou-se, **em 19 de agosto de 2013**, o trânsito em julgado do v. acórdão do TRF que, substituindo a sentença recorrida (art. 512 do Código de Processo Civil)[4], acolheu, nos limites de seus precisos termos, o pedido subsidiário dos impetrantes (**b**), ou seja, o *de que deveriam recolher a COFINS apenas sobre as receitas advindas da prestação de serviços, **excluídas, pois, as de intermediação financeira***, que, sem bom sucesso, pretenderam os recursos inúteis da União.

G. Mas, a despeito da formação dessa coisa julgada, a União não se pejou de, afetando ter-lhe sobrado espaço para outra leitura de tão cristalino sentido do provimento jurisdicional, agora imutável, pretender cobrar aos impetrantes, a título de créditos de COFINS apurados sobre receitas de intermediação financeira e inscritos como dívida ativa, os valores de depósito em garantia já levantados depois e em consequência do trânsito em julgado daquele acórdão específico do mandado de segurança. Noutras palavras, está preste a exigir aos impetrantes crédito tributário declarado **inexistente** por decisão judicial passada em julgado (art. 156, X, do Código Tributário Nacional), com grosseira ofensa à autoridade de **coisa julgada material** (art. 5º, XXXVI, da Constituição da República, e arts. 467, 468, 471, *caput*, e 474 do Código de Processo Civil)[5].

Donde, toda a vistosa propriedade e consistência do segundo mandado de segurança, de que foram os impetrantes obrigados a lançar mão para tutela de direito subjetivo, *que é mais do que líquido e certo*, porque declarado e garantido por sentença revestida de *res iudicata* material.

3. Coisa julgada material e eficácia da sentença

H. Não obstante muito já se tenha escrito sobre a coisa julgada, ainda depois que LIEBMAN demonstrou não constituir efeito, senão qualidade

---

[4] Corresponde ao art. 1.008 do CPC/2015.
[5] Corresponde aos arts. 502, 503, 505 e 505 do CPC/2015.

PARECERES DE DIREITO PÚBLICO E PRIVADO

da sentença que, no seu entender, lhe torna imutáveis o conteúdo e os efeitos, convém, para o fim específico de preparar a conclusão deste parecer, avivar-lhe algumas noções corriqueiras, mas indispensáveis ao desenvolvimento do raciocínio.

A coisa julgada não se confunde, como não raro se afirma, advertidamente ou não, com a própria sentença já insuscetível de impugnação, nem faz tampouco imutáveis os seus efeitos, os quais, dependendo da natureza da matéria sobre a qual verse, regulada por normas de caráter dispositivo ou cogente, podem, na primeira hipótese, ser modificados ou até desconsiderados pelas partes da causa, sem ofensa à coisa julgada, como é fácil inferir a inúmeros exemplos didáticos, como o dos confinantes que podem alterar a linha fixada em sentença de ação demarcatória, o dos figurantes de locação aos quais nada obsta manter o contrato após decreto de despejo, o do credor que pode renunciar ao crédito declarado por sentença, etc.. Cuida-se de reflexo do fenômeno análogo que se dá no plano das normas gerais e abstratas que, pertencentes à subclasse das chamadas *dispositivas*, podem deixar de incidir quando os interessados, no exercício da autonomia privada, criem regras individuais de conteúdo diverso.[6]

Daí ter-se assentado, sem objeção possível, que *"Il vero è che immutabili non sono gli effetti della sentenza; immutabile è la stessa sentenza. Ma l'immutabilità della sentenza non è la cosa giudicata: o meglio, è solamente la cosa giudicata in senso formale"*.[7]

As dúvidas eventuais que tal postura possa levantar sobre a firmeza da autoridade da coisa julgada material dissipam-se logo à percepção de que, como de certo modo já o deixa entrever o disposto no art. 468 do Código de Processo Civil[8], a chamada "força de lei" da coisa julgada substancial está em ser *"norma (ou regra de proceder, preceito) reitora da espécie decidida (concreta) e vinculativa para as partes (individual)"*.[9] Trata-se de concepção rigorosa, que, dimanando da função sentencial de especialização da norma geral e abstrata, no sentido de torná-la concreta e singular, enquanto aplicável à

---

[6] Cf. **LIEBMAN**, **Enrico Tullio**. *Ancora sulla sentenza e sulla cosa giudicata*. In: *Efficacia ed autorità della sentenza*. Rist. da 1ª ed.. Milano: Dott. A. Giuffrè, 1962, p. 143-144.

[7] **ALLORIO**, **Enrico**. *Natura della cosa giudicata*. In: *Sulla dottrina della giurisizione e del giudicato e altri studi*. Milano: Dott. A. Giuffrè, v. I, 1957, p. 202. Grifos do original.

[8] Corresponde ao art. 503 do CPC/2015.

[9] **GUIMARÃES**, **Luiz Machado**. *Preclusão, coisa jugada, efeito preclusivo*. In: *Estudos de direito processual civil*. RJ-SP: Ed. Jurídica e Universitária, 1969, p. 17. Cf. ainda, p. 18, 27 e 31.

situação jurídica determinada, objeto do julgamento, e aos respectivos interessados na condição de partes ou pessoas certas que lhe estão sujeitas, é traduzida e sintetizada, pela doutrina, na afirmação de que a coisa julgada transforma a sentença *"na lei do caso concreto"*, porque opera, na dicção do art. 468 do Código de Processo Civil, *"nos limites da lide"*, circunscritos aos contornos do pedido.[10]

I. Este ponto merece abertura de parênteses para dar relevo, aliás também decisivo na espécie, ao dado incontroverso de que a coisa julgada recai apenas sobre o dispositivo ou comando (*iudicium*) da sentença, enquanto visto, sob modo de diálogo, como resposta ao pedido. Nesse sentido, diz-se haver eixo imaginário entre o pedido e a parte dispositiva da sentença, *"de modo que o autor **pede** determinada providência em relação a determinado bem da vida e o juiz lhe responde, **concedendo ou denegando** essa providência"*.[11] A motivação (*ratio decidendi*), essa, conquanto não se impregne da coisa julgada, é importante para revelar o sentido e o alcance do comando decisório. Tais as razões por que, nos tópicos do capítulo anterior,[12] confrontamos a transcrição do pedido subsidiário (**b**) e do correspondente comando da sentença e do acórdão, com os fundamentos de cada qual, para deixar claro que a providência jurisdicional deferida foi a de **restringir** a base de cálculo da COFINS às receitas da prestação de serviços.

J. Retomando o raciocínio, esse atual conceito dogmático e legal de coisa julgada, visto doutro ângulo, não difere, em substância, da concepção original que lhe tinham os romanos, para os quais era a própria *"res in iudicium deducta dopo che fu giudicata"*.[13]

---

[10] Sobre isso, cf., por todos, entre nós, **BAPTISTA DA SILVA**, Ovídio A.. *Curso de processo civil*. SP: RT, 4ª ed., v. I, 1998, p. 486, 489, 500 e 511. **CARNELUTTI**, referindo-se à eficácia do julgado, que para ele estava nas *"dimensioni del fatto"*, o qual é sempre um finito, dotado, pois, de confins, acentuava essa mesma adstrição em palavras diversas, mas com idêntico significado: *"Ciò che si può dire del giudicato è soltanto che è la decisione di una lite; perciò i limiti del giudicato sono i limiti del suo oggetto, ossia i limiti che si proiettano sul giudicato dalla lite"* (*Diritto e processo*. Napoli: Morano Ed., 1958, p. 273, nº 169).

[11] **DINAMARCO**, Cândido Rangel. *Instituições de direito processual civil*. 6ª ed. SP: Malheiros, 2009, vol. III, p. 320, nº 960. Grifos do original.

[12] **Cap. II**, *supra*.

[13] **CHIOVENDA**, Giuseppe. *Istituzioni di diritto processuale civile*. Napoli: Dott. Eugenio Jovene, 2ª ed., v. I, 1935, p. 338, § 15, nº 115. Para esse grande processualista, a *"res"* não era senão o bem da vida reconhecido ou desconhecido pela sentença. Veja-se-lhe, também, *Sulla cosa giudicata*. **In** *Saggi di diritto processuale civile*. Milano: Dott. A. Giuffrè, 1993, v. II, p. 401.

K.Não parece, dessarte, nenhum despropósito sustentar-se que a coisa julgada substancial (*res giudicata*) é a própria situação concreta ou o estado real de coisas (*res*) julgado e disciplinado por sentença que já não comporta recurso (*giudicata*), tomando-se o vocábulo *coisa* (forma vernácula divergente, cujo étimo é, significativamente, a palavra latina *causa(m)*, que, não por acaso, na sua outra forma alotrópica, causa, é também sinônimo de lide processual, ou situação jurídica litigiosa submetida a julgamento) na sua correspondência com um dos sentidos primitivos da palavra *res* (situação ou estado de coisas, tal como aparece em várias composições eruditas, como, p. ex., em *re + pública < res + publica)*, na acepção de *caso concreto*.[14] Esta é, aliás, a razão por que, em Portugal, se usa falar, com o mesmo sentido, em *"caso julgado"*. Lá como cá, o de que se trata sempre é de coisa ou caso julgado e regrado nos termos imutáveis da sentença que transitou em julgado.

Por via de consequência, nada sofre a coisa julgada, quando, em tema de direito disponível ou noutra circunstância jurídica, por ato das partes, por fato jurídico *lato sensu* ou por qualquer outra causa jurídica hábil, se modifiquem, descaracterizem ou esgotem os efeitos jurídicos da sentença transitada em julgado, alterando-se com isso a estrutura ou provocando a insubsistência mesma da situação jurídica concreta sobre a qual incidia sua autoridade:

> "A imutabilidade (ainda ilimitada do conteúdo da sentença não importa, é óbvio, a imutabilidade da situação jurídica concreta sobre a qual versou o pronunciamento judicial. Se se julgou que A devia a B certa importância, nada obsta a que, antes ou depois do trânsito em julgado, A pague a dívida, ou B a remita, e assim se extinga a relação de crédito declarada pela sentença. Tal circunstância em nada afeta a autoridade da coisa julgada que esta porventura haja adquirido. **A norma sentencial permanece imutável, enquanto norma jurídica concreta referida a uma determinada situação**".[15]

---

[14] Neste exato significado, **Bartolo** já discernia entre sentença, como *"res iudicans"*, e coisa julgada, que *"est causa decisa"*, ou seja, *"la causa (o lite o controversia) che la sentenza a deciso"* (**Pugliese, Giovanni**. Verbete *Giudicato Civile (Diritto Vigente)*. **In**: Enciclopedia del diritto, v. XVIII, p. 786).

[15] **Barbosa Moreira, José Carlos**. *Ainda e sempre a coisa julgada*. **In**: *Direito processual civil (ensaios e pareceres)*. RJ: Borsoi, 1971, p. 143, nº 8. Grifos nossos. Sobre a sentença entendida como norma da situação concreta, ver, ainda, do mesmo autor, *Eficácia da sentença e autoridade da coisa julgada*, **in** *Temas de direito processual civil – 3ª série*. SP: Saraiva, 1984, p. 110-111. À p. 113, depois de reiterar que *"a coisa julgada é uma situação jurídica: precisamente a situação que se forma*

L. Ora, ninguém desconhece que muitas situações jurídicas, concretas e individuais, objeto da preceituação imanente a sentença revestida de coisa julgada material, não são de caráter tendencialmente duradouro, como, *v. g.*, a relação de paternidade declarada, mas, embora não provenham da incidência instantânea da lei, perduram até a superveniência de alguma causa ou razão jurídica capaz de as exaurir ou extinguir de outro modo. Basta pensar-se no exemplo que, tipicamente, convém ao caso *sub iudice*, de sentença que, recoberta de coisa julgada, tenha declarado a existência de relação jurídico-tributária específica, oriunda da incidência de certa lei, de cunho temporário ou não, que haja instituído tributo de pagamento periódico.[16] Enquanto continue vigente tal lei, a cuja luz foi decidida a lide, a situação jurídica entre o Fisco e o contribuinte, partes da causa, está governada pelos termos da norma concreta substanciada na sentença transitada em julgado.

Mas, se, por exemplo, sobrevenha o termo final de vigência da lei, que era temporária, ou, sendo ela permanente, tenha sido ab-rogada, **derrogada**, ou suspensa sua execução, já não subsiste aquela mesma situação jurídico-tributária reconhecida pela sentença, de modo que, dali para frente, se dissipa e esvai a autoridade da *res iudicata*, a qual perde seu objeto! Se, no exemplo, a lei é revogada, o tributo torna-se inexigível. A coisa julgada, aí, continuará valendo como preceito ou norma concreta, mas com mera função residual de só regular os fatos sucedidos durante a existência anterior da situação jurídico-tributária declarada, ou dela decorrentes, se a respeito ainda surja ou possa surgir algum conflito entre o Fisco e o contribuinte. E isto prova que, deveras, a coisa julgada é sempre norma concreta referida a determinada situação histórica, de modo que **sua eficácia perdura enquanto perdure a situação ou relação jurídica por ela regida**. Só o que, a respeito do tributo extinto ou modificado por lei ulterior, suceda, ao depois, entre as mesmas partes, como, p. ex., exigência do Fisco sobre base de cálculo alargada por lei superveniente, é que escapa ao alcance normativo ou autoridade da *res iudicata*, donde poder ser a questão livremente discutida e julgada noutro processo.

---

no momento em que a sentença se converte de instável em estável", reconhece, em nota, dever-se a **Machado Guimarães** (vide nossa nota nº 14, *supra*) a exata concepção da *res iudicata* **como situação jurídica consequente ao trânsito em julgado da sentença**.

[16] No caso, o art. 2º, *caput*, da Lei Complementar nº 70, de 1991, que instituiu a COFINS sobre "*a receita bruta das vendas de mercadorias, de mercadorias e serviços e de serviço de qualquer natureza*".

Nesse sentido, diz-se que a *"cousa julgada não concerne ao futuro; só ao passado"*.[17]

4. O alcance da autoridade da coisa julgada no caso

M. Aqui, a pretensão do Fisco não esconde exuberante injuridicidade.

É que, como se viu, a *auctoritas rei iudicatae* consiste em tornar a sentença preceito ou norma jurídica, concreta e individual, reitora da espécie decidida, enquanto situação jurídica individualizada, nos termos do *petitum*, por certos fatos considerados à luz de norma ou normas jurídicas, gerais e abstratas, que sobre eles incidiram ou não. Nesse sentido é que é lei do caso concreto ou da lide julgada.

Ora, a vigência e a eficácia normativa da coisa julgada que, impedindo tributação sobre rendas de intermediação financeira, recobre o acórdão do TRF da 3ª Região, só se esgotaram e extinguiram na precisa medida em que, como seu objeto situacional normado, se extinguiu e esgotou, por ampliação da base de cálculo da COFINS, a restrita relação jurídico-tributária então declarada existente nos termos e sob o império do art. 2º, *caput*, da Lei Complementar nº 70, de 1991, com o início de vigência, em 1º de janeiro de 2015, da nova redação dada ao art. 3º, *caput*, da Lei nº 9.718, de 1998, pela Lei nº 12.973, de 13 de maio de 2014 (art. 119), remetendo ao conceito de **receita bruta** objeto do Decreto-Lei nº 1.598, de 26 de dezembro de 1977 (art. 12, *caput*, IV).

Em palavras descongestionadas, os impetrantes só estão obrigados a pagar a COFINS sobre receitas de intermediação financeira a partir do início de vigência da Lei nº 12.973, de 2014. Antes disso, imuniza-os a **coisa julgada** do acórdão do mandado de segurança anterior, que lhes garante pagá-la só sobre as receitas de prestação de serviços, até o advento da Lei nº 12.973, de 2014, que ampliou a base de cálculo da contribuição. A Lei nº 11.941, de 27 de maio de 2009, em nada mutila, altera ou desnatura o **alcance temporal** dessa eficácia da coisa julgada, porque apenas revogou

---

[17] **ESTELLITA, Guilherme.** *Da cousa julgada – fundamento jurídico e extensão aos terceiros.* RJ, tese, 1936, p. 118. Cuida-se de expressão comum, na doutrina, para designar os limites de incidência da coisa julgada como regra jurídica, a qual *"non abbracia, s'intende, anche quei fatti che siano sopravvenuti dopo. La cosa giudicata non concerne rapporti avvenire, ma solo rapporti passati"* (**BETTI, Emilio.** *Diritto processuale civile italiano.* Roma: Ed. del Foro Italiano, 2ª ed., 1936, p. 603, nº 183). Cf., ainda, **HEINITZ, Ernesto.** *I limiti oggettivi dela cosa giudicata.* Padova: CEDAM, 1937, p. 245.

o § 1º do art. 3º da Lei nº 9.718, de 1998 (art. 79, XII), enquanto norma tida como inconstitucional pelo STF, sem criar outra base de cálculo, nem ampliar a vigente, a qual continuou a ser, sem dilatação, a prevista no art. 2º, *caput*, da Lei Complementar nº 70, de 1991, nos termos literais do acórdão transitado em julgado. Como poderia alterar-lhe a coisa julgada, se não criou nada, mas apenas, dissipando todas as dúvidas, revogou norma que já não vigia? Aqui, a objeção da União é grosseiro sofisma, perceptível *primo ictu oculi*.

N. Para compreender tais conclusões, basta remontar à natureza da relação jurídica ali declarada, que é espécie das chamadas relações jurídico-tributárias *continuadas* ou *continuativas*, as quais, enquanto modalidade de relação jurídica *sucessiva*,[18] alheia ao regime previsto no art. 471, inc. I, do Código de Processo Civil[19], no sentido de que alteração de seu estado factual ou jurídico até dispensa edição de nova sentença para inibir a força da coisa julgada, se distinguem das *pontuais* ou *instantâneas*, porque, diferentemente destas, as quais nascem da ocorrência de fato jurídico autônomo e, não raro, eventual, enquanto elemento básico do suporte fático ou hipótese de incidência (como se dá, p. ex., com o imposto de transmissão imobiliária), aqueloutras têm, na *fattispecie* abstrata cuja concretização lhes dá origem mediante incidência da norma, a previsão de exercício de atividade mais ou menos permanente, ao longo e por força da qual se repetem fatos específicos que também integram a *fattispecie* (que é o que sucede, *v. g.*, também com o ICMS). Seu cunho *continuativo* está na característica mais ou menos duradoura da atividade humana que, ocasionando ocorrência de fatos jurídicos repetitivos e nascimento de obrigações periódicas, compõe a hipótese de incidência da norma tributária.[20]

---

[18] Para a distinção conceitual e classificação específica das relações próprias do direito tributário como exemplo de relações jurídicas *"sucessivas"*, caracterizadas por sua **repetição** e **homogeneidade**, cf. TALAMINI, **Eduardo**. *Coisa julgada e sua revisão*. SP: Ed. RT, 2005, p. 91-92.

[19] Corresponde ao art. 505, I, do CPC/2015.

[20] Estes são, em linhas gerais, com pequenas divergências irrelevantes para fim desta consulta, os traços distintivos com que a doutrina ou dogmática tributária separa as duas classes de relações (cf. NOGUEIRA, **Ruy Barbosa**. *A coisa julgada em direito tributário*. **In**: Revista de Direito Mercantil, ano XIII, 1974, nº 14, p.14, 15, 18 e 19; MACHADO, **Hugo de Brito**. *Coisa julgada e relação jurídica continuativa tributária*. **In**: Revista dos Tribunais, v. 642, p. 35-37; e MACHADO, **Hugo de Brito**, e MACHADO SEGUNDO, **Hugo de Brito**. Parecer. **In**: Revista Dialética de Direito Tributário, v. 123, p. 98, 100 e 101).

A natureza da relação jurídico-tributária da qual se irradia obrigação de pagamento da COFINS sempre foi *continuativa*, como se lhe infere às hipóteses de incidência, as quais sempre tiveram por elemento fundamental, na matriz da Constituição da República (art. 195, I), a noção de *faturamento* e *de receita*, a que é estranha toda ideia de fato eventual ou esporádico. Disso não há dúvida.

Ora, a autoridade da coisa julgada, inerente ao acórdão do TRF da 3ª Região que, concedendo a segurança quanto ao pedido subsidiário (**b**), declarou existente relação jurídico-tributária da qual decorria obrigação de pagamento da contribuição na forma prescrita pelo art. 2º, *caput*, da Lei Complementar nº 70, de 1991, tem por limite objetivo os contornos da situação litigiosa identificada, entre outros elementos, pela incidência dessa norma jurídica, enquanto objeto específico do comando do acórdão visto como regra singular e concreta. Noutras palavras, a sentença encarnada por aquele acórdão é a norma concreta referida à situação jurídica oriunda da aplicação daquele preceito normativo a certos fatos históricos em que estavam envolvidas as partes. O TRF concedeu a ordem sob o **domínio normativo** que, inspirando o julgamento do RE nº 585.235, prevaleceu até o advento da Lei nº 12.973, de 2014, de modo que a força vinculante do seu comando restritivo cessou apenas com o início de vigência desse diploma, ainda quando se pudesse entender tenha errado o tribunal!

A tal contexto quadra, de modo preciso, esta observação: "*Assim, a decisão que define a existência e o modo de ser dessa relação há de ser a mesma, até que surja mudança, no fato ou no direito, capaz de alterar a relação jurídica que resulta desses elementos*", de modo que "*alteração legislativa superveniente poderá atingir a relação jurídica que estava protegida pela coisa julgada. E neste caso reabre-se a possibilidade de discussão entre as partes nessa relação*".[21] E reabre-se, porque,

---

[21] **Machado**, Hugo de Brito, e **Machado Segundo**, Hugo de Brito. *Op. cit.*, p. 102 e 103. Tal asserto é mera aplicação, em matéria tributária, da disciplina normativa geral da autoridade da coisa julgada, como tivemos oportunidade de mostrar (cf. *supra*, item nº 12) e é reconhecida, sem hesitação, pela doutrina: "*... uma vez tendo ocorrido **transformação** da ordem dos fatos (comunicação social) ou **do direito (comunicação do sistema jurídico)**, não existirá mais o fato jurídico e, em consequência, não mais haverá que se falar de qualquer imputação. Ou seja, a **norma jurídica deixa de existir**... Partindo-se dessas considerações, a ocorrência de **alteração nas normas gerais e abstrata** (Constituição, leis, regulamentos) **aplicadas pela decisão** representam uma espécie de **modificação do estado de direito**, possibilitando que uma nova decisão seja tomada na matéria*" (**Valverde**, **Gustavo Sampaio**. *Coisa julgada em matéria tributária*. SP: Quartier Latin, 2004, p. 229, nº 5.5, e p. 233. Grifos todos nossos).

do ponto de vista do seu estado de direito (*dimensão normativa*), já não se cuida da mesmíssima situação jurídica normada pelo acórdão recoberto pela coisa julgada material (*eadem res*), cuja eficácia se esvaiu na função de regular o passado, mas de outra, mais ampla, pertencente ao futuro, que lhe não está sujeito à autoridade normativa. Mas, até a alteração do **quadro normativo** sob o qual foi decidida a relação jurídico-tributária, protege-a a garantia constitucional da coisa julgada.

Escusaria insistir em coisa tão óbvia. Mas não custa mostrar o grosseiro sofisma que envolve a pretensão do Fisco, ao pretextar desconhecer que

> "(...) há certas relações jurídicas sucessivas que nascem de um suporte fático complexo, formado por um fato gerador instantâneo, inserido numa relação jurídica permanente. Ora, nesses casos, pode ocorrer que a controvérsia decidida pela sentença tenha por origem não o fato gerador instantâneo, mas a situação jurídica de caráter permanente na qual ele se encontra inserido, e que também compõe o suporte desencadeador do fenômeno da incidência. **Tal situação, por seu caráter duradouro, está apta a perdurar no tempo, podendo persistir quando, no futuro, houver a repetição de outros fatos geradores instantâneos, semelhantes ao examinado na sentença. Nestes casos, admite-se a eficácia vinculante da sentença também em relação aos eventos recorrentes.** Isso porque o juízo de certeza desenvolvido pela sentença sobre determinada relação jurídica concreta decorreu, na verdade, de juízo de certeza sobre a situação jurídica mais ampla, de caráter duradouro, componente, ainda que mediata, do fenômeno da incidência. **Essas sentenças conservarão sua eficácia vinculante enquanto se mantiverem inalterados o direito e o suporte fático sobre os quais estabeleceu o juízo de certeza**".[22]

É o que sucede na espécie, onde o acórdão do TRF, transitado em julgado, conserva sua eficácia vinculante até o início de vigência da Lei nº 12.973, de 13 de maio de 2014, enquanto única que alterou o direito e o suporte fático sobre os quais estabeleceu o juízo de certeza.

---

[22] STJ, **AgRg no REsp nº 703.526-MG**, 1ª Turma, rel. p/ ac. Min. **Teori Albino Zavascki**, j. 02.08.2005, DJ 19.09.2005, p. 209. Grifos nossos.

5. De objeções possíveis

O. Já não há muito por refutar.

O v. acórdão, ora violado, não contém nenhuma reserva ou ressalva que, em torno do acolhimento do pedido subsidiário (**b**), pudera admitir, diante dos termos da apelação não provida nesse ponto, razoável leitura de não exclusão de exigibilidade da COFINS sobre receitas provenientes de intermediação financeira. A impugnação expressa da apelante a tal respeito foi também expressamente repelida, assim como não foram conhecidos os recursos extraordinários que tornaram a deduzi-la. Essa postura de irresignação sobre a mesma *quaestio iuris* prova *ad rem* que o acórdão não foi omisso, nem dúbio, mas assertivo a respeito da extensão atribuída à base de cálculo da contribuição social. É o que, como bem lembram os impetrantes, *mutatis mutandis*, não deixa de reconhecer o STJ:

> "Se a sentença ou acórdão transitados em julgado dão provimento ao pedido do contribuinte e **não fazem qualquer ressalva a respeito**, é de se interpretar que o pedido feito na inicial tenha sido de todo atendido, desimportando o posterior posicionamento do STF **no que diz respeito ás receitas financeiras** e às receitas provenientes do aluguel de bens móveis e imóveis, **se houve quanto a estas rubricas pedido expresso feito na inicial**".[23]

E é ainda mais débil a alegação de que o decisório se limitou a pronunciar a inconstitucionalidade do art. 3º, § 1º, da Lei nº 9.718, de 1998, como se fora este o objeto da eficácia da coisa julgada material. O engano não é sutil. Tal pronúncia compõe a atividade lógica da fundamentação do acórdão, não o ato de *vontade*, ou, antes, de *poder*, ditado como comando na sentença, sobre o qual recai a coisa julgada.[24] Ninguém ignora que mandado de segurança não é processo objetivo, preordenado a controle abstrato de constitucionalidade, cujo juízo se revestiria de coisa julgada ou efeitos mais amplos, mas processo destinado a tutelar direitos subjetivos líquidos e certos, de modo que, no caso, a autoridade da *res iudicata* incidiu sobre a

---

[23] Do voto do Relator, Min. **Mauro Campbell Marques**, no **REsp. nº 1.372.445-RS**, 2ª Turma, j. 18.02.2014, DJe 25.02.2014. Grifos nossos. *Idem*, TRF da 3ª Região, **AI 0041744-38.2009.4.03.0000**, 6ª Turma, Rel. Des. **Consuelo Yoshida**, j. 13.05.2010, e-DJF3 Judicial 1, 24.05.2010, p. 469.

[24] Cf. **Chiovenda**, Giuseppe. *Principii di diritto processuale civile*. Rist. da 3ª ed.. Napoli: Dott. Eugenio Jovene, 1965, p. 917, § 79, nº I; *Istituzioni, op. cit.*, vol. I, nº 11; **Liebman**, Enrico **Tullio**. *Efficacia, op. cit.*, p. 41, nº 16.

garantia dada aos impetrantes de não pagarem a COFINS senão calculada sobre receitas advindas da prestação de serviço.

Não é lícito à União violar tal direito subjetivo e suas consequências.

6. Conclusão

P. Diante do exposto, estamos em que, desrespeitando, de modo ostensivo, decisão revestida da autoridade de coisa julgada material e, por via direta, o disposto no **art. 5º, XXXVI, da Constituição da República**, a União viola direito mais que líquido e certo, **indiscutível**, dos ora impetrantes, de, mediante liminar sem caução e ordem definitiva, verem canceladas as inscrições de dívida ativa dos supostos créditos tributários identificados no pendente processo de mandado de segurança e cuja inexistência jurídica decorre do trânsito em julgado do acórdão proferido no processo anterior, bem como de verem declarada a compensação dos valores indevidamente recolhidos, a título de COFINS, sobre receitas de intermediação financeira, no período de junho de 2000 a abril de 2005.

É o que, salvo melhor juízo, nos parece.

Brasília, 1º de agosto de 2015.

4
Carência de Ação. Exigibilidade do Ônus Probatório do Autor

1. CARÊNCIA DE AÇÃO. Não caracterização. Decisão antecipada, fundada em inexistência de legitimação ativa para a causa. Alegação de que os autores não teriam provado relação contratual com a ré. Suposta ilegitimidade para pleitear cumprimento de obrigação irradiada da relação. Exame de matéria de mérito, sem abertura de dilação probatória. Legitimidade que se apura em estado de asserção (*in statu assertionis*). Aplicação do art. 267, VI, do CPC. Precedentes do STJ. *Segundo a concepção normativa do direito de ação, como autônomo, abstrato e conexo a uma pretensão de direito material, a legitimação **ad causam** é apenas a titularidade meramente afirmada do direito subjetivo, relação ou estado jurídico cuja existência ou inexistência se pretende tutelar no processo, e, portanto, abstrai a efetiva existência ou inexistência desse mesmo direito, relação ou estado jurídico, num juízo só provisório e hipotético.*

2. PROVA. Documental. Petição inicial. Juntada do instrumento contratual, elementar da causa de pedir. Ônus do autor. Impossibilidade absoluta ditada por justa causa. Desoneração. Não incidência dos efeitos jurídicos desfavoráveis. Inteligência dos arts. 183, §§ 1º e 2º, e 396, cc. art. 283, do CPC. *Instrumento do contrato, quando constitua prova da existência da relação jurídica elementar da causa de pedir, é documento fundamental, que a lei reputa indispensável à propositura da ação, como ônus do demandante. Mas esse ônus só atua quando não haja **justa causa** que de modo absoluto impeça o autor de exercê-lo.*

3. PROVA. Documental. Instrumento do contrato. Exibição incidental requerida pelos autores à ré, sociedade anônima, sob as penas da lei. Admissibilidade. Inexistência de inversão do ônus da prova, segundo a chamada teoria dinâmica. Dever jurídico da companhia de exibir, em

juízo, com caráter preparatório ou incidental, documento constante dos registros societários. Meio de prova de acionista, titular do direito à informação. Ônus exercido pelo demandante. Interpretação dos arts. 333, *caput*, I, 358, I e III, e 359 do CPC, e do art. 100, § 1º, da Lei nº 6.404, de 1976, cc. arts. 14, II, e 339 do CPC. *Em decorrência do seu dever de guarda dos registros societários, toda companhia tem obrigação jurídica de, quando intimada a fazê-lo, exibir, em juízo, com caráter preparatório ou incidental, instrumento de contrato de que participou.*

1. Consulta

A. O ilustre advogado LFC dá-nos a honra de consulta sobre a sorte de recurso especial interposto pela ré, TNL S.A., contra v. acórdão do Tribunal de Justiça do Rio de Janeiro que, dando, por maioria, provimento a apelação de EMM, reformou sentença que, sob fundamento último de ilegitimidade ativa *ad causam* deste, lhe extinguiu, sem decisão de mérito, ação condenatória de entrega de ações devidas nos termos de contrato de participação financeira em investimento do sistema telefônico, em cúmulo com pedido incidental de exibição de documento e de indenizações a diversos títulos, acrescidas de multa contratual e consectários. A recorrente não se conforma com a decisão de continuidade do processo, alegando em síntese, no que interessa à consulta, que, tocando-lhe esse ônus, o qual, incidente sobre fatos constitutivos, não podia ter sido invertido, o autor não deu nenhuma prova da existência, nem do cumprimento do contrato, cuja via própria foi entregue a todos os assinantes, de modo que o acórdão teria violado os arts. 283 e 333, I, do CPC, o art. 100, § 1º, da Lei das SA, os arts. 2º, 3º e 6º, VIII, da Lei nº 8.078, de 1990, além de divergir de precedentes e ofender a súmula 389 do STJ. O recurso especial foi submetido à egrégia 2ª Seção, para os fins do art. 543-C do CPC, tendo-lhe sido iniciado, mas ainda não concluído o julgamento, diante do pedido de vista do eminente Min. Antonio Carlos Ferreira.

2. Síntese relevante do estado do julgamento

B. O Relator, ilustre Min. Paulo Sanseverino negou provimento ao recurso, assentando três teses decisivas à solução do caso. A primeira, de inaplicabilidade da **súmula 389** a pedido incidental de exibição de documento em demandas de complementação de ações, dada a analogia com a tese pro-

CARÊNCIA DE AÇÃO. EXIGIBILIDADE DO ÔNUS PROBATÓRIO DO AUTOR

clamada em precedente de igual alcance (**REsp nº 1.133.872**), sob pena de afronta ao art. 100, § 1º, da Lei nº 6.404, de 15 de dezembro de 1976, e ao art. 5º, XXXV e LIV, da Constituição da República (*a*). A segunda, da inversão do ônus da prova, quando a inicial traga, como no caso, indício mínimo da existência do contrato, como, p. ex., seu número ou o da linha telefônica,[1] em decorrência, não da Lei nº 8.078, de 1990, que não incidiria na espécie, mas dos deveres jurídicos da sociedade previstos no art. 100, § 1º, da Lei nº 6.404, de 1976, que revela sua maior facilidade para produção da prova, e dos arts. 14, II, e 339 do Código de Processo Civil[2], os quais lhe exigem lealdade e colaboração processuais (*b*). E a terceira, de incidência dos arts. 358, I e III, e 359 do Código de Processo Civil[3], em virtude da irrecusabilidade da exibição, que deriva do dever imposto à companhia no art. 100, § 1º, da Lei nº 9.604, de 1976 (*c*).

Após os debates, os votos dos preclaros Min. Nancy Andrighi, João Otávio de Noronha e Isabel Gallotti, os dois últimos declarados na terceira assentada, convergiram na adesão à primeira (*a*) e à terceira (*c*) teses propostas pelo eminente Relator, até porque se sublinhou que a primeira contava com vários precedentes, e a terceira não punha em dúvida o caráter relativo da presunção de veracidade inerente à falta ou recusa da exibição. A dissidência, instaurada pelos votos dos Min. João Otávio de Noronha e Isabel Gallotti, que davam provimento ao recurso, essa recaiu apenas sobre a segunda tese (*b*).

3. O conspecto das razões da dissidência

C. Salvo equívoco imputável a nossa má compreensão das exposições e votos orais, ainda não reduzidos a termo escrito, os principais fundamentos dos votos divergentes, que não admitem inversão do ônus probatório (*b*), podem ser assim resumidos: (*i*) o disposto no art. 100, § 1º, da Lei nº 6.404, de 1976, não daria suporte à tese da inversão, porque não hospeda regra de distribuição do ônus da prova; (*ii*) bastaria a disciplina dos

---

[1] Esta condição para aprovação da tese da inversão do ônus da prova (*b*), bem como a supressão de referência à sua natureza *ope legis*, a qual constava do texto original do voto do Min. Relator, foram propostas no voto da Min. Nancy Andrighi, ao qual aderiram, nesses tópicos, o Relator e os demais Ministros que votaram.

[2] Correspondem aos arts. e 77 e 378 do CPC/2015.

[3] Correspondem aos arts. 399 e 400 do CPC/2015.

arts. 355 e seguintes do Código de Processo Civil[4], mas, para evitar ações temerárias ou abusivas, deve-se exigir ao interessado que formule pedido de exibição na via administrativa, ou, em juízo, com caráter preparatório; (*iii*) a companhia teria, na contestação, negado a existência do contrato, donde não poderia provar o que não existe, ou seja, produzir prova negativa; (*iv*) e, do ponto de vista teórico, seria de presumir não haja registro do contrato, pois a sociedade iria sempre negá-lo, embora se admita possibilidade de prova no curso do processo; (*v*) o autor, que, segundo a experiência, por certo teria recebido via ou cópia do respectivo instrumento, não teria apresentado prova mínima da existência do contrato, a qual era questionada no recurso, nem mencionado o número da linha telefônica, como lho impunham os arts. 283 e 396 do Código de Processo Civil[5], faltando, portanto, verossimilhança à pretensão; (*vi*) e não deve o Judiciário, mediante interpretações generosas, facilitar incontáveis ações destituídas de ética que favoreçam, não os consumidores, mas interesses menos nobres de poderosos cessionários.

4. O debate desfocado ou o pecado original

D. O recurso em julgamento tem por objeto acórdão que, dando provimento à apelação do autor, reformou sentença de extinção do processo, sem resolução de mérito (art. 267, VI, do Código de Processo Civil)[6], proferida em **julgamento antecipado da lide** (art. 330, I), sob fundamento textual de ilegitimidade ativa *ad causam*, expresso na formal conclusão de que, "*[A]ssim, os autores,[7] que não comprovam ter estabelecido relação contratual com a ré, são parte ilegítima para o ajuizamento da presente ação, onde pretendem exigir o cumprimento de obrigação oriunda de tal relação*" (e-STJ Fl. 753). Provimento ao recurso especial significaria, dessarte, restaurar a sentença de **carência de ação**, decretada, sem abertura de dilação probatória, à míngua hipotética de ilegitimidade ativa para a causa, decorrente de precoce

---

[4] Corresponde ao art. 396 do CPC/2015.

[5] Correspondem aos arts. 320 e 434 do CPC/2015.

[6] Corresponde ao art. 485, VI, do CPC/2015.

[7] Essa é uma das múltiplas referências da sentença a "*autores*", quando a demanda é movida por uma **única pessoa**, física, e, como tal, demonstra que se trata, pelo menos em parte substancial da motivação, de mera reprodução não revista de outra sentença, o que pode até sugerir pouco cuidado no exame do caso.

CARÊNCIA DE AÇÃO. EXIGIBILIDADE DO ÔNUS PROBATÓRIO DO AUTOR

reconhecimento de falta de prova da existência do contrato de participação financeira.

Ora, já tivemos oportunidade de enfatizar coisa óbvia:

"... basta atentar em que se denomina *legitimação* a coincidência entre a situação jurídica de uma pessoa, tal como resulta da postulação formulada perante o órgão judicial, e a situação legitimamente prevista na lei para a posição processual que a essa pessoa se atribui, ou que ela mesma pretenda assumir. Diz-se que determinado processo se constitui entre partes legítimas quando as situações jurídicas das partes, sempre consideradas *in statu assertionis* – isto é, independentemente da sua efetiva ocorrência, que só no curso do próprio processo se apurará – coincidem com as respectivas situações legitimantes" (Barbosa Moreira, "Apontamentos para um estudo sistemático da legitimação extraordinária", in *Direito Processual Civil (Ensaios e Pareceres)* Rio de Janeiro, Borsói, 1971, p. 59, n. 1).

Quer isto dizer que, segundo a concepção normativa do direito de ação, como autônomo, abstrato e conexo a uma pretensão de direito material, a legitimação *ad causam* é apenas **a titularidade meramente *afirmada* do direito subjetivo, relação ou estado jurídico cuja existência ou inexistência se pretende tutelar no processo**, e, portanto, abstrai a efetiva existência ou inexistência desse mesmo direito, relação ou estado jurídico, num juízo só provisório e hipotético. Seu conceito, na teoria abstrativa de nosso Código, é produto do discurso processual, enquanto verbalização das posições partidárias no processo, e, quando passiva, não se confunde com *a legitimidade para a defesa*, cuja situação legitimamente está no só fato da citação. Não deixa dúvidas, ao propósito, a doutrina nacional e estrangeira (cf. Barbosa Moreira, tb. "Legitimação para agir. Indeferimento da petição inicial", in *Temas de Direito Processual*, São Paulo, Saraiva, 1977, pp. 199-202, ns. 6-9, Hélio Tornaghi, *Comentários* ao Código de Processo Civil (LGL\1973\5), São Paulo, Ed. RT, 1ª ed., 1974, v. I/91; Donaldo Armelin, ob. cit., p. 173 n. 3, e *passim*; Kazuo Watanabe, *Contribuição ao Estudo da Cognição no Processo Civil*, São Paulo, 1985, tese, pp. 47-51 n. 21; Betti, *Diritto Processuale Civile Italiano*, Roma, Foro Italiano, 2ª ed., 1936, p. 159, n. 37; Luigi Monnacciani, *Azione e Legitimazione,* Milão, A. Giuffrè, 1951, pp. 76-78, n. 29; Aldo Attardi, *L'Interesse ad Agire*, Pádua, CEDAM, ristampa, 1958, pp. 7-12, n. 2; Fazzalari, ob. cit., pp. 31-33, § 4, e pp. 133-136, § 2, e tb. Note in *Tema di Diritto e Processo*, Milão, A. Giuffrè, 1957, pp. 133 e 134, n. 5; Mandrioli, *Comentario del Codice di Procedura Civile*, Turim, UTET, 1973, livro 1, t. 11/ /925, n. 1).

Fora daí, sobre contravir a direito expresso – que autoriza repropositura da ação e interdita a rescisória em casos de carência – **entala-se numa aporia**: se não há direito subjetivo senão personalizado, isto é, que predique um possessivo (cf. Cesarini Sforza, "Diritto soggettivo", in *Enciclopedia del Diritto*, Milão, A. Giuffrè, 1964, v. XII/691 e 692, n. 24), **não se pode reconhecer legitimação sem prévio reconhecimento da existência do direito, e não se pode afirmar existente este sem prévia afirmação da existência daquela!**"[8]

Isto significa que não é lícito, nem lógico avançar, antes da instrução que admita a natureza da causa, juízo exauriente sobre a existência da relação jurídica que, afirmada na petição inicial, constitui objeto específico do mérito, sem prévio reconhecimento da legitimação ativa para a causa, apurável *in statu assertionis* e sem a qual, carecendo, o autor, da ação, a qual é, na concepção normativa vigente, condicionado direito a uma sentença de mérito de qualquer conteúdo, não pode essa ser proferida, ou seja, não pode o mérito ser examinado para dizer-se não existam a relação jurídica e o direito subjetivo invocados pelo autor. Em palavras descongestionadas, no quadro do ordenamento processual, só se pode julgar não provada a existência da relação jurídica, se o autor for tido como parte legítima *ad causam!* Se o não for, não há lugar para juízo sobre o mérito de sua pretensão. E, escusa notar, tampouco cabem juízos ou considerações de mérito em recurso especial que impugna acórdão que, cassando sentença de extinção sem resolução de mérito, **apenas manda prosseguir o processo.**

E. Ora, os doutos votos dissonantes desceram a profundo exame do mérito da lide, formulando juízo próprio de verdadeiro decreto de improcedência, a despeito de pontuais, mas até desnecessárias advertências do Min. Relator e do Min. Sidnei Beneti de que, no caso, não quadrava discutir a questão da existência do contrato, enquanto matéria típica do mérito

---

[8] TJSP, **Ag. Inst. nº 127.335-1**, 2ª Câmara Civil, Rel. Cezar Peluso, **in** *RT 653/111-112*. Grifos nossos. Essa conhecida *teoria da asserção* é, de há muito, adotada pelo STJ, sobretudo na temática da apuração da legitimação para a causa (cf. **REsp nº 1.354.983-ES**, 2ª Turma, Rel. Min, Herman Benjamin, j. 16.05.2013, DJe 22.05.2013; **REsp nº 879.188-RS**, 2ª Turma, Rel. Min. Humberto Martins, j. 21.05.2009, DJe 02.06.2009; **REsp nº 877.161-RJ**, 1ª Turma, Rel. Min. Francisco Falcão, j. 05.12.2006, DJ 01.02.2007; **REsp nº 823.370-MG**, 3ª Turma, Rel. Min. Nancy Andrighi, j. 02.08.2007, DJ 13.08.2007; **REsp nº 470.675-SP**, 2ª Turma, Rel. Min. Humberto Martins, j. 16.10.2007, DJ 29.10.2007; **AgRg-AREsp nº 205.533-SP**, 2ª Turma, Rel. Min. Mauro Campbell Marques, j. 02.10.2012, DJe 08.10.2012).

CARÊNCIA DE AÇÃO. EXIGIBILIDADE DO ÔNUS PROBATÓRIO DO AUTOR

da causa e, como tal, dependente de dilação probatória, se provimento ao recurso especial contra acórdão que não tratou do mérito apenas restauraria a sentença, que não extinguiu o processo a título de improcedência da ação, mas de mera carência por ilegitimidade ativa *ad causam*, a qual era e é o **objeto estrito do recurso**. Dito doutro modo, os votos discordantes decidiram o recurso, como se versasse impugnação a acórdão que houvera julgado o mérito da causa para a qual o autor era parte ativa legítima. Tal solução recursal, *data venia*, só seria admissível, se fosse antes, noutra hipótese, reconhecida a legitimação ativa *ad causam*, sem a qual não se concebe nenhum julgamento que, arbitrando a inexistência da relação jurídica controversa, represente decisão do mérito. A *quaestio sub iudice* está apenas em saber se o autor é, ou não, parte ativa legítima *ad causam*, para que prossiga, ou não, o processo. Só isso.

F. Esse patente desvio temático não se deve, como poderia parecer a uma visão tacanha, a ignorância, inconcebível em ministros cultos e eruditos, sobre matéria tão rudimentar, mas a seu entendimento muito nítido de que ao caso se aplicaria o disposto nos arts. 283 e 396 do Código de Processo Civil[9]. Essa opinião é que, com o devido respeito, se nos afigura desacertada, e, desacertada perante uma **singularidade** da causa a que se não deu a atenção merecida.

É truísmo jurídico que instrumento do contrato, quando constitua prova da existência da relação jurídica elementar da causa de pedir, é documento dito *fundamental*, que, como os *substanciais*, a lei reputa indispensável à propositura da ação, como ônus do demandante (art. 396, cc. art. 283 do Código de Processo Civil)[10], embora possa ser juntado até 10 (dez) dias, sob pena de indeferimento da inicial (art. 284). Mas, como é mais que óbvio, esse ônus só atua quando não haja **justa causa** que de modo absoluto impeça o autor de exercê-lo (art. 183, §§ 1º e 2º).[11]

---

[9] Correspondem aos arts. 320 e 434 do CPC/2015.

[10] Correspondem aos arts. 320 e 434 do CPC/2015.

[11] Assim, **MARINONI**, Luiz Guilherme, e **MITIDIERO**, Daniel. *Código de processo civil comentado artigo por artigo*. 3ª ed.. SP: RT, 2011, p. 397, nº 3. Até a mais rigorosa doutrina tem, em nome da revelação da verdade, admitido juntada ulterior, salvo quando se cuide de ocultação maliciosa de documento *fundamental* (cf. **SANTOS**, Moacy Amaral. *Prova judiciária*. SP: Max Limonad, 1966, vol. IV, p. 396, nº 200; **THEODORO JÚNIOR**, Humberto. *Curso de direito processual civil*. 53ª ed.. RJ: Gen-Forense, 2012, vo. I, p. 486, nº 459; **ALVIM**, Arruda et alii. *Comentários ao código de processo civil*. 2ª ed.. SP: RT, 2012, p. 802; **NERY JUNIOR**, Nelson, e

PARECERES DE DIREITO PÚBLICO E PRIVADO

Ora, não há causa mais justa para desoneração da juntada do instrumento do contrato com a petição inicial do que a alegação, aí constante, deduzida como fundamento de pedido incidental de exibição de documento comum, de que **a ré sonegou essa prova**, deixando de entregar ao autor a via que lhe toca. Antes de estar provado, em instrução regular, que seria falsa tal afirmação, não há como, nem por onde, ignorando esse impedimento invencível, exigir que o autor junte o documento *fundamental* que alega ter sido retido ou sonegado pela ré. Exigi-lo fora rematado absurdo, que dispensa demonstração.

Daí, não incidirem, não poderem incidir, antes de exaurida a instrução, os arts. 283 e 396 do Código de Processo Civil[12], cujas consequências desfavoráveis ao onerado não podem, de modo algum, ser aplicadas agora, só para dar amparo ao decreto de carência da ação por suposta ilegitimidade ativa *ad causam*, debaixo do pretexto de serem duvidosas ou inverossímeis as afirmações do autor de que existe o contrato, mas não lhe foi entregue cópia pela contraente antecessora da ré, assim porque, tornamos a frisar, esses são fatos concernentes ao mérito, como porque, não caracterizando nenhum disparate, são, por consequência, suscetíveis de prova no curso do processo. Não é sustentável dizer-se, *a priori*, que jamais poderia ter sucedido retenção ou sonegação da via contratual pela empresa, em se tratando de possibilidade, ou, antes, de probabilidade de evento já reconhecido em vários processos análogos, como dado corriqueiro da experiência humana no contexto de negócio não formal, que os assinantes eram obrigados a aceitar sem pleno conhecimento das cláusulas, nem de sua alta relevância e potencialidade econômicas, senão apenas como condição secundária para uso da linha, que é o que interessava. O acórdão impugnado bem asseverou que ninguém costumava guardar cópia do contrato. E, enfim, se as afirmações da inicial a respeito parecem duvidosas ou menos verossímeis ao olhar severo dos votos discordantes, só o termo final da ampla e necessária instrução imposta pelo ***due process of law*** permitirá proclamar-lhes a falsidade.

G. E, neste tópico, é mister, sobretudo, recordar que, por várias vezes, o autor requereu produção doutros meios de prova desses fatos, como, *v. g.*,

---

ANDRADE NERY, **Rosa Maria de**. *Código de processo civil comentado e legislação extravagante.* 11ª ed.. SP: RT, 2010, p. 664, nº 3).

[12] Correspondem aos arts. 320 e 434 do CPC/2015.

CARÊNCIA DE AÇÃO. EXIGIBILIDADE DO ÔNUS PROBATÓRIO DO AUTOR

expedição de ofícios aos bancos custodiantes das ações e cujas respostas, noutros casos, já informaram sobre a existência de contratos (cf. e-STJ Fls. 495, 729, 761, 762, 771 e 772), sem prejuízo de, *congruo tempore*, requerer prova pericial nos livros da ré ou da antecessora ou antecessoras, e juntar *documentos úteis* que obtenha, no conjunto de todas as provas admissíveis, tudo para além dos resultados jurídicos do pedido instrumental de exibição de documentos. Há, pois, largo campo para dilação probatória, que não pode ser abortada sob pretexto de dúvidas quanto à existência do contrato.

5. Da desnecessidade de inversão do ônus da prova

H. A segunda observação, a nosso ver, decisiva no desfecho do recurso, diz com a controversa questão da distribuição do ônus da prova, cuja **inversão** o nobre Min. Relator sustentou, baseado na chamada *teoria dinâmica*, mas, em particular, no art. 100, § 1º, da Lei nº 6.404, de 1976, que revela a maior facilidade da ré para produzir a prova, e dos arts. 14, II, e 339 do Código de Processo Civil[13], dos quais lhe corre dever de probidade processual e de colaboração com o Juízo. A opinião manifestada aqui pelos doutos votos dissidentes radica-se na exegese do art. 100, § 1º, da Lei nº 6.404, de 1976, que, a seu aviso, não hospedaria regra de ônus de prova e, como tal, não se prestaria a apoiar a tese do Min. Relator.

Estamos em que é bem fundamentada a tese do Min. Relator. O disposto no art. 100, § 1º, da Lei nº 6.404, de 1976, não é, de fato, norma de ônus de prova, entendida como regra de juízo ou de decisão judicial, mas daí não se tira nenhuma impertinência ao caso, como sugere a respeitável opinião discrepante. É que não há dúvida alguma de que tal norma atribui às companhias **dever jurídico** de, como guarda dos registros societários, os quais pertencem à classe dos *registros públicos*, prestar, por certidão, informações de tais assentamentos a quem, seja acionista ou não, mas sobretudo ao acionista, lhes tenha interesse jurídico, enquanto titular do correlato **direito de informação**,[14] o qual compreende o de exibição em juízo, com caráter preparatório ou incidental, como se reconhecia já ao tempo do

---

[13] Correspondem aos arts. 378 e 77 do CPC/2015.

[14] Cf. **Carvalhosa**, **Modesto**. *Comentários à lei de sociedades anônimas*. 6ª ed.. SP: Saraiva, 2014, vol. II, p. 435; **Cestari de Rizzo**, **Valdo**, e **La Rosa de Almeida**, **Marco**. *O direito do acionista à informação em companhias abertas e fechadas*. **In**: **Von Adamek**, **Marcelo Vieira** (coord.). *Temas de direito societário e empresarial contemporâneos (liber amicorum – prof. Erasmo Valadão Azevedo e Novaes França)*. SP: Malheiro, 2011, p. 594-596).

vetusto Decreto nº 434, de 4 de julho de1981: *"Onde, pois, existe o interesse legítimo do acionista, deve conceder-se essa exibição".*[15]

I. Daí vem que, como qualquer outra pessoa, física ou jurídica, que tenha idêntica obrigação legal de exibir, ou a tenha em virtude da posse de documento que, por seu conteúdo, seja comum, como sucede no caso (art. 358, I e III, do Código de Processo Civil)[16], não pode, citada, recusar-se a fazê-lo sem razão tida por legítima, sob pena de se reputarem verdadeiros os fatos que, por meio desse documento, a parte pretendia provar (art. 359). Esta consequência processual óbvia não transforma o dever jurídico de exibição em regra de ônus de prova, mas representa especial **meio de prova** de quem, como autor ou réu, titular do direito à informação, o haja requerido ao juízo para desincumbir-se do seu ônus de prova. A distinção não é sutil: se a exibição é pedida pelo autor para provar a existência de *fato constitutivo* que alegou, **o ônus da prova continua seu** (art. 333, *caput*, I), de modo que o resultado jurídico-processual favorável da ação exibitória incidental, seja a verdade refletida no documento apresentado, seja a presunção legal de verdade consequente à recusa injusta, constitui a vantagem própria do exercício frutuoso do seu ônus, ou seja, a prova do *fato constitutivo* do direito. Não há nisso **inversão do ônus**, mas mera **produção da prova pelo autor**, em situação teórica idêntica à da prova que seria produzida com a juntada do mesmo documento pelo autor sem mediação do réu!

São duas, a respeito, as conclusões lineares e indiscutíveis.

A primeira, que ter o autor formulado, em face da companhia ré, pedido *incidental* de exibição do contrato de participação financeira, bem como dos registros correspondentes, em nada altera a regra ordinária de distribuição do ônus da prova, senão que é meio de exercício do ônus do demandante de prova do *fato constitutivo* do seu direito. Em palavras simples, para convalidá-lo **não é preciso inverter o ônus da prova**, ficando, pois, de todo prejudicada a tese da respeitável divergência, a qual se cinge a esse ponto (*b*).

A segunda, que não existe, direta nem indireta, nenhuma norma jurídica que obrigue quem se diz acionista a pedir exibição de registro pela companhia, apenas em ação de caráter *preparatório*, porque a lei lhe faculta,

---

[15] **CARVALHO DE MENDONÇA**, José Xavier. *Tratado de direito comercial brasileiro.* 6ª ed.. RJ: Freitas Bastos, 1957, vol. II, p. 251, nº 277.
[16] Corresponde ao art. 399 do CPC/2015.

CARÊNCIA DE AÇÃO. EXIGIBILIDADE DO ÔNUS PROBATÓRIO DO AUTOR

antes, pedi-la a título incidental, em cúmulo objetivo, na ação principal de tutela do direito que, com a exibição, pretenda provar. Restrição a pedido incidente é *contra legem*!

6. Da inconsistência das objeções residuais

J. Já não têm, pois, objeto, nem sentido os doutos votos contrários à tese da inversão do ônus da prova (***b***), a qual é desnecessária para dar sustentação ao improvimento do recurso especial, validando a continuidade do processo, cuja inicial atende à condição de viabilidade, até agora aprovada sem dissenso, de conter indício mínimo da existência do contrato, como, p. ex., o seu número e data, os quais havia muito já eram tidos, em hipótese em tudo idêntica, por suficientes pelo egrégio STJ, como se vê a este precedente exemplar:

> "[...] Sobre a inépcia da inicial, pondero que a falta corresponde à ausência de cópia de documento que necessariamente deve ser guardado e conservado pela ré para sua apresentação em situação como a dos autos, nos termos do art. 100 da Lei 6404/74. O contrato é de adesão, elaborado por fornecedora de serviços, caso em que o contratante aderente tem o direito de instar a estipulante a fornecer ao juízo cópia do que foi avençado, pois sabidamente muitos desses documentos não são imediatamente repassados aos consumidores. Mesmo que o fossem, cabia à fornecedora guardá-los para ocasião como esta. Ademais, cuida-se de prova que poderia vir aos autos durante a instrução do feito. **Ainda observo que a autora indicou a data da celebração do contrato e o seu número, o que era o bastante para a verificação pela ré, que não negou a existência do contrato nem afirmou a falta de registro em seus arquivos.** Os dispositivos processuais invocados pela recorrente Espumatec autorizam ao juiz, em casos tais, ordenar a exibição do documento, e nada justificava que assim não fosse feito."[17]

K. Mas sobram argumentos que, posto de menor tomo, merecem resposta.

Data venia, a afirmação categórica de que teria a ré negado a existência do contrato não corresponde ao teor da longa contestação, onde **aquela não negou**, em nenhum passo, **de forma direta**, **nem indireta**, existisse o contrato e tenha sido instalada a linha telefônica do autor. O que se colhe

---

[17] **REsp nº 472.264-RS**, Rel. Min. Ruy Rosado de Aguiar, j. 16.06. 2003, DJ 04.08.2003. Grifos nossos.

à leitura atenta da peça contestatória é que, a respeito, usou de grosseiras evasivas, cujo efeito processual é o de não ter exercido *o ônus da impugnação especificada dos fatos constitutivos*, os quais, por via de consequência, devem ser tidos por *incontroversos* (arts. 302, caput, e 334, III, do Codigo de Processo Civil). Daí não se conceber lhe esteja sendo imputado ônus diabólico de prova negativa, *rectius* de fato negativo (*iii*).

Dessa mesma postura evasiva decorre que não negou, nem podia negar a guarda do instrumento contratual e dos respectivos registros societários, de modo que não pode tampouco recusar-se, legitimamente, a exibir cópia do contrato e dos seus assentamentos, como prestação da **obrigação jurídica** que lhe pesa nos termos do 100, § 1º, da Lei nº 6.404, de 1976, e à qual corresponde inegável **direito individual à informação** que assiste a quem se apresenta como acionista ou interessado jurídico (*iv*).

Por fim, pedimos vênia para reavivar que não é jurídico, nem justo adotar postura contrária a princípios e normas para, nas perspectivas de jurisprudência defensiva, negar, em decisão a todos os títulos prematura, ao cidadão singular de **boa-fé presumida**, a viabilidade de sua demanda, sob argumento de, na temática dos contratos de participação financeira, ter-se criado indústria de processos abusivos (*v*).

7. Conclusões

L. Em relação às teses propostas pelo eminente Min. Relator, com a devida vênia, podemos avançar que, dada a concordância, verificada entre todos os votos proferidos, acerca da primeira e da terceira, bem como a releitura da segunda, sobre a qual recai a divergência, é possível conciliar as posições em torno dos seguintes enunciados: nas chamadas demandas de complementação de ações, nas quais haja pedido incidental de exibição de documento (instrumento ou assentamentos contratuais), não se aplica a **súmula 389**, sob pena de afronta ao art. 100, § 1º, da Lei nº 6.404, de 15 de dezembro de 1976, e ao art. 5º, XXXV e LIV, da Constituição da República **(a)**; quando a inicial traga indício mínimo da existência do contrato, como, p. ex., seu número ou o da linha telefônica, **não há inversão do ônus da prova** que decorra do dever jurídico de exibição previsto no art. 100, § 1º, da Lei nº 6.404, de 1976 **(b)**; aplica-se a presunção relativa de veracidade objeto dos arts. 358, I e III, e 359 do Código de Processo Civil[18], em vir-

---

[18] Correspondem aos arts. 399 e 400 do CPC/2015.

CARÊNCIA DE AÇÃO. EXIGIBILIDADE DO ÔNUS PROBATÓRIO DO AUTOR

tude da irrecusabilidade da exibição, que deriva do dever imposto à companhia no art. 100, § 1º, da Lei nº 9.604, de 1976 *(c)*.

E o remate de toda nossa já longa exposição é que, nas circunstâncias deste caso submetido a recurso especial em julgamento, provê-lo em desacordo com essas teses, abortando processo viável, implicaria cerceamento do exercício de poderes processuais elementares do justo processo da lei (*due process of law*) e negativa de prestação jurisdicional, com ofensa retilínea e direta, como já alertou o ilustre Min. Relator, ao disposto no art. **5º, XXXV e LIV, da Constituição da República**, porque, ainda que se reconheça, como de certo modo o reconhecem todos os votos, o mesmo alcance às normas subalternas examinadas (art. 100, § 1º, da Lei nº 6.404, de 1976, e arts. 358, I e III, e 359 do Código de Processo Civil), mas sem permitir continuidade da causa e produção de provas, o resultado seria negar acesso ao devido processo legal e à Jurisdição. É esta a razão-síntese por que estamos em que deve negado provimento ao recurso.

É o que, salvo melhor juízo, nos parece.

Brasília, 18 de agosto de 2015.

5
Representação Comercial. Prescrição e *Suppressio*

1. SENTENÇA. Fundamentação. Provas contrapostas. Opção por prova frágil, impregnada de presunção de inverossimilhança. Admissão de execução contratual, sem contraprestação, nem queixa, durante mais de 11 (onze) anos, por comerciante. Omissão das razões dessa escolha. Ofensa ao princípio do livre convencimento ou da persuasão racional. Questão de direito (*quaestio iuris*), cognoscível em recurso especial. Inteligência do art. 131 do CPC de 1973 e art. 371 do CPC vigente. *Se, na sentença, o juiz prefere as provas A e B – que favorecem o autor – em detrimento da prova C – que beneficia o réu –, não basta fazer referência às provas A e B, senão que deve explicitar a razão pela qual a prova C não o convenceu, sob pena de ofender o princípio da persuasão racional.*

2. NEGÓCIO JURÍDICO. Representação comercial. Contrato verbal. Distrato tácito. Admissibilidade. Interpretação do art. 472 do CC e do art. 27, *caput* e § 2º, da Lei nº 4.886, de 9 de novembro de 1965. *A Lei nº 4.886, de 1965, não condiciona, a despeito da norma do art. 27, **caput**, a validade do contrato de representação comercial à adoção de forma escrita, donde se tem entendido possa ser verbal e provado por outro meio, e, de mais a mais, prevê-lhe prorrogação tácita (art. 27, § 2º), que convive com a possibilidade de igual modo, tácito, de desconstituição.*

3. PRESCRIÇÃO. Quinquenal. Representação comercial. Ação de cobrança de comissões e indenização. Prazo. Redução por lei nova. Incidência imediata da Lei nº 8.420, de 8 de maio de 1992, que introduziu o § único do art. 44 da Lei nº 4.886, de 1965, sem *vacatio legis*. Norma especial que reduziu o prazo. Escoamento deste antes de findar o prazo vintenário do art. 177 do revogado CC. Pretensão prescrita. *Decorrida a*

vacatio legis, *a lei nova que reduz prazo de prescrição incide sobre os prazos em curso. Inexistindo **vacatio**, é de distinguir: se o prazo maior da lei anterior escoa antes do termo do prazo da lei nova, incide aquela, não esta; se, todavia, o prazo menor da lei nova se dissipa antes de findar o prazo da lei anterior, aplica-se o da lei nova, contado da data do início de sua vigência.*

4. SUPPRESSIO (*Verwirkung*). Caracterização. Contrato de representação comercial. Ação de cobrança de comissões e indenização. Inércia do representante em exigir essas verbas durante mais de 11 (onze) anos de execução do contrato. Confiança legítima da devedora na inexigibilidade. Impossibilidade de exercício do direito subjetivo e da pretensão do credor. Aplicação dos arts. 187 e 422 do CC. *Suppressio é a situação paralisante em que incorre a pessoa que, tendo suscitado noutra, por força de prolongado não exercício, a confiança de que seu direito ou pretensão não seria exercido, já não pode fazê-lo por imposição da boa-fé objetiva.*

1. Consulta

A. O ilustre advogado MP dá-nos a honra de consulta sobre a sorte de recurso especial que, em nome da cliente MB Ltda., atual denominação da KFB, interpôs de acórdão do Tribunal de Justiça do Espírito Santo que, em embargos infringentes, manteve, com ressalva acerca de compensação de honorários advocatícios de sucumbência, provimento parcial de apelação da autora contra sentença que julgou procedente ação de cobrança de comissões e indenização, movida à cliente, por descumprimento de contrato de representação comercial. A ré foi, em síntese, condenada a pagar comissões de vendas até rescisão do contrato sem justa causa e consequente indenização. No recurso especial, sustenta violação aos arts. 125, inc. I, 131 e 535 do Código de Processo Civil revogado, aos arts. 44, § único, da Lei nº 4.886, de 9 de novembro de 1965, e 4º da Lei nº 8.420, de 8 de maio de 1992, concernente à prescrição, bem como aos arts. 85, 129 e 1.079 do Código Civil anterior e aos arts. 113, 187 e 422 do atual, relativos à *suppressio*.

Estamos em que lhe assiste razão.

2. Síntese relevante da lide

B. Alegando ter assinado, em 1986, com QR S.A., antecessora da ora ré, contratos de distribuição e de representação comercial, prorrogado este por prazo indeterminado em 1987, a autora reclama o pagamento de comissões

REPRESENTAÇÃO COMERCIAL. PRESCRIÇÃO E *SUPPRESSIO*

devidas pela representação a partir de fevereiro de 1992 até 30 de abril de 2003, quando, sem justa causa, teriam sido ambos os contratos rescindidos, bem como de indenização por essa ruptura. A ré contestou, aduzindo, no mérito, que, dada a prevalência do contrato de distribuição, os serviços de representação cessaram em fevereiro de 1992, *desde quando reconhece a autora ter cessado o pagamento das comissões, jamais exigido, por esse motivo, durante os 11 anos subsequentes*. De todo modo, ainda quando, por argumentar, houvesse perdurado o contrato, as pretensões estariam inibidas pela prescrição estatuída no art. 44, § único, da Lei nº 4.886, de 9 de novembro de 1965, acrescido pela Lei nº 8.420, de 8 de maio de 1992 (art. 2º).

Saneado o processo, a perícia não encontrou, nos livros comerciais da autora, a que, nesse aspecto, se restringiu tal prova, sem recurso, *nenhum registro de comissões devidas após fevereiro de 1992*.

A sentença firmou que, consoante testemunhos genéricos de continuidade da representação,[1] cujo termo final não esclareceram, era de *presumir*, à míngua de outros elementos, que esse contrato teria perseverado até a expiração certa do contrato de distribuição, em 30 de abril de 2003, por denúncia imotivada, donde, julgando procedente, em parte, a demanda, condenou a ré a pagar comissões sobre valor das vendas de *produtos que especificou*, no período de 18 de abril de 2000 a 30 de abril de 2003, à vista da *prescrição quinquenal (i)*, e indenização calculada com base nas remunerações pagas e nas devidas entre 20 de fevereiro de 1986 até abril de 2003 *(ii)*.

Decidindo as apelações, embargos de declaração e embargos infringentes, o tribunal *a quo*, substituindo a sentença, *ampliou* a condenação, entendendo não incidir o art. 44, § único, da Lei nº 4.886, de 1965, mas o art. 177 do Código Civil *(a)*, e, em embargos declaratórios, dispondo sejam as comissões calculadas sobre as vendas presumidas de *todos os produtos da sucessora KF*, não apenas dos comercializados pela QR S.A. *(b)*. E, por fim, mandou compensar os honorários advocatícios *(c)*.

3. Do erro considerável sobre a extinção do contrato

C. As instâncias ordinárias erraram, gravemente, ao ***presumir*** que, como fato constitutivo dos pedidos, o contrato de representação comercial teria

---

[1] Como deixou expressamente consignado, a sentença descartou a perícia adstrita aos livros da autora e, para fundamentar seu convencimento, levou em conta apenas a **prova oral**, representada por três depoimentos precaríssimos de testemunhas que nem souberam dizer até quando se teria prorrogado o contrato de representação (cf. fls. 2.991 e 2.992).

subsistido após fevereiro de 1992. E tal erro, decisivo e juridicamente, considerável, não foi sutil, nem postula, para ser reconhecido, revisão das provas, senão mero controle da correção lógica do juízo de sua relevância, que é típica *quaestio iuris*, como há de ver-se.

D. Por demonstrá-lo nítido, convém partir dos próprios termos da petição inicial, onde a autora admitiu, *expressis verbis*, que, como ainda vigorasse, por tempo indeterminado, o prorrogado contrato de representação mercantil e, em consequência, continuasse, segundo afirmara, a prestar regulares serviços de intermediação à então representada, não teria recebido, nem exigido, a título de retribuição contratual, nenhuma comissão no largo período de fevereiro de 1992 até 30 de abril de 2003, ou seja, que **ficou, como comerciante, a trabalhar sem nenhuma contraprestação contratual, nem queixa, durante 11 (onze) anos consecutivos!**

Este era e é fato *extraordinário* e *incontroverso* que, por seu agudo caráter inusitado, para o qual, ao longo de todo o processo, a autora não deu explicação alguma, já impunha a todos os julgadores a cautela primária de, sem justificação convincente, que nunca veio, guardar-se de sua grosseira inverossimilhança. Era e é, na estrita acepção do adjetivo, fato já inacreditável em si mesmo, ainda fora do contexto jurídico da prática comercial, cujos contratos, escusaria dizê-lo, são sempre formados e vivenciados "*a titolo oneroso, e cioè, che ciascuna delle parti intende, mediante equivalente, procurarsi un vantaggio... L'attività commerciale è, difatti, compiuta con intento di lucro e perciò anche quegli atti, che, in materia civile, vengono compiuti senza correspettivo, sogliono invece essere compiuti, in materia commerciale, solo in relazione a un compenso adeguato.*"[2]

Esse cunho ostensivamente ilógico, que comprometia toda credibilidade à alegação de tão dilatada quão incompreensível vigência do contrato comercial, executado, por tantos anos, apenas por representante passiva, conformada com a sistemática falta da contraprestação, dava ao fato, no quadro do processo, foros de verdade absoluta, na medida em que era e é apoiado por outras circunstâncias não menos incontroversas.

A primeira delas está em que, contra essa alegação de todo irracional, desprovida, que é, de razão perceptível, a ausência de pagamento de comissões reveste de racionalidade a hipótese de desinteresse recíproco

---

[2] **ASCARELLI**, **Tullio**. *Istituzioni di diritto commerciale*. Milano: A. Giuffrè, 1938, rist., p. 163 e 164.

pela subsistência do contrato de representação, circunscrito a venda de produtos de baixíssimo valor comercial da QR S.A., objeto primitivo do contrato simultâneo de distribuição e especificados no primeiro dispositivo da sentença (*i*), ou seja, refrescos, chicletes, jujubas, confetes, balas e chocolates, depois de, como o admite a inicial mesma no item 19, ter-se transformado aquela representada em empresa de maior porte, a IAG –S.A.. Numa palavra, esta transformação, mediante operação societária de *joint venture*, reconhecida pela sentença (cf. fls. 2.994), tornou muito mais interessante à autora, do ponto de vista econômico, ater-se à distribuição dos novos produtos, em especial às suas filiais e empresas controladas, obedecendo à *ratio* da lucratividade e à lógica do mercado.

A segunda é que a autora não produziu a prova, cujo ônus lhe pesava, do fato constitutivo da prestação pormenorizada dos serviços de representação mercantil após fevereiro de 1992 (**art. 333, *caput*, inc. I**, do Código de Processo Civil), até porque fora visível demasia imputar à ré o encargo da chamada prova diabólica do fato negativo *indeterminado*, consistente na falta de prestação dos serviços após fevereiro de 1992, bastando imaginar-se que, por conseguinte, não constasse, a respeito, registro em seus livros empresariais.[3] E em nada lhe era dificultoso fazê-lo, assim porque, se houvesse prestado, teria acesso oportuno às cópias das notas fiscais que acompanhariam as faturas e controle das vendas (**arts. 32, § 1º e 33, § 2º**, da Lei nº 4.886, de 1965, com a redação da Lei nº 8.420, de 1992), como, sobretudo, porque as teria registrado nos seus livros comerciais. Se a perícia não encontrou tais lançamentos, que fariam prova a favor da autora (**arts. 379 e 380** do Código de Processo Civil), a lacuna não apenas frustrou essa prova, senão que também faz prova contra a autora, levantando presunção de inexistência das intermediações apregoadas (**art. 378**),[4] que, por mais um modo, exacerba a já robusta inverossimilhança da alegação do fato constitutivo.

---

[3] É evidente que, nesse caso, a só inexistência de registros de intermediações nos livros da ré não preexcluiria que os houvesse nos da autora, donde teria aquela de recorrer a testemunhas cujos relatos de negação genérica nada acrescentariam em termos de prova da ausência de prestação dos serviços no período. Ou seja, não teria a ré como provar a afirmação da falta absoluta dessa prestação.

[4] Certíssimo quanto à eficácia retórica da *omissão*, diz **FÁBIO TABOSA**: "*Se o comerciante, em determinado caso, apregoa a existência de operação que ele mesmo não escriturou, a conclusão inicial, a partir do exame desses documentos, será a de inexistência daquela.*" (*in* **MARCATO**, **Antonio Carlos** (coord.), **et alii**. *Código de processo civil interpretado*. SP: Ed. Atlas, 2004, p. 1156)

E. Ora, para, nessa moldura, convelir tão exuberante inveracidade, imanente à ininteligibilidade da alegação de vigência e de execução do contrato, por mais de uma década, sem pagamento, nem cobrança de contraprestação, era preciso que as instâncias ordinárias se fundassem em elementos probatórios capazes de, no confronto lógico das proposições a que se reduz a livre apreciação da prova, justificar, pela força retórica, juízo de prorrogação do contrato até abril de 2003, sem pagamento de retribuição à representante. Mas o que, a propósito, consta do acórdão recorrido? Apenas curta remissão do voto condutor das apelações a **três dados** que teriam sido, em suas palavras textuais, *"determinantes para o meu convencimento"*, a saber.

O primeiro, figurado em correspondência da representada que, em março de 1995, aludia *"a toda equipe da Filial e Representantes"*, e da qual não se tira que a autora continuasse a sê-lo (**a**). O segundo foi resposta do perito que teria obtido documentos que *"demonstram a ocorrência de operações posteriores a Fevereiro de 1992"*, sem discriminá-las, nem excluir que fossem apenas as do vigente contrato de distribuição (**b**). E o terceiro cifrou-se a isolado depoimento vago de ex-empregado da ré que afirmou não ter sido rescindido, expressamente, o contrato de representação, mas cujo termo final não esclareceu (**c**). É o que se lê a fls. **3.073**, **3.074** e **3.075** dos autos.

Estas três únicas e fragílimas referências não bastam, como prova, para se opor à credibilidade processual daquele conjunto de circunstâncias ressaltadas no item anterior,[5] as quais avigoram a ***inverossimilhança*** da alegação de que o contrato de representação comercial teria sido prorrogado e executado depois de fevereiro de 1992 até 30 de abril de 2003, sem pagamento de contraprestação. O acórdão recorrido não deu nenhuma razão por que, a tal inveracidade, preferiu a versão factual sustentada pela autora, incidindo, contra regras de experiência e literais disposições de lei, em erro *in iudicando*, remediável em recurso especial.

4. Da cognoscibilidade da *quaestio iuris* do erro *in iudicando*

F. Já ninguém tem dúvida de que o chamado princípio da persuasão racional (**art. 131** do Código de Processo Civil revogado[6]) não se cumpre, nem

---

[5] Cf. **nº 4**, *supra*.

[6] Reproduzido, com redação menos congestionada, no **art. 371** do vigente Código de Processo Civil.

REPRESENTAÇÃO COMERCIAL. PRESCRIÇÃO E *SUPPRESSIO*

exaure na necessidade de exposição das razões que tenham ditado a convicção do juiz, como se o dá-las fosse suficiente para dispensar controle de legalidade da apreciação da prova. Está hoje assentado que tal princípio impõe ao juiz submeter a prova, antes de sua valoração, a critérios de credibilidade que, representados por regras de experiência, a tornem idônea para formar-lhe o convencimento, permitindo às instâncias extraordinárias, às quais se veda reavaliação da prova, controlar a consistência lógica do juízo factual mediante escrutínio da correção lógica da fundamentação, *"senza che ciò implichi un riesame sostanziale del giudizio di fatto".*[7] É que, em resumo, o juiz deve aferir a credibilidade da prova para saber se é idônea a justificar-lhe, pelo valor retórico, a convicção formada a respeito da existência ou inexistência do fato a que se ligue, para então extrair a versão mais crível. As razões formais que deduza na motivação da sentença hão de refletir esse experimento lógico, para que se possa aferir se **a prova invocada poderia provar o fato** que deu por provado, sem que isso, à evidência, se confunda com o chamado reexame da prova. Daí advertir-se, com inteira pertinência ao caso da consulta, que

> "o fato de o juiz ter de justificar, e não mais decidir, obviamente não lhe dá o direito de apenas lembrar as provas que apontam na direção da versão da parte vencedora, como se justificar fosse somente argumentar em favor da parte que venceu e não argumentar em favor da decisão mesma. Ora, se o juiz preferiu as provas A e B – que favorecem o autor – em detrimento da prova C – que beneficia o réu –, não basta fazer referência às provas A e B, sendo necessário explicar a razão pela qual a prova C não o convenceu."[8]

De modo que, se aqui o acórdão impugnado, ao intacto conjunto das circunstâncias indicativas da graúda **inverossimilhança** da versão da autora, as quais nem sequer considerou para as refutar, preferiu aqueles três inexpressivos dados de prova (**a, b e c**), sem haver dado nenhuma razão dessa escolha, que se fez então arbitrária, afrontou o princípio da persuasão racional (**art. 131** do Código de Processo Civil), a regra da motivação suficiente (**art. 458, inc. II**, do Código de Processo Civil, e **art. 93, inc. IX**, da Cons-

---

[7] **Taruffo, Michele.** *Studi sulla rilevanza della prova.* Padova: CEDAM, 1970, pp. 200-201, nº 49, *et passim.*

[8] **Marinoni, Luiz Guilherme; Arenhart, Sérgio Cruz.** *Prova.* SP: Ed. RT, 2ª ed., 2011, p. 305. V., ainda, pp. 369-370, nº 20.10.

tituição da República), a máxima de experiência do *id quod plerumque accidit* (**art. 335** do Código de Processo Civil) e não poucas outras normas jurídicas, (**arts. 333, *caput*, inc. I, 378, 379 e 380** do Código de Processo Civil, e **arts. 32, § 1º e 33, § 2º**, da Lei nº 4.886, de 1965, com a redação da Lei nº 8.420, de 1992), e, como tal, não pode subsistir.

G. É que, nesse quadro, a única alternativa jurídica está em admitir que o contrato de representação comercial foi extinto, em fevereiro de 1992, mediante ***distrato tácito***, enquanto significado negocial do comportamento concludente e vinculativo dos contraentes, inferível, por interpretação, não a atos volitivos, mas ao conteúdo objetivo das suas declarações de vontade expressas no fato de, após aquela data, terem, por desinteresse econômico, desistido de exercer qualquer ação ativa de execução contratual (prestar e contraprestar), pondo termo *ex nunc* à eficácia do contrato.[9]

Trata-se da aplicação de instituto próprio da autonomia contratual, que é o poder, que em regra têm as pessoas, de dispor sobre sua esfera jurídica. Esta modalidade de resilição, voluntária, para a qual concorrem fundamentos não negociais, como, *v. g.*, os da proteção da aparência jurídica e da proibição de comportamentos contraditórios, está incorporada à dogmática e, em geral, aos ordenamentos.[10] Entre nós, o disposto no art. 472 do atual Código Civil, cuja precisa redação removeu dúvidas suscitadas à luz do art. 1.093, 1ª parte, do velho Código, não obsta à sua admissibilidade, porque não pede forma escrita à validez do distrato, quando a não exija a lei para celebração válida do contrato.[11] A Lei nº 4.886, de 1965, não condiciona, a despeito da norma do art. 27, *caput*, a validade do contrato à adoção da forma escrita, donde se tem entendido possa ser verbal e provado por outro meio,[12] e, de mais a mais, prevê-lhe prorrogação tácita (art. 27, § 2º), que convive com a possibilidade de igual modo de desconstituição.

---

[9] Cf. **Pinto, Paulo da Mota**. *Declaração tácita e comportamento concludente no negócio jurídico*. Coimbra: Liv. Almedina, 1995, pp. 64, 65 e 837. Mostra bem o autor que tal figura não constitui renúncia tácita, nem ficção.

[10] Cf., por todos, **Pereira, Caio Mário da Silva**. *Instituições de direito civil*. RJ: Gen-Forense, vol. III, 13ª ed., 2009, pp. 129-130, nº 213; **Perlingieri, Pietro; Biscontini, Guido**. *Manuale di diritto civile*. Napoli: Ed. Scientifiche Italiane, 7ª ed., 2014, p. 607; **Bianca, Massimo**. *Diritto civile*. Milano: A. Giuffrè, vol. III, 2ª ed., 2000, pp. 735-736 e nota nº 14.

[11] Cf. **Tepedino, Gustavo; Barboza, Heloisa Helena; MORAES, Maria Celina, Bodin de**. *Código civil interpretado*. RJ: Renovar, 2006, vol. II, p. 114.

[12] **Requião, Rubens Edmundo**. *Nova regulamentação da representação comercial autônoma*. SP: Saraiva, 2007, p. 66; STJ, **REsp nº 846.543-RS**, 3ª Turma, rel. Min. Paulo de Tarso Sanseverino,

5. Da prescrição

H.Daí vem estarem prescritas as pretensões.

A ação, em que foram exercidas, foi proposta em abril de 2005, de modo que, desfeito o contrato de representação em fevereiro de 1992, como visto, a prescrição quinquenal das pretensões a comissões e a indenização, supondo-se devida esta, se consumou em fevereiro de 1997, nos termos do art. 44, § único, da Lei nº 4.886, de 1965, introduzido pela Lei nº 8.420, de 1992, como, aliás, reconheceu a sentença quanto à exigibilidade das comissões. A reforma, que lhe promoveu, na apelação da autora, o acórdão recorrido, essa foi de todo em todo errônea, porque supôs ter incidido o art. 177 do revogado Código Civil, e não, a regra específica sobrevinda, aplicável ao caso.

É que, em sendo lugar comum não haver direito adquirido a regime jurídico, nada impede a incidência imediata de norma modificadora ou redutora de prazo prescricional, desde que se observe o princípio tuitivo da segurança jurídica que inspirou a edição do art. 2.028 do vigorante Código Civil, antes do qual já se proclamava que lei nova só não pode fulminar pretensão que, segundo o direito anterior, ainda seria exercível, respeitando-se aí a *vacatio legis*, durante a qual nada obsta a ser exercida (súmula 445 do STF). Decorrida a *vacatio*, a lei nova incide sobre os prazos em curso. Inexistindo *vacatio*, como é a hipótese da consulta, é de distinguir: se o prazo maior da lei anterior escoa antes do termo do prazo da lei nova, incide aquela, não esta; se, todavia, o prazo menor da lei nova se dissipa antes do prazo da lei anterior, ***aplica-se o da lei nova***, contado da data do início de sua vigência. Donde escusa grande esforço para ver, logo, que, no caso, incidia o prazo reduzido da Lei nº 8.420, de 1992, que findaria muito antes do decurso do prazo vintenário do art. 177 do antigo Código Civil.

I. E esta é indiscutível conclusão que conviria para, em relação às *comissões*, se restabelecer o comando decisório da sentença de primeiro grau (*i*), se, apenas *ad argumentandum*, se reputasse vigente o contrato de representação até abril de 2003. Aquelas verbas só seriam devidas no período de 18 de abril de 2000 a 30 de abril de 2003 e calculadas sobre o valor de venda dos produtos especificados na sentença, pela boa e inconcussa razão jurí-

---

j. 05.04.2011, Dje 11.04.2011, e *RSTJ* 222/332, onde se invoca, em igual sentido, o **REsp nº 229.761**, 3ª Turma, rel. Min. Waldemar Zveiter, j. 09.04.2001.

dica de que constituíam o **objeto original** do contrato de representação, cuja cláusula primeira se reportava aos produtos que, mediante o negócio simultâneo de distribuição, acordado entre os mesmos contraentes, deveriam ser vendidos por intermediação da autora, nos termos do **art. 27, caput, alínea *b*,** da Lei nº 4.886, de 1965, com a redação da Lei nº 8.420, de 1992,[13] quando não foi produzida prova de ampliação convencional de seu espectro, até porque, como o admitiu o acórdão mesmo dos embargos declaratórios, a perícia falhou na pesquisa de documentação a respeito.

6. De epítrope, *suppressio* e dever jurídico de mitigação

J. Consideremos agora, por hipótese retórica, que se não tivesse ajustado o distrato tácito e, dessarte, houvera sobrevivido o contrato, sem pagamento, até 30 de abril de 2003. Nesse caso, seria irrecusável a caracterização da *suppressio*, que um dos acórdãos recorridos negou sob errôneo pretexto de que, *"reconhecida a continuidade dos contratos, prorrogados por tempo indeterminado,"* seria, *"por óbvio, impossível a ocorrência de **suppressio**."* O óbvio está, antes, em que a eficácia inibitória da *suppressio* se preordena, precisamente, a atingir relações obrigacionais ainda vigentes, cuja atuação seria ilegítima e danosa ao devedor. Não teria sentido era opor *suppressio* a contrato já desfeito!

K. Como uma das modalidades de extinção de posições jurídicas ativas, ou de exercício inadmissível destas, diz-se *suppressio*, vocábulo latino adotado e difundido por Menezes Cordeiro para traduzir *Verwirkung* com mais propriedade que os termos equívocos, como caducidade, decadência, inibição, paralisação ou perda, *"a situação em que incorre a pessoa que, tendo suscitado noutra, por força de um não-exercício prolongado, a confiança de que a posição em causa não seria actuada, não pode mais fazê-lo por imposição da boa-fé."*[14] Tal figura, nascida no amplo movimento de autônoma formação pretoriana e doutrinária de institutos jurídicos destinados a responder a questões recentes e imprevisíveis à totalidade do sistema positivo,[15] é obra do direito alemão, designadamente de sua sensível jurisprudência, como remédio eficaz contra os graves danos econômicos que, no quadro

---

[13] Cf. fls. **3.075** e **3.076**.

[14] **MENEZES CORDEIRO, António Manuel da Rocha e.** *Da boa fé no direito civil.* 5ª reimp.. Coimbra: Almedina, 2013, p. 378, nota nº 443. Cf., ainda, p. 797-798, § 30º, nº 74, I.

[15] **CASTANHEIRA NEVES, António.** *Questão-de-facto – questão-de-direito ou o problema metodológico da juridicidade.* Coimbra: Almedina, 1967, p. 289, § 13º, nº 1, *"e"*, e nota nº 33.

REPRESENTAÇÃO COMERCIAL. PRESCRIÇÃO E *SUPPRESSIO*

da incomensurável inflação que acometeu o país na década seguinte ao término da primeira grande guerra, o atraso injustificado no exercício de pretensões de caráter financeiro provocava aos devedores à conta da correção monetária, rompendo equilíbrio negocial que as exigências da *boa--fé objetiva* tinham de restaurar.[16]

L. Esta brevíssima reconstituição histórica, da qual ressalta a ideia clara de a figura ter-se inspirado na necessidade de tutela dos justos interesses do devedor, é também importante para sublinhar que sua laboriosa construção dogmática se radicou e consolidou no âmbito da proibição do *venire contra factum proprium*, como expressão qualificada da proteção da **boa-fé objetiva** contra as consequências da frustração da confiança baseada em prolongada inatividade do titular de posição ativa, na medida em que implica proscrição de comportamento contraditório. Em si, a contínua postura passiva do credor não deixa de constituir *factum proprium*. Não o descaracteriza tampouco o relevo que aí se dá ao tempo no exercício do direito subjetivo e aos indícios objetivos de que já não seria exercido, porque o tempo atua na formação da confiança, gerando expectativas sociais de que sua representação se mantém. E a trama conceitual do instituto não exclui que o conteúdo de desrespeito à boa-fé se reconduza ainda a uma forma de **abuso do direito**,[17] desde que não concebido este como violação da intencionalidade axiológico-normativa do direito subjetivo, senão da mesma *fides*, nem como ato ilícito específico,[18] porque, sobre as formas de manifestação de exercícios inadmissíveis, como a *suppressio*, a *exceptio doli*, o *tu quoque*, etc., "*[n]ão há, como na altura se tornou compreensível e a jurisprudência ilustra, uma fronteira lógica estrita entre elas.*"[19]

---

[16] Cf. **RANIERI, Filippo.** *Rinuncia tacita e verwirkung. Tutela dell'affidamento e decadenza da un diritto.* Padova: Cedam, 1971, p. 17; **MENEZES CORDEIRO.** *Op. cit.*, p. 801-802, § 30º, nº 74, III.

[17] Sobre o tratamento da *suppressio* e do *venire* no quadro do **abuso do direito** e da **boa-fé**, cf. **PINTO, Paulo Mota.** *Op. cit.*, pp. 130-131, nº 11, "c", e nota nº 142, pp. 766-767, nº 33, nota nº 71, e p. 814, nota nº 188. No direito italiano, a *Verwirkung* também é vista como qualificação de "*un comportamento scorretto, sleale*", contrário à "*buona fede in senso oggettivo*" (**PERLINGIERI, Pietro; MINERVINI, Enrico.** *In:* **PERLINGIIERI**, Pietro. *Manuale di diritto civile, cit.*, p. 434, nº 105. *Idem*, **PERLINGIERI, Pietro; FEMIA, Pasquale.** *In:* **PERLINGIERI**, Pietro. *Op. cit.*, p. 98, nº 46)

[18] Como o define o texto do art. 187 do Código Civil. Para sua crítica, cf. **TEPEDINO, Gustavo; BARBOZA, Heloisa Helena; MORAES, Maria Celina Bodin de.** *Op. cit.*, 2ª ed. RJ: Renovar, 2007, vol. I, pp. 345-346.

[19] **MENEZES CORDEIRO.** *Op. cit.*, p. 899, § 34º, nº 84, II.

Daí poder assentar-se entre nós, sem risco de engano ou confusão, que a tipificação e a eficácia inabilitante da *suppressio* encontram direto suporte normativo no alcance dos arts. **187** e **422** do Código Civil, em cuja moldura a **boa-fé objetiva**, entendida como dever de lealdade, desempenha, para além de critério de interpretação e fonte de direitos e deveres contratuais, a função de limite ao exercício de direitos subjetivos, que é a que interessa ao caso desta consulta.

M. A noção da *suppressio* compreende, em primeiro lugar, uma *situação de confiança* do devedor, oriunda de persistente comportamento anterior do outro sujeito, a qual é, objetivamente, capaz de despertar, noutrem, a segura convicção de que, no futuro, se comportará, com coerência, de igual modo. A mera passividade aturada do credor já basta para criar aquela situação, que, ao lado dessa influência determinante do fator temporal, é reforçada ou confirmada quase sempre por outros dados objetivos, como, p. ex., reiterada conduta do credor que, durante toda a execução do contrato, assume outra dinâmica de prestação e contraprestação, diversa da que resultaria do estrito cumprimento das textuais disposições do instrumento contratual, como se deu neste caso. Essa conformação objetiva do contraente a outro modo de execução do contrato, representando prolongada inércia quanto ao exercício de direito ou direitos irradiados dos termos do ajuste original, não deixa de traduzir comportamento negocial autovinculante, que o ordenamento valida sem sacrifício da liberdade jurídica do titular, pois acarreta apenas efeito de inibir ulterior comportamento contraditório, que atualizaria risco de dano à outra parte, frustrada na confiança legítima (*venire contra factum proprium non licet*).

N. O instituto supõe, ainda, a *boa-fé subjetiva* do devedor que ignora a discrepância entre a intenção aparente do outro sujeito, expressa no fato de sua longa inatividade, sem reserva, nem ressalva, quanto a exercício de lícitas pretensões contratuais, e a intenção real, suposta ou adormecida. Trata-se da própria *ratio* da necessidade de proteção normativa de quem confiou sem descurar as cautelas usuais do tráfico jurídico, em circunstâncias nas quais não havia elementos fáticos objetivos que lhe indicassem o contrário ou suscitassem dúvidas fundadas. Se o contraente, na execução do contrato, age de modo contínuo em desacordo com as disposições originais, aceitando, sem resistência formal ou tácita, nova dinâmica das interações, produz estado objetivo de coisas que leva, necessariamente, a outra parte a fiar em que não será, ao depois da extinção da relação contratual, surpreendida por abrupto comportamento contraditório, donde faz por merecer a tutela imposta pelo princípio da segurança jurídica. Neste passo, não se exige culpa do titular inativo do direito, porque sua inatividade não viola nenhum dever legal ou negocial. Basta a liberdade que desfrutou.

O. Pode estar também presente o que a doutrina chama de *investimento de confiança* no comportamento alheio, a significar consequente reorientação da vida econômica do devedor confiante, que a planeja com base na crença justificada pela dilatada passividade do credor, para tomar ou deixar de tomar decisões e iniciativas relevantes de ordem econômica, cujos resultados lhe desatariam danos em caso de frustração da confiança, que os inspirou na origem, de que o direito subjetivo não seria exercido. Nesse sentido diz-se que as circunstâncias da *suppressio* "*devem informar uma situação tal que o exercício retardado do direito surja, para a contraparte, como injustiça, seja em sentido distributivo por lhe infringir uma desvantagem desconexa da panorâmica geral do espaço jurídico, seja, em sentido comutativo, por lhe acarretar um prejuízo não proporcional ao benefício arrecadado pelo exercente, tendo em conta a distribuição normal a operar pelo direito implicado.*"[20] É o que, de ordinário, se passa, quando o devedor redireciona os investimentos ou aplica noutras áreas o que, confiando na perseverança da alteração da dinâmica da experiência contratual, poupa ao não ter de pagar verbas que o credor nunca lhe exigiu ao longo da execução do contrato. Precisar de pagá-las a uma exigência tardia e desleal, sobretudo após extinta a relação jurídica, é injusta desvantagem que o ordenamento aborta com a incidência da *suppressio*.

P. Convém, por fim, acentuar que a figura da *suppressio* constitui reação estratégica da ordem jurídica à *violação gravosa*, enquanto comportamento contraditório, retardado, desleal e abusivo do titular do direito, à confiança ou expectativa legítima de que este já não seria exercitável. Noutras palavras, a figura presta-se a neutralizar ou paralisar, como inadmissível, o exercício de direito potestativo ou de pretensão de direito a prestação, sem o extinguir, a título de repressão da ofensa ao imperativo da boa-fé objetiva e, ao mesmo tempo, de abuso do direito, na medida em que, se admitido, seria lesivo ao patrimônio do devedor, cuja justa confiança seria defrau-

---

[20] **Menezes Cordeiro**. *Op. cit.*, p. 820, § 30º, nº 75, V. Já, antes, advertindo a mesma grave consequência do prejuízo da orientação conforme da vida econômica como "*uma desvantagem maior do que seu exercício atempado*", cf. **Machado**, **João Baptista**. *Tutela da confiança e 'venire contra factum proprium'. In: Obra dispersa.* Lisboa: Fundação Calouste Gulbenkian, s.d., vol. I, p. 406, 407 e 421.

dada por exigência extemporânea e incompatível com o sentido aparente da inércia anterior.

E, por boa consequência jurídica, a figura atua onde ainda se não tenha consumado prescrição ou decadência, que a tornariam irrelevante. É que sua racionalidade normativa, ou *ratio iuris*, não reside nas várias mas confluentes motivações da previsão do mero transcurso do tempo a que a lei condiciona o exercício do direito formativo e da pretensão, mas na particular valoração normativa do tempo como índice objetivo de um comportamento omissivo capaz de, associado a outros fatos, induzir a parte contrária a crer que tal pretensão ou direito já não será no futuro, a seu dano, exercido antes de esgotado o prazo prescricional ou decadencial. Daí não haver lugar para conflito teórico entre os prazos legais de exercício, servis à estabilidade das relações jurídicas, e a configuração concreta de *suppressio*, vocacionada à tutela da confiança. De todo modo, não nega, quem o admite, que o valor de segurança dos prazos legais deva ceder, independentemente destes, à força da necessidade de tutela da boa-fé objetiva que opere uma como *prescrição de fato*.[21]

Q. Tal conclusão é sobremodo irrespondível quando se atenta para os casos, como o da espécie, no qual, supondo-se não prescrita sobre todo o direito de crédito, o credor exerce pretensão de o receber com atraso desleal, depois do larguíssimo espaço de tempo que durou o contrato, afrontando a boa-fé objetiva, não apenas na função de tutela da confiança, mas também na emanação doutro dever de probidade negocial, o chamado *duty to mitigate the loss*,[22] que, como ônus acessório e dedutível à cláusula geral da *fides*, tende a reduzir os custos econômicos e sociais do inadimplemento, impondo ao credor tomar todas as providências hábeis por evitar o agravamento de seu prejuízo, entre as quais sobreleva a de buscar-lhe pronta reparação.[23] Não pode o credor beneficiar-se de consequências monetárias do tempo tolerado ao inadimplemento do devedor, para exigir-lhe quantia

---

[21] Assim, **SCHREIBER, Anderson**. *A proibição de comportamento contraditório – tutela da confiança e venire contra factum proprium*. 2ª ed. RJ: Renovar, 2007, p. 191-192.

[22] Cf., a respeito, o ensaio pioneiro, entre nós, de **FRADERA, Véra Maria Jacob de**. *Pode o credor ser instado a diminuir o próprio prejuízo? In*: Revista Trimestral de Direito Civil. RJ, vol. 5, nº 19, jul./set. 2004, p.109-119.

[23] Neste sentido, aludindo, embora sem aprofundamento, a "*dever avoluntarístico de mitigar o próprio dano*", veja-se **SOUZA, Wagner Mota Alves de**. *A teoria dos atos próprios – a proibição de venire contra factum proprium*. Salvador: Ed. Podium, 2008, p. 191.

exorbitante, que, neste caso, monta a **milhões de reais**, cujo pagamento inviabilizaria a sobrevivência da empresa ré.

R. À luz dessas noções, pode dizer-se, sem nenhuma dúvida, que estamos diante de caso nítido, típico e exemplar de *suppressio*,[24] que custa admitir não tenha sido vista pelo tribunal *a quo*.

É que, na **hipótese retórica** de o contrato de representação comercial não ter sido desfeito, como foi, mediante distrato tácito, em 1992, lhe teriam, então, os contraentes imprimido, desde essa data, mediante acerto tácito, uma forma singular de execução, absolutamente inusual e diversa da que constituiu objeto de cláusula ordinária da avença, em se presumindo atendesse a conveniências recíprocas. Esta é a única explicação inteligível para o fato induvidoso de que, até a resilição do contrato de distribuição, pela ré, a autora se absteve de exigir-lhe, a partir de 1992, retribuição de pretensos serviços da representação mercantil, supostamente prorrogada até 2003, enquanto larga, ininterrupta e significativa **inatividade**. Nessa conjuntura hipotética, o exercício judicial da pretensão de cobrança, *só após a denúncia do contrato de distribuição*, desponta, com a força de evidência incontrastável, como *represália* a essa resilição imotivada, de modo que não pode obscurecer a deslealdade desse comportamento tão contraditório.

Não sobra, pois, à luz de todos os incontroversos fatos relevantes da causa, nenhuma dúvida de que, exigindo, depois de mais de 11 (onze) anos em que se teria mantido, estranha, inexplicada e absolutamente, inativa, pagamento de hipotéticas comissões que nunca cobrou, em ruidosa transgressão aos limites jurídicos do exercício de direito subjetivo e não menor ofensa à boa-fé objetiva (**arts. 187** e **422** do Código Civil), a autora estaria agindo de forma contraditória com seu aturado comportamento anterior de, durante tão largo tempo, parecer conformada com o que não podia deixar de se lhe apresentar como óbvio inadimplemento sistemático da obrigação de contraprestação da ré, traindo-lhe agora a fundada confiança de que, perante essa inércia imperturbável, nunca lhe seria oposto, nem exercido o direito a eventuais comissões.

---

[24] É mais do que oportuno reavivar que muitos dos julgados estrangeiros e dos exemplos doutrinários a respeito da tipificação e aplicação da *suppressio* tenham versado hipótese em que o credor, longamente inativo, entrou de repente a exigir ao devedor o pagamento de parcelas que, não fosse o comportamento contraditório, tardio e abusivo, seriam devidas *ex lege* ou *ex contractu*.

Surpreende, portanto, não tenha o tribunal local reconhecido a *suppressio*. Nisso, não só errou, deixando de aplicar o disposto nos arts. **187** e **422** do Código Civil, que incidiram, como também dissentiu da jurisprudência, em especial a do egrégio STJ, que, em casos análogos, tem repelido exercício de pretensão ou de direito subjetivo, quando coexistam todos os requisitos elementares da *suppressio*, como se vê a este escólio expressivo:

> "Na hipótese específica dos autos, a recorrente abriu mão do reajuste anual das prestações mensais durante todos os 06 anos de vigência do contrato, despertando na recorrida, ao longo de toda a relação negocial, a justa expectativa de que a correção não seria exigida retroativamente.
>
> (...)
>
> Diante desse panorama, o princípio da boa-fé objetiva torna inviável a pretensão da recorrente, de exigir retroativamente valores a título de correção monetária, **que vinha regularmente dispensado, frustrando uma expectativa legítima, construída e mantida ao longo de toda a relação contratual.**"[25]

6. Conclusões

S. Diante do exposto, estamos em que deve conhecido e provido o recurso especial da ré, para se julgar improcedente a demanda, seja por inexistência de direito subjetivo, que não se irradia de negócio jurídico já desfeito mediante **distrato tácito**, seja por consumação de **prescrição** das pretensões, ou por força de *suppressio*, na hipótese de se reputar vigente o contrato de representação comercial no período de fevereiro de 1992 até 30 de abril de 2003.

É o que, salvo melhor juízo, nos parece.

Brasília, 22 de agosto de 2018.

---

[25] **REsp nº 1.202.514-SP**, 3ª Turma, Rel. Min. Nancy Andrighi, j. 21.06.2011, DJe 30.06.2011. Grifos nossos. No mesmo sentido, **Resp nº 1.374.830-SP**, 3ª Turma, Rel. Min. Ricardo Villas Bôas Cueva, j. 26.06.2015, DJe 03.08.2015; **Resp nº 1.096.639-DF**, 3ª Turma, Rel. Min. Nancy Andrighi, j. 09.12.2008, DJ 12.02.2009; **REsp nº 953.389-SP**, 3ª Turma, Rel. Min. Nancy Andrghi, j. 23.02.2010, DJ 15.03.2010; **REsp nº 214.680-SP**, 4ª Turma, Rel. Min. Ruy Rosado, j. 10.08.1999, DJ 16.11.1999, *RSTJ 130/366* e *LEXSTJ 128/228*.

6

Reclamação Constitucional. Natureza e Requisitos de Admissibilidade.

1. RECLAMAÇÃO CONSTITUCIONAL. Natureza. Escopo. Ajuizamento em lugar de interposição de recurso cabível. Admissibilidade. Presença de uma das duas hipóteses constitucionais. Inteligência dos arts. 102, inc. I, alínea *l*, e 105, I, alínea *f*, da Constituição da República. *A reclamação prevista nos arts. 102, inc. I, alínea l, e 105, I, alínea f, da Constituição da República, é remédio processual de cunho subjetivo, contencioso e, de regra, incidental, que não supõe sucumbência e, pois, não constitui e, em princípio, não substitui recurso. Mas, presente uma das duas hipóteses constitucionais de admissibilidade, nada impede seja usada em lugar de recurso que também quadraria. Ou seja, a reclamação não pode perseguir o que, fora das hipóteses constitucionais, apenas se obteria com recurso admissível.*

2. RECLAMAÇÃO CONSTITUCIONAL. Inadmissibilidade. Inexistência de proveito jurídico-prático de sua cognição e procedência. Pretensão de invalidação inútil de hasta pública. Falta de interesse processual. *Só se configura interesse processual no uso da reclamação, quando possa o reclamante esperar, do seu julgamento, situação mais vantajosa, do ângulo prático, do que a que lhe resulta do conteúdo do acórdão impugnado (utilidade), sem prejuízo de que lhe seja indispensável o uso desse remédio constitucional para conseguir tal vantagem (necessidade).*

1. Consulta

A. O ilustre advogado PM dá-nos a honra de consulta sobre a sorte de reclamação dirigida ao Superior Tribunal de Justiça, pelo Sindicato ECAAESP, sob fundamento básico de que capítulo de acórdão da 14ª Câmara de Direito Privado do Tribunal de Justiça de São Paulo que, negando-lhe provimento à apelação, em causa na qual é interessada a Cooperativa ACCC, em liquidação judicial, teria desrespeitado a autoridade do acórdão proferido, em recurso especial, pela 3ª Turma daquele tribunal superior, cujo comando lhe teria garantido o exercício do direito de preferência de seu crédito trabalhista em relação a arrematação de imóvel nos autos do processo de liquidação. Sustenta o reclamante que, ao repelir sua apelação, onde postulara pronúncia de nulidade da hasta pública e consequente adjudicação do imóvel por conta de seu crédito, o acórdão impugnado não lhe teria observado a preferência reconhecida naqueloutro aresto. O Ministro Relator denegou o pedido de liminar, e a reclamação pende de julgamento.

2. Da natureza e escopo da reclamação constitucional
B. Já ninguém tem dúvida, hoje, de que a reclamação prevista nos arts. 102, inc. I, alínea *l*, e 105, I, alínea *f*, da Constituição da República, é remédio processual de cunho subjetivo, contencioso e, de regra, incidental, que não supõe sucumbência e, pois, não constitui recurso. Salva a hipótese objeto do art. 103-A, § 3º, da mesma Constituição, sua função jurídica é a de, como atual positivação de poderes já implícitos[1] nas atribuições expressas de ambos os tribunais, e, em particular, do primeiro, resguardar a competência e garantir a autoridade das decisões do Supremo Tribunal Federal e do Superior Tribunal de Justiça. Nesse sentido, pode dizer-se, em resumo, que serve a garantir, em dadas condições, a autoridade e a eficácia de atos jurisdicionais já praticados ou por praticar.

---

[1] Como se sabe, a reclamação é de origem pretoriana e, de certo modo, finca raízes na teoria dos poderes implícitos reconhecidos pela Suprema Corte norte-americana, no famoso caso *McCulloch v. Maryland*, pelo voto de **MARSHALL** – tido, aliás, por alguns, como o mais importante dele –, quando demonstrou que o texto constitucional, e isto vale para todas as Constituições, não contém nenhuma frase que *"excludes incidental or implied powers"*, até porque, *"to contain an accurate detail of all the subdivisions of which its great powers will admit, and of all the means by which they may be carried into execution, would partake of a prolixity of a legal code, and could scarcely be embraced by the human mind. It would probably never be understood by the public"* (In: **COTTON**, Jr, **Joseph P.** (ed). *The constitucional decisions of John Marshall*. NY: Da Capo Press, 1969, vol. I, p. 313 e 314). Foi como tal, ainda que por maioria, admitida pelo STF, com apoio na opinião de BLACK, na **Rcl nº 141 – primeira**, Rel. Min. Rocha Lagôa, j. 25.01.1952, DJU 17.04.1952, p. 03549.

Sói afirmar-se, em lugar comum, que, não sendo recurso, não é tampouco sucedâneo recursal. Esta proposição deve ser entendida em termos. Não se presta, deveras, a substituir recurso em geral e, nesse limite semântico, é válida a asserção. Não o é, porém, se se lhe pretende excluir, de modo absoluto, a admissibilidade para alcançar escopo prático-jurídico que poderia ser logrado também mediante uso de recurso. Presente uma daquelas duas previsões constitucionais de admissibilidade da reclamação, nada impede seja esta apresentada em lugar da interposição de recurso que também quadraria. Ou seja, a reclamação não pode perseguir o que, fora das hipóteses constitucionais, apenas se obteria com recurso admissível. Tal observação tem, como há de ver-se ao final, toda a pertinência ao caso.

3. Da primeira causa de inadmissibilidade na espécie

C. Como ressalta logo à síntese do caso, pretende o reclamante, sob pretexto de desacato a decisão do Superior Tribunal de Justiça, cassar acórdão do Tribunal de Justiça de São Paulo que lhe repudiou apelação tendente a invalidar arrematação e determinar adjudicação do imóvel arrematado, por conta de crédito trabalhista com direito de preferência, cujo exercício, em relação à hasta pública, lhe foi reconhecido no aresto que ora argui de descumprido.

D. É certo que o acórdão proferido, no **REsp nº 258.017-SP**, pela 3ª Turma do Superior Tribunal de Justiça, deu provimento ao seu recurso para, *expressis verbis*, assegurar ao ora reclamante "*o exercício do direito de preferência de seu crédito em relação à dita arrematação*". Mas, como de pronto o percebeu o eminente Relator da reclamação, Min. Paulo de Tarso Sanseverino, o mesmo acórdão não explicitou, na motivação, nem no dispositivo, o **modo** pelo qual, nas complexas circunstâncias factuais e jurídicas da causa, seria exercido tal direito de preferência. O enunciado decisório apenas lho garantiu ao reclamante, sem anular a arrematação, nem deferir adjudicação do imóvel arrematado. E o reclamante não opôs embargos declaratórios para que, suprida a eventual omissão, lhe fossem concedidas uma e outra coisas, que se não podem inferir ao breve texto daquele aresto.

Já deste ponto de vista, não há como nem por onde excogitar-se, no teor do acórdão impugnado, que lhe denegou assim o invalidamento da arrematação, como a adjudicação do bem, ofensa **sequer teórica** à decisão do Superior Tribunal de Justiça. Aqui, a razão da inadmissibilidade da reclamação está na impossibilidade jurídica de se reconhecer eficácia que se não contém na decisão exequenda.

4. Da segunda causa de inadmissibilidade

E. A segunda e boa razão da inadmissibilidade é que, dando, perante o contexto da arrematação, a necessária interpretação a dispositivo ou comando redutível a mera declaração da existência de crédito trabalhista preferencial, o acórdão atacado **garantiu**, na verdade, o exercício desse direito, mediante a sensata solução jurídica de manter a inteira validez da hasta pública, depois de 16 (dezesseis) anos desse ato processual e de tão longa posse do imóvel, representada por ininterrupta atividade comercial da arrematante e da sucessora, o que gerou milhares de empregos diretos e indiretos, e de assegurar, na íntegra, o pagamento preferencial ao ora reclamante com o suficiente dinheiro já provisionado na liquidação.

E, nisso, acertou em cheio, assim porque era de se interpretar aquele sintético enunciado decisório do acórdão do STJ, como porque, na cognição dos demais recursos de apelação que julgou em conjunto, obrigou a sucessora da arrematante a complementar, em certo prazo, o preço da arrematação, aliás em benefício mesmo do crédito trabalhista. Veja-se-lhe a curial fundamentação ao propósito:

> "A preferência em relação ao crédito, dada a sua natureza trabalhista, não porém de forma exclusiva e anomalamente para buscar a adjudicação visando com isso possível acertamento com seu crédito. A decisão do Superior Tribunal de Justiça, com todas as suas letras merece ser interpretada com os pronunciamentos da Corte relatados pelo Desembargador Ademir Benedito.
>
> (...)
>
> E, mais ainda, não teria sentido o sindicato que representa os antigos empregados da cooperativa querer se abrigar sob o manto da adjudicação para desalojar milhares de trabalhadores diretos e indiretos da empresa que lá explora o ponto há décadas, seria um verdadeiro *non sense*. Compreendido esse ponto de vista, não há se cogitar qualquer prejuízo ao Sindicato, exceto pelo preço, cujo complemento se determinará, na medida em que a cooperativa entrou em liquidação extrajudicial em setembro de 1994.
>
> (...)
>
> Dentro dessa ótica exarada, não pode nem deve o sindicato buscar privilegiamento sequer conferido, cuja reclamação não prosperou perante o STJ, ponderando-se ainda mais que a maioria dos valores reclamados fora

paga na liquidação judicial, existindo provisionamento suficiente para o saldo remanescente".

5. Da terceira causa de inadmissibilidade

F. A terceira causa, essa também foi logo percebida do ilustre Ministro Relator da reclamação. É a patente falta de interesse processual no uso desse remédio, a cuja natureza e função jurídico-processuais ajusta-se, como idêntico requisito de admissibilidade, exigência análoga à do interesse recursal, ambos os quais se radicam na condição pré-processual do *interesse de agir*, de que são particularização interior ao processo. Todos esses requisitos conexos se reconduzem ao conhecido *"binômio **utilidade** + **necessidade**: utilidade **da providência** judicial pleiteada, necessidade **da via** que se escolhe para obter essa providência."*[2]

Ora, só se configuraria, pois, interesse processual, se pudesse o reclamante esperar, do julgamento da reclamação, situação mais vantajosa, do ângulo prático, do que a que lhe resulta do conteúdo do acórdão do Tribunal de Justiça (*utilidade*), sem prejuízo de que lhe fosse indispensável o uso desse remédio constitucional para conseguir tal vantagem (*necessidade*). Está evidente, porém, que nenhum proveito jurídico-prático lhe adviria de eventual cognição e procedência da reclamação, onde pretende invalidar a hasta pública e obter adjudicação do imóvel arrematado, para efeito de lhe satisfazer o crédito pecuniário de índole trabalhista. Da pretensão, o que, antes, se tira nítido, é autêntico prejuízo aos trabalhadores representados.

Já lho não adviria, em primeiro lugar, pelo fato evidentíssimo de que ambas as providências judiciais perseguidas, anulamento da arrematação e adjudicação do imóvel, que precisaria converter-se em pecúnia, implicam modalidade de prestação **muito menos útil** aos credores trabalhistas que o pagamento, em dinheiro, do seu crédito de caráter alimentar. Transformar o imóvel em dinheiro demandaria tempo adicional gravoso aos credores, sem contar eventual insuficiência do produto de sua venda.

E, em segundo lugar, até por consequência, porque o pagamento em dinheiro já está de todo assegurado ao reclamante, como representante dos credores, por provisão da massa em valor que, com a complementação

---

[2] **Barbosa Moreira**, José Carlos. *Comentários ao código de processo civil.* 15ª ed. RJ: Gen-Forense-BP, 2009, vol. V, p. 298, nº 166. Grifos nossos. Do mesmo autor, cf. ainda *O novo processo civil brasileiro.* 27ª ed. RJ: Gen-Forense, 2008, p. 117, § 16, nº *II, c*, e "Ação declaratória e interesse". *Direito processual civil (ensaios e pareceres).* RJ: Borsoi, 1971, p. 17.

determinada no acórdão do tribunal paulista, excede ao do crédito remanescente. É o que, sem controvérsia, reconheceu, de maneira expressa, o mesmo acórdão, relevando, aliás, o equívoco, para não dizer, a miopia processual do ora reclamante em preferir a adjudicação ao dinheiro imediato, em dano dos credores:

> "No entanto, não é só, as informações prestadas pelo Juízo e também pelo administrador judicial comprovam que o crédito do Sindicato, a soma líquida e certa está suficiente e necessariamente provisionada, não havendo qualquer dúvida no sentido de que a massa liquidanda apresenta capacidade para integral liquidação dos valores exigidos.
>
> (...)
>
> Uma vez que a massa liquidanda, consoante relatórios exaurientes trazidos apresenta capacidade econômico-financeira para cumprimento das obrigações trabalhistas, não há, em razão disso, o binômio conveniência-oportunidade para que o Sindicato pleiteie a nulidade do certame ou que se coloque como o único e exclusivo interessado em termos de adjudicação e não alienação judicial.
>
> (...)
>
> A informação do administrador judicial da massa liquidanda corroborada pelo Juízo afirma, tirante à ação rescisória, o saldo remanescente do crédito do Sindicato está garantido, pelo direito de preferência, pelos recursos financeiros da massa, até pelo acréscimo do acervo, encontrando-se em andamento a fase de liquidação do ativo (fls. 3.104).
>
> (...)
>
> Vaticina-se que, querendo o Sindicato permanecer com o bem imóvel, não obteria o valor em espécie para tentar negociar com a Vale ou com terceiro, o que, em tese, seria danoso e prejudicial à massa dos credores trabalhistas, os quais já esperam quase duas décadas e priorizam o recebimento dos seus créditos em dinheiro".

É, pois, nenhum o interesse processual, à míngua de *utilidade*.

6. Da quarta causa de inadmissibilidade

G. Abstraindo-se, *ad argumentandum*, as três últimas causas, da primeira fluiria que, em não se tipificando desacato a decisão do Superior Tribunal de Justiça, senão apenas clara inconformidade com o teor do acórdão impugnado, está o reclamante a usar da reclamação constitucional em substituição a recurso que, sem avançar nenhum juízo, talvez até fosse admissível. E isto, já se viu, não se acomoda à função jurídico-constitucional da reclamação.

7. Conclusão

H. Do exposto, estamos em que não merece sequer conhecida a reclamação, dada sua vistosa inadmissibilidade.

É o que, salvo melhor juízo, nos parece.

Brasília, 19 de novembro de 2014.

7
Ação Rescisória de Sentença em Fase de Execução. Regra de Fidelidade ao Título

1. EXECUÇÃO CIVIL. Liquidação. Apuração de lucros cessantes objeto do título executório judicial transitado em julgado. Abatimento de despesas não considerado no processo, nem constante da sentença exequenda. Matéria de interpretação estrita. Rediscussão em ação rescisória. Inadmissibilidade. Observância da regra de fidelidade ao teor do título executivo, enquanto consectário da eficácia preclusiva da coisa julgada. Inteligência dos arts. 471, 472 e 475-G do CPC de 1973. *A liquidação e a execução de sentença estão submetidas à regra de fidelidade estrita ao teor do título revestido de coisa julgada, cuja eficácia preclusiva impede se suscitem ou ressuscitem questões capazes, em tese, de influir no teor da sentença transitada em julgado, sejam elas deduzidas ou dedutíveis, com a finalidade de elidir a **res iudicata**.*

2. AÇÃO RESCISÓRIA. Pretensão de reduzir valor de condenação a pagamento de lucros cessantes. Oposição de causa redutora não cogitada no processo, nem na sentença exequenda, recoberta de coisa julgada. Alegação de injustiça dessa. Irrelevância. Aplicação do art. 5º, *caput* e incs. XXXVI e XXXIX, da CF. *A só alegação de ser injusta sentença recoberta pela coisa julgada material não é requisito suficiente de rescindibilidade, cujas causas legais estão apenas na taxativa tipicidade de certos erros **in iudicando** e **in procedendo**, que a rescisória visa a remediar.*

1. Consulta

A. O ilustre advogado JRPRM dá-nos a honra de consulta sobre a sorte de ação rescisória, com pedido de antecipação de tutela, em curso perante o

STJ, proposta pelo Banco X S.A., em face de sua cliente, MSI Ltda., com citação de outras duas empresas para ocuparem o polo ativo como litisconsortes necessárias. A ação pretende rescindir acórdão do STJ que, dando provimento a recurso especial da ora ré, reformou aresto do TJSP que, proferido em liquidação de sentença por essa movida em face de antecessores do ora demandante e daqueloutras duas empresas, havia, contra o teor do título executório judicial, reduzido o valor das comissões que deixara a credora de receber, a título de lucros cessantes, a trinta e dois por cento da renda bruta, usando critério fiscal de apuração de lucro presumido. Decidiu o acórdão rescindendo que, não constando da sentença condenatória transitada em julgado, nenhum redutor das comissões à conta de supostas despesas operacionais, o aresto recorrido violara a coisa julgada material.

Alega o demandante, em suma, que a sentença condenatória estatuiu que, salvo os danos emergentes, já pagos, a indenização corresponderia apenas a lucros cessantes, isto é, ao que deixara a ora ré de lucrar, mas o laudo, em que se fundou a sentença de liquidação, teria arbitrado, não os lucros cessantes, mas a receita bruta da credora, pois não descontara às comissões o valor dos tributos e das despesas operacionais, financeiras e administrativas. Daí ter acertado o aresto do agravo, que adotara critério fiscal de apuração de lucro presumido para reduzir o valor do crédito, e, por conseguinte, errado o acórdão rescindendo, que o reformou, confundindo receita bruta e lucros cessantes, em desrespeito à coisa julgada, cujo teor, em relação ao *quid debeatur*, ressaltaria claro do acórdão que julgou os últimos embargos declarativos na fase processual de conhecimento. Aduz, ainda, que o acórdão rescindendo teria afrontado o disposto nos arts. 2º, 128, 293, 460 e 467 do CPC, ao transpor os limites da função jurisdicional e a imutabilidade da coisa julgada, bem como as regras dos arts. 402, 406 e 844 do CC, que definem a extensão dos lucros cessantes e a vedação de enriquecimento sem causa, além de ferir o art. 5º, XXXVI, da CF.

E pediu antecipação de tutela para suspender a eficácia executiva do acórdão rescindendo, do qual resulta o valor atual de R$129.516.950,64, quando, em 2006, a condenação montaria a R$4.247.675,63. A eminente Min. Relatora, *inaudita altera parte*, concedeu essa tutela provisória, sob fundamento último de que a sentença condenatória teria previsto à ora ré indenização *"pelo que deixou de lucrar"*, tendo sido introduzido, no curso do feito, o termo *"comissões"*, do qual *" foi extraída interpretação de que corresponderia ao faturamento que não foi realizado"*.

2. Do alcance incontrastável do título executivo judicial

B. A ação rescisória é uma aventura.

E, por vê-lo nítido, convém reconstituir os passos processuais conducentes à fixação do enunciado inequívoco do título executivo judicial, representado pelo acórdão transitado em julgado, que, no processo de conhecimento, substituiu a sentença de primeiro grau (art. 512 do Código de Processo Civil[1]). A respeito, os fundamentos empíricos da rescisória contêm luxuriante distorção dos fatos incontroverso da causa original.

C. Por terem cometido vistoso ato ilícito, consistente em ruptura unilateral de complexo negócio jurídico que tinha por objeto promissor empreendimento imobiliário, por cuja venda das unidades e de títulos receberia a então autora, de reconhecida experiência e reputação nesse ramo de atividades, **comissões** de quatro e de oito por cento respectivamente, além dos frutos da participação em pessoa jurídica constituída para desempenho de importantes tarefas do empreendimento, foram os antecessores do ora autor e outros condenados a *"indenizá-la do que perdeu e do que deixou de ganhar, conforme for apurado em liquidação"* (e-STJ Fl. 188). O acórdão que o assentou foi mais explícito ao ser integrado em embargos de declaração, onde, sem restrição, nem ressalva, estatuiu muito às claras: *"A **comissão** que a autora alegou ter perdido, na apelação, **é o lucro que se afirmou frustrado na inicial**. Explícito o acórdão quanto aos prejuízos, que devem ser apurados em execução (o que perdeu e o que deixou de ganhar – quase ao fim de fl. 850 –, relacionadas as perdas no primeiro parágrafo de fl. 850 –Tempo, material de propaganda, salários – **e o que deixou de ganhar** – as **comissões** – na referência à não realização da segunda condição suspensiva por culpa dos réus remanescentes – essa condição era ocorrência das vendas – fl. 233, no fim)"* (e-STJ Fl. 203)[2]

Como se vê, clareza maior era impossível. A referência às **comissões**, como valor que deixou a ora ré de ganhar, não apenas já constara, *cinco vezes*, da inicial, a título de lucros cessantes,[3] como, não por outra razão, foi incorporada de modo expresso por esse acórdão, o qual, mantido às inteiras em embargos infringentes e não conhecido recurso especial dos réus, transitou em julgado, revestindo-se da autoridade da coisa julgada, a qual,

---

[1] Art. 1.008 do CPC/2015.

[2] Grifos nossos.

[3] Confiram-se, uma a uma, todas as menções textuais que, a título de lucro cessante, fez a inicial às **comissões esperadas**, mas **frustradas** pelo ato ilícito dos réus: e-STJ Fl. 112 **(1)**, e-STJ Fl. 115 **(2)**, e-STJ Fl. 116 **(3)**, e-STJ Fl. 118 **(4 e 5)**.

como regra do caso concreto, prescreve, sem reserva de nenhum redutor, que o **valor das comissões é o que a ora ré deixou de ganhar**. Isso já basta para demonstrar que não se cuida, portanto, de nenhum termo que teria sido introduzido, sem pertinência alguma aos fatos da causa, no curso do processo, senão que era inerente à própria demanda!

D. Tal conclusão é avigorada doutro fato que o esperto autor sonegou.

É que não revelou terem seus antecessores imediatos, o Banco XX S.A. e YY Administradora de Imóveis e Construtora Ltda., ajuizado ação rescisória desse acórdão que, rematando o processo de conhecimento, condenara os réus ao pagamento íntegro das comissões a título de lucros cessantes e, como tal, constitui o **título executivo** em que se funda a execução em curso. A arguição substantiva foi a mesma, ou seja, violação dos arts. 20, § 2º, 159, 160, I, 1.056, 1.059 e 1.060 do Código Civil, porque, para além de alegações agora sem relevo, averbaram que a credora não teria provado o *"que razoavelmente deixou de lucrar (lucros cessantes)."* E, ainda, aduziram infração aos mesmos arts. 128 e 460 do Código de Processo Civil.[4]

Ora, como não podia deixar de ser, a ação foi julgada **improcedente**, tendo reconhecido o acórdão que o julgou, com erudita fundamentação, não sem notar a impropriedade da rediscussão dos fatos da causa originária, o seguinte: *"Esses prejuízos consistiram no tempo que dispendera a autora, no material de propaganda que manda confeccionar e nos salários que pagara, bem como nas **comissões que deixara de perceber** (...) Quanto aos lucros cessantes, explicitaram os acórdãos rescindendos que se apurariam pelas **comissões que deveria ter recebido**, mas que não recebeu, isso em razão do ato ilícito perpetrado pelo XX e que impediu a realização da segunda condição suspensiva".*[5] Não foi conhecido o recurso especial que se interpôs a tal acórdão,[6] o qual transitou em julgado há muito mais de dois anos, fixando, com selo de *res iudicata* invulnerável, que a condenação dos réus ao pagamento das comissões, sem redutor algum, imposta pelo acórdão exequendo, não ofendeu nenhuma das mesmas normas jurídicas invocadas nestoutra rescisória. Como pretender-se agora que, na manhosa crítica a acórdão que se limitou a tirar-lhe consequência inelutável na liquidação, teriam sido ofendidas?

---

[4] Corresponde ao art. 141 e 492 do CPC/2015.

[5] TJSP, **AR nº 115.108-4/1-00**, 1º Grupo de Direito Privado, rel. Des. Ariovaldo Santini Teodoro, j. em 22.11.2005. Grifos nossos.

[6] Cf. STJ, **AI** e **AgRg no AI nº 916.630-SP**, 4ª Turma, rel. Min. Fernando Gonçalves, j. 04.10.2007, DJ 19.10.2007, e 06.11.2007, DJ 03.12.2007.

Não há, pois, fundamento idôneo para rescindir o acórdão exequendo.

E. Ora, perante a conhecida regra da *fidelidade da liquidação* e da execução aos termos estritos do título executório (art. 475-G do Código de Processo Civil)[7], enquanto consectário ou especificação da eficácia preclusiva da coisa julgada, não poderia, quanto à indenização por lucros cessantes, ser apurado, na liquidação, outro valor que não o daquelas **comissões frustradas**, sem dedução de despesa alguma, de tributo ou de operacionalidade, não apenas porque **indevida**, como se verá *congruo tempore*, mas sobretudo porque não constante do acórdão exequendo, o qual jamais cogitou de redução, até porque dela não cogitaram os réus em momento algum do processo de conhecimento, como defesa oponível, mas não oposta à pretensão. E foi o que, com acerto, decidiu o tribunal.

F. Sucede que, atendendo a recurso dos executados, que alegavam suposta necessidade de se abater das comissões o valor de despesas operacionais e até tributárias, o Tribunal de Justiça entendeu de, na liquidação dos lucros cessantes, aplicar, com propósito de deduzir esses pretensos custos da credora, o critério fiscal de apuração de *lucro presumido*, reduzindo o crédito à ínfima expressão de 32% (trinta e dois por cento) da receita bruta da exequente, como se estivesse a julgar causa tributária, sem compromisso algum com os objetos do processo e o teor expresso do título executivo, recoberto por *res iudicata* material.

E, nisso, errou, e errou de modo não sutil. Senão, vejamos.

G. Sem preocupação com ordem lógico-jurídica, o primeiro dos graves erros está na má apreciação das circunstâncias históricas da causa, ao pressupor que a empresa credora teria sido criada, sem infraestrutura, para o fim específico do empreendimento imobiliário abortado pelo ato ilícito dos devedores, quando já esclarecera, sem contestação, a petição inicial não lida, que, operando há muito tempo, fora contratada pelas rés, *"ciente (s) de sua tradição e de sua reputação em negócios imobiliários"* (e-STF Fl. 112, nº 4). Isto significava que era estruturada e tinha corretores como empregados seus. As rés não alegaram, nem provaram o contrário.

Ora, em se tratando de comissões de intermediação **devidas a empresa** que tinha corretores próprios como empregados, e não, a estes como *autônomos*,[8] as despesas operacionais consistiam apenas nos respectivos

---

[7] Corresponde ao art. 509 do CPC/2015.

[8] Isso – **serem as comissões devidas à empresa empregadora, pessoa jurídica** – é coisa tão evidente, que nem precisaria advertir que, se se cuidasse de comissões devidas a corretores *autônomos*, só estes é que estariam legitimados *ad causam* para exigir-lhe o pagamento.

salários, que, como é óbvio, não guardavam dependência direta das comissões da empregadora, das quais não eram, nem podiam abatidas no ato de pagamento, senão que apenas dependiam da receita geral ou renda bruta da pessoa jurídica, que os garantia, como garantia todas as outras usuais despesas administrativas ou financeiras. Em palavras descongestionadas, essas despesas jamais poderiam ser deduzidas do valor das comissões, porque, compondo o passivo ordinário da empresa, eram pagas com seu faturamento, o qual compreendia **outras rendas**, como se infere, por experiência, ao fato de ter, antes e depois do ato ilícito dos réus, sobrevivido sem pagamento das comissões lesadas! Como despesa corrente, os salários dos corretores empregados continuaram a ser pagos, a despeito de a empregadora ter deixado de receber as comissões a que faria jus. A levar a sério o raciocínio do autor, deveriam também ser abatidos das comissões os honorários do patrono que a credora teve de contratar para haver o respectivo crédito... O despropósito da conclusão dá o tom do despropósito da premissa.

O graúdo engano do acórdão parece ter decorrido do fato de interpretar a expressão *lucro cessante*, que é apenas designação tradicional do dano oriundo do não recebimento de valores que o lesado receberia, se não sobreviesse o ato ilícito, como *lucro líquido contábil* apurado no balanço ou para fins de imposto de renda. São coisas tão visivelmente diversas, em que até escusa insistir. Nunca se ouviu que, para liquidar lucros cessantes, fosse preciso fazer perícia contábil ou usar critério fiscal de apuração de base de cálculo tributário, para descontar despesas reais ou presumidas da vítima. Lucro cessante é só receita prevista, mas abortada.

Era, pois, de todo **indevida** a dedução de despesas internas, como o era e é a de tributos, os quais, incidentes sobre percepção de tal renda, serão pagos ao Fisco depois que a credora, como contribuinte, enfim receber essa dívida certa, líquida e **exigível há mais de duas décadas**! Quem confundiu lucros cessantes com modalidade de renda ou faturamento líquido, não foi, portanto, o acórdão rescindendo, mas o autor da rescisória, que não quer distinguir passivo ordinário de receitas não realizadas, mas projetadas, da empresa, para pagar-lhe apenas a ridícula quantia correspondente a **32% das comissões**.

H. O segundo erro, e este mais conspícuo, porque jurídico, vem da injúria aos precisos limites objetivos da coisa julgada incidente sobre o certeiro acórdão que, especificando a consistência do desfalque patrimonial a título de lucros cessantes, estabeleceu, em termos expressos e inequívocos, insuscetíveis de subjetivismos, à vista da particularidade desse pedido, que o que deixara a credora de ganhar eram as **comissões**, cujo valor não estava sujeito a nenhum fator redutivo, jamais excogitado nos autos por quem quer que seja. E aqui escusam largos latins.

Não há quem não saiba que título executivo judicial, revestido de coisa julgada, passível de interpretação como qualquer comando normativo, só pode ser entendido de maneira **estrita**, como expressão do juízo decisório, cuja eficácia própria *"comincia già ad operare con la domanda, primo e fondamentale momento della formazione del giudizio"*, ou seja, *"dell'attuazione del diritto nel concreto"*,[9] pois o curial critério hermenêutico, ditado pela intangibilidade da coisa julgada, consiste em considerar a sentença na sua coerência intrínseca em harmoniosa correlação com o pedido e na moldura do processo,[10] o que, impondo cotejar-lhe o dispositivo com a pretensão e o conteúdo da defesa, exige mais do que seu mero confronto com as razões de decidir.

Ora, se, no contexto da inicial, era manifesta a identificação entre não recebimento das comissões e lucros cessantes, sem que, no curso do processo de conhecimento e na fundamentação do acórdão condenatório, tivesse constado referência, direta ou indireta, a fator redutivo, a única inteligência possível do título executivo, nesse capítulo, é de que **os lucros cessantes correspondem ao valor íntegro das comissões**. Pretender, na fase de liquidação, enxertar, em tão claro comando judicial, redução do valor de despesas não devidas que nele nem virtualmente se contém, foi e é vã tentativa de mutilar a garantia constitucional da coisa julgada. E remete-nos a uma velha, mas cortante observação: sentença transitada em julgado *"é o que é, e não o que devia ter sido, mas que o não foi. Liquida-se e executa-se o que o Juiz deu e não aquilo que não deu, embora pudesse ter dado, se pedido ou não"*.[11]

Nesse sentido, já decidiu o egrégio STJ, em casos idênticos na substância:

---

[9] **Nasi, Antonio**. *Interpretazione della sentenza*. Voce in *Enciclopedia del diritto*. Milano: Giuffrè, 1972, vol. XXII, p. 306, n° 6.

[10] Cf. **Betti, Emilio**. *Interpretazione della legge e degli atti giuridici*. 2ª ed. Milano: Giuffrè, 1971, p. 372, § 67.

[11] **Mendonça Lima, Alcides de**. *Comentários ao código de processo civil*. 2ª ed. RJ: Forense, 1977, vol. VI, tomo II, p. 678. *Idem*, **Castro, Amílcar de**. *Comentários ao código de processo Civil*. 2ª ed. SP: RT, 1976, pp. 131-132, n° 186.

"A insurgência diz respeito aos limites da sentença que julga a liquidação por arbitramento, em face da vedação contida no art. 610 do Código de Processo Civil. No processo de conhecimento, em que se discutiu a anulação da promessa de compra e venda, o acórdão assentou que as perdas e danos deveriam constituir-se no equivalente ao imóvel prometido à venda, considerando-se o valor da data do arbitramento, a ser feito na liquidação do julgado. Fundou-se o acórdão na necessidade de que se restabelecesse o estado anterior das coisas, qual seja, antes de efetuada a promessa e antes de pago o preço. Quanto à importância, determinou uma "indenização correspondente ao valor de um terreno idêntico ou equivalente ao negociado, deduzido o montante do preço efetivamente pago pela coisa, devidamente atualizado" (fl. 322).

Ao julgar a liquidação por arbitramento, o Tribunal de origem baseou-se na avaliação procedida pelo perito, porém **decotou 10% (dez por cento) do valor, a título de despesas que teria a empresa autora para divulgar os lotes e intermediar-lhes a venda. Com isso, tenho que o acórdão ultrapassou os lindes do processo de cognição, sobre o qual paira a coisa julgada**. Como se viu, ao decidir o mérito da demanda, o Tribunal deduziu do valor dos bens somente o preço pago à época da transação. **Não cogitou de despesas** com publicidade, comissões de corretagem, intermediação na venda, nem tratou do uso que a empresa compradora faria dos quinhentos e noventa e dois (592) lotes que adquirira. No ponto, a redação do art. 610, CPC, evidencia:

"Art. 610. É defeso, na liquidação, discutir de novo a lide, ou modificar a sentença, que a julgou".

Não se nega que, na liquidação, seja necessário interpretar a sentença de mérito, no sentido de extrair-lhe a essência e o conteúdo. O que não se permite é a modificação de seus termos e de sua lógica."[12]

3. A eficácia preclusiva da coisa julgada

I. E é fulminante o terceiro erro.

Das disposições dos arts. 471 e 474 do Código de Processo Civil, verte o conhecido instituto da *eficácia preclusiva da coisa julgada*, que, em resguardo de sua autoridade e da tutela jurídico-subjetiva que representa, impede se suscitem ou ressuscitem questões capazes, em tese, de influir no teor

---

[12] **REsp nº 229.802–SC**, 4ª Turma, Rel. Min. Sálvio de Figueiredo Teixeira, j. 17.02.2000, DJ 3.04.2000, p. 156. Grifos nossos. Tal acórdão invoca ainda outros procedentes de igual teor: **REsp nº 44.465** (DJ 23/5/94), **REsp nº 58.426-RJ** (DJ 7/4/97) e **REsp nº 5.277-SC** (DJ 26/11/90).

da sentença de mérito já transitada em julgado, sejam elas deduzidas ou dedutíveis, *"com a finalidade de elidir a **res iudicata**".*[13] Esse mecanismo de proteção, que obriga as partes a submeter-se ao resultado final da causa, sem poder modificá-lo, salvos os casos excepcionais de rescisória, justifica-se, na visão de LIEBMAN, pelo fato de terem tido oportunidade de, deduzindo e provando todas suas razões, intervir, eficazmente, na formação da sentença final.[14] E, na tradução de sua clássica obra, remata:

> "se uma questão pudesse ser discutida no processo, mas de fato não o foi, também a ela se estende, não obstante, a coisa julgada, no sentido de que aquela questão não poderia ser utilizada para negar ou contestar o resultado a que se chegou naquele processo. Por exemplo, **o réu não opôs uma série de deduções defensivas que teria podido opor, e foi condenado. Não poderá ele valer-se daquelas deduções para contestar a coisa julgada**. A finalidade prática do instituto exige que a coisa julgada permaneça firme, embora a discussão das questões relevantes tenha sido eventualmente incompleta; absorve ela, desse modo, necessariamente, tanto as questões que foram discutidas **como as que o poderiam ser**."[15]

E tão drástico, mas necessário alcance da eficácia preclusiva, que nada tem com julgamento implícito,[16] é, sem dissenso, reiterado por toda a doutrina, que lhe acentua a finalidade de *"impedir não só que o **vencido** volte à discussão de pontos já discutidos e resolvidos na motivação da sentença, como também que ele venha a **suscitar pontos novos, não alegados nem apreciados**, mas que sejam capazes de alterar a conclusão contida no decisório".*[17]

J. Pois bem, se os antecessores do ora autor não opuseram, em defesa, na condição de réus, ao longo de todo o processo de conhecimento, a necessidade de que do valor das comissões devidas, mas frustradas, fossem aba-

---

[13] **GUIMARÃES, Luiz Machado**. *Preclusão, coisa julgada e efeito preclusivo*. **In** *Estudos de direito processual civil*. RJ-SP: Ed. Jurídica e Universitária, 1969, p. 22, nº XVI. Ver ainda p. 21, nº XV, e p. 23, nº XVI. Grifos do original.

[14] *Efficacia ed autorità della sentenza*. 1ª ed. rist. Milano: Giuffrè, 1962, p. 41, nº 16.

[15] *Eficácia e autoridade da sentença e outros escritos sobre a coisa julgada*. Trad. de Alfredo Buzaid e Benvindo Aires. 4ª ed. RJ: Forense, 2007, p. 62, aditamento ao § 3º. Grifos nossos.

[16] Cf. **ALLORIO, Enrico**. *Critica della teoria del giudicato implicito*. **In** Rivista di Diritto Processuale Civile, vol. XI, Parte II, 1938, pp. 245-256.

[17] **DINAMARCO, Cândido Rangel**. *Instituições de direito processual civil*. 6ª ed. SP: Malheiros, 2009, vol. III, p. 331, nº 966. Grifos nossos.

tidos, ao pé da letra em que decidiu o errôneo acórdão local da liquidação, *"custos operacionais, administrativos e financeiros, contemporâneos às operações de venda a cargo da autora"*, nem tal dedução foi prevista, em consequência, no acórdão exequendo, é mais que óbvio, é incontestável que, irremediavelmente vencidos, já não podiam, **nem podem alegá-la agora** para neutralizar os efeitos da *res iudicata* material. E observe-se que, se a houvessem oposto os réus, se teria aberto, a respeito, o contraditório, que permitiria à autora demonstrar-lhe toda a inconsistência.

Donde, estoutro erro, superlativo, do acórdão do Tribunal de Justiça, que, acolhendo, na liquidação, arguição defensiva que poderiam ter os réus formulado (*dedutível*), mas que não formularam no processo de conhecimento e, bem por isso, mas não apenas por isso, não constou do título executivo judicial, para reduzir o valor das comissões, **insultou a coisa julgada**.

4. O consequente acerto do acórdão rescindendo

K. E, por tê-la insultado, não tinha como nem por onde subsistir.

Ainda sem recorrer ao fundamento da *eficácia preclusiva da coisa julgada*, que já seria decisivo, acertou em cheio o v. acórdão rescindendo que o reformou no julgamento do **REsp nº 1.232.637**, ao dispor, contra o voto da Min. Relatora sorteada, mas com dois votos vencedores declarados, depois de reproduzir o teor expressivo e indiscutível do acórdão exequendo, por nós já transcrito:[18]

> "Conclui-se, portanto, que, na fase de liquidação, **dever-se-ia apurar: o que deixou de ganhar, consubstanciado nas comissões. Não há como negar a objetividade do título liquidando**. Todavia, o acórdão recorrido, ao apreciar os lucros cessantes, assim se pronunciou:
>
> *"Procede, contudo, ao menos uma das críticas tecidas contra o laudo pericial contábil. O perito oficial limitou-se a considerar, a título de custo para a obtenção das respectivas receitas, apenas os impostos diretos incidentes sobre o faturamento. Segundo o* expert *nomeado, não foram levadas em conta as despesas operacionais (...).*
>
> *Diante disso e levando-se em conta a evidente incidência de custos operacionais, administrativos e financeiros contemporâneos às operações de venda a cargo da autora, razoável que seja acolhida em parte a solução apontada no parecer do assistente técnico dos requeridos, adotando-se, para fins de cálculo do lucro cessante, o critério da Receita*

---

[18] Vide *supra* pp. 2 e 3, nº 3.

AÇÃO RESCISÓRIA DE SENTENÇA EM FASE DE EXECUÇÃO. REGRA DE FIDELIDADE...

Federal para apuração do lucro presumido por atividade econômica, correspondente, no caso de prestação de serviços, intermediação de negócios ou administração de bens e direitos, a 32% (trinta e dois por cento) da receita bruta (RIR/1999, art. 223)." (fl. 4.638/4.642).

Assim, para o acórdão recorrido, os lucros cessantes corresponderiam a 32% (trinta e dois por cento) das comissões devidas.

Data máxima venia à eminente Relatora, Ministra Nancy Andrighi, **a violação à coisa julgada é patente, pois, enquanto o título liquidando estabeleceu que os lucros cessantes corresponderiam as comissões, sem estabelecer qualquer redutor, ou seja, correspondente ao seu valor bruto, o acórdão recorrido, ao liquidar o comando judicial, entendeu por bem retirar-lhe os custos operacionais, sendo devido apenas o valor líquido, ou lucro presumido, como foi nomeado.**

Salvo melhor juízo, na espécie, não se está diante de comando judicial equívoco e subjetivo, mas sim **categórico** e **objetivo**, qual seja, *"e o que deixou de ganhar – comissões"* (fl.188).

Destarte, **impor redutores** nos valores apurados a título de comissão, ou, da mesma forma, dar interpretação diversa ao termo *"que deixou de ganhar"* estabelecido pelo título judicial, **implica na violação da coisa julgada.**

Com essas considerações, ousando-se divergir dos bens lançados fundamentos do voto prolatado pela eminente Relatora, Ministra Nancy Andrighi, dá-se provimento ao recurso especial, determinando-se que o valor dos lucros cessantes sejam os apurados pelo perito oficial."[19]

Contra tão peremptório acórdão não vingou nenhum dos múltiplos e duplicados recursos internos que, para retardar ainda mais tão velha execução, interpuseram os antecessores do ora autor. Foi transparente a violação da coisa julgada, cujo alcance se pretendeu e pretende reduzir a fórceps, mas que, muito ao contrário do que sustenta aqui o autor, o v. acórdão rescindendo preservou em atenção ao art. **5º, XXXVI**, da Constituição da República, e ao art. **467** do Código de Processo Civil, que foram, dessarte, à risca, observados e aplicados.

5. Da debilidade dos fundamentos residuais

L. Demonstrado, pois, *ex abundantia* que, antes que violar, o v. acórdão rescindendo **restaurou** a autoridade da coisa julgada do acórdão exequendo,

---

[19] Grifos nossos.

até nem precisaria descer aos débeis fundamentos residuais da ação rescisória. Mas não custa relevar-lhes a fragilidade, que é manifesta.

Precisamente porque reconduziu a liquidação ao que foi, no processo de conhecimento, pedido pela credora e, sem restrição, nem reserva, não opostas pelos devedores, concedido pelo acórdão exequendo a título de lucros cessantes, o aresto rescindendo deu interpretação estrita à coisa julgada, nos limites da lide, donde não contrariou, senão que bem aplicou o disposto nos arts. 2º, 128, 293 e 460 do Código de Processo Civil.

Tampouco contrariou a norma do art. 402 do Código Civil, por duas vezes confundido com o impertinente art. 406, pela curta mas cabal razão de que, nas circunstâncias da causa e nos termos de acórdão transitado em julgado, o que a credora deixou de, razoavelmente, ganhar, foram as comissões frustradas pelo ato ilícito dos devedores, sem que se possa agora rediscutir a questão, até porque decidida segundo o exato conceito de lucro cessante, que *"não é somente aquele que se estancou, como, p. ex., o que alguém normalmente obtinha, em sua profissão, e não mais poderá obter em virtude de ato ilícito ou de inexecução de obrigação por parte de outrem. Lucro cessante é isso: mas é também aquele que o credor não obterá, ainda que não viesse obtendo antes. Por isso, os Códigos e os autores, geralmente, referem-se ao* **ganho de que o credor ficou privado** *(cf. Cód. francês, art. 1.127 etc.)."*[20] O critério da razoabilidade atua apenas nos casos em que seja preciso recorrer à experiência *pretérita* para apurar a perda.[21] Aqui, o que deixou a credora de lucrar são verbas certas, que não dependem de nenhuma estima de fatos anteriores. De modo que seu pagamento não ofende o cânone do art. 844 do Código Civil, porque tende, não a enriquecer alguém sem causa, mas a repor-lhe perda patrimonial advinda de ilícito.

6. Da irrelevância da falsa ideia de injustiça ao autor

M. Seria fraqueza de espírito encarecer que ação rescisória não é instrumento de reparação de eventual mera injustiça de sentença transitada em

---

[20] **ALVIM, Agostinho.** *Da inexecução das obrigações e suas consequências.* 5ª ed. SP: Saraiva, 1980, p.174, nº 140. Grifos nossos.

[21] **AGOSTINHO ALVIM** esclarece que a expressão *razoavelmente* significa que, *"até prova em contrário, admite-se que o credor haveria de lucrar aquilo que o bom senso diz que lucraria. Há aí uma presunção de que os fatos se desenrolariam dentro do seu curso normal,* **tendo-se em vista os antecedentes"** *(Op. cit.,* p. 189, nº 146. Grifos nossos). Cf. ainda **MARTINS-COSTA, Judith.** *Comentários ao código civil.* Sálvio de Figueiredo Teixeira (coord.). RJ: Gen-Forense, 2009, vol. V, t. II, p. 480, nº 5.3.

AÇÃO RESCISÓRIA DE SENTENÇA EM FASE DE EXECUÇÃO. REGRA DE FIDELIDADE...

julgado, por mais grave que seja, ou, *rectius*, ser apenas injusta sentença recoberta pela coisa julgada não é requisito suficiente de rescindibilidade, cujas causas estão apenas na tipicidade de certos erros *in iudicando* ou *in procedendo*, que a rescisória visa a remediar. E a razão é porque autorizar que, noutro processo, se rediscuta lide decidida com a autoridade da coisa julgada, sob fundamento de que matéria de defesa, deduzida ou dedutível, foi esquecida, comprometeria a estabilidade da prestação jurisdicional e, pois, a segurança jurídica, que concerne ao interesse de todos, ainda quando, em casos concretos, pudesse atender à justiça, que responde ao interesse de alguns: "*Lucraria talvez, aqui e ali, a justiça, mas com pesado detrimento para outro interesse fundamental a que deve servir o processo: a segurança. Afinal, é sempre concebível que* **alguém se lembre, findo o processo, de agitar questão de que nele não se cogitara**. *A certeza jurídica ficaria a pender de tênue fio, até consumação dos séculos, se, apenas por essa razão, se autorizasse a indefinida reiteração do pleito*".[22] No tema, o ordenamento optou pela tutela do valor supremo da segurança, que, radicando-se em princípios e regras específicos da Constituição Federal, entre as quais, só para exemplificar, as do **art. 5º,** ***caput*** **e incs. XXXVI e XXXIX**,[23] estaria aqui violentado, se fosse acolhida esta ação rescisória.

Sucede que nem sequer de mera injustiça ao autor se pode cogitar no caso, porque, como se viu, não cabia, na dimensão dos lucros cessantes representados pelas comissões, abatimento de despesas operacionais e tributárias. Se alguma injustiça é aqui concebível, está, já materializada, não sem culpa do Judiciário, no absurdo retardamento da satisfação do direito inconcusso da credora, que **há mais de 24 (vinte e quatro) sofridos anos** aguarda rejeição definitiva às medidas protelatórias urdidas pelos devedores, quem sabe na expectativa de que os hoje cansados cotistas da exequente, com mais de 70 (setenta) anos de idade, venham a falecer sem usufruir do que lhes é devido por direito e justiça.

N. E agrava tal injustiça, em si ofensiva ao disposto no **art. 5º, inc. LXXVIII**, da Constituição da República, o tacanho argumento *ad terrorem*, que, destinado a tentar em vão impressionar juízes probos e experientes,

---

[22] **Barbosa Moreira**, José Carlos. *Direito aplicado – II (pareceres)*. RJ: Forense, 2005, p. 452-453, nº 7. Grifos nossos. *Idem*, **in** *Comentários ao código de processo civil*. 15ª ed. RJ: Gen-Forense, 2009, vol. V, p. 129, nº 77.

[23] Cf., por todos, **Ávila**, **Humberto**. *Segurança jurídica*. 2ª ed. SP: Malheiros, 2012, pp. 207-250, e **Mendes**, **Gilmar**. *Estado de direito e jurisdição constitucional – 2002-2010*. SP: Saraiva, 2011, pp. 61-66, nº 6.

alude ao valor atual da dívida, na casa de R$129.516.950,64, quando seria de R$4.247.675,63 o montante à data da condenação, em 2006, supondo possam ser despercebidas três coisas óbvias.

A primeira, que **72% (setenta e dois por cento)** daquele total, ou seja, obra de R$93.000.000,00, correspondem aos **juros de mora**, isto é, aos juros legais limitados a 1% ao mês e devidos à conta da propositada demora dos devedores em pagar o principal, enquanto, durante todos esses longos anos, sobretudo as instituições bancárias devedoras, que não têm esse baixo limite à cobrança de juros, lucraram, quando pouco, **3 (três) vezes mais** na aplicação rentável do mesmo capital. Grande negócio à custa alheia!

A segunda, que, para usar de eufemismo, a modesta cifra de R$4.247.675 significa apenas o valor histórico raso, sem nenhum dos consectários, de apenas **32% (trinta e dois por cento) das comissões**, estimados nos termos do ilegal e anômalo acórdão reformado pelo aresto rescindendo. Quer dizer, menos de um terço do valor principal da indenização devida.

E a terceira, mais simples, é que, se houvessem pago o débito a tempo e a hora, não precisariam os devedores pagar hoje o que acham demasiado, nem afetar queixa de valor atual excessivo que provocaram com a própria malícia.

Se, enfim, esse argumento caviloso e desesperado vingasse, bastaria aos maus devedores dilatar, por mais de duas décadas, como sucede aqui, os processos em que se lhes demande pagamento, para que o correto valor atualizado de seus débitos se convertesse em *fundamento jurídico* para exclusão dos créditos!

7. Conclusões

O. Do exposto, estamos em que deve julgada improcedente a ação rescisória, não sem, antes, ser revogada a respeitável decisão liminar, a qual, *inaudita altera parte*, fiando-se na especiosa argumentação do autor de que estaria o encanecido crédito da ré limitado à incomentável quantia correspondente a só 32% das comissões, cuja integridade resulta de *res iudicata* insuscetível de restrição contrária a todos os princípios, acabou por dar a esta **execução definitiva**, que não se sujeita ao disposto no art. 475-O, *caput*, inc. III, do Código de Processo Civil, **tratamento mais severo que a disciplina legal da execução provisória!**

É o que, salvo melhor juízo, nos parece.

Brasília, 20 de setembro de 2015.

Questões do Direito no Tempo

8
Decadência e Prescrição. Ação de Indenização por Ato Ilícito Absoluto

1. PRAZO. Preclusivo ou extintivo de direito material. Decadência e prescrição. Direitos potestativos, ou formativos, e direitos subjetivos a prestação. Lesão. Pretensão. Não exercício dentro do prazo legal. Distinções conceituais. Sistema adotado pelo vigente Código Civil. *Enquanto a decadência extingue, pelo não exercício no prazo legal, direito subjetivo potestativo, ou formativo, insuscetível de violação e de gerar pretensão consequente, a prescrição extingue a eficácia da pretensão que, entendida como poder de exigir doutrem um dar, fazer ou não fazer, nasce da violação de direito subjetivo a prestação, mas não é exercida dentro do prazo.*

2. RESPONSABILIDADE CIVIL. Extracontratual ou aquiliana. Ato ilícito absoluto. Ação e pretensão condenatórias. Prescrição. Início do curso do prazo. Impossibilidade factual. Ignorância invencível da vítima quanto ao ato ilícito, sua autoria, consequências danosas e imputabilidade a ato culposo do agente. Termo inicial que apenas sobrevém com o conhecimento efetivo desses elementos configuradores do ilícito. Prescrição não consumada. Jurisprudência assentada. Interpretação dos arts. 189 e 206, § 3º, IV, do Código Civil. *Nos domínios da responsabilidade extracontratual ou aquiliana, o prazo de prescrição da ação indenizatória, ou, antes, da pretensão de reparação civil de perdas e danos, materiais ou morais, decorrentes de ato ilícito absoluto, só corre a partir da data em que a vítima, que até então o ignorava não por culpa sua, senão pela particularidade ou natureza da violação do direito subjetivo, tome efetivo e pleno conhecimento da ocorrência do ato, da sua autoria, da manifestação dos gravames consequentes e da existência do nexo causal, considerados na unidade conceitual em que se traduz o ilícito.*

1. Consulta

A. Os ilustres advogados RW, FJSM e BLP dão-nos a honra de, em nome das clientes, CIEA S.A e IGB S.A, atual denominação social da GE S.A., formular consulta vazada nos seguintes termos:

"**1.** Em dezembro de 2012, as consulentes, empresas brasileiras fabricantes de televisores e computadores, tomaram conhecimento de que havia sido proferida, pela autoridade de defesa da concorrência da Comissão Europeia (*Directorate General for Competition*), decisão que concluiu pela existência de cartel internacional, formado pelas fabricantes e fornecedoras de tubos de raios catódicos (CRTs), principal componente para televisores e monitores de computador. Em razão da gravidade das práticas ilícitas e seus efeitos danosos, a Comissão Europeia aplicou-lhes multas no total de €1.470.515.000,00 (um bilhão, quatrocentos e setenta milhões e quinhentos e quinze mil euros), conforme *press release* datado de **5 de dezembro de 2012** (Anexo 1).

2. Diante disso, as consulentes buscaram averiguar se havia decisão semelhante proferida pela autoridade brasileira de defesa da concorrência, o Conselho Administrativo de Defesa Econômica (CADE), ou investigação com o mesmo objeto. Mediante pesquisa junto ao CADE, identificaram dois processos administrativos, **ainda em curso**, que têm por objeto investigação de possível formação de cartel pelas empresas multinacionais fornecedoras de CRTs, conforme versão pública de notas técnicas de instauração dos processos administrativos no âmbito do CADE, ambas datadas de 18 de março de 2010 (Anexo 2). O primeiro processo tem por objeto possível cartel no mercado de tubos de raios catódicos para televisores (CPTs) e, o segundo, possível formação de cartel pelas fornecedoras de tubos de raios catódicos para monitores (CDTs).

3. As consulentes, então, requereram ao CADE, em **5 de julho de 2013**, acesso aos autos para que pudessem conhecer os fatos investigados, eventuais provas produzidas e o estado dos processos (Anexo 3). Tal acesso, no entanto, lhes foi negado, em **9 de julho de 2013**, sob fundamento de tratar-se de faculdade restrita às partes investigadas (Anexo 4).

4. Não obstante, em **9 de agosto de 2013**, o CADE enviou às ora consulentes questionários sobre CRTs que, no mesmo período, teriam sido adquiridos por elas e por concorrentes, para efeito de instruir as investigações. As consulentes responderam em **19 de setembro de 2013** (Anexo 5). E, em **17 de outubro de 2013**, o CADE enviou novos ofícios, nos quais indagava se as consulentes dispunham de "*outras informações que consideravam relevantes sobre* *o aspecto concorrencial do mercado de CRTs no período de 1995 a 2007."* **Em 12 de dezembro de 2013**, as consulentes prestaram as informações requeridas e esclareceram que *"não havia, naquele momento, dados adicionais sobre o aspecto concorrencial, no período indicado; sem prejuízo da possibilidade de apresentar novas informações e dados conforme fossem apurados."* (Anexo 6). Em 2014, também posteriormente à decisão da Comissão Europeia, as consulentes tomaram conhecimento de ação coletiva que, ajuizada nos Estados Unidos, busca reparação coletiva dos danos causados pelo cartel naquela jurisdição, bem como de acordos nela firmados. Ao tomar conhecimento de tal ação, as consulentes decidiram requerer sua exclusão dos referidos acordos para que pudessem aguardar a conclusão de estudo econômico sobre possíveis danos sofridos.

5. Visando, nesse contexto, a apurar se haviam sofrido danos em decorrência do cartel global condenado pela Comissão Europeia e sob investigação no Brasil, as consulentes contrataram a consultoria econômica *Oxera*, sediada na Inglaterra e responsável por elaborar estudo encomendado pela Comunidade Europeia acerca de métodos para quantificação de sobrepreços de cartéis e possíveis danos consequentes.

6. Em **11 de fevereiro de 2015**, parte das empresas fornecedoras de CRTs, designadamente, (i) *Koninklijke Philips N.V e Philips do Brasil Ltda.* (conjuntamente *"Philips"*, (ii) *LP Displays International B.V. ("LPD BV")*, controladora de *LP Displays Amazônia Ltda. ("LPD Amazônia")* e da *LP Displays International Limited ("LPDI")*, e (iii) *LG Electronics, Inc.*, em conjunto com a sua subsidiária *LG Electronics do Brasil Ltda. ("LGE")*, firmou com o CADE, no âmbito dos processos administrativos supra citados, **Termos de Compromisso de Cessação de Prática**, que *"importam na admissão, pela Philips, da participação de suas subsidiárias nos fatos anteriores a 1º de julho de 2001 descritos nos Históricos das Condutas; admissão, pela LPD Amazônia, em seu nome e no nome da LPDS, dos fatos descritos nos Históricos das Condutas posteriores a 1º de julho de 2001; [...] [e] admissão, pela LGE, dos fatos descritos no Histórico de Conduta que consiste integrante do termo"*. Neles, ademais, as compromitentes, em troca de redução das multas e suspensão das investigações, se obrigaram a *"se abster de praticar qualquer das condutas investigadas"*, pagar a multa estipulada e a cooperar com as investigações, apresentando ao CADE documentos e informações sobre os fatos investigados. E, em decorrência dos **Termos de Compromisso de Cessação de Prática**, as investigações relativas às empresas compromitentes foram suspensas, sem prejuízo de, ao final dos processos administrativos, serem arquivadas, desde que provado o cumprimento das obrigações ali estabelecidas.

PARECERES DE DIREITO PÚBLICO E PRIVADO

7. As consulentes tiveram ciência apenas da versão pública desses **Termos de Compromisso de Cessação de Prática**, publicados no site do CADE, mas despidos dos anexos em que se contêm a descrição e o histórico das condutas ilícitas admitidas, uma vez que tais documentos foram classificados pelo CADE como de **acesso restrito às partes investigadas**.

8. Em **setembro de 2015**, a *Oxera* concluiu sua análise, tendo apurado substanciais perdas e danos às empresas brasileiras em decorrência da imposição de sobrepreços pelo cartel global condenado pela Comissão Europeia.

9. Na presente data, **29 de outubro de 2015**, os processos administrativos no âmbito do CADE continuam em andamento, em especial no que se refere às demais empresas investigadas. As consulentes, entretanto, não sabem, nem podem precisar o estado das investigações, em razão do caráter restrito dos autos e de seus apartados confidenciais.

10. Diante dos fatos narrados, as consulentes indagam:

(i) No ordenamento jurídico brasileiro, qual é o termo inicial do prazo prescricional de ação de responsabilidade civil para reparação das perdas e danos decorrentes de ato ilícito extracontratual ou aquiliano, quando o ofendido não tenha tido, na data da ocorrência, mas só depois, conhecimento do ilícito e dos seus efeitos?

(ii) Qual é o termo inicial do prazo prescricional para a ação reparatória prevista no art. 47 da Lei nº 12.529, de 30 de novembro de 2011 ("Lei Antitruste") em casos de cartel ocultado pelas empresas que o promoveram em dano das concorrentes?

(iii) Sob o ordenamento jurídico brasileiro, pode-se presumir ciência inequívoca do ilícito e do dano, pelo prejudicado, em razão da só publicação de artigo jornalístico que relatou a existência de investigação, ainda não concluída, acerca de cartel, no âmbito do CADE (Anexo 9)? Tal publicação desencadeia o curso do prazo prescricional da ação indenizatória?

2. Da prescrição e sua racionalidade

B. Como instituto jurídico que se pode dizer universal, a prescrição, produto da ação do tempo como fato jurídico sobre a possibilidade de exercício de direito, é concebida, em especial nos sistemas normativos da *civil law*, como causa de extinção da eficácia de pretensão não exercida dentro do prazo que, segundo a natureza do direito subjetivo a que está relacionada, lhe assina a lei. Nesta breve noção introdutória assume decisiva importância a figura da pretensão, a qual, distinguindo-se do direito subjetivo

DECADÊNCIA E PRESCRIÇÃO. AÇÃO DE INDENIZAÇÃO POR ATO ILÍCITO ABSOLUTO

de que se origina, guarda o significado da *Anspruch* do direito germânico (§ 194 do BGB), entendida como poder jurídico de exigir doutrem um dar, fazer, ou não fazer, ou seja, alguma prestação positiva ou negativa objeto de obrigação a que corresponda direito subjetivo de cuja violação se irradia. Donde se vê que, como posição jurídica ativa de exigência judicial de prestação de qualquer espécie, só é concebível pretensão e, por conseguinte, prescrição, quando se cogite de *direito subjetivo a prestação*, pois os *direitos potestativos*, ou *formativos*, na medida em que implicam poder de atuar sobre a condição ou esfera jurídica de outrem, sem o concurso da vontade deste, não são suscetíveis de lesão, nem de pretensão consequente, de modo que não estão sujeitos a prescrição, mas a decadência, ou caducidade. Esta é a postura adotada pelo vigente Código Civil brasileiro (arts. 189 e 207[1]).

C. Vem daí que, diversamente da decadência, cuja consumação extingue o próprio direito subjetivo e, quando seja o caso, a ação processual mediante a qual deveria ser obrigatoriamente exercido em certo prazo, a prescrição não extingue o direito subjetivo, nem a ação, mas a *eficácia da pretensão*, no sentido de que, se a ação for proposta pelo titular do direito violado, após o decurso do prazo dentro do qual deveria ter sido ajuizada, o *processo* é que será extinto com pronúncia da prescrição, mas sem julgamento do *mérito da pretensão* cuja eficácia foi inibida ou encoberta pelo decurso inútil do prazo prescricional (art. 269, inc. IV, do Código de Processo Civil[2]), o que deve ser reconhecido, até de ofício, pelo juiz (art. 219, § 5º, do Código de Processo Civil). Isto significa, em palavras mais simples, que, suposto continue a existir o direito subjetivo depois de operada a prescrição, estará destituído de tutela judicial daí em diante, porque já não poderá o titular exercer eficazmente pretensão em juízo, nem sequer sob a forma passiva de *exceção substancial* em defesa, também alcançada por igual prescrição (art. 190 do Código Civil[3]), porque esta esvaziou o poder, que tinha, de exigir a prestação devida e de opor, em defesa, o direito subjetivo a pretensão judicial alheia. Neste preciso sentido é que se devem

---

[1] *"**Art. 189.** Violado o direito, nasce para o titular a pretensão, a qual se extingue, pela prescrição, nos prazos a que aludem os arts. 205 e 206". "**Art. 207.** Salvo disposição em contrário, não se aplicam à decadência as normas que impedem, suspendem ou interrompem a prescrição".* Os prazos de decadência não são previstos, como os de prescrição, num único capítulo do Código Civil, mas, fragmentariamente, em disposições concernentes a cada direito potestativo que regulem.

[2] *"**Art. 269.** Haverá resolução de mérito: (...) **IV** – quando o juiz pronunciar a decadência ou a prescrição".*

[3] *"**Art. 190.** A exceção prescreve no mesmo prazo que a pretensão".*

entender afirmações menos rigorosas de que a *prescrição extingue a ação*. É que toda ação condenatória supõe pretensão.

D. Releva agora, por essencial às respostas à consulta, perquirir as *rationes iuris* do instituto da prescrição, o qual encontra várias razões explicativas que se não contrapõem, nem excluem, todas radicadas nos reflexos do fato objetivo da **inação** ou **inatividade culpável** do titular do direito subjetivo violado, que deixa de exercitar, em juízo, no prazo que lhe estabelece a lei sob cominação de prescrição, a pretensão oriunda da lesão sofrida, mediante propositura da ação condenatória.

Entendem muitos que, assim como a decadência, a prescrição constitui imposição das necessidades de estabilização das relações intersubjetivas e da segurança jurídica, pelo decurso do tempo, na medida em que não convém à sociedade a perpetuação de situações conflituosas capazes de se exacerbar sob risco permanente de litígios judiciais, ou não, sempre gravosos ao ideal da paz social. Sustentam outros que, sem peias, a ação destrutiva do tempo tende a dificultar, senão a impedir a atuação jurisdicional, por força do perecimento ou esmaecimento das provas, sem as quais se torna impossível plena reconstituição historiográfica dos fatos litigiosos, amplo exercício do direito de defesa e justiça das sentenças. Veem-na muitos como resposta estratégica do ordenamento à incúria ou passividade inescusável do titular da pretensão durante o tempo previsto para seu exercício, cuja omissão denota descaso ou desinteresse do qual se presume satisfação do suposto direito violado. E alguns acrescentam que tal resposta guarda ainda caráter de sanção à negligência do titular do direito subjetivo.

O que é sobremodo decisivo notar é que são convergentes todas essas concepções dogmáticas da racionalidade normativa da prescrição, porque todas têm por substrato dela a **inatividade culposa** do titular do direito, ou seja, o fato incontrastável de quem, munido das condições subjetivas e objetivas necessárias ao exercício da pretensão dentro do prazo legal, se faz inerte. Numa síntese, não há quem negue que a prescrição representa a consequência legal do não exercício, dentro do prazo, de pretensão nascida da violação de direito subjetivo, por quem não estava, jurídica, nem factualmente, impedido de fazê-lo. Este é o **princípio**.

3. Do termo da prescrição na ação de responsabilidade civil

E. Atendo-nos ao quadro factual da consulta, cuja visível preocupação está em definir o termo *a quo* do prazo prescricional de ação condenatória por perdas e danos decorrentes de ato ilícito absoluto ou extracontratual, ou, *rectius*, para ser fiel às premissas dogmáticas e ao texto do Código Civil (art. 206, § 3º, inc. V[4]), do prazo prescricional da *pretensão de reparação civil* por responsabilidade dita *aquiliana*, porque não advinda de ilícito negocial, mas da infração a dever legal de não causar dano a outrem (art. 186[5]), vamos extrair ao ordenamento brasileiro as deduções daquele **princípio** que relevam ao caso.

O de que se cuida é de saber qual o termo inicial do curso do prazo dessa prescrição específica. A regra geral é que, na forma do já citado art. 189 do Código Civil,[6] o prazo começa a correr do dia em que, violado o direito subjetivo, a ação condenatória pode ser ajuizada, pressuposta a inexistência de *causa impeditiva, jurídica* ou *factual*, de início de seu curso. Trata-se de aplicação do velho princípio da *actio nata*, que dá fundamento a todas as causas de impedimento da fluência do prazo prescricional. As normas explícitas das causas que impedem o curso da prescrição, como, p. ex., as que lhe não permitem correr contra os absolutamente incapazes e os ausentes do País em serviço público, ainda quando uns e outros já tenham tido inteiro conhecimento do ilícito e dos seus efeitos, são hipóteses de *impossibilidade jurídica* de exercício da pretensão dentro do prazo e, como tais, não suscitam dúvidas.

F. Estas podem incidir quanto a causas *impeditivas factuais*, representadas, sobretudo, por **ignorância invencível** do lesado quanto ao ilícito, aos gravames consequentes e a sua referibilidade causal. Mas, neste tema já não há, entre nós e até noutros ordenamentos da estirpe romano-germânica, lugar para posturas negativas de cunho absoluto, que afastem o perfil sistemático do secular princípio *"contra non valentem agere nulla currit praescriptio"*, o qual está à raiz de todos os impedimentos, os jurídicos e os factuais, da fluência do prazo. Nosso Código Civil dá, aliás, prova cabal dessa inspiração sistêmica, ao exigir *certeza jurídica* para início do prazo de prescrição, onde quase nunca falta a certeza subjetiva: o caso do art. 200,[7] em cuja hipótese o prazo prescricional só principia a correr da sentença

---

[4] *"**Art. 206.** Prescreve: (...) § 3º Em três anos: (...) **IV** – a pretensão de reparação civil".*

[5] *"**Art. 186.** Aquele que, por ação ou omissão voluntária, negligência ou imprudência, violar direito e causar dano a outrem, ainda que exclusivamente moral, comete ato ilícito".*

[6] Cf. *infra*, p. 3, nota nº 1.

[7] *"**Art. 200.** Quando a ação se originar de fato que deva ser apurado no juízo criminal, não correrá a prescrição antes da respectiva sentença definitiva".*

penal condenatória definitiva, embora de ordinário não possa a vítima ignorar a data do delito, nem as suas consequências danosas.

A regra aqui, como consectário daquele **princípio** básico da disciplina da prescrição, é que esta não entra a fluir, se a vítima, não por negligência, mas por ignorância escusável, desconheça a ocorrência do ilícito, da sua autoria, dos danos ou da imputabilidade destes ao agente a título de culpa *lato sensu*. Para que se justifique o início do curso do prazo prescricional, é mister que o ofendido disponha de informações objetivas, *a seu alcance*, que lhe deem a conhecer o dano injusto como realidade externa perceptível e, a título de dolo ou culpa, imputável a pessoa determinada (nexo causal).

E, para demonstrá-lo, não precisa muito. A doutrina e a jurisprudência italianas já consolidaram, precisamente neste terreno da responsabilidade civil aquiliana, que interessa à consulta, o certeiro entendimento de que a prescrição da pretensão de reparação civil só começa a correr quando haja *"conoscibilità del danno"* e *"rapportabilità causale"*. Tal inteligência foi construída no julgamento de casos exemplares de dano consistente na contração de moléstias provocadas por contágio em transfusão de sangue e no sofrimento de lesões decorrentes de doenças profissionais tipificadoras de acidente do trabalho, quando, embora já infectadas, as vítimas só sentiram manifestação das patologias e lhes puderam estabelecer a imputabilidade aos atos danosos de terceiros, muito tempo depois da ocorrência dos ilícitos.[8] Seria, deveras, absurdo exigir aos lesados que exercessem, no prazo contado do dia dos ilícitos, *pretensão de reparação civil*, de cujos requisitos conjuntos, como o dano e sua reportabilidade causal a atos de terceiros, só vieram, sem nenhum traço de culpa, a conhecer muito mais tarde. A pretensão seria, em tal hipótese, provavelmente extinta pela prescrição antes de poder ser exercida, em razão da ignorância como *óbice de fato*, mas juridicamente relevante, porque intransponível, o que significaria contraditória negação do remédio judicial que a mesma lei garante ao ofendido! Falha de todo aqui o substrato da **inação culposa**.

G.Esta é posição irretorquível, adotada e sedimentada, faz muitos anos, pela jurisprudência dos tribunais superiores brasileiros, remontando ao tempo das Constituições Federais anteriores à de 1988, ora vigente, antes

---

[8] Cf. CASS. Sez. III, civ., 23 gennaio 2014, **nº 1355**; CASS. Sez. III, civ., 25 maggio 2010, **nº 12699**; CASS. civ., Sez. Un., 11 gennaio 2008, **nº 583**; CASS., 08 maggio 2006, **nº 10493**, 05 luglio 2004, **nº 12287**, 21 febbraio 2003, **nº 2645**, etc..

DECADÊNCIA E PRESCRIÇÃO. AÇÃO DE INDENIZAÇÃO POR ATO ILÍCITO ABSOLUTO

da qual, no exercício da competência, que até então detinha, de interpretar, unificar e aplicar, em última instância, as normas de direito federal, o Supremo Tribunal Federal, a mais alta Corte do País, já havia assentado que o início do prazo prescricional de ação de indenização é *"a data em que os interessados tiveram ciência do ato contra o qual se rebelam"*,[9] invocando precedente no qual, aplicando o mesmo princípio, reconhecera que o prazo decadencial de direito de preferência desrespeitado se conta apenas do *"momento em que o condômino tem conhecimento, direto e efetivo, da venda."*[10]

E, assumindo essa competência, que lhe transferiu a atual Constituição da República, o Superior Tribunal de Justiça fixou, na interpretação dos já transcritos **arts. 189** e **206**, **§ 3º, inc. IV**, do Código Civil, aplicáveis ao caso da consulta, que, nos domínios da responsabilidade extracontratual ou aquiliana, o prazo de prescrição da ação indenizatória, ou, antes, da pretensão de reparação civil de perdas e danos, materiais ou morais, decorrentes de ato ilícito absoluto, só corre a partir da data em que a vítima, que até então o ignorava não por culpa sua, senão pela particularidade ou natureza da violação do direito subjetivo, tome efetivo e pleno conhecimento da ocorrência do ato, da sua autoria, da manifestação dos gravames consequentes e da existência do nexo causal, considerados na unidade conceitual em que se traduz o ilícito. Isto é, quando, nas circunstâncias do caso, não haja coincidência temporal entre a prática do ato ilícito e o conhecimento de seus ingredientes, pelo lesado, tais como a autoria, a lesão e a imputabilidade a título de dolo ou culpa, sem cuja coexistência não se desata responsabilidade civil do agente, o prazo prescricional começa a fluir apenas da data em que, cessando o impedimento factual insuscetível de ser superado por diligência ordinária do ofendido, este tome ciência de todos aqueles elementos que lhe permitem exercer a pretensão. E o fundamento jurídico dessa orientação jurisprudencial é, segundo o princípio, a inexistência do substrato da **incúria** da vítima e da sua consequente possibilidade de, no prazo, exercer a pretensão.

Transcrevemos, só para exemplificar, uns poucos trechos significativos dos incontáveis precedentes do Superior Tribunal de Justiça, os quais assumirão, sob o império do Código de Processo Civil, que entrará em

---

[9] **RE nº 70.896-GO**, 2ª Turma, Rel. Min. Thompson Flores, j. 24.05.1971, DJ 09.07.1971.
[10] **RE nº 10.182**, DJ 28.09.1949. *Idem*, **RE nº 61.923-SP**, 2ª Turma, Rel. Min. Eloy da Rocha, j. 11.03.1971, DJ 14.06.1971.

vigor em 16 de março do próximo ano, caráter vinculante para as jurisdições inferiores, à moda dos padrões do *stare decisis* do sistema da *common law* (art. 489, § 1º, inc. VI[11]):

> "[...] o nascimento da pretensão dá-se a partir da violação do direito subjetivo, sempre que seu titular obtiver, **concomitantemente**, o pleno conhecimento da lesão, de toda a sua extensão, e do seu responsável, hipótese em que se terá, inequivocamente, ação (pretensão) exercitável. Entretanto, nada obsta – o que apenas confirma a regra – que a lesão ao direito subjetivo ocorra em momento diverso (e anterior) ao termo em que o titular do direito violado detém o pleno conhecimento da referida violação (seja quanto a sua exata repercussão, seja quanto a sua autoria). Nessa circunstância, em que há discrepância entre o momento da lesão ao direito e do conhecimento da parte de seu titular, inviável aplicar a literalidade do dispositivo legal em comento, sob pena de reputar iniciado o prazo prescricional quando o lesado sequer detinha a possibilidade de exercer sua pretensão, em claro descompasso com o instituto da prescrição e com a boa-fé objetiva, princípio vetor do Código Civil. Assim, é de se reconhecer que o surgimento da pretensão ressarcitória não se dá necessariamente no momento em que ocorre a lesão ao direito, mas sim quando o titular do direito subjetivo violado obtém plena ciência da violação e de toda a sua extensão, bem como do responsável pelo ilícito, inexistindo, ainda, qualquer condição que o impeça de exercer o correlato direito de ação (pretensão)... Efetivamente, o instituto da prescrição tem por escopo conferir segurança jurídica e estabilidade às relações sociais, apenando, por via transversa, o titular do direito que, **por sua exclusiva incúria**, deixa de promover oportuna e tempestivamente sua pretensão em juízo".[12]

> "[...] na responsabilidade extracontratual, a aludida regra (art. 189 do Código Civil) assume viés mais humanizado e voltado aos interesses sociais, admitindo-se como marco inicial não mais o momento da ocorrência da violação do direito, mas a data do conhecimento do ato ou fato do qual decorre o direito de agir, sob pena de se punir a vítima por uma negligência que não

---

[11] *"**Art. 489.** São elementos essenciais da sentença: (...) § 1º Não se considera fundamentada qualquer decisão judicial, seja ela interlocutória, sentença ou acórdão, que: (...) **VI** – deixar de seguir enunciado de súmula, jurisprudência ou precedente invocado pela parte, sem demonstrar a existência de distinção no caso em julgamento ou a superação do entendimento".*

[12] **REsp nº 1.347.715-RJ**, 3ª Turma, Rel. Min. Marco Aurélio Bellizze, j. 25.11.204, DJe 04.12.2014. Grifos do original.

houve, olvidando-se o fato de que a aparente inércia pode ter decorrido da absoluta falta de conhecimento do dano."[13]

"Na linha dos precedentes desta Corte Superior, o termo inicial do prazo prescricional para o ajuizamento de ação de indenização, por dano moral e material, conta-se da ciência inequívoca dos efeitos decorrentes do ato lesivo."[14]

Sem receio de engano, pode resumir-se essa cristalizada jurisprudência do Tribunal, que tem hoje a derradeira palavra na interpretação do Código Civil e das demais normas de direito federal, neste curto mas expressivo enunciado: o termo inicial do prazo prescricional de pretensão de reparação civil se dá com a ciência inequívoca do ato lesivo e dos seus elementos constitutivos (ato, autoria, dano e nexo causal), quando estes não puderem ser conhecidos por aquela à data da violação do direito subjetivo, em virtude de obstáculo juridicamente relevante, de direito ou de fato, que lhe exclua toda modalidade de culpa.[15]

4. Da inexistência e prescrição no quadro da consulta

H. Aplicando-se tão sólida jurisprudência aos fatos documentados, expostos pelas consulentes, os quais lhe retratam descoberta recente de terem padecido largos danos patrimoniais oriundos da formação e atuação, no Brasil, de cartel entre concorrentes, produtores internacionais de tubos para *display* colorido, ou *Color Display Tubes* (CDTs), e de tubos de raios catódicos para televisores, ou *Color Picture Tubes* (CPTs), espécies de tubos de

---

[13] **REsp nº 1.354.348-RS**, 4ª Turma, Rel. Min. Luis Felipe Salomão, j. 26.08.14, DJe 16.09.2014. Parênteses nossos.

[14] **REsp nº 1.346.489-RS**, 3ª Turma, Rel. Min. Ricardo Villas Bôas Cuevas, j. 11.06.2013, DJe 26.08.2013.

[15] Cf. **REsp nº 1.400.778-SP**, 3ª Turma, Rel. Min. João Otávio de Noronha, j. 20.02.2014, DJe 30.05.2014; **REsp. nº 1.168.680-MG**, 2ª Turma, Rel. Min. Eliana Calmon, j. 20.04.2010, DJe 03.05.2010; **REsp nº 176.344-MG**, 2ª Turma, Rel. Min. Eliana Calmon, j. 06.04.201, DJe 14.04.2010; **EREsp nº 176.344-MG**, Corte Especial, Rel. Min. Laurita Vaz, j. 07.11.2012, DJe 28.11.2012; **REsp nº 1.171.028-RJ**, 2ª Turma, Rel. Min. Herman Benjamin, j. 06.04.2010, DJe 20.04.2010; **REsp nº1.124.714-BA**, 1ª Turma, Rel. Min. Luiz Fux, j. 06.10.2009, DJe 18.11.2009; **REsp nº 116.842-PR**, 1ª Turma, Rel. Min. Luiz Fux, j. 03.09.2009, DJe 14.10.2009; **REsp nº 1.089.390-SP**, 2ª Turma, Rel. Min. Castro Meira, j. 24.03.2009, DJe 23.04.2009; **REsp nº 909.990-PE**, 1ª Turma, Rel. Min. Arnaldo Esteves Lima, j. 05.06.2012, DJe 15.06.2012; **REsp nº 781.898-SC**, 1ª Turma, Rel. Min. Luiz Fux, j. 1º.03.2007, DJ 15.03.2007; **AgR no Ag nº 1.09.461-SP**, 4ª Turma, Rel. Min. Raul Araujo, j. 22.06.2010, DJe 02.08.2010.

raios catódicos ou *Cathode Ray Tubes* (CRTs), não pode subsistir nenhuma dúvida de que, nos termos do alcance dos **arts. 189 e 206, § 3º, inc. IV**, do Código Civil brasileiro, não lhes decorreu o prazo prescricional da pretensão de se verem ressarcidas daqueles gravames.

É que, nas circunstâncias descritas, o termo *a quo* desse prazo poderia, quando muito, coincidir apenas com a data da publicação da homologação dos **Termos de Compromisso de Cessação de Prática**, no *site* oficial do Conselho Administrativo de Defesa Econômica (*CADE*), em **11 de fevereiro do corrente ano**, não obstante desacompanhada de outras referências e dos anexos onde consta a capitulação histórica das condutas ilícitas que, naqueles documentos, os componentes do cartel admitiram haver adotado em prejuízo dos concorrentes nacionais, entre as quais estão as ora consulentes, uma vez que tais informações, assim como os processos administrativos em que foram colhidas, são tidas como sigilosas *ex vi* do art. 49 da Lei nº 12.529, de 30 de novembro de 2011, e, pois, de acesso restrito aos investigados. Foi essa a primeira oportunidade que tiveram as consulentes de tomar ciência, embora superficial, de que foram vítimas de ilícitos concorrenciais, cujos danos ainda não podiam sequer estimar à falta de acesso, que, antes e de pronto, já lhes fora negado pelo *CADE*, aos dados sigilosos dos processos administrativos.

Antes disso, sabiam apenas que, no âmbito da União Europeia, fabricantes e fornecedores de tubos de raios catódicos haviam sido punidos, em dezembro de 2012, pela autoridade de defesa da concorrência (*Directorate General for Competition*), com pesadas multas, por formação de cartel internacional, bem como sabiam da pendência de ação coletiva que, ajuizada nos Estados Unidos, buscava reparação coletiva dos danos causados pelo cartel naquela jurisdição, tudo o que só levantava suspeita de que igual prática perniciosa poderia ter ocorrido no País. Mas, pesquisando a existência de investigação ou condenação semelhante pela autoridade brasileira de defesa da concorrência (*CADE*), descobriram dois processos administrativos que, em curso perante esse órgão, tinham por objeto apurar formação de cartel pelas empresas multinacionais fornecedoras daqueles tubos (CRT), sem, todavia, poderem conhecer os fatos investigados e as provas produzidas. Está claro que esse **mistério**, resultante da confidencialidade dos processos, não autorizava as consulentes a propor ação indenizatória, pela intuitiva razão de que nenhum ilícito tinha sido até então comprovado. Por isso, contrataram empresa britânica de consultoria econômica (*Oxera*) para averiguar eventuais ilícitos que pudessem ter sido praticados pelo cartel global condenado pela Comissão Europeia e seus efeitos danosos. Mas o resultado, positivo, dessa prudente investigação particular, sobreveio apenas em **setembro de 2015**.

Este é que, a rigor, deve ser, pois, considerado o termo inicial do curso do prazo de prescrição da pretensão indenizatória que dimana da violação do direito subjetivo das consulentes, à luz do ordenamento jurídico brasileiro, pois assinala o momento em que lhes cessou a causa de impedimento juridicamente relevante, figurada na impossibilidade absoluta de conhecer, sem culpa, dadas as limitações já descritas, a ocorrência dos atos ilícitos, a extensão aproximada dos seus efeitos lesivos e, a título de dolo, a imputabilidade às multinacionais identificadas. Escusa sublinhar ao propósito a completa irrelevância de artigo jornalístico que relatou a existência dos processos administrativos, sem lhes revelar a substância do teor sigiloso que permitiria aos lesados inteirar-se do ilícito e das suas consequências.

5. Respostas aos quesitos

(i) No ordenamento jurídico brasileiro, qual é o termo inicial do prazo prescricional de ação de responsabilidade civil para reparação das perdas e danos decorrentes de ato ilícito extracontratual ou aquiliano, quando o ofendido não tenha tido, na data da ocorrência, mas só depois, conhecimento do ilícito e dos seus efeitos?

Resposta: É a data em que, cessada a causa invencível que antes lhe impedia esse conhecimento, o ofendido, tomando ciência plena e inequívoca da ocorrência de todos os elementos constitutivos do ilícito (ato, autoria, danos e nexo causal), pode exercer a pretensão, pressuposta a inexistência doutro fator impediente.

(ii) Qual é o termo inicial do prazo prescricional para a ação reparatória prevista no art. 47 da Lei nº 12.529, de 30 de novembro de 2011 ("Lei Antitruste") em casos de cartel ocultado pelas empresas que o promoveram em dano das concorrentes?

Resposta: Não havendo, na Lei nº 12.529, de 30 de novembro de 2011, outro específico, o termo *a quo* do prazo de prescrição da ação prevista no seu art. 47 é, na forma da resposta ao quesito anterior, a data em que as empresas prejudicadas se inteiraram das ações dissimuladas e ilícitas do cartel, bem como da extensão, pelo menos aproximada, de suas consequências prejudiciais;

(iii) Sob o ordenamento jurídico brasileiro, pode-se presumir ciência inequívoca do ilícito e do dano, pelo prejudicado, em razão da só publicação de artigo jornalístico que relatou a existência de investigação, ainda não concluída, acerca de cartel, no âmbito do CADE (Anexo 9)? Tal publicação desencadeia o curso do prazo prescricional da ação indenizatória?

Resposta: Esse dado solitário, que se limitou a divulgar a mera pendência de investigação no âmbito do CADE, aliás já conhecida pelo teor das notas públicas oficiais de sua instauração, sem adiantar-lhe nenhum dos dados sigilosos, nem reproduzir provas de sua existência, é ineficaz como fonte de ciência inequívoca do ilícito e do dano, porque é inidôneo para dar a conhecê-los ao prejudicado. Tal publicação não desencadeia o curso do prazo prescricional da ação indenizatória.

É o que, salvo melhor juízo, nos parece.

Brasília, 05 novembro de 2015.

9
Decadência de Ação Anulatória de Partilha em Dissolução de União Estável

DECADÊNCIA. Prazo. Não consumação. Ação anulatória de partilha convencionada, por escrituras públicas, em ação de dissolução de união estável, sob fundamento de vício da vontade. Aplicação dos arts. 1.029 do CPC de 1973 e 2.027, § único, do CC, que preveem prazo de 1 (hum) ano. Inadmissibilidade. Normas que disciplinam decadência em matéria de direito sucessório. Incidência do art. 178 do CC, que a prevê de 4 (quatro) anos. *Ratio legis.* **Direito anterior e jurisprudência.** *É de 4 (quatro) anos, nos termos do art. 178 do Código Civil, o prazo de decadência do direito formativo extintivo de anular partilha acordada em separação, divórcio ou dissolução de união estável, com fundamento em alegação de vício da vontade. O prazo ânuo previsto nos arts. 2.027, § único, do Código Civil, e 1.029, § único, do Código de Processo Civil de 1973, reproduzido no art. 657, § único, do CPC em vigor, só incidem nos casos de partilha de direito sucessório.*

1. Consulta

A. O ilustre advogado PHSL dá-nos a honra de consulta sobre a sorte de preliminar suscitada em apelação que, pendente no Tribunal de Justiça de São Paulo, sua cliente, MCBL, interpôs da sentença que, com base no art. 269, IV, do Código de Processo Civil[1], lhe decretou decadência da ação, proposta contra ABGB e tendente a anular partilha de bens convencionada, por escrituras públicas, em ação de dissolução de união estável, sob

---

[1] Corresponde ao art. 487, II, do CPC/2015.

alegação de vício de consentimento e simulação. Entendeu a sentença que, homologada a partilha em 6 de novembro de 2008, mas ajuizada a ação anulatória apenas em 12 de julho de 2012, estaria extinto o direito potestativo de anular o negócio jurídico, nos termos do disposto nos arts. 1.029 do Código de Processo Civil e 2.027, § único, do Código Civil. Sustenta, em resumo, a preliminar que não incidiriam essas normas, mas a que consta do art. 178, I, do Código Civil, cujo prazo é de 4 (quatro) anos.

Estou em que merece acolhida a preliminar.

2. A questão vista na sucessão dos códigos

B. Não é novo, senão velhíssimo, o tema jurídico que, decidido pela sentença no sulco de recente orientação com pretensões de mutação jurisprudencial, já aparecia, como mero problema teórico na vigência do antigo Código Civil, perante as disposições dos seus arts. 178, § 6º, V, 178, § 9º, V, *b*, e 1.805, as quais permitiriam indagar, em atitude dogmática primária, se o direito formativo extintivo de anular partilha acordada em desquite e, ao depois, em separação e divórcio, por vício de consentimento, decaía no quatriênio prescrito como regra geral para os negócios jurídicos, ou no prazo ânuo previsto para o caso específico de partilha regida por direito sucessório.

Justifica-se a alusão a uma postura dogmática primária, que tem por objeto questão fundamentalmente teórica, porque, a rigor, até as últimas duas décadas anteriores à revogação do Código de 1916, não se traduzia em problema prático frequente, que reclamasse disquisição doutrinária e definição jurisprudencial trabalhosas. Mostram os registros que, sobretudo diante da expressiva **remissão recíproca** contida nos textos dos arts. 178, § 6º, V, que se reportava ao art. 1.805, situado no título da partilha hereditária, e desse, que se referia àquele de modo não menos literal, assim os autores, como a jurisprudência não se preocupavam com dúvidas razoáveis a respeito, em lhes figurando claro que o curto prazo ânuo só alcançava o direito potestativo de anular partilhas decorrentes de direito hereditário.[2] É, por isso, muito raro encontrar, nas acreditadas obras doutrinárias e na escassa jurisprudência daquele largo período, advertência ou decisão de

---

[2] Faz-se aqui, por irrelevância ao caso, completa abstração das confusões conceituais em que, durante largo tempo, se enredou a doutrina e, até, a jurisprudência, acerca da distinção entre as hipóteses de nulidade, anulabilidade e rescindibilidade de partilha ou de sentença de partilha.

que ambas essas normas (arts. 178, § 6º, V, e 1.805) eram de todo estranhas ao prazo decadencial de anulação de partilha consequente a desquite, separação e divórcio. Pressupondo, **sem discrepância**, como óbvia a distinção conceitual entre partilhas de bens sujeitas a regimes jurídicos diversos, bem como os respectivos prazos decadenciais do direito de as anular, os poucos julgados, todas as referências e os escólios recaíam sempre sobre questões de direito sucessório.[3]

Só em estudos mais rentes à parca jurisprudência, depara-se com breve menção textual à inaplicabilidade do prazo ânuo a partilha de desquite.[4] De forma algo incisiva, sobressaía apenas conhecida opinião crítica:

> "O art. 178, § 6º, V, nada tem com as partilhas em desquite (4ª Câmara do Tribunal de Apelação de São Paulo, 11 de novembro de 1943, *R. dos T.*, 151, 162; 3ª Câmara do Tribunal de Justiça de São Paulo, 9 de dezembro de 1948, 178, 172 e 21 de abril de 1949, 180, 558); só se refere às partilhas regidas pelo direito das sucessões".[5]

E, algumas páginas adiante, remata-se:

> "Se houve partilha judicial (Código de Processo Civil, art. 642, §§ 2º e 3º), a partilha judicial entre cônjuges, tratando-se de vícios e defeitos da vontade, não tem o prazo prescricional do art. 178, § 6º, V, somente relativa à partilha de *iure hereditario* (cônjuges + herdeiros; herdeiros), e sim o art. 178, § 9º, V, *b*, porque o art. 1.805 não incide".[6]

---

[3] Escusa citar todos os autores, mas tome-se aqui como paradigma de referência **CARPENTER, Luiz Frederico Sauerbronn**, que cuida sempre de atos e sentenças (inventário e partilha) na ação *"familiae herciscundae"* (*Manual do código civil*. Paulo de Lacerda. RJ: Jacintho Ribeiro dos Santos, 1919, vol. IV, p. 452 etc.). Como se sabe, a *"actio familiae (h)ercircundae"* – onde a palavra *"familia"* está, no genitivo, por *"hereditas"* –, introduzida pela Lei das XII Tábuas, corresponde aos procedimentos atuais de partilha de direito sucessório, como se vê a **GAIO** nos famosos fragmentos dos pergaminhos de Antinoe (G. 4, 17a) (cf., ainda, **ARANGIO-RUIZ, Vincenzo.** *Il nuovo gaio. discussione e revisione. In*: Bulletino dell'Istituto di Diritto Romano (BIRD), vol. 42, 1934 (1935), p. 571 e segs.).

[4] Assim, **MONTEIRO, Washington de Barros**. *Curso de direito civil. Parte geral*. 3ª ed.. SP: Saraiva, 1962, vol. I, p. 323.

[5] **MIRANDA, Pontes de**. *Tratado de direito privado*. 3ª ed., reimp.. RJ: Borsoi, 1970, tomo VI, p. 351, § 707, nº 4.. Itálicos do original.

[6] **MIRANDA, Pontes de**. *Ibid.*, p. 372-373, § 711, nº 1, (a). Cf., ainda, p. 349, § 707, nº 4. Itálicos também do original.

Aquela literal **remissão recíproca** entre os textos dos arts. 178, § 6º, V, e 1.805 do Código Civil anterior, aliada à sua localização topográfica documental, bastava, enquanto inequívoca manifestação do pensamento normativo, a essa comum postura doutrinária e pretoriana que reconhecia, **sem dissenso**, que o campo de incidência dessas normas específicas se limitava ao prazo preclusivo do direito de anulação das partilhas governadas pelo direito das sucessões.

C. Não foi por outra razão que, de igual modo, o superveniente Código de Processo Civil ora em vigor, mediante regra de direito material heterotópica, o art. 1.029, § único, incrustado na seção concernente à partilha hereditária, tornou a prever o prazo ânuo do direito potestativo de a anular por vícios da vontade, contado agora de outros termos *a quo*, enquanto única e secundária alteração legislativa (que poderia ter estendido esse prazo àqueloutra classe de partilha, mas não o fez), para além da acertada distinção entre anulabilidade e rescindibilidade (art. 1.030). Donde, a curial e não surpreendente reafirmação de que a partilha aí contemplada continuava a ser a que é *"realização do fim das obrigações entre os co-herdeiros, extinguindo-se o laço entre eles, se outro dela não surge, pelo menos, extinguindo-se o laço de direito hereditário"*,[7] pois, sem nenhuma novidade legal, o *"de que cuida o art. 1.029 é de anulabilidade da partilha amigável realizada no inventário"*.[8] É que se não modificara, antes reafirmara, a substância do regime normativo diferenciado entre os prazos decadenciais, de modo que a ninguém ocorria modificar, sem razão alguma, interpretação aturada no âmbito da doutrina unânime e da jurisprudência fortemente dominante, que nunca tiveram qualquer dúvida sobre a absoluta impertinência do disposto no art. 1.121, § 1º, do Código de Processo Civil[9], à hipótese, porque aí se impõe tão só adoção da **forma** ou **procedimento** da partilha de direito sucessório, quando ao propósito não se avenham os cônjuges na separação.

---

[7] **Miranda, Pontes de**. *Comentários ao código de processo civil*. RJ: Forense, 1977, tomo XIV, p. 266. Grifos do original.

[8] **Moraes e Barros, Hamilton de**. *Comentários ao código de processo civil*. 2ª ed.. RJ: Forense, 1977, vol. IX, p. 329, nº 171. *Idem*, **Pinheiro Carneiro, Paulo Cezar**. *Comentários ao código de processo civil*. 3ª ed.. RJ: Forense, 2003, vol. IX, p. 206-207, nº 94; **Marcato, Antonio Carlos**. *Código de processo civil interpretado* (Antonio Carlos Marcato, coord.). SP: Atlas, 2004, p. 2520-2521. A referência doutrinária constante é a inventário e herdeiros, sem cogitação de separação ou divórcio.

[9] Corresponde ao art. 731, § único.

É claríssimo que tal preceito em nada se entende com o tema de direito material ou substantivo do **prazo de decadência** para anular partilha de direito comum, objeto de **acordo** entre os cônjuges, ex-cônjuges ou companheiros.

E, neste passo, merece realce a posição inequívoca tomada do Supremo Tribunal Federal, quando ainda lhe competia velar pela uniformidade do direito federal, ao assentar que:

> "À ação de anulação de acordo sobre partilha de bens em desquite amigável ou separação consensual aplica-se o art. 178, § 9º, V, do Código Civil, não o art. 1.029, parágrafo único, do Código de Processo Civil".[10]

E, na sua esteira, **sem discrepância, nem titubeio**, em igual direção, inclusive sobre a impropriedade do art. 1.121, § 1º, do Código de Processo Civil, consolidou sua jurisprudência o Superior Tribunal de Justiça.[11] Um dos seus precedentes reconheceu, aliás, que não vislumbrava *"dissídio pretoriano"* com esse aresto da Suprema Corte,[12] e outro, que *"já há posição sedimentada desta Corte no mesmo sentido"*, donde *"não havendo que se falar, no que respeita ao tema, em dissídio notório"*.[13]

D. Tal cenário não sofreu tampouco alteração normativa textual que pudera justificar pretexto de mutação semântica, com o advento do vigente Código Civil, o qual, ao reduzir e só agrupar os prazos de prescrição no art. 206, adotando a técnica de dispersar os preclusivos de decadência nas várias disposições em que trata da matéria concernente a cada um dos muitos

---

[10] **RE nº 93.191-RJ**, rel. Min. Decio Miranda, j. 15.09.1981, DJ 09.10.1981. A ementa ora transcrita é a que consta do original do acórdão, a que tivemos acesso. Erro material, já notado e em que se fez, por evidente lapso tipográfico, citação do art. 178, § **6º**, V, na ementa, em desacordo com o expresso teor do acórdão, esse consta apenas da sua inserção na RTJ, vol. 100, p. 366. Todo o acórdão está da pág. 366 à 374, com voto vencedor declarado do Min. Moreira Alves.

[11] **RESp nº 2.149-SP**, rel. Min. Waldemar Zveiter, j. 17.04.1990, DJ 228.05.1990; **RESp nº 6.008-MS**, rel. Min. Athos Carneiro, j. 19.06.1991, DJ 05.08.1991; **RESp nº 26.650-SP**, rel. Min. Athos Carneiro, j. 08.06.1993, DJ 28.06.1993; **RESp nº 38.977-SP**, rel. Min. Sálvio de Figueiredo Teixeira, j. 14.08.1995, DJ 11.09.1995; **RESp nº 62.347-RJ**, rel. Min. Eduardo Ribeiro, j. 10.09.1996, DJ 29.10.1996. Não foi encontrado, nos registros desse egrégio Tribunal, **acórdão discrepante**.

[12] **RESp nº 26.650-SP**, rel. Min. Athos Carneiro. A alegação de dissídio baseava-se no referido e patente lapso tipográfico da ementa na Revista do STF (cf. nota anterior nº 8).

[13] **RESp nº 38.977-SP**, rel. Min. Sálvio de Figueiredo Teixeira.

direitos potestativos,[14] deu continuidade histórica à velha diretriz político-legislativa e manteve o prazo decadencial ânuo para anular partilha de direito sucessório, no § único do art. 2.027, cujo texto do *caput* guarda redação idêntica à do art. 1.805 do Código anterior, salva a troca, aliás coerente, da palavra *"atos"* por *"negócios"*. Essa é a perceptível razão por que já não quadrava nenhuma remissão recíproca entre dois dispositivos, como constava do Código revogado (arts. 178, § 6º, V, e 1.085): concentraram-se ambos num só artigo de lei, situado, não por acaso, em capítulo que disciplina partilha regida pelo **direito das sucessões** (arts. 2.013 e segs.). A regra material heterotópica do art. 1.029, § único, do Código de Processo Civil[15], foi só derrogada quanto ao termo *a quo* do prazo extintivo, por força da reprodução integral do texto do art. 1.805, mas – e é o que releva ao caso – sem prejuízo da subsistência da mesma específica **limitação** do prazo breve de 1 (um) ano ao direito potestativo de anular partilha de direito hereditário. E a norma geral do art. 178, § 9º, V, do Código de 1916, figura agora no art. 178 do atual Código, com igual generalidade, mas com alcance mais amplo, porque compreende outras causas invalidantes dos negócios jurídicos.[16]

Já por aí se vê que sobram estritos motivos jurídico-normativos para que, acompanhando imperturbável jurisprudência, sensata doutrina proclamasse e proclame que, também sob o império do vigorante Código Civil, é de 4 (quatro) anos, *ex vi* do art. 178, o prazo decadencial do direito formativo extintivo de anular partilha convencionada em separação, divórcio ou dissolução de união estável,[17] até porque não houve intercorrência de nenhum fator semântico modificativo, nem sequer de índole extra ou metajurídica, capaz de justificar qualquer mutação exegética. E, como bem o demonstrou o primoroso recurso de apelação, a nova e isolada orientação dalguns julgados do Tribunal de Justiça de São Paulo, em que se apoiou a

---

[14] Como se vê, por exemplo, aos arts. 45, § único, 48, § único, 68, 119, § único, 178, 179, 445, *caput* e § 1º, 446, 501, 504, *caput*, 505, 516, 1.109, § único, 1.122, *caput*, etc..

[15] Corresponde ao art. 657, único do CPC/2015.

[16] Confiram-se os arts. 156, 157, 158 e 171, II, do vigente Código Civil.

[17] Assim, com percuciente exame da jurisprudência solidificada do STJ e das instâncias inferiores, sob a égide de ambos os Códigos Civis e do Código de Processo Civil, com as modificações introduzidas pela Lei nº 11.441, de 4 de janeiro de 2007, cf., por todos, **CAHALI, Yussef Said**. *Divórcio e separação*. 10ª ed.. SP: Ed. RT, 2002, p. 298-302, e *Prescrição e decadência*. SP: Ed. RT, 2008, p. 206-209, nº 45.8 e segs..

DECADÊNCIA DE AÇÃO ANULATÓRIA DE PARTILHA EM DISSOLUÇÃO DE UNIÃO ESTÁVEL

sentença, diverge, não apenas do sentido emergente que o Superior Tribunal de Justiça atribui às citadas normas de direito federal, mas também da interpretação que lhes emprestam inúmeros outros **tribunais estaduais**.

3. Da invulnerável racionalidade da interpretação histórica

E. A par da força intrínseca dos invocados elementos textuais e contextuais, essa acertada interpretação – cujo permanência pode dizer-se histórica – retira sua decisiva indiscutibilidade à pouco investigada *ratio iuris* da também histórica previsão normativa desse exíguo prazo de 1 (um) ano para exercício do direito formativo extintivo de anular partilha submissa às regras de direito sucessório.

E, neste quadro de indagação, não seria ocioso lembrar que a diversidade observada sobretudo na discriminação dos prazos preclusivos, entre os quais relevam os de decadência, decorre do grau da importância sociopolítica atribuída pelo ordenamento jurídico ao tempo máximo que, perante a natureza e função do direito potestativo considerado, lhe repute conveniente ser exercido sem perecer em benefício da segurança jurídica e da paz social, inerentes à própria eticidade do direito.[18] Daqui vem que, em razão da sua inata potestividade e consequente capacidade de interferir na esfera jurídica alheia, posta em situação de sujeição, são curtos os prazos decadenciais, que, sob cominação de **eficácia extintiva**, exigem exercício do direito formativo em tempo mais breve que os previstos para atuação das pretensões irradiadas dos outros direitos subjetivos[19] e, como tais, sujeitas apenas a termos mais longos de prescrição, cuja *exceptio* vencedora só as encobre sem extinguir os demais poderes imanentes ao direito.[20] Em palavras descongestionadas, os direitos potestativos devem exercidos em

---

[18] Sobre a exigência da segurança e paz públicas, também presente na disciplina dos prazos preclusivos, cf. **MIRANDA, Pontes**. *Op. cit.*, p. 98, § 662, nº 1. E, no que toca à certeza como "*la specifica eticità del diritto*", v. a magistral obra de **LOPEZ DE OÑATE, Flavio**. *La certezza del diritto*. Milano: Giuffrè, 1968, p. 161 e *passim*.

[19] De certo modo já o tinha advertido **ORLANDO GOMES**, ao notar que "*são constituídos prazos menores, pela conveniência de reduzir o prazo geral para o exercício de certos direitos, cuja vigilância se considere que deve ser mais expedita*" (*Introdução ao direito civil*. RJ: Forense, 1957, p. 383, nº 268). Certeiro quanto aos prazos dos direitos potestativos, **AMARAL, Francisco**. *Direito civil – introdução*. 7ª ed.. RJ: Renovar, 2008, p. 595, nº 3.

[20] Sobre a distinção entre prescrição e decadência, adotada pelo Código Civil vigente, não se pode deixar de ir ao seu mais perspicaz divulgador, **PONTES DE MIRANDA**, *op. cit.*, p. 100-101, nº 2, p. 102-104, nº 6, p. 131, nº 3, todas no § 662, p. 135, § 667, nº 1, e p. 444, § 726, nº 1.

prazos curtos, porque implicam poder de influir no patrimônio jurídico doutrem, para criar, modificar ou extinguir situação jurídico-subjetiva, com abstração da vontade do sujeito.

Ora, o prazo **ânuo**, de que se cuida, tem origem próxima nas *Ordenações*, onde se abria exceção à firmeza da partilha "*feita e acabada*", para a hipótese de lesão à sexta parte do que pertenceria ao herdeiro desfalcado, desde que este o reclamasse em "*até hum anno, contado do dia em que a partilha se acabou*".[21] O Projeto CLOVIS previa rescindibilidade da partilha lesiva em mais de um quarto do quinhão, por violência ou dolo, se o herdeiro o alegasse no prazo prescricional de quatro anos "*depois de sua effectuação*" (art. 1.967). Mas a Comissão Revisora, da Câmara, em 1902, reduziu-o ao prazo histórico de **1 (um) ano**, que prevaleceu na aprovação do Código.[22]

Qual a razão de tão brevíssimo prazo de caducidade, senão o intuitivo propósito normativo de garantir, com a absoluta firmeza objetiva que recobriria, em tão pouco tempo, a distribuição de bens constante da partilha **hereditária**, a segurança, a paz e a estabilidade que deveriam, como ideal político-legislativo, governar as **relações permanentes de parentesco**, ou, em síntese, a instituição familiar que subsiste à sucessão, livrando-a do dilatado risco de litígios judiciais e desavenças intestinas? Tal é, a meu juízo, a evidente intencionalidade normativa na regência de situação social típica, cuja especificidade está no vínculo jurídico imutável que permeia as relações usuais de parentesco entre os herdeiros.

Como tal, essa situação, própria do direito hereditário, onde imperam de regra relações *ex iure sanguinis*, não pode equiparada à que medeia entre os cônjuges ou companheiros, cuja relação jurídica original, porque desprovida do mesmo substrato fático do parentesco sanguíneo, **se desfaz** na separação, no divórcio ou na dissolução da sociedade, sem perpetuar

---

[21] Livro Quarto, Título XCVI, nº 19. Sua origem última remonta às Ordenações Manuelinas (Liv. 4, Título 77, § 30) e à Lei de 18 de novembro de 1577, § 38 (cf. **MENDES DE ALMEIDA, Candido**. *Codigo philippino*. 14ª ed.. RJ: Tip. do Instituto Philomathico, 1870, vol. III, p. 964-965). Esse mesmo prazo de **1 (um) ano** constou do art. 1183 da *Consolidação das Leis Civis*, de **AUGUSTO TEIXEIRA DE FREITAS**, e no art. 1874, § 1º, da *Consolidação* de **CARLOS AUGUSTO DE CARVALHO**. A respeito, pode ler-se ainda **COELHO DA ROCHA, Manuel Antonio**. *Instituições de direito civil portuguez*. 6ª ed.. Coimbra: Imp. da Universidade, 1886, tomo II, p. 389, § 495.

[22] Cf. **BEVILAQUA, Clovis**. *Código civil dos estados unidos do brasil comentado*. 10ª ed.. RJ: Francisco Alves, 1958, vol. VI, p. 238, nota nº 5. *Idem*, **ALVES, João Luiz**. *Código civil dos estados unidos do brasil annotado*. 2ª ed.. SP: Liv. Academica, 1936, vol. III, p. 209.

DECADÊNCIA DE AÇÃO ANULATÓRIA DE PARTILHA EM DISSOLUÇÃO DE UNIÃO ESTÁVEL

qualquer vínculo jurídico que ainda merecesse particular atenção do ordenamento. A partilha dos bens, nesses casos, entra na categoria dos **negócios jurídicos em geral**, cujo prazo de anulação por vício da vontade é mais dilatado e comum, pois, ao juízo soberano da lei, não aparece como danoso à paz social. Os ex-cônjuges e companheiros são vistos e tratados aqui na mesma posição factual em que estão os figurantes de outros negócios jurídicos suscetíveis de anulação pelas mesmas causas! A estima do prazo preclusivo, ainda quando, por hipótese, criticável, é da competência do legislador, não do intérprete, o qual não está autorizado a expandir o alcance de norma jurídica limitada a caso exemplar de direito sucessório.

F. Mas a impossibilidade de interpretação **extensiva** nasce ainda de outros dados elementares da *quaestio iuris*.

O primeiro diz com a vistosa impertinência do emprego de **analogia**, a qual só cabe em princípio, escusaria dizê-lo, na hipótese de lacuna, que, a todas as luzes, não se configura aqui, nem a fórceps. Não caindo no campo de incidência dos arts. 2.027, § único, do Código Civil, e 1.029, § único, do Código de Processo Civil, o prazo de decadência do direito de anular, por vício da vontade, partilha acordada em separação, divórcio ou dissolução de união estável, ajusta-se com folga ao disposto no art. 178 do primeiro. Logo, não falta ao caso regra jurídica.

G. O segundo advém da natureza mesma do prazo estipulado nos arts. 2.027, § único, do Código Civil, e 1.029, § único, do Código de Processo Civil[23], a qual, por algumas boas razões jurídicas conjugadas, pré-exclui interpretação expansiva. Uma, porque se cuida aí de normas de prazo decadencial, cujo caráter **preclusivo**, traduzindo eficácia extintiva e, pois, limitação de gozo de direito subjetivo, não a admite.[24] A outra, porque, caracterizando notável exceção à regra geral do art. 178 do Código Civil, hospedam, nesse significado, direito excepcional, cuja *ratio* não pode alcançar hipótese recortada, pela lei, à generalidade dos casos.[25] A terceira é

---

[23] Corresponde ao art. 657, § único do CPC/2015.

[24] **TEDESCHI**, Vittorio. Verbete *Decadenza*, **in** *Enciclopedia del diritto*, Milano: Giuffrè, 1962, vol. XI, p. 771, nº 2, *a*.

[25] Sobre ambas essas duas razões, cf. ainda **MAXIMILIANO, Carlos**. *Hermenêutica e aplicação do direito*. 8ª ed.. RJ: Freitas Bastos, 1965, p. 237-239, nº 270-272, e p. 246, nº 284; e **MIRANDA, Pontes**. *Op. cit.*, p. 126, § 666, nº 1, onde cita dois velhos acórdão do STF. O que quadra à interpretação das normas sobre prescrição, vale *a fortiori* para as que estabelecem prazos de decadência.

porque a própria topologia das duas normas (*sedes materiae*) obriga a dar-lhes interpretação sistemática, "*cioè nell'insieme delle disposizioni che disciplinano una determinata materia*", guardando-se o "*contesto in cui è collocata*".[26] Ou seja, são normas que só podem ser lidas, entendidas e aplicadas no sistema do direito das sucessões onde estão insertas! Por fim, seria contra os princípios encurtar, por interpretação, prazo decadencial!

H. Errou, pois, a sentença em aplicar o disposto nos arts. 2.027, § único, do Código Civil, e 1.029, § único, do Código de Processo Civil, a ação de anulação de partilha pactuada em escrituras públicas, por vício da vontade, em cuja hipótese incide o art. 178, inc. II, cc. arts. 151 e 171, inc. II, do Código Civil, perante os quais não se consumou, no caso, a decadência, e não menos porque constaria pedido de invalidez por simulação, que é agora causa de nulidade (art. 167, *caput*, do Código Civil).

4. Conclusão

I. Do exposto, estamos em que, por ter a sentença, em resumo, contrariado normas de direito federal (**a**), bem como ter-lhes dado interpretação divergente da que lhes atribuem outros tribunais (**b**), merece provida a apelação, mediante acolhimento da preliminar.

É o que, salvo melhor juízo, nos parece.

Brasília, 27 de agosto de 2014.

---

[26] **GUASTINI, Riccardo.** *Le fonti del diritto e l'interpretazione.* Milano: Giuffrè, 1993, p. 378.

10
Prescrição Administrativa Intercorrente

PRESCRIÇÃO ADMINISTRATIVA. Intercorrente. Prazo trienal. Consumação. Procedimento da Secretaria de Direito Econômico (SDE) do Conselho Administrativo de Defesa Econômica (CADE), contra empresas, para investigação da existência de cartel no mercado de farinha de trigo. Paralisação por mais de 3 (três) anos, à míngua de atos inequívocos que importassem apuração do fato investigado. Prática apenas de atos procedimentais inexpressivos para efeito de produção ou indução de prova. Aplicação dos arts. 1º, § 1º, e 2º, inc. II, da Lei nº 9.873, de 1999, e art. 46, §§ 1º e 3º, da Lei nº 12.529, de 2011. *Consuma-se prescrição intercorrente do poder punitivo estatal, se a Administração, durante procedimento investigativo, não pratica, por mais de 3 (três) anos, ato inequívoco que importe ou tenha por objeto a apuração do fato, assim entendido todo ato procedimental que, tendente a induzir ou produzir prova lícita, pré-constituída ou de iniciativa do acusador, se preordene a formar a convicção do órgão administrativo judicante sobre a ocorrência, ou não, do ato ilícito cujo asserto é objeto da investigação.*

1. Consulta

A. Os ilustres advogados CMSPN e RFP dão-nos a honra de consulta sobre eventual consumação de prescrição intercorrente da pretensão punitiva exercida no Proc. Administrativo nº xxxxx.xxxxxx/xxxx-xx, que, instaurado pela Secretaria de Direito Econômico do Conselho Administrativo de Defesa Econômica – CADE, contra sua cliente, Associação MTNNB, e outros, para investigação da existência de suposto cartel no mercado de farinha de trigo na região nordeste, porque a investigação preliminar, aberta em 12 de novembro de 2008, teria ficado paralisada, sem prática de ato tendente à apuração do fato investigado, no período que correu dessa data até 4 de abril de 2013, quando foi convertida em inquérito administrativo. Sustentam que, nos termos do art. 1º, § 1º, cc. art. 2º, da Lei nº 9.873, de 23 de novembro de 1999, e art. 46, § 3º, da Lei nº 12.529, de 30 de novembro de 2011, à míngua de causa interruptiva, estaria consumada a prescrição trienal intercorrente.

Estamos em que têm razão. Senão, vejamos.

2. Da prescrição: modalidades e racionalidade

B. Como instituto jurídico que se pode dizer universal, a prescrição, produto da ação do tempo como fato jurídico sobre a possibilidade de exercício de direito, é concebida, em especial nos sistemas normativos da *civil law*, como causa de extinção da eficácia de pretensão, judicial ou administrativa, não exercida às inteiras dentro do prazo que, segundo a natureza do direito subjetivo ou poder a que está relacionada, lhe assina a lei, de modo direto ou indireto. Nesta breve noção introdutória assume decisiva importância a figura da *pretensão*, a qual, distinguindo-se do direito subjetivo, suposto, de que se irradia, guarda, no campo originário do direito obrigacional, o significado da *Anspruch* do direito germânico (§ 194 do BGB), entendida como poder jurídico de exigir doutrem um dar, fazer, ou não fazer, ou seja, alguma prestação positiva ou negativa objeto de obrigação a que corresponda direito subjetivo de cuja violação emana. Donde se vê que, como posição jurídica de exigibilidade de prestação de qualquer espécie, só é concebível pretensão e, por conseguinte, prescrição, quando se cogite de *direito subjetivo a prestação*, pois os *direitos potestativos*, ou *formativos*, na medida em que implicam poder de atuar sobre a condição ou esfera jurídica de outrem, sem o concurso da vontade deste, não são suscetíveis de lesão, nem de pretensão consequente, de modo que não estão sujeitos a prescrição, mas a decadência, ou caducidade. Esta é a postura adotada pelo vigente Código Civil brasileiro (arts. 189 e 207), como sede da disciplina geral da matéria.

C. Ao lado dessa modalidade principal de prescrição, que, por comodidade, se pode denominar ordinária, há, conquanto menos estudada, outra, chamada de **intercorrente**, cujo indiscutível reconhecimento normativo e dogmático se sói ligar, entre nós, ao disposto no art. 202, § único, do vigente Código Civil, que repete o enunciado do art. 173 do Código revogado, e nos quais se alude a reinício da fluência do prazo prescricional a partir do *"último ato do processo"*. Estoutra modalidade, que interessa à consulta, embora vincule sua diferença específica e a própria causa eficiente aos atos processuais, jurisdicionais ou não, não constitui desvio do conceito genérico do instituto, na medida em que a extinção da sua eficácia, no curso de processo, decorre da circunstância de a pretensão, não sendo ato instantâneo, mas poder que, no aspecto dinâmico, se atualiza em exercício que compreende toda a série de atos necessários à concretização de sua eficácia, só realiza esta, quando se findem aqueles. Noutras palavras, enquanto o titular não esgote a prática de todos os atos que, a título de *ônus*, lhe pesam na cadeia dos atos do processo para lograr seu escopo último, a pretensão ainda está sujeita a prescrição, porque não foi de todo exercida. Esta é a razão por que, se, no curso do processo, o titular se torne *inerte*, deixando de cumprir seus ônus no prazo fixado na lei, se lhe consuma prescrição da pretensão sob a forma intercorrente. A prescrição intercorrente, e é isto nota digna de relevo, atinge toda pretensão de cunho punitivo da administração pública, num quadro onde não há direito algum a prestação obrigacional, mas poder de aplicar sanções, ao qual corresponde, na esfera jurídica do sujeito passivo, *estado de sujeição*, idêntico ao de quem está submisso aos efeitos de atuação de direito potestativo.

D. Vem daí que, diversamente da decadência, cuja consumação extingue o próprio direito subjetivo e, quando seja o caso, a ação processual mediante a qual deveria ser obrigatoriamente exercido em certo prazo, a prescrição não extingue o direito subjetivo, nem a ação, mas a *eficácia da pretensão*, no sentido de que, se a ação for proposta pelo titular do direito violado, após o decurso do prazo dentro do qual deveria ter sido ajuizada, o *processo* será extinto com pronúncia da prescrição, com efeito de resolução do *mérito da causa* por rejeição da *pretensão* cuja eficácia foi inibida ou encoberta pelo decurso inútil do prazo prescricional (art. 487, inc. II, do Código de Processo Civil), o que, produzindo coisa julgada material (art. 503, *caput*), deve ser reconhecido, até de ofício, pelo juiz (art. 332, § 1º, cc. art. 487, § único, do Código de Processo Civil). De forma análoga, a prescrição **intercorrente** encobre a *eficácia da pretensão punitiva da administração pública*, dando causa irremediável à extinção do procedimento administrativo em que começou a ser exercida, sem possibilidade de prosseguimento das investigações, nem estima do mérito em si da acusação,

PARECERES DE DIREITO PÚBLICO E PRIVADO

devendo ser pronunciada, de igual modo, até *de ofício*, pela autoridade ou órgão processante.

E. Releva agora, por essencial à resposta da consulta, perquirir as *rationes iuris* do instituto da prescrição, o qual encontra várias razões explicativas que, embora situadas em planos lógico-jurídicos diversos, se não contrapõem, nem excluem, todas radicadas nos reflexos do fato objetivo da **inação ou inatividade culpável** do titular do direito subjetivo violado ou do poder sancionador, que deixa de exercitar pela via própria, no prazo que lhe adscreve a lei sob cominação de prescrição, nos termos já adiantados, a pretensão oriunda da lesão sofrida, seja ao patrimônio individual ou coletivo, seja a valores do ordenamento jurídico.

O que é sobremodo decisivo sublinhar é que, deste ponto de vista, são convergentes todas as concepções dogmáticas da racionalidade normativa da prescrição, porque todas têm por substrato dela a **inatividade culposa** do titular do direito ou do poder, isto é, o fato incontrastável de quem, munido das condições subjetivas e objetivas necessárias ao exercício da pretensão dentro do prazo legal, se faz inerte. Numa síntese, não há quem negue que a prescrição representa a consequência legal do não exercício, dentro do prazo, de pretensão, pelo titular que não estava, jurídica, nem factualmente, impedido de fazê-lo.

F. Entende-se-lhe hoje, *como razão superior e suficiente*, que, assim como a decadência, a prescrição é uma das imposições ou consectários do princípio ou subprincípio constitucional da **segurança jurídica**, enquanto necessidade de estabilização das relações intersubjetivas, pelo decurso do tempo, na medida em que não convém à tutela desse valor supremo a perpetuação de incertezas, nem de situações conflituosas capazes de se exacerbar sob risco permanente de custosos litígios, judiciais ou não, sempre nocivos ao ideal da paz social. Mas é bom não subestimar, ainda, que, sem peias, a ação destrutiva do tempo tende a dificultar, senão até a impedir a apuração dos fatos controversos, em processo judicial ou administrativo, por força do perecimento ou esmaecimento das provas, sem as quais se torna impossível a reconstituição historiográfica do passado, o amplo exercício do direito de defesa e a justiça das decisões. Nem tampouco, que, como resposta estratégica do ordenamento à incúria ou passividade inescusável do titular da pretensão durante o tempo, direta ou indiretamente previsto para seu integral exercício, cuja omissão denota descaso ou desinteresse incompatível com a *importância jurídico-subjetiva* da pretensão, cujo exercício é estimulado pela previsão da prescrição, se legitime o sacrifício do direito subjetivo ou do poder punitivo de que aquela se originaria.

G. Consequência linear da **fundamentação constitucional** do instituto da prescritibilidade de todas as pretensões é que são de *ordem pública* as regras que, disciplinando a prescrição, não podem nunca ser interpretadas em desfavor dos sujeitos passivos aos quais beneficie seu reconhecimento, dada sua condição de destinatários da especialização do princípio da segurança jurídica no escalão das normas infraconstitucionais. Em palavras descongestionadas, nenhum preceito que regule qualquer aspecto da prescrição tolera interpretação expansiva ou exegese de alcance dilatado, em dano de quem seria por ela favorecido, exigindo sempre *leitura restritiva*.

3. Os dados factuais relevantes da questão

H. Cópia disponível de todo o procedimento administrativo de que se cuida mostra que, tirante atos inexpressivos da cadeia processual, como juntada de cópias, de avisos postais de recebimento, lavratura de certidões e eventos análogos, no período de 12 de novembro de 2008 a 4 de abril de 2013, só merecem consideração para fins da consulta os atos que, salvo engano, supondo guardar absoluta fidelidade e precisão em relação aos praticados na *investigação preliminar* e na sua conversão em *inquérito administrativo*, agora reproduzimos, não sem alguma simplificação e ordenação, no quadro que se segue:

Data	Ato Processual	Folha dos Autos
12.11.2008	Despacho nº 850, que determina a instauração da Averiguação Preliminar	37
12.05.2009	Ofício MPRN que reitera pedido de informações sobre o andamento da investigação formulado no Ofício nº 162/2008	44 e 45
10.06.2009	Ofício DPDE/SDE nº 3836, que informa ao MPRN ter encaminhado cópia do Despacho nº 850 e da Nota Técnica de instauração da Averiguação Preliminar	46 e 47
07.07.2011	Ofício DPDE/SDE nº 3855, que solicita ao MPRN informações sobre o andamento do Inquérito Civil nº 002/2008	48 e 49
26.08.2011	Ofício DPDE/SDE nº 4934, que reitera o teor do Ofício DPDE/SDE nº 3855 ao MPRN	50 e 51
13.10.2011	Ofício MPRN que presta informações à SDE sobre o Inquérito Civil nº 002/2008	53

28.11.2011	Ofício DPDE/SDE nº 6684, que solicita à PFRN informações sobre o andamento do Inquérito Policial nº 1001/2009	54 a 55
28.11.2011	Ofício DPDE/SDE nº 6855, que ao MPRN solicitando cópia integral do Inquérito Civil nº 002/2008	56 a 57
30.12.2011	Ofício PFRN que presta informações à SDE sobre o andamento do Inquérito Policial nº 1001/2009	60
25.01.2012	Ofício MPRN que encaminha à SDE cópia integral do Inquérito Civil nº 008/2008	61 a 110
08.02.2012	Ofício DPDE/SDE nº 1016, que solicitando ao TJRN informações sobre andamento, competência e localização do o Inquérito Policial 1001/2009	111 a 112
23.02.2012	Ofício TJRN que presta à SDE informações sobre o Inquérito Policial nº 1001/2009	114 a 120
21.03.2012	Ofício DPDE/SDE nº 1966, que solicita ao TJPE informações sobre o Inquérito Policial nº 1001/2009	121 e 122
23.07.2012	Despacho SG que encaminha os autos para o gabinete da SG	123
28.03.2013	Memorando CADE/DEE nº 005/2013, que encaminha Nota Técnica nº 002/2013 à Superintendência Geral	124 a 183
04.04.2013	**Nota Técnica nº 135 e Despacho SG-CADE de convolação da Averiguação Preliminar para Inquérito Administrativo**	**184 a 201**

4. Da disciplina da prescrição intercorrente

I. Todo processo administrativo federal está submetido a especial regime normativo da prescrição intercorrente, *ex vi* das disposições do art. 1º, § 1º, cc. art. 2º, da Lei nº 9.873, de 23 de novembro de 1999, e do art. 46, §§ 1º e 3º, da Lei nº 12.529, de 30 de novembro de 2011, os quais, pertinentes ao caso, prescrevem:

"**Art. 1º** [...]

§ 1º Incide a prescrição no procedimento administrativo **paralisado por mais de três anos**, pendente de julgamento ou despacho, cujos autos serão arquivados de ofício ou mediante requerimento da parte interessada, sem prejuízo da apuração da responsabilidade funcional decorrente da paralisação, se for o caso"

Art. 2º Interrompe-se a prescrição da ação punitiva:

I – pela notificação ou citação do indiciado ou acusado, inclusive por meio de edital;

II – por qualquer ato inequívoco, que importe apuração do fato;

III – pela decisão condenatória recorrível;

IV – por qualquer ato inequívoco que importe em manifestação expressa de tentativa de solução conciliatória no âmbito interno da administração pública federal".[1]

"**Art. 46**. Prescrevem em 5 (cinco) anos as ações punitivas da administração pública federal, direta e indireta, objetivando apurar infrações da ordem econômica, contados da data da prática do ilícito ou, no caso de infração permanente ou continuada, do dia em que tiver cessada a prática do ilícito.

§ 1º **Interrompe a prescrição qualquer ato administrativo ou judicial que tenha por objeto a apuração da infração contra a ordem econômica mencionada no caput deste artigo**, bem como a notificação ou a intimação da investigada.

§ 2º [...]

§ 3º Incide a prescrição no procedimento administrativo **paralisado por mais de 3 (três) anos**, pendente de julgamento ou despacho, cujos autos serão arquivados de ofício ou mediante requerimento da parte interessada, sem prejuízo da apuração da responsabilidade funcional decorrente da paralisação, se for o caso.

A despeito das suas algo diversas redações, talvez explicáveis por excesso de preocupação linguística, os enunciados do art. 2º, inc. II, da Lei nº 9.873, de 23 de 1999, e do art. 46, § 1º, da Lei nº 12.529, de 2011, não exprimem normas jurídicas diferenciadas, senão que guardam ambos o mesmo conteúdo semântico, cuja substância está em afastar, como causa interruptiva de prescrição, qualquer ato judicial ou administrativo que, suposto componha de algum modo a cadeia processual, se não destine, em via direta, a apuração do fato ou fatos objeto do procedimento administrativo. O significado normativo dessas regras sucessivas, que como tais apenas incidem em fatos ocorridos em períodos distintos, é de todo em todo coincidente, ou seja, trata-se de normas idênticas. Já não há quem o não saiba.

J. Pressuposta tal identidade e abstraídas as demais causas interruptivas, a questão posta na consulta desdobra-se, perante as normas idênticas, em duas indagações sucessivas, quais sejam, a de saber, em primeiro lugar, em que consistiria a noção de *"ato [inequívoco,] que importe apuração do fato"*, ou, o que dá no mesmo, de *"ato administrativo [ou judicial] que tenha por objeto a apuração da infração"*, e, depois, se, no período de **12 de novem-**

---

[1] Grifos nossos.

bro de 2008 a **4 de abril de 2013**, algum ou alguns dos atos processuais já arrolados, descritos e datados, corresponderiam a essa qualificação legal, capaz de ter aqui interrompido a prescrição.

Aquelas duas expressões equivalentes, tomadas ao modelo do processo jurisdicional, remetem logo à ideia do papel que a *instrução da causa*, concebida no sentido rigoroso de colheita de provas,[2] desempenha em relação à função judicante. É que, se ao Judiciário toca, em última análise, aplicar o direito objetivo, representado pela norma na sua estrutura linguística de enunciado hipotético e condicional, ao caso concreto, aparece óbvio que, para reconhecer-lhe antes a incidência, é mister apurar se, no mundo dos fatos sensíveis, aconteceu o fato, típico, subsumível à *fattispecie* ou suporte fático abstrato, cuja realização histórica desencadeia a produção do efeito jurídico previsto. Ou seja, é necessário tentar a reconstrução historiográfica do passado, segundo o método e os limites que a lei define para a prática das atividades probatórias, as quais, destinadas a convencer o juiz da existência ou inexistência dos fatos controversos relevantes, compõem a *instrução da causa*. Transpostas estas noções ao procedimento administrativo sancionador, onde a função judicante é atribuída a certo órgão, sobre o qual recai o **ônus da prova da acusação**, é, de igual modo, imprescindível ao escopo de aplicação da lei, punitiva, buscar a mesma reconstituição historiográfica do ato ou atos tidos por ilícitos, mediante análoga produção de provas, que aquelas duas leis especiais traduzem, com palavras semelhantes, mas com síntese e acerto, sob a fórmula geral *"apuração do fato"*.

Donde se pode concluir, sem receio, que, nessa concepção legal, *"ato que importe"* ou *"tenha por objeto a apuração do fato"* é todo ato processual que, praticado para induzir ou produzir prova lícita ou admissível, pré-constituída ou de iniciativa do acusador, se preordene a **formar a convicção** do mesmo órgão administrativo judicante, sobre a ocorrência, ou não, do ato ilícito cujo asserto é objeto da investigação. Mas é logo de arredar a tentação de incluir, nessa classe, atos que concorram apenas de algum modo indireto para esse objetivo retórico de convencimento do julgador, debaixo

---

[2] O âmbito da *instrução probatória* judicial, no sentido do texto, *"compreende ciò che attiene all'acquisizione dei mezzi di prova ocorrenti per la decisione in fatto"* (**COMOGLIO**, **Luigi Paolo**, **CORRADO**, **Ferr**i, e **TARUFFO**, **Michele**. *Lezioni sul processo civile*. 4ª ed. Bologna: Il Mulino, 2006, vol. I, p. 390, nº 2). Posto que, a rigor, em acepção lata, a instrução abranja também a argumentação das partes tendente a convencer o juiz, tal nota não repercute na análise do caso sob consulta.

do pretexto de que, inseridos na cadeia processual, estão, em substância, instrumentalmente ligados a esse propósito normativo. E a razão óbvia é porque, no conceito de ato de instrução ou apuração, cabem apenas os que *produzem* ou *tendem a produzir **prova***, não os que, doutra natureza, sejam meros requisitos ou elementos do desenvolvimento regular do processo. No tema, há de ser direta a relação teleológica entre o ato e a prova, sob pena de, raciocinando por absurdo, ter-se como de apuração do *fato investigado*, p. ex., o simples ato de juntada de procuração ou substabelecimento, de lavrar certidões, de responder a ofícios, etc.. Doutro modo, escusaria fizessem as leis referência específica a ato tendente a apuração do fato denunciado, bastando aludissem, embora com visível despropósito, a qualquer outro tipo de ato processual! Ao depois, pode dizer-se não ter sido à toa que a Lei nº 9.873, de 1999 (art. 2º, inc. II), haja recorrido ao enfático adjetivo *"**inequívoco**"* para, na verdade, qualificar como severa a exigência legal de aquela relação teleológica ser direta, imediata e consistente!

K. Objeção possível, mas já vencida, consiste em supor que, como os textos fazem incidir a prescrição em procedimento administrativo paralisado por mais de três anos, *"pendente de julgamento ou despacho"*, teriam conferido a qualquer despacho do órgão processante, idoneidade para interromper o curso do prazo prescricional. Não precisa grande acuidade intelectual por notar a debilidade do argumento. É que não definem, nem catalogam os atos interruptivos da prescrição intercorrente, limitando-se a explicitar a condição ou o pressuposto necessário da própria ideia de intercorrência, que é a *(litis)pendência* do procedimento administrativo, enquanto ainda dependente de despacho ou de julgamento, após o qual cessa o curso da prescrição. A relação dos atos interruptivos, essa é objeto de outros textos! Ao depois, a suposição, para além de ser produto de interpretação gravosa aos administrados, beneficiários do instituto, que lhes garante segurança jurídica, aniquilaria, como bem já o advertiu o CADE,[3] o fator de estímulo que, em resguardo do interesse público na efetiva apuração de ato ilícito, a previsão da prescrição intercorrente representa à cuidadosa celeridade do processo. Um incentivo ao descaso oficial! Se, por três anos, na qualidade de titular do *ônus* de promover-lhe a apuração, a Administração se omite nas providências para provar a existência do fato, deixa, então, de

---

[3] Cf. **Proc. nº 08012.005558/1999-68**, rel. Cons. Luis Fernando Schuartz, j. 05.06.2006.

exercer, na inteireza, a pretensão punitiva, cuja eficácia fica encoberta por prescrição intercorrente.

L. Daí o inteiro acerto da jurisprudência sedimentada do Conselho (CADE) que, entre outros atos processuais, não reconhece caráter interruptivo da prescrição à *juntada de documento produzido por terceiro e não requisitado, solicitado ou adotado como prova pela Administração* (***i***), nem à apresentação de parecer, que é apenas juízo opinativo (***ii***).[4]

Na particular moldura dessas hipóteses, onde cabe, com folga, o conjunto dos atos sistematizados no capítulo anterior, sob n° 8,[5] vê-se nítido que nenhum deles pode reputar-se *ato que tivesse importado apuração do fato*, pela curta, mas boa razão de que nenhum se ajusta ao figurino do art. 2º, inc. II, da Lei n° 9.873, de 1999, e do art. 46, § 1º, da Lei n° 12.529, de 2011, em não figurando atos de colheita ou de produção de prova da existência do hipotético cartel. São todos destituídos de vocação intrínseca de revelar o fato objeto da averiguação.

E são-no, porque emissão de Nota Técnica é peça meramente opinativa, e pedido e juntada de informações de procedimentos alheios, ***dos quais não consta nenhuma prova da existência do fato investigado***, não constituem, a rigor, atos de instrução ou apuração, pela razão óbvia de não servirem de prova de coisa alguma! Equivalem todos, sobretudo os pedidos e juntada de informações, sobre as quais a Administração não expendeu, nem poderia ter expendido juízo crítico de relevo retórico-processual, a atos anódinos, de nula eficácia probatória, como, *v. g.*, são ineficazes e anódinos, para efeitos de apuração do fato, documentos e informações constantes dos autos, mas relativos a outros eventos sem nexo com a suspeita ou a imputação do ilícito por apurar. Observe-se que, das informações pedidas e apresentadas a respeito dos inquéritos, assim o civil, como o criminal, não consta produção, nem reprodução de nenhuma prova de fatos relacionados, nem sequer remotamente, com possível existência da infração representada pelo cartel objeto da averiguação administrativa. De todas, o que sobra de menos ou, *rectius*, de tão inexpressivo e inútil, é o registro de que o Juízo de Natal declinou da competência sobre o inquérito criminal para o Juízo de Recife! *Quid inde?* Dos cômodos pedidos de informações

---

[4] **Recurso de Ofício no Proc. n° 08012.002748/2002-90**, rel. Cons. Paulo Furquim de Azevedo, j. 17.06.2009.

[5] Cf. *supra*, p. 5 e 6.

e das respostas não resultou nenhuma prova, nem elemento que pudesse ter sido, nem foi reputado como tal. *A Administração*, em suma, *não praticou nenhum ato próprio que tivesse por objeto a apuração do fato. Ficou aguardando, inutilmente, que outrem lho fizesse!*

5. Conclusão

M. Do exposto, estamos em que, no período de **12 de novembro de 2008 a 4 de abril de 2013**, não se praticou no procedimento, nos termos do art. 2º, inc. II, da Lei nº 9.873, de 1999, e art. 46, § 1º, da Lei nº 12.529, de 2011, nenhum ato que houvesse importado apuração do fato certo investigado, de modo que, *ex vi* do disposto, respectivamente, no art. 1º, § 1º, e no art. 46, § 3º, das mesmas leis, se consumou a prescrição trienal intercorrente, que deve ser reconhecida para imediato arquivamento do processo e declaração da consequente ineficácia da busca e apreensão que lhe estava subordinada e foi ajuizada após consumar-se a prescrição.

É o que, salvo melhor juízo, nos parece.

Brasília, 28 de fevereiro de 2017.

11
Prazo de Decadência Administrativa
Estabelecido por Lei Estadual

DECADÊNCIA ADMINISTRATIVA. Poder da Administração de anular seus atos. *Direito potestativo* ou *formativo extintivo*. Prazo de 10 (dez) anos. Estabelecimento por lei estadual. Inadmissibilidade. Matéria objeto de norma geral de Direito Administrativo. Incompetência legislativa do Estado-membro. Competência exclusiva da União. Inconstitucionalidade do art. 10, inc. I, da Lei nº 10.777/98, do Estado de São Paulo. Ofensa à interpretação conjunta dos arts. 22, inc. I, e 24, *caput* e §§, cc. arts. 25, *caput* e § 1º, 29, caput, e 30, incs. I e II, bem como do art. 5º, *caput* e incs. I e XXXVI, e art. 103-A, § 1º, a *contrario sensu*, todos da CF. Vias de arguição. *É inconstitucional o art. 10, inc. I, da Lei nº 10.777, de 30 de dezembro de 1998, do Estado de São Paulo, que estabeleceu em 10 (dez) anos o prazo decadencial para exercício do poder da Administração de anular seus atos. Tal inconstitucionalidade pode ser pronunciada em ação direta, em recurso extraordinário e, **incidenter tantum**, em primeiro e segundo graus de jurisdição.*

1. Consulta

A. O ilustre advogado MB, em nome de clientes que são concessionárias de rodovias estaduais, dá-nos a honra de consulta sobre a constitucionalidade do art. 10, inc. I, da Lei estadual nº 10.777, de 30 de dezembro de 1998, o qual, disciplinando o processo administrativo no âmbito da administração pública do Estado de São Paulo, prevê que o direito subjetivo da Administração Pública de anular, de ofício ou por provocação, seus atos inválidos, decai no prazo de 10 (dez) anos contados de sua prática. Sustenta, em resumo, que, não obstante divergência jurisprudencial a respeito, ainda não examinada pelo STF, o confronto daquela norma com o disposto no art. 54 da Lei federal nº 9.784, de 29 de janeiro de 1999, confortaria a tese de sua inconstitucionalidade.

Estamos em que lhe assiste inteira razão.

2. Decadência: noção breve, racionalidade e taxinomia

B. Perante conceitos jurídicos notórios, que, com brevidade, recordaremos só para conduzir o raciocínio, não há nenhuma dúvida de que é de decadência o prazo estatuído no art. 10, inc. I, da Lei estadual nº 10.777, de 30 de dezembro de 1998, que dispõe:

> "Art. 10. A administração anulará seus atos inválidos, de ofício ou por provocação de pessoa interessada, salvo quando:
>
> I – ultrapassado o **prazo de 10 (dez) anos** contados de sua produção."[1]

Como instituto jurídico que se pode dizer universal, a decadência, assim como a prescrição, as quais se distinguem logo pela natureza do direito subjetivo a que estão relacionadas, é produto da ação do tempo como fato jurídico sobre a possibilidade de exercício de direito, mas, enquanto a prescrição constitui causa extintiva da eficácia de pretensão, que se irradia da violação de *direito subjetivo a prestação* e não é exercida no prazo que lhe assina a lei, a decadência extingue, pela mesma razão de inatividade, o próprio *direito potestativo* ou *formativo*, o qual, significando poder de atuar sobre a condição ou esfera jurídica de outrem, sem o concurso da vontade deste, não é suscetível de lesão, nem de pretensão consequente, de modo que não está sujeito a prescrição, senão a decadência ou caducidade. Esta é a dominante postura dogmática, aliás adotada pelo vigente Código Civil (arts. 189 e 207). O direito da Administração de anular seus atos é *potestativo* ou *formativo extintivo*, e, como tal, **decai** quando não exercido dentro do prazo assinado por lei válida e eficaz.

E não há dúvida de que, quando o ato administrativo substancie contrato de qualquer espécie, original ou não (aditivo), com obrigações de trato sucessivo, o prazo decadencial para o anular entra a correr da data da sua assinatura ou celebração. O termo inicial é sempre a data da *prática do ato*, seja contratual ou não, porque este é o objeto de incidência daquele direito potestativo.

---

[1] Grifos nossos.

C. Releva à consulta, sobretudo, perquirir as *rationes iuris* ou racionalidade normativa de ambos os instituto, os quais encontram explicações que, suposto várias, não se contrapõem, nem excluem, todas radicadas na ponderação dos reflexos do fato objetivo da **inação culpável** do titular da *pretensão* ou do *direito potestativo* que deixa de exercitar, segundo o modo de ser de um e de outro, no prazo que lhe adscreve a lei sob cominação correlata de prescrição ou de decadência.

Entende-se hoje, *como razão superior e suficiente*, que, tal como a prescrição, a decadência é uma das imposições ou consectários do princípio ou subprincípio constitucional da **segurança jurídica**, enquanto necessidade de estabilização das relações intersubjetivas, pelo decurso do tempo, na medida em que não convém à tutela desse valor transcendente a perpetuação de incertezas, nem de situações conflituosas capazes de se exacerbar sob risco contínuo de se converterem em custosos litígios, judiciais ou não, sempre nocivos ao ideal da paz social.

Mas é bom não subestimar que, sem peias, a ação destrutiva do tempo tende a dificultar e até a impedir a apuração dos fatos controversos, em processo judicial ou administrativo, por força do perecimento ou esmaecimento das provas, sem as quais se tornam impossíveis a reconstituição historiográfica do passado, o amplo exercício do direito de defesa e a justiça das decisões. Nem tampouco, que, vista como resposta estratégica do ordenamento à incúria ou passividade inescusável do titular, durante o tempo previsto para seu exercício, cuja omissão denota descaso ou desinteresse incompatível com a *importância jurídico-subjetiva* da pretensão ou do direito, se lhes explique o sacrifício a título de sanção à negligência.

D. E é de toda a relevância, no caso, atentar na condição taxinômica da figura da decadência no quadro da ciência jurídica, dentro do qual, como ***objeto teórico***, pertence ao ramo denominado Teoria Geral do Direito, na acepção específica de campo cognitivo das estruturas lógicas da experiência jurídica em geral, ao qual compete extrair e sistematizar os chamados princípios gerais do Direito, que, *"sem ultrapassar o plano empírico da experiência jurídica, determina seus conceitos básico, tais como os de norma jurídica, modelo jurídico, relação jurídica, sujeito do direito, direito subjetivo, fonte do Direito, etc."*,[2] aplicáveis, por definição, à totalidade do ordenamento. Em

---

[2] **Reale**, Miguel. *Lições preliminares de direito.* SP: José Bushatsky Ed., 1973, p. 376, e *Fontes e modelos do direito.* SP: Saraiva, 1994, p. 100.

palavras descongestionadas, a decadência é, aí, um desses muitos institutos ou conceitos jurídicos que, por seu *caráter genérico*, se não restringem a um único setor epistemológico em que se costuma dividir o direito positivo,[3] senão que convém às diversas áreas onde este regule o exercício de direitos potestativos (Direito Civil, Direito Comercial, Direito Processual, etc.). Seria escusado arrolar todas as provisões que, nos diferentes ramos do Direito, estabelecem prazos decadenciais ou preclusivos e, na medida em que participam do cunho genérico do princípio, são consideradas *normas gerais*.

Daí se vê, logo, que a decadência capitulada assim no art. 10, inc. I, da Lei estadual nº 10.777, de 1998, como no art. 54 da Lei federal nº 9.784, de 29 de janeiro de 1999, não é objeto de normas de Direito Civil, mas de regras *típicas* de Direito Administrativo, em recaindo sobre indiscutível direito potestativo das Administrações Públicas de cassar ou invalidar seus atos. A inconstitucionalidade recognoscível daquela primeira norma, estadual, que interessa aqui, não pode estar, pois, em vício de incompetência absoluta do Estado para legislar sobre Direito Civil, como parece a inúmeros julgados e opiniões doutrinárias. Embora se cuide de vício análogo, está alhures, como se passa a demonstrar.

3. A verdadeira incompetência legislativa do estado

E. E, para vê-lo nítido, é preciso delimitar o alcance emergente dos arts. 22, inc. I, e 24, *caput* e §§, cc. arts. 25, *caput* e § 1º, 29, *caput*, e 30, incs. I e II, da Constituição da República, cuja conjugação revela ser da União a competência legislativa exclusiva[4] para ditar *normas gerais de Direito Administrativo*, que, pelas razões já expostas e por outras que declinaremos, compreendem todo preceito sobre decadência do direito potestativo das Administrações Públicas de anular seus atos.

---

[3] Os chamados *ramos do Direito* são meros recortes epistemológicos que, com propósito didático, tendem a reduzir-lhe a complexidade mediante divisões taxinômicas fundadas na identidade material de grupos de normas, todas as quais compõem a totalidade unitária do sistema jurídico.

[4] Autorizados constitucionalistas distinguem competência *exclusiva*, que seria indelegável, de *privativa*, que comportaria delegação, como dispõe o art. 22, § único, da Constituição Federal. À míngua de coerência redacional e interesse prático, seria melhor, no segundo aspecto, falar apenas em competência *delegável* e *indelegável*. Mas o que pesa é que a delegabilidade, no tema, não abrange **normas gerais**, mas apenas **especiais**.

Da interpretação conjunta dessas normas constitucionais tira-se que foi reservada à União, de modo inderrogável, competência para estabelecer, sem restrição, **normas** das matérias discriminadas no art. 22, inc. I, e apenas **normas gerais** das constantes do 24, *caput*, pela razão óbvia de serem todas vocacionadas a dar tratamento uniforme a aspectos das relações intersubjetivas que, pela igualdade teórica das situações, não admitiriam, sem grave dano ao princípio isonômico, disciplina díspar ou heterogênea. Não seria inteligível, *v. g.*, no perfil simétrico e historicamente centralizado de nosso federalismo, pudessem ter os Estados competência para legislar sobre Direito Civil, Direito Comercial e Direito Penal, ou para estabelecer normas gerais de outros ramos do direito posto, desprovidos de exigências axiológicas oriundas de particularidades locais, objetivas ou subjetivas. Aos Estados assegurou-se competência legislativa plena para, observados os princípios constitucionais, organizar-se e, concorrente, mas suplementar, para edição de normas que, especiais ou excepcionalmente gerais, devam sempre atender a suas peculiaridades (art. 24, *caput*, §§ 1º e 2º, e 25, *caput* e § 1º), como, *mutatis mutandis*, sucede aos Municípios (arts. 29, *caput*, e 30, incs. I e II). Nem estes, nem aqueles podem produzir normas tendentes a reger situações que transponham os limites de seus interesses locais, nem sequer quando, inexistente lei federal, os Estados são autorizados a exercer competência legislativa plena. Em síntese, não têm competência para aviar **normas gerais**, que, também por definição, guardam vocação de incidência de **âmbito nacional**.

F. Nessa moldura, é de indagar se os Estados têm competência para legislar sobre Direito Administrativo. Têm-na sem nenhuma dúvida, porque doutro modo não haveria como organizar-se por si mesmos, nem atender a suas peculiaridades em não poucas matérias concernentes à administração pública. Mas, sem avançar sobre o assento constitucional dessa competência, pergunta-se: de que normas se trata, **gerais** ou **especiais** de Direito Administrativo?

De *gerais*, não pode ser, porque seria avesso ao modelo do federalismo e contrário a todos seus princípios, se já não fosse absurdo de per si, tivesse cada Estado competência plena para expedir normas gerais de Direito Administrativo, aplicáveis a todas as entidades e esferas da administração pública nacional, como, aliás, se há de sobrelevar noutro tópico.[5]

---

[5] Cf. nºs 10 e 11, *infra*.

A resposta imediata é, dessarte, que tal competência, admissível *a priori*, só pode abranger **normas especiais**, assim entendidas as que se destinem a acudir a interesses peculiares e bem discerníveis de cada administração pública estadual, que se pressupõem não satisfeitos pelas **normas gerais** estabelecidas pela União, a que, por boa consequência, se tem de reconhecer competência absoluta e privativa na matéria, já deste ponto de vista.

G. Esta é consequência inafastável da inteligência sistemática das já citadas normas da Constituição da República, que, só na aparência, não teria atribuído à União competência específica, nem sequer concorrente, para legislar sobre Direito Administrativo, a qual não consta, deveras, do texto do art. 22, inc. I, nem ainda do art. 24, *caput*. É o que, acentuando ter faltado à intenção do legislador constituinte referência ao Direito Público em geral, nele compreendido o Direito Administrativo, não passou despercebido a atenta doutrina, ao reconhecer que, *"Curiosamente, o Direito Administrativo – que ficou fora do art. 22, I, que cuida da competência privativa da União para legislar sobre os diversos ramos do Direito a que alude – também não foi incluído no presente inciso em sede de competência legislativa concorrente."*[6]

Este silêncio normativo-constitucional não é eloquente. Seria inconcebível atribuir, com tom psicológico, à vontade objetivada do constituinte, propósito de negar a todos os entes federados e, em particular, à União, que a recebeu privativa e plena para outros ramos do Direito Público, competência para editar **normas gerais** de Direito Administrativo, diante da irrecusabilidade da outorga, sobre a matéria, de competência concorrente, mas limitada, aos Estados. Não há, no tema, lugar senão para uma de duas alternativas hermenêuticas.

A primeira, entender-se não exaustiva, mas exemplificativa, a relação do art. 22, inc. I, debaixo da velha fórmula de que a Constituição *"dixit minus quam voluit"*, para significar o resultado prático de uma das vertentes da interpretação integrativa ou expansiva que evite dar sentido contraditório a norma que, preordenando-se a cometer à União competência legislativa privativa sobre constelação de normas aplicáveis a toda a comunidade nacional, teria excluído desse rol, sem conferir tal poder a outra entidade federativa, precisamente as que se ocupariam da disciplina geral da orga-

---

[6] **Silva**, Paulo Napoleão Nogueira da. *In* **Bonavides**, Paulo, *et alii* (coords.). *Comentários à constituição federal de 1988*. 1ª ed.. RJ: Gen-Forense, 2009, p. 572, nº 1.5.1. Cf., ainda, pp. 562-63, nº 1.3.1.

nização e dos interesses superiores da administração pública! Não esquivar tal contradição fora suposição inaceitável perante o axioma da plenitude ou, antes, da coerência do ordenamento, que se ressentiria de um vácuo ilógico, subversivo e irredutível, o de **inexistir** sujeito competente para editar normas gerais de Direito Administrativo! *"A text remains as a parameter for his acceptable interpretations"*.[7] Ou seja, todo texto deve ser interpretado inteligentemente, de modo que não conduza a *absurdos*.[8] E nada é mais absurdo do que supor não haja previsão constitucional de competência para edição de normas gerais de Direito Administrativo.

A segunda, diagnosticar caso exemplar de lacuna de previsão, que impõe solução mediante recurso à *analogia legis* ou *constitutionis*, de acordo com o cânone hermenêutico *ubi eadem ratio ibi eadem dispositivo*. É de assentada doutrina que, se, da comparação entre duas hipóteses, uma regulada e outra não, decorra serem idênticos os elementos factuais decisivos na determinação do tratamento jurídico, pode concluir-se que ambas são similares ou análogas, de modo que lhes intercorre razão para disciplina normativa idêntica.[9] É o que se caracteriza no caso, onde a Constituição da República distribuiu, quanto a certas matérias, competências legislativas concorrentes, à União, para emitir *normas gerais*, e aos Estados, para, em atenção a suas peculiaridades, editar *normas especiais* (art. 24), sem haver previsto, expressamente, igual repartição no que concerne ao Direito Administrativo, sobre o qual, por via oblíqua ou implícita, reconheceu aos Estados, no entanto, igual competência (art. 25, *caput*). Daí ser inexorável, no preenchimento da lacuna, predicar à União, quanto à produção de *normas gerais* desse mesmo ramo do Direito, aquela mesmíssima competência. Trata-se de restabelecer a congruência das valorações normativo-constitucionais sobre hipóteses análogas, para dar a única solução admissível como justa ao grave problema jurídico concreto da lacuna diagnosticada.[10]

---

[7] **Eco, Humberto**. *Interpretation and overinterpretation*. Cambridge: Cambridge University Press, 1992, p. 141. Há tradução brasileira: *Interpretação e superinterpretação*. Trad. MF. SP: Martins Fontes, 1993, p. 166.

[8] **Maximiliano, Carlos**. *Hermenêutica e aplicação do direito*. 8ª ed.. RJ-SP: Freitas Bastos, 1965, p. 178, nº 179.

[9] **Betti, Emilio**. *Interpretazione della legge e degli atti giuridici*. 2ª ed.. Milano: A. Giuffrè, 197, p. 170, § 20.

[10] Essa é, aliás, a tarefa da interpretação (cf. **Neves, A. Castanheira**. O problema actual da interpretação jurídica. **In** *Metodologia jurídica – problemas fundamentais*. Coimbra: Coimbra Ed., 1993, p. 84).

H. A conclusão está em que, da exegese conjunta dos arts. 22, inc. I, e 24, *caput* e §§, cc. arts. 25, *caput* e § 1º, 29, *caput*, e 30, incs. I e II, da Constituição da República, se infere, por implicações, que à União está reservada competência legislativa exclusiva para ditar **normas gerais de Direito Administrativo**, entre as quais se incluem as que disciplinam a *decadência* do direito potestativo das Administrações Públicas de anular seus atos (**a**), e que, por conseguinte, a todas se aplica a *norma geral* enunciada no art. 54 da Lei federal nº 9.784, de 29 de janeiro de 1999 (**b**), e é *inconstitucional* o disposto no art. 10, inc. I, da Lei nº 10.777, de 30 de dezembro de 1998, do Estado de São Paulo (**c**).

4. De aporias e de outras inconstitucionalidades

I. Deixar de reconhecê-lo induziria a outras inconstitucionalidades à luz de observações já esboçadas. As normas que regulam a decadência do direito potestativo das Administrações de cassar atos próprios não fazem parte de corpo de regras jurídicas especiais voltadas a prover sobre aspectos da estruturação ou organização material dos Estados, nem sobre peculiares funções e necessidades operacionais desses entes federativos, nem, muito menos, sobre singularidade de suas relações jurídicas com os administrados. Concernem a limitação temporal daquele poder inerente às Administrações Públicas de todos os níveis, federal, estadual e municipal, operada por instituto da Teoria Geral do Direito, razão por que entram na categoria ou classe das normas gerais.

J. Ora, essa limitação é uma das expressões da perceptível metodologia normativa de contenção que, em resguardo do princípio da certeza jurídica, figurada na estabilidade das relações jurídico-administrativas e na consequente previsibilidade do comportamento dos administrados, atua em duas vias.

A primeira, representada pelo âmbito das iniciativas ou remédios judiciais de que podem valer-se os particulares para invalidação de atos administrativos, e no qual estão inseridas as regras de **prescrição** das ações ou pretensões como modo de impedir o invalidamento, dado o transcurso de certo trato de tempo ou prazo, que é sempre de 5 *(cinco) anos*. É o que, com significativa coerência, consta do art. 1º do Decreto nº 20.910, de 6 de janeiro de 1932, e do art. 21, cc. art. 1º, *caput*, da Lei nº 4.717, de 29 de junho de 1965.

A segunda é a província da autotutela, na qual à Administração Pública é assegurado o poder jurídico (direito potestativo) de anular seus atos dentro de certo prazo preclusivo, que é o de ***decadência***. Aqui, pressuposta a competência legislativa concorrente da União, o prazo ditado pela norma geral do art. 54 da Lei federal nº 9.784, de 1999, é também de 5 *(cinco) anos*.

A concordância normativa dos prazos revela a sensatez do juízo normante ou ordenador que lhe inspirou a adoção em todas as formulações legislativas. Se o cidadão, em relação a quem a lei deve ser mais tolerante, porque não conhece de regra as leis, as engrenagens e o regime dos atos administrativos, já não pode pleitear anulação judicial destes, após 5 (cinco) anos, seria despropósito que o pudesse a própria Administração extrajudicialmente.

K. Admitindo-se, por epítrope, pudessem os Estados fixar prazos variáveis de ***decadência***, o resultado seriam aberrações e outras inconstitucionalidades. É que o alto risco de variações ilimitadas, para além de propiciar estabelecimento de prazos diferentes e irrazoáveis, ofenderia os princípios constitucionais da **igualdade** (art. 5º, *caput* e inc. I), na dimensão que interdita à lei dar tratamento diferenciado a situações idênticas, e da **segurança jurídica** (art. 5º, *caput* e inc. XXXVI, e art. 103-A, § 1º, *a contrario sensu*[11]), que garante a previsibilidade, a calculabilidade e a confiabilidade das ações individuais.

Em relação ao primeiro, como conceber-se, sem insultá-lo, possam as Administrações estaduais instituir, como limites temporais à anulabilidade de seus atos, por iniciativa própria, prazos maiores do que, para o mesmo fim, na via judicial, dispõem os administrados, quando, para estes e aquelas, são os mesmos a *ratio iuris* da necessidade teórica de limitação e o suposto vício invalidante? É patente a identidade das situações jurídicas, que postulam idêntica disciplina, cuja falta seria hostil ao princípio.

Isto mostra que não é que assimetria atual ou virtual entre prazos da decadência teria força mágica para justificar solução homogênea, mas porque não resistiria a esse teste primário de constitucionalidade.

---

[11] A lado da menção textual ao valor da *segurança* no Preâmbulo da Carta, tais disposições são apenas os fundamentos constitucionais diretos do princípio, donde não excluem outros que, por dedução ou indução a partir de normas diversas, são reputados indiretos. E todos reconduzem-se ao alcance do *Estado de direito*, objeto do art. 1º, *caput*, onde estão compreendidos (cf., por todos, **Á**VILA, **Humberto**. *Segurança jurídica*. 2ª ed.. SP: Malheiros Ed., 2012, pp. 212-246), como, aliás, já o assentou o STF (cf. **MS nº 24.268-MG**, Pleno, red. p/ac. Min. Gilmar Mendes, **in** RTJ 191/922 e RDDP 23/133, e no qual então declaramos voto vencedor; e **ACO nº 79-MT**, Pleno, rel. Min. Cezar Peluso, **in** P**ELUSO**, **Cezar**. *Ministro magistrado – decisões de Cezar Peluso no supremo tribunal federal*. SP: Saraiva, 2013, pp. 297-325, onde há ampla remissão à jurisprudência do STF).

Quanto ao segundo, é não menos óbvio que diversidade possível de prazos, sem limite comum, subtrairia aos administrados, aos quais interesse definição da sorte de atos administrativos cuja validez seja passível de questionamento, toda possibilidade de a respeito organizar de modo autônomo sua vida,[12] dados o contraste e a natural incerteza dos termos legais. E ainda, se a cada Administração estadual fora lícito editar, a seu arbítrio, qualquer prazo, e de maneira irrestrita, nada salvaria o cidadão à frustração da confiança que, em nome da lealdade recíproca, o princípio constitucional da moralidade administrativa impõe ao Estado: *"A revisão de atos administrativos, depois de transcorrido longo período, é um exemplo de conduta desleal da Administração."*[13]

É o que se dá com o prazo do art. 10, inc. I, da Lei nº 10.777, de 1998, do Estado de São Paulo, que duplica o do art. 54 da Lei federal nº 9.784, de 1999, sem nenhuma razão jurídica.

5. Conclusões

L. Do exposto, estamos em que é inconstitucional o art. 10, inc. I, da Lei nº 10.777, de 30 de dezembro de 1998, do Estado de São Paulo, porque, nos termos enunciados, ofende a interpretação conjunta dos arts. 22, inc. I, e 24, *caput* e §§, cc. arts. 25, *caput* e § 1º, 29, *caput*, e 30, incs. I e II, bem como do art. 5º, *caput* e incs. I e XXXVI, e art. 103-A, § 1º, *a contrario sensu*, todos da Constituição da República. Tal inconstitucionalidade pode ser pronunciada em ação direta (arts. 102, inc. I, e 103), em recurso extraordinário (art. 102, III, letra *a*), dada a manifestíssima relevância ou repercussão geral da questão constitucional nuclear (art. 102, § 3º), ou, ainda, *incidenter tantum*, em primeiro e segundo graus de jurisdição (art. 97 e súmula vinculante nº 10).

É o que, salvo melhor juízo, nos parece.

Brasília, 23 de maio de 2018.

---

[12] A certeza do direito é, como dizia o grande **Lopez de Oñate**, *"la certezza dell'azione, poiché è la garanzia dell'azione"* (*La certezza del diritto*. Milano: Giuffrè, 1968, p. 160), ou seja, a fidelidade da ação a si mesma.

[13] **Ávila, Humberto**. *Op. cit.*, p. 236. O eminente jurista mostra aí que a dupla função desse princípio, na orientação do comportamento do Estado e do cidadão, adquire particular relevo na concretização do princípio da **segurança jurídica**.

12
Prescrição Administrativa Intercorrente. Conceito de Ato Inequívoco de Prova

1. **PRESCRIÇÃO. Intercorrente. Caracterização. Procedimento administrativo sancionador. Reinício de fluência do prazo prescricional a partir do último ato do processo. Não exaustão da prática de todos os atos que constituem ônus do titular da pretensão. Inércia quanto a seu cumprimento dentro do prazo legal. Consumação da prescrição da pretensão de cunho punitivo da administração pública. Alcance do art. 202, § único do CC.** *Enquanto o titular não esgote a prática de todos os atos que, a título de ônus, lhe pesam na cadeia dos atos do processo para lograr seu escopo último, a pretensão ainda está sujeita a prescrição, porque não foi de todo exercida, de modo que, se se torne inerte, deixando de cumprir seus ônus no prazo fixado na lei, se lhe consuma prescrição da pretensão sob a forma intercorrente. A prescrição intercorrente atinge toda pretensão de cunho punitivo da administração pública.*

2. **PRESCRIÇÃO. Intercorrente. Consumação. Procedimento administrativo do CADE. Paralisação por mais de 3 (três) anos. Omissão de ato interruptivo. Conceito de** *ato inequívoco que importe apuração do fato.* **Inteligência do art. 1º, § 1º, cc. art. 2º, inc. III, da Lei nº 9.873, de 3 de novembro de 1999.** *Para fins de prescrição administrativa intercorrente, "ato que importe apuração do fato" é todo ato processual que, praticado para induzir ou produzir prova lícita ou admissível, pré-constituída ou de iniciativa do acusador, se preordene a* **formar a convicção** *do órgão administrativo judicante sobre a ocorrência, ou não, do ato ilícito cujo asserto é objeto da investigação. Não cabem, pois, nessa classe, atos que, não produzindo, nem tendendo a produzir prova, concorram apenas de algum modo indireto para esse objetivo retórico de convencimento do julgador.*

1. Consulta

A. Representantes da ABFEL dão-nos a honra de consulta sobre consumação de prescrição intercorrente da pretensão punitiva exercida no Proc. Administrativo nº XXXXX.XXXXXX/XXXX-XX, que, instaurado pela Secretaria de Direito Econômico do Conselho Administrativo de Defesa Econômica – CADE, contra diversas empresas, dirigentes e funcionários destas e duas associações de classe, para investigação de suposto cartel no mercado de embalagens flexíveis, teria sido paralisado, sem prática de ato tendente à apuração do fato investigado, no período de 14 de agosto de 2009 a 15 de agosto de 2012. Sustentam que, nos termos do art. 1º, § 1º, cc. art. 2º, da Lei nº 9.873, de 23 de novembro de 1999, à míngua de qualquer causa interruptiva, estaria consumada a prescrição trienal intercorrente.

Estamos em que têm razão. Senão, vejamos.

2. Da prescrição: modalidades e racionalidade

B. Como instituto jurídico que se pode dizer universal, a prescrição, produto da ação do tempo como fato jurídico sobre a possibilidade de exercício de direito, é concebida, em especial nos sistemas normativos da *civil law*, como causa de extinção da eficácia de pretensão, judicial ou administrativa, não exercida às inteiras dentro do prazo que, segundo a natureza do direito subjetivo ou poder a que está relacionada, lhe assina a lei, de modo direto ou indireto. Nesta breve noção introdutória assume decisiva importância a figura da *pretensão*, a qual, distinguindo-se do direito subjetivo, suposto, de que se irradia, guarda, no campo originário do direito obrigacional, o significado da *Anspruch* do direito germânico (§ 194 do BGB), entendida como poder jurídico de exigir doutrem um dar, fazer, ou não fazer, ou seja, alguma prestação positiva ou negativa objeto de obrigação a que corresponda direito subjetivo de cuja violação emana. Donde se vê que, como posição jurídica de exigibilidade de prestação de qualquer espécie, só é concebível pretensão e, por conseguinte, prescrição, quando se cogite de *direito subjetivo a prestação*, pois os *direitos potestativos*, ou *formativos*, na medida em que implicam poder de atuar sobre a condição ou esfera jurídica de outrem, sem o concurso da vontade deste, não são suscetíveis de lesão, nem de pretensão consequente, de modo que não estão sujeitos a prescrição, mas a decadência, ou caducidade. Esta é a postura adotada pelo vigente Código Civil brasileiro (arts. 189 e 207[1]), como sede da disciplina geral da matéria.

C. Ao lado dessa modalidade principal de prescrição, que, por comodidade, se pode denominar ordinária, há, conquanto menos estudada, outra, chamada de **intercorrente**, cujo indiscutível reconhecimento normativo e dogmático se sói ligar, entre nós, ao disposto no art. 202, § único, do vigente Código Civil,[2] que repete o enunciado do art. 173 do Código revogado, e nos quais se alude a reinício da fluência do prazo prescricional a partir do *"último ato do processo"*. Estoutra modalidade, que interessa à consulta, embora vincule sua diferença específica e a própria causa eficiente aos atos processuais, jurisdicionais ou não, não constitui desvio do conceito genérico do instituto, na medida em que a extinção da sua eficácia, no curso de processo, decorre da circunstância de a pretensão, não sendo ato instantâneo, mas poder que, no aspecto dinâmico, se atualiza em exercício que compreende toda a série de atos necessários à concretização de sua eficácia, só realiza esta, quando se findem aqueles. Noutras palavras, enquanto o titular não esgote a prática de todos os atos que, a título de *ônus*, lhe pesam na cadeia dos atos do processo para lograr seu escopo último, a pretensão ainda está sujeita a prescrição, porque não foi de todo exercida. Esta é a razão por que, se, no curso do processo, o titular se torne *inerte*, deixando de cumprir seus ônus no prazo fixado na lei, se lhe consuma prescrição da pretensão sob a forma intercorrente. A prescrição intercorrente, e é isto nota digna de relevo, atinge toda pretensão de cunho punitivo da administração pública, num quadro onde não há direito algum a prestação obrigacional, mas poder de aplicar sanções, ao qual corresponde, na esfera jurídica do sujeito passivo, *estado de sujeição*, idêntico ao de quem está submisso aos efeitos de atuação de direito potestativo.

D. Vem daí que, diversamente da decadência, cuja consumação extingue o próprio direito subjetivo e, quando seja o caso, a ação processual mediante a qual deveria ser obrigatoriamente exercido em certo prazo, a

---

[1] *"**Art. 189.** Violado o direito, nasce para o titular a pretensão, a qual se extingue, pela prescrição, nos prazos a que aludem os arts. 205 e 206". "**Art. 207.** Salvo disposição em contrário, não se aplicam à decadência as normas que impedem, suspendem ou interrompem a prescrição"*. Os prazos de decadência não são previstos, como os de prescrição, num único capítulo do Código Civil, mas, fragmentariamente, em disposições concernentes a cada direito potestativo que regulem.

[2] *"**Art. 202.** [...] § único. A prescrição interrompida recomeça a correr da data do ato que a interrompeu, ou do último ato do processo para a interromper"*.

prescrição não extingue o direito subjetivo, nem a ação, mas a *eficácia da pretensão*, no sentido de que, se a ação for proposta pelo titular do direito violado, após o decurso do prazo dentro do qual deveria ter sido ajuizada, o *processo* é que será extinto com pronúncia da prescrição, mas sem julgamento do *mérito da pretensão* cuja eficácia foi inibida ou encoberta pelo decurso inútil do prazo prescricional (art. 269, inc. IV, do Código de Processo Civil[3])[4], o que deve ser reconhecido, até de ofício, pelo juiz (art. 219, § 5º, do Código de Processo Civil). De forma análoga, a prescrição **intercorrente** encobre a *eficácia da pretensão punitiva da administração pública*, dando causa irremediável à extinção do procedimento administrativo em que começou a ser exercida, sem possibilidade de prosseguimento das investigações, nem estima do mérito da acusação, devendo ser pronunciada, de igual modo, até *de ofício*, pela autoridade ou órgão processante.

E. Releva agora, por essencial à resposta da consulta, perquirir as *rationes iuris* do instituto da prescrição, o qual encontra várias razões explicativas que, embora situadas em planos lógico-jurídicos diversos, se não contrapõem, nem excluem, todas radicadas nos reflexos do fato objetivo da **inação** ou **inatividade culpável** do titular do direito subjetivo violado ou do poder sancionador, que deixa de exercitar pela via própria, no prazo que lhe adscreve a lei sob cominação de prescrição, nos termos já adiantados, a pretensão oriunda da lesão sofrida, seja ao patrimônio individual ou coletivo, seja a valores do ordenamento jurídico.

O que é sobremodo decisivo sublinhar é que, deste ponto de vista, são convergentes todas as concepções dogmáticas da racionalidade normativa da prescrição, porque todas têm por substrato dela a **inatividade culposa** do titular do direito ou do poder, isto é, o fato incontrastável de quem, munido das condições subjetivas e objetivas necessárias ao exercício da pretensão dentro do prazo legal, se faz inerte. Numa síntese, não há quem negue que a prescrição representa a consequência legal do não exercício, dentro do prazo, de pretensão, pelo titular que não estava, jurídica, nem factualmente, impedido de fazê-lo.

F. Entende-se-lhe hoje, *como razão superior e suficiente*, que, assim como a decadência, a prescrição é uma das imposições ou consectários do princípio ou subprincípio constitucional da **segurança jurídica**, enquanto

---

[3] *"**Art. 269**. Haverá resolução de mérito: (...) **IV** – quando o juiz pronunciar a decadência ou a prescrição".*
[4] Corresponde ao art. 487, II, do CPC/2015.

necessidade de estabilização das relações intersubjetivas, pelo decurso do tempo, na medida em que não convém à tutela desse valor supremo a perpetuação de incertezas, nem de situações conflituosas capazes de se exacerbar sob risco permanente de custosos litígios, judiciais ou não, sempre nocivos ao ideal da paz social. Mas é bom não subestimar, ainda, que, sem peias, a ação destrutiva do tempo tende a dificultar ou a impedir a apuração dos fatos controversos, em processo judicial ou administrativo, por força do perecimento ou esmaecimento das provas, sem as quais se torna impossível a reconstituição historiográfica do passado, o amplo exercício do direito de defesa e a justiça das decisões. Nem tampouco, que, como resposta estratégica do ordenamento à incúria ou passividade inescusável do titular da pretensão durante o tempo, direta ou indiretamente previsto para seu integral exercício, cuja omissão denota descaso ou desinteresse incompatível com a *importância jurídico-subjetiva* da pretensão, cujo exercício é estimulado pela previsão da prescrição, se legitime o sacrifício do direito subjetivo ou do poder punitivo de que aquela se originaria.

G. Consequência linear da **fundamentação constitucional** do instituto da prescritibilidade de todas as pretensões é que são de *ordem pública* as regras que, disciplinando a prescrição, não podem nunca ser interpretadas em desfavor dos sujeitos passivos aos quais beneficie seu reconhecimento, dada sua condição de destinatários da especialização do princípio da segurança jurídica no escalão das normas infraconstitucionais. Em palavras descongestionadas, nenhum preceito que regule qualquer aspecto da prescrição tolera interpretação expansiva ou exegese de alcance dilatado, em dano de quem seria por ela favorecido, senão apenas *leitura restritiva*.

3. Os dados factuais relevantes da questão

H. As cópias disponíveis do processo administrativo de que se cuida mostram que, tirante atos inexpressivos da cadeia processual, como juntada de cópias, de procurações e de substabelecimentos, pedidos de vista e de cópias, bem como lavratura de certidões e eventos análogos, no período de 14 de agosto de 2009 a 14 de agosto de 2012, só merecem consideração para fins da consulta os atos já descritos e capitulados, nos autos, pelos investigados SREF Ltda., NB e RT, e que, por sua absoluta fidelidade e precisão, agora reproduzimos, não sem alguma simplificação e ordenação:

PARECERES DE DIREITO PÚBLICO E PRIVADO

Ordem	Fls.	Data	Sumário Descritivo
I	4371 – 4485	14.08.2009	Alcoa Alumínio S.A protocola nova versão pública de sua defesa.
II	4518	28.01.2009	Celocorte Embalagens Ltda. e João Abatepietro protocolam petição de confidencialidade de documentos
III	4518	06.05.2010	Decisão da Coordenadoria-Geral de Assuntos Jurídicos defere a petição de confidencialidade da Celocorte e João Abatepietro e determina o desentranhamento e autuação dos documentos em apartado confidencial
IV	4519 – 4520	06.05.2010	Folha de transmissão de fax do Ofício nº 3093/CGAJ/DPDE, que comunica deferimento da petição de confidencialidade da Celocorte e de João Abatepietro
V	6351 – 6352	24.06.2010	Converplast protocola petição de certificação da inexistência de documentos ou informações confidenciais a ela relativos, antes da concessão de vista ou cópia das fls. 4536/6350 às demais representadas e terceiros
VI	6373	20.09.2010	Lista de presença em reunião entre representantes legais de Sergio Haberfeld e Coordenadora CGAJ Substituta
VII	6376	10.09.2010	Ofício n° 31/2010 da Defensoria Pública Federal em resposta ao Ofício nº 5556/2010/SDE/GAB, e no qual informa que não poderá atuar no processo administrativo em razão de o art. 9º, II, do CPC, ser aplicável apenas no âmbito judicial
VIII	6379 – 6381	10.08.2010	Ofício n° 5556/2010/SDE/GAB, no qual a SDE solicita ao Defensor Público-Geral da União a designação de curador especial para atuar no processo administrativo
IX	6397	07.02.2011	Protocolo do Ofício do Juízo do DIPO que solicita informação sobre o estado do processo administrativo para instruir o inquérito Policial nº 050.06.087118
X	6409	11.03.2011	Ofício nº 1608/2011/SDE/GAB, endereçado à Juíza de Direito do DIPO, pela Diretora Substituta do DPDE, que encaminha cópia dos autos do processo administrativo.
XI	6422	04.04.2011	Protocolo de novo Ofício do Juízo do DIPO que solicita informações atualizadas acerca do andamento do processo administrativo para instruir o mesmo Inquérito Policial
XII	6423	29.04.2011	Ofício nº 2533/2011/SDE/GAB do Secretário de Direito Econômico, que informa ao Juízo do DIPO já ter encaminhado a documentação solicitada e protesta por enviar o relatório de análise das mídias eletrônicas tão logo seja elaborado

PRESCRIÇÃO ADMINISTRATIVA INTERCORRENTE. CONCEITO DE ATO INEQUÍVOCO...

XIII	6440 – 6443	09.08.2011	**Nota Técnica** da Secretaria de Direito Econômico do Ministério da Justiça, acompanhada do **Despacho nº 022** do Coordenador-Geral Substituto de Assuntos Jurídicos, que: (i) determinou intimação do Sr. Rodrigo Amado Alvarez e do Sr. Roberto Tubel para regularizarem as respectivas representações processuais nos autos; (ii) e solicitou às pessoas jurídicas representadas no processo que informassem, em 10 dias, desde **2006 até 2010**, (a) faturamento bruto anual total, (b) faturamento bruto anual relacionado à produção de embalagens flexíveis, e (c) quantidade, em toneladas, produzida anualmente de embalagens flexíveis
XIV	6443	10.08.2011	Juntada de cópia do Despacho nº 022 do Coordenador-Geral Substituto que transcreve as denominações sociais e os nomes dos representados e procede à determinação e à solicitação mencionadas no item anterior, de acordo com a Nota Técnica de fls. 6440/6442
XV	6444	11.08.2011	Cópia da publicação do Despacho nº 022 no Diário Oficial da União
XVI	6456	22.08.2011	Lista de presença em reunião entre representantes legais de Embalagens Flexíveis Diadema S.A. e SDE, sobre o assunto: *"Falar a respeito das informações solicitadas e andamentos do processo."*
XVII	6457	22.08.2011	Lista de presença em reunião entre representantes legais de Alcoa Alumínio S.A. e SDE, sobre o assunto: *"Esclarecimentos sobre o caso."*
XVIII	6458 – 6459	18.08.2011	Celocorte Embalagens Ltda. protocola petição em resposta ao Despacho nº 22/2011
XIX	6460 – 6461	22.08.2011	Itap Bemis protocola petição em resposta ao Despacho nº 22/2011
XX	6462 – 6464	22.08.2011	Alcoa Alumínio S.A. protocola petição em resposta ao Despacho nº 22/2011
XXI	6465 – 6466	23.08.2011	Roberto Tubel protocola petição de juntada de procuração, em atenção à Nota Técnica proferida em 09.08.2011
XXII	6467 – 6468	23.08.2011	Santa Rosa Embalagens Ltda. protocola petição em resposta ao Despacho nº 22/2011
XXIII	6469 – 6470	22.08.2011	Canguru Embalagens Ltda. protocola petição com pedido de dilação de prazo para atender ao Despacho nº 22/2011
XXIV	6473	19.08.2011	Embalagens Flexíveis Diadema S.A. protocola petição em resposta ao Despacho nº 22/2011
XXV	6474 – 6475	22.08.2011	Converplast Embalagen Ltda. protocola petição em resposta ao despacho nº 22/2011

XXVI	6476 – 6477	22.08.2011	Zaraplast S. A. protocola petição de resposta ao despacho de nº 22/2011
XXVII	6478 – 6483	19.08.2011	Tecnoval Laminados Plásticos Ltda. protocola petição de resposta ao despacho de nº 22/2011
XXVIII	6484	24.08.2011	Protocolo de cópia do e-mail de advogado da Santa Rosa Embalagens Flexíveis Ltda. que requer juntada de petições digitalizadas
XXIX	6485 – 6487	23.08.2011	Protocolo de fax com petição de Canguru Embalagens Ltda., de dilação de prazo para apresentação de resposta ao Despacho nº 22/2011.
XXX	6509 – 6510	16.09.2011	Celocorte Embalagens Ltda. protocola petição de desentranhamento e substituição da petição de fls. 6458/6459, tendo em vista dela constarem informações confidenciais
XXXI	6511 – 6512	31.08.2011	Canguru Embalagens Ltda. protocola petição em resposta ao Despacho nº 22/2011
XXXII	6513 – 6514	31.08.2011	Peeqflex protocola petição em resposta ao Despacho nº 22/2011
XXXIII	6515 – 6517	22.08.2011	Inapel Embalagens Ltda. e Rodrigo Alvarez protocolam petição em resposta ao Despacho nº 22/2011
XXXIV	6526	23.08.2011	Certidão de que a empresa Celocorte solicitou tratamento confidencial às informações prestadas. O Coordenador-Geral de Assuntos Jurídicos determina (i) o desentranhamento das fls. 6458/6459 dos autos públicos e (ii) sua juntada nos autos confidenciais, com acesso exclusivo ao SBDC
XXXV	6566 – 6467	29.02.2012	Protocolo de ofício do Juízo do DIPO que solicita providências para receber o resultado da análise das mídias eletrônicas encaminhadas pelo GEDEC. E resposta do Secretário de Direito Econômico
XXXVI	6591	15.08.2013	Cópia do ofício nº 4143/2013/CADE/SG, em que o Coordenador-Geral da CGAA6 solicita ao Ministério Público de São Paulo arquivos armazenados em mídias referentes ao material apreendido na Inapel Embalagens
XXXVII	6597	05.09.2013	Despacho do Coordenador-Geral que manda intimar ABIEF – Associação Brasileira de Embalagens Flexíveis e Converplast Embalagens Ltda. para que se manifestem sobre a confidencialidade dos documentos juntados nos apartados de acesso restrito, referentes ao material eletrônico apreendido

I. Desta ordenada discriminação de atos processuais vê-se logo, sem muito esforço, que, para efeito de argumentação, podem agrupados em categorias ou conjuntos identificados por objeto ou finalidade comum, da seguinte forma: *a)* requerimentos, comunicação ou providências sobre tratamento confidencial de documentos (**ii, iii, iv, v, xxxiv** e **xxxvii**); *b*) listas de presença em reuniões (**vi, xvi** e **xvii**); *c*) comunicação de terceiros sobre impossibilidade de atuação no processo e pedido de designação de substituto (**vii** e **viii**); *d*) informações pedidas por terceiros sobre documentos e estado do processo, bem como respostas da autarquia (**ix, x, xi, xii** e **xxxv**); e *e*) suprimento de falta de representação processual e prestação de informações solicitadas no Despacho nº 022/2011, ou pedido de prorrogação de prazo para apresentá-las (**xviii, xix, xx, xxi, xxii, xxiii, xxiv, xxv, xxvi, xxviii, xxix, xxxi, xxxii** e **xxxiii**).

4. Da disciplina da prescrição intercorrente

J. O processo administrativo federal está submetido a especial regime normativo da prescrição intercorrente, *ex vi* das disposições do art. 1º, § 1º, cc. art. 2º, da Lei nº 9.873, de 23 de novembro de 1999, os quais, pertinentes ao caso, prescrevem:

> "**Art. 1º** [...]
>
> § 1º Incide a prescrição no procedimento administrativo **paralisado por mais de três anos**, pendente de julgamento ou despacho, cujos autos serão arquivados de ofício ou mediante requerimento da parte interessada, sem prejuízo da apuração da responsabilidade funcional decorrente da paralisação, se for o caso"
>
> Art. 2º Interrompe-se a prescrição da ação punitiva:
>
> I – pela notificação ou citação do indiciado ou acusado, inclusive por meio de edital;
>
> **II – por qualquer ato inequívoco, que importe apuração do fato**;
>
> III – pela decisão condenatória recorrível;
>
> IV – por qualquer ato inequívoco que importe em manifestação expressa de tentativa de solução conciliatória no âmbito interno da administração pública federal".[5]

Abstraídas as demais causas interruptivas, previstas nos incs. I, II e IV, do art. 2º, a questão posta na consulta desdobra-se, perante aqueloutras normas, em duas indagações sucessivas, quais sejam, a de saber, em primeiro lugar, em que consistiria a noção de *"ato inequívoco, que importe apuração do fato"*, e, depois, se, no período de **14 de agosto de 2009 a 14 de**

---

[5] Grifos nossos.

agosto de 2012, algum ou alguns dos atos processuais já arrolados, descritos e datados, corresponderiam a essa qualificação legal, capaz de ter aqui interrompido a prescrição.

A expressão, tomada ao modelo do processo jurisdicional, remete logo à ideia do papel que a *instrução da causa*, concebida no sentido rigoroso de colheita de provas,[6] desempenha em relação à função judicante. É que, se ao Judiciário toca, em última análise, aplicar o direito objetivo, representado pela norma na sua estrutura linguística de enunciado hipotético e condicional, ao caso concreto, aparece óbvio que, para reconhecer-lhe antes a incidência, é mister apurar se, no mundo dos fatos sensíveis, aconteceu o fato, típico, subsumível à *fattispecie* ou suporte fático abstrato, cuja realização histórica desencadeia a produção do efeito jurídico previsto. Ou seja, é necessário tentar a reconstrução historiográfica do passado, segundo o método e os limites que a lei define para a prática das atividades probatórias, as quais, destinadas a convencer o juiz da existência ou inexistência dos fatos controversos relevantes, compõem a *instrução da causa*. Transpostas estas noções ao procedimento administrativo sancionador, onde a função judicante é atribuída a certo órgão, sobre o qual recai o **ônus da prova da acusação**, é, de igual modo, imprescindível ao escopo de aplicação da lei, punitiva, buscar a mesma reconstituição historiográfica do ato ou atos tidos por ilícitos, mediante análoga produção de provas, que a lei especial traduz, com síntese e acerto, sob a fórmula *"apuração do fato"*.

Donde se pode concluir, sem receio, que, nessa concepção legal, *"ato que importe apuração do fato"* é todo ato processual que, praticado para induzir ou produzir prova lícita ou admissível, pré-constituída ou de iniciativa do acusador, se preordene a **formar a convicção** do órgão administrativo judicante sobre a ocorrência, ou não, do ato ilícito cujo asserto é objeto da investigação. Mas é logo de arredar a tentação de incluir, nessa classe, atos que concorram apenas de algum modo indireto para esse objetivo retórico de convencimento do julgador, debaixo do pretexto de que, inseridos na cadeia processual, estão, em substância, instrumentalmente liga-

---

[6] O âmbito da *instrução probatória* judicial, no sentido do texto, *"compreende ciò che attiene all'acquisizione dei mezzi di prova ocorrenti per la decisione in fatto"* (COMOGLIO, Luigi Paolo, CORRADO, Ferri, e TARUFFO, Michele. *Lezioni sul processo civile*. 4ª ed. Bologna: Il Mulino, 2006, vol. I, p. 390, nº 2). Posto que, a rigor, em acepção lata, a instrução abranja também a argumentação das partes tendente a convencer o juiz, tal nota não repercute na análise do caso sob consulta.

dos a esse propósito normativo. E a razão óbvia é porque, no conceito de ato de instrução ou apuração, cabem apenas os que *produzem* ou *tendem a produzir* **prova**, não os que, doutra natureza, sejam meros requisitos ou elementos do desenvolvimento regular do processo. No tema, há de ser direta a relação teleológica entre o ato e a prova, sob pena de, raciocinando por absurdo, ter-se como de apuração do *fato investigado*, p. ex., o simples ato de juntada de substabelecimento, de lavrar certidões, de responder a ofícios, etc.. Doutro modo, escusaria fizesse, a lei, referência específica a ato tendente a apuração do fato denunciado, bastando aludira a qualquer outro tipo de ato processual! Ao depois, pode dizer-se que a lei especial é ainda mais severa, porque se não contenta em que seja o ato só de apuração, senão que exige que o seja também "*inequívoco*", onde este adjetivo não deixa nenhuma dúvida sobre a necessidade de aquela relação teleológica ser direta, imediata e evidente!

K. Objeção possível, mas já vencida, consiste em supor que, como o texto do art. 1º, § 1º, da Lei nº 9.873, de 1999, faz incidir a prescrição em procedimento administrativo paralisado por mais de três anos, "*pendente de julgamento ou despacho*", teria conferido a qualquer despacho do órgão processante, idoneidade para interromper o curso do prazo prescricional. Não precisa grande acuidade intelectual por notar a inconsistência do argumento. É que o texto (art. 1º, § 1º) não define, nem cataloga os atos interruptivos da prescrição intercorrente, limitando-se a explicitar a condição ou o pressuposto necessário da própria ideia de intercorrência, que é a (*litis*)*pendência* do procedimento administrativo, enquanto ainda dependente de despacho ou de julgamento, após o qual cessa o curso da prescrição. A relação dos atos interruptivos, essa é objeto do art. 2º! Ao depois, a suposição, para além de ser produto de interpretação gravosa aos administrados, beneficiários do instituto, que lhes garante segurança jurídica, aniquilaria, como bem já o advertiu o CADE,[7] o fator de estímulo que, em resguardo do interesse público na efetiva apuração de ato ilícito, a previsão da prescrição intercorrente representa à cuidadosa celeridade do processo. Um incentivo ao descaso oficial! Se, por três anos, na qualidade de titular do *ônus* de promover-lhe a apuração, a Administração se omite nas providências para provar a existência do fato, deixa, então, de exercer, na inteireza, a pretensão punitiva, cuja eficácia fica encoberta por precisão intercorrente.

---

[7] Cf. **Proc. nº 08012.005558/1999-68**, rel. Cons. Luis Fernando Schuartz, j. 05.06.2006.

PARECERES DE DIREITO PÚBLICO E PRIVADO

L. Daí o inteiro acerto da jurisprudência sedimentada do Conselho (CADE) que não reconhece caráter interruptivo da prescrição à juntada de documento produzido por terceiro e não requisitado, solicitado ou adotado como prova pela Administração, nem à apresentação de parecer, que é apenas juízo opinativo (*i*);[8] a deferimento de confidencialidade a documentação sensível, enquanto decisão de tratamento dos autos perante as restrições de publicidade (*ii*);[9] à expedição de notificação de instauração de processo e de prazo de defesa, o que carece de cunho instrutório ou obtenção de prova (*iii*);[10] a despachos de expediente (*iv*);[11] à recepção inútil de ofícios de solicitação de informações e de comunicação de outro órgão de que não se manifestaria no caso (*v*);[12] a despacho de juntada de documento espontâneo oriundo do representado, de instrumento de mandato, de renúncia de poderes e substabelecimento, e de deferimento de vista dos autos e de obtenção de fotocópias, tudo o que guarda só feitio burocrático (*vi*);[13] além de outros precedentes genéricos.[14]

Na larga moldura dessas hipóteses, onde entra, com folga, o conjunto dos atos sistematizados no capítulo anterior, sob nº 9,[15] vê-se nítido que nenhum deles pode reputar-se *ato inequívoco, que tivesse importado apuração do fato*, pela curta mas boa razão de que nenhum se ajusta ao figurino do art. 2º, inc. II, da Lei nº 9.873, de 1999, em não se tendo predisposto, por via reta ou oblíqua, a colher ou a produzir prova da existência do cartel hipotético, nem sequer em termos de preparação. São todos destituídos de vocação intrínseca de apurar o fato.

---

[8] **Recurso Oficial no Proc. nº 08012.002748/2002-90**, rel. Cons. Paulo Furquim de Azevedo, j. 17.06.2009.

[9] **Averiguação Preliminar nº 08012.001470/2003-14**, rel. Cons. Olavo Zago Chinaglia, j. 13.04.2011.

[10] **Proc. nº 08012.006274/2000-93**, rel. Cons. Luiz Fernando Rigato Vasconcellos, j. 06.12.2006.

[11] **Recurso Oficial no Proc. nº 08012.006713/1997-92**, rel. Cons. Paulo Furquim de Azevedo, j. 18.06.2008, e **Proc. Nº 08012.005558/1999-68**, rel. Cons. Luis Fernando Schuartz, *cit.*.

[12] **Proc. nº 08012.003471/2001-31**, rel. Cons. Fernando de Magalhães Furlan, j.28.04.2010.

[13] **Proc. 080.005557/99-03**, rel. Cons. Luis Fernando Schuartz, j.24.05.2006

[14] **Proc. 08012.003376/2003-08**, rel. Cons. Miguel Tebar Barrinuevo, j. 19.11.2003; **Proc. 08012.000705/1999-11**, rel. Cons. Cleveland Prates Teixeira, j. 31.03.2004; **Proc. nº 08012.012081/2007-48**, rel. Cons. João Paulo de Resende, j. 11.11.2015; **Proc. nº 08000.011698**, rel. Cons. João Grandino Rodas, j. 12.05.2004.

[15] Cf. *supra*, p. 8.

M. Restaria estimar, *ad cautelam*, apenas a natureza do ato consistente numa das determinações do **Despacho 022**, de 10 de agosto de 2011, o qual, atendendo a nota técnica da Secretaria de Direito Econômico do Ministério da Justiça, pediu às pessoas jurídicas representadas no processo que informassem o faturamento bruto anual total (*i*), o faturamento bruto anual relacionado à produção de embalagens flexíveis (*ii*) e a quantidade anual destas, em toneladas (*iii*), tudo no período de **2006** a **2010**. Tal ato poderia, à primeira vista, sugerir iniciativa de providências úteis à apuração da existência do cartel. Puro engano.

A nota técnica, que o propôs, fê-lo tão só com o intuito de *"coletar dados atualizados do setor, com vistas a possibilitar a análise do mercado investigado"*, mas circunscritos ao período que vai *"desde 2006 até 2010"*,[16] tal como constou, fielmente, do aludido Despacho. Ora, à uma, ainda quando se admitisse, por mera epítrope, cuidar-se de ato processual de apuração dalgum evento, decerto este não seria nunca o *fato investigado*, o qual está na hipótese de existência de cartel anterior ao início das investigações, datadas de 2006, e do processo mesmo, que é de 2007. Numa palavra direta, seria ato de indução de prova sobre ocorrência eventual de **fato posterior** ao que é objeto do processo pendente! E, conquanto possa exprimir interesse investigativo legítimo da Administração no perfil mais recente daquele mercado, o ato serviria apenas para instruir processo futuro, não para subsidiar a decisão do processo atual, que, suposto seja administrativo, é de finalidade sancionadora ou punitiva e, nesses termos, não poderia, depois de exercidas as defesas asseguradas pelo princípio do contraditório, surpreender os acusados mediante incontrolável *mutatio libelli*, que afrontaria todas as garantias constitucionais de quem se encontre na posição análoga à de réu e elementares do justo processo da lei (*due process of law*), do qual não se forra a Administração.

Mas, a duas, nem aquela suposição parece razoável. É que faltou à nota e ao despacho esclarecer o nexo de pertinência entre as informações solicitadas e fato ulterior que pudessem revelar no período subsequente, donde revestir-se o ato de caráter meramente especulativo, sem foco definido capaz de aproveitar a alguma investigação específica. De modo que, *a fortiori*, não se prestaria a apurar a existência do cartel, em período anterior, como tal objeto do processo pendente, nem tampouco algum aspecto

---

[16] Fls. 6441 do processo administrativo.

factual, ainda que secundário, dessa hipótese, na exata medida em que se desconhece como poderia o órgão processante valer-se das informações requeridas para extrair-lhes convencimento sobre a existência do fato investigado, nem consta indício de que poderia invocá-las a título de prova na decisão do processo. E, nesse sentido, o despacho jamais poderia ser tido por *"ato inequívoco"* de apuração! Antes, o que lhe não falta é *"equivocidade"*.

5. Conclusão

N. Do exposto, estamos em que, no período entre **14 de agosto de 2009** a **14 de agosto de 2012**, não se praticou no processo, nos termos do art. 2º, inc. II, da Lei nº 9.873, de 1999, nenhum ato inequívoco que houvesse importado apuração do fato certo investigado, de modo que, *ex vi* do disposto no art. 1º, § 1º, da mesma lei,[17] se consumou a prescrição trienal intercorrente, que deve reconhecida para imediato arquivamento do processo.

É o que, salvo melhor juízo, nos parece.

Brasília, 26 de fevereiro de 2016.

---

[17] Ambas essas normas estão agora repetidas nas disposições do **art. 46**, §§ **1º** e **3º**, da Lei nº 12.529, de 30 de novembro de 2011, que, por superposição, também incidiriam no caso.

Questões Relativas aos Efeitos das Decisões

13

Julgamento de Recurso e Conversão em Diligência

1. RECURSO. Não conhecimento. Deserção pronunciada. Inadmissibilidade. Recurso de revista interposto de acórdão do TRT que deu explicações requeridas pelo TST em recurso de revista cujo julgamento foi convertido em diligência. Recurso repetitivo e inadmissível à falta de lesividade. Mero aditamento ao primeiro, pendente de julgamento. Execução, ademais, já garantida por penhora mais que suficiente. Complementação prudencial do preparo anterior, nos termos de Ato do TST. Ofensa ao art. 5º, II e LV, da CF, ao art. 899 da CLT, aos consectários das súmulas vinculantes 21 e 28 do STF e à súmula 128, II, 2ª alínea, do TST. *É inadmissível decretar, sob pretexto de preparo insuficiente, deserção de recurso de revista que, incognoscível à míngua de lesividade, foi, como mero reforço, interposto de acórdão do TRT que deu explicações requeridas pelo TST em recurso com o mesmo objeto e cujo julgamento foi convertido em diligência, sobretudo quando o preparo foi complementado e a execução estava plenamente garantida por penhora.*

2. RECURSO. Revista. Julgamento. Acórdão do TST que, embora dando provimento a recursos de revista do reclamante e das reclamadas, mandando tornarem os autos ao TRT para esclarecer duas questões, não julgou o mérito de nenhum deles, nem anulou, no todo em parte, a decisão recorrida. Caso típico de conversão do julgamento em diligência. Devolução dos autos pelo TRT com os esclarecimentos prestados. Necessidade consequente de julgamento dos recursos já conhecidos. Aplicação do art. 515, § 4º, do CPC, e art. 5º, XXXV, da CF. *Sob pena de denegação de justiça e ofensa à Constituição, o tribunal que, conquanto sem usar linguagem técnica, apenas converte em diligência o julgamento de recursos conhecidos, deve julgar-lhes o mérito, tanto que, com a diligência cumprida, lhe retornem os autos.*

1. Consulta

A. O ilustre advogado WMN dá-nos a honra de consulta sobre a sorte de embargos declaratórios opostos pelas então reclamadas, antecessoras da ora embargante BR, perante o colendo TST, cuja egrégia 3ª Turma não lhes conheceu de segundo recurso de revista, sob fundamento de deserção por falta de depósito recursal suficiente. Tal recurso teria sido interposto de venerando aresto do TRT da 2ª Região que, em diligência determinada por aquela egrégia 3ª Turma, em recurso de revista anterior contra acórdão que julgara, em parte, procedente reclamatória trabalhista, se limitou a prestar esclarecimentos sobre dois pontos da fundamentação. Novo depósito recursal teria atualizado o valor do depósito efetuado no primitivo recurso de revista.

2. Síntese dos fatos revelantes

B. Julgada improcedente, em primeiro grau, reclamatória ajuizada por RFBF, contra as antecessoras da BR, o egrégio TRT da 2ª Região, por maioria, deu provimento parcial ao recurso ordinário do reclamante, para, afastando prescrição dalguns direitos, inclusive quanto ao plano de previdência privada, em resumo condenar as então reclamadas ao pagamento do pecúlio mensal, diferenças salariais e salários indiretos, sem prejuízo de multa aplicada nos termos do art. 477 da CLT. Rejeitados embargos declaratórios opostos de ambas as partes, o colendo tribunal impôs às reclamadas multa prevista no art. 538, § único, do CPC.

As reclamadas interpuseram recurso de revista, pleiteando, em preliminar, cassação do acórdão, por negativa de prestação jurisdicional, e consequente exclusão da multa, e, no mérito, restabelecimento do teor da sentença. Também recorreu o reclamante.

C. A egrégia 3ª Turma do TST decidiu conhecer dos recursos de revista do reclamante e das reclamadas, mas apenas quanto ao tema da negativa de prestação jurisdicional, por violação ao art. 93, inc. IX, da Constituição da República, *"e, no mérito, dar-lhes provimento para determinar retorno dos autos ao Tribunal Regional do Trabalho da 2ª Região, para que, como melhor entender de direito, esclareça: se os valores utilizados para o cálculo das diferenças salariais implicam em redução salarial; qual o fundamento jurídico e fático para o deferimento do pecúlio até o trânsito em julgado da sentença"*, e, por conseguinte reputou *"**prejudicado** o exame dos demais temas de ambos os Recursos de Revista"*.

Acolhendo, com efeito modificativo, embargos de declaração das reclamadas, aquela colenda Turma extirpou-lhes a multa do art. 538, § único, do CPC, sob fundamento textual de que, não obstante a *"natureza interlocutória"* do aresto embargado, que não pôs *"fim ao processo"*, o suposto caráter protelatório dos embargos opostos na origem não podia subsistir, como *"mera consequência do provimento da revista patronal"*, *"se houve nulidade pronunciada"*.

D. Baixados os autos, o egrégio TRT da 2ª Região proferiu novo acórdão, em que, nos precisos termos da disposição do acórdão do colendo TST, **se limitou a prestar os esclarecimentos** sobre ambas as dúvidas por este suscitadas, relativas a eventual redução salarial (*i*) e ao termo final do pecúlio (*ii*), dando as razões pelas quais não havia reconhecido redução de salário e tinha deferido o pecúlio até o trânsito em julgado. E, para esse único fim, acordou *"acolher os embargos opostos, a fim de prestar os esclarecimentos quanto as (**sic**) diferenças salariais e ao período de pagamento do pecúlio nos termos da fundamentação"*.

E. Desse venerando acórdão as reclamadas interpuseram recurso de revista, em que reiteraram os termos do recurso anterior, cujo julgamento conjunto requereram, e, diante do cunho **só elucidativo** do novo aresto, informaram que as custas já tinham sido satisfeitas por ocasião da interposição do recurso precedente, de modo que se cingiram a **complementar** o valor desatualizado do depósito recursal primitivo.

Posto admitido na origem, tal recurso de revista não foi conhecido pela egrégia 3ª Turma do TST, a título de deserção, porque não teriam as reclamadas efetuado, quanto ao novo recurso, **depósito recursal integral**, calculado sobre o valor da condenação, ou no valor estipulado pelo Ato SEJUD. GP nº 334/2010, senão em montante considerado insuficiente à luz do item I da **súmula 128**.

F. Daí, ter-lhes a sucessora, BR, apresentado, com base na **súmula 297**, embargos de declaração, para fins de prequestionamento de matéria constitucional, alegando que o juízo estaria garantido por penhora de bens de valor muito superior ao da condenação, desde antes de interposto o recurso de revista não conhecido (*i*), o qual constituía simples aditamento do recurso original, pois o acórdão impugnado, em se adscrevendo a prestar os esclarecimentos determinados pelo egrégio TST, apenas complementou, como devia, sua decisão anterior, sem alteração decisória alguma, donde não haver, a rigor, novo recurso, passível doutro depósito recursal integral (*ii*). Os embargos pendem de julgamento.

PARECERES DE DIREITO PÚBLICO E PRIVADO

Saber, pois, se, como requisito extrínseco de admissibilidade de recurso, seria, no contexto de todo este caso, exigível outro depósito recursal, integral ou não, é a questão jurídica submetida à consulta. E parece-nos que a razão está com a ora embargante.

3. Da inexistência jurídica de novo julgamento do TRT

G. Por responder à consulta, parece óbvio se deva indagar desde logo, sobretudo à vista do teor decisório do primeiro acórdão da egrégia 3ª Turma do TST, da existência jurídica de novo julgamento da causa, ou até de mera questão incidental, levado a cabo pelo colendo TRT, em cumprimento daquele aresto.

E aqui não pode ficar nenhuma dúvida de que, perante a cognição da preliminar do recurso de revista original das então reclamadas, ao dar pela negativa de prestação jurisdicional, à colenda 3ª Turma se abriam três alternativas, quais sejam, pronunciar a nulidade do acórdão do TRT, para que outro fosse proferido com apreciação de todas as questões postas (*i*), decretar-lhe, em solução inusitada, mas possível, nulidade parcial, por que fossem supridas, em nova decisão, as omissões reconhecidas (*ii*), ou converter o julgamento em diligência, na forma do art. 515, § 4º, do Código de Processo Civil[1], para, uma vez sanada a deficiência parcial de fundamentação do acórdão recorrido, entrar a conhecer de todo o mérito do recurso de revista (*iii*).

Não precisa grande acuidade por ver, nítido, que a 3ª Turma, suposto reconhecendo vício de negativa de prestação jurisdicional, consistente em carência de fundamentação quanto às decisões de cálculo salarial sem redução e do termo do pagamento do pecúlio, **não pronunciou nulidade**, parcial nem total, do acórdão do TRT (*i* e *ii*), assim porque o não assentou expressa nem tacitamente, como porque, se o houvera assentado, teria *ipso facto* anulado, no todo ou em parte, **seus capítulos decisórios**, de modo que cumpriria ao TRT prolatar nova decisão sobre todos os pedidos ou parte deles. Nada disso, porém, foi sequer excogitado no acórdão.

O que, em substância, embora sem dizê-lo às claras, fez o venerando acórdão da 3ª Turma, foi converter o julgamento em diligência (*iii*), que a tanto corresponde, na técnica jurídico-processual, decisão que, sem apreciar todas as questões devolvidas pelo recurso, determina ao juízo ou tri-

---

[1] Art. 515 corresponde ao art. 1.013 do CPC/2015.

bunal de origem que esclareça, como se lhe afigure de direito, **tópicos da fundamentação** da sentença ou acórdão recorrido, para, ao depois, consoante se subentende, conhecer do mérito do recurso, ao retorno dos autos.

Foi esse, com todas as letras, o restrito conteúdo decisório daquele venerando acórdão, que não mandou o TRT julgar nem rejulgar nada, mas tão só esclarecer parte da motivação do que já julgara. E foi esta a razão manifesta por que, cumprindo-o, o egrégio TRT cuidou apenas de expor os fundamentos pelos quais entendera não ter ocorrido redução salarial e haver fixado o trânsito em julgado como termo final do pagamento do pecúlio, **sem decidir coisa alguma** no cumprimento da diligência.

A conclusão, mais que óbvia, é que, só prestando esclarecimentos, o egrégio TRT, na oportunidade, não proferiu, nem lhe competia então proferir, nenhuma decisão, explícita nem implícita, suscetível de impugnação mediante **novo recurso de revista**, pelo curto, mas elementar motivo de que, cifrando-se o conteúdo do acórdão em suprir deficiência de fundamentação do acórdão anterior recorrido, não se recorre de fundamentos, salvo por embargos declaratórios. Seria fraqueza de espírito tentar demonstrar que o acórdão não negou, ali, nenhum pedido das reclamadas, senão que apenas deu as explicações reputadas necessárias pelo colendo TST para estimar o mérito do recurso de revista pendente de julgamento até agora.

4. Da consequente impertinência de novo depósito recursal

H. Vêm daí, em consequência imediata e linear, duas coisas palpáveis, das quais está a primeira em que, não tendo havido nova decisão pelo TRT, do seu segundo acórdão não cabia nem era admissível novo recurso de revista de qualquer das partes, à míngua de objeto impugnável, ou seja, **lesividade**, e, pois, de interesse recursal.

E a segunda e decisiva é que, se não era nem é admissível novo recurso de revista, é de todo em todo impertinente cogitar da existência de ônus de novo depósito recursal, integral ou não, a título de requisito de admissibilidade de recurso inconcebível e, como tal, incognoscível!

I. Pode objetar-se, sem detença, que as então reclamadas interpuseram novo recurso de revista. É verdade. Mas não menos o é que o fizeram apenas do ponto de vista formal, movidas por justificável cautela e prudência, diante da incerteza subjetiva que lhes advinha dos termos com que a egrégia 3ª Turma do TST **convertera em diligência** o julgamento do recurso anterior, os quais, sem uso dessa expressão consagrada e rotineira na práxis judiciária, poderiam sugerir, sobretudo ao reclamante, interpretação de que teria sido pronunciada nulidade do acórdão do TRT, cujo segundo pronunciamento assumiria, em tal hipótese, contornos de autêntica decisão impugnável. E parece, deveras, que assim o interpretou o próprio reclamante, o qual também interpôs novo recurso de revista!

Não admira, portanto, tenham as reclamadas, **sem nada inovar**, reiterado todos os termos do recurso anterior, cujo julgamento conjunto pediram às expressas, com a não menor e exagerada precaução de efetuar complementação do valor do depósito recursal desatualizado, para não correrem risco de deserção, não obstante declarada, capaz de inviabilizar a cognição do mérito de **ambos os seus recursos de revista!**

J. Nesse contexto, o respeito à inegável boa-fé processual das reclamadas e o aturado princípio de que, na sua lealdade, não devem as partes, em circunstâncias dúbias ou ambíguas, ser surpreendidas por rígidas posturas formalistas, contrárias ao escopo do processo e da função jurisdicional, o segundo recurso de revista – que, no fundo, é só reforço de argumentação à vista dos esclarecimentos dados pelo TRT, ou seja, etimológica e precisamente, verdadeira **re-petição** – deve, quando muito, ser tomado como simples **aditamento** do primeiro, caso em que o colendo TST já decidiu, em data recente, à luz do art. 899 da CLT, o qual só exige depósito para o recurso, não para seu aditamento, e da súmula 128, I, que o impõe apenas a cada novo recurso, *"não há de se falar em deserção, em face da vigência de novo ato do c. TST que majorou o limite para o depósito recursal, uma vez já satisfeito os pressupostos extrínsecos para a admissibilidade do recurso original"*.[2] Igual raciocínio, aproveitável à espécie, tem sido adotado em hipóteses análogas de reiteração ou ratificação, aliás desnecessária, tanto ali quanto aqui, de recursos interpostos antes de embargos declaratórios.[3]

K. De todo modo, não custa advertir que, realçando sua boa-fé, quando, em rigor, já nada deveriam depositar a título de depósito recursal, na exata

---

[2] **RR nº 394000-16.2000.5.02.0202**, 6ª Turma, Rel. Min. **ALOYSIO CORRÊA DA VEIGA**, j. 29.05.2013, p. 07.06.2013.

[3] **AIRR nº 94600-96.2009.5.06.0004**, 6ª Turma, Rel. Min. **KÁTIA MAGALHÃES ARRUDA**, j. 20.03.2013, p. 12.04.2013, onde se invocam, no mesmo sentido, os seguintes precedentes: **RR nº 121941-08.2007.5.08.0006**, 4ª Turma, Rel. Min. **FERNANDO EIZO ONO**, j. 01.12.2010, p. 17.12.2010; **RR nº 380-35.2011.5.06.0102**, 4ª Turma, Rel. Min. **MARIA ASSIS CALSING**, j. 03.10.2012, p. 05.10.2012; **RR nº 66000-38.2009.5.06.0013**, 1ª Turma, Rel. Min. **LELIO BENTES CORRÊA**, j. 15.02.2012, p. 02.03.2012.

JULGAMENTO DE RECURSO E CONVERSÃO EM DILIGÊNCIA

medida em que se não caracterizava, nem caracteriza, em substância, novo recurso, incompreensível à falta de lesividade do ato atacado, senão mera reapresentação de razões, ou, *in extremis*, simples **aditamento** do recurso de revista original, depositaram as reclamadas **R$5.586,02**, que constituíam a diferença entre o valor recolhido no primeiro recurso (**R$6.393,00**) e o valor estipulado pelo Ato SEJUD nº 334/2010 (**R$11.779,02**), como o reconheceu o acórdão ora embargado, embora para declarar-lhe a deserção:

> "Quando da interposição do primeiro recurso de revista, as ora Recorrentes efetuaram o recolhimento dos depósitos recursais, no valor de R$5.915,62 e R$477,38, totalizando R$6.393,00 (seis mil, trezentos e noventa e três reais – fls. 1.875-v e 1.876-v). Assim, caberia às Recorrentes, no ato de interposição do presente recurso de revista, complementar os depósitos recursais anteriormente realizados, até o valor da condenação, ou efetuar o valor estipulado pelo ATO.SEJUD.GP Nº 334/2010, no importe de R$11.779,02... Todavia, na interposição odo recurso de revista, as Recorrentes apenas comprovaram o depósito no valor de R$5.386,02 (fl. 2.043-v), restando desatendido o pressuposto recursal do preparo, à luz do item I da Súmula 128 desta Corte".

5. Da inexigibilidade de novo depósito em recurso hipotético

L. Para prevenir outras objeções, convém, por excesso de escrúpulos, admitir, em pura epítrope, que o caso até seria de típico recurso novo de revista, contra o segundo acórdão do TRT, dotado de suposta e teórica lesividade, abstraindo-se, por ora, qualquer especulação sobre qual seria seu improvável e misterioso teor lesivo.

Nesta hipótese de trabalho, premissa indiscutível é que o depósito recursal, previsto no art. 899 da CLT e noutras normas,[4] é instituto predestinado a garantir o juízo, em nada se entendendo com taxa de preparo ou custas, como, aliás, consta *expressis verbis* do item II da súmula 128 e do item I da Instrução Normativa TST nº 3/93.

Ora, se, em essência, é verba ordenada por natureza a garantir a eficácia prática de eventual execução definitiva, fora despropósito jurídico exigir-lhe o depósito integral, correspondente ao valor sempre atualizado da condenação, ainda quando provisória, como requisito de admissibilidade de todos os recursos interpostos no curso da mesma

---

[4] Art. **897**, § **5º**, da **CLT**, art. **7º** da Lei nº **5.542**, de 1970, e art. **40** da Lei nº **8.177**, de 1º de março de 1991, com a redação dada pela Lei nº **8.542**, de 1992.

modalidade de processo, seja de conhecimento ou de execução, provisória ou definitiva. É que, doutro modo, toda a gente é capaz de perceber que a interposição de mais de um recurso importaria injurídica multiplicação, inútil ao credor e danosa ao devedor, do valor total atualizado da condenação, por tantas vezes quantos fossem os recursos interpostos. Para uma condenação total de **1x**, dois ou três recursos perfariam depósito recursal no valor de **2x** ou **3x**, e assim por diante! Uma questão simples de aritmética. A que interesse jurídico serviria tão absurdo excesso?

Daí, todo o acerto da orientação jurisprudencial que, desdobrando a inteligência do instituto, se cristalizou na 2ª alínea do item II da **súmula 128**, e segundo a qual, atingido o valor da condenação, já nenhum depósito é exigível à cognição de qualquer recurso.

M. À luz dessas ideias fundamentais, uma única hipótese de novidade recursal pode ser aventada como custosa explicação ao equívoco em que se enredou o caso. É a de ter o primitivo acórdão da colenda 3ª Turma **anulado, em parte**, de maneira apenas subentendida, suposto avessa a todo seu discurso patente, o aresto do TRT, ao acolher a preliminar de negativa de prestação jurisdicional, sob pretexto de que, em sede de embargos, aludiu a *"nulidade pronunciada"* que seria incompatível com a subsistência da multa estatuída no art. 538, § único, do CPC. Não há outra hipótese por conceber, pois não cassou todo o acórdão do TRT, nem feriu o mérito dos recursos de revista, cujos temas antes julgou textualmente **prejudicados**.

Trata-se, está claro, de mera concessão retórica, porque, se nulidade pronunciara, essa teria recaído apenas sobre aqueles dois pontos (*i* e *ii*) da **fundamentação** reputada deficiente do acórdão do TRT, cuja decisão posterior, ao remediar tal vício, careceria de lesividade capaz de justificar novo recurso de revista, pela razão já adiantada de que se não recorre de fundamentos, senão para os esclarecer ou suprir mediante embargos de declaração.

Mas, ainda nessa esforçadíssima hipótese de **anulação parcial**, não seria exigível novo depósito recursal integral, sobretudo quando as então reclamadas, na condição suposta de recorrentes, o complementaram até o limite legal estipulado, pois anulação de sentença ou de acórdão, ainda que em todos os seus termos, não invalida o depósito recursal originário, consoante a precisa e justa tese fixada pela egrégia Subseção

I Especializada em Dissídios Individuais do TST e de todo aplicável à singularidade deste caso:

"**RECURSO ORDINÁRIO – DESERÇÃO – INEXISTÊNCIA – SENTENÇA ANULADA – INEXIGIBILIDADE DE REALIZAÇÃO DE NOVO DEPÓSITO RECURSAL.** O depósito recursal deve ser efetuado uma vez a cada recurso, havendo necessidade de novo recolhimento apenas nas hipóteses em que haja alteração de instância, o que não ocorreu na situação dos autos, **em que foi acolhida a preliminar de nulidade** invocada pela reclamada no primeiro recurso ordinário. **Assim, era absolutamente inadmissível exigir-se novo depósito recursal quando da interposição de novo recurso ordinário**, até mesmo porque o TRT reconhecera o erro perpetrado pelo juízo de primeiro grau, o qual ocorrera em prejuízo da própria recorrente. **Ademais, na presente hipótese a reclamada adotou todas as medidas que a prudência lhe exigia, tendo, inclusive, complementado o valor depositado de forma a atingir o novo teto atribuído pela Presidência do TST mediante o Ato nº 371/2004. Inegável, portanto, a inocorrência de deserção de seu segundo recurso** ordinário. Recurso de embargos conhecido e provido."[5]

O certo, porém, é que, no primeiro aresto, a egrégia 3ª Turma não anulou tópico, nem capítulo algum, decisório ou não, do segundo acórdão do TRT, até porque, se aquele o tivesse feito, este deveria ter rejulgado a causa no tópico ou capítulo anulado!

---

[5] E-ED-RR nº 87200-72.1994.5.02.0261, SDI, Rel. Min. RENATO DE LACERDA PAIVA, j. 15.03.2012, p. 23.03.2012. Grifos nossos. Nesse primoroso julgado, invocaram-se estes precedentes: RR nº 206500-41.2001.5.05.0021, 1ª Turma, Rel. Min. LELIO BENTES CORRÊA, p. 01.08.2008; RR nº 121140-72.2004.5.06.0160, 2ª Turma, Rel. Min. VANTUIL ABDALA, p. 29.05.2009; RR nº 155240-76.1997.5.02.0043, 3ª Turma, Rel. Min. ALBERTO LUIZ BRESCIANI, p. 03.12.2010; AIRR nº 71140-25.2002.5.15.0053, 5ª Turma, rel. Min. KÁTIA MAGALHÃES ARRUDA, p. 06.10.2008; RR nº 36240-67.2001.5.04.0017, 8ª Turma, Rel. Min. MÁRCIO EURICO VITRAL AMARO, p. 22.10.2010. No mesmo sentido, em data mais próxima, cf. RR nº 189100-30.2005.5.15.0042, 3ª Turma, Rel. Min. MAURICIO GODINHO DELGADO, j. 19.09.2012, p. 21.09.2012; RR nº 128500-49.2009.5.03.0038, 2ª Turma, Rel. Min. CAPUTO BASTOS, j. 31.10.2012, p. 09.11.2012; RR nº 106700-96.2008.5.03.0038, 5ª Turma, Rel. Min. EMMANOEL PEREIRA, j. 12.12.2012, p. 19.12.2012; AIRR nº 36600-43.2009.5.18.0013, 8ª Turma, Rel. Juíza MARIA LAURA FRANCO LIMA DE FARIA, j. 12.12.2012, p. 14.12.2012.

6. Da mesma inexigibilidade diante de garantia da execução

N. Mas, ainda sob a mesmíssima hipótese de trabalho, nenhum depósito, sequer complementar, seria ou é devido, diante da existência de garantia mais que suficiente da execução, à data de interposição do aparente segundo recurso de revista.

É que, como **fato incontroverso**, ao tempo em que foi esse interposto, já estava a execução, conquanto provisória, garantida, desde 29 de julho de 2007, por penhora de bens, cujo valor incontestado excedia, em mais que o dobro, o montante da condenação, abstraídas as contribuições previdenciais, como vem ao disposto no art. 899, *caput* e § 1º, cc. §§ 4º e 5º, da CLT.[6]

Logo, ainda quando de vero recurso se cuidasse, já nenhum depósito recursal seria devido, sob pena de franca subversão de seu propósito normativo, de risco de excessos absurdos e de consequente afronta ao art. **5º, incs. II e LV**, da **Constituição da República**, pois, garantido à suficiência o juízo da execução, já estavam satisfeitas em plenitude a *ratio iuris* e a própria finalidade da exigência, até porque não se elevara o valor do débito provisório, consoante a orientação jurisprudencial sedimentada no item II da **súmula 128**.

E isto já o proclamara o Supremo Tribunal Federal, quando pontificou:

> "O depósito, como pressuposto recursal, em matéria trabalhista, tem como finalidade garantir o pagamento, pelo recorrente, caso vencido, da eventual condenação, risco que não ocorre, na espécie, ante a existência de penhora".[7]

Era, pois, supérflua nova garantia, cuja imposição só tenderia a agravar injúria a **direitos constitucionais**, de índole processual e material, da ora embargante, como ficará ainda mais evidente a outros argumentos.

7. Da inexigibilidade absoluta de depósito

O. Como remate à hipótese inaceitável da existência de novo recurso, não há como deixar de arguir e demonstrar a incompatibilidade absoluta de

---

[6] Cf. **RR nº 1137-61.2010.5.18.0221**, 4ª Turma, Rel. Min. **Luiz Philippe Vieira de Mello Filho**, j. 18.12.2012, p. 17.05.2013; e **RR nº 131400-35.2009.5.06.0001**, 3ª Turma, Rel. Min. **Alexandre de Souza Belmonte**, j. 27.02.2013, p. 01.03.2013.

[7] RE-ED nº **198.416-3-DF**, 1ª Turma, Rel. Min. **Octavio Gallotti**, vu, j. 30.05.2000.

todas as normas, já referidas,[8] em que se assenta a pretensão de exigência de depósito prévio do valor da condenação, como requisito de admissibilidade de recurso.

O substrato dessa matéria já passou, na verdade, pelo crivo do egrégio Supremo Tribunal Federal, quando assentou o não recebimento, pela vigente ordem jurídica, em particular, do disposto no art. 57, § 6º, da Lei de Imprensa (Lei nº 5.250, de 1967), que hospedava norma semelhante,[9] e, depois de pronunciar a inconstitucionalidade do art. 126, §§ 1º e 2º, da Lei nº 8.213, de 1981,[10] por ofensa ao art. 5º, *caput* e incs. XXXIV, "a", LIV e LV, da Constituição da República, dentre outros precedentes iguais, editou a **súmula vinculante nº 21**, que dá por inconstitucional a exigência de depósito ou arrolamento prévios de dinheiro ou bens para admissibilidade de recurso administrativo, e, de certo modo, também quando aprovou a **súmula vinculante nº 28**, que, com base em razões análogas, declara inconstitucional a exigência de depósito prévio como requisito de admissibilidade de ação judicial na qual se pretenda discutir a exigibilidade de crédito tributário.

Na oportunidade do julgamento do **RE nº 389.383**, alinhavamos argumentos que, *mutatis mutandis*, convêm a este caso, até *a fortiori*:

"A exigência de depósito prévio para fins de admissibilidade de recurso administrativo importa, a meu juízo, clara ofensa ao primado da **isonomia**. Ninguém nega que a admissibilidade de recurso, qualquer que seja sua natureza, pode, senão que deve submeter-se a certas exigências. Mas tampouco se nega que, dentre estas, não pode figurar nenhuma que implique ou envolva discriminação baseada na **condição financeira** do interessado. A pressupor-se dada condição financeira como ingrediente de requisito legal de admissibilidade de recurso, como sucede no caso, dois interessados que se encontrem em idêntica situação de ordem geral, equiparados em tudo, exceto quanto ao grau de disponibilidade de dinheiro para arcar com depósito prévio, suportariam tratamento jurídico-normativo diverso em razão única da diversa capacidade econômica. O contribuinte sem recursos seria aí vistosamente prejudicado, pois, incapaz de atender à condição legal, ficaria exposto à imediata exigibi-

---

[8] Cf. nota nº 3, *supra*.
[9] Veja-se o correspondente capítulo específico do acórdão proferido na **ADPF nº 130-DF**, Rel. Min. **AYRES BRITTO**, j. 30.04.2009, DJe nº 208, d. 05.11.2009, p. 06.11.2009.
[10] **RE nº 389.383-1-SP**, Rel. Min. **MARCO AURÉLIO**, j. 28.03.2007, DJ 29.06.2007.

lidade de todo o montante do crédito pretendido, ainda quando convicto da existência de razões factuais e jurídicas que, conspirando contra a pretensão do fisco, lhe seriam oponíveis já na esfera administrativa. O critério de tal discrímen não encontra fundamento racional.

2.2. Mas esta não me parece a única razão da inconstitucionalidade da exigência do depósito. Ainda em relação ao contribuinte que possa fazê-lo, não encontro fundamento jurídico-constitucional que a autorize.

É que o **direito de petição**, consagrado de forma autônoma no art. 5º, inc. XXXIV, "a", da Constituição da República, e ao qual deve emprestar-se interpretação larga e generosa, como preconiza o voto do Ministro **CARLOS BRITTO,** abrange, decerto, a admissibilidade de recurso administrativo, que é *"legítima manifestação do direito de petição a órgão público, com o expresso desiderato de defesa de direito ou contra ilegalidade ou abuso de poder, hipótese em que não é possível nem mesmo a exigência do pagamento de taxas, por expressa determinação constitucional, quanto menos a exigência de prévio depósito para garantia do direito de resposta"*[11].

Posto que a literalidade do texto constitucional se refira ao pagamento de "taxas", é óbvio que lhe não quadra o estrito sentido técnico de taxa, entendida como espécie tributária, senão o significado lato de despesa, custo, gasto, ou dispêndio. Outra leitura nasceria de interpretação ingênua. De modo que, se a Constituição não permite o menos, que seria cobrança de taxas voltadas ao pagamento de despesas, *a fortiori* não pode a lei autorizar o mais, isto é, exigência de caução ou depósito prévio, que configuram, *"embora com a nomenclatura de depósito, o recolhimento de percentagem do tributo ou da multa"*, como observou o Ministro **MARCO AURÉLIO.**

2.3.O objetivo prático da norma parece ter sido o de forçar antecipação do recebimento dos créditos tributários, com base noutro pressuposto ou presunção, a de que a atuação administrativa do contribuinte é, via de regra, protelatória, como lembra **ALBERTO XAVIER**[12], ao comentar parecer que inspirou a restauração do sistema de depósitos recursais. Entendeu-se aí que a exigência *"possibilitaria, de um lado, a agilização na realização dos valores em disputa, por inibir as irresignações meramente protelatórias, e de outro lado, fixaria considerável segurança quanto aos ingressos destes recursos nos cofres públicos (...). Em suma, a medida afasta manobras protelatórias em favor do ingresso de recursos nos cofres públicos".*

---

[11] **MINATEL**, José Antonio. *Depósito para garantia de instância administrativa.* **in** Repertório IOB de Jurisprudência, nº 01, 1ª Quinzena de Jan. de 1999, p. 30.

[12] *Princípios do processo administrativo e judicial tributário.* Rio de Janeiro: Forense, 2005, p. 183.

JULGAMENTO DE RECURSO E CONVERSÃO EM DILIGÊNCIA

A tal papel não se presta, é óbvio, a instituição de requisito de admissibilidade recursal que, de sua natureza, deveria guardar relação com aspectos intrínsecos ou extrínsecos dessa classe de remédio jurídico ou, quem sabe, do próprio objeto da controvérsia, e não, servir a finalidades puramente arrecadatórias.

2.4. Falta, ademais, **razoabilidade** à exigência normativa de depósito prévio, enquanto inadequado e desnecessário, como bem comprova o teste de proporcionalidade a que o submeteu o voto do Ministro **JOAQUIM BARBOSA**. A respeito, observo que é preciso haver perfeita simetria entre a norma, de um lado, e seus fundamentos e objetivos, de outro. E isso não se verifica na previsão do depósito recursal, que visa a produzir resultado empírico em relação ao qual não aparece como medida apropriada, por não conseguir evitar que decisão judicial impeça o recebimento do valor pretendido, nem sequer como meio necessário, pois pode aviar-se a cobrança ao cabo do procedimento administrativo, sem que se exija, do contribuinte, prévio depósito de quantia cuja legitimidade ainda se discute.

Tampouco encontro harmonia entre previsão de recurso administrativo e a concomitante exigência de depósito como requisito de admissibilidade. O propósito de qualquer norma que estatua meio de impugnação recursal não é outro senão o de permitir que se suscite, dentro do mesmo processo ou procedimento, a revisão, por órgão superior, de decisão proferida por instância ou órgão inferior. Busca-se, com a previsão do recurso administrativo, o aprimoramento da prestação devida ao administrado mediante controle interno da legitimidade dos atos da administração. O depósito prévio em nada concorre para a concretização desses imperativos, contrariando a idéia de que *"a lei (aqui compreendida a medida provisória), longe de criar, deve remover qualquer obstáculo de caráter processual ou econômico, que, sem apoio na Constituição, impeça ou, mesmo, dificulte, ao contribuinte, o amplo exercício do direito em tela* [ampla defesa]"[13].

2.5. Ao dever de revisão dos atos da administração pública corresponde a necessidade de ampliação dos meios de acesso do contribuinte aos recursos hierárquicos.

O argumento expendido pelo eminente Min. **SEPÚLVEDA PERTENCE**, segundo o qual a exigência de depósito não ofenderia a Constituição da Repú-

---

[13] **CARRAZZA, Roque,** e **BOTTALLO, Eduardo.** *O depósito como requisito para encaminhamento de recursos à segunda instância administrativa e suas injuridicidades.* **In** Repertório IOB de Jurisprudência, nº 02, 2ª Quinzena de Jan. 1999, Caderno I, p. 71.

blica, porque esta não prevê recurso na esfera administrativa, nem condiciona ao exaurimento de instâncias administrativas o acesso ao Poder Judiciário, não me parece, com o devido respeito, soar como objeção intransponível.

Uma vez franqueada ao contribuinte, pela legislação subalterna, via de acesso a instância recursal administrativa, não faz sentido impor-lhe exigências desproporcionais que terminem por inviabilizar o manejo do próprio remédio recursal. Institui-se direito subjetivo, e ao mesmo tempo frustra-se-lhe, na prática, o exercício! Nisso, a efetividade da norma constitucional que prevê o **direito de petição** é aviltada pela exigência do depósito recursal prévio.

Embora se possa aderir à tese de que a Constituição da República não contemplaria, pelo menos de modo direto, o duplo grau administrativo, como parece tampouco fazê-lo, pelo menos sob disciplina genérica, quanto à jurisdição mesma, sua concreta previsão na legislação inferior deve acomodar-se aos princípios constitucionais, a cuja luz não fora demasia filiar-lhe a obrigatoriedade na *amplitude* que a Constituição da República confere e assegura, também no processo administrativo, à defesa do litigante, "*com os meios e recursos a ela inerentes*" (art. 5º, inc. LV). Suposto a Constituição não obrigue à instituição de instâncias recursais na esfera administrativa, já se caracteriza nítida lesão ao princípio do devido processo legal (*due process of law*) e ao direito de petição, quando, com instituí-las, a lei subordine o uso dos recursos à satisfação de exigência que repugne a outros preceitos constitucionais."[14]

E assinalamos que, sem prejuízo da identidade da hipótese com regra do art. 57, § 6º, da Lei de Imprensa, as razões externadas pelo STF quanto ao recurso administrativo são aplicáveis *a fortiori* ao caso, porque, se é incompatível com as normas constitucionais a exigência na esfera administrativa, onde nunca é definitivo dano eventual do recorrente, que pode ainda dirigir-se à Jurisdição, nesta há de sê-lo por maior razão! O ordenamento dispõe doutros meios adequados para garantir o juízo de execução – **que, aliás, está, como visto, de há muito garantido neste caso**!

E, conforme já ponderamos alhures,[15] igual exigência implica malferir, nos aspectos substativo e processual, a garantia do justo processo da lei

---

[14] Declaração de voto vencedor, inserta em **Peluso, Antonio Cezar**. *Ministro magistrado – decisões de Cezar Peluso no supremo tribunal federal*. São Paulo: Saraiva, 2013, p. 493-497.
[15] TJSP, **Ag. Inst. nº 208.918-4/0-00**, 2ª Câmara de Direito Privado, j. 19.02.2002, do qual fui relator.

(due process of law), em matéria que envolve prerrogativa constitucional da ampla defesa, a qual deve exercida *"com os meios e **recursos** a ela inerentes"* (**art. 5º, LV**, da **CF**), o que significa que, se a lei prevê recurso de terceiro ou quarto grau de jurisdição, qualquer restrição a respeito vulnera essa cláusula elementar do devido processo legal. Daí dizer-se: *"An appeal on the question of constitutionality of either procedure or result must always be permitted when fundamental rights are involved".*[16]

8. Da regularidade da representação da embargante

P. Em articulação desesperada para evitar cognição do mérito, alega o embargado que a subscritora do recurso de embargos declaratórios não teria poderes para os subscrever, porque, não os tendo a substabelecente, não poderia esta ter-lhes substabelecido. Aduz, depois, que, também em face do disposto no art. 830 da CLT, estaria irregular a representação, pois assim a procuração, como o substabelecimento juntados em 15 de fevereiro de 2012, o foram mediante cópias não autênticas, cuja assinaturas não são eletrônicas, mas digitalizadas.

Não procede nenhuma das increpações.

Q. Quanto à primeira, de toda importância é notar que a nova procuração apresentada tem, em relação a dois instrumentos anteriores de mandato, um *expresso* e outro *tácito*, evidente **caráter geral**, porque outorgada a empregados da embargante para a representarem em juízo e fora dele, em qualquer órgão administrativo.[17] Não era, pois, **específica** para esta causa, nem para outras causas na Justiça do Trabalho, como o eram ambas as outorgadas, muito antes, à advogada Anna Thereza Monteiro de Barros, subscritora dos embargos, uma de modo *expresso*, para só atuação na Justiça Trabalhista (fls. 2076), e outra, de modo *tácito*, inferida à sua constante atuação neste já velho processo – e, daí, sua manifesta **especificidade** –

---

[16] **Mott, Rodney L.** *Due process of law.* New York: Da Capo Press, 1973, p. 239, § 91.

[17] Vejam-se-lhe os termos genéricos: *"Aos quais confere poderes para representarem a OUTORGANTE, em conjunto ou separadamente, independentemente da ordem de nomeação, conferindo-lhes os poderes para, à exceção do estudante/estagiário que só poderá atuar em atos não privativos ao exercício da advocacia, **a representem em juízo ou fora dele, em qualquer órgão administrativo da esfera federal, estadual, municipal ou previdenciária**, para o que lhes outorgam nos termos do art. 38 do Código de Processo Civil e do art. 5º, § 2º, da Lei n. 8.906/94, os poderes da **cláusula 'ad judicia e et extra'**, para representá-la em qualquer instância ou Tribunal, inclusive no âmbito contencioso administrativo, (...). Se os **OUTORGADOS deixarem de ser empregados da OUTORGANTE**, cessarão os efeitos desta procuração em relação aos respectivos OURTOGADOS".*

desde a longínqua audiência de instrução e julgamento realizada no dia 19 de novembro de 1996, onde, aliás, lhe foi juntado o substabelecimento e acompanhou ela à reclamada (cf. fls. 1306-1310, cc. fls. 1311).

Ora, é de boa e sensata doutrina que a chamada *revogação tácita*, prevista no art. 687 do Código Civil, a qual tanto pode resultar do fato de o mandante assumir a direção do negócio, como de ter constituído novo procurador, só se caracteriza e opera, nesta segunda hipótese, quando os poderes outorgados a outrem o tenham sido para fins do *mesmo negócio*, caso em que há, não só presunção de perda de confiança no primeiro mandatário, mas também ponderável risco de atuações contraditórias. Daí concluir-se que "*não haverá revogação pela outorga de poderes gerais que suceda uma outorga de poderes especiais*".[18]

Vem daí que, supondo-se ineficaz o último substabelecimento, não terá perdido, a subscritora dos embargos de declaração, os poderes que lhe advieram daqueles dois subsistentes mandatos **específicos**, o *expresso* e o *tácito*! Este, sobretudo, já bastaria por suprir eventual irregularidade, segundo dispõe o inc. II da **OJ 286** do egrégio TST, cuja sólida aplicação em casos análogos aproveita a este pela mesma *ratio iuris*.[19]

De todo modo, convém registrar que, ao responder à arguição, a despeito da perseverança desses mandatos, a embargante demonstrou, por **excesso de zelo**, que a advogada substabelecente, Simone Gossenheimer Madalozzo, tem, na condição de sua *incontestável mandatária*, desde 23 de fevereiro de 2012, poderes conferidos por instrumento público e hábeis para validar o substabelecimento ulterior contestado. Ter-se-ia dado, pois, quando menos, *ad argumentandum tantum*, regularização da representação

---

[18] **Godoy, Cláudio Luiz Bueno de. In**: Min. Cezar Peluso (coord.). *Código civil comentado: doutrina e jurisprudência*. 7ª ed., São Paulo: Manole, 2013, p. 692. No mesmo sentido: "*A nomeação de outro mandatário para o mesmo negócio constitui hipótese de revogação tácita de mandato (...). Nesta direção posiciona-se a jurisprudência, segundo a qual 'é tácita a revogação se o mandante nomeia, sem ressalvas, novo procurador para o mesmo ato judicial'. Mas a nomeação de novo mandatário, para ter o condão de revogar o mandato anterior, **há de se referir ao mesmo negócio**. Em consequência, a outorga de **procuração geral para todos os negócios não revoga o instrumento de mandato com poderes especiais**; (...). Para que se configure a revogação tácita faz-se necessário, portanto, que haja incompatibilidade entre os dois mandatos, importando o segundo em substituição do primeiro*" (**Tepedino, Gustavo. In**: Sálvio de Figueiredo Teixeira (coord.). *Comentários ao novo código civil*. v. X, , Rio de Janeiro: Forense, 2008, pp. 182-183). Todos os grifos nossos.

[19] **RR nº 1197-86.2011.5.03.0004**, 3ª Turma, Rel. Min. **Alberto Luiz Bresciani de Fontan Pereira**, j. 20.03.2013, p. 23.03.2013.

JULGAMENTO DE RECURSO E CONVERSÃO EM DILIGÊNCIA

processual, sem afronta à **súmula 283** do colendo TST, cujo enunciado apenas veda, para esse fim, a *"suspensão do processo"* prevista no art. 13 do Código de Processo Civil[20], não a regularização espontânea antes do julgamento do recurso.[21]

Q. A segunda é ainda mais anêmica.

Não é sutil, aqui, o engano do embargado. É que, nos termos do art. 11, *caput*, da Lei 11.419, de 19 de dezembro de 2006, que instituiu o processo eletrônico, *"os documentos produzidos eletronicamente e juntados aos processos eletrônicos com garantia da origem e de seu signatário, na forma estabelecida nesta Lei serão considerados originais para todos os efeitos legais"*. Ademais, conforme o § 1º desse mesmo art. 11, *"os extratos digitais e os documentos digitalizados e juntados aos autos pelos órgãos da Justiça e seus auxiliares, pelo Ministério Público e seus auxiliares, pelas procuradorias, pelas autoridades policiais, pelas repartições públicas em geral e por advogados públicos e privados,* **têm a mesma força probante dos originais**, *ressalvada a alegação motivada e fundamentada de adulteração antes ou durante o processo de digitalização"*. Tais regras estão reproduzidas, aliás, nos arts. 7º e 25 da IN nº 30 – TST, de 2007.

É perfeita, dessarte, a autenticação contemplada no art. 830 da CLT, sob o *procedimento específico* que, disposto na lei do processo eletrônico, legitima a juntada de procurações digitalizadas, como já teve a oportunidade de decidir esse colendo TST em acórdão recentíssimo que examinou questão *absolutamente idêntica*.[22]

9. A grave questão final e decisiva

S. Qualquer que seja o entendimento que se adote quanto à cognição do só aparente segundo recurso de revista da ora embargante – o qual, à luz

---

[20] Corresponde ao art. 76 do CPC/2015.

[21] Cf. TST, **RR nº 547-18.2011.5.03.0011**, 4ª Turma, **Rel. Min. MARIA DE ASSIS CALSING**, j. 16/10/2012, p. 19/10/2012, de cujo v. acórdão consta: *"Também não se vislumbra a hipótese tratada pela Súmula nº 383 do TST, a qual, embora trate, em seu item II, de questões atinentes à regularização do mandato na fase recursal, diz respeito especificamente à interpretação dos termos do* **artigo 13 do CPC**, *no que se refere à possibilidade de* **suspensão do processo**, *por parte do juiz, para que seja marcado prazo para sanar o defeito,* **o que efetivamente não ocorreu nos autos, pois, como dito, quando do julgamento do Recurso Ordinário, já tinha sido juntada a procuração original"**. Grifos nossos.

[22] **RR nº 47000-48.2004.5.01.0019** , 8ª Turma, Rel. Min. **DORA MARIA DA COSTA**, j. 27/02/2013, p. 01/03/2013. Com o mesmo entendimento, confiram-se: **RR nº 50900-64.2009.5.01.0342**, 5ª Turma, Rel. Min. **CAPUTO BASTOS**, j. 22/05/2013; **RR 90600-39.2006.5.01.0411**, 8ª Turma, Rel. Des. Conv. **JOÃO PEDRO SILVESTRIN**, j. 12/06/2013.

da razão cabal e decisiva que agora deduzimos, pode ser desconsiderado sem nenhum gravame jurídico –, ou à sorte dos embargos declaratórios, há um dado factual e jurídico irretorquível: **até agora não foi julgado o mérito do primeiro recurso de revista das antecessoras da embargante, interposto em 4 de março de 2002!**

Esse recurso de revista, propriamente não primeiro, porque, em rigor jurídico, o **único** reputável como tal, que, preenchendo todos os requisitos subjetivos e objetivos, intrínsecos e extrínsecos de admissibilidade, era cognoscível e, por isso, foi conhecido da egrégia 3ª Turma, foi-o apenas em parte, no que concerne à preliminar de fundamentação insuficiente do acórdão do TRT, sob rubrica de denegação de prestação jurisdicional, como está à suficiência provado. A colenda 3ª Turma, porque considerou textualmente prejudicadas as demais questões em virtude da conversão do julgamento em diligência – ou, se se quiser, em virtude da anulação parcial da fundamentação do acórdão do TRT –, **não julgou até agora o mérito** do recurso das então reclamadas, o que deveria fazer tanto que lhe retornassem, como de há muito já retornaram, os autos, pois também de há muito já está superada a fase do juízo prévio de seu conhecimento! Aquele recurso foi conhecido, só que em parte.

De modo que, considere ou não a existência de segundo recurso de revista das reclamadas, como tal dele conheça ou não, julgando-o deserto ou não, e conheça ou não dos embargos, a egrégia 3ª Turma tem de completar sua prestação jurisdicional em relação ao primeiro ou único recurso de revista, cujo mérito não foi ainda apreciado e julgado, como é de rigor e justiça, uma vez já prestados os dois esclarecimentos que ela mesma determinou ao TRT no acórdão anterior, tudo sob pena de ofensa ao disposto no art. **5º, inc. XXXV**, da **Constituição Federal**, que, preenchidos os requisitos legais para julgamento de mérito, garante ao jurisdicionado a apreciação jurisdicional da alegada lesão a seu direito, sobretudo quando já aparelhada para decisão. Deixar de julgar o mérito daquele recurso equivaleria a **denegação de justiça.**[23]

---

[23] Como já acentuou velho e conhecido acórdão do egrégio STF: O princípio da proteção judicial ou da universalidade da jurisdição impõe *"a entrega da prestação jurisdicional da forma mais completa e convincente possível"* (**RE nº 158.655-9-PA**, rel. Min. **MARCO AURÉLIO**, 2ª Turma, j. 28.08.196, DJ 02.05.1997, *apud A constituição e o supremo*. Brasília: STF, 4ª ed., 2011, p. 171. Grifos nossos).

E tal necessidade jurídico-constitucional torna-se tanto mais grave e imperiosa na medida em que o aresto do egrégio TRT, que deu provimento, em parte, ao recurso ordinário do reclamante, afrontou, sem subterfúgio nem ambiguidade, no cerne da causa, a **súmula 294** desse colendo TST, ao decidir *in verbis*:

> "A propósito do quanto sumulado a respeito, tenho que inocorre prescrição total de ação que objetive prestações de um mesmo direito, sucessivamente sonegadas, por implicar violação continuada que se perpetra a cada vencimento. E, com a devida vênia do Colendo TST, não pode ser acolhido o entendimento ementado no Enunciado nº 294, porque o exercício do direito de ação não depende da fonte de que promane o direito individual lesado... Daí porque, (**sic**) inexiste prescrição em relação a quaisquer direitos formulados em relação à data dos documentos de fls. 10, neles incluído o plano de previdência privada" (fls. 1748).

10. Conclusão

T. De todo o exposto, devem os embargos declaratórios ser acolhidos, para fim de ser relevada a deserção e apreciado o mérito dos recursos de revista interpostos das então reclamadas, antecessoras da ora embargante, ou, por qualquer razão jurídica não conhecido o segundo, nem sequer a título de aditamento, ser julgado o mérito do recurso **interposto em 4 de março de 2002**, já conhecido, posto que só em parte.

É o que, salvo melhor juízo, nos parece.

Brasília, 10 de julho de 2013.

14

Ação Rescisória de Sentença Objetivamente Complexa

AÇÃO RESCISÓRIA. Acórdão de apelação contra sentença objetivamente complexa, que continha dois capítulos decisórios homogêneos sobre juros e honorários. Recurso parcial sobre os honorários. Imediato trânsito em julgado do capítulo sobre juros. Rescisória tendente a desconstituir os dois capítulos decisórios, julgados em datas diversas. Pedido não conhecido sobre os juros. Decadência consumada. Formação gradual de coisas julgadas. Inaplicabilidade da súmula 401 do STJ. Interpretação do art. 5º, *caput* e inc. XXXVI, da CF. Precedentes e súmula 354 do STF.

As chamadas sentenças objetivamente complexas apresentam capítulos decisórios suscetíveis de transitar em julgado em datas distintas e, portanto, de formação não simultânea ou gradual de coisas julgadas materiais, sem que a última haja provindo da definição de recurso declarado inadmissível. Em tal hipótese, o prazo para ação rescisória é contado a partir do trânsito em julgado de cada um dos capítulos decisórios da sentença.

1. Consulta

A. O ilustre advogado PM dá-nos a honra de consulta sobre a sorte de recurso especial interposto pelo Sindicato SINDIBAST, nos autos de ação rescisória que move em face da CAC-CC, em liquidação judicial, contra acórdão do Tribunal de Justiça de São Paulo que, por maioria de votos, não conheceu do pedido concernente ao capítulo da sentença de primeiro grau que fixara o termo final dos juros devidos ao crédito trabalhista habilitado. O fundamento do acórdão recorrido está em que a matéria não teria sido objeto da apelação julgada pelo acórdão rescindendo, de modo que, decorridos mais de dois anos, sobreviera decadência do direito de rescindir a sentença de primeiro grau, em relação àquele capítulo. Os votos vencidos conheciam da questão com base na súmula 401 do STJ. Com idêntico argumento, aliado à arguição de dissídio jurisprudencial, o Sindicato pede cassação do acórdão, para que outro seja proferido também a respeito do termo dos juros.

2. Síntese dos fatos incontroversos e relevantes da causa

B. Como logo se colhe a esse breve relato, a substância da controvérsia consiste em que, tendo sido, em **31 de março de 2006**, intimado da sentença de primeiro grau que, na habilitação de crédito na liquidação judicial da CAC, além de dispor sobre honorários de sucumbência (*a*), limitou a incidência de juros até a data da sentença que convertera em judicial a liquidação extrajudicial, se o ativo lhes comportasse o pagamento (*b*), o Sindicato só aviou a ação rescisória em **25 de novembro de 2010**. Ter-se-ia, claramente, consumado, pois, decadência do direito potestativo de rescindir o capítulo da sentença que, versando sobre o termo dos juros (*b*), não fora impugnado na apelação, restrita à matéria da pertinência dos honorários (*a*) e, como tal, restritamente julgada pelo acórdão rescindendo. Daí, não ter a maioria conhecido do pedido concernente ao capítulo dos juros (*b*).

A ilustrada minoria conhecia do pedido, baseada em que, nos precisos termos da **súmula 401** do Superior Tribunal de Justiça, o início do prazo decadencial da propositura da rescisória teria recaído apenas em **14 de junho de 2010**, quando se deu o trânsito em julgado do acórdão que, como última decisão da causa, julgara a apelação parcial do Sindicato, limitada à questão dos honorários (*a*). Donde, seria tempestiva a rescisória ajuizada a **25 de novembro** daquele ano. E é este, em síntese, o fundamento do recurso especial.

Estamos em que acertou a esclarecida maioria. Vejamos.

3. Aporias jurídicas e inconstitucionalidades

C. Comecemos por uma objeção teórica, calcada no fato incontroverso de que a estrutura do *iudicium* da sentença de primeiro grau, que julgou a habilitação de crédito trabalhista, se compunha de dois capítulos decisórios homogêneos, um, relativo à pertinência dos honorários advocatícios de sucumbência estabelecidos pelo Juízo do Trabalho (*a*), e outro, alusivo ao termo final dos juros no processo da liquidação judicial (**b**). Em ambos sucumbira, posto que em parte quanto aos juros, o Sindicato, ao qual assistia interesse processual de os impugnar a ambos mediante recurso de apelação. Mas só a interpôs quanto à honorária, negada ao patrono (**a**). E, nos limites horizontais da devolução, assim foi julgada pelo tribunal.

Como se percebe logo, o caso era de *sentença objetivamente complexa*, em que, correspondendo ao cúmulo objetivo da causa, havia, por definição, mais de um capítulo decisório, ou seja, dois e homogêneos, porque incidentes ambos sobre o mérito da habilitação de crédito, e entendido como *unidade elementar autônoma* em que, como resposta a cada pedido, se pode decompor o ato propriamente decisório contido em toda sentença.[1] Não impugnado, na apelação parcial, o capítulo sobre os juros (**b**), transitou, desde logo, em julgado, nesse tópico, a sentença, aliás na data mesma do recurso, dada a preclusão consumativa. Só quatro anos depois é que transitou em julgado o acórdão ora rescindindo, que decidiu a apelação quanto a seu objeto único (**a**). Fragmentando-se desse modo particular a decisão da causa, produziram-se, em datas diversas, *duas coisas julgadas materiais*, uma sobre o capítulo dos juros, e a outra sobre o capítulo da pertença dos honorários, no velho fenômeno da *formação gradual da coisa julgada*.[2]

D. O Sindicato deveria ter proposto duas ações rescisórias.

Posto o acórdão da Corte Especial que lhe deu causa à aprovação houvera versado problema jurídico algo diverso,[3] a **súmula 401** do STJ tem

---

[1] Cf., por todos, **DINAMARCO, Cândido Rangel**. *Capítulos de sentença*. 4ª ed.. SP: Malheiros, 2009, p. 31-35, nº 11. Atemo-nos à hipótese de sentença de mérito, que é a que interessa ao caso sob consulta, sem avançar na temática de capítulos a que não corresponde nenhum pedido.

[2] **LIEBMAN, Enrico Tullio**. '*Capo' o 'parte' di sentenza*. In: *Studi in onore di Antonio Segni*. Milano: A. Giuffrè, 1967, vol. III, p. 229. Na Itália, fala-se também em "*giudicato parziale*", quando "*una sentenza decida più questioni, non pregiudiziali l'una rispetto all'altra, e venga impugnata solo riguardo ad alcune di esse, passando in giudicato per le altre*" (**PUGLIESE, Giovanni**. Verbete "giudicato civile (dir. vig.)". *Enciclopedia del diritto*. Milano: A. Giuffrè,1969, vol. XVIII, p. 869, nº 26).

[3] Referimo-nos ao conhecido acórdão proferido no julgamento, em 3 de dezembro de 2002, no **EDiv-REsp nº 404.777**, no qual se discutiu a fixação do termo inicial do prazo de decadência previsto no art. 495 do Código de Processo Civil, quando, contra um dos acórdãos parciais, o proferido em embargos infringentes, houve interposição de recurso especial inadmissível e, como tal, não conhecido. A resposta da egrégia Corte Especial, ao depois petrificada com caráter genérico na **súmula 401**, foi de que não se podia contar retroativamente o prazo, senão apenas da data de publicação ou intimação do último acórdão, que deu pela inadmissibilidade do recurso.

sido interpretada e aplicada de modo demasiado largo,[4] a ponto de alcançar, por extensão, hipóteses idênticas ou análogas à da espécie, nas quais *sentenças objetivamente complexas* apresentam capítulos decisórios suscetíveis de transitar em julgado em datas distintas e, portanto, de formação não simultânea ou gradual das respectivas coisas julgadas materiais, sem que a última haja provindo da definição de recurso declarado inadmissível.

Não nos parece essa, a resposta mais curial. É que da aplicação extensiva e incondicional daquele enunciado nascem graves problemas que, desencadeando autênticas aporias jurídicas, só comportam soluções nada ortodoxas, que, entre outros transvios dogmáticos, envolvem ofensa ostensiva a preceitos constitucionais. Basta supor, só para exemplificar, que estaria sujeito a visível incerteza subjetiva, incondizente com a segurança jurídica ínsita na autoridade e alcance da *res iudicata* material, já invulnerável a rescindibilidade direta por preclusão, o resultado prático de execução **definitiva** de capítulo decisório autônomo de caráter condenatório, se pudesse ser alcançado por procedência de admissível ação rescisória doutro ou doutros capítulos da mesma sentença.

É o que, gerando nefasta instabilidade nas relações intersubjetivas, sucederia ao pagamento judicial, com produto de hasta pública, na execução de crédito reconhecido, em primeiro grau, no capítulo decisório que não foi objeto de apelação, não obstante interposta contra outros capítulos da mesma sentença. E a gravidade da hipótese se exacerbaria, se, levada a mesma causa ao Superior Tribunal de Justiça, *v. g.*, viesse este a julgar, em ação rescisória, como é da lógica de sua orientação sumulada, o mérito de **todos os capítulos** da sentença rescindenda, inclusive daquele, condenatório, não devolvido à cognição de segundo grau.

Seria manifesta aí a violação à competência absoluta que a Constituição da República prevê, de maneira estrita, a esse egrégio tribunal, no art. 105,

---

[4] A solução hermenêutica original, dada nos **EDiv-REsp nº 404.777** e referida na nota anterior, sobretudo quando se cuide de último recurso inadmitido por **intempestividade**, até poderia ser reputada justa por evitar a insegurança jurídica (nesse sentido, **Alvim**, **Arruda et alii**. *Comentários ao código de processo civil*. RJ: Ed. GZ, 2012, p. 791-792, nº 2. Na 2ª edição da mesma obra, agora editada pela Ed. RT, 2013, os ilustres autores não deixam nenhuma dúvida sobre a formação gradual de coisas julgadas e consequente **diversidade do início de prazo** das rescisórias de cada capítulo. Cf. p. 1085-1086, nº 3). Não, porém, a insustentável extensão que, com vícios de inconstitucionalidade, julgados posteriores vêm atribuindo à **súmula 401**, como há de ver-se *infra*.

inc. I, alínea *e*: estaria julgando ação rescisória **de julgado alheio**![5] Isto, sem contar grave insulto ao princípio da segurança jurídica e do seu alcance dito da proteção da confiança legítima, os quais encontram assento direto nas referências textuais à palavra *segurança* constantes do preâmbulo e do art. 5º, *caput*, da Constituição Federal, bem como na racionalidade (*ratio iuris*) dos seus arts. 5º, inc. XXXVI, e 103-A, § 1º, e fundamentos indiretos noutros princípios e regras constitucionais, consoante o reconhecem a doutrina[6] e, sobretudo, o Supremo Tribunal Federal, que os vincula, com realce, à configuração do Estado Democrático de direito.[7]

E. Tal perplexidade não é coisa nova, nem imprevisível. Ao propósito já se notou didaticamente:

> "(...) suponha-se que, com referência a uma parte do mérito, a causa haja sido definitivamente julgada no segundo grau, por acórdão do qual, nessa parte, ninguém recorreu; e que, para a parte restante, tenha sobrevindo resolução do Superior Tribunal de Justiça, no julgamento de recurso especial. Ainda que se entenda correr só a partir daí o biênio decadencial, inclusive para o acórdão da apelação, nem por isso se pré-excluirá uma eventual dualidade de rescisórias. *Prazo* único não significa necessariamente *ação* única.
>
> Com efeito. Para julgar a ação rescisória contra *seu* acórdão, competente será o Superior Tribunal de Justiça (CF/88, art. 105, I, e). O mesmo não se dirá, no entanto, a respeito da ação rescisória contra o acórdão *do órgão que julgou a apelação*. Nenhuma disposição constitucional atribui ao Superior Tribunal de Justiça competência para julgar ações rescisórias de acórdãos que não sejam *seus*. Para tais ações, o Superior Tribunal de Justiça é *absolutamente incompetente*; não há cogitar aqui de prorrogação. E vice-versa: o tribunal de

---

[5] Cf. **CÂMARA, Alexandre Freitas**. *Ação rescisória*. RJ: Lumen Juris, 2007, p. 280.

[6] Cf., por todos, **ÁVILA, Humberto**. *Segurança jurídica – entre permanência, mudança e realização no direito tributário*. 2ª ed.. SP: Malheiros, 2012, p. 212-250.

[7] **MS nº 31.643-AgR-DF**, 2ª Turma, Rel. Min. Celso de Mello, j. 25.03.2014, DJe-195, p. 07.10.2014; **RE nº 630.733-DF**, Pleno, Rel. Min. Gilmar Mendes, j. 15.05.2013, DJe-228, p. 20.11.2013; **RE nº 637.485-RJ**, Pleno, Rel. Min. Gilmar Mendes, j. 01.08.2012, DJe-095, p. 21.05.2013; **MS nº 26.603-DF**, Pleno, Rel. Min. Celso de Mello, j. 04.10.2007, DJe 241, p. 19.12.2008; **MS nº 24.268-MG**, Pleno, Rel. Min. Gilmar Mendes, j. 05.02.2004, in *RTJ 191/922*; etc.. Para outros arestos e uma visão mais abrangente da jurisprudência do STF a respeito, cf. **RIBEIRO, Ricardo Lodi**. *A segurança jurídica na jurisprudência do STF*. In: **SARMENTO, Daniel**, e **SARLET, Ingo Wolfgang** (coord.). *Direitos fundamentais no supremo tribunal federal – balanço e crítica*. RJ: Lumen Juris, 2011, p. 341-364.

segundo grau jamais teria competência para julgar ação rescisória de acórdão do Superior Tribunal de Justiça".[8]

4. Da consequência insustentável para o caso

F. A espécie ilustra, de modo eloquente, os extremos das aporias a que pode conduzir a aplicação do entendimento sumulado. Como resulta límpido do relato da causa, a apelação parcial, restrita ao capítulo da destinação dos honorários (**a**), foi, corretamente, conhecida e julgada pela 9ª Câmara de Direito Privado do Tribunal de Justiça de São Paulo, cujo acórdão transitou em julgado sem outro recurso. Ora, se, *ad argumentandum*, o egrégio STJ der provimento ao recurso especial, de duas, uma: ou haverá de impor que o 5º Grupo de Direito Privado daquele Tribunal de Justiça rejulgue o mérito da ação rescisória, apreciando-lhe agora as duas questões (**a** e **b**), ou só a temática do limite final dos juros (**b**), ou alvitrará que seja esta (**b**) decidida pela 9ª Câmara.

Nesta disjunção já está a ver-se-lhe a perplexidade jurídica. Como poderia, na primeira hipótese, o 5º Grupo de Direito Privado, que é composto de duas Câmaras da Seção de Direito Privado, rejulgar a rescisória, conhecendo de ambas as questões (**a** e **b**), se sua competência regimental *rationae materiae* é circunscrita a rescisórias de acórdãos proferidos pelas Câmaras e, portanto, alheia à de ações rescisórias de sentenças de primeiro grau (arts. 36 e 37, *caput* e § 1º, do Regimento Interno do Tribunal de Justiça de São Paulo, cc. art. 1º do mesmo Regimento, art. 69, inc. II, alínea *a*, da Constituição do Estado, e art. 125, § 1º, da Constituição da República)? O caso seria, aí, de **incompetência absoluta** manifestíssima, a cujo respeito não se excogita prorrogabilidade da competência material excedida! O Grupo de Câmaras não tem competência para processar e julgar ações rescisórias de sentenças de primeiro grau, que é o que faria se rejulgasse a rescisória quanto à matéria dos juros (**b**), decidida apenas por capítulo irrecorrido da sentença.[9]

---

[8] **BARBOSA MOREIRA, José Carlos.** *Sentença objetivamente complexa. trânsito em julgado e rescindibilidade.* **In:** Revista de Processo, v. 142, p.17. Itálicos do original. E, com ampla crítica e farta bibliografia, cf. **THEODORO JÚNIOR, Humberto.** *Curso de direito processual civil.* RJ: Forense, 53ª ed., 2012, v. I, p. 768-775, nº 622, 622-a e 622-b; **APRIGLIANO, Ricardo de Carvalho.** *Ordem pública e processo.* SP: Atlas, 2011, p. 208-210

[9] O acórdão objeto do recurso especial, prolatado pelo 5º Grupo de Câmara, já o tinha percebido, quando, pelo voto do des. Relator, advertiu que *"a questão da incidência de juros*

Mas não é melhor a alternativa, que, além de ser inédita pela cisão artificial da rescisória, pelo desconcertante e injurídico deslocamento da competência para órgão que naquela nada decidiu e dos consequentes embaraços práticos, implicaria obrigar a 9ª Câmara a julgar ação rescisória que, respeitando à questão da incidência dos juros (**b**), não foi proposta, a tempo e a hora, de forma devida e independente, perante o órgão que seria o competente como juiz natural! E tal seccionamento da rescisória e das suas questões, distribuídas à cognição de dois órgãos distintos, só confirmaria a tese original de que se trata de coisas julgadas materiais autônomas, sobrevindas em datas diversas e, pois, com início diverso de prazos decadenciais do direito potestativo de as rescindir!

Não é, pois, à toa que a doutrina já tenha gasto muita tinta a respeito, para, até louvando a preocupação com eventual *"incerteza acerca da contagem de prazo de tanta relevância"*, reafirmar que *"o reconhecimento de que a sentença –tanto quanto a demanda que por ela é julgada – comporta capítulos, leva inexoravelmente à conclusão de que esses capítulos podem ser alvo de preclusão em momentos distintos, a depender dos limites da impugnação deduzida no recurso cabível. E, sendo assim, é natural que o prazo para ação rescisória seja mesmo contado a partir do trânsito em julgado de cada um dos capítulos"*.[10]

5. Da inconstitucionalidade capital

G. Não pode subsistir, nem aplicar-se a **súmula 401** do STJ.

É que, além do mais, sobretudo na sua dilatada exegese, agride de frente o disposto no **art. 5º**, **inc. XXXVI**, da Constituição da República, na perceptível medida em que lhe aniquila a garantia da **coisa julgada** material sobrevinda ao capítulo ou capítulos decisórios de sentença ou de acórdão que, à míngua de impugnação específica no recurso interposto deste ou daquela, tenham transitado em julgado antes. Isto, de maneira mais que implícita, de há muito o vem proclamando o colendo Supremo Tribunal Federal, cuja retilínea jurisprudência a respeito pode dizer-se imperturbável e assentada. Um de seus mais longínquos precedentes está no julgamento da **AR nº 903-SP**, cuja incisiva ementa ao propósito reproduz

---

foi tratada exclusivamente pela r. sentença de fls. 66/72, proferida em 19 de janeiro de 2006, o que importaria, nesse limite, a análise da matéria diretamente pela Câmara e não pelo Grupo". Grifos nossos.

[10] **Yarshel**, Flávio Luiz. *Ação rescisória – juízos rescindente e rescisório*. SP: Malheiros, 2005, p. 69, nº 16. *Idem*, **Talamini**, Eduardo. *Coisa julgada e sua revisão*. SP: RT2005, p. 192, nº 3.5.

trecho do lúcido voto do Min. **MOREIRA ALVES** que, acolhido pelo Min. Relator e pelo egrégio Plenário, enunciava:

> "Ora, a interposição de embargos de divergência contra acórdão que conhece do recurso extraordinário e lhe dá provimento para julgar procedente a ação só impede o trânsito em julgado deste se abarca todas as questões da demanda, uma vez que, **se abranger apenas algumas delas, com relação às demais ocorre a coisa julgada.** Isso se explica pelo fato de que os embargos de divergência não devolvem ao Plenário desta Corte a apreciação de toda a matéria de que tratou o aresto embargado, mas apenas daquelas sobre as quais versa a divergência. Não fora assim, e, dizendo os embargos respeito apenas a, por exemplo, questão relativa a honorários de advogado, a decisão de mérito não transitaria em julgado, embora os embargos não a abrangessem e não houvesse, portanto, possibilidade de modificação dela. É **a aplicação do princípio de que o recurso parcial não impede o trânsito em julgado da parte da sentença recorrida que não foi por ela abarcada.**"[11]

E, em data próxima, igual entendimento foi adotado, também por unanimidade, pelo Plenário, na **AC nº 112–RN**, de cujo acórdão consta:

> "E um dos campos do processo civil que maiores influxos recebe da teoria dos capítulos de sentença é exatamente o dos recursos. Daí, toda a pertinência de sua invocação neste caso.
>
> O art. 515, *caput*, do CPC, consagra o conhecido princípio *"tantum devolutum quantum appellatum"*, ao prescrever que *"a apelação devolverá ao tribunal o conhecimento da matéria impugnada"*. Tal norma governa a determinação dos chamados limites horizontais do efeito devolutivo operado pela interposição do recurso, que se volta e limita exclusivamente aos capítulos do ato decisório impugnados pelo recorrente. A tais limites cinge-se a atividade cognitiva do tribunal *ad quem*, ao qual não é lícito pronunciar-se sobre os capítulos da sentença cuja cognição lhe não tenha sido expressamente devolvida por obra do recurso. Em termos práticos, o interessado pode, ou não, no recurso, impugnar todos os capítulos da sentença, e, se os não impugna todos (*recurso parcial*), só os impugnados são devolvidos ou submetidos à cognição do órgão *ad quem*. É o alcance manifesto da regra.

---

[11] **Ação Rescisória nº 903-SP**, Rel. Min. **CORDEIRO GUERRA**. DJU 17.09.1982, p.9097, e *RTJ 103/472-485*. Grifos nossos.

E tal regra é consectário lógico e direto do princípio da demanda, ou da inércia judicial, adotado em nosso sistema e, segundo o qual, só à parte incumbe provocar a atividade jurisdicional, definindo, por meio de pedido ou pedidos, os contornos da tutela que reclame ao Estado-juiz. É, aliás, o que preceituam às claras os arts. 2° e 262 do CPC, cujas normas figuram aplicação do princípio, que sói ser expresso nas máximas *"nemo iudex sine actore"* e *"ne procedat iudex ex officio"*. Essa a razão normativa por que não pode ir a sentença para além da pretensão expressamente formulada pelo autor (arts. 128 e 460 do CPC), até porque, doutro modo, estaria comprometida a imparcialidade do juiz, como alertava **LIEBMAN. E o que, ao propósito, vale em primeiro grau de jurisdição, pelas mesmíssimas e boas razões também vale em sede de recurso: o poder de cognição do órgão *ad quem* está sempre adstrito, *ex vi legis*, aos capítulos da sentença submetidos ao seu conhecimento pelo recorrente** (art. 515, *caput*, do CPC).

Na espécie, da sentença que julgou a demanda procedente em face do Prefeito, e, improcedente em face do Vice-Prefeito, só aquele recorreu, postulando a improcedência, obviamente apenas em seu favor. O Ministério Público Eleitoral, que teria interesse jurídico em pleitear, mediante recurso próprio, a condenação do Vice-Prefeito, não recorreu. Donde se vê logo que somente o capítulo decisório atinente à condenação do Prefeito de Serra Negra do Norte foi impugnado e, como tal, devolvido à jurisdição do TRE, por via do recurso que interpôs. De modo que apenas tal capítulo decisório da sentença poderia ser conhecido e confirmado ou reformado pelo tribunal, **pela razão óbvia de que os demais capítulos de mérito, uma vez decorrido inutilmente o prazo para outros recursos, transitaram em julgado** (art. 467 do CPC)."[12]

Em data mais próxima, e agora de modo ainda mais frontal, depois de invocar esses dois precedentes e o acórdão do Plenário na **AP nº 470-11ª QO- MG,**[13] onde se *"concluiu pela executoriedade imediata dos capítulos autônomos do acórdão condenatório, declarando o respectivo trânsito em julgado, excluídos aqueles objeto de embargos infringentes"*, a egrégia Primeira Turma decidiu:

---

[12] **Ação Cautelar nº 112-RN,** Pleno, Rel. Min. **CEZAR PELUSO,** vu, j. 1º.12.2004, DJ 04.02.2005. Tal acórdão está inserto também in: **PELUSO, Antonio Cezar.** *Ministro magistrado – decisões de Cezar Peluso no supremo tribunal federal.* SP: Saraiva, 2013, p. 1305-1313. Grifos nossos.
[13] Rel. Min. Joaquim Barbosa. Observe-se que o julgamento data de **13 de novembro do ano passado,** e a publicação, de 19 de fevereiro do corrente ano.

> "O acórdão impugnado está em desarmonia com a melhor doutrina sobre o tema e com a jurisprudência do Supremo, encerrando violação à garantia da coisa julgada, prevista no artigo 5º, inciso XXXVI, da Carta da República.
>
> (...)
>
> "Relativas a processo penal, em que envolvida pretensão estatal em face da liberdade do acusado, as premissas e conclusões acima explicitadas são ainda mais pertinentes em se tratando de lide civil. O Supremo admite, há muitos anos, a coisa julgada progressiva ante a recorribilidade parcial também no processo civil. É o que consta do Verbete nº 354 da Súmula, segundo o qual, "em caso de embargos infringentes parciais, é definitiva a parte da decisão embargada em que não houve divergência na votação". Assim, conforme a jurisprudência do Tribunal, a coisa julgada, reconhecida na Carta como cláusula pétrea no inciso XXXVI do artigo 5º, constitui aquela, material, que pode ocorrer de forma progressiva quando fragmentada a sentença em partes autônomas.
>
> (...)
>
> Considerada a implicação apontada pelos mestres de ontem e de hoje, deve ser recusada qualquer tese versando unidade absoluta de termo inicial do biênio previsto no artigo 495 do Código de Processo Civil. **O prazo para formalização da rescisória, em homenagem à natureza fundamental da coisa julgada, só pode iniciar-se de modo independente, relativo a cada decisão autônoma, a partir da preclusão maior progressiva.**
>
> (...)
>
> Os fundamentos até aqui desenvolvidos revelam, a mais não poder, que o acórdão atacado implicou **transgressão ao artigo 5º, inciso XXXVI, da Carta**. A rescisória dirige-se contra acórdão do Superior Tribunal confirmando condenação quanto a danos emergentes, cujo trânsito em julgado ocorreu em 8 de fevereiro de 1994. Essa é a data a corresponder ao termo inicial do prazo decadencial, e não aquela, referente à preclusão maior da última decisão – 20 de junho de 1994 –, envolvido especial do recorrente e versados lucros cessantes, matéria que não é objeto da demanda rescisória. **Devem ser reconhecidos, sob pena de afronta à garantia constitucional, dois momentos distintos do trânsito em julgado, sendo apenas o primeiro relevante para a formulação do presente pedido rescisório."[14]**

[14] **RE nº 666.589-DF**, Rel. Min. Marco Aurélio, j. 25.03.2014, DJe-106, p. 03.06.2014. Grifos nossos.

A esse voto contundente e incontrastável do eminente Relator, Min. Marco Aurélio, aderiram, de maneira expressa, a culta Min. Rosa Weber e o ilustre Min. Luís Roberto Barroso, o qual acentuou que *"a questão da conceituação da coisa julgada transcende a questão do mero prazo de propositura da ação rescisória, o que me leva à convicção de que a presente questão tem uma dimensão constitucional, como de certa forma revela o único caminho possível para se dirimir a **dissensão que hoje existe, por exemplo, entre o Superior Tribunal de Justiça e o Tribunal Superior do Trabalho"***.

Esta observação final, de certo modo já contida no voto do Min. Relator, é de decisivo relevo no caso, porque, embora continue, no tema processual, a discrepar da acertada orientação do Tribunal Superior do Trabalho, insculpida no **inc. II** da **súmula nº 100**, o próprio Superior Tribunal de Justiça reconheceu, dois meses atrás, a necessidade de rever o enunciado da **súmula 401** diante de previsão do projeto de reforma processual civil sobre coisa julgada progressiva e, em especial, perante esse último acórdão que só revigora a firme jurisprudência do Supremo Tribunal Federal: *"Em tais condições, caso mantida a proposta do novo Código de Processo Civil e eventual alteração da jurisprudência do Supremo Tribunal Federal, no tempo oportuno, a Corte deverá promover novo exame do enunciado n. 401 da Súmula deste Tribunal"*.[15]

É este o tempo oportuno, não apenas porque, como se viu, é velha e aturada a posição do Supremo Tribunal Federal, nada havendo por nela alterar, senão, *"et pour cause"*, porque se trata de reverência à Constituição da República e exigência da mais elementar equidade, para que se não perpetue tratamento jurisdicional contraditório e incompreensível de situações jurídico-subjetivas substancialmente semelhantes ou idênticas, o qual traz consigo outra não menos gravosa incerteza, contrária aos princípios:

> "embora o juiz seja levado, pelo caso a resolver, a interpretar de novo um determinado termo ou uma determinada proposição jurídica, deve interpretá-los, decerto, não apenas precisamente para este caso concreto, mas de maneira que a sua interpretação possa ser efectiva para todos os outros casos similares. Se tribunais interpretassem a mesma disposição em casos similares ora de uma maneira, ora de outra, tal estaria em contradição com o pos-

---

[15] **REsp nº 736.650-MT**, Corte Especial, Rel. Min. Antonio Carlos Ferreira, j. 22.08.2104, DJe 01.09.2014.

tulado de justiça de que os casos iguais devem ser tratados de igual modo, assim como com a segurança jurídica a que a lei aspira".[16]

É o que se dá, quando os tribunais não se vergam às decisões da Suprema Corte, sobremodo àquelas cuja observância poria cabo a desacordo jurisprudencial entre ramos do mesmo Judiciário.

6. Conclusão

H. Do exposto, estamos em que, sob pena de ofensa direta aos **arts. 5º**, *caput* e **inc. XXXVI**, e **103-A, § 1º**, e indireta a outros princípios e regras da Constituição da República, não deve ser provido o recurso especial.

É o que, salvo melhor juízo, nos parece.

Brasília, 11 de novembro de 2014.

---

[16] **LARENZ, Karl**. *Metodologia da ciência do direito*. Trad. de José Lamego. 3ª ed. Lisboa: Fundação Calouste Gulbenkian, 1997, p. 442.

15
Ação Rescisória de Sentença Objetivamente Complexa. Limites da Coisa Julgada

1. AÇÃO RESCISÓRIA. Acórdão de recurso contra sentença objetivamente complexa, que continha dois capítulos decisórios. Provimento parcial favorável à autora, quanto aos pedidos principais. Recurso especial da ré não conhecido. Trânsito em julgado do acórdão sobre esse capítulo. Coisa julgada. Provimento do recurso especial da autora quanto ao capítulo sobre correção monetária. Rescisória tendente a desconstituir o acórdão do STJ a respeito dos pedidos principais. Decadência consumada. Formação gradual de coisas julgadas. Inaplicabilidade da súmula 401 do STJ. Interpretação do art. 5º, *caput* e inc. XXXVI, da CF. **Precedentes do STF.** *As chamadas sentenças objetivamente complexas apresentam capítulos decisórios suscetíveis de transitar em julgado em datas distintas e, portanto, de formação não simultânea ou gradual de coisas julgadas materiais, sem que a última haja provindo da definição de recurso declarado inadmissível. Em tal hipótese, o prazo para ação rescisória é contado a partir do trânsito em julgado de cada um dos capítulos decisórios da sentença.*

2. COISA JULGADA. Material. Conceito e alcance. Imutabilidade, não dos efeitos, mas do teor da própria sentença como regra do caso concreto. Incidência sobre relação jurídico-tributária enquanto dure o quadro normativo sob o qual se instaurou. Eficácia exaurida com a revogação da lei que instituiu o tributo. Perda do seu objeto. Inutilidade de ação rescisória tendente a desconstituir sentença que declarou existente obrigação de pagar contribuição ao PIS nos termos dos Decretos nº 2.445 e 2.449, de 1988. Normas desvigoradas por pronúncia de inconstitucionalidade do STF, suspensão pelo Senado Federal e revogação pela Lei

nº 10.522/02. Falta de interesse processual. *Coisa julgada material é a própria situação concreta ou o estado real de coisas julgado e disciplinado por sentença que, insuscetível de recurso, vale como norma dessa situação ou estado, e, como tal, sua eficácia perdura enquanto durem o direito e o suporte fático sobre os quais estabeleceu o juízo de certeza. Daí cessar sua eficácia sobre existência de relação jurídico-tributária regulada por norma jurídica que já não vige.*

1. Consulta

A. A ilustre advogada FHLMT dá-nos na honra de consultar sobre a sorte de ação rescisória proposta, pela União, em face da empresa PRB Indústria e Comércio Ltda., outrora denominada SBIC Ltda., para desconstituir v. acórdão do egrégio Tribunal Regional Federal da 3ª Região, que julgou procedente ação declaratória negativa, ajuizada pela então SBIC Ltda., para reconhecer inexistente relação jurídico-tributária que a obrigasse a pagar a contribuição ao PIS nos moldes instituídos pelos Decretos-Leis nº 2.445 e nº 2.449, ambos de 1988. Funda-se a rescisória na alegação de que tal acórdão teria ofendido a **coisa julgada** incidente sobre aresto do colendo Tribunal Regional Federal da 1ª Região, que, julgando improcedente ação anterior com o mesmo objeto, entre as mesmas partes, declarou a existência da relação jurídico-tributária negada pelo segundo decisório (art. 485, IV, do Código de Processo Civil)[1].

2. Síntese dos fatos incontroversos e relevantes da causa

B. Na segunda ação proposta, contra a União, pela atual PRB Indústria e Comércio Ltda., antes SBIC Ltda., autora da primeira ação com o mesmo objeto, julgada improcedente, foi, em parte, acolhida a demanda, para declarar inexistente relação jurídico-tributária que impusesse à autora recolher a contribuição ao PIS na forma prescrita pelos Decretos-leis nº 2.445, de 29 de junho de 1988, e nº 2.449, de 21 de julho de 1988, pois que deveria fazê-lo apenas nos termos da Lei Complementar nº 7, de 7 de setembro de 1970, autorizada compensação e observada prescrição quinquenal. A autora apelou, tendo sido seu recurso provido, em parte, para fixar o lapso prescricional após o decurso do prazo previsto no art. 150, § 4º, do CTN, bem como para manter a sistemática da semestralidade da

---

[1] Corresponde ao art. 966, IV do CPC/2015.

base de cálculo, sem incidência de correção monetária. A União não apelou, mas deu-se-lhe parcial provimento ao reexame necessário, para expurgar o IPC de julho, agosto e outubro de 1990, arbitrados os honorários em dez por cento do valor da causa.

Recurso especial da União não foi admitido, e o egrégio STJ, em decisão transitada em julgado, negou provimento ao agravo que interpôs para que o fosse. Não havia, pois, nenhuma matéria que, a título de objeto de recurso da ré, pudera ser conhecida por aquele colendo tribunal. Esta é **circunstância incontroversa** e de **grande relevo** no contexto da causa.

O recurso especial da autora, esse foi admitido e processado. Mas, antes que fosse julgado, a União, à míngua de recurso seu cognoscível, suscitou, nos autos daquele, *questão incidental*, arguindo, pela primeira vez no processo, objeção de **coisa julgada**[2] que revestiria a sentença da primeira demanda, a qual reconhecera a existência da relação jurídico-tributária negada pela decisão da segunda. Reiterou-o, agora em petição documentada, sustentando cuidar-se de questão de ordem pública.

Ao prover o recurso especial da autora, entendendo devidos os índices do IPC no período de março de 1990 a fevereiro de 1991, a egrégia 1ª Turma do STJ apreciou, mas rejeitou, em preliminar, a questão incidental da coisa julgada, sob fundamento textual de que, perante os termos da decisão favorável do mandado de segurança impetrado pela autora, em tal "*contexto, remanesce patente o âmbito fechado observado no aresto ao se referir o débito que ensejou a autuação da impetrante, ou seja, o exercício de 1988. Com isso na hipótese dos autos, não há que se falar em efeitos da coisa julgada, mas sim nas disposições constantes da súmula 239/STF.*" E, concluiu o Min. Relator, acompanhado à unanimidade: "*Sendo assim, afasto a ocorrência da coisa julgada*".

Não há, pois, nenhuma dúvida de que, rejeitando-a assim, o colendo STJ **conheceu e decidiu a questão incidental sobre a existência de *res iudicata***, no mesmo acórdão em que deu provimento ao recurso especial da autora.

Dessa decisão, a União interpôs agravo regimental em 2 de maio de 2007, e, em 17 do mesmo mês, apresentou outra petição com as mesmíssimas alegações, invocando e transcrevendo, dessa feita, acórdão cujos ter-

---

[2] Nessa petição avulsa, onde opôs a exceção de coisa julgada, não alegada sequer no recurso especial que não foi conhecido, a União aludiu a *litispendência* (**sic**).

mos, mal interpretados,[3] lhe são de todo em todo desfavoráveis, como se verá logo mais. Ainda por unanimidade, a egrégia 1ª Turma negou provimento ao agravo regimental, deduzindo, literalmente, a fundamentação pela qual, como lembrou o Min. Relator no relatório,[4] o acórdão agravado assentou que *"não há que se falar em efeitos da coisa julgada"*. Não em outras, mas com as mesmas palavras, afastou, de novo, a existência de coisa julgada.

Não se vergando, a União opôs, com igual objetivo, embargos declaratórios, que a egrégia 1ª Turma também rejeitou por votação unânime, reiterando que *"deve ser afastada a aplicação da coisa julgada, devendo prevalecer as disposições constantes da Súmula nº 239/STF."*

A esse acórdão, a insistente União apresentou novos embargos declaratórios, com clara pretensão de efeitos modificativos sobre a mesmíssima matéria, diante dos quais foi ouvida a autora então embargada. Como não podia deixar de ser, tais embargos foram repelidos a uma só voz.

A sucessão de recursos infrutíferos parece que não tinha fim. É que União interpôs, em seguida, embargos de divergência, cuja ostensiva **inadmissibilidade** lhe ditou justo indeferimento liminar, fundado em que *"observa-se que o julgado impugnado, aplicando a Súmula 239/STF, afastou a tese de ofensa à coisa julgada sustentada pela recorrente"*. Contra essa decisão monocrática, a União apresentou agravo regimental, cuja sorte não podia ser melhor, e deveras não o foi, porque improvido sob curta motivação de que sua premissa não encontrava viabilidade no âmbito daquele recurso específico.

Esta quase interminável sequência recursal deu-se nos autos do recurso especial da autora. Sucede que, guardadas as proporções, coisa semelhante se passou nos autos do agravo de instrumento interposto, pela União, da decisão de inadmissibilidade do seu recurso especial. Contra o acórdão que lhe negou provimento, a União opôs embargos de declaração, sob pretexto de que se não examinara a arguição incidental de coisa julgada. Os embargos também aí foram rejeitados.

C. Da reconstituição de todos esses passos processuais, sobressaem dois fatos certos e decisivos.

É que, tirante o primeiro acórdão, no qual a colenda turma julgadora, negando-lhe a existência, decidiu a questão da coisa julgada em prelimi-

---

[3] Veja-se item nº 13, *infra*, deste parecer.

[4] Eis o teor do início desse relatório: *"Trata-se de agravo regimental interposto pela Fazenda Nacional, contra decisão por mim proferida às fls. 1.130/1.135, **pela qual afastei a ocorrência de coisa julgada...**"*

nar do recurso especial da autora, a que deu provimento, todas as demais decisões do colendo STJ, por razões mais que óbvias, **não apreciaram o mérito** da segunda ação declaratória, mas apenas **questão processual incidental** sobre matéria precisa (*coisa julgada*) que, precedendo a eventual cognição do mérito, é tida por alguns como pressuposto processual negativo, ou, em substância, fato impeditivo de julgamento de mérito (art. 301, inc., VI, cc. art. 267, inc. IV, do Código de Processo Civil) (*i*).

O segundo é que, em todos os acórdãos, cuja sucessão de improvimentos configura e opera substituição do anterior pelo subsequente até o último, que substitui a todos (art. 512 do Código de Processo Civil),[5] a arguição ou exceção de coisa julgada **foi conhecida**, mas **rejeitada pelo colendo STJ**, sem ter sido nunca alegada, discutida, nem julgada nas instâncias inferiores, em particular pelo Tribunal Regional Federal da 3ª Região, **cujo acórdão é objeto da ação rescisória** (*ii*).

3. Da imediata e consequente carência da ação rescisória

D. De ambos esses dois dados incontestáveis (*i* e *ii*), advêm, em linha reta, dois fundamentos manifestos e cumulados de carência da ação rescisória.

O primeiro está em que, como o último acórdão do egrégio STJ que julgou a matéria, substituindo os anteriores e, como tal, assumindo a condição de único ato decisório passível de desconstituição mediante ação rescisória, só decidiu **incidente** figurado na questão processual sobre existência de coisa julgada, aliás enquanto tema exclusivo de todos os recursos interpostos pela União no âmbito do STJ, nada tendo apreciado acerca dos temas de mérito da ação, pela razão óbvia de não ter sido sequer conhecido seu recurso especial, como se viu. Tratando-se, pois, de acórdão que julgou mera **questão processual**, incidental e autônoma (*coisa julgada*), não poderia nunca ser impugnado por ação rescisória, que, como o sabe toda a gente, só é admissível contra sentença de mérito, de qualquer grau de jurisdição, mas transitada em julgado (art. 485, *caput*, do Código de Processo Civil).[6]

---

[5] Cuida-se do chamado **efeito substitutivo** dos recursos, cujo provimento não implique cassação da decisão recorrida (caso em que, anulada esta, outra deve, de regra, ser proferida, imediatamente ou não, pelo órgão que a proferiu, ou ser apenas desconsiderada). Essa finalidade dos recursos evita o despropósito de se reputarem coexistentes, no mesmo processo, duas ou mais decisões ou sentenças sobre a mesma matéria. Corresponde ao art. 1.008 do CPC/2015.

[6] Corresponde ao art. 966 do CPC/2015.

E. Por que é pertinente essa conclusão prévia? É que, perante os próprios termos de interpretação lata da **súmula 401** do STJ, a decisão por atacar, mediante ação rescisória, era apenas o último acórdão que negou a existência de coisa julgada capaz de constituir fundamento da rescisória, tal como foi proposta (art. 485, inc. IV, do Código de Processo Civil)[7]. A decisão que negou, em definitivo, violação da coisa julgada, não foi o acórdão do TRF da 3ª Região, até porque a matéria não foi sequer excogitada até aquela instância, mas o último acórdão do colendo STJ que, a respeito, negou possibilidade de tal afronta, pela razão declarada de que, no caso, prevalecia o enunciado da **súmula 239** do STF, donde não se ter caracterizado ofensa a coisa julgada. Pouco se dá tenha acertado, ou não, nessa pronúncia, o STJ. O certo e induvidoso é que, para de algum modo vingar a ora mal deduzida pretensão da Fazenda, seria, antes, preciso desconstituir ou rescindir tal acórdão que, acobertado por **preclusão** ou **coisa julgada formal**, lhe refutou a tese de vulneração da coisa julgada material. Esse acórdão é que, por último e em definitivo, teria ofendido a autoridade da *res iudicata*! Não tendo sido impugnado, sua subsistência tutela e resguarda, para sempre, a sentença atacada na rescisória.

Ora, a ação rescisória deveria, então, ter por *causa petendi* o suposto erro do egrégio STJ e, por objeto específico do pedido desconstitutivo, não o aresto do TRF da 3ª Região, mas o da colenda 1ª Turma do mesmo STJ, perante o qual havia de, nesses termos, não formulados na petição inicial, ter sido distribuída *congruo tempore*!

Seria fraqueza de espírito insistir em coisa tão vistosa e rudimentar. A petição inicial da rescisória não guardou aqueles termos, de modo que, ainda quando, por epítrope, se pudera admitir ao TRF declinar da competência, remetendo os autos ao colendo STJ, não quadraria fazê-lo diante da consequente **inépcia**, já agora absolutamente insanável. E, se, também por excessiva licença retórica, desconsiderado esse obstáculo processual intransponível, os autos viessem ter ao STJ, a solução seria de não menor inépcia da inicial e carência da ação, porque o pedido da rescisória recairia sobre decisão que **não foi de mérito**, senão de simples incidente ou questão processual incidental (*rejeição de alegação de coisa julgada*)!

É, pois, inevitável decreto de carência da rescisória.

---

[7] Corresponde ao art. 966, IV, do CPC/2015.

4. Aporia jurídica e inconstitucionalidade

F. Mas há ainda outras boas razões jurídicas para sê-lo.

Comecemos por uma objeção teórica, baseada no fato incontroverso de que, não tendo sido conhecido o recurso especial da União contra o acórdão do egrégio TRF da 3ª Região, o qual, confirmando a sentença de procedência parcial da segunda demanda, deu provimento à apelação da autora, para que fosse observada a sistemática da Lei nº 7, de 1970, na apuração da base de cálculo da contribuição, foi, no entanto, conhecido e provido o recurso especial da autora, para assegurar-lhe aplicação dos índices do IPC excluídos, pelo TRF, com o provimento parcial ao reexame necessário.

Como se percebe logo, o caso era de *sentença objetivamente complexa*, em que há, por definição, mais de um capítulo decisório no teor de procedência parcial, porque, ali, no segundo grau de jurisdição, com o provimento da apelação da autora, enquanto única interposta, foram acolhidos os seus pedidos (**a**), salvo apenas o concernente ao acessório relativo a alguns índices de correção monetária (**b**). Não conhecido o recurso especial da ré, transitou, desde logo, em julgado o acórdão do TRF quanto aos capítulos decisórios correspondentes aos pedidos principais (**a**), e, só muito depois, o acórdão do egrégio STJ que, dando provimento ao recurso especial da autora, lhe deferiu o cômputo do IPC nos meses que mencionou (**b**). Fragmentando-se desse modo particular a decisão da causa, produziram-se, em datas diversas, *duas coisas julgadas materiais*, uma sobre o capítulo de procedência dos pedidos principais, objeto do acórdão do TRF (**a**), e a outra, sobre o capítulo decisório do acórdão do STJ que concedeu à então autora os índices reclamados da correção monetária para efeito da compensação (**b**).

G. A indagação é se a União deveria ter proposto uma ou duas ações rescisórias.

Posto o acórdão da Corte Especial que lhe deu causa à aprovação houvera versado problema jurídico algo diverso,[8] a **súmula 401** do STJ tem sido

---

[8] Referimo-nos ao acórdão proferido no julgamento, em 3 de dezembro de 2002, no **EDiv-REsp nº 404.777**, no qual se discutiu a fixação do termo inicial do prazo de decadência previsto no art. 495 do Código de Processo Civil, quando, contra um dos acórdãos parciais, o proferido em embargos infringentes, houve interposição de recurso especial inadmissível e, como tal, não conhecido. A resposta da egrégia Corte Especial, ao depois insculpida na **súmula 401**, foi de que não se podia contar retroativamente o prazo, senão apenas da data de publicação do último acórdão, que deu pela inadmissibilidade do recurso.

interpretada e aplicada de modo demasiado largo,[9] a ponto de alcançar, por extensão, hipóteses análogas à da espécie, na qual *sentenças objetivamente complexas* apresentam capítulos decisórios suscetíveis de transitarem em julgado em datas distintas e, portanto, de formação não simultânea das respectivas coisas julgadas, sem que a última haja provindo da definição de recurso declarado inadmissível.[10]

Não nos parece a resposta mais curial. É que da aplicação extensiva e incondicional daquele enunciado nascem graves problemas que, desencadeando aporias jurídicas, só comportam soluções nada ortodoxas, como se daria neste caso, onde, abstraindo-se-lhe a inépcia e a carência já realçadas, a só propositura da ação rescisória do acórdão emanado do TRF da 3ª Região não permitiria ao órgão julgador, à falta de competência, que é absoluta e improrrogável, rescindir os dois acórdãos concorrentes do STJ, quais sejam, o que deu provimento ao recurso especial da autora, concedendo-lhe índices de correção monetária a título de consectário da procedência da ação (*i*), e o que negou a ocorrência de afronta a coisa julgada (*ii*)! Que efeito poderia ter acórdão do TRF de eventual procedência da ação rescisória sobre a eficácia de ambos esses acórdãos do STJ transitados em julgado? Subsistiriam todos esses três acórdãos a regular, de maneira contraditória e absurda, a mesma lide?

H. Tal perplexidade não é coisa nova, nem imprevisível. Ao propósito já se notou didaticamente:

> "(...) suponha-se que, com referência a uma parte do mérito, a causa haja sido definitivamente julgada no segundo grau, por acórdão do qual, nessa parte, ninguém recorreu; e que, para a parte restante, tenha sobrevindo reso-

---

[9] A solução hermenêutica original, dada nos **EDiv-REsp nº 404.777** e referida na nota anterior, sobretudo quando se cuide último recurso inadmitido por **intempestividade**, até pode ser reputada justa por evitar a insegurança jurídica (nesse sentido, **ALVIM, Arruda et alii.** *Comentários ao código de processo civil.* RJ: Ed. GZ, 2012, p. 791-792, nº 2). Não, porém, a insustentável extensão que, com vício de inconstitucionalidade, julgados posteriores vêm atribuindo à **súmula 401**, como há de ver-se *infra*.

[10] É importante sublinhar, mais uma vez, que, neste caso, o último acórdão proferido pelo STJ na causa não foi o do agravo de instrumento onde se manteve o juízo de inadmissibilidade do recurso especial da União (**EDcl nos EDcl no AI nº 831.026-SP**, 1ª Turma, rel. Min. José Delgado, j. **18.10.2007**), mas, sim, o que, em definitivo, repeliu a alegação de ofensa à coisa julgada (**AgRg nos EDiv em REsp nº 902.845-SP**, 1ª Seção, rel. Min. Eliana Calmon, j. **12.11.2008**), e que transitou em julgado em **16 de fevereiro de 2009**! Daí é que, aliás, a União contou o biênio para ajuizar a rescisória no dia 14 de fevereiro de 2011, à véspera da decadência.

lução do Superior Tribunal de Justiça, no julgamento de recurso especial. Ainda que se entenda correr só a partir daí o biênio decadencial, inclusive para o acórdão da apelação, nem por isso se pré-excluirá uma eventual dualidade de rescisórias. *Prazo* único não significa necessariamente *ação* única.

Com efeito. Para julgar a ação rescisória contra *seu* acórdão, competente será o Superior Tribunal de Justiça (CF/88, art. 105, I, e). O mesmo não se dirá, no entanto, a respeito da ação rescisória contra o acórdão *do órgão que julgou a apelação*. Nenhuma disposição constitucional atribui ao Superior Tribunal de Justiça competência para julgar ações rescisórias de acórdãos que não sejam *seus*. Para tais ações, o Superior Tribunal de Justiça é *absolutamente incompetente*; não há cogitar aqui de prorrogação. E vice-versa: o tribunal de segundo grau jamais teria competência para julgar ação rescisória de acórdão do Superior Tribunal de Justiça".[11]

Isto significa, em resumo, que, por resguardar-lhe suposto direito subjetivo, a União deveria ter ajuizado, *opportuno tempore* em relação a cada qual, duas rescisórias, uma contra o acórdão do TRF da 3ª Região, e outra contra os acórdãos do STJ, ou, pelo menos, contra o que por último lhe **repeliu** a arguição tardia de ofensa a coisa julgada.[12] Porque o não fez, sua situação prática é de falta de *interesse processual*, ou *de agir*, na medida em que da sorte da única rescisória proposta nenhum proveito jurídico lhe pode advir.[13] E é esta, razão a mais de carência da ação.

I. Não fora isso mais que suficiente, de modo algum poderia aplicar-se a **súmula 401** do STJ para absolver a rescisória do pecado mortal de

[11] **Barbosa Moreira**, José Carlos. *Sentença objetivamente complexa. trânsito em julgado e rescindibilidade.* In: Revista de Processo, v. 142, p.17. Itálicos do original. E, com crítica ampla e farta bibliografia, cf. **Theodoro Júnior**, Humberto. *Curso de direito processual civil.* RJ: Forense, 53ª ed., 2012, v. I, p. 768-775, nº 622, 622-a e 622-b.

[12] De toda a importância observar, mais uma vez, que, nesse aspecto, o único acórdão do STJ, capaz de constituir discutível objeto de ação rescisória (e já de si discutível, porque decidiu questão só incidental), é o último que **negou** a existência de coisa julgada, antes do acórdão proferido no **AgRg nos EDiv em REsp nº 902.845-SP** (1ª Seção, rel. Min. Eliana Calmon, j. **12.11.2008**), porque esse negou provimento ao recurso dos embargos de divergência contra decisão monocrática da Min. Relatora que indeferiu *in limine* os mesmos embargos, de modo que não apreciou, sob nenhum aspecto, o **mérito** da questão incidental da alegação de coisa julgada. Por isso é que, para efeito de suposta admissibilidade de rescisórias, não pode ser sequer considerado.

[13] Interesse processual encarado aqui, como condição da ação, na vertente da **utilidade jurídica**, que não há.

intempestividade e decadência ruidosas, uma vez distribuída em **14 de fevereiro de 2011** para desconstituir acórdão que, em relação à União, lhe transitou em julgado em **3 de dezembro de 2007**,[14] com decurso inútil do prazo de recurso contra o acórdão que manteve a inadmissibilidade do seu recurso especial.

J. Como quer que seja, nenhuma aplicação teria a **súmula 401**.

É que, sobretudo na sua dilatada exegese, agride o disposto no **art. 5º, inc. XXXVI**, da Constituição da República, na perceptível medida em que prejudica a garantia da **coisa julgada** sobrevinda ao capítulo ou capítulos decisórios da sentença que, à míngua de impugnação específica no recurso interposto, tenham transitado em julgado. Isto, de maneira mais que implícita, já o reconheceu o colendo Supremo Tribunal Federal em, pelo menos, duas oportunidades. A mais longínqua, no julgamento da **AR nº 903-SP**, cuja incisiva ementa ao propósito reproduz trecho do lúcido voto do Min. **MOREIRA ALVES** que, acolhido pelo Min. Relator e pelo egrégio Plenário, enunciava:

> "Ora, a interposição de embargos de divergência contra acórdão que conhece do recurso extraordinário e lhe dá provimento para julgar procedente a ação só impede o trânsito em julgado deste se abarca todas as questões da demanda, uma vez que, **se abranger apenas algumas delas, com relação às demais ocorre a coisa julgada**. Isso se explica pelo fato de que os embargos de divergência não devolvem ao Plenário desta Corte a apreciação de toda a matéria de que tratou o aresto embargado, mas apenas daquelas sobre as quais versa a divergência. Não fora assim, e, dizendo os embargos respeito apenas a, por exemplo, questão relativa a honorários de advogado, a decisão de mérito não transitaria em julgado, embora os embargos não a abrangessem e não houvesse, portanto, possibilidade de modificação dela. **É a aplicação do princípio de que o recurso parcial não impede o trânsito em julgado da parte da sentença recorrida que não foi por ela abarcada.**"[15]

---

[14] Cf., do STJ, os demais registros referentes ao **Ag. nº 831.026-SP** (registro **2006/0228669-7**), onde constam a publicação do acórdão final em **29.10.2007**, a intimação pessoal da Fazenda Nacional em **30.10.2007** e a do representante do Ministério Público em 08.11.2007, tendo sido os autos baixados ao TRF da 3ª Região em **04.12.2007**.

[15] **Ação Rescisória nº 903-SP**, Rel. Min. **CORDEIRO GUERRA**, in *RTJ 103/472-485*. Grifos nossos.

E, em data próxima, igual entendimento foi adotado, também por unanimidade, pelo Plenário, na **AC nº 112–RN**, de cujo acórdão consta:

"E um dos campos do processo civil que maiores influxos recebe da teoria dos capítulos de sentença é exatamente o dos recursos. Daí, toda a pertinência de sua invocação neste caso.

O art. 515, *caput*, do CPC, consagra o conhecido princípio *"tantum devolutum quantum appellatum"*, ao prescrever que *"a apelação devolverá ao tribunal o conhecimento da matéria impugnada"*. Tal norma governa a determinação dos chamados limites horizontais do efeito devolutivo operado pela interposição do recurso, que se volta e limita exclusivamente aos capítulos do ato decisório impugnados pelo recorrente. A tais limites cinge-se a atividade cognitiva do tribunal *ad quem*, ao qual não é lícito pronunciar-se sobre os capítulos da sentença cuja cognição lhe não tenha sido expressamente devolvida por obra do recurso. Em termos práticos, o interessado pode, ou não, no recurso, impugnar todos os capítulos da sentença, e, se os não impugna todos (*recurso parcial*), só os impugnados são devolvidos ou submetidos à cognição do órgão *ad quem*. É o alcance manifesto da regra.

E tal regra é consectário lógico e direto do princípio da demanda, ou da inércia judicial, adotado em nosso sistema e, segundo o qual, só à parte incumbe provocar a atividade jurisdicional, definindo, por meio de pedido ou pedidos, os contornos da tutela que reclame ao Estado-juiz. É, aliás, o que preceituam às claras os arts. 2° e 262 do CPC, cujas normas figuram aplicação do princípio, que sói ser expresso nas máximas *"nemo iudex sine actore"* e *"ne procedat iudex ex officio"*. Essa a razão normativa por que não pode ir a sentença para além da pretensão expressamente formulada pelo autor (arts. 128 e 460 do CPC), até porque, doutro modo, estaria comprometida a imparcialidade do juiz, como alertava **LIEBMAN**. **E o que, ao propósito, vale em primeiro grau de jurisdição, pelas mesmíssimas e boas razões também vale em sede de recurso: o poder de cognição do órgão *ad quem* está sempre adstrito, *ex vi legis*, aos capítulos da sentença submetidos ao seu conhecimento pelo recorrente** (art. 515, *caput*, do CPC).

Na espécie, da sentença que julgou a demanda procedente em face do Prefeito, e, improcedente em face do Vice-Prefeito, só aquele recorreu, postulando a improcedência, obviamente apenas em seu favor. O Ministério Público Eleitoral, que teria interesse jurídico em pleitear, mediante recurso próprio, a condenação do Vice-Prefeito, não recorreu. Donde se vê logo que somente o capítulo decisório atinente à condenação do Prefeito de Serra Negra do Norte foi impugnado e, como tal, devolvido à jurisdição do TRE, por via do recurso que interpôs. De modo que apenas tal capítulo decisório da sentença poderia ser conhecido e confirmado ou reformado pelo tribunal, **pela razão óbvia de que os demais capítulos de mérito, uma vez decorrido inutilmente o prazo para outros recursos, transitaram em julgado** (art. 467 do CPC)."[16]

Escusa advertir que o entendimento imodesto dado à **súmula 401** do STJ nega, com todos seus graves consectários, a existência da garantia constitucional da **coisa julgada** que reveste os capítulos decisórios não impugnados em recurso parcial, e, o que é pior, insulta essa mesma garantia que, como se dá neste caso, impregna, desde seu trânsito em julgado, sentença ou acórdão, como o do TRF da 3ª Região, cujo teor decisório **desfavorável à Fazenda Nacional** não foi por esta atacado mediante recurso especial cognoscível! Aplicá-la aqui equivaleria a professar que a coisa julgada desse acórdão de segundo grau, para a União, só lhe teria advindo com o trânsito em julgado do acórdão proferido no último recurso, *os embargos de divergência não conhecidos*, interposto contra decisão do STJ, mas sobre outra matéria!

5. Coisa julgada material e eficácia da sentença

K. Não obstante muito já se tenha escrito sobre a coisa julgada, ainda depois que LIEBMAN demonstrou não constituir efeito, senão qualidade da sentença que, no seu entender, lhe torna imutáveis o conteúdo e os efeitos, convém, para o fim específico de preparar conclusão decisiva deste parecer, avivar-lhe algumas noções corriqueiras, mas indispensáveis ao desenvolvimento do raciocínio.

A coisa julgada não se confunde, como não raro se afirma, advertidamente ou não, com a própria sentença já insuscetível de impugnação, nem faz tampouco imutáveis os seus efeitos, os quais, dependendo da natureza da matéria sobre a qual verse, regulada por normas de caráter dispositivo ou cogente, podem, na primeira hipótese, ser modificados ou até desconsiderados pelas partes da causa, sem ofensa à coisa julgada, como é fácil inferir a inúmeros exemplos didáticos, como o dos confinantes que podem

---

[16] **Ação Cautelar nº 112-RN**, Pleno, Rel. Min. CEZAR PELUSO, vu, j. 1º.12.2004, DJ 04.02.2005. Tal acórdão está inserto também em PELUSO, **Antonio Cezar**. *Ministro magistrado – decisões de cezar peluso no supremo tribunal federal*. SP: Saraiva, 2013, p. 1305-1313.

alterar a linha fixada em sentença de ação demarcatória, o dos figurantes de locação aos quais nada obsta manter o contrato após decreto de despejo, etc.. Cuida-se de reflexo do fenômeno análogo que se dá no plano das normas gerais e abstratas que, pertencentes à subclasse das chamadas *dispositivas*, podem deixar de incidir quando os interessados, no exercício da autonomia privada, criem regras individuais de conteúdo diverso.

Daí ter-se assentado, sem objeção possível, que *"Il vero è che immutabili non sono gli effetti della sentenza; immutabile è **la stessa sentenza**. Ma l'immutabilità della sentenza **non è** la cosa giudicata: o meglio, è solamente la cosa giudicata **in senso formale"**.*[17]

As dúvidas eventuais que tal postura possa levantar sobre a firmeza da autoridade da coisa julgada material dissipam-se logo à percepção de que, como de certo modo já o deixa entrever o disposto no art. 468 do Código de Processo Civil, a chamada "força de lei" da coisa julgada substancial está em ser *"norma (ou regra de proceder, preceito) reitora da espécie decidida (concreta) e vinculativa para as partes (individual)"*.[18] Trata-se de concepção rigorosa, que, dimanando da função sentencial de especialização da norma geral e abstrata, no sentido de torná-la concreta e singular, enquanto aplicável à situação jurídica determinada, objeto do julgamento, e aos respectivos interessados na condição de partes ou pessoas certas que lhe estão sujeitas, é traduzida e sintetizada, pela doutrina, na afirmação de que a coisa julgada transforma a sentença *"na lei do caso concreto"*, porque opera, na dicção do art. 468 do Código de Processo Civil, *"nos limites da lide"*, circunscritos aos contornos do pedido.[19]

Visto doutro ângulo, esse atual conceito dogmático e legal de coisa julgada não difere, em substância, da concepção original que lhe tinham

---

[17] **ALLORIO, Enrico.** *Natura della cosa giudicata.* **In:** *Sulla dottrina della giurisizione e del giudicato e altri studi.* Milano: Dott. A. Giuffrè, v. I, 1957, p. 202. Grifos do original.

[18] **GUIMARÃES, Luiz Machado.** *Preclusão, coisa jugada, efeito preclusivo.* **In:** *Estudos de direito processual civil.* RJ-SP: Ed. Jurídica e Universitária, 1969, p. 17. Cf. ainda, p. 18, 27 e 31.

[19] Sobre isso, cf., por todos, entre nós, **BAPTISTA DA SILVA, Ovídio A..** *Curso de processo civil.* SP: RT, 4ª ed., v. I, 1998, p. 486, 489, 500 e 511. **CARNELUTTI,** referindo-se à eficácia do julgado, que para ele estava nas *"dimensioni del fatto"*, o qual é sempre um finito, dotado, pois, de confins, acentuava essa mesma adstrição em palavras diversas, mas com idêntico significado: *"Ciò che si può dire del giudicato è soltando che è la decisione di una lite; perciò i limiti del giudicato sono i limiti del suo oggetto, ossia i limiti che si proiettano sul giudicato dalla lite"* (*Diritto e processo.* Napoli: Morano Ed., 1958, p. 273, nº 169).

os romanos, para os quais era a própria *"res in iudicium deducta dopo che fu giudicata"*.[20]

Não parece, dessarte, nenhum despropósito sustentar-se que a coisa julgada substancial (*res giudicata*) é a própria situação concreta ou o estado real de coisas (*res*) julgado e disciplinado por sentença que já não comporta recurso (*giudicata*), tomando-se o vocábulo *coisa*, (forma divergente, cujo étimo é, significativamente, a palavra latina *causa(m)*, que, não por acaso, na sua outra forma vernácula alotrópica, **causa**, é também sinônimo de lide processual, ou situação jurídica litigiosa submetida a julgamento) na sua correspondência com um dos sentidos primitivos da palavra *res* (situação ou estado de coisas, tal como aparece em várias composições eruditas, como, p. ex., em *res + publica < re + pública*) na acepção de *caso concreto*.[21] Esta é, aliás, a razão por que, em Portugal, se usa falar, com o mesmo sentido, em *"caso julgado"*. Lá como cá, o de que se trata sempre é de coisa ou caso julgado e regrado nos termos imutáveis da sentença que transitou em julgado.

Por via de consequência, nada sofre a coisa julgada, quando, em tema de direito disponível ou noutra circunstância jurídica, por ato das partes, por fato jurídico *lato sensu* ou por qualquer outra causa jurídica hábil, se modifiquem, descaracterizem ou esgotem os efeitos jurídicos da sentença transitada em julgado, alterando-se com isso a estrutura ou provocando a insubsistência mesma da situação jurídica concreta sobre a qual incidia sua autoridade:

> "A imutabilidade (ainda ilimitada do conteúdo da sentença não importa, é óbvio, a imutabilidade da **situação jurídica concreta** sobre a qual versou o pronunciamento judicial. Se se julgou que A devia a B certa importância, nada obsta a que, antes ou depois do trânsito em julgado, A pague a dívida, ou B a remita, e assim se extinga a relação de crédito declarada pela sentença. Tal circunstância **em nada afeta** a autoridade da coisa julgada que esta por-

---

[20] **Chiovenda**, Giuseppe. *Istituzioni di diritto processuale civile*. Napoli: Dott. Eugenio Jovene, 2ª ed., v. I, 1935, p. 338, § 15, nº 115. Para esse grande processualista, a *"res"* não era senão o bem da vida reconhecido ou desconhecido pela sentença. Veja-se-lhe, também, *Sulla cosa giudicata*, **in** *Saggi di diritto processuale civile*. Milano: Dott. A. Giuffrè, 1993, v. II, p. 401.

[21] Neste exato significado, **Bartolo** já discernia entre sentença, como *"res iudicans"*, e coisa julgada, que *"est causa decisa"*, ou seja, *"la causa (o lite o controversia) che la sentenza a deciso"* (**Pugliese**, Giovanni. Verbete *Giudicato Civile (Diritto Vigente)*. **In**: Enciclopedia del Diritto, v. XVIII, p. 786).

ventura haja adquirido. A norma sentencial permanece imutável, **enquanto norma jurídica concreta referida a uma determinada situação**".[22]

Ora, ninguém ignora que muitas situações jurídicas, concretas e individuais, objeto da preceituação imanente a sentença revestida de coisa julgada material, não são de caráter tendencialmente duradouro, como, *v. g.*, a relação de paternidade declarada, mas, embora não provenham da incidência instantânea da lei, perduram até a superveniência de alguma causa ou razão jurídica capaz de as exaurir ou extinguir de outro modo. Basta pensar-se no exemplo que, tipicamente, convém ao caso *sub iudice*, de sentença que, recoberta de coisa julgada, tenha declarado a existência de relação jurídico-tributária oriunda da incidência de lei, de cunho temporário ou não, que haja instituído certo imposto de pagamento periódico. Enquanto continue vigente tal lei, a situação jurídica entre o Fisco e o contribuinte, partes da causa, está governada pelos termos da norma concreta substanciada na sentença transitada em julgado. Mas, ou porque sobrevenha o **termo final de vigência** da lei, que era temporária, ou porque, sendo permanente, tenha sido ela **revogada** ou **suspensa sua execução**, já não subsiste aquela situação jurídico-tributária reconhecida pela sentença, de modo que, dali para frente, se dissipa e esvai a autoridade da *res iudicata*, a qual perde seu objeto! Se, então, como sói acontecer, o contribuinte deixa de pagar o tributo então inexistente, não há como nem por onde imaginar que tal atitude omissiva violaria ou afrontaria a autoridade da coisa julgada, pela razão pedestre de que já não sobrevive a situação jurídica normada pela sentença. A coisa julgada, aí, continua valendo como preceito ou norma concreta, mas com a **função residual** de só regular os fatos sucedidos durante a limitada existência anterior da situação jurídico-tributária declarada, ou dela decorrentes, se a respeito ainda surja ou possa surgir algum conflito entre o Fisco e o contribuinte; **e isto prova que, deveras,**

---

[22] **Barbosa Moreira**, José Carlos. *Ainda e sempre a coisa julgada*. **In**: *Direito processual civil (ensaios e pareceres)*. RJ: Borsoi, 1971, p. 143, nº 8. Grifos do original. Sobre a sentença entendida como norma da situação concreta, ver, ainda, do mesmo autor, *Eficácia da sentença e autoridade da coisa julgada*, **in** *Temas de direito processual civil – 3ª série*. SP: Saraiva, 1984, p. 110-111. À p. 113, depois de reiterar que *"a coisa julgada é uma situação jurídica: precisamente a situação que se forma no momento em que a sentença se converte de instável em estável"*, reconhece, em nota, dever-se a **Machado Guimarães** (vide nossa nota nº 14, *supra*) a exata concepção da *res iudicata* **como situação jurídica consequente ao trânsito em julgado da sentença.**

é sempre norma concreta referida a determinada situação. O que, em relação ao imposto extinto, suceda, ao depois, entre as mesmas partes, como, p. ex., eventual exigência indevida do Fisco (excesso de exação), já não cai sob o alcance normativo da *res iudicata*, donde poder ser a questão livremente discutida e julgada noutro processo.

Em suma, não se concebe coisa julgada sobre situação ou relação jurídica já não subsistente, seja porque se não repetem os fatos elementares de seu suporte fático, seja porque a lei ou norma que a governava tenha sido revogada, ou extirpada da ordem jurídica por inconstitucionalidade.

Nesse sentido, diz-se que a *"cousa julgada não concerne ao futuro; só ao passado"*.[23]

6. Da absoluta inutilidade jurídica da ação rescisória

L. Aplicadas ao caso essas noções correntias sobre a *res iudicata* material, não precisa grande esforço por ver logo a carência da ação rescisória, ainda por falta de *interesse de agir* ou *interesse processual*, mas, desta feita, por razão decisiva e incontornável.

Recapitulemos a essência do caso. A União pretende desconstituir o acórdão do TRF da 3ª Região que, em síntese, julgando procedente ação declaratória de inexistência de relação jurídico-tributária que obrigasse a então autora a recolher a contribuição ao PIS na forma prescrita pelos Decretos-leis nº 2.445 e nº 2.449, ambos de 1988, pois que, tidos estes por inconstitucionais, deveria fazê-lo nos termos da Lei Complementar nº 7, de 1970, teria ofendido a coisa julgada incidente sobre acórdão do TRF da 1ª Região que, ao confirmar sentença de improcedência de ação anterior proposta pela mesma empresa e com o mesmo objeto, declarara a existência daquela relação jurídica, sob fundamento de que seriam constitucionais ambos os Decretos-Leis.

M. Abstraindo-se todas as demais objeções aqui opostas, cumpriria perquirir qual seria a **utilidade jurídica** que aproveitaria à União em caso

---

[23] **ESTELLITA, Guilherme.** *Da cousa julgada – fundamento jurídico e extensão aos terceiros.* RJ, tese, 1936, p. 118. Cuida-se de expressão comum, na doutrina, para designar os limites de incidência da coisa julgada como regra jurídica, a qual *"non abbracia, s'intende, anche quei fatti che siano sopravvenuti dopo. La cosa giudicata non concerne rapporti avvenire, ma solo rapporti passati"* (**BETTI, Emilio.** *Diritto processuale civile italiano.* Roma: Ed. del Foro Italiano, 2ª ed., 1936, p. 603, nº 183). Cf., ainda, **HEINITZ, Ernesto.** *I limiti oggettivi della cosa giudicata.* Padova: CEDAM, 1937, p. 245.

de procedência desta ação rescisória. Imediata e irretorquível, a resposta é: **nenhuma**. Vejamos.

Suponha-se, *ad argumentandum tantum*, lhe fosse conhecido o mérito e julgada procedente a rescisória, com desconstituição do acórdão do TRF da 3ª Região, mediante só *iudicium rescindens*, em não sendo hipótese de rejulgamento da matéria por ele decidida (*iudicium rescissorium*). Tal decisão não restauraria a vigência e a eficácia do acórdão anterior do TRF da 1ª Região, para efeito de exigibilidade da contribuição nos termos dos Decretos-Leis nº 2.445 e nº 2.449, de 1988, que seria o único propósito, de índole econômica e legítima, capaz de justificar necessidade e utilidade de uso da ação rescisória, fundada em causa legal de rescindibilidade tendente a recuperar a eficácia e a vigência da coisa julgada que se teria ofendido (art. 485, IV, do Código de Processo Civil).

É que, como se viu, a *auctoritas rei iudicatae* consiste em tornar a sentença preceito ou norma jurídica, concreta e individual, reitora da espécie decidida, enquanto situação jurídica individualizada, nos termos do *petitum*, por certos fatos considerados **à luz de norma ou normas jurídicas, gerais e abstratas, que sobre eles incidiram ou não**. Nesse sentido é que é lei do caso concreto ou da lide julgada.

Ora, a vigência e a eficácia normativa da coisa julgada que recobre o acórdão do TRF da 1ª Região já se esgotaram e extinguiram, na precisa medida em que, como seu objeto situacional normado, se extinguiu e esgotou a relação jurídico-tributária então declarada existente nos termos e sob o império precários dos Decretos-Leis nº 2.445 e nº 2.449, de 1988.

Para compreendê-lo, basta remontar à natureza dessa relação jurídica ali declarada, que é espécie das chamadas relações jurídico-tributárias *continuadas* ou *continuativas*, as quais, enquanto modalidade de relação jurídica *sucessiva*,[24] alheia ao regime previsto no art. 471, inc. I, do Código de Processo Civil, no sentido de que alteração de seu estado factual ou jurídico até dispensa edição de nova sentença para inibir a força da coisa julgada, se distinguem das *pontuais* ou *instantâneas*, porque, diferentemente destas, as quais nascem da ocorrência de fato jurídico autônomo e, não

---

[24] Para a distinção conceitual e classificação específica das relações próprias do direito tributário como exemplo de relações jurídicas *"sucessivas"*, caracterizadas por sua **repetição** e **homogeneidade**, veja-se TALAMINI, Eduardo. *Coisa julgada e sua revisão*. SP: Ed. RT, 2005, p. 91-92.

raro, eventual, enquanto elemento básico do suporte fático ou hipótese de incidência (como se dá, p. ex., com o imposto de transmissão imobiliária), aqueloutras têm, na *fattispecie* abstrata cuja concretização lhes dá origem mediante incidência da norma, a previsão de exercício de atividade mais ou menos permanente, ao longo e por força da qual se repetem fatos específicos que também integram a *fattispecie* (que é o que sucede, *v. g.*, com o ICMS). Seu cunho *continuativo* está na característica mais ou menos duradoura da atividade humana que, ocasionando ocorrência de fatos jurídicos repetitivos e nascimento de obrigações periódicas, compõe a hipótese de incidência da norma tributária.[25]

A natureza da relação jurídico-tributária da qual se irradia obrigação de pagamento da contribuição ao PIS sempre foi *continuativa*, ainda sob a égide da aparente validez dos Decretos-Leis nº 2.445 e nº 2.449, de 1988, pertinentes ao caso, como se lhe infere à hipótese de incidência, que tinha por elemento fundamental a noção de *faturamento*, a que é estranha toda ideia de fato eventual ou esporádico. Disso não há dúvida.

Ora, a autoridade da coisa julgada, inerente ao acórdão do TRF da 1ª Região que, julgando procedente a primeira ação ajuizada da empresa, declarou existente a relação jurídico-tributária da qual lhe decorria obrigação de pagamento da contribuição ao PIS, na forma prescrita pelos Decretos-Leis nº 2.445 e nº 2.449, de 1988, tem por limite os contornos da situação litigiosa identificada, entre outros elementos, pela incidência das **normas jurídicas de ambos esses diplomas legais**, enquanto objeto específico do acórdão visto como regra singular e concreta. Noutras palavras, a sentença encarnada por aquele acórdão é a norma concreta referida à situação jurídica oriunda da **aplicação daqueles Decretos-Leis** a certos fatos históricos em que estavam envolvidas as partes.

A tal contexto quadra, de modo preciso, esta observação: *"Assim, a decisão que define a existência e o modo de ser dessa relação há de ser a mesma, **até que surja mudança**, no fato ou **no direito**, capaz de alterar a relação jurídica que resulta des-*

---

[25] Estes são, em linhas gerais, com pequenas divergências irrelevantes para fim desta consulta, os traços distintivos com que a doutrina ou dogmática tributária separa as duas classes de relações (cf. **NOGUEIRA**, **Ruy Barbosa**. *A coisa julgada em direito tributário*. **In**: Revista de Direito Mercantil, ano XIII, 1974, nº 14, p.14, 15, 18 e 19; **MACHADO**, **Hugo de Brito**. *Coisa julgada e relação jurídica continuativa tributária*. **In**: Revista dos Tribunais, v. 642, p. 35-37; e **MACHADO**, **Hugo de Brito**, e **MACHADO SEGUNDO**, **Hugo de Brito**. Parecer. **In**: Revista Dialética de Direito Tributário, v. 123, p. 98, 100 e 101).

ses elementos", de modo que "*alteração legislativa **superveniente** poderá atingir a relação jurídica que estava protegida pela **coisa julgada**. E neste caso reabre-se a possibilidade de discussão entre as partes nessa relação*".[26] E reabre-se, porque, do ponto de vista do seu **estado de direito** (*dimensão normativa*), já não se cuida da mesma situação jurídica normada pelo acórdão recoberto pela coisa julgada material (*eadem res*), cuja eficácia se esvaiu na função de regular o passado, mas de outra, pertencente ao futuro, que lhe não está sujeito à autoridade normativa.

Escusaria insistir em coisa tão óbvia. Mas não custa mostrar o grosseiro engano em que incorreu a União a respeito, ao mal compreender e interpretar escorreito aresto do egrégio STJ, cujo trecho seguinte da ementa transcreveu na falsa suposição de que lhe aproveitaria:

> "(...) há certas relações jurídicas sucessivas que nascem de um suporte fático complexo, formado por um fato gerador instantâneo, inserido numa relação jurídica permanente. Ora, nesses casos, pode ocorrer que a controvérsia decidida pela sentença tenha por origem não o fato gerador instantâneo, mas a situação jurídica de caráter permanente na qual ele se encontra inserido, e que também compõe o suporte desencadeador do fenômeno da incidência. Tal situação, por seu caráter duradouro, está apta a perdurar no tempo, podendo persistir quando, no futuro, houver a repetição de outros fatos geradores instantâneos, semelhantes ao examinado na sentença. Nestes casos, admite-se a eficácia vinculante da sentença também em relação aos eventos recorrentes. Isso porque o juízo de certeza desenvolvido pela sentença sobre determinada relação jurídica concreta decorreu, na verdade, de juízo de certeza sobre a situação jurídica mais ampla, de caráter duradouro, componente, ainda que mediata, do fenômeno da incidência. **Essas sentenças**

---

[26] **MACHADO**, Hugo de Brito, e **MACHADO SEGUNDO**, Hugo de Brito. *Op. cit.*, p. 102 e 103. Grifos nossos. Tal asserto é mera aplicação, em matéria tributária, da disciplina normativa geral da autoridade da coisa julgada, como tivemos oportunidade de mostrar (cf. supra, item) e é reconhecida, sem hesitação, pela doutrina: "*... uma vez tendo ocorrido **transformação** da ordem dos fatos (comunicação social) ou **do direito** (**comunicação do sistema jurídico**), não existirá mais o fato jurídico e, em consequência, não mais haverá que se falar de qualquer imputação. Ou seja, a **norma jurídica deixa de existir**... Partindo-se dessas considerações, a ocorrência de **alteração nas normas gerais e abstrata** (Constituição, leis, regulamentos) **aplicadas pela decisão** representam uma espécie de **modificação do estado de direito**, possibilitando que uma nova decisão seja tomada na matéria*" (**VALVERDE**, **Gustavo Sampaio**. *Coisa julgada em matéria tributária*. SP: Quartier Latin, 2004, p. 229, nº 5.5, e p. 233. Grifos todos nossos).

conservarão sua eficácia vinculante enquanto se mantiverem inalterados o direito e o suporte fático sobre os quais estabeleceu o juízo de certeza".[27]

A União não viu ou não entendeu esta ressalva final no sentido de que a autoridade da coisa julgada cede perante nova relação jurídico-tributária *continuativa*, quando se altere o **estado de direito** da que foi decidida. E tanto não a viu ou não entendeu, que deixou de grifar a conclusão ementada do acórdão, a qual dispôs:

> "No caso presente: houve sentença que, bem ou mal, fez juízo a respeito, não de uma relação tributária isolada, nascida de um específico fato gerador, mas de uma situação jurídica mais ampla, de trato sucessivo, desobrigando as impetrantes de se sujeitar ao recolhimento da contribuição prevista na Lei 7.689/88, considerada inconstitucional. Todavia, **o quadro normativo foi alterado** pelas Leis 7.856/89, 8.034/90 e 8.212/91, cujas disposições não foram, nem poderiam ser apreciadas pelo provimento anterior transitado em julgado, **caracterizando alteração no quadro normativo capaz de fazer cessar sua eficácia vinculante**".[28]

Seria mister acrescentar algum comentário?

N. Tais são as boas razões por que a coisa julgada do acórdão do TRF da 1ª Região, que, prolatado na primeira ação declaratória, julgada improcedente, reconheceu a existência de relação jurídico-tributária submissa aos Decretos-Leis nº 2.445 e nº 2.449, de 1988, **perdeu sua autoridade e eficácia** diante de três fatos posteriores e incontroversos.

O primeiro é que o Supremo Tribunal Federal pronunciou a inconstitucionalidade desses Decretos-Leis por considerá-los instrumento normativo impróprio para regular a matéria, perante a reserva qualificada de sua restrita competência legislativa, objeto do art. 55 da Constituição Federal de 1969,[29] reafirmando, logo depois, ter sido recebida, na disciplina da contribuição, pela ordem constitucional vigente, a Lei Complementar

---

[27] **AgRg no REsp nº 703.526-MG**, 1ª Turma, rel. p/ ac. Min. **Teori Albino Zavascki**, j. 02.08.2005, DJ 19.09.2005, p. 209. Grifos nossos.

[28] Grifos ainda nossos.

[29] **RE nº 148.754-2-RJ**, Pleno, Rel. p/ac. Min. **Francisco Rezek**, j. 24.06.1993, DJ 04.03.1994 (Lex 185/206). *Idem*, **RE nº 161.300-9-RJ**, 2ª Turma, Rel. Min. **Marco Aurélio**, j. 10.08.1993, DJ 10.09.1993.

nº 7, de 1970.[30] Não obstante hajam sido proferidas em sede de controle difuso e, como tais, destituídas, segundo opinião dominante, de efeito *erga omnes*, essas decisões não podem deixar de ser vistas como fatores de modificação da **dimensão normativa** ou **estado de direito** da lide ou situação jurídica cujo julgamento constituiu objeto daquela coisa julgada, porque, como já se sustentou, introduziram no sistema norma individual apta a configurar essa modificação.[31] Esta opinião, posto minoritária, que responde às exigências de segurança jurídica, concorre para evitar decisões injustas, praticamente contraditórias e ininteligíveis aos jurisdicionados, em plena sintonia com a tendência legislativa que vem conferindo às pronúncias dotadas de meros efeitos *inter partes*, com crescente amplitude, considerável eficácia jurídica geral (*ultra partes*), retratada, por exemplo, nas disposições dos arts. 475-L, § 1º, 481, § único, 544, §§ 3º e 4º, 557 e §§, e 741, § único, todos do Código de Processo Civil, entre outras. E não se deve tampouco subestimar o alcance das consequências jurídicas da ideia de **nulidade absoluta** em que se radica e resolve, a princípio, o vício congênito da inconstitucionalidade (*ex tunc*), cuja natureza, finalidade e procedimentos comuns de controle já não legitimam diversidade de efeitos.[32]

O. Mas, supondo-se por si sós inoperantes aquelas decisões do STF, de modo algum se pode negar a modificação normativa produzida pelo ato subsequente do Senado Federal, que, a elas atendendo, suspendeu, mediante a Resolução nº 49, de 9 de outubro de 1995, a vigência dos Decretos-Leis nº 2.445 e nº 2.449, expungindo-os da ordem jurídica, ou, antes, declarando-os, em nome do Estado, inválidos de origem para todos os efeitos. É que, proclamando-lhes essa ineficácia normativa, a Resolução promoveu *"uma real alteração do ordenamento jurídico que **prejudica a coisa julgada até então existente"*,[33] de maneira mais drástica que a revogação, porque, sendo nula desde a origem a norma inconstitucional, o ato do Senado *"opera a universalização dessa consequência: importa reconhecimento estatal de que a norma em questão jamais teve aptidão para incidir e, portanto, jamais incidiu em*

---

[30] **RE nº 169.091-7-RJ**, Rel. Min. **SEPÚLVEDA PERTENCE**, j. 07.06.1995, DJ 04.08.1995.

[31] **BORGES, Souto Maior**. *Limites constitucionais e infraconstitucionais da coisa julgada tributária (contribuição social sobre o lucro).* **In**: Revista dos Tribunais, v. 27, p. 190.

[32] **MENDES, Gilmar Ferreira**. *O papel do senado federal no controle de constitucionalidade: um caso clássico de mutação constitucional.* **In**: Revista de Informação Legislativa, v. 162, p. 164.

[33] **VALVERDE, Gustavo Sampaio**. *Op. cit.*, p. 235. Grifos nossos.

qualquer situação".[34] E a consequência direta para o caso é evidentíssima: a coisa julgada em questão, que se pretende ofendida, já não pode reger a nova relação jurídico-tributária continuativa de que se irradia obrigação de pagamento da contribuição disciplinada apenas pela Lei Complementar nº 7, de 1990, no período que excogita a pretensão fiscal. Donde ser **inútil** a procedência da ação rescisória com o propósito jurídico único de lhe repristinar autoridade e eficácia de que se esvaziou!

P. O terceiro fato, esse é ainda mais radical e incontrastável.

Curvando-se ao **expurgo definitivo** daqueles dois Decretos-Leis inconstitucionais, operado pelas decisões do STF e pela resolução do Senado Federal, a União **renunciou** de modo legal a toda pretensão sobre diferenças de valor da contribuição ao PIS exigidas ou por exigir na forma de tais diplomas, mediante promulgação da Lei nº 10.522, de 19 de julho de 2002, em que se converteu a Medida Provisória nº 2.176-79, de 2001, e cujo art. 18 estatui:

> "**Art. 18**. Ficam dispensados a constituição de créditos da Fazenda Nacional, a inscrição como Dívida Ativa da União, o ajuizamento da respectiva execução fiscal, bem assim cancelados o lançamento e a inscrição, relativamente:
>
> (...)
>
> **VIII – à parcela da contribuição ao Programa de Integração Social exigida na forma do Decreto-Lei nº 2.445, de 29 de junho de 1988, e do Decreto-Lei nº 2.449, de 21 de julho de 1988, na parte que exceda o valor devido com fulcro na Lei Complementar nº 7, de 7 de setembro de 1970, e alterações posteriores;**
>
> (...)
>
> **§ 2º** Os autos das execuções fiscais dos débitos de que trata este artigo serão arquivados mediante despacho do juiz, ciente o Procurador da Fazenda Nacional, salvo a existência de valor remanescente relativo a débitos legalmente exigíveis."[35]

---

[34] **ZAVASCKI, Teori Albino**. *Eficácia das sentenças na jurisdição constitucional*. SP: Ed. RT2ª ed., 2012, p. 32. É esta a razão por que já se notou, em obra clássica, que, sendo original e absoluta a nulidade da norma inconstitucional, o ato do Senado não a suspende, senão que apenas lhe declara a ineficácia *ex nunc* (cf. **BITTENCOURT, C. A. Lúcio**. *O controle jurisdicional da constitucionalidade das leis*. RJ: Forense, 2ª ed., 1968, p. 145-146).

[35] Grifos nossos.

Q. Numa só palavra, já não existe, nem subsiste nenhum crédito sobre diferenças de valor da contribuição baseadas na sistemática dos Decretos--Leis nº 2.445 e nº 2.449, de 1988, nem sequer pretensão fiscal alguma exercitável a respeito, ainda quando fundada em *res iudicata* de sentença anterior que tenha ou tivesse reconhecido a existência de correspondente relação jurídico-tributária! De modo que nenhuma utilidade ou proveito jurídico, ou moral, pode advir à União em caso de rescisão eventual do acórdão que, emanado do TRF da 2ª Região, deu, **com a autoridade da segunda coisa julgada**, objeto desta ação rescisória, por inexistente relação jurídica que obrigasse a empresa a pagar aquelas agora indevidas diferenças. A União nada poderia exigir-lhe como efeito jurídico da eventual procedência da rescisória, até porque, com a **mudança normativa** da situação jurídica decidida na primeira demanda (desvigoramento absoluto das normas jurídicas ali aplicadas), já não pendia *res iudicata material* cuja eficácia pudesse obstar à propositura e procedência da segunda ação declaratória negativa!

R. Tudo isto significa que à União não sobra **necessidade** nem **utilidade** no recurso à ação rescisória, da qual é carecedora por falta consequente de *interesse processual* ou *de agir*, que, como ninguém desconhece, supõe uma e outra coisas. Afinal, o que pretende a União? Obter título formal, mas de todo **inútil**, para cobrar diferenças da contribuição que, a todos os títulos jurídicos, são agora absolutamente indébitos e inexigíveis?

A rescisória é uma aventura!

7. Conclusão

S. Diante de todo o exposto, deve o processo da ação rescisória ser extinto, sem julgamento de mérito, ou, quando menos, pronunciada a decadência da pretensão, senão a improcedência da demanda. É o que, salvo melhor juízo, nos parece.

Brasília, 9 de julho de 2013.

16
Ação Rescisória e Prequestionamento. Depósito Judicial. Taxa SELIC

1. AÇÃO RESCISÓRIA. Fundamento. Violação de literal disposição de lei. Caracterização. Aplicação de norma jurídica que não incidia no caso. Prequestionamento. Desnecessidade. Inteligência do art. 485, V, do CPC. *Há violação de literal disposição de lei, tanto quando se tenha aplicado norma jurídica que não incidia, como quando, aplicada outra, se haja deixado **ipso facto** de aplicar a que incidiu. É por isso que se costuma dizer que rescisória é ação original, para cuja admissibilidade a lei não prevê requisito de prequestionamento.*

2. DEPÓSITO JUDICIAL. Instituto destinado a servir às atividades jurisdicionais. Depositário. Condição estatutária de auxiliar do Juízo a que está sujeito. Inexistência de vínculo contratual com quem quer que seja. Relações jurídicas regidas apenas por normas de direito público, Deveres do depositário. Inteligência do art. 150 do CPC e arts. 629 e 647, I, cc. art. 648, *caput*, do CC. *O depósito judicial implica duas relações jurídicas, ambas regidas por normas de direito público: a primeira, entre o Estado, encarnado na pessoa do juiz, e, de regra, pessoa de direito privado, instituição financeira ou não, grava o depositário com os deveres de velar pela coisa depositada como se fora sua e, em caso de dolo ou culpa, responder pelos prejuízos que cause à parte; a segunda, entre o depositário e o dono da coisa depositada, que tem, de par com os poderes do juiz, direito subjetivo de exigir àquele o cumprimento dos deveres.*

3. JUROS. Moratórios. Taxa aplicável. Definição pela lei vigente à data do cálculo. Inexistência de afronta à coisa julgada. SELIC. Correção monetária. Inacumulabilidade. Índice já compreendido na taxa. Aplicação do art. 406 do CC. Jurisprudência do STJ. *A taxa de juros moratórios, a que se refere o art. 406 do Código Civil e é definida pela lei vigente à data do cálculo, é hoje apenas a da SELIC, que, correspondendo à média das taxas convencionadas pelos*

agentes do mercado secundário de títulos públicos, para remunerar capital do mercado financeiro, não pode cumulada com índice de correção monetária, já compreendido no cálculo daquela.

1. Consulta

A. Os ilustres advogados RT e FLQ dão-nos a honra de consulta sobre a sorte de ação rescisória ajuizada pelo seu cliente, Banco *S* S.A., em face de *CF* S.A, tendo por objeto acórdão do STJ que, em embargos de declaração em agravo regimental em agravo de instrumento, converteu este em recurso especial, ao qual deu parcial provimento para determinar corram os juros moratórios a partir da citação, efetivada em ação em que a ora ré obteve, em primeiro grau, condenação do ora autor a pagar o valor oriundo da diferença entre o índice de correção monetária aplicado a depósitos judiciais, que levantou, e o IPC, no período entre março de 1990 a abril de 2001, mais correção, juros de mora e remuneratórios. O TJSP deu provimento às apelações das partes: parcial à do réu, para limitar-lhe a diferença exigível a fevereiro de 1991, e integral à da autora, para que essa diferença fosse corrigida pelos índices da tabela adotada pelo tribunal, com juros de 0,5% mês até início de vigência do novo Código Civil e de 1% daí em diante. Da decisão que lhe não admitiu recurso especial contra esse acórdão, o ora autor interpôs agravo de instrumento, de cujo improvimento interpôs agravo regimental, também indeferido, mas questionado por embargos declaratórios, cujo acórdão constitui a decisão rescindenda.

A ação rescisória argui, em síntese, com fundamento no art. 485, VII, do Código de Processo Civil de 1973[1], que, como documentos novos, o autor disporia agora de textos normativos da Corregedoria do TJSP, os quais sustentariam seus cálculos na condição de depositário judicial, e, com base no art. 485, V, que teriam sido violados os §§ 2º dos arts. 5º, 6º e 7º da Lei nº 8.024, de 1990, e do art. 884 do Código Civil, que vedavam incidência do IPC (*i*), os arts. 128, 293 e 460 do Código de Processo Civil[2], e os arts. 403 e 404 do Código Civil, que repelem juros remuneratórios após o levantamento dos depósitos, nem pedidos (*ii*), e do art. 406 do Código Civil, que estatuiria por taxa de juros moratórios a SELIC (*iii*).

Estamos em que procede a ação.

---

[1] Corresponde ao art. 966, VII, do CPC/2015.
[2] Corresponde aos arts. 141, 322 e 492 do CPC/2015.

2. Da competência do superior tribunal de justiça

B. Não há nenhuma dúvida de que é do egrégio STJ a competência para conhecer e julgar a rescisória, pela curta razão de ter, assim na apreciação primitiva do agravo de instrumento, como na sua conversão em recurso especial, **conhecido** de todas as *quaestiones iuris* de mérito, nesse suscitadas, posto que para dar-lhes a todas, menos uma, a do termo dos juros moratórios, resposta negativa, substituindo, em relação a todas, o teor do acórdão recorrido (art. 512 do Código de Processo Civil, então incidente)[3]. Foi o que o mesmo colendo tribunal já proclamou no julgamento da ação cautelar preparatória, reconhecendo que a primeira questão (*i*) teria sido objeto de exame, e isto bastaria.[4]

3. Da irrelevância de prequestionamento

C. É não menos induvidosa a orientação de que a cognoscibilidade da ação rescisória não depende da existência de prequestionamento de suas causas de pedir. Respeitados a identidade da *pretensão* da ação original onde foi proferida a sentença rescindenda e definida pelo pedido, ou pedidos, e pela causa ou causas de pedir, originais, que não podem ser alterados, bem como os limites factuais da controvérsia, os quais preexcluem cognição de fatos novos, não se exige que sobretudo as *quaestiones iuris* suscitadas na rescisória, relevantes no caso desta consulta, tenham sido ventiladas e discutidas no processo anterior, em especial à luz do art. 485, V, do Código de Processo Civil[5], cuja tipicidade, como hipótese de rescisão, pode estar só na não aplicação de norma jurídica que incidiu, mas não foi sequer considerada. Há *violação de literal disposição de lei*, tanto quando se tenha aplicado norma jurídica que não incidia, como quando, aplicada outra, se haja deixado *ipso facto* de aplicar a que incidiu. É por isso que se costuma dizer que rescisória é ação original, para cuja admissibilidade a lei não previu requisito de prequestionamento. De todo modo, algumas das questões postas na rescisória já tinham sido debatidas na ação anterior, como se vê logo à sua contestação.

---

[3] Corresponde ao art. 1.008 do CPC/2015.

[4] **MC nº 24.443-SP**, 2ª Seção, rel. Min. João Otávio de Noronha, j. 22.06.2016. Na verdade, objeto de exame, suposto sumário, foram-no todas as deduzidas, inclusive a do termo inicial dos juros de mora.

[5] Corresponde ao art. 966, V, do CPC/2015.

4. Regime jurídico do depósito judicial e seus efeitos

D.Outro dos temas jurídicos indiscutíveis, envolvidos na rescisória, é o do regime normativo do depósito judicial, imposto ao autor. Ninguém desconhece que sua função, preordenada a servir às atividades jurisdicionais e cujo titular é, por consequência, qualificado como *auxiliar do juízo*, ao qual está sujeito (arts. 139 e 149 a 150 do Código de Processo Civil)[6], implica duas precisas relações jurídicas: a primeira, estatutária e principal, que, mediando *ex vi legis* entre o Estado, encarnado na pessoa do juiz, e, de regra, pessoa de direito privado, instituição financeira ou não, é regida por normas de ***direito público***, que gravam o depositário com os deveres jurídicos de velar pela coisa depositada como se fora sua e, em caso de dolo ou culpa, responder pelos prejuízos que cause à parte (art. 150 do Código de Processo Civil[7] e arts. 629 e 647, I, cc. art. 648, *caput*, do Código Civil); a segunda, proveniente desses deveres primários, intercorre entre o depositário e o dono da coisa depositada, que tem, de par com os poderes do juiz, direito subjetivo de exigir àquele o cumprimento dos deveres, um dos quais, em hipótese de depósito de dinheiro, consiste em devolver o valor depositado, acrescido de correção monetária e de juros. Mas, ainda nestoutra relação, secundária, não há vínculo contratual, submisso a regras de direito privado, porque se trata de irradiação da *relação principal e subordinante de direito público*. É truísmo jurídico.

E. Por outro lado, toda a gente sabe que, instituto de legalidade estrita, correção monetária é expressão da quantidade ou grau da inflação que seja, como tal, reconhecida formalmente pela lei para fim de restauração do poder aquisitivo da moeda, no âmbito das diversas relações jurídicas, donde comportar índices diversos para o mesmo período de tempo, dependentes, que são, das diretrizes estratégicas da política monetária do Estado. Vem, daí, que nem o Judiciário, nem *a fortiori* o particular podem criar ou substituir índices de correção monetária. Os particulares estão autorizados a acordar formas de pagamento tendentes a reparar danos financeiros da inflação, mas apenas nos limites de eficácia dos negócios jurídicos, cuja fonte é a autonomia privada. As normas jurídicas que ditam critérios de fixação de índices de correção monetária são todas de ***ordem pública*** e ***incidência imediata***, porque visam a garantir a estabilidade do sistema monetário, de acordo com as metas das políticas anti-inflacionárias do governo.

---

[6] Corresponde aos arts. 149, 160 e 161 do CPC/2015.

[7] Corresponde ao art. 161 do CPC/2015.

F. Não surpreende, pois, que aturada jurisprudência do STF haja assentado não haver direito subjetivo a certos índices de correção monetária, ou, seja, que não há direito adquirido a regime jurídico de metodologia de fixação de índices, o qual pode ser alterado por lei formal que recaia sobre relações jurídicas em curso, ditas de trato sucessivo, sem ofensa ao art. 5º, XXXVI, da Constituição da República. E um dos desdobramentos diretos dessa inabalável postura está em que, como depositário judicial, submetido a relação e regras de direito público, toda instituição financeira se subjuga, no dever de recomposição do poder de compra do valor depositado, aos índices instituídos nos termos da lei vigente à data do cálculo devido, ainda quando essa, por razões estratégicas superiores, não se atenha, na formulação dos critérios de apuração, à exata perda real do poder de compra da moeda, gerando os chamados *expurgos inflacionários*.

G. É verdade que, contrariando, por motivações ocultadas, mais generosas que jurídicas, a lógica de tais princípios, se formou jurisprudência subalterna que, na moldura da *relação contratual* da caderneta de poupança, como emanação de ato jurídico perfeito, legitima a existência de direito negocial adquirido a certos índices, *rectius*, aos critérios de correção estabelecidos no contrato, que estaria imune à lei ulterior, concedendo aos depositários direito de restituição da perda dos *expurgos* mediante aplicação de normas revogadas por lei de ordem pública e incidência imediata. Seu perceptível fundamento jurídico radica-se no *caráter negocial*, típico de relações reguladas pelo direito privado, da abertura da conta de poupança, entendida como ato de aperfeiçoamento de contrato de adesão.

H. Ora, sem afronta aos princípios, sobretudo à distinta natureza jurídica das relações, à isonomia e à segurança jurídica, tal jurisprudência não se ajusta ao caso da consulta, que versa exemplar relação estatutária, disciplinada por normas de direito público e inerente ao instituto do *depósito judicial de dinheiro*, de cuja imposição, inassimilável a declarações convergentes de vontade que, com força normativa própria, caracterizam e estruturam os atos negociais, não nasce ao depositante direito subjetivo algum à inalterabilidade do cogente regime jurídico de fixação e aplicação de coeficientes de correção monetária do valor depositado. Numa palavra, não há, no *depósito judicial*, nenhum traço de contratualidade que pudesse dar suporte à ideia da existência de direito adquirido do depositante à imutabilidade do regime inicial de correção monetária do valor depositado e ao qual correspondesse específico dever jurídico do depositário de respeitá-lo! Antes, submetida a relação estatutária, de direito público, à incidência imediata e à força vinculante da lei de ordem pública que mude a metodologia de fixação dos índices aplicáveis de correção monetária, o indiscutível dever jurídico, que pesa ao depositário, é de lhe dar estrito cumprimento, sem liberdade de alternativa.

I. E, por muito boa e intuitiva consequência, não pode o juízo da causa, ao qual está subordinado o depositário, nem outro órgão jurisdicional, em ação em que o dono do valor depositado lhe demande pagamento de diferença baseada na alegação de insuficiência do *índice legal* para reparar a efetiva deterioração do poder aquisitivo da moeda, determinar aplicação doutro índice, conquanto também legal, mas só aplicável a relações ou fatos diversos, atuando como legislador, sob escusa de analogia inexcogitável ou pretexto de *summum ius, summa iniuria*. O terreno é de legalidade estrita, cuja inobservância, em si já grave, comprometeria, pelo risco de atingir larga escala, altos objetivos da política monetária, atribuída à discrição doutros poderes.

J. Se, contra os princípios, entende, porém, lhe seja dado eleger outro índice que mais bem recomponha a perda inflacionária, enquanto objeto de direito do depositante cujo patrimônio jurídico se teria desfalcado *contra ius*, agravaria seu excesso se deitasse ao depositário, só porque seja instituição financeira, suposta obrigação de remediar dano que lhe não é imputável a título de dolo, nem de culpa, senão ao Estado, que editou a lei instituidora da metodologia de cálculo reputada lesiva. Violaria, aqui, quando menos, a literal disposição do art. 150 do Código de Processo Civil[8].

K. Aplicadas tais noções ao caso, vê-se, logo, que, incidindo de imediato o disposto nos §§ 2º dos arts. 5º, 6º e 7º da Lei nº 8.024, de 12 de abril de 1990, em que, guardadas as redações introduzidas pela Lei nº 8.088, de 31 de outubro de 1990, se converteu a Medida Provisória nº 168, de 15 de março de 1990, não era lícito ao v. acórdão rescindendo mandar aplicar aos valores do depósito, excedentes a NCz$50.000,00, a partir da segunda quinzena de março de 1990, os índices do IPC, quando eram devidos apenas os do **BTN Fiscal**, sem violar a literal disposição daquelas normas, *como se fossem supletivas, de direito privado, e , como tais, inoponíveis a direito antes adquirido por perfeição de negócio jurídico*, e, consequentemente, à do art. 884 do Código Civil. A relação jurídica subjacente ao depósito

---

[8] Corresponde ao art. 161 do CPC/2015.

judicial, repita-se, era estatutária, de direito público, da qual não se originou à dona do valor depositado, direito subjetivo algum à imutabilidade do regime monetário aplicável. De modo que deveria ter decidido aplicar os índices do BTN Fiscal, como, *mutatis mutandis*, o próprio egrégio STJ já havia firmado no julgamento de recursos especiais repetitivos, bem invocados pelo autor.[9] Não o fazendo, encheu-se de rescindibilidade (art. 485, V, do Código de Processo Civil)[10].

5. Das violações da decisão às normas sobre juros

L. No que concerne à condenação ao pagamento de juros *remuneratórios*, que substanciam modalidade de reparação de dano pecuniário, não foi menor, nem menos vistosa a violação de literais disposições de lei.

É que, não sendo efeito automático ou secundário da obrigação de pagar o principal, a previsão de sua exigibilidade na sentença depende de lhe ter o autor deduzido pedido *expresso* na inicial, como de qualquer outra verba substantiva (art. 286, *caput*, do Código de Processo Civil)[11]. Mas não o formulou a ora ré, que não pode agora forcejar por vê-lo implícito na postulação genérica de refazimento da conta, pela razão breve, mas decisiva de que os pedidos devem interpretados restritivamente, salvo quanto aos juros de mora ou legais, entre os quais se não incluem os remuneratórios (art. 293). Donde, ao tê-los concedido sem pedido, foi *extra petita* o v. acórdão rescindendo, que não reverenciou os limites legais da adstrição forçosa ao que lhe pedira a então autora (arts. 459, *caput*, e 460). Tem, pois, de ser decotado, a respeito, o comando do v. acórdão rescindendo.

M. Também escusa largos latins a arguição de ofensa à literal disposição do art. 406 do Código Civil.

É que, à data da prolação do v. acórdão rescindendo, o colendo STJ já tinha sedimentado e petrificado a interpretação, hoje perseverante,[12] que atribuiu como sentido emergente ao disposto no art. 406 do Código Civil e ao próprio alcance da SELIC, na condição de índice correspondente à

---

[9] **REsp nº 1.107.201-DF e nº 1.147.595-RS**, Segunda Seção, rel. Min. Sidnei Beneti, j. 08.09.2010, DJe 06.05.2011. Demonstrou o acórdão, com minúcias, que já estava consolidada, na jurisprudência da Corte, a orientação nele adotada sobre os temas julgados.

[10] Corresponde ao art. 966, V do CPC/2015.

[11] Corresponde ao art. 324 do CPC/2015.

[12] Cf., por todos os precedentes, **EDcl no REsp nº 1.025.298**, Rel. p/ ac. Min. Luiz Felipe Salomão, j. 28.11.2012, DJe 01.02.2013.

média das taxas convencionadas pelos agentes do mercado secundário de títulos públicos, para remunerar capital do mercado financeiro. Dissipando a divergência intestina que ao propósito se instalara no âmbito do tribunal encarregado de uniformizar a exegese do direito federal, a egrégia Corte Especial garantiu a unidade necessária de entendimento, ao firmar a orientação de que a taxa de juros moratórios, a que se refere o art. 406 do Código Civil, é apenas a da SELIC, a qual não pode cumulada com índice de correção monetária, porque esta é já compreendida no cálculo daquela.[13]

N. Nem deixa de ter relevo ao caso, a observação complementar de que essa inteligência poderia até ser adotada na execução do v. acórdão rescindendo, sem desconstituição da coisa julgada material que o recobre, se a não tivesse repelido a instância ordinária, como a repeliu, na fase de cumprimento da sentença.

É que se trata de orientação impositiva na medida em que, sendo os juros *meros consectários da obrigação principal*, devem ser regulados pela *lei* – segundo o teor normativo que lhe atribuiu o STJ – *vigente à época do cálculo*, sem óbice da coisa julgada, como preconiza a jurisprudência desse mesmo egrégio tribunal:

"ADMINISTRATIVO. PRECATÓRIO. **JUROS MORATÓRIOS. ALÍQUOTA. REDUÇÃO. POSSIBILIDADE. COISA JULGADA. NÃO OCORRÊNCIA. ADEQUAÇÃO DA ALÍQUOTA. CONSECTÁRIO LEGAL. ART. 406 DO NOVO CÓDIGO CIVIL.** 1. Recurso ordinário em mandado de segurança interposto por Aragão e Aragão Ltda., com fundamento no artigo 105, II, 'b' da Constituição Federal, contra acórdão proferido pelo Tribunal de Justiça do Estado do Sergipe, que denegou a ordem para o fim de manter os juros moratórios em 6% ao ano, nos termos da sentença transitada em julgado. 2. É certo que a controvérsia travada nos presentes autos conduz, obrigatoriamente, à avaliação de eventual violação à coisa julgada, na medida em que o título judicial exequendo, exarado em momento anterior à vigência no novo Código Civil, fixa os juros de mora em 0,5% ao mês, fato que conduz ao pleito da majoração dos juros moratórios à luz do artigo 406 Código Civil, em vigor no momento da realização do cálculo para expedição do precatório. **3. Como se sabe, os juros são consectários legais da obrigação principal, razão porque devem ser regulados pela lei vigente à época de sua incidência. Ora, considerados como tal é evidente que o juiz, na forma-**

---

[13] **EREsp nº 727.842**, Rel. Min. Teori Albino Zavaski, j. 08.09.2008, DJe 20.11.2008.

ção do título judicial, deve especificá-los conforme a legislação vigente. Dentro desta lógica, havendo superveniência de outra norma, o título a esta se adequa, sem que isto implique violação à coisa julgada. (...)"[14]

Do voto do Ministro Relator consta:

(...) **Assim, não caracteriza violação à coisa julgada o entendimento firmado pelo recorrente no sentido de que é possível a fixação, em sede de precatório, do percentual previsto no novo Código Civil,** alterando, desse modo, especificamente, o percentual de 6% ao ano determinado pela sentença transitada em julgado e proferida quando vigente o Código Civil de 1916."[15]

É assente hoje que a jurisprudência formada pelos tribunais superiores, resultante da tarefa, que lhes impõe a Constituição (arts. 102 e 105), de dar a última palavra sobre interpretação da Constituição (STF) ou da lei federal (STJ), constitui ***fonte de direito*,**[16] isto é, os precedentes dos tribunais de superposição apresentam-se como *elemento constitutivo-criativo do direito,* equiparando-se à lei, dada sua *eficácia vinculante.* Embora tal conclusão já pudesse apoiar-se no texto claro dos arts. 4º e 5º da velha Lei de Introdução ao Código Civil (Decreto nº 4.657, de 1942), foi positivada no vigente Código de Processo Civil, consoante se lhe infere ao art. 927.[17] Daí

---

[14] **RMS nº 32.221-SE**, 2ª Turma, Rel. Min. Mauro Campbell Marques, j. em 02/12/2010, DJe 14/12/2010. Grifamos. No mesmo sentido e com as mesmas razões: **"Não viola a coisa julgada a determinação de incidência da Taxa SELIC" (AgReg no REsp nº 1.479.171-RS,** 2ª Turma, Rel. Min. Humberto Martins, j. em 10/02/2015, DJe 20/02/2015. Grifos também nossos. Ainda: *"Os juros são consectários legais da obrigação principal, razão porque devem ser regulados pela lei vigente à época de sua incidência. Ora, se os juros são consectários legais, é evidente que o juiz, na formação do título judicial, deve especificá-los conforme a legislação vigente. Dentro desta lógica, havendo superveniência de outra norma, o título a esta se adequa, sem que isto implique violação à coisa julgada"* (**REsp nº 1.111.117-PR**, Corte Especial, Rel. Min. Mauro Campbell Marques, j. em 02/06/2010, DJe 02/09/2010. Itálicos nossos).

[15] Grifos nossos.

[16] "Os precedentes, sobretudo os dos tribunais superiores, pelo menos quando não se deparam com uma contradição demasiado grande, são considerados, decorrido algum tempo, '**direito vigente'" (Larenz, Karl**. *Metodologia da ciência do direito.* 5ª ed.. Lisboa: Fundação Calouste Gulbenkian, 2009, p. 611. Grifos nossos).

[17] "Fatos são fatos e, ante esse vasto elenco de expressivas e otimizadas aplicações do precedente judiciário, não há negar que alterou-se o regime jurídico político do país, o qual passa a consentir, dentre as suas fontes, a par da norma legal (CF, art. 5º, *caput* e inciso II) também o dado jurisprudencial, nas modalidades antes referidas, com aptidão para projetar

por que, se o STJ teria definido o alcance do art. 406 do Código Civil,[18] após o v. acórdão rescindendo, o caso seria, então, de típica superveniência de ato normativo, com efeitos retroativos à data da edição da norma interpretada, cuja incidência obrigaria, por estoutra razão, a adequação do dispositivo da sentença condenatória sobre juros, após o início de vigência do novo Código Civil, ao teor de seu art. 406, *na interpretação última que lhe foi conferida pelo STJ*. Assim, se, à vista de norma superveniente, se entrou a entender que os juros de mora obedecem à taxa SELIC, esta pode aplicada no cerne da execução. Mas, se a instância local afastou tal incidência na fase de cumprimento da sentença, sob pretexto de coisa julgada, não há outra via por desconstituí-la senão a **rescisória**.

6. Conclusão

O. Do exposto, estamos em que a ação rescisória deve julgada procedente, nos termos do art. 485, V, do Código de Processo Civil de 1973[19], à vista

expandidos graus de eficácia. (...) Conquanto o art. 5º e inciso II da Constituição Federal refira-se à lei como critério fundante de avaliação de atos e condutas, comissivos ou omissivos, não se deve dar à palavra lei um sentido restrito ou reducionista, mas, antes e superiormente, hoje cabe compreender o vocábulo no senso mais elástico de ordenamento jurídico, **composto, não só pelas leis em sentido estrito, mas também pelos chamados meios de integração,** e ainda, ou até especialmente, pela **interpretação assentada, dada à lei pelos Tribunais, mormente os superiores,** assim postados, não como terceira ou quarta instâncias, ou como mais uma instância revisional, mas como verdadeiras Cortes de Precedentes" (**MANCUSO, RODOLFO DE CAMARGO**. *"O Direito Brasileiro segue filiado (estritamente) à família Civil Law?"*, **in** *O novo código de processo civil – questões controvertidas*. Vários autores. São Paulo: Atlas, 2015, pp. 399 e 419. Grifamos). Na mesma obra, **MANCUSO** lembra que, pelo fato de a jurisprudência ter sido alçada à condição de *fonte de direito*, o legislador teve de mudar a terminologia adotada no então inc. V do art. 485 do CPC de 1973 (*"violar literal disposição de lei"*) quando tratou, no novo CPC, das hipóteses de ação rescisória, passando a usar, em vez de "lei", a expressão *"norma jurídica"* (inc. V do art. 966), exatamente porque o direito se cria também por *interpretação judicial.*

[18] Cuida-se, pois, de fenômeno similar ao *case of first impression* do direito norte-americano, segundo o qual, quando a lei é interpretada, em definitivo, por um precedente, e forma u'a *nova* regra legal (*rule of law*), tal precedente passa a ser aplicado, como se fosse lei, nos casos pendentes e futuros, desde que, evidentemente, não se lhe resolva modular os efeitos (v. **NOGUEIRA, ANTONIO DE PÁDUA SOUBHIE**. *Modulação dos efeitos das decisões no processo civil.* Tese de Doutorado, USP. São Paulo: 2013, pp. 170, 171, 220, 235).

A jurisprudência do STJ que fixou a taxa SELIC como conteúdo do art. 406 do Código Civil, *não foi objeto de modulação* (cf. §§ 3º e 4º do art. 927 do novo CPC), de maneira que deve ser aplicada *retroativamente* à data da edição da lei interpretada, outrora lacunosa ou dúbia.

[19] Corresponde ao art. 966 do CPC/2015.

das ofensas apontadas a literais disposições de lei, para (*i*) mandar aplicar a BTN Fiscal aos valores depositados após a segunda quinzena de março de 1990, (*ii*) excluir a condenação ao pagamento de juros remuneratórios e (*iii*) dispor que os juros moratórios correspondam à taxa da SELIC, decotando-se a correção monetária que, nela já inclusa, incidiria sobre sua base de cálculo. É o que, s.m. j., nos parece.

Brasília, 21 de junho de 2017.

17

Rejulgamento de Recursos Decididos
por Acórdão Anulado por Omissão

DECISÃO JUDICIAL. Rejulgamento de recursos. Acórdão de apelação, recurso adesivo e reexame necessário. Omissão relevante não remediada em embargos declaratórios. Anulação do aresto em recurso especial. Determinação de rejulgamento da questão, elementar da causa de pedir. Pretensão dos réus de o restringir a essa matéria específica. Inadmissibilidade. Âmbito mais amplo da cognição recursal reaberta. Necessidade de rejulgamento integral da apelação, do recurso adesivo e do reexame necessário. *Se foi anulado, em recurso especial, por omissão sobre questão fundamental não examinada sequer no julgamento de embargos declaratórios, acórdão que decidiu apelação, reexame necessário e recurso adesivo, estes todos têm de ser, nos limites dos respectivos efeitos devolutivos, integralmente rejulgados em cumprimento da decisão que anulou aquele, e não apenas a questão sobre a qual se omitiu.*

1. Consulta

A. O ilustre advogado MAB dá-nos a honra de consulta sobre a amplitude da cognição da apelação interposta pela Fazenda do Estado de São Paulo e outros, bem como do reexame necessário, que deverão ser agora rejulgados pelo Tribunal de Justiça de São Paulo, em cumprimento de acórdão do Superior Tribunal de Justiça, o qual, dando provimento a recurso especial da sua cliente, CROSP S.A., anulou, por omissão não suprida, o aresto que primitivamente os julgara, ao reformar o que lhes rejeitara embargos declaratórios. É que, no entender daquele nobre advogado, o tribunal local poderia, diante dos termos de petição avulsa e de agravo regimental dos apelantes e, sobretudo, do teor de acórdão embargado de agravo regimental que interpôs, cingir-se à cognição estrita dos embargos declaratórios opostos ao acórdão da apelação, já não todo o mérito desta, sob pretexto de que o acórdão do Superior Tribunal de Justiça, por cumprir, teria, reconhecendo a omissão não suprida, determinado fosse apenas apreciada a questão levantada pela autora nos embargos de declaração e consistente em saber se o projeto do Rodoanel teria previsto, ou não, desde sua abertura, instituição de pedágio nas alças de acesso. Tal questão, ressuscitada nas contrarrazões de apelação, como um dos fundamentos do pedido de indenização por desequilíbrio contratual, acolhido pela sentença, comporia, mas não esgotaria o âmbito cognitivo da apelação, cujo rejulgamento há de abranger todas as demais questões entrelaçadas que importam à decisão da causa.

Estamos em que é fundada a preocupação que inspirou a consulta.

2. Síntese dos fatos relevantes

B. Julgada procedente ação de recomposição do equilíbrio econômico-financeiro de contrato de concessão, movida por CROSP S.A. em face da Fazenda do Estado e outros, o Tribunal de Justiça deu provimento à apelação principal dos réus e ao dito reexame necessário, reputando prejudicado o recurso adesivo, pela razão básica de que, sendo previsível, a redução do volume do tráfego na rodovia concedida e, consequentemente, da receita contratual, em virtude da inexistência de pedágio nas alças de acesso ao superveniente Rodoanel, que se transformaram em rota alternativa gratuita dos usuários, fora assumida, nos termos do contrato, como risco pela concessionária autora, que, pois, lhe não faria jus a revisão da equação econômico-financeira.

C. Sustentando que tal acórdão se não pronunciara sobre o cerne da causa, o qual não estava na previsibilidade da construção do Rodoanel, mas na previsão, constante do seu projeto original, de implantação de pedágio que ocorreu apenas vários anos depois da abertura, a autora opôs-lhe embargos declaratórios por que fosse remediada a omissão. Rejeitou-os o tribunal sob pretexto de que tangenciavam a litigância de má-fé, porquanto não estariam os julgadores obrigados a responder a todas as dúvidas das partes. O acórdão foi impugnado por recurso especial.

D. Conhecido, provido e transformado em recurso especial o agravo que ao despacho denegatório deste interpusera a autora, arguindo três ordens de omissões e contradições em que, sem cura, nem solução, resvalara o acórdão, o Superior Tribunal de Justiça deu-lhe provimento, reconhecendo que, quanto ao terceiro ponto (*c*),[1] segundo o qual o projeto do Rodoanel previa fosse *"ele pedagiado, o que porém não ocorreu nos primeiros anos de seu funcionamento, mas somente no final de 2008"*, o tema de compartilhamento de pedágio não se dava, como pareceu ao acórdão recorrido, *"em relação ao edital ou ao contrato de concessão, mas sim no que toca ao projeto do Rodoanel, **matéria não enfrentada pela Corte paulista**, apesar de constar das contrarrazões de apelação"* a assertiva de que esse projeto *"mencionava a implantação de praças de pedágio no Rodoanel, nas saídas e entradas das alças de acesso ao Rodoanel."* Depois de considerar *"relevante a alegação, pois a previsibilidade da instalação das praças de pedágio tem repercussão imediata na análise da ocorrência do dano alegado"*, dispôs o acórdão do STJ, segundo o voto da min. Relatora:

> "dou provimento ao recurso especial da Concessionária para declarar a **nulidade do aresto recorrido** e determinar que, **em novo julgamento**, aprecie a questão exposta nas contrarrazões e ratificada nos embargos de declaração, **quanto a prever ou não o projeto do Rodoanel a instalação de praças de pedágio**."[2]

E. Baixados os autos e designada data de rejulgamento, intervieram os réus para aduzir que nele não caberia sustentação oral, porque, anulado seu acórdão, o tribunal *"deve decidir os embargos de declaração, porém não o mérito da apelação, pois acolheu-se recurso especial com fundamento no inciso II do art. 535 do CPC, de modo que novo julgamento somente pode ter por base as questões suscitas (**sic**) nos embargos"*. Igual postura adotou ao depois em agravo contra conversão do julgamento em diligência, mas cujo acórdão, não obstante dar-lhe provimento, deixou dúbio qual seria o objeto específico do rejulgamento perante os termos do acórdão do STJ. Opostos embargos de declaração pela autora, a turma rejeitou-os, dispondo, no que interessa, que teria o STJ sublinhado *"a omissão quanto ao projeto do Rodoanel, e não*

---

[1] Como consta expressamente do voto da min. Relatora, os outros dois pontos diziam respeito à impossibilidade de, à época da licitação, calcular-se o impacto da construção do Rodoanel para fim de proposta comercial (*a*), e à indefinição dos pontos de intersecção do Rodoanel com o sistema Raposo-Castello, quando foi este concedido (*b*).

[2] Todos os grifos são nossos.

todos os elementos constantes das contrarrazões de apelação", donde não haveria obscuridade por remediar.

3. Do objeto do rejulgamento determinado

F. Da vistosamente errônea interpretação que os réus e o teor ambíguo, senão equivocado, dos dois acórdãos mencionados no tópico anterior, dão ao sentido inequívoco do comando decisório (*decisum*) do acórdão do STJ, pode tirar-se, sem erro, que professam autênticas aporias jurídicas, imputáveis a esquecimento ou descuido de elementares noções processuais, que convém sejam reavivadas.

G. A primeira observação tem o gosto de coisa óbvia.

Os embargos de declaração não têm, como o sabe toda a gente, por finalidade, comum a todas as demais espécies de recurso, provocar, dentro do mesmo processo, *reforma*, consistente na aplicação doutra regra jurídica, diversa da que aplicou o órgão *a quo*, nem *invalidação* de decisão judiciária, caso em que esta, eivada de vício processual, é cassada para que outra a substitua. Sua função é apenas de, sem outra mudança, salvo quando produza efeito dito modificativo ou infringente,[3] esclarecer o sentido da decisão embargada ou de lhe inserir, a título de integração, enunciado que devia conter, mas não contém. Ou seja, aclarar obscuridade, remover contradição, suprir omissão ou corrigir erro material (art. 1.022, *caput*, incs. I, II e III, do atual CPC).[4] Não seria impróprio dizer-se que os embargos declaratórios não têm serventia autônoma, na medida em que sua recepção se incorpora à decisão embargada, que a absorve, para revelar seu real alcance jurídico. É o que adverte prestigiosa doutrina, ao assentar:

> "Acórdão que, ao julgar embargos de declaração, decide algo pertinente à causa ou ao recurso, **integra-se** na decisão respectiva e **é recorrível nos mesmos termos em que ela, no ponto, o seria.**"[5]

---

[3] Tal efeito excepcional é, em princípio, admitido apenas quando constitua necessária consequência lógico-jurídica da remoção de contradição ou do suprimento de omissão, embora haja tendência doutrinária e pretoriana de dilatar tal admissibilidade em caso de erro manifesto.

[4] Esse texto reedita, em parte, o disposto no art. 535, incs. I e II, do Código revogado, com acréscimo da hipótese de *correção de erro material*, que se reconduz à função última de tornar claro o verdadeiro conteúdo semântico da decisão embargada.

[5] **BARBOSA MOREIRA**, José Carlos. *Comentários ao código de processo civil*. 15ª ed. RJ: Gen/Forense/BP, 2009, vol. V, p. 563, nº 304. Grifos nossos e do original.

Este fenômeno recursal, decisivo no caso da consulta, é sobremodo notável na hipótese de *omissão*, tipificada quando decisão deixa de apreciar questão relevante ao julgamento, suscitada pela parte ou cognoscível de ofício, sobre matéria submetida, mediante recurso, à cognição do tribunal. Se se omite este, em apelação, sobre ponto a cujo respeito devia pronunciar-se, como, p. ex., sobre fundamento empírico suficiente do pedido, enche-se o acórdão de claro **vício invalidante radical**, removível por via de embargos declaratórios. Daí vem que, sendo imanente ao acórdão embargado, tal vício lhe é purgado, se, convalidando-o, o acórdão dos embargos supre a omissão. Mas subsiste como causa de sua nulidade absoluta, a qual, não podendo, à evidência, limitar-se a pronunciamento que não existe sobre o ponto omitido, atinge por inteiro o acórdão embargado, se o não extirpa o acórdão proferido nos embargos, ao rejeitá-los. Nesta segunda hipótese, o acórdão dos embargos não é nulo, mas contém *error in iudicando* no negar a existência da omissão; o que aí sucede é que esta continua a macular de nulidade total, por *error in procedendo*, o defeituoso acórdão embargado. Donde logo se vê que, na espécie, em terminologia técnica rigorosa, o aresto do STJ não anulou o acórdão que repeliu os embargos declaratórios, **senão que o reformou para anular o acórdão da apelação, embargado**, como se os embargos tivessem sido acolhidos, como deviam, no tribunal *a quo*! O que cumpre agora é suprir a omissão no julgamento da apelação.

H. Esta translúcida conclusão processual, que implica devam ser de todo rejulgados a apelação, o reexame necessário e o recurso adesivo, tido antes por prejudicado, é confirmada por outras não menos boas razões jurídicas, das quais a primeira está em que, constando do recurso especial, alegação de três causas de *nulidade integral* do acórdão embargado (*a*, *b* e *c*),[6] o STJ só acolheu a terceira, figurada na omissão sobre o impacto gravoso da inexistência temporária de pedágio, previsto no projeto do Rodoanel, para suas alças de acesso, na equação econômico-financeira do contrato de concessão (*c*). E, acolhendo-a, anulou todo o acórdão embargado, para que, sem limitação alguma, mas com suprimento da omissão, sejam de novo julgados, no âmbito das matérias devolvidas, a apelação e o reexame necessário, não os embargos declaratórios, *os quais perderam a utilidade*. **A omissão já foi reconhecida pelo STJ!**

---

[6] Cf. *supra*, p. 2, nota de rodapé nº 1.

I. É, ao depois, exigência de rudimentar lógica jurídico-processual. O vício de omissão invalidante do acórdão da apelação não foi sanado, porque assim não o decidiu o tribunal no julgamento dos embargos declaratórios, de modo que, como seu defeito próprio, e não, do acórdão dos embargos, há de sê-lo agora no rejulgamento da apelação com cognição obrigatória daquele ponto sobre o qual o mesmo tribunal se omitiu (*c*). Já não há nada por rejulgar nos embargos de declaração, que se exauriram.

J. Leitura diversa, sobre ser incompatível com os fatos do processo e os princípios, levaria *ipso facto* a aporias jurídicas. Por que o STJ teria cometido o dislate de apenas anular, em parte, o acórdão da apelação, se considerou, a título de *ratio decidendi*, relevante, senão decisiva ao julgamento da causa, a questão da possível influência danosa da inexistência do pedágio previsto no projeto do Rodoanel, sobre a receita contratual da concessionária? Se não fora obviamente indispensável à definição da sorte da demanda, não teria o STJ reputado como causa de nulidade total e absoluta do acórdão da apelação, sua falta de pronunciamento a respeito, senão que haveria de ter improvido o recurso especial por suficiência dos fundamentos deduzidos pelo Tribunal de Justiça.

Dito doutro modo, a que se prestaria a necessidade jurídica, declarada pelo STJ, de apreciação específica daquela questão (*c*), que é uma das bases empíricas das *causae petendi*, se nenhum relevo apresentasse à definição do teor da solução do pedido de reequilíbrio econômico-financeiro do contrato? Evidentemente, a nada. Seria, à míngua de interesse jurídico em suprir mero silêncio, que nem sequer configuraria omissão decisória, a qual supõe dever de pronúncia, caso de superfluidade patológica, de provimento *inutiliter dato*. Uma aberração, em suma.

4. Do âmbito de cognição do recurso por julgar

K. O que há, pois, de ser rejulgado são a apelação e o reexame necessário.

E hão de sê-lo nos limites do *efeito devolutivo*, que está em transferir ao órgão *ad quem* a cognição da matéria decidida no órgão *a quo*, conforme à *extensão* e à *profundidade* do recurso ou mecanismo análogo de que se trate. E, ainda neste passo, convém recordar velhas noções processuais, a começar pelo difundido conceito carneluttiano de *questão*, entendida como qualquer ponto duvidoso de fato ou de direito e, como tal, exigente de resposta, que, suscitado pela parte ou de conhecimento oficial, tenha influência na decisão sobre a validade do processo ou o julgamento da causa.

A *extensão* do efeito devolutivo mede-se pela extensão da impugnação recursal, que delimita o capítulo ou capítulos decisórios objeto do recurso, o qual, no caso, será considerado apenas o de apelação. Trata-se, portanto, de visão horizontal da quantidade de pedido ou pedidos que, tendo sido, ou não, acolhidos pela sentença, tenham sido renovados na apelação e, como tais, constituem a matéria ou matérias que deverão ser redecididas pelo órgão *ad quem*, se conhecido o recurso. É o que basta aqui.

A *profundidade* do efeito devolutivo, essa compreende o conjunto das questões respeitantes aos *fundamentos* que a sentença examinou ou devia ter examinado no itinerário intelectual da motivação para chegar à decisão sobre o pedido ou pedidos, ou à decisão que preexcluiu esse julgamento de mérito. Neste plano vertical, a apelação devolve ao tribunal a cognição de todas as questões que, compondo o fundamento ou fundamentos do pedido ou da defesa, hajam sido decididas, ou não, pela sentença, pressu- posta a imutabilidade da causa de pedir. Seu espectro abrange as questões de direito (*quaestiones iuris*) e as demais cognoscíveis *ex officio*, bem como as que, posto não sendo cognoscíveis de ofício, foram suscitadas pelas par- tes, mas não decididas pela sentença. Nesse sentido, a apelação devolve a cognição dos fundamentos do apelante e os do apelado, ainda quando não examinados pela sentença, se relacionados ao capítulo ou capítulos objeto da impugnação (art. 1.013, *caput* e § 1º, do CPC),[7] só não podendo condu- zir a *reformatio in peius*.

Sobreleva advertir a respeito que, por não menos expressa disposição legal, se a sentença, para julgar procedente a ação, só acolheu um ou alguns dos *fundamentos do pedido*, por lhe terem parecido bastantes, como se deu *in casu*, a apelação devolve também o outro ou os outros fundamen- tos, não acolhidos ou não apreciados (art. 1.013, § 2º, do CPC).[8] E essa foi a razão de o STJ ter anulado o acórdão deficiente da apelação, que dei- xou de examinar o **fundamento** empírico da questão da não implemen- tação do pedágio (*c*), que, objeto explícito das contrarrazões, integra o conjunto das *causae petendi* do restabelecimento do equilíbrio econômico- -financeiro do contrato. É que, com as vênias de insistir no apodíctico, ao julgar a apelação, o tribunal deixou de apreciar essoutro fundamento do pedido, capaz, em tese, de por si só manter a procedência da ação, incor-

---

[7] Os dispositivos correspondem ao art. 515, *caput* e § 1º, do CPC anterior.
[8] Idêntico ao teor do art. 515, § 2º, do Código de Processo Civil revogado.

rendo em omissão grave, que lhe comprometeu a integridade jurídica do acórdão bem anulado.

5. Conclusões

L. De todo o exposto: *a*) o julgamento que tem de, em cumprimento do acórdão do STJ, ser renovado, é o da apelação, do reexame necessário e do recurso adesivo, tido por prejudicado, nunca o dos embargos declaratórios; *b*) devem ser reexaminadas todas as questões devolvidas, sobretudo a da inexistência temporária do pedágio previsto no projeto do Rodoanel, sem exclusão de nenhuma; e *c*) é, por consequência, admissível sustentação oral.

É o que, salvo melhor juízo, nos parece.

Brasília, 24 de agosto de 2016.

QUESTÕES CÍVEIS

Direito das Coisas

18

Direito de Preferência do Locatário em Venda Judicial

1. ATO JUDICIAL. Decisão. Sentença homologatória ou meramente homologatória. Provimento de conteúdo sempre decisório. Inteligência e alcance das expressões. *Diz-se homologatória ou meramente homologatória a sentença ou a decisão que tenha por função atribuir a ato alheio, para efeito de aperfeiçoamento jurídico, a mesma natureza ou eficácia que teria o ato se seu conteúdo fosse original da sentença ou da decisão. E a atividade intelectual nestas exercida pelo juiz nunca é simples e mecânica, pois implica ato de verificar e decidir se estão presentes os requisitos legais de cuja coexistência, segundo o regime jurídico do ato, depende a admissibilidade da sua homologação, ainda quando nenhuma dúvida tenha sido suscitada pelos interessados, nem conste pronúncia expressa a respeito. Silêncio sobre as razões da decisão sói reputar-se reconhecimento tácito da existência das condições legais de homologabilidade.*

2. LOCAÇÃO. Imóvel. Venda judicial. Direito de preferência do locatário. Inexistência. Locadora sob recuperação judicial. Alienação do imóvel nos termos de promessa de venda e compra objeto do plano aprovado pelos credores em assembleia geral e homologado pelo juízo. Trânsito em julgado da decisão homologatória e da que deferiu o processamento da recuperação. Coisas julgadas formais. Interpretação do art. 32, *caput*, da Lei nº 8.245/91, e do art. 114, § 1º, da Lei nº 11.101/2005. *O locatário não tem direito de preferência à aquisição do imóvel da locadora sob recuperação judicial, se foi alienado nos termos de promessa de venda e compra objeto do plano aprovado pelos credores em assembleia geral e homologado pelo juízo, sobretudo se já transitaram em julgado a decisão homologatória dessa venda judicial e a que deferiu o processamento de recuperação.*

1. Consulta

A. Os ilustres advogados GSLF e FNS dão-nos a honra de consultar sobre a sorte de recurso especial, interposto por NREH Ltda., de acórdão da Quarta Câmara Cível do Tribunal de Justiça do Rio de Janeiro, que, em processo de recuperação judicial, por unanimidade, deu provimento a agravo tirado por BHG – e ME 1 Ltda., contra decisão do juízo que reconhecera à ora recorrente, na condição de locatária, direito de preferência na venda do imóvel em que consiste o ativo da devedora e onde aquela mantém o HSRP. O acórdão, objeto do recurso especial, decidiu, por quatro fundamentos, não assistir à então agravada direito de preferência na alienação do prédio às agravantes.

2. Síntese dos fatos incontroversos e relevantes

B. VHT S.A. teve deferido o processamento de pedido de recuperação judicial, cujo plano original foi, com aprovação da assembleia geral de credores, mediante proposta do comitê, modificado para ficar constando que se daria com o produto da alienação judicial do imóvel localizado à avenida Atlântica, nº 4240, na cidade do Rio de Janeiro, e em que funciona o HSRP, pelo valor mínimo de R$170.000.000,00 (cento e setenta milhões de reais), no prazo máximo de 180 (cento e oitenta) dias, contados da sua aprovação pelo juízo. Este **concedeu** a recuperação, ratificando o plano, em 3 de março de 2010.

Em 8 de setembro seguinte, a título de execução do plano, a V submeteu ao comitê dos credores, que a aprovou, promessa de venda e compra do imóvel, ajustada com a BHG, pelo valor de R$184.000.000,00 (cento e oitenta e quatro milhões de reais), declarando os contraentes, na cláusula décima primeira, estar *"cientes de que a venda do imóvel é celebrada em **caráter judicial"**.*[1] Mas, entendendo não ser tal modalidade a mais conveniente aos interesses dos credores, o juízo determinou fosse a venda realizada por leilão.

Inconformada, a V interpôs agravo de instrumento, a que a Quarta Câmara Cível do Tribunal de Justiça deu provimento parcial, para *"revogar a decisão que determinou a realização do leilão e **homologar o negócio realizado pela recuperanda**, nos termos propostos e conforme aprovado pelo Comitê dos Credores".*[2] Ao apreciar aquele negócio concreto e específico, celebrado

---

[1] Grifos nossos.
[2] Grifos ainda nossos.

DIREITO DE PREFERÊNCIA DO LOCATÁRIO EM VENDA JUDICIAL

com a BHG, assentou o acórdão, dentre outros fundamentos, que, aprovada pelo comitê dos credores, a proposta de antecipação das parcelas vincendas, pela promissária compradora, praticamente transformava o contrato em venda à vista, sem que tivessem aparecido outros interessados. À míngua de recurso, **essa decisão transitou em julgado**, consoante certificado em 24 de agosto de 2011.

Ainda nesse mês, foi lavrada escritura de venda e compra do imóvel em favor de ME 1 Ltda, pertencente ao mesmo grupo econômico da BHG, como o facultava a promessa.

Locatária do imóvel, a NREH Ltda., cujos patronos acompanhavam o processo desde, pelo menos, 15 de outubro de 2008, invocando, em inúmeras intervenções, a condição que lhe garantiria o direito previsto no art. 27, *caput*, da Lei federal nº 8.245, de 18 de outubro de 1991 (Lei do Inquilinato), depositou em juízo, em meados de setembro de 2011, a quantia de R$180.000.000,00 (cento e oitenta milhões de reais), e, em 3 de outubro, requereu lhe fosse reconhecido o direito de preferência na aquisição do imóvel. Reconheceu-lho o juízo em decisão datada de 9 de dezembro.

Dela agravaram a BHG e a M. e, preventa, a Quarta Câmara Cível deu-lhes provimento ao agravo, aduzindo, em suma, que, como se cuidava de **venda por decisão judicial**, estava preexcluído direito de preferência, *ex vi* do art. 32 da Lei do Inquilinato (*i*); que, ademais, a locatária, inequivocamente ciente, há mais de ano, de todas as condições da alienação, não exercera, no prazo capitulado no art. 28 da mesma lei, o suposto direito, de modo que não poderia ter havido preterição alguma, senão **decadência** manifesta (*ii*); que, ao depois, o anúncio público da locatária de que iria alienar o imóvel *"caracteriza desvio ostensivo da finalidade do instituto da preferência"* e, como tal, resvalava na censura do **abuso do direito**, previsto no art. 186 do Código Civil (*iii*); e, por fim, que a venda fora ratificada pelas mesma Câmara, **mediante decisão transitada em julgado**, donde não poder ser desconstituída por decisão posterior, e, muito menos, de primeiro grau (*iv*).

Contra esse acórdão de límpido teor, assente nos quatro fundamentos concorrentes, mas autônomos, ora sintetizados (*i, ii, iii* e *iv*), mantidos em embargos declaratórios, é que se volta, em substância, o recurso especial da R.

Não pode ser ouvida.

3. A venda por decisão judicial

C. Afigura-se, desde logo, de todo em todo inútil a esforçada tentativa, empreendida pelo recurso da locatária, de, no caso, negar tenha sido a venda realizada por decisão do juízo do processo de recuperação judicial. E, por demonstrá-lo, escusam largos latins.

O plano substitutivo de recuperação apresentado da V. já propunha a *"venda judicial do principal ativo"*,[3] consistente naquele seu único imóvel, onde está estabelecido o hotel, como o declarou e transcreveu a locatária mesma (fls. 2472, cc. fls. 2977-2978). O modelo dessa venda, deliberado pelo comitê de credores e submetido à assembleia geral, previa (**a**) *"alienar judicialmente"* o imóvel *"no âmbito do processo"*, (**b**) sujeitando a *"alienação judicial do bem"* aos termos dos arts. 60 e 142 da Lei federal nº 11.101, de 9 de fevereiro de 2005, (**c**) tudo mediante requerimento do administrador ao juízo da recuperação (fls. 3003). Essas três condições expressas (**a, b** e **c**) foram mantidas na última assembleia geral, datada de 29 de abril de 2009, na qual foi o plano aprovado para o fim de dar-se a recuperação com o produto da alienação do imóvel, *"na forma legalmente admitida e aprovada pelo Juízo da Recuperação Judicial"*, pelo valor mínimo de R\$170.000.000,00 (cento e setenta milhões de reais), no prazo máximo de 180 (cento e oitenta) dias, *"contados da data da aprovação da proposta de venda do aludido imóvel pelo juízo da recuperação judicial"* (fls. 3121).

Era, pois, manifestíssimo que, suposto pudessem os credores, respeitados os limites de sua autonomia, ter deliberado coisa diversa, conceberam a venda, enquanto a própria forma eleita para consecução da recuperação **judicial**, como ato jurídico submisso a prévia **decisão do juízo** do processo, e, cumprindo o disposto no art. 45 da Lei nº 11.101, de 2005, nesses precisos termos a aprovaram, revestida de força normativa negocial, como cerne do plano (fls. 3122). Cumpridas todas as exigências legais, cuja coexistência examinou na decisão, o juízo **deferiu** a recuperação, com base no art. 58, homologando o plano aprovado pela assembleia geral dos credores (fls. 3471).

D. Tal sequência de fatos incontroversos já bastaria por revelar que a venda, ao depois realizada, o foi por **decisão judicial**, designadamente a que, homologando o plano que a contemplava, concedeu, em provimento de óbvio cunho decisório, a recuperação à devedora. Se o não houvesse

[3] Grifos nossos.

homologado o juízo nas condições ali acertadas pelos credores, a venda, se existente, não seria válida, nem eficaz, porque ou seriam outros os termos da recuperação da devedora, cuja só declaração de vontade de prometer vender seria irrelevante sem a decisão,[4] ou se lhe teria decretado a falência.

E. Este dado relevante do deferimento da recuperação com homologação do plano, onde os credores acordaram a realização da venda naquelas particulares e explícitas condições aprovadas na última assembleia geral, demonstra por si só a **judicialidade** do negócio jurídico, porque implica submissão forçosa da regularidade de sua efetivação ao poder de controle do juízo do processo, como objeto da **decisão judicial**. O juízo terá de estimar e julgar se a venda, por ser judicial, terá atendido às condições que homologou.

F. Mas o caso guarda ainda singularidade que reforça sobremodo tão incontrastável conclusão.

Celebrada e, com uma só divergência, aprovada pelo comitê dos credores a promessa de venda e compra, entendeu o juízo, em clara **decisão interlocutória**, fundada no art. 142 da Lei nº 11.1021, de 2005, onde se estatui que o juiz *"ordenará"* se proceda à alienação,[5] não ser a venda, entretanto, a melhor solução econômica para a comunidade dos credores, donde haver, em palavras não menos claras, *determinado* fosse o bem alienado mediante leilão, por lances orais (fls. 4393). A mesma venda foi, portanto, mais uma vez, objeto de **decisão judicial**, conquanto aqui para efeito de ser realizada na modalidade de leilão, que é ato típico do processo.

Ora, ao dar provimento ao agravo de instrumento interposto, contra tal decisão, pela V., a Quarta Câmara Cível enfrentou, à luz das disposições dos arts. 142, *caput*, 144 e 145, *caput*, da Lei nº 11.101, de 2005, perante as quais foi posta pelo juízo de primeiro grau, a questão jurídica da modalidade legalmente adequada de alienação do ativo, e, justificando, com ponderá-

---

[4] Observe-se que, se, depois da distribuição do pedido de recuperação judicial, a devedora pode, **por exceção**, alienar bens ou direitos do ativo permanente, sem autorização do juízo, nem audiência dos credores, desde que previamente relacionados no plano (art. 66 da Lei nº 11.101, de 2005), não pode fazê-lo, como sucederia na hipótese, sem aprovação dos credores e decisão do juízo, de **todo o ativo**, que, reduzindo-se aqui ao imóvel, constitui a única garantia dos credores e, portanto, do cumprimento da recuperação. Isto mostra bem toda a importância jurídica da **decisão judicial** que autorizou a venda nos termos do plano aprovado pelos credores.

[5] Seria fraqueza de espírito sublinhar que, quando prescreve deva o juiz **ordenar** certa providência, a lei supõe a prática de ato judicial de **nítido conteúdo decisório**.

veis argumentos, a inconveniência do leilão na espécie, **decidiu** revogar (*rectius*, reformar) a decisão agravada e homologar "*o negócio realizado pela recuperanda, nos termos propostos e conforme aprovado pelo Comitê de Credores*".

Abrindo parêntese, convém advertir, desde logo, que a leitura do inteiro teor desse acórdão e, em especial, do seu textual capítulo decisório, não deixa nenhuma dúvida de que, em lugar do leilão, decidiu, com todas as consequências legais, fosse a venda realizada nos exatos termos e condições da promessa de venda e compra celebrada pela devedora com a BHG, enquanto **negócio jurídico concreto** entre **pessoas certas**, donde ter rejeitado *ipso facto* pudesse sê-lo com outrem, ainda que fosse a locatária, a título de preferência.

Retomando o raciocínio com palavras curtas, tal como se ajustara na promessa, a venda foi ali, a título de modo específico de realização do ativo, restabelecida como objeto e por força de nova **decisão judicial**, figurada agora no acórdão que substituiu a de primeira instância (art. 512 do Código de Processo Civil)[6], adotando, dentre as alternativas legais incompatíveis entre si, outra resposta jurídica à mesma questão.

Se, por mera hipótese, o acórdão tivesse mantido a interlocutória de primeiro grau, o leilão não se realizaria por decisão judicial? Como dizer-se, pois, que, apenas decidida outra modalidade, já não seja caso de venda por decisão judicial?

G. E há outros aspectos eloquentes por considerar.

Não se vê como nem por onde sustentar, no contexto do processo de recuperação, onde, sob estrito controle da jurisdição contenciosa,[7] se situou e desenvolve toda esta controvérsia, que, como os demais atos e negócios jurídicos da rotina da vida social, governada em plenitude pela autonomia privada, a venda tenha sido direta no sentido de independer do processo de recuperação e das decisões que a judicializaram.[8] Seria abstrair as cir-

---

[6] Corresponde ao art. 1.008 do CPC/2015.

[7] Até no processo de homologação de plano de recuperação **extrajudicial**, onde avulta a liberdade ínsita aos negócios jurídicos, que se executam e cumprem independentemente de intervenção judicial, "*a atuação do judiciário ocorre durante todo o pedido e aprovação do plano*", com caráter de jurisdição contenciosa, muito visível na decisão dos incidentes possíveis, ainda quando sobrevenha sentença homologatória (cf. **PANTANO, Tania**. *O judiciário na recuperação extrajudicial*. **In: DE LUCCA, Newton**, e **DOMINGUES, Alessandra de Azevedo** (coord.). *Direito recuperacional – aspectos teóricos e práticos*. São Paulo: Quartier Latin, 2009. pp. 539 e segs..

[8] Ser "direta" apenas porque ajustada pela proprietária é circunstância de nenhum relevo factual ou jurídico.

cunstâncias históricas, os efeitos jurídicos e o próprio ambiente processual em que se propôs a necessidade e se compreende a existência do contrato!

E por afetar não percebê-lo é que o recurso especial da NR incide em incoerência grave. Deveras, se se tratasse negócio jurídico comum, como tal estranho a processo e decisão judiciais, não tinha a locatária de, para exercer suposto direito de preferência, mediante apresentação de fiança bancária e, em seguida, depósito do preço oferecido, como o fez, aguardar a publicação do acórdão que, reformando a decisão agravada, homologou, em todos seus termos, o específico contrato de promessa de venda, antes de cuja decisão alega agora não ter existido *"uma proposta firme, válida e eficaz"* (**sic**, fls. 573, nº 114). O conhecimento inequívoco da mera promessa de venda e compra já lhe desencadearia o fluxo do prazo decadencial (art. 27, *caput*, da Lei nº 8.245, de 1991).

Se a validez e a eficácia do negócio jurídico dependiam, segundo o próprio raciocínio da ora recorrente, da decisão judicial que, proferida no agravo, firmou a venda em lugar do leilão, implementando condição contratual suspensiva, então não poderia o caso ser reconduzido à disciplina legal dos negócios jurídicos independentes, aperfeiçoados no quadro de autonomia privada plena, senão às regras especiais incidentes sobre **venda por decisão judicial**.

H. Nada sofre, ao depois, a conclusão já assentada, pelo fato de que, usando talvez terminologia menos expressiva, posto não errônea nem incomum, assim do dispositivo da decisão que concedeu a recuperação judicial, aprovando-lhe o plano, como da que, no provimento do agravo, ordenou fosse a venda realizada na modalidade e nos termos da promessa, conste o verbo *homologar*. Nem por se qualificarem ambas a si mesmas como homologatórias, deixaram de ser autênticas **decisões judiciais de venda**.

Homologar, derivado do adjetivo grego *omólogos*, composto de *homós* + *logos*,[9] de velho uso forense com significado de ratificar publicamente,[10] tem hoje, nos textos normativos processuais, o preciso sentido de *"tornar o ato, que se examina, semelhante, adequado, ao ato que devia ser"*,[11] aplicável à classe

---

[9] Cf. **GALVÃO**, **Ramiz**. *Vocabulário ortográfico e prosódico das palavras portuguesas derivadas da língua grega*. Rio-Belo Horizonte: Garnier, 1994, p.322.

[10] Cf. **MORAES SILVA**, **Antonio de**. *Diccionario da língua portugueza*. Lisboa:Typ. Lacerdina, t. II, 1813.

[11] **PONTES DE MIRANDA**, **Francisco Cavalcanti**. *Comentário ao código de processo civil*. Rio-São Paulo: Forense, t. VI, 3ª ed., 1998, p. 259.

dos atos decisórios jurisdicionais propriamente ditos e até dos análogos de jurisdição voluntária, sejam sentenças ou decisões interlocutórias, que tenham por função atribuir a ato alheio, para efeito de aperfeiçoamento jurídico, a mesma natureza ou eficácia que teriam se o conteúdo daquele fosse original da decisão (*homós + logos*).[12] À moda de continente, a sentença ou a decisão homologatória preenchem-se do ato homologado, emprestando-lhe, com isso, a eficácia típica que decorra do seu teor. O exemplo escolar está na sentença homologatória de divórcio, cuja eficácia consequente é idêntica à que teria sentença que o decretasse em iguais termos, em sede contenciosa. Se, *v. g.*, os cônjuges na convenção de divórcio acordaram venda de imóvel comum, a eficácia da sentença homologatória é, a respeito, a mesma de sentença que o determinasse em processo litigioso.

Daí já se vê que, ainda quando, por argumentar, faltassem àquelas decisões judiciais sobre a venda outros conteúdos decisórios, a só literal previsão dessa no plano aprovado e homologado, aliás a título de modo específico de execução da recuperação judicial, se revestiria das respectivas eficácias jurídicas, como se fosse objeto originário das mesmas decisões. A **venda** não deixaria, pois, de ser por **decisão judicial**.

Sucede que tais decisões, em particular a do acórdão que deu provimento ao agravo para afastar a ordem de leilão público, determinando realização da venda pactuada na promessa, contêm outras típicas manifestações decisórias, assim a que considerou cumpridas as exigências legais para deferimento da recuperação, como aqueloutra que, ao excluir a modalidade do leilão para alienação do ativo, optando pela venda, **decidiu** questão jurídica definida e pontual, sem, nisto, desenvolver atividade propriamente homologatória. Afinal, decidir questão como *dubium* jurídico, sabe-se, é optar, na interpretação da lei aplicável a fato certo, ou na avaliação da prova sobre fato incerto, por uma dentre conjunto de alternativas incompatíveis, mas não contraditórias entre si, o qual caracteriza problema que pede solução.[13] Foi o que fez o acórdão: decidiu a questão de saber se havia de ser leilão ou venda!

---

[12] Veja-se, nesse sentido, a apurada definição de **Barbosa Moreira**, José Carlos. *Comentários ao código de processo civil*. Rio: Forense, 15ª ed., 2009, v. V, p. 160, nº 92.

[13] Sobre o conceito de questão entendida como *"conjunto de possibilidades estruturadas em alternativas de natureza incompatível"*, veja-se **Ferraz Jr.**, Tércio Sampaio. *Direito, retórica e comunicação*. São Paulo: Saraiva, 1973, pp. 44, 45, 81 *et passim*. Sobre distinção entre incompatibilidade e contraditoriedade, cf. ainda **Perelman, Ch.**, e **Olbrechts-Tyteca**,

I. Ademais, não obstante a dicção do art. 486 do Código de Processo Civil[14], não se descobre distinção alguma, de caráter prático ou dogmático, entre sentença ou decisão homologatória e sentença ou decisão *meramente* homologatória, como professam alguns sob o ligeiro pressuposto de que haveria casos nos quais, para homologar o ato, o juiz não lhe apreciaria a existência dos requisitos de regularidade, legitimidade ou oportunidade, limitando-se a formalizá-lo como declaração de vontade de quem nele figure, e a sentença ou decisão aí seria meramente homologatória.

Em todas as hipóteses de verdadeiras decisões homologatórias, a atividade intelectual nelas exercida do juiz nunca é, porém, simples e mecânica, senão que lhe pesa sempre dever jurídico de verificar e decidir se estão presentes, ou não, os requisitos legais de cuja coexistência, segundo o regime jurídico do ato, depende a admissibilidade da sua homologação, ainda quando nenhuma dúvida objetiva tenha sido suscitada pelos interessados, nem faça constar pronúncia expressa a respeito. O eventual silêncio da decisão sói reputar-se reconhecimento tácito das condições legais de homologabilidade. Fora disso, o ato judicial, se devido, não será nunca decisão, mas aposição de carimbo protocolar. E não precisaria recordar que as decisões homologatórias, sejam sentenças ou não, também **transitam em julgado**.

Daí dizer-se com acerto, em escólio que convém à espécie:

> "Não soam convincentes as tentativas de diferenciar com nitidez, de um lado, sentenças *meramente* homologatórias e, de outro, sentenças homologatórias que *não* o sejam "meramente". Para nós, a sentença é homologatória quando se limita a imprimir a ato não oriundo do órgão judicial força igual à que ele teria se de tal órgão emanasse – isto é, *equiparar* um ao outro, sem nada acrescentar à substância do primeiro. O advérbio "meramente" não visa a caracterizar uma *subespécie* de sentença homologatória, mas apenas a enfa-

---

L.. *Traité de l'argumentation*. Bruxelles: Éd. de l'Institut de Sociologie, 2ª ed., 1970, pp. 262 e segs., § 46. Acentuando o caráter menos **cognitivo** do que **volitivo** da decisão, diz-se que esta como manifestação (melhor, declaração) de vontade *"põe na realidade termo a uma situação de incerteza, se se reporta a um conjunto de afirmações incompatíveis, possíveis, para entre elas isolar uma para ser tomada como subsistente"* (**Castro Mendes, João de**. *Limites objetivos do caso julgado em processo civil*. Lisboa: Edições Ática, 1968, p. 240, nº II. No mesmo sentido, definindo decisão como ato de escolha ou opção, **Hart**. *Concepto de derecho*. Trad. de Genaro R. Carrió. Buenos Aires: Abeledo-Perrot, pp. 15-16.).

[14] Corresponde ao art. 966, § 4º do CPC/2015;

tizar que é *dessa espécie* que se trata, não de sentenças que não se restrinjam a homologar; simples realce do adjetivo, nada mais. Claro está que é preciso ter cuidado com a terminologia das leis, nem sempre tecnicamente rigorosa; pode acontecer que tal ou qual dispositivo fale de "homologação" ou de sentença "homologatória" onde na verdade exista algo de decisão própria do juiz."[15]

Esta advertência final aproveita ao caso, onde o uso do verbo *homologar*, na redação do comando daquelas duas decisões judiciais, a do deferimento da recuperação e a do acórdão que deu provimento ao agravo, ordenando a venda, não lhes degenera nem obscurece o conteúdo propriamente decisório. Esse segundo acórdão, sobretudo, não pode, de modo algum, dizer-se ato homologatório que, como todos os da classe das decisões homologatórias, disciplinasse relação jurídica privada, para fim de lhe outorgar eficácia jurídica ditada por outra razão normativa que não exigência inerente à estrutura mesma do instituto da recuperação judicial, de cujo processo constituiu **solução de incidente** recursal provocado pela ordem do leilão. Tal é o perceptível motivo por que se suscitou, decidiu e ainda agora se rediscute, *incidenter tantum*, a questão no âmbito do mesmo processo, e não, em processo de ação autônoma que a locatária teria de intentar para obter a coisa, se fora o negócio de venda ordinária sob regime exclusivo de direito privado, com preterição de preferência.

Em suma, ambas decidiram sobre a venda, de modo que esta se realizou por força de **decisões judiciais**.

J. Pode, sem nenhuma impropriedade, definir-se **venda por decisão judicial** como toda aquela que, deliberada e controlada pelo órgão judicial competente, em processo ou procedimento, deva realizar-se, em juízo ou fora dele, em virtude da eficácia original de decisão não homologatória que a determine, ou da eficácia jurídica que decisão homologatória atribua à sua previsão constante do ato ou negócio jurídico homologado.

4. Da preexclusão de direito de preferência

K. O caso não comporta direito de preferência.

Ao propósito, é expressa, taxativa e terminante a lei ao estatuir que o direito de preferência do locatário ou sublocatário não alcança, dentre outros, o caso de **venda por decisão judicial** (art. 32, *caput*, da Lei

---

[15] **Barbosa Moreira, José Carlos.** *Op. e loc. cits..* Os grifos são do original.

n° 8.245, de 1991). O fato, certo, de a concessão de recuperação judicial não rescindir contrato de locação (arts. 49, § 2º, e 119, VII, da Lei nº 11.101, de 2005), não significa, é óbvio, que as demais normas da Lei do Inquilinato se sobreponham às da recuperação judicial, que lhes são posteriores, sobretudo as de cunho especial.

Tal exclusão, em substância, não é nova. Com redação menos acurada, capaz de inspirar dúvidas hermenêuticas sobre sua denotação, foi introduzida pela Lei federal nº 4.494, de 30 de novembro de 1964, cujo art. 16, § 4º, dispunha que a preferência não atingia os casos de **venda judicial**, permuta e doação. As mesmas exceções, inclusive a expressão ora grifada, reapareceram no art. 24, § 4º, da Lei nº 6.649, de 16 de maio de 1969.

Conquanto sem preocupação de exaurir o estudo da particular restrição normativa, a doutrina em geral, que alimentou minguada jurisprudência sobre ao assunto, tendia a identificar os casos de venda judicial às hipóteses de hasta pública, sob afirmação ou pressuposição de que sua *ratio iuris* se prendia ao caráter forçado desse gênero de alienação judicial, resultante da expropriação do poder de disposição do proprietário, cuja vontade é assim desconsiderada,[16] como ainda hoje há quem o sustente à vista e à raiz do art. 32, *caput*, da lei 8.245, de 1991.[17]

Não era aceitável tal exegese, também ela restritiva, porque, ainda antes do advento da Lei nº 11.382, de 6 de dezembro de 2006, que acresceu os arts. 647, II[18], e 685-C[19] ao Código de Processo Civil, revogando-lhe o art. 700, fazia muito eram já previstas modalidades de alienação judicial por iniciativa particular (arts. 700, § 2º, e 1.113, § 3º, do Código de Processo Civil),[20-21] as quais cabiam no âmbito semântico da imprecisa locução *venda*

---

[16] Vejam-se, por exemplo, **OPITZ, Oswaldo**. *Novas diretrizes da Lei do inquilinato*. São Paulo: Ed. RT, 1965, p. 209, nº 11; **PIRES DOS SANTOS, Ulderico**. *Comentários ao novo estatuto do inquilinato*. São Paulo: Saraiva, 1979, p. 118, nº 81; **COSTA MACHADO, Antonio Cláudio da**. *A causa de pedir da ação de preferência da lei nº 6.649, de 1979*. **In**: revista "Justitia", SP, v. 130, 1985, p. 21, nº 4.3..

[17] Assim, **SLAIB FILHO, Nagib**. *Comentários à nova lei do inquilinato*. Rio: Forense, 9ª ed., 1996, p. 240; **CAPANEMA DE SOUZA, Sylvio**. *A lei do inquilinato comentada*. Rio: GZ Ed., 6ª ed., p. 150; **ROCHA DE BARROS, Francisco Carlos**. *Comentários à lei do inquilinato*. São Paulo: Saraiva, 1995, p. 132

[18] Corresponde ao art. 825, II, do CPC/2015.

[19] Corresponde ao art. 880 do CPC/2015.

[20] A esses casos não falta a nota discretiva de "*modo normal de expropriação*" judicial (cf. **MARINONI, Luiz Guilherme**, e **MITIDIERO, Daniel**. *Código de Processo civil – comentado*

judicial, na medida em que era ordenada e controlada pelo juízo compe-tente, dentro do processo, em substituição a hasta pública. Acertava quem, embora não visualizando ou omitindo estoutros casos de venda judicial, definia-os como *"todos os que se dêem sob a atenção ou instância judicial, quer a pedido do interessado ou por determinação do juiz, quer na execução, quer em outros processos".*[22]

A redação do vigente art. 32, *caput*, da Lei nº 8.245, de 1991, é mais pre-cisa, porque, ao aludir a **venda por decisão judicial**, já não induz a ads-crever-lhe o alcance aos casos de praça ou leilão, enquanto formas de hasta pública, mas apanha também as hipóteses em que, decidida e supervisio-nada pelo juízo competente, em processo ou procedimento judiciário, se realize por ato ou negócio jurídico particular, fora do juízo, como de certo modo já adiantamos.[23] É a que se concretizou na espécie, mediante negó-cio jurídico, em lugar de leilão.

L. Indagar de sua racionalidade ajuda a consolidar a conclusão de que, em se tratando de venda por decisão judicial, o caso preexclui direito de preferência da locatária, até *ex vi* da incidência doutra norma jurídica espe-cial, como há de ver-se.

À falta de subsídio de elementos históricos que pudessem concorrer para explicação dessa hipótese exceptiva,[24] aventaram-se muitas razões.

---

artigo por artigo. São Paulo: Ed. RT, 3ª ed., 2011, p. 957, nº 6). Não deixa de ser interessante registrar que o ilustre advogado **Sérgio Bermudes**, conceituado processualista e patrono da ora recorrente, não pôde deixar de reconhecer que, embora não se tratando, na visão dele, de compra e venda judicial (não, de venda por decisão judicial, frise-se), a hipótese de alienação por iniciativa particular do art. 685-C do Código de Processo Civil é *"ato de expropriação, praticado pelo Estado, tal como ocorre na adjudicação, na alienação em hasta pública, no usufruto de bem móvel ou imóvel. **Não se cuida, portanto, de um negócio comum da ordem privada, mas de um ato de direito público, como sói acontecer aos atos processuais"** (As reformas do código de processo civil*. São Paulo: Saraiva, 3ª ed., 2010p. 341, nota nº 2. Grifos nossos). É o que se deu na espécie.

[21] Art. 1.113 corresponde ao art. 730 do CPC/2015.

[22] **Silva Pacheco, José da**. *Comentários à nova lei do inquilinato*. São Paulo: Ed. RT, 1980, p. 128, nº 252. Cf., ainda, do mesmo autor: *Tratado das ações de despejo*. São Paulo: Ed. RT, 7ª ed., 1987, p. 198, nº 317, e, para o direito vigente, *Comentários à nova lei sobre as locações dos imóveis urbanos e seus procedimentos*. São Paulo: Ed. RT, 1992, p. 32, nº 159.

[23] Cf. *supra*, **nº 10**.

[24] São, ao propósito, absolutamente silentes os registros parlamentares, a Mensagem que, subscrita pelo presidente Castelo Branco, datada de 9 de outubro de 1964, acompanhou o anteprojeto que resultou na Lei nº 4.494, de 1964 (cujo art. 16, § 4º, é reprodução textual de igual norma do anteprojeto), e sua Justificativa.

A do caráter involuntário da venda, em relação ao proprietário da coisa, já se percebeu ser de todo imprópria, porque alienações judiciais há promovidas a requerimento de todos os interessados maiores e concordes (art. 1.113, § 3º, do Código de Processo Civil[25], e a deste caso mesmo). A invocação de dificuldades práticas[26] não é melhor, pois nada impediria à lei regular o exercício do direito de preferência até na hipótese mais complexa da hasta pública, como o fez, por exemplo, o art. 22, *caput* e § 4º, do Decreto-lei nº 25, de 30 de novembro de 1937, para alienação judicial de bens tombados.

Outras de menor tomo não pedem menção.

Não seria de todo despropositada a ideia de que, assujeitando-se o regime jurídico da recuperação judicial a prazo máximo de 2 (dois) anos (art. 61, *caput*, da Lei nº 11.101, de 2005), que pode ser encurtado, como o foi aqui,[27] segundo disposição do plano aprovado pelos credores,[28] poderia comprometê-lo, em dano destes, o procedimento de exercício do direito de preferência. Mas o alvitre não serviria à compreensão da **regra decisiva** constante do art. **114, § 1º**, da Lei nº 11.101, de 2005, que nega ao locatário o direito de preferência na compra do imóvel locado pelo administrador judicial da massa falida.

Mais curial, ou, quem sabe, menos problemático, parece-nos admitir que a *ratio* comum da preexclusão do direito de preferência, na falência e na recuperação judicial, está no fato econômico, corriqueiro mas relevante, de a existência eventual de tal direito depreciar o valor do imóvel em caso de alienação, com prejuízo considerável ao universo dos credores e desprestígio de ambos os institutos. Os potenciais licitantes e os possíveis interessados sentir-se-iam desestimulados a concorrer ou a oferecer o preço justo do imóvel, sabendo do risco de sua oferta ou lance ser preterido em favor do inquilino, ou de o comprarem em condição instável ante a possibilidade de recurso daquele à ação de adjudicação sob alegação de preferência.

---

[25] Corresponde ao art. 730 do CPC/2015.

[26] É o que opõem, por exemplo, **RODRIGUES, Silvio**. *Da locação predial.* São Paulo: Saraiva, 1980, p.93; **VENOSA, Silvio de Salvo**. *Lei do inquilinato comentada.* São Paulo: Atlas, 4ª ed., 2000, p. 123, nº 1.5.4..

[27] O **prazo de execução** da recuperação judicial, na espécie vertente, foi, no plano aprovado pelos credores e homologado pelo juízo, fixado em curtíssimos **180 (cento e oitenta)** dias, contados da data da aprovação judicial da proposta, e cujo descumprimento podia acarretar a decretação da **falência** (art. 94, *caput*, inc. III, letra "g", da Lei nº 11.101, de 2005).

[28] Sobre o ponto, cf., por todos, **MILANI, Mario Sergio**. *Lei de recuperação judicial, recuperação extrajudicial e falência comentada.* São Paulo: Malheiros, 2011, pp. 276-277, nº 334.

Numa síntese, as duas normas, art. **32**, *caput*, da Lei nº 8.845, de 1991, e art. **114, § 1º**, da Lei nº 11.101, de 2005, que, em relação à venda por decisão judicial, se conjugam e completam na expressão de uma incindível unidade normativa,[29] não tutelam, por exceção legítima, os interesses particulares dos locatários, mas os superiores interesses dos credores habilitados na recuperação judicial e na falência, que têm reflexos para a sociedade como um todo. Esta é a razão última por que à NR não assiste direito algum de preferência.

5. Da incognoscibilidade do pedido ou erro de visão

M. O que remata o quadro de nítida inviabilidade do recurso especial é que, suposto se admitisse, por epítrope, acudir direito de preferência à locatária recorrente, o pedido para o declarar não caberia na estreiteza das circunstâncias processuais do caso, porque se dirige contra outro acórdão, designadamente o proferido pela mesma Quarta Câmara Cível, mas no terceiro agravo de instrumento, interposto pela BHG e M., de outra decisão também do juízo, que, atendendo a pedido da locatária, à vista de depósito da oferta, lhe reconheceu, nos termos do art. 27 da Lei nº 8.245, de 1991, direito de preferência, a **9 de dezembro de 2011** (cf. fls. 5542-5558).

Esse acórdão ora impugnado, datado de **23 de maio de 2012**, deu provimento ao agravo, para *"manter íntegra a decisão anterior desta Câmara e afastar o direito de preferência pretendido pela locatária"* (fls. 5862). E, consoante já antecipamos,[30] adotou, para essa pronúncia, quatro fundamentos convergentes, mas autônomos (*i, ii, iii* e *iv*), dos quais se ressalta aqui o último, consoante a ordem tópica observada no acórdão (*iv*), que o sintetizou nestes termos incisivos e incontestáveis:

> "Acresça-se que a venda que se quer desfazer foi ratificada por este órgão julgador, por **decisão transitada em julgado** e que não pode ser afastada por decisão posterior, ainda mais de primeiro grau. Nesse ponto anote-se o que diz o Ministro Eduardo Ribeiro em seu parecer: 'Uma circunstância, ainda,

---

[29] Ainda que não vigorasse o disposto no art. 32, *caput*, da Lei do Inquilinato, ou fosse outro o sentido emergente da expressão "venda por decisão judicial", incidiria, na recuperação judicial, quando menos por analogia, a norma do art. 114, § 1º, da Lei nº 11.101, de 2005, pois seria absurdo que não coubesse direito de preferência na venda de bem da massa falida, mas que o coubera na de bem do devedor em recuperação, enquanto igual garantia dos credores.

[30] Cf. *supra* nº **2**.

há de ser sublinhada. A venda foi judicialmente homologada. Seria necessário desfazer previamente esse ato judicial e, posteriormente, submeter o negócio também à homologação" (fls. 581-5862).[31]

De fato, a realização da venda concreta e específica, nos exatos termos e condições da promessa ajustada entre contraentes certos e determinados, objeto de aprovação dos credores como meio de execução do plano da recuperação judicial, fora muito antes, como se viu, decidida pela mesma Câmara, em acórdão que, datado de **6 de julho de 2011**, lhe determinara a realização em lugar do leilão por lances orais. Em **24 de agosto de 2011**, certificou-se, nos autos, seu trânsito em julgado.

Tal acórdão, cujo explícito teor decisório, relativo a negócio jurídico, histórica e subjetivamente, identificado, é, como tal, de todo em todo incompatível com ideia de adjudicação do imóvel à locatária, cujo pretenso direito de preferência foi rejeitado por consequência lógico-jurídica, revestiu-se da chamada **coisa julgada formal**, operante dentro do processo como causa de indiscutibilidade e de não redecidibilidade da questão decidida (arts. 471 e 473 do Código de Processo Civil)[32], de modo que não poderia ter sido revista ou afrontada por outra decisão e, muito menos, como sublinhou o acórdão, por ato de primeiro grau!

Não pode, tampouco, sê-lo agora, no âmbito do mesmo processo, por via do recurso especial que o ataca como único objeto impugnado. É que, enquanto não seja cassado ou desconstituído, mediante remédio próprio, o acórdão que, concebendo-a no caso como forma mais conveniente de alienação do ativo e de execução da recuperação judicial, tornou perfeita, válida e eficaz a realização da venda específica, é esta **intangível** dentro do processo, donde lhe não ser aqui oponível hipotético direito de preferência.

Escusaria avivar que, como princípio absoluto aplicável a todas suas espécies, as decisões enquanto gênero, trate-se de sentenças ou decisões interlocutórias, de caráter homologatório ou não, uma vez transitadas em julgado, com ou sem produção de *res iudicata* material, só podem ser desconstituídas, de modo direto ou reflexo, por sentença, em ação autônoma, seja rescisória (art. 485 do Código de Processo Civil)[33], seja anulatória

---

[31] Grifos nossos.
[32] Correspondem aos arts. 505 e 507 do CPC/2015.
[33] Corresponde ao art. 966 do CPC/2015.

(art. 486)[34], segundo a natureza do seu teor, salvo o caso de falta ou nulidade de citação inicial, que é vício perpétuo alegável por qualquer meio.

N. Donde se infere logo, sem grande esforço, que carece a recorrente de **interesse recursal** na reforma do acórdão recorrido, o qual, por haver reconhecido às expressas, dentre outros fundamentos, a ocorrência de **preclusão temporal** sobre a matéria, já decidida, no mesmo órgão, por acórdão transitado em julgado, sofreria reforma incapaz de permitir, neste mesmo processo, rediscussão e nova decisão sobre a questão da venda, recoberta por **coisa julgada formal** que subsistiria de qualquer modo! O pedido recursal tem por objeto uma inutilidade jurídica.

O recurso errou de alvo. Só será lícito rever e tornar a decidir a questão da venda, se e quando, na via própria, for desconstituído o acórdão anterior transitado em julgado, que, determinando e validando sua consumação em lugar do leilão por lances orais, não é nem poderia ser objeto deste recurso especial.

O. Mas desenhou-se outro erro de pontaria, de não menos expressiva consequência.

É que, muito antes, já também transitara em julgado, sem nenhum recurso, a referida decisão que, em **3 de março de 2010**, concedeu, nos termos do art. 58 da Lei nº 11.101, de 2005, a recuperação judicial, de cujo plano, aprovado pela assembleia geral dos credores, como meio de execução, constava a alienação do ativo consistente no imóvel, a qual, assumindo, com a homologação, a eficácia típica daquele ato decisório, se recobriu da condição consequente de **venda por decisão judicial**, qualquer que fosse a modalidade adotada ao depois no curso do processo.

A conclusão é intuitiva. Sob o pálio de idêntica preclusão, essa qualificação jurídica da venda consumada jamais toleraria, dentro deste processo, reconhecimento de direito de preferência. Seria mister castrar, antes e alhures, a decisão que, deferindo a própria recuperação, deu cunho de judicialidade à venda que convalidou como substância do respectivo plano.

6. Uma falsa questão

P. Vale-se a locatária, ainda, de objeção de aparência comovente, sob pretexto de garantir vantagem econômica especiosa, alegando haver oferecido, para aquisição do imóvel, valor mais elevado, que, benéfico aos credores,

---

[34] Corresponde ao art. 966, § 4º do CPC/2015.

DIREITO DE PREFERÊNCIA DO LOCATÁRIO EM VENDA JUDICIAL

excederia ao da promessa pactuada, na ordem de R$10.000.000,00 (dez milhões de reais), sem condições.

O argumento não respeita o negócio jurídico, nem a lei.

Se se cuidasse de leilão, ou fossem outras as circunstâncias do caso, poderia também a promissária compradora ter oferecido importância superior à que convencionara e até à que depositou a inquilina para vindicar preferência. Mas, juridicamente, não poderia fazê-lo, pois o que se submetera ao Tribunal de Justiça como *quaestio* objeto do agravo tirado contra a decisão de primeiro grau, era apenas saber se, como modalidade curial de alienação do ativo, prevaleceria o leilão ou valeria a promessa de venda nos termos acertados pelos contraentes e aprovados pelos credores.

Ora, ao decidir o tribunal, dando provimento ao agravo, que, em vez do leilão, devia ser admitido, respeitado e concretizado o negócio jurídico, cuja promessa homologou e validou enquanto solução mais conveniente ao interesse dos credores, já não quadrava abrir oportunidade de revisão do respectivo preço, mediante procedimento disforme de ofertas sucessivas, de duração imprevisível, as quais, sobre conturbar e retardar o processo de recuperação, transformariam esse método extravagante em leilão indireto e restrito, tudo ao arrepio e com grosseira vulneração do acórdão transitado em julgado.

A partir daí, desde quando iniciativas processuais da ora recorrente vêm, posto que legítimas, provocando considerável prejuízo aos credores, a **única questão jurídica séria** por decidir é apurar, no âmbito de recurso acaso cognoscível, se existe, ou não, direito de preferência.

7. Duas questões finais incognoscíveis de per si

Q. Fora demasia, nos limites da consulta, descer a todos os argumentos deduzidos no recurso especial, cujo bom sucesso dependeria da impossível e cabal refutação dos 4 (quatro) fundamentos do acórdão recorrido (*i, ii, iii* e *iv*), perante cuja autonomia jurídica bastará a subsistência de um só destes por que, na eventualidade de cognição do recurso, seja mantido aquele. Daí limitar-nos a duas observações, apenas por excesso de escrúpulos.

O primeiro é que saber, no caso, se se consumou, ou não, a **decadência** proclamada no acórdão (*ii*), não configura *quaestio iuris* de mera qualificação jurídica de fatos certos, mas de dúvida cuja solução depende do reexame da prova dos fatos perante os quais o acórdão deu pela superveniência do termo final do prazo de caducidade. Isto significa que, para o

PARECERES DE DIREITO PÚBLICO E PRIVADO

contrariar ou ilidir, teria o egrégio Superior Tribunal de Justiça de, em caso de conhecer do recurso, afrontar a mesma prova para encontrar a data de ciência do negócio jurídico e o termo *a quo* do cômputo do prazo legal. E é isso **questão de fato**.

R. Como o é, igualmente, outra questão, a que deu suporte ao fundamento de **abuso do direito** (*iii*), reconhecido pelo acórdão com base na convicção advinda da interpretação da prova documental, consistente em *press release* onde a locatária, por sua *holding*, ou cabeça do grupo econômico, confessou que, uma vez adquirido o prédio do hotel por força do direito preferência, se predisporia a vendê-lo, em contraste com a finalidade desse instituto jurídico, previsto na lei em resguardo ao interesse dos inquilinos, mas de acordo com a política empresarial de reduzir a carteira de ativos do grupo. Em palavras simples, o colendo Superior Tribunal de Justiça, pressuposta mais uma vez a cognição do recurso, será obrigado a interpretar a prova para saber qual o significado do documento onde consta: "*Once the transaction is completed, this asset is to be refinanced through a sale & management back contract, Accor reiterates its target of an 80% asset-light portfolio by 2015*".[35]

Tal prova destila, como quer a recorrente, intenção de pretenso "refinanciamento", cuja divulgação ampla seria de interesse restrito ou pouco inteligível, ou guarda sentido de anúncio público de cumprimento da meta de política empresarial de se desfazer de ativos, sobretudo imobilizados, conforme o sustenta o acórdão recorrido? Eis a *quaestio facti* a que deverá responder o egrégio Tribunal.

8. Conclusão

S. Por todas as razões expostas, não deve conhecido o recurso especial, mas, sendo-o, não comporta provimento. É o que, salvo melhor juízo, nos parece.

Brasília, 24 de abril de 2013.

---

[35] Segundo a tradução juramentada: "*Assim que concluída a operação, este ativo será refinanciado por intermédio de um contrato de venda & administração (**sale & management back contract**), reiterando a Accor sua meta de atingir uma carteira 80% mais leve em ativos até 2015*".

19
Criação de Unidade de Conservação Ambiental e Desapropriação

MEIO AMBIENTE. Unidade de conservação ambiental. Parque Nacional dos Campos Gerais. Criação. Não aperfeiçoamento jurídico. Mera expedição e publicação do decreto que declarou de utilidade pública as terras de sua base territorial. Insuficiência. Necessidade de desapropriação. Não transferência dos imóveis particulares à posse e ao domínio públicos. Caducidade, ademais, do decreto de utilidade pública. Sujeição do proprietário às restrições do regime previsto nos arts. 2º, VI, e 8º, II, da Lei federal nº 9.985, de 18 de julho de 2000. Apresentação de denúncia penal. Inadmissibilidade. Inteligência do art. 225 da CF, do revogado art. 5º da Lei nº 4.771, de 15 de setembro de 1965, e arts. 22, *caput*, e 11, § 1º, da Lei nº 9.985, de 2000. Precedentes do STF. *A criação efetiva de unidade de conservação ambiental depende de desapropriação regular que incorpore à posse e ao domínio públicos as áreas particulares da sua base territorial, de modo que a caducidade do decreto que as declare de utilidade pública para esse efeito lhes impede, até que seja renovado, a transmutação dominical que as assujeitaria ao regime normativo reservado de tutela civil, administrativa e penal. Donde não poder ser arguido de infrator de nenhuma das normas constitutivas de tal regime, o titular de propriedade privada que, situando-se nos limites da unidade projetada, não perdeu o direito subjetivo, nem a posse correspondente, os quais está autorizado a exercer em plenitude, com observância das limitações gerais administrativas hospedadas no Código Florestal (Lei nº 12.651, de 25 de maio de 2012).*

1. Consulta

A. Para instruir ação penal e futura ação declaratória, os ilustres advogados RD, RDD, AK e FZ dão-nos a honra de consulta sobre a situação jurídica de seus clientes OTK e EFC Ltda., os quais, ignorando a existência de decreto que criou o Parque Nacional dos Campos Gerais, adquiriram área por ele compreendida, em cuja matrícula não constava nenhuma averbação, passando a explorá-la como o faziam os ex-proprietários. Sucede que, três anos depois, a EFC Ltda. foi autuada, quatro vezes, pelo Instituto Chico Mendes de Conservação e da Biodiversidade, nas duas últimas sob imputação de impedir regeneração de vegetação nativa no interior daquela unidade de conservação, e, pelo mesmo fato, seu quotista proprietário, OOK, foi denunciado, pelo Ministério Público, como incurso nas sanções do art. 40 da Lei nº 9.605, de 12 de fevereiro de 1998, não obstante caduco o decreto que, para fim de desapropriação, declarou de utilidade pública toda a área do Parque. Alegam, em suma, os nobres advogados que, à míngua de desapropriação, agora impedida sem novo decreto, as áreas particulares se não transferiram para a posse e o domínio públicos, de modo que não estão submissas ao regime jurídico previsto nos arts. 2º, inc. VI, e 8º, incs. II, da Lei nº 9.985, de 18 de julho de 2000, diversamente do que decidem alguns tribunais sob fundamento de a caducidade não importar extinção da unidade, pois sua desafetação depende de lei específica. Mas objetam os advogados que não é disso que se trata, senão da impossibilidade de sujeitar-se o proprietário àquele regime jurídico especial, sem prévia desapropriação do imóvel, subjugado apenas às limitações gerais.

Estamos em que têm razão.

2. Dos vícios intrínsecos da jurisprudência questionada

B. Alguns julgados de tribunais inferiores professam que, se a unidade foi, de modo válido, criada nos termos do art. 225 da Constituição Federal, do revogado art. 5º da Lei nº 4.771, de 15 de setembro de 1965, e art. 22 da Lei nº 9.985, de 18 de julho de 2000, estaria caracterizado ato jurídico perfeito sobre o objeto, o qual só poderia ser extinto ou alterado por lei específica, de modo que caducidade do decreto que o declarou de utilidade pública ou demora na sua expropriação não implicariam extinção da unidade, estando os proprietários particulares munidos de ações indenizatórias, inclusive a de desapropriação indireta, contra o Poder Público, o qual não poderia revogar a criação da unidade, nem, muito menos, desa-

CRIAÇÃO DE UNIDADE DE CONSERVAÇÃO AMBIENTAL E DESAPROPRIAÇÃO

fetá-la apenas por omissão (art. 22, § 7º, da Lei nº 9.985, de 2000). Esta é a síntese de seus argumentos.

C. A fundamentação de tal jurisprudência padece, todavia, de vício lógico que lhe compromete desde logo todo o raciocínio, porque dá por provado aquilo que deveria provar, ou seja, que o mero decreto de criação de unidade de conservação seja capaz de criar espaço territorial de posse e domínio públicos, protegido por regime jurídico especial, sem desapropriação das terras particulares que nele se compreendam. É que supõe que tal decreto teria força jurídica para transmutar, como modo aquisitivo originário ou derivado, em posse e domínio públicos, o que é objeto de posse e domínio privados. Mas essa suposição não encontra apoio em qualquer das normas que invocam (art. 225 da Constituição Federal, o ab-rogado art. 5º da Lei nº 4.771, de 1965, e art. 22 da Lei nº 9.985, de 2000), nenhuma das quais prevê, nem opera a perda da propriedade e da posse do particular mediante aquisição originária do Poder Público, a título de desapropriação ou de qualquer outro modo legítimo de aquisição imobiliária. Apenas estatuem, no que interessa à consulta, condições ou atos elementares de um *processo de criação* que só se perfaz com a incorporação jurídica das terras particulares à posse e ao domínio públicos, por obra de regular desapropriação.

Não menor equívoco acresce à referência às formas de alteração, extinção e desafetação das unidades, as quais não guardam nenhuma pertinência ao caso, onde se não excogita saber se o Poder Público estaria a revogar o ato de criação da unidade com a só falta da desapropriação ou a caducidade do decreto que, nos termos o art. 6º do Decreto-Lei nº 3.365, de 21 de junho de 1941, a autorizaria. Não é dessas conjecturas que se trata, senão de perquirir se, sem desapropriação, foi concluído o processo de criação da unidade, cuja *posse e domínio públicos* são inerentes à sua concepção como realidade jurídica autônoma, definida por um regime jurídico especial de caráter tuitivo dos valores ambientais por preservar. Noutras palavras, indagar se o proprietário, que não perde a posse nem o domínio na forma do ordenamento jurídico, estaria sujeito a esse regime, ou apenas às chamadas *limitações gerais administrativas*, que, em benefício da coletividade, lhe condicionam o exercício dos poderes dominiais. Esta, a *quaestio iuris*.

3. Da correta solução jurídica da questão

D. A resposta pode antecipada à luz da interpretação dos arts. 22, *caput*, e 11, § 1º, da Lei nº 9.985, de 2000. O disposto no art. 22, *caput*, não cria unidade alguma, em contendo norma geral e abstrata que prevê, sob a expressão *"Poder Público"*, tão só a pessoa ou conjunto de pessoas legitimadas a instituir, por ato próprio, *processo in fieri* de criação de unidades de conservação, isto é, os órgãos titulares exclusivos do poder jurídico de iniciativa desse processo, sem atribuir-lhes posse e domínio, nem doutro modo tornar públicas as respectivas áreas, até porque só identificáveis, como coisas concretas, no ato mesmo de instituição. A regra, na sua generalidade e abstração, não subtrai terras ao domínio privado, não concretiza unidades, nem lhes confere a proteção singular e automática que é positivada alhures. E, jungidas à do *caput*, as de seus parágrafos cuidam só de providências prévias e da disciplina legal da alteração dos limites físicos das unidades. Desse conjunto normativo não verte, pois, fundamento jurídico da ideia de sujeição do particular, cujo imóvel não tenha sido expropriado, ao regime especial de tutela, mas tão só do cunho *complexo* do processo criativo das unidades de conservação.

E. É do texto do art. 11, § 1º, que nasce, como termo do processo, a condição da sujeitabilidade de todos àquele regime, na medida em que sua única leitura jurídica possível, como solução de um problema específico, é de que a norma não despoja, da propriedade sobre área incluída nos limites dos parques nacionais, o particular que a detenha, transformando-a, num passe de mágica, em objeto de posse e de domínio públicos, senão mediante desapropriação **regular**, como tal conforme *"o que dispõe a lei"* (< *regula*). É verdade que não é lá muito precisa sua redação, mas, propondo-se a constituir adequada resposta à questão decisiva da natureza do domínio e da posse das áreas abrangidas pelo perímetro de cada unidade, como razão fundante do seu regime especial de tutela, seu nítido sentido emergente está em que só desapropriação realizada *"de acordo com o que dispõe a lei"* torna públicos o domínio e a posse dos parques nacionais, pois uma *"'boa' interpretação não é aquela que, numa pura perspectiva hermenêutico-exegética, determina correctamente o sentido textual da norma; é antes aquela que numa perspectiva prático-normativa utiliza bem a norma como critério da justa decisão do problema concreto"*.[1] A cláusula que manda desapropriar as

---

[1] **NEVES**, **António Castanheira**. *O problema actual da interpretação jurídica*. **In**: *Metodologia jurídica – problemas fundamentais*. Coimbra: Coimbra Ed., 1993, p. 84. No mesmíssimo sentido, diz-se que a *"tarefa da interpretação consiste em **concretizar a lei** em cada caso, isto é, em sua **aplicação**"* (**GADAMER**, **Hans-Georg**. *Verdade e método – traços fundamentais de uma hermenêutica filosófica*. Trad. de Flávio Paulo Meurer. Petrópolis: Ed. Vozes, 1997, p. 335. Grifos do original).

áreas particulares não teria aí nenhum senso, se não guardasse o propósito normativo de justificar o caráter público que o texto atribui ao domínio e à posse dos parques nacionais, quando incidentes sobre terras de posse e domínio privados! Que outra coisa sensata poderia expressar o art. 11, § 1º, como solução teórica ou apriorística do problema concreto e relevante da *causa* da concepção dos parques como espaços físicos de posse e domínio públicos?[2]

4. Das aporias doutra interpretação

F. Esta interpretação, a de que o particular só perde a posse e a propriedade de área predestinada a integrar parque público, quando seja aquela regularmente expropriada após decreto de criação da unidade de conservação, encontra apoio peremptório noutros irrespondíveis argumentos que se enraízam na garantia do direito de propriedade,[3] cuja manifesta inviolabilidade constitucional *"assume importância pra a segurança jurídica quando entendida como fator de proteção de determinadas posições jurídicas patrimoniais: o cidadão pode efetivamente exercer determinadas posições jurídicas se puder confiar na estabilidade das relações jurídicas que lhe dizem respeito – daí por que a proteção da confiança na sua permanência é **imanente** ao próprio direito de propriedade."*[4]

O primeiro corolário dessa verdade constitucional é que, enquanto não perca a propriedade por um dos modos previstos no ordenamento, o proprietário pode, conquanto limitado por eventuais *restrições gerais administrativas*, aliás consoantes com a função social que lhe é própria, exercer, sem peias, todos os poderes elementares do domínio. Mas o relevo aqui vem de que só perde o direito de propriedade por um dos modos **taxativos** estabelecidos pela Constituição da República e pela legislação subalterna, entre os quais, é mais que óbvio, não está *decreto*, nem sequer *lei* que crie unidade de conservação, *rectius*, que lhe desate o processo de criação, e que, de regra, contém, para atender a mandamento legal (art. 11, § 1º, da Lei nº

---

[2] É o que se sublinha ao notar que a atividade jurídico-**hermenêutica** visa a obter *"un esito pratico, che conduce a prender posizione **in date situazioni ippotizzate in anticipo"** (BETTI, Emilio. Interpretazione della legge e degli atti giuridici. 2ª ed. Milano: A. Giuffrè, 1971, p. 93-94. Grifos nossos).

[3] Cf. art. 5º, incs. XXII, XXIII e, *a contrario sensu*, XXIV, e art. 170, incs. II e III, da Constituição da República.

[4] ÁVILA, Humberto. *Segurança jurídica*. 2ª ed. SP: Malheiros Ed., 2011, p. 221-222. Grifos do original.

9.985, de 2000), dispositivo expresso de declaração de utilidade pública, para fins de desapropriação, dos imóveis privados existentes nos limites de implantação da unidade, como sucedeu com o Decreto de 23 de março de 2006, preordenado a criar o Parque Nacional dos Campos Gerais (art. 6º). E a razão intuitiva é que, no contexto, só **expropriação regular** serve, como o prescreve a lei às expressas, a transubstanciar propriedade privada em domínio público para criação do parque. Outro entendimento tornaria inútil a previsão da desapropriação no enunciado normativo. Enquanto se lhe não exproprie a terra, não há, pois, como nem por onde submeter o proprietário ao regime especial de tutela de unidade de conservação ainda não aperfeiçoada, como tal conhecida como mero *parque de papel*. É que desponta claríssimo que, se não há posse nem domínio públicos das terras por resguardar como patrimônio ecológico, então falham os próprios fins político-jurídicos da instituição da unidade.

G. Não tem nenhuma consistência o recurso retórico, destituído de razão jurídica, de que, escravizado a tal regime, ainda sem expropriação direta, pode valer-se o proprietário de ações indenizatórias contra o Poder Público, sobretudo da chamada ação de *desapropriação indireta*. E diz-se destituído de razão jurídica, porque se ignora o título que legitimaria a submissão pressuposta no argumento.

Em primeiro lugar, esta ação de direito material só é admissível em caso de perda da posse (*desapossamento*) por fato ou obra **irreversível**, de interesse público, enquanto remédio pretoriano engendrado para contornar e compensar a impossibilidade jurídica de remover essa situação extrema de esvaziamento irremediável do direito subjetivo da propriedade particular, o que não acontece no caso, onde a empresa proprietária não foi desapossada da área de seu domínio pleno, nem turbada na posse: as autuações e a denúncia ilegais figuram apenas injusto incômodo de *caráter pessoal* à proprietária e a seu quotista, não à coisa possuída. É o que está em ementa de precedente exemplar:

> "Apossamento Administrativo- Ato decorrente do efetivo exercício da posse pelo poder público- Simples expedição do decreto criando parque estadual e autuação por infração ao Código Florestal são insuficientes para sua caracterização. **O apossamento administrativo é ato que decorre do efetivo exercício de posse pelo poder público. Assim, a simples expedição de decreto criando parque estadual e autuação por infração ao Código**

CRIAÇÃO DE UNIDADE DE CONSERVAÇÃO AMBIENTAL E DESAPROPRIAÇÃO

Florestal por sis sós não constituem esbulho nem importam em imissão na posse."[5]

Ao depois, se, por epítrope, esbulho ou turbação houvesse, praticado pelo Poder Público, seria ato *injurídico*, contra o qual poderia rebelar-se o proprietário mediante ação possessória típica, hábil para restabelecer-lhe a inteireza da posse, sem necessidade de apelo facultativo para ação de desapropriação indireta, que, ainda quando lhe interessasse como alternativa, até seria arriscada e, como tal, desaconselhável, diante da inexistência de situação factual irremissível, capaz de aniquilar o conteúdo útil do direito subjetivo da propriedade. Mas esbulho nem turbação há na espécie, na qual as atividades administrativas de autuação, *"como se, de fato, as áreas tivessem sido desapropriadas e o domínio privado tivesse sido transferido para o público"*, representam sorte de medida *"certamente ilegal e se caracteriza como abuso de poder ou de autoridade"*,[6] que a lei reprime.

H. A conclusão, pois, que se retoma, é de que os parques, integrados por áreas de propriedade privada, só se constituem com a transferência dessas para posse e domínio públicos por força de desapropriação regular, antes da qual, salva hipótese excepcional de apossamento irreversível do Poder Público, não incide o singular regime normativo de proteção daquelas unidades:

> "[Os Parques], quando incidentes sobre florestas de propriedade privada **dependem de desapropriação por interesse social**, nos termos do art. 2º, VII, da Lei 4.132, de 1962. Vale dizer, como as florestas nacionais estaduais e municipais, as florestas-parques deverão ser constituídas de áreas públicas. Nesse sentido, aceita-se a seguinte lição de Hely Lopes Meirelles: 'Não se nega ao Estado o direito de constituir reservas florestais em seu território.

---

[5] TJSP, **Ap. nº 174.375-2/3**, 13ª Câmara, **in** *Revista dos Tribunais*, vol. 673, p. 82. Grifos nossos. No mesmo sentido, STJ, **EDcl no Resp nº 1.454.919-MG**, 2ª Turma, rel. Min. Humberto Martins, j. 07.04.2015, DJe 13.04.2015, onde se invocam **AgRg no EDcl no AREsp nº 457.837-MG**, rel. Humberto Martins, 2ª Turma, j. 15.05.2014, DJe 22.05.2014, e **EREsp nº 658.588-SP**, 1ª Turma, rel. Min. Eliana Calmon, j. 20.02.2014, DJe 06.03.2014.

[6] **ANTUNES, Paulo de Bessa**. *Direito ambiental*. 14ª ed. SP: Ed. Atlas, 2012, p. 657, nº 3.1.2. *Idem*, sobre a ilegalidade do procedimento sem desapropriação, cf., por todos, **COELHO, Hebert Alves**. *A efetiva implantação das unidades de conservação ambiental por meio de desapropriação*. In: *Interfaces Científicas, Humanas e Sociais*. Aracaju, vol. 4, nº 3, p. 132 e 136.

Nega-se-lhe o poder de constituí-las gratuitamente, à custa da propriedade particular de *alguns proprietários*."[7]

Assim já o decidiu, por duas vezes, o Supremo Tribunal Federal:

"De outro lado, a implantação do cogitado Parque Nacional do Boqueirão da Onça – como "unidade de proteção integral" – **não se consuma com o simples decreto de criação**, pois assegurados, pela L. 9985/00, **a desapropriação das áreas particulares nele compreendidas (art. 11, § 1º)**, assim como, às suas populações tradicionais a indenização ou compensação pelas benfeitorias existentes e a realocação pelo Poder Público, "em local e condições acordadas entre as partes" (art. 42 e D. 4340/02, arts. 35ss)."[8]

"Por fim, é de se registrar que a implantação do Parque Nacional Mapiguari – **assim como a de toda unidade de proteção integral – não se consuma com o simples decreto de criação e, muito menos, a desapropriação, com a só declaração de utilidade pública das áreas privadas contidas no perímetro**."[9]

No mesmo sentido colhem-se decisões nos tribunais inferiores.[10]

5. O paradoxo criminal

I. Sustentar pensamento diverso conduz, ainda, a outra não menor aporia. É que, embora, no âmbito penal, o Ministério Público Federal tenha apresentado denúncia contra OOK, não há quem, diante dos argumentos expostos, seriamente divise tipicidade da figura delituosa prevista no art. 40 da Lei nº 9.605, de 12 de fevereiro de 1998, nem em outras cuja *fattispecie* abstrata contemple, como elementar, a existência jurídica de **unidade de conservação**, se as áreas particulares localizadas em seu perímetro territorial não tenham sido incorporadas ao domínio público mediante

---

[7] **Silva**, José Afonso da. *Direito constitucional ambiental.* 9ª ed. SP: Malheiros Ed., 2011, p. 246. Itálicos do original, e grifos nossos.

[8] **MS nº 24.394-DF-MC**, rel. Min. Sepúlveda Pertence, j. 14.11.2002. Grifos nossos. O STF negou, depois, seguimento ao pedido desse mandado de segurança (j.01.07.2004, DJ 06.09.2004).

[9] **MS nº 27.622-DF**, Pleno, rel. Min. Cezar Peluso, vu, j. 24.06.2010, DJe 149, pub. 13.08.2010. Grifos nossos.

[10] TRF da 4ª Região, **Ap. nº 5000362-07.2011.404.7202-SC**, rel. Des. João Pedro Gebran Neto, DE 05.12.2012.

CRIAÇÃO DE UNIDADE DE CONSERVAÇÃO AMBIENTAL E DESAPROPRIAÇÃO

desapropriação regular, caso em que falta ofensa ao bem jurídico pressuposto no tipo de lesão.[11]

Ora, se, para efeitos penais, se reputa não criada a unidade à míngua de desapropriação das terras de domínio privado que lhe compõem o espaço físico, a previsão dos tipos penais que exigem o elemento objetivo de sua existência jurídica, assim valorada do ponto de vista normativo, perde a função prática de atuar como forma mais extrema de tutela das unidades ambientais, porque tem o mesmo objeto das análogas regras que, de cunho civil e administrativo, tendem a guardá-las, posto que sob cominações socialmente menos intensas ou eficazes. Ou seja, a ordem jurídica despe-se aí do instrumento normativo mais poderoso de proteção das unidades de conservação como bem jurídico coletivo, gerando uma situação absurda: se a unidade não existe para fins penais, não pode, sem grave contradição sistêmica, existir para efeitos sancionatórios não penais.

6. Uma síntese necessária

J. Das considerações tecidas resulta, como consequências lineares, que, se a criação efetiva de unidade de conservação ambiental depende de desapropriação regular que incorpore à *posse* e ao *domínio públicos* as áreas particulares da sua base territorial, a caducidade do decreto que as declare de utilidade pública para esse efeito impede-lhes, até que seja renovado, a transmutação dominical que as assujeitaria ao regime normativo reservado de tutela civil, administrativa e penal. Donde não poder ser arguido de infrator de nenhuma das normas constitutivas de tal regime, o titular de propriedade privada que, situando-se nos limites da unidade projetada, não perdeu o direito subjetivo, nem a posse correspondente, os quais está autorizado a exercer em plenitude, com observância das *limitações gerais administrativas* hospedadas no Código Florestal (Lei nº 12.651, de 25 de maio de 2012).

E não seria jurídico, nem tampouco ético que, sob pretexto de tutela do meio ambiente, se condenasse o proprietário, sob ameaça de sanções criminais e administrativas, a deixar de cultivar as terras rurais, cuja explora-

---

[11] Cf. TRF da 5ª Região, **ACR – Ap. Crim. nº 9172**, 3ª Turma, rel. Des. Luiz Alberto Gurgel de Faria, j. 11.07.2013, DJe 24.07.2013; TRF da 3ª Região, **RSE nº 3767**, 2ª Turma, rel. Des. Peixoto Junior, j. 13.02.2007, DJU 09.03.2007; e **RSE nº 4026**, 2ª Turma, rel. Des. Peixoto Junior, j. 21.11.2006, DJU 02.02.2007.

PARECERES DE DIREITO PÚBLICO E PRIVADO

ção econômica beneficia a mesma comunidade, na expectativa, que pode nunca atualizar-se por falta de recursos, de virem algum dia a ser desapropriadas com todas as outras coexistentes no perímetro delineado ao *Parque*, sobretudo na extensa dimensão que este ocuparia.

7. Conclusões

K. Do exposto, estamos em que, enquanto se não renove o ato caduco que os declarou de utilidade pública para fins de desapropriação pelo IBAMA (art. 6º do Decreto de 23 de março de 2006), não podem ser expropriados os imóveis, particulares, compreendidos no perímetro territorial do *Parque Nacional dos Campos Gerais*, não pode este, por conseguinte, materializar-se como realidade jurídica, e a empresa *EFC Ltda.* não está sujeita ao regime de proteção integral que se irradiaria da sua implantação, nem, pois, a autuações por sua suposta inobservância, de modo que tem interesse jurídico em que se declare, em juízo, a inexistência das relações jurídicas que a assujeitariam a ambos esses efeitos (*i*). E, pelas mesmas razões, é inepta, por atipicidade do ato, a denúncia que lhe imputou ao quotista proprietário, OOK, o delito previsto no art. 40, *caput*, da Lei nº 9.605, de 12 de fevereiro de 1998 (*ii*).

É o que, salvo melhor juízo, nos parece.

Brasília, 11 de maio de 2016.

20

Uso de Solo Urbano. Inconstitucionalidade da Lei Municipal e seus Efeitos

1. INCONSTITUCIONALIDADE. Lei municipal sobre uso de solo urbano. Pronúncia sem ressalva. Nulidade *ex tunc*. Consequente efeito repristinatório da lei anterior. Legalidade de todos os atos praticados desde início de sua vigência. Subsistência de alvará de construção. Aplicação da jurisprudência do STF e dos arts. 11, § 2º, e 27 da Lei federal nº 9.868, de 10 de novembro de 1999. *Se lei sobre uso de solo urbano declarada inconstitucional sem ressalva é nula **ex tunc**, então ressuscitam, **rectius** subsistem a vigência da lei velha que se predispunha a revogar e, por conseguinte, a validez de alvará de construção expedido sob ela.*

2. USO DE SOLO URBANO. Loteamento. Restrição urbanística convencional. Previsão de uso apenas residencial. Avenidas transformadas em polo gerador de tráfego e fluxo de pessoas. Ligação entre pontos importantes da cidade. Uso misto, residencial e não residencial. Autorização por lei municipal superveniente. Prevalência. Declaração de inconstitucionalidade com efeitos ex nunc. Inaplicabilidade. *Restrições urbanísticas de loteamento, estabelecidas pelo loteador, arquivadas no registro imobiliário e transcritas nas escrituras de alienação, devem, em princípio, ser observadas até pelo poder público que as aprovou, mas não podem, de regra, contrariar disposição de lei municipal ulterior que atenda a mudança irreversível nas condições de uso do local onde incidiam.*

1. Consulta

A. O ilustre advogado HANS dá-nos a honra de consulta sobre a sorte de recurso de apelação, interposto pela AAC, contra a sentença que, proferida pelo Juízo da 3ª Vara Cível de Ribeirão Preto, julgou improcedente ação de nunciação de obra nova, cumulada com pedido demolitório, proposta por aquela em face da sua cliente Advocacia J. Saulo Ramos, para impedir-lhe a construção da sede em terreno de loteamento, cuja área, de origem, seria de uso exclusivamente residencial, de acordo com restrição urbanística convencional registrada.

2. Resumo da substância do caso

B. O referido terreno, adquirido, em 28 de abril de 2011, para construção do escritório da Advocacia JSR, está localizado na avenida X, integrante do Loteamento "JC", dentro da área urbana de Ribeirão Preto, cadastrado na Prefeitura Municipal sob nº xxx.xxx e registrado sob nº x na matricula nº xx.xxx, do 2º Registro Imobiliário, na qual constam, averbadas por remissão, restrições de uso do solo que, impostas pelo loteador, definem a área como de Uso Estritamente Residencial (AER).

Releva advertir que o loteamento teve seu plano urbanístico aprovado há mais de meio século, época em que, ainda vigendo o Decreto-Lei nº 58, de 10 de dezembro de 1937, sua situação geográfica, então dotada de poucos melhoramentos públicos, distava do velho centro da cidade. Mas suas restrições condominiais não constaram do registro inicial do imóvel, pois foram somente averbadas em 2006, aliás de modo atípico, pois a averbação apenas alude, sem especificá-las, às limitações constantes do processo de loteamento.

Quando adquirido o imóvel, vigia a Lei Complementar municipal nº 2.157, de 8 de janeiro de 2007, que, ao dispor sobre uso, ocupação e parcelamento do solo urbano, reconhecia aquela restrição convencional do uso estritamente familiar do Loteamento "JC", mas com **expressa exceção** das áreas localizadas em avenidas que se caracterizassem como polo gerador de tráfego e de fluxo de pessoas, ligando pontos importantes da cidade, de bairro a bairro, nas quais desde logo **autorizou**, em atenção ao interesse público, **uso misto**, como se lhe vê ao disposto no art. 12, *caput*, inc. V, e § 1º:

> "**Art. 12.** A instalação de usos e atividades urbanas não residenciais deverão obedecer às seguintes normas de localização:
>
> **V** – Nas Áreas Especiais Estritamente Residenciais – AER não serão admitidos usos não residenciais, sendo que nos loteamentos registrados em cartório constantes destas áreas, somente serão permitidos os usos previstos no

USO DE SOLO URBANO. INCONSTITUCIONALIDADE DA LEI MUNICIPAL E SEUS EFEITOS

registro, nos locais nele indicados, **exceto nas avenidas**, que se caracterizam como pólo gerador de tráfego e fluxo de pessoas, ligando pontos importantes da cidade, bairro a bairro, estas poderão sofrer alteração de seu uso, atendendo o interesse público, autorizando-se para tanto a edição de legislação específica, visando sua transformação para a modalidade de **uso misto**.

§ 1º – Para efeito de aplicação desta lei, as vias urbanas mencionadas nos incisos acima encontram-se classificadas em categorias físicas e funcionais na Tabelas VIII – A e VIII – B do Anexo VIII, parte integrante desta lei."[1]

Da tabela do Anexo VIII, a que se refere o § 1º do art. 12 da Lei Complementar, consta às expressas, dentre as avenidas do loteamento nas quais foram **permitidos** usos e atividades **não residenciais**, a denominada **X**, onde se localiza o terreno em que está sendo edificada a sede da consulente. E diz-se, sem subterfúgio, que foram já ali **permitidos**, porque tal é o alcance útil do comando principal do disposto no inc. V do art. 12, o qual guardaria sentido de visível excrescência normativa, que se não presume, se visasse apenas a autorizar edição de lei de mesmo escalão e idêntica categoria, que, para o permitir, dispensaria tão esdrúxula autorização, como é óbvio! A lei ulterior não precisaria ser autorizada. O verbo *autorizar* está ali empregado para significar previsão de lei específica, de finalidade mais ampla.

A Lei Complementar municipal nº 2.505, de 8 de janeiro de 2012, ordenou-se, na verdade, tão só a atender ao propósito de transformar a classe do zoneamento local para uso misto em relação às avenidas que enumerou, entre as quais estavam, como não podia deixar de ser, compreendidas as do Loteamento "JC" e, com particular referência nominal, a avenida **X**, submetida a específicas condições de funcionamento de certas atividades comerciais, consoante regras explícitas do art. 22, *caput* e § 2º:

"**Art. 22**. As avenidas mencionadas no Anexo IX – A, "item b", serão de **uso misto residencial e não residencial**, para atividades compatíveis com o local.

[...]

§ 2º – Nas avenidas Antônio Machado Sant'Anna, Eduardo Gomes de Souza e **Carlos Consoni**, o horário de funcionamento dos estabelecimentos será até as 22:00 horas, não sendo permitidas atividades que gerem ruídos, independentemente de tratamento acústico, a saber: Buffet, eventos, festas,

---

[1] Grifos nossos.

lazer, restaurantes churrascarias, bares e similares. As demais atividades geradoras de incômodos à vizinhança deverão ser submetidas à análise da Comissão de Controle Urbanístico".[2]

É verdade que, em ação direta de inconstitucionalidade,[3] o egrégio Tribunal de Justiça de São Paulo, em 15 de outubro do ano transato, julgou inconstitucional essa Lei Complementar nº 2.505, de 2012, mas, acolhendo as justas ponderações da Municipalidade, decidiu **modular** os efeitos da pronúncia para manter íntegros os atos praticados, sob a égide da lei, nos dois anos de sua vigência prática, em tutela dos administrados, terceiros de boa-fé, como deixou claríssimo no acórdão dos embargos declaratórios:[4]

> "Diante do exposto, acolho os presentes embargos para, em caráter de integração do julgado, declarar que a **modulação** dos efeitos da inconstitucionalidade da Lei nº 2.505/2012, do Município de Ribeirão Preto, tem efeito '*ex nunc*' a partir da publicação do presente acórdão, restando **incólumes todos os atos praticados de seu nascedouro até então**, de forma que os **empreendimentos que lograram certidão de viabilidade amparados na lei inconstitucional, possam desenvolver-se regularmente**."[5]

Tal acórdão transitou em julgado. E sua disposição prospectiva da declaração de inconstitucionalidade já bastaria para reconhecer a intangibilidade jurídica absoluta do ato de alvará de construção expedido sob o amparo da lei tida ao depois por inválida, bem como da construção em si, uma vez excepcionados ambos ao alcance da nulidade. Mas, se não houvera modulação, para resguardo do direito adquirido da consulente, aproveitar-lhe-ia restauração da vigência da lei anterior, Lei Complementar municipal nº 2.157, de 2007, pela só força do chamado **efeito repristinatório** da pronúncia de inconstitucionalidade, como é de tradicional doutrina e assentada jurisprudência, em particular da nossa Suprema Corte, para além de agora positivado de certo modo na lei própria (arts. 11, § 2º, e 27 da Lei federal nº 9.868, de 10 de novembro de 1999). Se a lei declarada inconstitucional sem ressalva é nula *ex tunc*, então ressuscita, *rectius*

---

[2] Grifos também nossos.
[3] **ADI nº 2098360-48.2014.8.26.0000.**
[4] Julgados em 19.11.2014.
[5] Grifos nossos.

subsiste a vigência da lei velha que se predispunha a revogar,[6] de modo que, neste caso, a consequência jurídica seria a mesma, i. e, a legalidade do alvará de construção à luz da lei anterior.

Não há, portanto, nenhuma dúvida de que, por literais disposições da legislação urbanística municipal, é de **uso misto** (residencial e não residencial) a avenida em que se localiza o imóvel objeto da consulta, dada a grande importância funcional que lhe reconheceu a lei para o intenso tráfego e circulação de pessoas na atual fisionomia urbanística da cidade. Aquela lei complementar declarada inconstitucional, aplicando o critério decisivo da hierarquia nomológica, estatuía, aliás, que, na hipótese de conflito aparente entre **suas normas** e eventuais restrições urbanísticas averbadas no registro imobiliário, haviam de prevalecer aquelas sobre estas, como estava no art. 25:

> "**Art. 25.** Nos loteamentos e desmembramentos com restrições urbanísticas devidamente registradas em cartório de registro de imóveis, embora não constituam áreas especiais, na forma do art. 6º desta lei, o uso do solo será analisado com observância das referidas restrições e também das previstas nesta lei.
>
> **Parágrafo único** – Em caso de conflito, prevalecerão as exigências da presente lei."

C. Sob a égide de preciso ordenamento jurídico, a Prefeitura Municipal aprovou a planta de construção do escritório de advocacia, expedindo o competente alvará, que permitiu o início das obras, impugnadas na ação de que trata a consulta. E, para, com excesso de escrúpulos, reforçar a certeza e a segurança jurídica, imanentes a esse ato administrativo municipal, a Prefeitura de Ribeirão Preto requereu à Corregedoria Geral de Justiça do Tribunal de Justiça de São Paulo que se manifestasse sobre a prevalência, ou não, daquelas restrições condominiais registradas, na hipótese de superveniência de lei modificativa. Anunciando a adoção de nova pos-

---

[6] Era o que, com o devido temperamento, já estava no clássico **Lúcio Bittencourt, C.A.**. *O controle jurisdicional da constitucionalidade das leis*. 2ª ed. RJ: Forense, 1968, p. 147. Hoje, cf., por todos, **Ferreira Mendes, Gilmar.** *In*: **Silva Martins, Ives Gandra da**, e **Ferreira Mendes, Gilmar**. *Controle concentrado de constitucionalidade*. SP: Saraiva, 2001, p. 313-324, nº 7.2.2; e **Medeiros, Rui**. *A decisão de inconstitucionalidade*. Lisboa: Universidade Católica Ed., 1999, p. 651-655, § 30º.

tura no tema, com eficácia *erga omnes* para os cartórios subordinados de registro de imóveis, aquele órgão decidiu, como instância administrativa máxima, que "*as restrições convencionais anteriores não se sobrepõem à mudança legislativa específica*", em parecer aprovado, cuja cópia foi encaminhada à srª prefeita municipal.[7]

Não obstante, invocando as restrições convencionais averbadas, a AAC propôs, em face da consulente, ação de nunciação de obra nova, cumulada com pedido demolitório, com propósito de paralisar e desfazer as obras da construção. Mas, consoante visto, a sentença deu pela improcedência da demanda, sob fundamento básico de, permitindo construção de prédio **não residencial**, sobrepor-se às restrições urbanísticas negociais que excluiriam tal uso, a legislação municipal incompatível e superveniente, cuja constitucionalidade não foi posta em dúvida.

Estamos em que, na substância, acertou em cheio. Senão, vejamos.

3. A questão jurídica

D. Centra-se a causa no conflito aparente de normas representadas por restrição convencional de caráter nomológico individual e por genérica legislação urbanística superveniente, ambas as quais têm, por definição, como objeto ou suporte fático abstrato, a mesma matéria, que é a qualificação jurídica da natureza do uso do solo em dada zona urbana. Daí que, para dar-lhe resposta à questão do caso concreto, é, antes, mister apurar, em teoria, se disposições urbanísticas negociais, ditadas por interesse privado exclusivo, embora com certo alcance coletivo, preponderariam, como normas de escalão individual, sobre ulteriores regras gerais e abstratas de ordem e interesse públicos, ou seja, se, no quadro do ordenamento jurídico, guardariam superioridade sobre normas legais urbanísticas supervenientes e contrárias, editadas na presumida defesa do interesse de toda a respectiva coletividade urbana. Numa síntese, teriam as restrições negociais vocação de perpetuidade, oponível à lei, perante a dinâmica social e as exigências do bem-estar da população?

E. Seria até ocioso reavivar que a atual Constituição da República, ao distribuir as competências entre os entes federados, atribuiu, no art. 30, ao Município, ampla autonomia para legislar sobre assuntos de interesse local (inc. I) e, no que couber, para promover adequado ordenamento territo-

---

[7] Processo CGJ nº 2012/00100500505.

rial, mediante planejamento e controle do uso, do parcelamento e da ocupação do solo urbano (inc. VIII). E conferiu-lhe, no art. 182, *caput*, o poder de estabelecer a política de desenvolvimento urbano, conforme diretrizes gerais fixadas em lei, com o objetivo de ordenar o pleno desenvolvimento das funções sociais da cidade e garantir o bem-estar de seus habitantes.

As diretrizes a que se refere o art. 182, *caput*, são, de um lado, as previstas no art. 21, inc. XX, de competência da União, as quais dizem respeito ao desenvolvimento urbano, inclusive habitação, saneamento básico e transportes urbanos, e, de outro, as normas compreendidas na competência concorrente definida no art. 24, inc. I e § 1º. No exercício de sua competência, a União fixou as normas gerais de direito urbanístico na Lei nº 10.257, de 10 de julho de 2001 (Estatuto da Cidade), mas a política de desenvolvimento e de expansão urbana, bem como a competência para promover o ordenamento do solo são do Poder Público municipal, que tem, no Plano Diretor, seu instrumento básico. E a Lei federal nº 6.766, de 19 de dezembro de 1979, que rege o Loteamento Urbano, dispôs, no art. 4º, inc. III, "b", que, entre outros meios, serão usados o planejamento municipal e, sobretudo, a disciplina do parcelamento, do uso e da ocupação do solo.

Donde ser indiscutível a competência precípua do Município no ordenamento urbanístico da cidade e das áreas urbanizáveis, assim no que concerne à ordenação territorial, como na regulação chamada edilícia. É o poder municipal que tem o dever constitucional de legislar sobre direito urbanístico, definindo o zoneamento, o uso e a ocupação do solo, com vistas ao desenvolvimento harmonioso da vida coletiva, no sentido de que os aglomerados urbanos cumpram a inata função social de garantir que o usufruto do seu espaço ofereça melhores condições de vida aos cidadãos. Tal é a finalidade última de todo o arsenal urbanístico, de cunho normativo e executivo, de que o ordenamento jurídico dota o Município.[8]

A consequência é que se não concebe possa essa competência municipal ser mutilada e, muito menos, sob algum aspecto, aniquilada, para satisfazer a interesses particulares, relevantes que sejam, em dano do interesse geral do desenvolvimento da cidade e do bem-estar dos cidadãos, objeto próprio da tutela das normas urbanísticas, senão que, antes, deve ser de todo resguardada mediante interpretação e aplicação que, na solução de

---

[8] Cf. **MEIRELLES, Hely Lopes**. *Direito municipal brasileiro*. 16ª ed. at. SP: Malheiros, 2008, p. 549.

problemas jurídico-constitucionais, atendam *"sobretudo aos pontos de vista que ajudem as normas da Constituição* [que a consagram] *a alcançar a máxima eficácia nas circunstâncias de cada caso"*.[9]

F. Ora, com observância das diretrizes gerais para a execução da política urbana, fixadas no Estatuto da Cidade, quanto ao planejamento municipal (art. 4º, inc. III, da Lei federal nº 10.257, de 2001), e das normas também de caráter geral sobre loteamento e parcelamento para fins urbanos, constantes da Lei Lehmann (art. 4º, § 1º, da Lei federal nº 6.766, de 1979, com a redação dada pela Lei nº 9.785, de 29 de janeiro de 1999), o Município de Ribeirão Preto, ao editar as Leis Complementares, de uso e ocupação do solo urbano, nº 2.157, de 2007, e nº 2.505, de 2012, exerceu, sob o aspecto material, estrita e legitimamente, a competência legislativa, privativa e originária, que lhe conferiu a Constituição da República, não obstante estivesse inquinada a segunda de vício formal que a fez inválida, mas sem prejuízo da eficácia já produzida.

G. As restrições de loteamento, estabelecidas pelo loteador, arquivadas no registro imobiliário e transcritas nas escrituras de alienação, devem em princípio, como normas individuais, ser observadas tanto pelo loteador, quanto pelos adquirentes de lote e, até, pelo poder público que as aprovou, pois decorrem dos poderes da autonomia privada[10] e, como tais, têm efeitos supletivos das normas legais em caso de sua falta, lacuna ou, até, de potencial de maior restringibilidade benéfica ao interesse geral da população, como decorre do art. 26, inc. VII, da Lei nº 6.766, de 1979. Mas, conquanto se revistam de reconhecido interesse coletivo, não podem de regra, até porque este nem sempre é capaz de, por sua concretude, ajustar-se a necessidades urbanísticas gerais, contrariar disposição de lei municipal,

---

[9] **Hesse, Konrad**. A interpretação constitucional. In: *Temas fundamentais do direito constitucional*. Trad. de Inocêncio Mártires Coelho. SP: Saraiva, 2009, p. 115-116, nº 75. e'. Colchetes nossos. *Idem*, **Canotilho, J. J. Gomes**. *Direito constitucional e teoria da constituição*. 3ª ed. reimp. Coimbra: Almedina, s. d., p.1151, nº 6; e **Freitas, Juarez**. A melhor interpretação constitucional '*versus*' única resposta correta. *In*: **Afonso da Silva, Virgílio** (org.). *Interpretação constitucional*. 1ª ed., 2ª tir. SP: Malheiros, 2007, p. 332.

[10] Sobre a autonomia privada como poder reconhecido ao sujeito, pelo ordenamento jurídico, para regular interesses, seus ou alheios, mediante manifestações próprias de vontade, tidas como normas individuais ou concretas, cf. **Perlingieri, Pietro**. *O direito civil na legalidade constitucional*. Trad. de Maria Cristina De Cicco. RJ: Renovar, 2008, p. 334-343, nº 114-115, e **Perlingieri, Pietro**, e **Donisi, Carmine**. *In*: **Perlingieri, Pietro**. *Manuale di diritto civile*. 7ª ed. Napoli: ESI, 2014, p. 439-465, nº 1-16.

USO DE SOLO URBANO. INCONSTITUCIONALIDADE DA LEI MUNICIPAL E SEUS EFEITOS

nem inibir a eficácia da que, em sentido contrário e na tutela do superior interesse da coletividade urbana, segundo sua vocação normativa e maior eficácia social, lhes sobrevenha, sob pena de comprometer a satisfação das necessidades supervenientes de toda a população.[11]

E, neste passo, escusam largos latins. Seria rematado absurdo que, sobre ferir as regras constitucionais de competência, inspiradas em evidente interesse público, como tal, é óbvio, de todo indisponível, bem como despojar as leis urbanísticas municipais da destinação natural de regular aspecto específico da ordem pública, nas suas exigências permanentes, pudessem as restrições convencionais, ditadas por interesses privados e conjunturais de loteadores e de condôminos, opor-se à visão sistêmica que orienta as normas legais na ordenação e controle da ocupação e uso do solo urbano, no quadro da contínua, complexa e, não raro, caótica mudança dos elementos físicos das cidades. Já não subsistiria o primado jurídico da ordem e do interesse públicos. Não é, pois, à toa que sensata doutrina e atenta jurisprudência assentem que as normas urbanísticas podem suprimir, alterar ou condicionar as restrições negociais de loteamentos, cuja imutabilidade absoluta afrontaria as exigências dinâmicas do desenvolvimento das cidades.[12] E, uma vez que desse modo sejam suprimidas, superadas ou alteradas, já não sobra lugar, pretexto, nem utilidade alguma para discutir se era, ou não, *propter rem*, a obrigação que as limitações convencionais enunciavam.

H. O que, com boas razões, ora se admite, em caráter excepcional, é que, dada sua natureza legal supletiva (art. 26, VII, da Lei nº 6.766, de 1979), mantenham eficácia na medida em que ampliem as restrições legais em benefício do superior interesse geral, concorrendo, nessa função, com o sentido emergente da lei urbanística. De modo que, se há, como sucede neste caso, razão de insuperável interesse público para abrandar ou desvigorar algumas restrições convencionais, como, *v. g.*, mudança irreversível

---

[11] Cf. a respeito, louvando-se em irrespondível estudo de Hely Lopes Meirelles, **AFONSO DA SILVA**, José. *Direito urbanístico brasileiro*. 6ª ed. SP: Malheiros, 2010, p. 284-285, nº 105.

[12] **MEIRELLES, Hely Lopes**. *As restrições de loteamento e as leis urbanísticas supervenientes*. *In*: Revista de Direito Administrativo, vol. 120, p. 481-483, nº 2; **MEDAUAR, Odete**. A força vinculante das diretrizes da política urbana. *In*: *Temas de direito urbanístico – 4*. Obra coordenada pelo Ministério Público do Estado de São Paulo. SP: Imprensa Oficial, 2005, p. 22; **GASPARINI, Diógenes**. *O município e o parcelamento do solo*. 2ª ed. SP: Saraiva, 1988, p. 165; **REsp nº 7.585-SP**, 3ª Turma, Rel. Min. Eduardo Ribeiro (textual no voto de mérito), DJ 30.10.1992; **REsp nº 289.093**, 1ª Turma, Rel. p/ ac. Min. Luiz Fux, j. 02.09.2003, DJ 20.10.2003.

PARECERES DE DIREITO PÚBLICO E PRIVADO

nas condições reais de uso do local onde incidiam, já não têm força para se opor à lei. Foi isso que, noutras palavras, ressalvou conhecido julgado do STJ, no qual observou, no voto, o eminente Relator, que *"restrições urbanísticas convencionais não podem afrontar a Lei do Uso e Ocupação do Solo. Esta haverá de prevalecer em relação àquelas. Mas se o próprio legislador se encarrega de estabelecer que as restrições convencionais, se forem mais rigorosas (isto é, se protegerem mais o interesse urbanístico-ambiental), devem ser preservadas e respeitadas, o que acaba por fazer é transformar, desse modo, a Lei do Uso e Ocupação do Solo em norma-piso, espécie de **loi-cadre** que conviverá com os limites fixados, voluntária e coletivamente, pelos proprietários, no que se refere ao seu direito de construir"*.[13] E, acompanhando-o a douta maioria, fixou a egrégia turma julgadora, nas ementas, o alcance límpido de suas conclusões, segundo as quais tal exceção não implica, como não poderia nunca implicar, esteja a lei municipal manietada pelas restrições insculpidas pelos loteadores, em se lhe reconhecendo o poder de as atenuar ou excluir com base em *"forte motivação lastreada em clamoroso interesse público"*, ou seja, que

> "motivos determinantes, sindicáveis judicialmente, para o afastamento, pela via legislativa, das restrições urbanístico-ambientais podem ser enumerados: a) a transformação do próprio caráter do direito de propriedade em questão (quando o legislador, p. ex., por razões de ordem pública, proíbe certos tipos de restrições), b) **a modificação irrefutável, profunda e irreversível do aspecto ou destinação do bairro ou região**; c) o obsoletismo valorativo ou técnico (surgimento de novos valores sociais ou de capacidade tecnológica que desconstitui a necessidade e a legitimidade do ônus), e d) **a perda do benefício prático ou substantivo da restrição.**"[14]

4. A questão factual decisiva

I. Essa postura jurisprudencial só reforça e consolida a resposta à consulta.

É que suscita duas ponderações curiais ao caso. A primeira, que nem seria preciso reafirmar que a lei municipal, emanada do poder legislativo, nos limites da sua competência constitucional, tem por si a presunção de refletir, em dimensão geral e abstrata, o interesse público subjacente à prescrição de especifica imposição de ordem urbanística em proveito da coletividade, sem que jamais se tivesse cogitado de servir aqui a escopo

[13] **REsp nº 302.906**, 2ª Turma, Rel. Min. Herman Benjamin, j. 26.08.2010, DJe 01.12.2010.
[14] Item nº 12 da ementa. Grifos nossos.

ilegítimo, nem que operasse algum retrocesso nas condições de vida da população, pela razão breve de a velha restrição condominial já não significar nenhuma vantagem ambiental nem urbanística. A segunda, que, no foco da aplicação da lei ao caso, onde se retrata ocupação urbana de alta densidade, própria de zona **de uso misto**, é esta circunstância concreta que – para usar a mesma hipérbole – revela *clamoroso interesse público* advindo da radical transformação sofrida, no decurso dos longos anos desde a longínqua instituição do loteamento, na ocupação, uso e atividades dos imóveis localizados na avenida Carlos Consoni e nas adjacentes, como a avenida João Fiuza, que, faz muito tempo, hospedam, de modo *irrefutável, profundo* e *irreversível*, inúmeros estabelecimentos voltados ao comércio e à prestação de serviços, bem como escritórios profissionais, cuja irremovível presença e a atual densidade do tráfego esvaziaram o **benefício prático** que estava à origem da restrição convencional, enquanto realidade factual a que teve de curvar-se a lei urbanística na visão e ordenação sistêmicas da atual estrutura orgânica da cidade.[15]

J. Poder-se-ia objetar que, à data da expedição do alvará de construção, vigia a Lei Complementar nº 2.157, de 2007, que, visando ao interesse público, autorizava edição de lei específica de alteração de zoneamento para transformação da modalidade de uso das avenidas caracterizadas como polos geradores de tráfego e de fluxo de pessoas, entre as quais está a avenida Carlos Consoni. Supomos já ter respondido à objeção.[16]

Não custa, porém, insistir em que tal redefinição da qualidade da zona sobreveio com a Lei Complementar nº 2.505, de 2012. De modo que, ainda quando se pretendesse entender que o uso seria exclusivamente residencial sob império da Lei Complementar nº 2.157, de 2007, aquela alteração legislativa aproveitaria à consulente em virtude da subsistência dos efeitos normativos sobre todos os atos praticados antes da pronúncia de sua inconstitucionalidade, não sem adequar-se à nova realidade urbana e às consequentes necessidades gerais da população. E, portanto, o uso não residencial está **conforme**! Se, *ad argumentandum tantum*, tivesse havido algum vício na concessão do alvará – e nenhum o houve –, o uso não residencial

---

[15] Sobre o despropósito, incompatível com o interesse público, de a lei manter como "residenciais" zonas e vias que, perdendo as características originais, faticamente se transformaram em *"autênticos corredores"*, cf. **FIGUEIREDO, Lúcia Valle**. *Disciplina urbanística da propriedade*. 2ª ed. SP: Malheiros, 2005, p. 118, nº 3.

[16] Cf. Cap.II, nº 2, *supra*.

estaria, ainda assim, regularizado, inibidos todos os efeitos da cláusula restritiva condominial, incapaz de suplantar o interesse público satisfeito pela sobrevivência temporária – ressalvada pelo Tribunal de Justiça – daquela norma urbanística. Noutras palavras, pela **modulação** da eficácia da pronúncia de inconstitucionalidade, é como se a norma, segundo velho princípio, houvesse incidido validamente de imediato:

> "Assim também as atividades até então vedadas pelas cláusulas do loteamento (comércio, consultórios, escritórios, etc.) e agora liberadas naquele bairro ou rua, pela nova lei de zoneamento, podem ser exercidas sem embargo do loteador, de vizinhos ou terceiros, porque passaram a ter amparo legal, e *em lei de ordem pública*, a que não se pode opor convenção particular em contrário".[17]

K. Em suma, transformada substancialmente a dinâmica de uma das maiores urbes estaduais, cujas características estão muito longe daquelas existentes ao tempo em que foi constituído o loteamento, não poderia o Poder Público municipal, diante dessa nova e incontrastável realidade, omitir-se no dever jurídico de atendimento às exigências sociais, de índole geral e de interesse público, prevalentes sobre o interesse particular ínsito nas anacrônicas restrições urbanísticas convencionais, sob pena de abdicar sua competência constitucional de, normativamente, dispor sobre os assuntos de interesse local (*i*), de promover o adequado ordenamento territorial da cidade (*ii*), de fixar a política de desenvolvimento urbano (*iii*), mediante absurda delegação de poder aos particulares, e, sobretudo, de fazer-se cego ao **fato incontroverso** da transmutação substantiva e irreversível das condições de ocupação e de uso do solo lateral de uma das mais importantes e movimentadas vias públicas. E, sob a eficácia de suas normas, nos termos que, como visto, se aplicam ao caso, está protegida a consulente, titular de indiscutível *direito* que os fatos demonstram *adquirido*.

---

[17] **Meirelles**, Hely Lopes. *As restrições de loteamento e as leis urbanísticas supervenientes. In*: Revista de Direito Administrativo, vol. 120, p. 488. Grifos do original. No mesmo sentido, **Afonso da Silva**, José. *Op. cit.*, p. 291, nº 112, o qual, ao depois, falando dos chamados *direitos ressalvados*, ou *situações toleradas*, relembra que nem sequer edificação *não-conforme* pode ser evacuada, nem demolida, sob pena de o Poder Público cometer *"arbitrariedade"* (p. 299-300, nº 116).

5. Conclusão

L. Do exposto, estamos em que deve ser improvido o recurso de apelação. É o que, salvo melhor juízo, nos parece.

Brasília 23 de abril de 2015.

Direito Contratual

21

Contrato Complexo. Resolubilidade de Venda e Compra com Preço Parcelado

1. CONTRATO COMPLEXO. Caracterização. Negócio jurídico único com pluralidade de declarações de vontade. Compra e venda. Desdobramento de suas disposições em quatro instrumentos jurídicos distintos, mas destituídos de autonomia funcional. Sentido unitário dos efeitos que condiciona a interpretação. Inexistência de pluralidade de negócios. *Quando distintas declarações de vontade, embora constantes de documentos separados, não guardem autonomia funcional **per se stante**, mas irradiem efeitos que se reconduzem ao complexo das declarações reunidas, não há pluralidade de negócios jurídicos, mas negócio único com pluralidade de declarações, cujas cláusulas devem ser interpretadas sob essa perspectiva unitária.*

2. CONTRATO. Compra e venda de imóvel. Parcelamento do preço. Aquisição destinada expressamente à promoção de empreendimento imobiliário. Terreno com degradação ambiental provocada por indústria poluente inativada. Necessidade de reabilitação e descomissionamento, a que se obrigou a vendedora. Inadimplemento absoluto por inutilidade da prestação que se tornou inaproveitável à compradora. Negócio jurídico perfeito, mas não exaurido. Resolubilidade. Caráter irretratável e irrevogável, bem como inexistência de cláusula resolutiva. Irrelevância. Interpretação dos arts. 395, § único, 402, 411, 441, 442, 474, 475 e 478, todos do Código Civil. *a*) *Contrato de compra e venda de imóvel, com parcelamento do preço, pode ser resolvido por inadimplemento absoluto do vendedor que, por excessiva e culposa demora no cumprimento de obrigação de despoluir o terreno para fins de empreendimento imobiliário residencial, tornou inútil ao comprador a prestação; **b**) contrato perfeito, mas não exaurido nos seus efeitos jurídicos, pode ser resolvido,* *sem cláusula resolutiva, por inadimplemento absoluto de um dos contraentes, ainda que acordado em caráter irrevogável e irretratável.*

1. Consulta

A. Os ilustres advogados MT e JCBP dão-nos a honra de consulta sobre a sorte de apelação interposta por sua cliente, CAEI Ltda., da sentença que lhe julgou improcedente ação resolutória de contratos, cumulada com pedido de reparação de perdas e danos, proposta contra SEBBPD Ltda..

Fundou-se a ação em que, empresa do ramo de incorporação imobiliária, a autora ajustou comprar à ré, mediante contratos sucessivos de promessa de venda e compra, de venda e compra, bem como de novação e outras avenças, o imóvel situado na rua Cel. Domingos Ferreira, nº 375, na capital, para promover empreendimento imobiliário, previsto em cláusula expressa. Como pesava sobre o prédio, antes cadastrado como de uso em indústria, passivo de contaminação ambiental, a ré assumiu obrigação de obter-lhe descomissionamento desse uso e a remediação do passivo para viabilizar o uso residencial, tendo fixado, na escritura de novação, prazo de 24 meses, sob pena de multa mensal até adimplemento, a que se condicionou pagamento do saldo do preço do negócio. E, após sete anos e meio anos de trabalhos técnicos infrutíferos, a contar do primeiro contrato, com recrudescimento dos níveis de contaminação e consequente inviabilidade do empreendimento, por culpa da ré, a autora pediu a resolução dos contratos por inadimplemento e onerosidade excessiva, com os consectários capitulados.

A sentença antecipada julgou improcedente a demanda, sob fundamentos de que, com pagamento do preço e transferência do domínio, a compra e venda teria sido perfeita, acabada e insuscetível de resolução; não estaria configurado o inadimplemento, porque a ré se vinha desincumbindo da remediação da área, a qual dependeria de ato da Cetesb; e não se tipificaria onerosidade excessiva, porque, irreversível, o contrato deveria ser cumprido pelas partes, salvo escusa de caso fortuito ou força maior, não podendo ser revisto senão por conta de fatos extraordinários e imprevisíveis que alterem as condições originais da avença, o que não teria sucedido no caso, onde a autora sabia da necessidade dos trabalhos de remediação.

Sustenta, em suma, a autora, no recurso, que a sentença desconsiderou, entre outros aspectos do caso, que a obrigação de remediação do imóvel era, na gênese do negócio, premissa fundamental, constante de todos os instrumentos, a título de *causa* da transação, mas não cumprida até agora pela ré. Donde ter-se caracterizado o inadimplemento absoluto, que justifica resolução de contrato não exaurido, cuja reversibilidade decorre da pendência do saldo do preço, consoante expressas disposições contratuais, além da onerosidade excessiva.

Estamos em que lhe assiste plena razão.

2. Dos fatos provados e incontroversos

B. Como se vê nítido ao teor da inicial, da contestação, da sentença e de todos os documentos juntados, ninguém tem dúvida a respeito do substrato histórico da lide, cujo conflito, típico de *quaestiones iuris*, radica-se na discrepância das qualificações normativas dos fatos relevantes, provados e incontroversos, cujos tópicos que interessam à consulta resumiremos, em seguida, apenas para efeito de ordenação circunstanciada do raciocínio.

C. Conhecida empresa do ramo de incorporação imobiliária, a autora acertou adquirir à ré, mediante contratos sucessivos, imóvel situado na cidade de São Paulo, para empreender e comercializar condomínio edilício. Esta razão decisiva foi, por sua relevância jurídica como ***causa negocial***, ou razão prática do negócio, explicitada, mediante cláusulas expressas, em três instrumentos contratuais, dois de promessa de compra e venda, e um de compra e venda.

D. Importante salientar, ainda, que, preordenados todos a concretizar uma única operação econômica de transferência de riqueza, consistente nos efeitos de criação do direito ao crédito do preço devido à vendedora e de transmissão do domínio desta à compradora, foram celebrados quatro atos jurídicos que, posto documentados em instrumentos distintos, não são dotados eficácia jurídica de caráter autônomo (*per se stante*), na medida em que tais declarações de vontade se remeteram, a título complementar, à produção daqueles efeitos próprios de negócio jurídico unitário. Em palavras descongestionadas, o caso não é de quatro negócios jurídicos, mas de ***negócio único*** com pluralidade de declarações. É nesse quadro que se situa a escritura pública de novação, confissão de dívida e assunção de responsabilidade, firmada na mesma data da escritura de venda e compra, ou seja, em 4 de fevereiro de 2011.

E. Não menos importante é advertir que disposições várias dessas quatro declarações de vontade documentadas, das quais a primeira data de **6 de**

agosto de 2008, deixaram fora de dúvida que, para satisfazer aos interesses correlatos dos contraentes e, sobretudo, para atender à *causa da aquisição* externada pela ora autora, a ré assumiu a literal obrigação de, reconhecendo-se responsável por toda espécie de danos ambientais que seu uso industrial gerou ao imóvel, tomar, às suas expensas, todas as providências para *remediação do imóvel contaminado*, com obtenção, junto à Cetesb, de licença de descomissionamento da área (licença para desativação da sua indústria e do uso industrial) (**a**),[1] bem como redução dos níveis de concentração de contaminantes em valores compatíveis com o uso residencial projetado pela autora como *causa do negócio* (**b**). Numa síntese, a ré confessou a responsabilidade pela contaminação do imóvel e **obrigou-se**, na execução do contrato, a **prestar**, a seu custo, todas as atividades necessárias a garantir grau de descontaminação que autorizasse expedição de licença para o uso residencial de **interesse primordial** da autora, na acepção etimológica do adjetivo (< *primus* e *ordium*[2] = que está na origem, no princípio, no fundamento).

F. A ré, então promitente vendedora, conseguiu, em meados de **2010**, por obra dos trabalhos técnicos que contratara, obter da Cetesb parecer técnico que, conquanto houvesse verificado estado aparentemente satisfatório do processo de remediação então em curso, consignou, em informações complementares, não ser ainda *"possível considerar a área reabilitada para o uso declarado, sendo necessária a continuidade dos trabalhos de remediação e monitoramento que estão em andamento no local e, sobretudo, no entorno atingido."* E rematou que, como responsável legal, a ré deveria dar continuidade às medidas de intervenção, *"até que as metas de remediação definidas para o caso sejam atingidas em todos os pontos de conformidade e que* **a reabilitação total de área seja atingida.**"

---

[1] A hipótese é de expedição de licença, porque a descontinuidade regular de estabelecimento industrial que degradou condições do meio ambiente envolve risco de consequências ambientais e sociais gravosas, sujeitas a medidas reparatórias, compensatórias ou mitigatórias, controláveis pelo órgão ambiental licenciante, como sucedeu no caso, onde a ré, como poluidora, estava e está obrigada a remediar a contaminação da área interna e externa do imóvel da sua indústria desativada, não apenas por força de lei (art. 2º, § 1º, da Res. nº 237, de 19.12.1997, do CONAMA, cc. seu Anexo I, onde se prevê como serviço de utilidade *a recuperação de áreas contaminadas ou degradadas*), mas também em razão da segunda obrigação assumida no negócio de que trata a consulta (**b**).

[2] Cf. ERNOUT, Alfred; MEILLET, Alfred. *Dictionaire étymologique de la langue latine*. Ret. 4ª éd.. Paris: Klincksieck, 2001, verbete *Primus*; SARAIVA, F. R. dos Santos. *Novissimo dicionario latino-portuguez*. 7ª ed.. RJ: H. Garnier, s/d, verbete *Primordium, ii*.

CONTRATO COMPLEXO. RESOLUBILIDADE DE VENDA E COMPRA COM PREÇO PARCELADO

G. À vista desse parecer que, embora inconclusivo, até poderia, sem o rigor exigível à interpretação do contrato, dar por cumprida a prestação da ré de obter licença de descomissionamento da área (**a**), e sugeria a possibilidade teórica de cumprimento, em prazo razoável, da segunda prestação, figurada na reabilitação de todo o imóvel, para uso residencial (**b**), a autora acordou, de *boa-fé*, avançar nas negociações e conceder, em instrumento público simultâneo e conexo com a escritura de venda e compra, com diferimento condicional do saldo do preço, prazo de 24 (vinte e quatro) meses a partir daí, para que a ré concluísse os trabalhos de plena recuperação, obtendo da Cetesb termo de reabilitação da área externa, sob pena de incidir em multa mensal de R$250.000,00. É o que consta, *expressis verbis*, da já aludida escritura de novação, confissão de dívida e assunção de responsabilidade, lavrada na mesma data da escritura de venda e compra, em **4 de fevereiro de 2011**.

H. Sucede, e é outro dado incontroverso, que transcorreu o prazo sem ter a ré logrado a recuperação, cujos trabalhos prosseguiram até fim de 2013, quando avisou à autora que a empresa contratada recomendara fosse adotada barreira química, em diagnóstico excludente de solução próxima. Acossada pelo decurso lesivo do tempo, que lhe corroía as projeções econômicas fundadas no negócio, de cujo preço adiantara *parcela substancial*, a autora passou a realizar reuniões periódicas com a ré, para acompanhar a evolução das providências técnicas de descontaminação, até que, em **setembro de 2014**, foi por ela informada de que se apurara recrudescimento dos índices de elementos contaminantes (*rebound*), os quais de per si atestavam a absoluta ineficácia das medidas até ali aplicadas. Em vez de regredir, **a contaminação aumentara!** Seguiram-se daí esforços infrutíferos dos contraentes para descobrir alternativas técnicas e acomodar os interesses contrapostos, o que levou à propositura da ação em 2016.

Em suma, até hoje **a ré não prestou (b)**.

3. Três aspectos da lide ignorados pela sentença

I. Desses fatos incontroversos sumariados, que constituem o cerne empírico da lide, a sentença, mais esforçada que certeira, não viu três reflexos jurídicos condicionantes da precisa solução normativa, dos quais o primeiro é o caráter *complexo, mas unitário* do negócio jurídico. A causa não versa quatro contratos que tivessem autonomia funcional, senão conjunto de declarações de vontade dos contraentes, documentadas em instrumentos que, separados, sucessivos e explicáveis pela singularidade histórica do ajuste, retratam as disposições de um único negócio jurídico, redutível ao tipo de *contrato de venda e compra de imóvel, com pagamento parcelado*. Trata-se da conhecida figura do *"negozio unico con pluralità di dichiarazioni"*, cujos efeitos correspondentes à destinação do contrato se reconduzem apenas ao complexo das declarações reunidas.[3] Isto significa, no caso, que as cláusulas dos quatro referidos instrumentos contratuais devem ser interpretadas sob o pressuposto da unidade de sentido do contrato complexo, visto como regulamento de uma só operação econômica.

J. O segundo está na percepção e correta consideração da **causa** do contrato, ou **causa da aquisição**, entendida como *"la ragione ed il senso dei trasferimenti di ricchezza, che costituiscono la sostanza di ogni operazione contrattuale"*[4] e, como tal, foi, como já se viu, expressamente deduzida pela autora, na condição de adquirente, em três instrumentos, nestes incontornáveis termos:

> "a presente aquisição tem como finalidade específica a de sobre o imóvel promover, às suas expensas próprias e por sua conta e risco, a implantação, desenvolvimento e construção de empreendimento imobiliário, de acordo com as disposições do Código Civil (arts. 1331 e seguintes) e das disposições residuais da Lei Federal nº 4.591, de 16/12/2964."

A importância desse reconhecimento vem de que tal **causa**, para além de constituir fundamento da relevância jurídica, bem como critério de qualificação e de interpretação, assume papel de *"criterio di adeguamento"* do contrato, na medida em que, desvelando o interesse econômico perseguido pelos contraentes, dá resposta e adequada solução aos problemas oriundos do desenvolvimento da relação negocial, em particular da repercussão do *inadimplemento* em relação à totalidade de suas disposições.[5]

---

[3] Cf. **BETTI, Emilio**. *Teoria generale del negozio giuridico*. rist. della 2ª ed.. Torino: UTET, 1952, pp.304-305, nº 37, onde se distingue, claramente, a figura da *"molteplicità di negozi, collegati in una fattispecie complessa da nessi che non escludono il valore a sè stante di ciascuno"*. No mesmo sentido, frisando a possibilidade da existência de cláusulas do mesmo contrato, acrescidas (*"aggiunte"*) em instrumentos separados, cf. **MESSINEO, Francesco**. *Enciclopedia del diritto*. Milano: A. Giuffrè, 1961, v. IX, pp. 818-820, nº 22, verbete **Contratto (diritto privato)**.

[4] **ROPPO, Enzo**. *Il contrato*. Bologna: Soc. editrice Il Mulino, 1957, p. 175, nº 4.3.

[5] **BIANCA, Massimo**. *Diritto civile*. Milano: A. Giuffrè, 2000, v. III, pp. 447-448, nº 227, p. 454, nº 231.

CONTRATO COMPLEXO. RESOLUBILIDADE DE VENDA E COMPRA COM PREÇO PARCELADO

K. O terceiro, mas não menos conspícuo, nasce da rígida visão formalista em que confinou o princípio da obrigatoriedade dos contratos (*pacta sunt servanda*), desvinculando-o da acurada disciplina normativa de suas vicissitudes concretas, sobretudo da racionalidade que lhe dá vida. É que já ninguém tem dúvida de que a força obrigatória dos contratos não encontra fundamento último na autonomia da vontade, mas na justificação da legitimidade que lhe advém da conformidade com as normas superiores. Ou seja, recorrendo-se às razões que induziram o ordenamento a consagrá-la, nem Kelsen conseguiu escapar à conclusão de que, ao reconhecer a autonomia dos sujeitos de direito para regular seus interesses, o legislador "*estime qu'une réglementation indépendante et autonome de ces intérêts est **la solution la mieux indiquée et la plus juste**.*"[6] De modo que, se, na experiência jurídica, o contrato perde, por ato de figurante ou outra causa, sua expressão de utilidade, deve ser rompido ou extinto, nos próprios termos de suas cláusulas ou da incidência da lei, em nome das exigências de justiça, como se dá em hipótese de **inadimplemento absoluto**. A eficácia resolutória deste não é negação, senão, antes, confirmação da obrigatoriedade dos contratos.

4. Do manifesto inadimplemento absoluto e sua consequência

L. Seria escusado relembrar que *absoluto* se diz do *inadimplemento* que, por culpa do devedor, cujo comportamento ativo ou omissivo impossibilita ao credor receber a prestação, se tornou definitivo. Tal impossibilidade, aferível do ponto de vista do credor, pode ser *objetiva*, quando o óbice invencível seja de ordem natural, ou *subjetiva*, quando a prestação se tenha tornado inútil ao credor.

No caso vertente, não há como afastar tipificação de inadimplemento por impossibilidade de cunho objetivo, porque, nas circunstâncias históricas em que, *durante quase 10 (dez) anos seguidos*, a ré não conseguiu efetivar até agora a prestação de remediação total da área **(b)**, não há prova capaz de desfazer a consequente presunção de ***absoluta impossibilidade técnica superveniente*** de descontaminação do imóvel que lhe viabilizaria o pre-

---

[6] *La téorie juridique de la convention*. **In**: Archives de Philosophie du Droit, 1940, p. 76, *apud* **GHESTIN, Jacques**. *Traité de droit civil. Les obligations*. 2ª éd.. Paris: Lib. Générale de Droit et de Jurisprudence, 1988, P. 179, nº 173. Ou, como diz o mesmo **GHESTIN**, o contrato é obrigatório, porque justo e útil (*ibid.*, pp. 181-207).

tendido uso regular para fim residencial, dada a reação dos elementos contaminantes à ação estéril dos diversos experimentos técnicos (*rebound*), sem perspectivas de solução próxima, nem remota. Seria absurdo dizer-se, neste cenário de indefinição absoluta, que ainda é materialmente possível aviar a prestação!

M. Releva, porém, aqui, a hipótese cristalina de inadimplemento absoluto por **inutilidade** sobrevinda à credora (art. 395, § único, do Código Civil).

O conceito jurídico da *inutilidade* é relativo, pois decorre do desinteresse superveniente do credor em receber prestação objetivamente ainda possível, na medida em que, em virtude das consequências factuais da mora, lhe desapareceu a serventia ou o proveito econômico que se concretizaria se a recebesse no prazo acordado. Ou seja, torna-se inútil ao credor receber a prestação, quando, à luz da estima objetiva dos efeitos práticos do decurso do tempo inerente à mora, com dano expressivo ao equilíbrio original do contrato, se lhe desvaneceu o interesse econômico que visava a satisfazer com o cumprimento tempestivo da obrigação pactuada. E torna-se aí *inútil*, porque o retardo subtrai a *utilidade econômica* que, para o credor, teria a prestação oportuna, considerada no quadro da equivalência das prestações recíprocas, típica do sinalagma.[7] Seria iníquo, não fosse logo de todo injurídico, pedir à compradora que, como credora encarcerada no contrato, aguarde indefinidamente, padecendo severos danos econômicos, prestação sem perspectiva visível de realização!

N. A principal consequência jurídica do inadimplemento absoluto é desatar ao credor, lesado pelo atraso inutilizante da prestação, a título de alternativa sua, o direito potestativo, ou formativo gerador extintivo, de obter a **resolução** do contrato, ou, como preferem alguns, da relação obrigacional, e **indenização** por perdas e danos (arts. 475 e 395, § único, do Código Civil[8]).

Neste caso, onde a inutilidade da prestação, enquanto evento econômico, é produto da falha culposa da vendedora em garantir, em largo prazo,

---

[7] Cf. **Aguiar Júnior**, **Ruy Rosado**. *Extinção dos contratos por incumprimento do devedor*. 2ª ed., RJ: AIDE Ed., 2003, pp. 133-135.

[8] Se, por força do disposto no § único do art. 395, o credor, a quem a prestação se tornou inútil em decorrência da mora, pode enjeitá-la, sem prejuízo de exigir satisfação das perdas e danos, isto só reforça que pode pedir a **resolução** do contrato, pela razão óbvia de que *"a prestação é a execução do contrato."* (**Alvim**, **Agostinho**. *Da inexecução das obrigações e suas consequências*. 5ª ed.. SP: Saraiva, 1980, p. 56, nº 45).

excedente em muito ao contratual, o restabelecimento das condições do solo e subsolo que permitam o regular uso residencial do imóvel, cuja grave contaminação configura *vício de qualidade* que faz imprópria a coisa vendida para esse fim declarado, não seria herético sustentar que o direito de resolução da compradora encontra apoio concorrente na disciplina dos *vícios redibitórios*. É que a falta de qualidade que torna a coisa imprópria ao uso que lhe foi destinado no contrato, ou lhe deprecia o valor, como sucede a terreno poluído, também da causa à resolução (art. 441), porque a esta, com rejeição da coisa, equivale a *redibição* (art. 442).[9]

O. Pouco se dá não conste do contrato cláusula resolutiva, que o Código Civil tem por expressa (art. 474), aliás desnecessariamente, porque é *pacto comissório* e, portanto, declaração formal de vontade, que se não subentende. O que sempre se subentende, em todos os contratos comutativos a que falte cláusula resolutiva, é a possibilidade de resolução por força da lei, ou **resolução legal**, erroneamente chamada de cláusula tácita (arts. 474 e 475). Neste fenômeno jurídico, é a lei que, incidindo na situação de inadimplemento absoluto, atribui ao credor prejudicado o mesmo direito potestativo de obter a resolução não prevista no contrato, e daí dizer-se, não sem impropriedade, que seria cláusula resolutiva tácita, inerente a todos os contratos bilaterais. Trata-se apenas de resolubilidade *ex vi legis*, que, uma vez concretizada a *fattispecie* do inadimplemento absoluto, opera onde não haja cláusula resolutiva, como se dá no caso.

P. Tampouco impede a resolução legal, o ser o contrato, no caso, irrevogável e irretratável, porque são coisas distintas. Revogar (< *vox*) é, em termos jurídicos, o poder que tem o emitente, em dadas hipóteses, de retirar declaração de vontade (*vox*) constitutiva de ato ou negócio jurídico, extinguindo-lhe os efeitos. Nesse sentido, revoga-se mandato, doação, testamento, etc.. Retratar (< *retractare*) é, na origem etimológica, dar o dito por não dito, significando, no plano contratual, o poder de arrependimento, ou de resilição unilateral mediante denúncia, a que, sob a forma verbal reflexiva, corresponde o desdizer-se. Estas são as raízes das conhecidas cláusulas de irrevogabilidade e irretratatibilidade, cuja função é, em síntese, de preexcluir eficácia extintiva do contrato a mero ***arrependimento*** de qualquer dos contraentes. Por isso, cansam-se os tribunais de reafirmar que tais cláusulas não impedem resolução convencional ou legal do contrato.

---

[9] Cf. **Miranda**, **Pontes de**. *Tratado de direito privado*. 3ª ed., reimp.. RJ: Borsoi, 1972, t. XXXVIII, pp. 281-282, § 4.234, nº 1.

Q. Entre outros motivos inconsistentes, impressionou-se a sentença, para supor intangível ou irresolúvel o contrato, com duas características que, suposto sejam verdadeiras, são adiáforas à justa decisão da causa. A primeira, que, em se tratando de ato jurídico perfeito, já não poderia ser resolvido. Mas perfeito (< *per + feito*) diz-se do ato ou negócio válido, cuja existência jurídica se concluiu como tal, uma vez coexistentes todos seus elementos constitutivos. Ou, em linguagem científica mais rigorosa, é o ato ou negócio que, reunindo todos os elementos do suporte fático do seu tipo normativo, se reputa juridicamente *existente* e *válido* (embora não necessariamente eficaz). *"O ato não se diz perfeito se algo ainda lhe falta."*[10] E, se nada lhe falta, é perfeito no sentido de, quanto à sua **formação**, estar concluído, acabado, ou *consumado*, tal como aparece no texto do art. 6º, § 1º, do Decreto-lei nº 4.657, de 4 de setembro de 1942. Donde, *perfeito* não quer dizer *exaurido* na sua eficácia. E, só quando tenha produzido todos os seus efeitos jurídicos, exaurindo a função econômica a que visava, é que o contrato já não pode ser resolvido, pela razão óbvia de lhe não subsistir relação obrigacional suscetível de inadimplemento. Ser perfeito não é, portanto, óbice, mas verdadeira condição lógico-jurídica *sine qua non* de resolubilidade, porque só é resolúvel o contrato existente e válido, em cuja fase ulterior de **execução** das obrigações nele previstas sobrevenha inadimplemento absoluto. Ato imperfeito ainda não existe ou, existindo, é inválido, e não, resolúvel!

R. A segunda dificuldade encontrada pela sentença é tratar-se de contrato de *compra e venda* de imóvel.

Não se sabe de onde tirou que tal contrato não seria passível de resolução. A explicação parece estar em que confundiu a figura de compra e venda, *com pagamento à vista*, enquanto modelo usual em que, pago o preço e registrado o negócio na matrícula, o contrato esgota sua eficácia, sem pendência de obrigação residual de qualquer dos contraentes, salvas as decorrentes de responsabilidade legal, como a de evicção, etc.. Retomando noutras palavras conceitos do tópico anterior, nesse caso o contrato de venda e compra, além de perfeito e acabado, se qualifica como *exaurido* na sua eficácia, porque, cumpridas todas as obrigações e gerados todos os direitos (transferidos o preço e o domínio), não lhe fica nenhum efeito ainda por produzir: nem prestação por efetivar, nem, por conseguinte, possibilidade teórica de inadimplemento.

---

[10] **Miranda**, **Pontes de**. *Comentários à constituição de 1967*. SP: RT, 1968, t. V, p. 62.

O erro aqui está em não distinguir as fases de **formação** e de **execução** dos contratos. Venda e compra, *com pagamento à vista*, deveras não pode ser, de regra, resolvido, porque não é passível de execução, à mingua de obrigação capaz de ser descumprida! Muito diferente, todavia, é a hipótese da consulta, na qual foi *parcelado o preço* da compra e venda e, condicionado o pagamento do saldo a duas *prestações* específicas da vendedora **(a)** e **(b)**, de modo que, não tendo sido, no prazo estipulado, realizadas essas, nem pago aquele, tais obrigações seriam, em tese, ainda exigíveis na **execução** de contrato que, embora perfeito na formação, não está *exaurido* nos efeitos, mas *persiste* como relação obrigacional sujeita a extinção por inadimplemento absoluto de qualquer dos figurantes e, configurado, o da ré. Nisto, sua disciplina legal é análoga à de promessa de venda e compra, em que o parcelamento do preço é ínsito no tipo de contrato preliminar e seu pagamento pode estar subordinado a prestações do promitente vendedor. E isto significa que é resolúvel, como qualquer outro contrato *não exaurido*, e é de velhíssima sabença.[11]

S. A previsão de *multa mensal* por atraso da prestação **(b)**, na escritura de novação e outras avenças, também não constitui obstáculo à resolução, porque, em se predestinando a cominação a estimular o cumprimento da obrigação da vendedora dentro do prazo adicional, se reputa estipulada para o caso de *mora*, cuja superveniência daria à compradora a faculdade de exigir, ao mesmo tempo, satisfação da pena cominada e o desempenho da obrigação principal (art. 411). Mas já vimos que a compradora não estava obrigada a exigir o cumprimento da obrigação de descontaminar a área, diante do *inadimplemento absoluto* em que, por inutilidade da prestação, se transformou a mora da ré, o qual autorizava aquela, na condição de credora lesada, a pedir a resolução do contrato, em vez de seu incerto, senão impossível adimplemento (art. 475). Ou seja, *cláusula penal moratória* não obsta a resolução do contrato, e isto não merece honras de discussão.

T. Porque dê origem ao direito formativo extintivo de resolver o contrato por inadimplemento absoluto em virtude de inutilidade da prestação, essa há de ser grave. E é gravíssima *in casu*, porque, castrando à compradora a justa expectativa de realização da ***causa negocial declarada***, que era de promover, no terreno, em tempo compatível com as condições do

---

[11] Leia-se, por todos, o grande **Teixeira De Freitas**, in *Consolidação das leis civis*. Obra fac-similar. Brasília: Senado Federal, 2003, v. I, pp. 343-344, nota de rodapé da 3ª ed..

mercado, oportuno empreendimento imobiliário, enquanto razão determinante ou programa econômico que a levou a celebrar o contrato de compra e venda, atingiu a *substância* deste, frustrando-lhe a finalidade objetiva. O dano sobrevindo comprometeu a economia do contrato, ao qual, com a eversão de sua base, já não resta nenhum significado prático, nem jurídico!

U. E a **culpa**, necessária, da ré, é mais que vistosa.

E é-o, em primeiro lugar, por conta da incontroversa responsabilidade, que lhe pesa, pelo resistente estado de degradação ambiental que, provocado por seu estabelecimento industrial, agora desativado apenas de fato, inutilizou o uso residencial do imóvel. Não se trata de fruto do acaso, mas de sua grossa culpa.

É-o, em segundo lugar, por derivação, no contexto contratual, porque, não podendo eximir-se do encargo, se obrigou, *expressis verbis*, sob pressuposta garantia pessoal de cumprimento que lhe ditava o dever de boa-fé, a remediar o imóvel por *sua conta e risco*, obtendo licença de descomissionamento da área (**a**) e sua reabilitação para uso residencial (**b**), em prazo que, razoável, a princípio, para atender à expectativa econômica da autora, precisou, depois de alguns anos, ser contratualmente prorrogado por mais dois, na escritura de novação, sem ter sido até hoje observado. O inadimplemento da ré perdura por quase *10 (dez) anos*!

É sem nenhum relevo jurídico escusante a alegação da ré de que se tem esforçado para cumprir as obrigações que a fariam dependente da ação eficaz de terceiros, as empresas e profissionais que lhe incumbia contratar para execução dos trabalhos técnicos de descontaminação da área. Se tais *auxiliares* falharam, e não há dúvida de que, com ou sem culpa, falharam, a ré responde como *comitente* pelos atos deles, isto é, pelo resultado infrutuoso do trabalho, com abstração de culpa sua *in elegendo* ou *in vigilando*, porque,

"na responsabilidade derivada do contrato o devedor responde sempre que houver culpa do terceiro por ele aposto para cumprimento da prestação, não se cogitando se o responsável agiu ou não com culpa na escolha. Trata-se de preceito derivado do comércio jurídico, verdadeira obrigação de garantia que o devedor assume em relação ao pessoal auxiliar que utiliza para realização da prestação... Se o terceiro age sem culpa mas há o incumprimento, presume-se então a culpa do devedor, que deixa de cumprir com sua obrigação."[12]

---

[12] **Aguiar Júnior**, **Ruy Rosado de**. *Op. cit.*, p. 111, nº 45.

CONTRATO COMPLEXO. RESOLUBILIDADE DE VENDA E COMPRA COM PREÇO PARCELADO

Dado o conceito objetivo da prestação, em caso de inadimplemento responde, no tema, independentemente de considerações subjetivas, quem se obrigou a cumpri-la.[13] De todo modo, acresce, neste caso, onde a degradação ambiental constitui autêntico *vício da coisa*, que, aniquilando toda sua utilidade para a compradora, se obrigou a vendedora, em cláusula expressa, a dissipar, há *"responsabilidade oriunda de cláusula negocial ou de negócio jurídico à parte, em que o outorgante prometeu a eliminação do vício do objeto."*[14]

Em resumo, o inadimplemento não proveio de caso fortuito, nem de força maior, senão de inutilidade imputável à vendedora, que deu causa exclusiva à atual situação de impropriedade absoluta do imóvel para uso residencial, sem conseguir remediá-la até agora, como se obrigou. *A colaboração espontânea da autora só exacerba a culpa da ré*.

5. Da onerosidade excessiva

V. Mas a resolução é inevitável ainda por outra boa razão jurídica.

Em contrato *não exaurido*, ou de execução continuada ou diferida, pode o figurante pedir-lhe a resolução, quando sua posição se torne insuportavelmente desproporcional e onerosa em confronto com a de extrema vantagem do outro, em decorrência de evento extraordinário e imprevisível (art. 478). Ora, na hipótese, que é de contrato de pagamento diferido, desponta nítido que, diante da superveniente e imprevisível impossibilidade de descontaminação da área em prazo certo – o que, em termos econômicos, traduz *impossibilidade absoluta* –, a manutenção do contrato, sem perspectiva de viabilidade do empreendimento, se tornou demasiado onerosa à compradora, com desmedida e cômoda vantagem da vendedora, a qual, tendo embolsado, faz anos, valor substantivo do preço, não contrapresta a reabilitação necessária ao uso da coisa vendida.

É que a autora vem sofrendo enormes gravames materiais, representados pela imobilização do capital já investido, sem nenhum retorno financeiro, no pagamento de parcela expressiva do preço do negócio, de tributos, tarifas, emolumentos e despesas de conservação, bem como pela frustração dos lucros do valioso empreendimento imobiliário que se inviabilizou, a título de desfalque patrimonial indenizável (art. 402), enquanto a ré des-

---

[13] Cf. **HEDEMANN, J. W.** *Tratado de derecho civil*. Madrid: Ed. Revista de Derecho Privado, 1958, v. III, p. 164, § 19, nº 4.

[14] **MIRANDA, Pontes de**. *Tratado de direito privado. Op. cit.*, t. XXXVIII, p. 285, § 4.235, nº 3.

fruta do que recebeu, sem contrapartida, nem possibilidade de queixa do que é obrigada, ainda quando lhe seja devolvido o imóvel, a pagar para tentar descomissionamento e despoluição causada por sua incúria empresarial. Nessa moldura de grosseiro desequilíbrio, seria contrário à função econômica do contrato e à justiça comutativa condenar a compradora a suportar essas perdas e danos crescentes e a aguardar prestação improvável, sem limitação pecuniária, nem temporal. Um despropósito jurídico!

Estão presentes, aí, todos os requisitos elementares da resolubilidade por onerosidade excessiva, didaticamente sintetizados na doutrina:[15] (*i*) vigência de contrato de execução diferida; (*ii*) destruição da sua base econômica; (*iii*) onerosidade excessiva à compradora e benefício imodesto à vendedora; (*iv*) imprevisibilidade da situação de disparidade negocial.

6. Conclusão

W. Do exposto, estamos em que deve ser **provida** a apelação da autora, para que se julgue procedente a ação, com resolução, por inadimplemento da ré, do *contrato de compra e venda*, formalizado nos quatros instrumentos já referidos (os dois particulares e as duas escrituras públicas), os quais documentam um só negócio jurídico (**a**), cancelamento do registro na matrícula (**b**), restituição da posse do imóvel à ré (**c**), condenação desta ao pagamento de perdas e danos (**d**), bem como declaração de responsabilidade exclusiva da ré pelo dano ambiental que causou no imóvel cuja propriedade lhe será agora revertida (**e**), além dos consectários de praxe, tudo sob pena de violação do disposto nos arts. 395, § único, 402, 411, 441, 442, 474, 475 e 478, todos do Código Civil.

É o que, salvo melhor juízo, nos parece.

Brasília, 23 de abril de 2018.

---

[15] **PEREIRA**, Caio Mário da Silva. *Instituições de direito civil.* 13ª ed.. RJ: Gen-Forense, 2009, v. III, p. 141, nº 216.

22
Interpretação Integrativa de Contrato pelo Método Analógico

NEGÓCIO JURÍDICO. Contratos sucessivos de movimentação e armazenagem portuária de cargas, entre mineradora e sociedade federal de economia mista. Carga representada por minério de manganês, que é transportado a granel. Incerteza sobre valor da tarifa devida. Omissão dos contratos. Aplicação analógica de cláusula de tarifa em contrato sobre trigo a granel. Interpretação integrativa e favorável ao contraente mais débil. Ação da mineradora julgada procedente. Aplicação do art. 423 do CC. *Para remediar caso de omissão de regulamentação de aspecto relevante do objeto negocial, aplica-se a chamada **interpretação integrativa** dos contratos pelo método analógico, segundo o qual o caso omitido deve reger-se pela mesma disposição contratual que expressamente rege caso semelhante, sobretudo quando a regra deste favoreça ao contraente mais débil.*

1. Consulta

A. O ilustre advogado EPP, na condição de diretor jurídico da autora, dá-nos a honra de consulta sobre recurso de apelação interposto, pela CDP, da sentença que julgou de todo procedente ação que lhe move a MB S.A., com pedidos de pronúncia de nulidade de cláusulas de contratos de adesão anteriores entre as partes, intitulados *termos de acordo operacional*, e de nota de débito e faturas cujos valores se basearam nessas cláusulas, bem como de declaração e revisão de desequilíbrio econômico-financeiro de contrato ulterior, para que serviços de armazenagem de minério de manganês sejam cobrados pela tarifa devida em caso de granel sólido, não de carga solta, e da inexigibilidade da taxa de fundo de investimento sobre essa tarifa.

A sentença não encontrou nulidade processual, decretou revelia parcial por falta de impugnação dos fatos relativos aos contratos firmados entre 2007 e 2010, e deu por intempestivo o agravo retido. No mérito, reputou provada, nesse período, por omissão dos contratos, divergência entre as partes a respeito da tarifa aplicável à armazenagem do minério, que, no contrato celebrado em 15 de dezembro de 2010, foi tido como carga geral solta. Mas entendeu que seria granel sólido, cuja tarifa, à míngua de previsão específica, só poderia corresponder à do item 6 da Tabela V, que cuida da tonelada de trigo a granel. Não constando dos termos sua base de cálculo, cuidou necessário fixá-la, até para não prejudicar os contraentes, bem como rever as cláusulas para resguardo da comutatividade. Considerou, mais, que o fundo de investimento não incidiria sobre tarifa de armazenagem, além de estar demonstrada cobrança de valores em duplicidade. E reconheceu litigância de má-fé na alegação de carência por fato superveniente. Julgando procedente a ação, declarou nulos os itens que, nas cláusulas dos *termos*, abonariam tarifação do serviço da armazenagem do minério a título de carga geral solta, bem como a nota de débito nº 17 e faturas correspondentes, determinando incidência da Tabela V, item 6, mediante base de cálculo que fixou, e, ainda, declarou inexigíveis a cobrança do fundo de investimento e de valores já pagos. E impôs ônus de sucumbência e pena por litigância de má-fé.

Alega a ré, em preliminares do recurso, incompetência absoluta da Justiça estadual, perda de objeto da ação em virtude de decisão administrativa sobre a matéria, e nulidade processual à falta de citação de litisconsorte passiva necessária. No mérito, argui, em substância, que, desde 2005, são renovados os *termos de acordo operacional* entre os litigantes, sem ficar dúvida sobre a fórmula de cobrança dos serviços de armazenagem do minério como carga solta, segundo estaria expresso na cláusula segunda dos sucessivos instrumentos contratuais, dadas condições mui favoráveis à autora, a qual nunca se insurgiu contra a fórmula, sobre cuja tarifa incide a taxa de investimento. A sentença não teria observado o *pacta sunt servanda*, nem a prova pericial. E negou a existência de cobrança dúplice ou exorbitante.

Estamos em que acertou a respeitável sentença. Senão, vejamos.

2. Síntese da causa

B. A despeito da exuberância do longo recurso, cuja preliminares não guardam nenhuma consistência, como logo há de ver-se, parece-nos de muita simplicidade o mérito substantivo da causa, que, versando sobre interpretação e alcance de cláusulas de sucessivos contratos de adesão entre as partes, denominados *termos de acordo operacional*, pode resumir-se no conflito entre a pretensão da autora de ver reconhecido, com todas as consequências postuladas, direito de pagar os serviços de armazenagem portuária de minério de manganês pelo valor da tarifa prevista, na tabela própria, por tonelada de *carga a granel*, e a resistência da ré que, sustentando cuidar-se de *carga geral solta*, lhe exige a correspondente remuneração por tarifa tabelada, de maior valor. Da resposta a tal questão depende a solução da lide conexa, quanto à necessidade, ou não, de revisão do equilíbrio econômico-financeiro dos contratos vigentes a partir de dezembro de 2010.

3. Da inconsistência das preliminares

C. As preliminares não colhem.

É competente a Justiça estadual. Por demonstrá-lo, convém lembrar que, até 1990, nosso sistema portuário, cuja administração estava sob controle da União, era formado por portos administrados pela EBP, pelas chamadas companhias docas e concessionários estaduais e privados. Extintas a Portobrás e, consequentemente, essas administrações, a União autorizou o então Ministério da Infra-Estrutura, pelo Decreto nº 99.475, de 24 de agosto de 1990, a descentralizar, mediante convênios, a administração dos portos, outorgando-a às sociedades de economia mista subsidiárias da EBP e às unidades federadas, pelo prazo de um ano. Em 1993, com a edição da Lei nº 8.630, de 25 de fevereiro, criou-se regime específico de exploração dos portos, a qual poderia exercida pela própria União, ou, mediante concessão, por companhias docas ou por entidades privadas (art. 33), nos termos do art. 21, XII, *f*, cc. art. 22, X, da Constituição da República.

Nesse quadro é que, como sociedades federais de economia mista, vinculadas ao Ministério dos Transportes, as companhias docas passaram a administrar, como concessionárias, o sistema portuário, sob império das Lei nº 6.404, de 15 de dezembro de 1976, e nº 8.630, de 1993. Ora, a participação acionária da União não lhe implica por si só existência de interesse jurídico direto nas causas que respeitem a interpretação ou alcance de contratos firmados por sociedade de economia mista em que se estru-

PARECERES DE DIREITO PÚBLICO E PRIVADO

ture companhia docas, nem lhes atrai competência da Justiça Federal (art. 109, I, da Constituição da República, **súmula 556** do STF e **súmula 42 do STJ**). Tal competência só se desencadeia em causas nas quais, demonstrando específico, direto e efetivo interesse jurídico, a União intervenha como assistente. Seu eventual interesse econômico reflexo ou indireto, próprio da condição de acionista, suposto majoritário e dominante, não tem relevo na definição da competência, pela boa razão de que desfecho negativo daqueloutras causas não desfalca o patrimônio da União e, embora desfalcando o da sociedade, pode ser neutralizado no exercício de suas atividades sociais. Nesse sentido, ninguém sustentaria a competência da Justiça Federal para ação de cobrança de tarifa que promova companhia docas, pois a lesão jurídica do débito, que a demanda busca reparar, atinge apenas o patrimônio da sociedade, não, imediata e necessariamente, o da União. É o caso da consulta, onde só estão invertidas as posições processuais! Doutro modo, qualquer ação cuja sorte possa repercutir no patrimônio da sociedade de economia mista seria da Justiça Federal.

É essa, aliás, a exegese que convém ao disposto no art. 5º, § único, da Lei federal nº 9.469, de 10 de julho de 1997, para que não se lhe atribua sentido que, transbordando os limites do art. 109, I, da Constituição da República, o torne inconstitucional, como o STF já o declarou o art. 4º, *caput*, da Lei nº 5.627, de 1º de dezembro de 1970, o qual tinha conotação normativa idêntica. E não se aplica ao caso a jurisprudência sobre competência para mandado de segurança, já que, em sendo aqui distinta a natureza da ação processual, não se cogita, é óbvio, de ato de império, mas de gestão. Em mandado de segurança é que a Justiça Federal decide se o ato impugnado é próprio de autoridade, declarando a inadmissibilidade da ação mandamental quando o seja apenas de gestão.

De todo modo, não houve intervenção da União, nem tampouco da ANTAQ, cujas atribuições legais são apenas de regular ou supervisionar as atividades de prestação dos serviços e da exploração da infraestrutura de transportes, bem como de promover estudos de definição de tarifas e de revê-las (arts. 21 e 23, cc. art. 20, II, e art. 27, II e VII, da Lei nº 10.233, de 5 de junho de 2001, com a redação da Lei nº 12.815, de 5 de junho de 2013), razão por que não figurou nos contratos, não é litisconsorte passiva, nem revela interesse remoto no caso, onde não se pretendem rever, nem reajustar tarifas, senão saber qual das fixadas é exigível. E escusaria dizer que intervenção é sempre voluntária!

D. Não há, pois, nulidade processual, nem carência superveniente de ação.

Neste passo, como noutros, está caracterizada *litigância desleal* da ré, como o proclamou a sentença. É que, para averbar perda ulterior do objeto da ação, teve de falsear o alcance da decisão de processo administrativo instaurado para arbitrar custo de armazenagem de trinta toneladas de minério, em virtude de **fato pontual** que, com aparência de força maior, poderia justificar aumento do prazo de franquia ou até desconto no valor da tarifa, à conta de atraso na concessão de licença de importação e no respectivo embarque. Tal fato, que invocou a autora no âmbito administrativo, foi a morte do presidente Hugo Chaves. Mantido, pela ANTAQ, o custo da tarifa dessa operação específica de armazenagem, a ré requereu extinção deste processo, sem julgamento de mérito, sob pretexto de que essa decisão da autarquia teria eficácia prejudicial sobre a causa, ao cuidar de tarifas idênticas (*sic*), embora confesse, no recurso, que o procedimento administrativo não se referia aos mesmos termos e fatos deste processo! Ou seja, sobre não poder afetar ignorância de que decisão administrativa, ainda quando de objeto coincidente, não tem força vinculante sobre a Jurisdição, alterou fatos e formulou defesa, ciente de que era e é destituída de fomento jurídico (art. 14, I, II e III, do Código de Processo Civil)[1].

4. Do cerne da causa

E. Para apreender os contornos relevantes da questão medular da causa, não custa ressaltar que a autora é exportadora de minério de manganês que, extraído por ela de mina situada na serra de Buritirama, só pode embarcado no porto de Vila do Conde, onde permanece estocado até que navio o recolha. Não há outro itinerário economicamente viável para sua exportação. Esse porto está sob a administração da ré, sociedade federal de economia mista, com a qual a autora, há anos, mantém renovados contratos típicos de adesão, para disciplina comutativa de movimentação e armazenagem da carga do minério, remuneradas por tarifas tabeladas pela ré. Tais contratos, ditos *termos de acordo operacional*, são qualificados por **necessidade** econômica absoluta a que, até mutilando sua autonomia negocial, se sujeita a autora, à míngua de porto alternativo para exportar. Este é dado importante no contexto.

---

[1] Corresponde ao art. 77 do CPC/2015.

Acontece que, em relação à tarifa de armazenagem, despontou, em 2007, séria discrepância entre os contraentes, porque, não constando dos *termos de acordo operacional* que se sucederam desde essa data até 14 de dezembro de 2010, previsão de tarifa própria para pagamento da estocagem do minério, a ré entendia devesse tal serviço ser remunerado pelo valor constante do item 2.4 da Tabela V das Tarifas Portuárias, aplicável a tonelada de *carga geral solta*, enquanto cuidava a autora fosse apenas devida a tarifa menor, contemplada no item 6, concernente a tonelada de trigo a granel, a que se equipararia o minério de manganês na condição de *granel sólido*.

Diversamente do que sustenta a ré, essa divergência, dotada de conteúdo econômico claro e relevante, jamais foi superada por aquiescência tácita da autora, nem sequer após a renovação, em 15 de dezembro de 2010, do contrato, de cujo instrumento, a que não podia a autora deixar de aderir, sob pena de inviabilizar sua subsistência como empresa exportadora, passou a constar que os serviços de armazenagem do minério seriam remunerados com base na tarifa de *carga geral solta*, objeto do item 2.4 da Tabela V, de valor mais elevado.

A persistente discordância, que está documentada nos autos e é confirmada pelo fato incontroverso de, até início de 2011, não ter a ré emitido notas fiscais e faturas representativas da exigência de pagamento do débito de armazenagem, como bem advertiu a sentença, foi que ditou a propositura desta ação, cujo objetivo último é por cabo a essa velha e conflituosa incerteza objetiva, que se radica em três precisas questões encadeadas: *a*) saber, para efeito da tarifação, qual a natureza do minério de manganês (se é *carga geral solta* ou a *granel sólido*); *b*) suprir, mediante interpretação integrativa, a omissão que, a respeito dessa natureza e da respectiva tarifa, impregnou todos os contratos vigentes de 2007 a 14 de dezembro de 2010; *c*) apurar, por fim, se é caso, ou não, de, à vista da resposta às duas indagações (*a* e *b*), rever o contrato datado de 15 de dezembro de 2010, quanto ao seu estrutural equilíbrio econômico-financeiro.

São também algo simples as respostas.

4. da natureza da carga do minério de manganês

F. Não há como nem por onde sustentar que, para fim de tarifação regulamentar dos serviços de armazenagem portuária, nos termos da tabela própria aplicável ao caso, que minério de manganês seja *carga geral solta*, e não, como o é, *granel sólido*. E, por várias as razões. A primeira, intuitiva, está em que seria impróprio, senão até irracional, submeter a tarifação da estocagem do minério, cuja operação estática, circunscrita a terreno desprovido de infraestrutura especializada, não pede cuidado particular, nem importa ônus expressivo para a administração portuária, ao regime remuneratório doutras cargas mais sensíveis, de conservação mais custosa. Neste passo, até a tarifa de armazenagem do trigo a granel, na medida em que exige silos de concreto, de construção, equipamentos e manutenção dispendiosos, como, aliás, o evidenciou o perito, já seria desproporcional aos baixos custos operacionais da estocagem do minério, a qual prescinde das cautelas de preservação requeridas pela *carga geral solta*. Tratamento contratual idêntico fora rematada injustiça.

A segunda vem da classificação adotada por prestigioso órgão representativo do empresariado, a Federação da Indústrias do Estado de São Paulo – FIESP, a qual, baseando-se no reflexo econômico das particularidades físicas das mercadorias no fluxo mercantil, define *carga geral solta* como a que, embarcada e transportada com embalagem, marca de identificação e contagem de unidades, demanda significativo lapso de tempo na movimentação, por conta da quantidade dos volumes suscetíveis de perdas e de avarias. Nesse conceito, já não cabe, à evidência, o minério, que antes se ajusta apenas ao de *carga a granel*, assim considerada toda carga líquida ou seca embarcada e transportada sem acondicionamento, marca de identificação, nem contagem de unidades, como petróleo, trigo, etc., que é, aliás, noção encontrada, nos dicionários, ao substantivo *granel*, tendo **minérios** entre seus exemplos frisantes.[2] Daí, não poderia ter sido outra a firme conclusão do perito: "*o minério de manganês tecnicamente se enquadra como carga a granel seca ou em forma sólida*" (fls. 629).

Teve, pois, a ré de, no recurso, curvar-se a essa invencível conceituação, ao admitir, de maneira expressa, que se não discute seja a mercadoria manganês, no estado em que é movimentada no porto, "*granel mineral*", para cujo reconhecimento até escusaria perícia (**sic**, fls. 1134), que, contraditoriamente, a apelação aduz ter sido ignorada pela sentença. Mas ali foi coe-

---

[2] "*Diz-se de cargas tais como cereais, carvão, **minérios**, combustíveis líquidos, etc., que são transportadas sem embalagem ou acondicionamento*" (**HOLANDA FERREIRA**, **Aurélio Buarque de**. *Novo aurélio – século XXI – o dicionário da língua portuguesa*. 3ª ed. RJ: Nova Fronteira, 1999, verbete **granel**. *Loc. adj.*, **1**. Grifos nossos. *Idem*, **HOUAISS**, **Antonio et alii**. *Dicionário Houaiss da língua portuguesa*. 1ª ed. RJ: Objetiva, 2001, verbete **granel**).

rente, porque seus documentos internos, transcritos na inicial, já aludiam a expedição e armazenagem de *"granéis sólidos de minério"*.[3] Que o minério de manganês constitui carga a *granel sólido* é, portanto, **fato incontroverso!**

5. Da interpretação e revisão dos contratos

G. Ora, diante desse fato certo, é mister agora dar aos contratos anteriores a 14 de dezembro de 2010, cujos instrumentos foram todos omissos a respeito de tarifa própria para remunerar serviços de armazenagem específica do minério, a chamada *interpretação integrativa*, destinada, não a reconstituir suposta vontade subjetiva dos contraentes, que se não presume, mas a remediar a omissão, revelando a norma que, compreendida na função preceptiva dos negócios jurídicos, deva regular esse aspecto financeiro das relações entre as partes. E, havendo, como há, dentre as suas cláusulas, caso semelhante regulamentado por uma delas, cumpre recorrer, nessa atividade hermenêutica, ao critério *analógico*. É o que predica autorizada doutrina:

> *"... il punto in questione, quantumque non abbracciato dalla formola del negozio, è però compreso nella sua idea (precetto), nel complesso contenuto logico e sociale del negozio stesso, e quindi si trova già regolato implicitamente. Qui non c'è neppure bisogno di presumere che le parti abbiano, esse, 'voluto tutto quanto si richiede per raggiungere lo scopo del negozio'."*
>
> *[...]*
>
> *"... senza alcun bisogno di giustificare com uma ipotetica rispondenza ad una 'presumibile volontà', si richiama alla norma ermeneutica per cui 'si può ricorrere al **criterio dell'analogia** solo quando manchi la norma specifica da applicare nel caso, che abbia elementi di somiglianza, ma non d'identità con altri casi regolati dalla legge o dal contratto': quel che importa, è **l'oggetiva somiglianza fra il caso regolato e quello non regolato quanto all'elemento che giustifica quel dato tratamento contrattuale"*.[4]

Em palavras descongestionadas, para encontrar a tarifa curial à remuneração da armazenagem do minério, à míngua de previsão contratual expressa, basta, nos contratos omissivos, aplicar, analogicamente, a cláusula explícita que, disciplinando o pagamento dos serviços de estocagem

---

[3] Cf. *Resoluções Direx* nº 01/2004 e nº 05/2005 (fls. 6).
[4] **BETTI, Emilio.** *Teoria generale del negozio giuridico.* 2ª ed. rist.. Torino: UTET, 1952, p. 355 e 362. Grifos nossos.

do *trigo a granel*, se remete à tarifa objeto do item 6 da Tabela V. É que, entre as situações objetivas de tratamento tarifário dos serviços de armazenagem do trigo e do minério de manganês, enquanto ambas as mercadorias pertencem à categoria de *carga a granel sólido*, corre manifestíssima semelhança factual, que postula identidade de razão jurídica. Daí, dever incidir a mesma tarifa para remuneração dos serviços de armazenagem de ambas as cargas, que ambas são a *granel sólido*.

Nisto consiste a aludida *interpretação integrativa* dos contratos pelo método *analógico*, segundo o qual o caso omitido deve reger-se pela mesma disposição contratual que expressamente rege caso semelhante. E foi o que, ao cabo das contas, fez a justa sentença, expungindo dos instrumentos contratuais os itens cuja redação poderia realimentar as dúvidas e divergências, que recaíam até sobre a fórmula de cálculo da tarifa devida por tonelada de *carga a granel*, as quais, agravadas por omissão dos contratos, eram, deveras, nocivas assim à economia dos negócios, como aos interesses econômicos de ambos os contratantes.

E não quadraria outra solução por distinto critério hermenêutico, à vista do princípio subjacente à norma do art. 423 do Código Civil, que exprime consagrado critério de interpretação negocial objetiva, figurado em que "*le clausole che pongono condizioni generali di contratto si interpretano, **nel dubbio**, contro l'autore della clausola, ossia nel senso più favorevole all'altro contraente (art. 1370), che è il contraente più debole*".[5] Irresignação da autora, que não dispõe de poder nem sequer próximo ao da força quase onipotente da administração pública, de nada lhe valeria contra a imposição de redações contratuais dúbias ou omissas da concessionária.

H. Por linear consequência lógico-jurídica, era forçoso, à luz da interpretação dos anteriores, proceder à **revisão** do contrato vigente a partir de 15 de dezembro de 2010, de cujo instrumento, insuscetível de discussão pela autora, entrou a constar previsão expressa de incidência da tarifa capitulada no item 2.4 da Tabela V. É que, para além de contrariar a natureza da classificação técnica da carga de minério, sua exigência desestruturava, em perceptível dano da autora, de modo significativo, como mostra a graúda diferença entre os valores totais das duas tarifas, o equilíbrio

---

[5] **Galgano**, Francesco. *Il negozio giuridico*. 2ª ed. Milano: A. Giuffrè, 2002, p. 474, nº 106. Grifos nossos. *Idem*, em sua obra mais recente, *Il contratto*. 2ª ed. Padova: CEDAM, 2014, p. 453, nº 94.

econômico-financeiro que compõe a própria coluna vertebral da causa econômica da avença, na medida em que lhe resguarda a natureza comutativa e sinalagmática.[6]

Já não há quem questione a admissibilidade da revisão judicial dos contratos administrativos para instauração ou recuperação da equação financeira de relativa equivalência entre o pleno atendimento das necessidades públicas e a satisfação do correlato interesse econômico do particular, quando o fator de inobservância ou de ruptura desse equilíbrio ideal seja ato oriundo do exercício do poder administrativo de impor ou, unilateralmente, alterar as condições negociais, acarretando prejuízo ao contratado. Diz-se, nesse exato sentido, que toca "*à Administração atuar em seus contratos com absoluta lisura e integral respeito aos interesses econômicos legítimos do seu contratante, pois não lhe assiste minimizá-los em ordem a colher benefícios econômicos suplementares ao previsto e* **hauridos em detrimento da outra parte**",[7] como sucedeu no caso, onde não podia a autora evitar a gravosa inserção de cláusula que, aniquilando o equilíbrio financeiro do contrato, lhe impunha, sem alternativa, tarifa injusta e desconforme com a conceituação técnica que a própria ré reconhece ser da natureza da carga de minério. Numa síntese, não podendo fugir à renovação do *termo de acordo operacional*, em 15 de dezembro de 2010, a autora foi vítima de ato arbitrário da ré que, na redação do contrato, lhe impingia obrigação de pagar, com grave dano econômico, tarifa francamente indevida.

É lógico que tal cláusula não pode subsistir. Desnatura a avença.

I. Era, dessarte, de todo procedente a ação.

Nenhum reparo está a merecer a sentença tampouco nas disposições que se podem reputar, de certo modo, acessórias ou secundárias. A anulação da nota de débito e das faturas representativas de pretenso crédito apurado com base no item 2.4 da Tabela V é consequência retilínea da inaplicabilidade dessa previsão sobre a armazenagem do minério de manganês (*i*). O fundo de investimento incide tão só nos custos das atividades de *movimentação* da carga, pois não previu nenhum dos contratos que recaísse também sobre a tarifa de *armazenagem*, sem que aproveite à ré a instituição genérica da Deliberação CAP nº 02/97, que lhe não definiu finalidade

---

[6] Cf. **TÁCITO, Caio**. *Direito administrativo*. SP: Saraiva, 1975, p. 293.
[7] Cf. **BANDEIRA DE MELLO, Celso Antonio**. *Curso de direito administrativo*. 28ª ed. SP: Malheiros, 2011, p. 650, nº 51. Grifos nossos.

específica, nem prazo de vigência, consoante postula o item nº 10 da Tabela das Tarifas Portuárias (*ii*). E cobrança exorbitante, essa reconheceu a ré ao admitir que tomaria providências para a remediar (*iii*).

6. Conclusão

J. Do exposto, estamos em que deve improvida a apelação, mantendo--se, por seus jurídicos fundamentos, a respeitável sentença. É o que, salvo melhor juízo, nos parece.

Brasília 27 de fevereiro de 2015.

23
Exceções de Contrato Mal Cumprido
e de Contrato Não Cumprido

NEGÓCIO JURÍDICO. Contrato de prestação de serviços de manutenção predial. Descontos progressivos no pagamento da remuneração mensal, por adimplemento defeituoso ou insatisfatório da prestadora. Aplicação de cláusula penal moratória que os previa. Distinção de cláusula penal compensatória. Retenção subsequente da verba, mas agora por inexecução dos serviços. Direito da prestadora às diferenças não pagas. Inexistência. Acolhimento das exceções de contrato mal cumprido (*exceptio non rite adimpleti contractus*) e de contrato não cumprido (*exceptio non adimpleti contractus*). Ação da prestadora julgada improcedente. Inteligência dos arts. 409, 410, 411, 416, § único, 476 e 477 do CC.

1. *É **moratória** a cláusula penal que preveja desconto ao pagamento da remuneração do prestador de serviços, cuja obrigação principal continua sendo cumulativamente exigível, em caso de adimplemento insatisfatório ou defeituoso do contrato. Distingue-se da **compensatória**, que, destinando-se a reparar os prejuízos de inadimplemento absoluto, mediante prefixação de valor que dispensa a apuração das perdas e danos, pre-exclui exigibilidade cumulativa da obrigação principal.*

2. *Na execução de contrato sinalagmático, a exceção de contrato mal cumprido (**exceptio non rite adimpleti contractus**) cabe na hipótese de adimplemento insatisfatório ou defeituoso, pouco se dando seja quantitativa ou qualitativa a deficiência no prestar e haja certa tolerância do credor, se o devedor persiste nesse adimplemento ruim e, **a fortiori**, se lhe exacerba o grau de insatisfatoriedade. Se chega ao inadimplemento, tipificado pela falta absoluta de prestação, atrai a oposição vitoriosa de exceção de contrato não cumprido (**exceptio non adimpleti contractus**). Ambas paralisam ação e pretensão do contraente faltoso, sobretudo quando a exigibilidade da obrigação deste preceda à do outro.*

1. Consulta

A. A NSNS Ltda., por seu ilustre advogado PALF, dá-nos a honra de consulta sobre a sorte de recurso de apelação, interposto por ISS MSI Ltda., de sentença que lhe julgou improcedente ação movida em face da ora consulente, para exigir, com consectários, pagamento de diferenças de remuneração mensal de prestação de serviços de manutenção predial em sítios da operadora de telefonia "X", nos termos de subcontratação não formalizada por escrito. Consoante os fatos mais importantes que, à luz do direito, serão considerados no parecer, o resumo do conflito está em que à pretensão da autora, baseada em ter-lhe a ré aumentado *ex abrupto* descontos percentualmente definidos em cláusula penal compensatória, resiste a ora consulente sob fundamento último de que os serviços não foram prestados na forma contratual.

2. Da identificação da lide e suas consequências

B. É decisiva ao julgamento do recurso e, pois, aos termos deste parecer, a precisa identificação da lide processual, enquanto limite da discutibilidade e da cognoscibilidade das questões factuais e das pertinentes qualificações jurídicas que comporta a causa, sobretudo do ponto de vista da pretensão deduzida.

O que, em síntese relevante, pretende de modo expresso a autora, é haver o pagamento de supostas diferenças de remuneração mensal a que, na condição de subcontratada da ré para prestação de serviços de manutenção predial de sítios de operadora de telefonia, faria jus nos termos consensuais de contrato não formalizado. O fato substantivo da causa de pedir está em que, contrariando cláusulas que só previam multa compensatória por adimplemento defeituoso, limitada a 3% no primeiro ano e a 5% no segundo, bem como sua observância contínua, passara a ré *ex abrupto* a descontar-lhe, do pagamento mensal pelos serviços, 60% (sessenta por cento), a partir de abril de 2011, quando já notificada do prazo de denúncia vazia, deixando de pagar-lhe as contraprestações devidas em julho e agosto do mesmo ano. Estaria, pois, caracterizada violação de cláusula penal compensatória e, mediante comportamento contraditório, ainda da boa-fé objetiva.

Não obstante tenha deixado claro que as retenções se prendiam a alegado adimplemento insatisfatório de sua parte, a autora delimitou, de modo textual, a controvérsia, delimitando, em consequência, a pretensão nos

EXCEÇÕES DE CONTRATO MAL CUMPRIDO E DE CONTRATO NÃO CUMPRIDO

seus elementos de *causa petendi* e *petitum*, ao esclarecer, logo, que não iria *"discutir, nestes autos, se atingiu ou não o nível de serviços previstos pelas partes ou se o nível de serviços contratado era de 90 ou de 100% no segundo ano"*, porque, embora entendesse ter atingido essa meta contratual, discussão a respeito *"demandaria complexa prova pericial e retardaria em muito a solução da controvérsia que é muito simples e limita-se ao seguinte: ... **a multa que a NSN poderia aplicar, no segundo ano de contrato, seria 5% do valor da mensalidade contratada, e não de 60% ou de 100%"**.[1] Daí, haver pedido condenação da ré apenas ao pagamento da quantia representativa da diferença, com os consectários, e recusado a prova pericial.

C. Donde, por força do princípio da eventualidade (arts. 282, III, 302, 303, 331, § 2º, 459, *caput*, 473 e, *a contrario sensu*, arts. 462 e 517, todos do Código de Processo Civil)[2], não pode agora a autora, sobretudo em grau de apelação, inovar a pretensão nos seus contornos empíricos, opondo, a título de causas de pedir, outros fatos constitutivos que as poderiam ter composto, mas não compõem. Numa palavra, não pode ampliar o campo factual de discussão e cognição da lide, mediante *alegação nova de fatos velhos*, que o proíbe a preclusão temporal e, no caso, também a lógica, diante da espontânea e declarada delimitação da *causa petendi*, bem como da não menos manifesta e coerente oposição à prova pericial, que seria única capaz de demonstrar-lhe o adimplemento pleno.

D. A primeira e relevantíssima consequência é que seu inadimplemento, nas modalidades de inicial adimplemento defeituoso e, depois, de total inexecução da obrigação de prestação dos serviços, tipifica pressuposto factual *incontroverso* e *incontroversível* da causa legitimamente da redução e, por fim, da suspensão do valor da contraprestação pecuniária, cujo alcance integra o *thema decidendum*. Isto significa a impossibilidade jurídica de se questionarem o fato e a dimensão do inadimplemento, que, assentado pela autora como indiscutível no âmbito deste processo, assume como certas a proporção inicial de 60% (sessenta por cento) e, em seguida, a totalidade dos serviços, diante da explícita recusa da autora em contestar-lhe tais medidas ou extensão. O inadimplemento, nessa ordem, é, portanto, **fato certo** (art. 334, III, do Código de Processo Civil)[3].

---

[1] Grifos do original.
[2] Correspondem aos arts. 319, 341, 342, 357, 490, 507, 493 e 1.014 do CPC/2015.
[3] Corresponde ao art. 374, III do CPC/2015.

E. A segunda, de não menor tomo, é que são *incognoscíveis* as impertinentes e tardias alusões do engenhoso parecer que, subscrito de ilustre jurista, instrui a apelação, aos aspectos factuais da metodologia convencionada, ou, como prefere essa peça, do regime jurídico específico de apuração ou aferição mensal do nível dos serviços prestados, quando o tenham sido, ainda que em parte. Não deve, aliás, passar despercebida, neste tópico, a contradição do recurso, o qual, depois de reportar-se à suposta falta de notificação da ré sobre o inadimplemento, como notada no parecer, mas sem ter sido invocada à inicial, reconhece, mais uma vez, em negritos, que *"o objeto da presente demanda não é o desempenho contratual da ISS, mas sim a retenção arbitrária e aleatória da NSN de valores devidos a título de contraprestação"* (fls. 631). O inadimplemento, repita-se, é fato **incontroverso** e, como tal, aniquila serôdia tentativa de arguir, como contrafato, eventual omissão da ré em notificar, previamente, a ora autora sobre a deficiência ou a falta dos serviços,[4] até porque as notificações estão provadas[5] e, como há de ver-se, o exercício da *exceptio non adimpleti contractus* independe de formalidade prévia e transfere ao devedor o ônus da prova do adimplemento, quando, é óbvio, esse o tenha afirmado! Em suma, a autora precisaria ter alegado e provado a inteira prestação dos serviços, para exigir-lhe o pagamento integral, inclusive dos meses em que nada recebeu.

3. Inadimplemento e cláusulas penais

F. Quer por força a autora qualificar de **compensatória** a cláusula penal que previa desconto de 3% no primeiro ano e 5% no segundo, em caso de ser apurado, no mês, seu adimplemento defeituoso ou insatisfatório da

---

[4] Convém advertir que, contrariando as observações factuais do douto parecer sobre a matéria, de todo alheia ao quadro de discutibilidade e cognoscibilidade da causa, a petição inicial descreve de modo bem diverso o processo de **apuração conjunta**, por amostragem, do chamado nível de serviço (*SLA – service level agreement*) – isto é, da extensão e qualidade dos serviços prestados no mês –, findo o qual a autora emitia uma *PO* (*purchase order*), com aplicação, ou não, da multa, e a autora, a correspondente fatura. Nada havia, pois, de atividade complexa que gerasse suposição de *"exercício unilateral potestativo quanto à aferição dos serviços prestados"*, como pretende o parecer.

[5] Da resposta documentada vê-se que a ré, pouco antes do recebimento da denúncia da autora, lhe comunicou que, em virtude de não estar cumprindo o contrato, já lhe não aplicaria a multa moratória, mas redução de 60% do valor da remuneração mensal, caso não comprovasse a prestação das atividades a que se obrigara.

obrigação principal de prestação dos serviços.[6] Mas seu esforço é de ruidosa inconsistência jurídica.

A noção de cláusula penal como gênero ou classe de obrigação acessória e condicionada, pactuável em negócios jurídicos em geral, prende-se ao escopo primário de estimular o adimplemento teórico das demais obrigações, ou de alguma delas em particular, reforçando o vínculo obrigacional, porque seu objeto consiste numa prestação que, de regra em dinheiro, ou em bem estimável em dinheiro, se faz devida em caso de inexecução da obrigação ou das obrigações. Tal figura jurídica transparece ao art. 409 do Código Civil.

Mas, dependendo da sua finalidade concreta ou imediata, abrange duas espécies ou modalidades claramente discerníveis. Uma, dita **compensatória**, quando, predestinando-se a reparar os prejuízos do inadimplemento, mediante prefixação de valor que dispensa a apuração das perdas e danos, é substitutiva da exigibilidade da obrigação principal. Essa obrigação em que se traduz, preexclui, por definição, pretensão do credor ao adimplemento da obrigação principal e, como alternativa, à indenização que resultaria da possível revelação do valor real das perdas e danos. Tem, pois, caráter *substitutivo*, a título sancionatório. Sua previsão consta do art. 410 do Código Civil.

A outra, denominada **moratória**, esgota-se na função prática de coagir o devedor ao fiel cumprimento da obrigação principal, pela força da cominação de obrigação de conteúdo pecuniário, exigível, na violação do negócio, sem prejuízo da exigibilidade do adimplemento daqueloutra obrigação ou da indenização que caiba em seu lugar. Daí, revestir-se de cunho *cumulativo* com esta ou esse, sem perder igual natureza sancionatória e, até, reparatória dos prejuízos da mora. É a que está contemplada no art. 411 do Código Civil.

Dadas as características teóricas de cada qual, cuja distinção em concreto nasce do alcance objetivo da cláusula examinada, é critério discretivo

---

[6] Tomando-se como objeto unitário da obrigação principal a prestação dos serviços de manutenção dos prédios, a hipótese é de adimplemento **defeituoso** ou **insatisfatório**, não de adimplemento parcial, nos meses em que foram aqueles prestados apenas em parte. Seria adimplemento parcial, se se tratasse de adimplemento exclusivo de uma ou algumas dentre muitas obrigações. É, porém, aqui, sim, de **inadimplemento total**, o caso de absoluta não prestação nos dois últimos meses do contrato, quando teria havido abandono dos serviços pela ora autora, após sua denúncia.

prático, embora subsidiário, mas muitas vezes decisivo, quando subsista dúvida, recorrer ao valor pecuniário nela estipulado, pela óbvia razão de que, para desempenhar as funções conexas de estimativa prévia de perdas e danos que lhes dispensa apuração, bem como de substitutivo legal da exigibilidade do adimplemento da obrigação principal, o valor da cláusula **compensatória** costuma ser elevado, por conta da adequação ou correspondência que, em princípio, deve guardar aos valores reais abstraídos. E o valor da **moratória**, que, sem excluir a exigibilidade da obrigação descumprida, tem mera função coercitiva, esse é quase sempre estabelecido em percentuais insuscetíveis de agravar sobremodo e, com isto, desestimular o esperado adimplemento cumulativo da obrigação principal.

Releva ao caso, sobretudo, enfatizar que a diferença substancial entre as duas modalidades de cláusula penal está em que, na **moratória**, a prestação do que constitua objeto da obrigação correlata não alivia o devedor do cumprimento cumulativo da obrigação principal, cujo adimplemento defeituoso desencadeou a incidência da penalidade. É que em sua concepção legal não se hospeda *obrigação alternativa*, à escolha e em favor do devedor (*duae res in solutione*),[7] a qual lhe desfiguraria todo o significado funcional de reforço da obrigatoriedade do vínculo jurídico. O devedor continua obrigado a prestar (*una res in obligatione*), ainda quando pague ou suporte a pena moratória (art. 411 do Código Civil). O exemplo escolar é dos alugueres, que o locatário moroso tem de pagar acrescidos de multa moratória.[8]

G. Ora, à luz do teor objetivo da cláusula consensual nº 2.1.1, vê-se nítido que a cláusula penal, representada pelo desconto de 3%, no primeiro ano (i), e de 5%, no segundo (ii), do valor mensal devido pela prestação dos serviços, em caso de adimplemento defeituoso, assim considerado o não cumprimento de cerca de 90% do escopo ou meta mensal das atividades previstas, era **moratória**, pois sua aplicação sobre a contraprestação mensal

---

[7] Tampouco há situação de *obrigações alternativas* na hipótese de cláusula penal **compensatória**, perante a qual o devedor também não tem faculdade de optar entre o adimplemento total da obrigação e a extinção do contrato mediante pagamento da pena convencionada. A diferença expressiva vem de que o credor não pode, em tal caso, exigir uma e outra coisas!

[8] Todas essas são noções corriqueiras em tema de cláusula penal (cf., por todos, **Silva Pereira**, **Caio Mário da**. *Instituições de direito civil*. 22ª ed. RJ: Gen/Forense. 2009, vol. II, pp. 141-151, nº 149-150; **Tepedino**, **Gustavo**, e **Schreiber**, **Anderson**. *In*: Álvaro Villaça Azevedo (coord.). *Código civil comentado*. SP: Atlas, 2008, vol. IV, pp. 390-396; **Martins-Costa**, **Judith**. *In*: Sálvio de Figueiredo Teixeira. *Comentários ao código civil*. 2ª ed. RJ: Gen/Forense, 2009, vol. V, tomo II, pp. 606-667).

não escusava a ora autora da execução da obrigação principal de prestá-las, em sendo aí *cumulativas* as obrigações. A autora, aliás, nem ousou sustentar que, padecendo o desconto, a título de cláusula penal, *ipso facto* estaria desobrigada de prestar os serviços de manutenção dos sítios, cujo integral cumprimento podia exigir-lhe a ora ré, como deveras lho exigiu. E, nisto, não há dúvida alguma.

E, *ad argumentandum tantum,* se dúvida houvera quanto a tal significado dos específicos termos contratuais, duas outras boas razões a removeriam de todo.

A primeira, que pactuação de cláusula penal **compensatória** só poderia constar de outra disposição do contrato, precisamente a de nº 15.2, *locus* em que os figurantes acordaram, de maneira não formalizada mas consensual, que, além de dar causa a sua resolução, eventual inadimplemento absoluto do contrato pela prestadora dos serviços a obrigaria a indenizar a ora ré *"por danos diretos e custos adicionais razoáveis decorrentes do problema atribuído diretamente ao Prestador de Serviços"* (fls. 90). Nessa hipótese é que caberia cláusula penal compensatória, que, preestabelecendo valor da indenização, dispensaria a ré de liquidar os danos e custos referidos, quando já não podia, nem lhe seria útil exigir cumprimento do contrato, dada a inacumulabilidade das obrigações.

A segunda, que a irrisória expressão monetária do resultado da aplicação dos percentuais de desconto (3% e 5%) ao valor mensal da remuneração devida pelos serviços efetivos prestados pela autora não é em nada compatível com a ideia funcional de adequada **compensação** das perdas e danos sofridos pela ré em decorrência do inadimplemento absoluto do contrato, pois mal se acomodava ao propósito secundário, inerente à cláusula penal **moratória**, de ressarcir os prejuízos da mora, enquanto adimplemento defeituoso. Outra leitura deturparia, aliás sem apoio em qualquer elemento fático ou jurídico, o conceito e o alcance da cláusula compensatória, para além de ignorar a realidade viva da dinâmica do mercado. No contexto, não há lugar para incidência do art. 416, § único, do Código Civil.

O argumento já bastaria à improcedência da ação.

4. Da inexistência de *surrectio* ou *suppressio*

H. Mas o grosseiro engano da autora não para aí.

É que supõe ver, no aumento da redução do valor teórico da remuneração mensal da prestação dos serviços contratados e na suspensão total do pagamento nos últimos dois meses, imposição abusiva de **multa compensatória** agravada, na ordem respectiva de 60% e 100%, com transgressão aos limites jurídicos do exercício de direito subjetivo e ofensa à boa-fé objetiva (arts. 187 e 422 do Código Civil). Em tal senso, a ré teria agido de forma contraditória com o seu aturado comportamento anterior de limitar a multa a 3% e 5%, de modo que, ao fazê-lo em dano da fundada confiança advinda da sua repetição sistemática, constante e contínua, provocara, a título de *surrectio*, surgimento de novo direito contratual que a impediria de suprimir à autora a vantagem figurada na limitação da multa.

Como uma das emanações do princípio *nemo potest venire contra factum proprium*, compreendido na regra da boa-fé objetiva, a *surrectio*, ou *Erwirkung*, é, na verdade, apenas designação mais recente do fenômeno jurídico que, visto sob prisma inverso, foi, sob a denominação de *Verwirkung*, traduzida entre os latinos por *suppressio* ou *caducidade*, concebido pela jurisprudência alemã para coibir o exercício de direito por retardamento desleal e gravoso, durante a conhecida crise histórica da supervalorização do marco.[9] A ideia simplificada da figura consiste em que, perante justificável confiança gerada ao devedor por longa omissão do credor, o direito subjetivo deste já não pode ser exercido, pois, se o pudesse, importaria violação da regra da boa-fé objetiva. A "*suppressio exige, para ser reconhecida, a demonstração de que o comportamento da parte era inadmissível, segundo o princípio da boa-fé*".[10]

Ora, tais noções, seja sob rótulo de *surrectio* ou, antes, de *suppressio*, são absolutamente inaplicáveis ao caso, porque, se o não fossem, apenas implicariam que não poderia a autora, contrariando os limites contratuais antes observados, **aumentar** o valor do desconto resultante da **multa moratória**, imposta sempre nos mesmos percentuais no primeiro e segundo anos de vigência do negócio, até porque, se o fizera, infringiria o pacto consensual, de modo que nem precisaria, para reprimi-lo, recorrer àquelas figuras dogmáticas. O caso seria de ostensiva infração contratual.

Mas isso em nada se entende com a subsequente **retenção** de parte ou da totalidade do valor que seria devido como contraprestação à prestação efetiva dos serviços de manutenção dos prédios, sob o pálio da *exceção de contrato não cumprido*, cujo exercício jamais poderia reputar-se inadmissí-

---

[9] A respeito, cf. **Schreiber, Anderson**. *A proibição de comportamento contraditório – tutela da confiança e venire contra factum proprium*. 2ª ed. RJ: Renovar, 2007, pp. 185-193, nº 3.5.

[10] **Aguiar Júnior, Ruy Rosado de**. *Extinção dos contratos por incumprimento do devedor – resolução*. 2ª ed. RJ: Aide, 2003, p. 254. Grifo do original.

vel segundo o princípio da boa-fé. Executando, durante três meses, pouco menos que 40% dos serviços a que se obrigara a prestar, e nada executando nos dois últimos meses, já não teria senso cingir-se a ré a aplicar-lhe **multa moratória** de 5%, se já não era devida contraprestação correspondente a prestação de obra de 90% ou 95% dos serviços! A largueza do inadimplemento, nesse período final, impunha, por direito e justiça, à míngua de *causa debendi*, não pagamento do que não prestara a autora. O contraente não é obrigado a cumprir sua obrigação, quando o outro não cumpra a sua, sobretudo quando aquela não se faz exigível, porque esta se não cumpriu. Tal é a expressão última da interdependência das obrigações contratuais e da racionalidade da *exceptio non adimpleti (ou non rite adimpleti) contractus*, cuja oponibilidade não é restringível pela existência de cláusula penal moratória. Outro entendimento levaria ao absurdo de ser a ré obrigada a pagar por serviços não prestados!

5. Da exceção de contrato não cumprido

I. Vejamos agora, porém, de maneira específica, o alcance e o mecanismo da exceção material de contrato não cumprido, de que se valeu a ré para deixar de pagar, e cujo efeito prático a autora confunde, sem escusa, com suposta ampliação repentina e arbitrária do conteúdo de cláusula penal de natureza evidentemente moratória.

Tal exceção, objeto do art. 476 do Código Civil, abrangente da *exceptio non rite adimpleti contractus*, diz-se dilatória, porque paralisa ação e pretensão do outro figurante. É própria dos contratos bilaterais, identificados pelo *synalagma*, segundo o qual um dos contraentes tem obrigação de prestar para que outro ou outros prestem em contrapartida, ou contraprestem. Sua *ratio iuris* radica-se na interdependência das obrigações contratuais. A exceção *non rite* cabe na hipótese de adimplemento insatisfatório ou defeituoso, pouco se dando seja quantitativa ou qualitativa a deficiência no prestar, ainda quando haja certa tolerância, se o devedor persiste nesse adimplemento ruim[11] e, *a fortiori*, se lhe exacerba o grau de insatisfatoriedade. Se chega ao inadimplemento, tipificado pela falta absoluta de prestação, atrai a *exceptio non adimpleti*. Daí, não aproveitar-se a autora, do seu sistemático mau adimplemento anterior, quando ensejava aplicação da multa moratória.

---

[11] Assim, **PONTES DE MIRANDA**, **Francisco Cavalcanti**. *Tratado de direito privado*. 3ª ed. reimp. RJ: Borsoi, 1971, tomo XXVI, p. 100, nº 1, pp. 101-102, nº 3, § 3.127.

Não há quem negue a propriedade de ambas as exceções no caso de serem simultâneas as obrigações. É de ver-se, todavia, à luz do princípio subjacente ao disposto no art. 477 do Código Civil, conquanto este se preordene a regular caso especial de obrigações concomitantes, que ambas tutelam o contraente que, em negócio de obrigações sucessivas, deva prestar em segundo lugar. É que aí a exceção pertinente nasce, *"non dalle condizioni patrimoniali dell'altro contraente, ma dalla sua dimostrata incapacità tecnica di eseguire la specifica prestazione contrattuale"*.[12] Ora, esta conclusão é, com redobradas razões jurídicas, aplicável à hipótese em que, como sucede aqui, a obrigação de uma das partes contratantes só se torna exigível depois do cumprimento da obrigação da outra parte e na proporção em que seja cumprida, dada a existência de nexo genético entre essa e aqueloutra obrigação, no sentido de que uma depende do adimplemento prévio da outra.

Em palavras mais simples, a obrigação da ré de contraprestar em dinheiro, a título de remuneração mensal, a prestação dos serviços a cargo da autora, só era exigível na medida contratual em que esta os tenha prestado, de modo que, se os não prestou satisfatoriamente ou de modo absoluto, não poderia exigir a contraprestação pecuniária, senão no valor correspondente ao que prestou, ou, no último caso, nada poderia exigir, se não prestou coisa alguma. Nestes termos é que, na espécie, onde as obrigações eram geneticamente sucessivas, se pode falar em oposição das *exceptiones non rite adimpleti contractus* e *non adimpleti contractus*, para efeito de legitimar a **suspensão** do pagamento de serviços que não foram prestados ou que o foram de modo defeituoso ou insatisfatório.

E, em remate, convém advertir que era forçosa tal suspensão por força do chamado *duty to mitigate the loss*,[13] que, como ônus dedutível à cláusula geral da boa-fé objetiva e tendente a reduzir os múltiplos custos econômicos e sociais do inadimplemento contratual, impõe ao credor adotar as

---

[12] **GALGANO**, Francesco. *Il contratto*. 2ª ed. Padova: CEDAM, 2011, p. 526, nº 106, onde se remete, em nota, ao acórdão nº 6196, de 1984, da Corte de Cassação, a qual decidiu que, embora a exceção *"presuppone che le reciproche prestazioni siano contemporaneamente dovute, è opponibile anche alla parte che debba adempiere entro un termine diverso e sucessivo, **a fronte di un evidente pericolo di perderne la controprestazione, avendo essa già dimostrato di non essere in grado di procedere ai propri obblighi"*. Grifos nossos.

[13] Cf. o ensaio pioneiro, entre nós, de **FRADERA**, **Véra Maria Jacob de**. *Pode o credor ser instado a diminuir o próprio prejuízo? In*: Revista Trimestral de Direito Civil. RJ, vol. 5, nº 19, jul./set. 2004, pp.109-119.

providências capazes de evitar o agravamento de seu prejuízo. A ré nem tinha, pois, destoutro ângulo, alternativa, a não ser deixar de pagar o que se lhe não prestara!

6. Conclusão

J. De todo o exposto, estamos em que deve improvida a apelação, para se manter a certeira sentença de primeiro grau.

É o que, salvo melhor juízo, nos parece.

Brasília, 23 de junho de 2014.

24

Contrato de Seguro de Dano ou Coisa.
Limites da Obrigação de Indenizar

NEGÓCIO JURÍDICO. Contrato de seguro de dano ou coisa. Escopo. Recomposição do patrimônio na exata dimensão da lesão provocada pelo sinistro. Aplicação do princípio indenitário. Garantir eliminação do risco que pesa ao credor segurado. Obrigação primária da seguradora. Obrigação derivada de indenizar. Limitação, nos termos do contrato, ao valor do dano emergente padecido do segurado, até o valor que a coisa, perdida ou lesada, tinha ao tempo do sinistro, sem ultrapassar nunca o da garantia. Inteligência do art. 781 do vigente CC, que revogou o art. 1.462 do CC de 1916, cuja jurisprudência está superada. *Na execução de contrato de seguro de dano ou coisa, ainda em caso de lesão correspondente a perda total da coisa segurada, desvalorizada ou não, não pode a indenização, devida pela seguradora, ultrapassar o valor que apresente tal dano à época do sinistro e, em nenhuma hipótese, o valor da garantia, limitada ao valor real do interesse à data da formação do contrato.*

1. Consulta

A. Os ilustres advogados FNS, DM e PB dão-nos a honra de consulta sobre a sorte de dois recursos especiais interpostos, pela sua cliente, SACNS, contra acórdãos do Tribunal de Justiça do Rio de Janeiro que lhe negaram provimento a apelação da sentença que julgou, em parte, procedente ação consignatória dessa seguradora contra a segurada SA Ltda. e, de todo procedente a ação de cobrança desta contra aquela, para liberar a seguradora da obrigação de pagar o valor depositado, correspondente ao do prejuízo apurado na data do sinistro, e condená-la ao pagamento da diferença em relação ao valor constante da apólice. O fundamento básico dos acórdãos está em que, não obstante tivesse a sentença reconhecido ao dano da perda total dos bens segurados valor muito inferior ao do limite máximo previsto na apólice, este é que, segundo a interpretação dada ao art. 781 do vigente Código Civil, deveria prevalecer, consoante jurisprudência do Superior Tribunal de Justiça e de tribunais inferiores, cujas ementas foram transcritas. Os recursos especiais, fundados no art. 105, III, alíneas *a* e **c**, da Constituição da República, arguem, em síntese, que os acórdãos teriam negado vigência ao art. 781 do atual Código Civil, ao qual, além disso, deram interpretação divergente da que lhe atribuiu aresto específico do Tribunal de Justiça de São Paulo. Os recursos pendem de julgamento.

2. Dos dados essenciais e incontroversos da causa

B. Não há nenhuma dúvida de que os acórdãos recorridos decidiram a apelação sob o pressuposto indiscutível de que, nos termos da perícia e da sentença, o valor do limite máximo da garantia estipulado na apólice era muito superior ao dos danos no momento do sinistro, que reputaram de perda total. Este é **fato certo** que explica a *ratio decidendi* e o próprio *decisum*, conforme os quais deve a seguradora pagar à segurada, a título da indenização devida, não o valor dos gravames à data do sinistro, mas o do limite máximo contratado, em caso que não é de mora.

Não a há tampouco de que, para justificá-lo, entenderam que o disposto no art. 781 do Código Civil em vigor, cujo alcance está retratado em cláusula contratual expressa, aliás também transcrita nos acórdãos, significa deva o segurado receber "***o ressarcimento pelo valor integral da apólice**, sob pena de enriquecimento sem causa da seguradora, que recebeu o prêmio do seguro com base no valor total do contrato*".[1] Esta leitura, que tutelaria a boa-fé negocial e a posição desvantajosa do segurado consumidor, estaria amparada por firme jurisprudência, em especial do egrégio Superior Tribunal de Justiça, cujos precedentes consagrariam a tese de que, na hipótese de perda total do bem segurado, é devido o valor integral da apólice.[2]

Estamos em que se equivocaram os venerandos acórdãos recorridos em três pontos. Para aplicá-la a fatos supervenientes, ressuscitaram norma

---

[1] Grifos dos originais.
[2] **REsp nº 839.123-RJ**, 3ª Turma, Rel. Min. Sidnei Beneti, j. 15.09.2009, DJe 15.12.2009, e **AgRg no Ag nº 981.317-SC**, 4ª Turma, Rel. Min. Fernando Gonçalves, j. 16.12.2008, DJe 02.02.2009.

revogada, assim entendida como produto semântico da interpretação, que estenderam a norma ulterior de sentido contraditório (***a***). Não por outra razão, invocaram jurisprudência ultrapassada (***b***). E destoaram da interpretação certeira que à norma federal vigente deu outro tribunal (***c***). Vejamos.

3. Do seguro de danos, princípio indenitário e indenização

C.Por acompanhar o desenvolvimento do raciocínio, conviria lembrar, posto de modo sintético, alguns aspectos da história, da estrutura material, dos princípios e do regime normativo do contrato de ***seguro de dano***, que é o que releva ao caso.

Da origem na percepção, que remontaria aos primeiro decênios do século XIV, da necessidade de resguardar mercadorias objeto de transporte marítimo, de cujos contratos primitivos teria sido subsidiário, o seguro nasceu com o escopo de tutelar o segurado contra certos riscos (os da navegação) e de ressarcir os danos de quem os sofre por conta do sinistro, donde *"le numerose regole tendenti ad evitare che l'assicurazione potesse trasformarsi in una fonte di lucro per l'assicurato, ed in particolare quella (poi abbandonata) che l'assicurazione poteva coprire solo una parte del valore del bene"*.[3] Este é o esquema típico que subsiste à feição normativa assumida por esse contrato nos vários ordenamentos jurídicos, após a descoberta do cálculo das probabilidades e da lei dos grandes números, que, na regulamentação estatal, lhe ditaram a estrutura mutualista constituída por fundo que, composto dos prêmios pagos pelos segurados e gerido pela seguradora, só pode desfalcar-se por reparação que seja *ex iure* devida, sob pena de comprometimento desse mecanismo de garantia do sistema. Tal mecanismo assenta na possibilidade de previsão aproximada do número de sinistros que se darão no quadro de riscos homogêneos, representados por eventos naturais e humanos dotados de certa constância e, em certo grau, alheios à vontade do segurado, a cuja atualização, danosa ao patrimônio deste, o contrato se preordena a acudir mediante pagamento de indenização.

D. Seu objeto, não obstante se discuta, em doutrina, que o seja, é o *interesse*, definível como a utilidade econômica que a preservação ou conservação de certo bem patrimonial apresenta ao segurado e o induz a evi-

---

[3] **BUTTARO**, Luca. *Enciclopedia del diritto*. Milano: A. Giuffrè, 1958. vol. III, p. 435, nº 5 (verbete *Assicurazione in generale*). Para dados históricos precisos, cf., do mesmo autor, *ibid.*, p. 420-426 (verbete *Assicurazione* [*storia*]).

tar-lhe a mutilação ou perda a cujos riscos está exposto. Sobre o interesse é que recai a obrigação primária da seguradora, que não é de dar, fazer ou não fazer, mas de *garantir* ao segurado que não sofra o dano eventual, donde seu conteúdo estar, nesse sentido, na eliminação do risco que pesa ao credor,[4] e não, da realização do evento. É tal interesse que o contrato tende a garantir, donde a lei qualificá-lo de **legítimo** (art. 757, *caput*, do Código Civil), na medida em que lhe repugna o chamado risco moral (*moral hazard*), que é o perigo de o segurado adotar, sob forma dolosa ou culposa, comportamento diverso do que teria se não existisse o contrato de seguro. A obrigação de indenizar, essa é obrigação derivada que se desata com o evento ou sinistro.

E. É, em todo esse abreviado contexto histórico-normativo, inegável que a finalidade última do contrato de seguro de dano ou de coisa consiste em **recompor** o patrimônio na exata dimensão da lesão provocada pelo sinistro: *"nell'assicurazione delle cose lo scopo di risarcimento costituisce il contenuto giuridico del contratto... l'obbligazione dell'impresa si limita al risarcimento del dano reale"*.[5] Essa função, jamais posta em dúvida como cerne do contrato,[6] é governada pelo denominado **princípio indenitário**, que, inspirando, no tema, quase todas as legislações ocidentais, preceitua que o segurador é obrigado a indenizar, nos modos e limites do contrato, como regra geral,[7] apenas o dano emergente padecido do segurado em consequência do sinistro, significando que a indenização devida nunca pode ser superior ao valor do dano e, conquanto possam os contraentes fixar valor máximo à indenização, não pode esta superar o valor que a coisa, perdida ou lesada, tinha ao tempo do sinistro.[8] Cansa-se a doutrina de sublinhar que, limitando a obrigação do segurador à reparação do dano efetivamente sofrido

---

[4] Sobre a obrigação de garantia ou de prestar segurança (*Sicherheitsleistung*), própria do contrato de seguro e distinta das obrigações de meio e de resultado, cf. **COMPARATO, Fábio Konder**. "Obrigações de meios, de resultado e de garantia." In: **WALD, Arnoldo** (coord.). *Doutrinas essenciais – direito empresarial*. Edições Especiais RT. SP: RT, 2011. vol. IV, p. 76-77, nº 11.

[5] **VIVANTE, Cesare**. *Trattato di diritto commerciale*. 4ª ed. Milano: Francesco Vallardi, 1916. vol. IV, p. 441, nº 1862. É o que se denomina a função indenitária do contrato (cf. **MIRANDA, Pontes de**. *Tratado de direito privado*. 3ª ed. RJ: Borsoi, 1972. tomo XLV, p. 319, § 4.921, nº 1).

[6] **BUTTARO, Luca**. *Op. cit.*, p. 435, nº 5.

[7] É lícito, para alguns ordenamentos, como o italiano (art. 1905 do Código Civil), que se estabeleça, em cláusula expressa, também indenizabilidade de lucros cessantes.

[8] **PERLINGIERI, Pietro**, e **CAPOBIANCO, Ernesto**. In: **PERLINGIERI, Pietro**. *Manuale di diritto civile*. 7ª ed. Napoli: Ed. Scientifiche Italiane, 2014. p. 786-787, n° 135.

pelo segurado, no valor à data do evento,[9] o princípio é de ordem pública[10] e, como tal, inderrogável.[11] Sua justificação óbvia vem de que, concluindo o negócio jurídico, o segurado não visa a obter um ganho, senão a evitar, no todo ou em parte, sofrer um dano, pois doutro modo transformaria o contrato em jogo ou aposta, ao alimentar interesse na produção do sinistro.[12] Mas é de reconhecer, ainda, que tal degeneração do contrato implicaria claro incentivo à destruição de riqueza.

F. Ora, o *princípio indenitário* foi adotado pelo atual Código Civil, onde aparece nítido à racionalidade de três normas fundamentais da disciplina do contrato de seguro de dano, quais sejam, que o alcance da garantia deve corresponder ao valor do interesse segurado à data do negócio (*i*), e a indenização não pode exceder o valor do dano no momento do sinistro (*ii*) e, em nenhuma hipótese, o alcance da garantia a que se obrigou a seguradora (*iii*).

Diz-se, pois, com acerto, que o dano é a medida da indenização apurável nos limites do valor do interesse segurado, que não pode sê-lo por valor excedente. Como não é possível estimá-la no momento da perfeição do contrato, enquanto mera incerteza, a garantia prometida não pode superar o valor aí atribuído ao interesse segurado (art. 778 do Código Civil), porque esse seu limite máximo corresponde ao presumido valor do patrimônio sujeito à eventualidade de gravame ou de perda suscetível de indenização, para além da qual, compreendida como *restitutio in integrum*, pagamento superior descaracterizaria o contrato. E dentro desse limite é que se deve aferir o valor que tenha, à data do sinistro, a lesão indenizável (**art. 781**), pois a indenização como tal, por definição mesma (< *in + damnum*), há de ater-se ao valor do dano efetivo, que, com frequência, é de valor inferior

---

[9] **Trabucchi, Alberto.** *Istituzioni di diritto civile.* 19ª ed. Padova: CEDAM, 1973. p. 826, nº 350; **Josserand, Louis.** *Cours de droit civil positif français.* 2ª ed. Paris: Recueil Sirey, 1933. vol. II, p. 737, nº 1380m.

[10] **Colin, Ambroise,** e **Capitant, H..** *Cours élémentaire de droit civil français.* 5ª ed. Paris: Dalloz, 1928. tomo II, p. 661, nº 1º.

[11] **Perlingieri, Pietro,** e **Capobianco, Ernesto.** *Op. cit.*, p. 786, nº 135. Esse caráter *cogente* ou de *interesse público*, ordenado a evitar especulação e fraude, também foi, de há muito, advertido entre nós (cf. **Alvim, Pedro.** *O contrato de seguro.* RJ: Forense, 1986. p. 443).

[12] **Planiol, Ripert** e **Boulanger.** *Traité élémentaire de droit civil.* 3ª ed. Paris: Lib. Gén. de Droit et de Jurisprudence, 1949. tomo II, p. 949, nº 3150. Sustenta-se, aí, que tal restrição se deve menos a eludir um contrato imoral que *"par la nécessité de ne pas donner à l'assuré un interêt à l'arrive du risque"*.

ao do interesse segurado no momento da contratação, pela razão óbvia de que a natural e previsível depreciação das coisas móveis e imóveis não cabe no conceito de risco, até porque, se coubesse, a consequente elevação proporcional do valor dos prêmios acabaria por desestimular a contratação de seguro de dano, agravando a vulnerabilidade dos patrimônios individuais. E pouco se dá que o dano signifique **perda total** da coisa segurada, que tal circunstância em nada altera as conclusões.

O disposto no art. 781 do Código Civil resultou de proposta legislativa do prof. Fábio Konder Comparato, com o propósito declarado de, revogando o art. 1.462 do Código de 1916, eliminar "*a possibilidade da conclusão de 'seguros avaliados',*[13] *com prefixação do valor do interesse **ne varietur**, como permite o atual Código (art. 1.462), o que pode acarretar violação ao princípio indenitário*".[14] Na verdade, a despeito de a doutrina construída sob o pálio do Código anterior reconhecer que seu princípio dominante era o *indenitário*, segundo o qual o seguro não podia degenerar em jogo ou aposta, nem converter-se em fonte de lucro ao segurado,[15] a largueza do texto do art. 1.462 foi que induziu certa jurisprudência a sustentar que, em caso de dano figurado na perda total, a princípio, de veículo e, depois, de outras coisas, "*não há mais que o avaliar*", salvo prova de excesso causado por dolo ou erro de apreciação.[16]

---

[13] Eram as chamadas *apólices de seguro estimadas* ou *apólices de seguro de valor estimado*, que preexcluiam discussão ulterior sobre o *valor segurado* ou *do bem* (cf. **Miranda**, **Pontes**. *Op. e loc. cits.*, p. 347, § 4.930, nº 5).

[14] É o que bem relembrou **Rodrigues Netto**, **Nelson**. In: **Alvim**, **Arruda**, e **Alvim**, **Thereza** (coord.). *Comentários ao código civil brasileiro*. RJ: Forense, 2004. vol. VII, p. 323-325. Grifos do original. Veja-se, ainda, **Tzirulnik**, **Ernesto**, **Cavalcanti**, **Flávio de Queiroz**, e **Pimentel**, **Ayrton**. *O contrato de seguro de acordo com o novo código civil brasileiro*. 2ª ed. SP: RT, 2003. p. 111-112.

[15] Assim, **Carvalho Santos**, **J. M. de**. *Código civil brasileiro interpretado*. 4ª ed. RJ: Freitas Bastos, 1951. vol. XIX, p. 204. **Pontes de Miranda**, em várias passagens, acentuava que, no seguro de coisas, "*o que se leva em consideração é o valor do bem, é a diminuição ou perda desse valor*", e que, se os danos foram inferiores ao valor segurado, "*ressarcem-se os danos ocorridos*" (*Op. e loc. cits.*, p. 309, § 4.918, nº 1, e p. 335, § 4.927, nº 1).

[16] **Bevilaqua**, **Clovis**. *Código civil dos Estados Unidos do Brasil comentado*. 10ª ed. SP: Francisco Alves, 1957. vol. V, nota nº 1 ao art. 1.462; **ALVES**, **João Luiz**. *Código civil da República dos Estados Unidos do Brasil annotado*. 2ª ed. SP: Liv. Acadêmica, 1935. vol. III, p. 496; **Serpa Lopes**, **Miguel Maria de**. *Curso de direito civil*. 3ª ed., RJ: Freitas Bastos, 1962. vol. IV, p. 390, nº 687; **Almeida**, **Dimas Rodrigues de**. *Repertório de jurisprudência do código civil*. SP: Max Limonad, 1957. vol. III, p. 487-488.

CONTRATO DE SEGURO DE DANO OU COISA. LIMITES DA OBRIGAÇÃO DE INDENIZAR

G. Ora, revogada tal disposição, substituída por outra de sentido absolutamente contrário e incompatível com a interpretação anterior, já não há, na doutrina, quem, na leitura do art. 781 do vigente Código Civil, não professe que, ainda em caso de dano correspondente a perda total da coisa segurada, desvalorizada ou não, não pode a indenização ultrapassar o valor que apresente tal dano à época do sinistro e, em nenhuma hipótese, o valor da garantia, limitada ao valor real do interesse à data da formação do contrato.[17] Não subsiste nenhuma norma que, análoga à do *secondo comma* do art. 1.908 do Código Civil italiano, autorize, em aparente derrogação do princípio indenitário, convenção autônoma que, distinta da declaração de valor constante da apólice, prefixe o valor da indenização (*clausola di stima*).[18]

4. Da jurisprudência inaplicável e do dissídio caracterizado

H. A conclusão curial ao caso é imediata e linear.

Não se lhe aplica nenhum dos precedentes do egrégio Superior Tribunal de Justiça, invocados nos vv. acórdãos recorridos e na r. decisão monocrática da ilustre Relatora original, Min. Nancy Andrighi, que, não por outra razão, a reconsiderou, conhecendo do agravo para o converter em recurso especial. É que todos versam causas cujo objeto são fatos que, **anteriores ao início de vigência do atual Código Civil**, foram apreciados à luz do **art. 1.462** do velho Código, cuja interpretação já se não acomoda ao sen-

---

[17] **SILVA PEREIRA**, Caio Mário da. *Instituições de direito civil*. 13ª ed. RJ: Gen-Forense, 2009. vol. III, p. 397, nº 265, e p. 400, nº 266, ambas *in fine*; **TEPEDINO**, Gustavo, **BARBOZA**, Heloisa Helena, e **BODIN DE MORAES**, Maria Celina. *Código civil interpretado*. RJ: Renovar, 2006. vol. II, p. 588; **DINIZ**, Ana Maria. *Código civil anotado*. 16ª ed. SP: Saraiva, 2012. p. 578; **BUENO DE GODOY**, Claudio Luiz. In. **Peluso, Antonio Cezar** (coord.). *Código civil comentado*. 8ª ed. SP: Manole, 2014. p. 756; **TREPAT CASES**, José Maria. *Código civil comentado*. SP: Atlas, 2003. p. 267; **OLIVEIRA**, James Eduardo. *Código civil anotado e comentado*. RJ: Gen-Forense, 2009. p. 562; **COELHO**, Fábio Ulhoa. *Curso de direito civil*. SP: Saraiva, 2007. vol. III, p. 367; **GONÇALVES**, Carlos Roberto. *Direito civil brasileiro*. SP: Saraiva, 2004. vol. III. p. 483; **MELLO FRANCO**, Vera Helena de. *Contratos – direito civil e empresarial*. SP: RT. p. 308, nº 23.1.1; **BRITO MARTINS**, João Marcos. *Direito de seguro – responsabilidade civil das seguradoras*. 2ª ed. RJ: Forense Universitária, 2004. p. 50, nº 11.5; **MARCELO DE OLIVEIRA**, Celso. *Teoria geral do contrato de seguro*. Campinas: LZN, 2005. vol. I, p. 42, nº 8.3.

[18] Alguns autores interpretam tal exceção como expediente destinado a evitar dificuldade da prova do dano pelo segurado; outros tomam-na como mera inversão do ônus da prova do valor real e que é transferido ao segurador (cf. **CIAN**, Giorgio, e **TRABUCCHI**, Alberto. *Commentario breve al codice civile*. 9ª ed. Padova: CEDAM, 2009. p. 2000-2002).

PARECERES DE DIREITO PÚBLICO E PRIVADO

tido emergente do comentado **art. 781**, incidente na espécie. E não precisa muito para o demonstrar.

Do voto do Relator, no **REsp. nº 839.123-RJ**, onde se discutia reparação de danos de incêndio ocorrido doze anos antes, consta:

> "Ao contrário, já deixou claro este Tribunal que o valor previsto na apólice é o limite de cobertura do contratado e de que o ressarcimento deve compensar os danos sofridos: *"Constatada a perda total do bem segurado, deve a seguradora responder pelo valor fixado na apólice, sobre o qual foi calculado e pago o prêmio"* (REsp 241807/RS, Rel. Min. ARI PARGENDLER, DJ 24.2.2003); *"À luz do Código Civil de 916,[19] em caso de perda total, a indenização securitária a ser paga pela seguradora deve tomar como base a quantia fixada na apólice, sobre a qual é cobrado o prêmio, independentemente da existência de cláusula prevendo o contrário, salvo se a seguradora, antes do evento danoso, tiver postulado a redução da indenização"* (REsp 327515/RS, Rel. Min. SÁLVIO DE FIGUEIREDO TEIXEIRA, DJ 23.6.2003). Nesse sentido, ainda: AgRg no Ag 544354/GO, Rel. Min. NANCY ANDRIGHI, DJ 5.4.2004; AgRg no Ag 543318/SC, Rel. Min. JORGE SCARTEZZINI, DJ 6.12.2004). Note-se que não houve, no caso, o uso da faculdade assegurada ao segurador pelo **art. 1438 do Código Civil**, de maneira que o valor da indenização resta total, como consta da apólice."

Do voto do Relator no **AgRg no Ag 981.317-SC**, também é clara a remissão ao Código revogado, a cuja luz decidiu o mesmo precedente:

> "Ademais, este Pretório tem entendimento assente no sentido de que na hipótese de perda total do bem imóvel segurado decorrente de incêndio é devido o valor integral da apólice. A propósito: *"DIREITO CIVIL. SEGURO DE IMÓVEL. INCÊNDIO. PERDA TOTAL. VALOR DA INDENIZAÇÃO. VALOR DA APÓLICE. PRECEDENTE DA TERCEIRA TURMA. RECURSO PROVIDO. – "À luz do Código Civil de 1.916, em caso de perda total, a indenização securitária a ser paga pela seguradora deve tomar como base a quantia fixada na apólice, sobre a qual é cobrado o prêmio, independentemente da existência de cláusula prevendo o contrário, salvo se a seguradora, antes do evento danoso, tiver postulado a redução da indenização." (REsp 327515/ RS, Rel Min. SÁLVIO DE FIGUEIREDO TEIXEIRA, Quarta Turma, DJ de 15/05/2003)."*

---

[19] **Sic**: evidente erro de digitação, onde falta o primeiro algarismo do ano de **1916**.

No **REsp nº 293.139-RS**, a fundamentação do Relator é até mais explícita:

> "A recorrida olvidou o que reza o **art. 1.462 do Código Civil de 1916**, que é a **norma especificamente aplicável ao caso**: *"Quando ao objeto do contrato se der valor determinado, e o seguro se fizer por este valor, ficará o segurador obrigado, no caso de perda total, a pagar pelo valor ajustado a importância da indenização, sem perder por isso o direito, que lhe asseguram os arts. 1.438 e 1.439".*

A referência ao mesmo dispositivo fecha uma das conclusões do acórdão do **AgRg no Ag nº 544.354-GO**, que se reporta a aresto cuja data é também eloquente:

> "A conclusão do TJGO está em consonância com a jurisprudência firmada no STJ sobre o tema, a qual considera que, nos casos de perda total do bem segurado, o valor dado à apólice constitui não apenas o limite estipulado em favor do segurador para o ressarcimento dos prejuízos sofridos pelo segurado, *mas também a própria predeterminação do valor do bem objeto do contrato* (**CC, art. 1462**), o que torna devida a indenização por tal valor (da apólice), e não pelo efetivo prejuízo sofrido pelo segurado.
>
> Esse entendimento firmou-se, originariamente, no julgamento de precedentes calcados em contratos de seguro de automóvel (por todos, cite-se o **EResp nº. 176.890/MG**, Rel. Min. Waldemar Zveiter, Segunda Seção, **DJ 19/02/2001**), mas se estendeu às demais modalidades de contrato de seguro, inclusive ao seguro de estoque de mercadorias, porque ínsito ao ajuste."

I. Em exaustiva pesquisa, não encontramos nenhum acórdão que houvesse cuidado do **art. 781** do Código Civil em vigor, para emprestar-lhe o alcance que, na jurisprudência do STJ, vertia da exegese do revogado **art. 1.462**. Deparamos, antes, com venerando aresto, no qual ficou de todo vencido, no mérito, o eminente Relator sorteado, Min. Luiz Felipe Salomão, que equiparava o significado normativo do **art. 781** ao que resultava da conjugação dos velhos **arts. 1.462** e **1.438**, concluindo que, *"com a edição do Novo Código Civil, não houve qualquer modificação quanto à interpretação dos dispositivos pertinentes"*.[20] Com todo o respeito, acertou em cheio a douta maioria ao não sufragar-lhe a ousada tese, que passa ao largo da absoluta incompatibilidade dos regimes jurídicos contrastados. A modificação é ostensiva.

---

[20] REsp nº 1.189.213-GO, 4ª Turma, Rel. p/ ac. Min. **Raul Araujo**, j. 22.02.2011, DJe 27.06.2011.

J. Daí terem desacertado, na inteligência do **art. 781**, os acórdãos impugnados, os quais, sobre não se dar conta da vistosa e propositada alteração textual, de todo inconciliável com o teor das normas revogadas, destoaram da correta interpretação atribuída àquele preceito pelo Tribunal de Justiça de São Paulo, em caso idêntico de incêndio com perda total do bem segurado,[21] consoante demonstração analítica dos recursos especiais.

5. Conclusão

K. Do exposto, estamos em que devem ser conhecidos e providos os recursos especiais, para limitar a indenização ao efetivo prejuízo da segurada. É o que, salvo melhor juízo, nos parece.

Brasília 12 de dezembro de 2014.

---

[21] **Ap. nº 9000001-52.2002.8.26.0003**, 4ª Câmara de Direito Privado, Rel. Des. Carlos Henrique Miguel Trevisan, j. 02.02.2012, DJe 15.02.2012, na qual tivemos a honra de ver citado acórdão que, sob o mesmíssimo entendimento, relatamos naquele prestigioso tribunal (**Ap. nº 259.420-1**, 2ª Câmara de Direito Privado, *RJTJESP 194/30*). Disponível em *www.tjsp.jus.br*.

25
Negócio Jurídico Indireto e Fraude a Direito de Preferência

1. NEGÓCIO JURÍDICO. Indireto. Conceituação. Escopo prático estranho à função negocial típica. *Diz-se negócio jurídico indireto o de que se servem os contraentes para, adotando sua estrutura negocial típica, obter resultado prático estranho ou ulterior à tipicidade do contrato.*

2. NEGÓCIO JURÍDICO. Indireto. Sociedade unipessoal. Sócio controlador, titular de 99,9% das cotas sociais. Único ativo valioso, representado por imóvel rural arrendado a empresa. Cessão parcelada da totalidade das cotas a terceiro, sem notificação formal à arrendatária. Alienação fraudulenta do imóvel. Violação do direito de preferência da arrendatária, também previsto no contrato. Reconhecimento. Interpretação do art. 92, §§ 3º e 4º, da Lei nº 4.504/64. *Constitui negócio jurídico indireto, celebrado em fraude a direito de preferência do arrendatário não formalmente notificado, a cessão parcelada da totalidade das cotas de sociedade unipessoal a terceiro, pelo sócio controlador, do único ativo social valioso, representado por imóvel rural arrendado, em equivalendo à alienação deste.*

1. Consulta

A. O ilustre advogado CSR dá-nos a honra de consulta sobre a sorte de apelação interposta de sua cliente, VB S.A., contra sentença que lhe julgou improcedente ação declaratória de direito de preferência à aquisição de imóvel rural, cumulada com pedido de adjudicação, que, em litisconsórcio com OOP, move contra LAG, AL Ltda., EVM e AMJ.

A ação funda-se em que, como arrendatária de gleba de 8.000 ha, objeto de exploração agrícola e situada na área maior da chamada *Fazenda L.*, mediante contrato que, vigente de 8 de abril de 2010 a igual dia de 2013, sucedeu ao de arredamento ao litisconsorte ativo, e cujo termo inicial foi 14 de maio de 1997, sempre com previsão expressa do direito de preferência. Mas não teria este sido respeitado, pois, constituindo aquela Fazenda o patrimônio único da arrendante, AL Ltda., 99,99% das suas cotas sociais, pertencentes à empresa suíça LAG, foram por esta cedidas aos dois litisconsortes passivos, mediante dissimulação de alienação da totalidade do imóvel, sem notificação da demandante. Posto afastando todas as preliminares, a sentença deu pela improcedência da ação, em resumo, sob fundamentos básicos de que se não caracterizara simulação, cujo reconhecimento só invalidaria a cessão das cotas da sociedade, que não seria fictícia e, ademais, tinha, no ativo, outros bens.

2. Síntese dos fatos relevantes e incontroversos da causa

B. Ao tempo da cessão das cotas sociais da AL Ltda., formal proprietária da *FL* e arrendante da gleba em apreço, a sociedade tinha o capital distribuído na ordem de **99,99%** à L AG, titular de **2.154.998** cotas, e, de **0,01%** a WD, que detinha só **1 (uma)** cota. Tão extravagante e insólita desproporção não foi, em substância, modificada nas 32ª e 33ª alterações contratuais que atribuíram a dois outros sucessivos sócios minoritários apenas **2 (duas)** cotas. A L AG sempre foi, portanto, não apenas sócia controladora, mas verdadeiramente **soberana** da sociedade. A imutável convenção de cota mínima aos minoritários serviu tão só para atender ao requisito da pluralidade de sócios para regular constituição da sociedade, quando ainda não vigia o disposto no art. 980-A do Código Civil, acrescentado pela Lei nº 12.441, de 11 de julho de 2011.

C. Não há dúvida, ainda, sobre a sucessão ininterrupta dos contratos escritos de arrendamento da gleba rural aos litisconsortes ativos, que neles se obrigaram, sem jamais descumprir tal obrigação, a *"abrir e tornar própria (sic) para a agricultura as terras"*. De ambos constaram cláusulas específicas e expressas de previsão do direito de preferência dos arrendatários à aquisição da **área arrendada**, em caso de venda, sem discriminar que o fosse desta ou da totalidade da *Fazenda L* (cláusulas 5ª e 16ª, respectivamente).

D. E é também incontroverso que, cumprindo pactuado em contrato preliminar de promessa de cessão, a sócia controladora L AG cedeu, em 23 de dezembro de 2010, aos ora litisconsortes passivos EVM e AMJ a totalidade das cotas que detinha na AL Ltda., sem dar ciência à arrendatária, ora consulente, desse ato translativo que, diversamente da promessa, foi registrado na Junta Comercial a título de 45ª alteração do contrato da sociedade.

3. Da sentença e seus equívocos

E. Por repudiar a demanda, a sentença negou a ocorrência de simulação, que, a seu aviso, para além de não corresponder a nenhuma das hipóteses do art. 167, § 1º, do Código Civil, nos termos em que foi aventada, não gravaria nem o ato constitutivo da sociedade, nem o da cessão das cotas da sócia controladora. Não gravaria aquele, porque "*a mera desproporção na distribuição das quotas sociais... não é suficiente para considerá-la fictícia*". Não gravaria estoutro, porque, embora representasse seu principal ativo, a Fazenda L não era "*seu único ativo*", nem haveria prova de que a intenção negocial fosse "*enganar ou prejudicar*" os autores. Ademais, eventual reconhecimento de simulação só implicaria nulidade da cessão das cotas, sem alterar o domínio do imóvel.

Equivocou-se, porém, no mister jurisdicional da qualificação jurídica dos fatos, na medida em que lhe cumpria aplicar a estes o direito incidente (*da mihi factum, dabo tibi ius*), ao ater-se à questão da simulação, da existência de sociedade fictícia e da necessidade de propósito negocial malévolo na cessão das cotas (*animus nocendi*).

Como há de ver-se, nenhuma dessas três figuras ou categorias jurídicas tem pertinência, nem caráter decisivo na valoração normativa dos fatos relevantes da causa, que, aliás, bem reputou *incontroversos*. E equivocou-se, não menos, sobre a questão factual do patrimônio da AL Ltda., não porque errasse, como errou, sobre os bens que o compunham, senão porque errou na consequência jurídica que atribuiu a suposta existência doutros bens que lhe integrariam o ativo.

Vejamos.

4. Da singularidade da empresa e da cessão das cotas

F. Dada a invulgar desproporção já notada à distribuição das cotas, perante cuja diferença pode dizer-se, sem hipérbole, que é praticamente **nula** a real participação do sócio minoritário na composição do capital social, o caso da AL Ltda. é espécie exemplar de sociedade que, não podendo ser ignorada pelo Direito na realidade de sua estrutura e função econômicas

PARECERES DE DIREITO PÚBLICO E PRIVADO

subjacentes à forma jurídica, é tratada, não raro, como sociedade fictícia, simulada ou aparente, cujos atos nocivos a terceiros podem até atrair o regime da chamada *desconsideração da personalidade jurídica*, dependendo das particularidades do caso.

Não lhe convém, todavia, nenhuma dessas qualificações. Os adjetivos *fictício* e *aparente* lhe são impróprios, porque existe ela como sociedade regular no âmbito jurídico-normativo. A categorização de *simulada* tampouco lhe é curial, porque o seu contrato constitutivo não criou estado fictício, mas vera sociedade.[1] O que nela há de singular e, juridicamente, recognoscível é a **confusão patrimonial** resultante da intuitiva impossibilidade de, na disparatada estruturação de cotas, se identificarem, entre o sócio controlador e a pessoa jurídica, titulares jurídicos diferenciados em relação ao mesmo patrimônio, pela razão breve de que a absoluta *irrelevância jurídica, social e econômica* da participação só documental do sócio minoritário no capital da sociedade, ainda quando não seja testa-de-ferro (*strohmänner*), preexclui toda ideia de patrimônio societário autônomo, que, por definição, supõe reunião de recursos financeiros, interesses econômicos ou de esforços pessoais, inexistentes na espécie, onde tudo pertence ao sócio que, de maneira exclusiva, encarna, presenta, governa e move a sociedade, a que, não por acaso, senão por similitude com as assim instituídas nos termos da lei,[2] muitos chamam de *unipessoal*.

A participação mínima, no caso, **minúscula**, de outrem, responde apenas à exigência legal da pluralidade de sócios na constituição regular da pessoa jurídica, que é só instrumento de atuação e satisfação dos interesses econômicos próprios e exclusivos do controlador.

Como nem sempre é possível, em quadro como esse, discernir entre atos do sócio controlador e atos da sociedade, só se cogita de *desconsideração* da

---

[1] Para diferença entre sociedade fictícia, simulada e aparente, sem aplicação ao caso, cf. **GALGANO, Francesco**. *Il negozio giuridico*. 2ª ed.. Milano: A. Giuffrè, 389-396, nº 89 e 90. Mas há quem lhe predique vício de simulação, que "*investe o negócio constitutivo que deve considerar-se nulo em princípio*" (**FERRER CORREIA, Antonio Arruda**. *Sociedades fictícias e unipessoais*. Coimbra: Atlântida, 1948, p. 291).

[2] Sobre os ordenamentos que, antes da introdução do art. 980-A do Código Civil, que alguns sustentam ter previsto mera segregação patrimonial, e não, criação desse tipo societário (assim, **BARBOSA FILHO, Marcelo Fortes**. *Código civil comentado*. Min. Cezar Peluso (coord.). 8ª ed.. SP: Manole, 2014, p. 930), já admitiam e disciplinavam, como regra, a constituição de *sociedades unipessoais* de responsabilidade limitada, cf. **PEREIRA CALÇAS, Manoel de Queiroz**. *Sociedade limitada no novo código civil*. SP: Atlas, 2003, p. 68 e 69.

sua personalidade jurídica, quando esta seja obstáculo à imputação do ato a outrem. Se o ato, ilícito, é do sócio, não há lugar para invocação daquele instituto,[3] como sucede aqui, onde se disputa acerca da injuridicidade do negócio jurídico de cessão das cotas protagonizado pelo sócio soberano.

Na mais profunda obra sobre a matéria, diz-se que, se *"dermos à noção de unipessoalidade um sentido amplo, abrangente da sociedade controlada, de modo estável, pelo sócio majoritário – principalmente quando economicamente insignificantes as minorias –, então será irrecusável a conclusão no sentido de que nós já convivemos, no Brasil, com as unipessoais"*, cuja atuação pode não incidir nos casos de desconsideração da personalidade, mas apenas no *"de mera **imputação** de ato. Aqui, exatamente, é que ganha relevo o caso de utilização de uma pessoa jurídica como mero instrumento de alguém que sobre ela detenha **poder de controle incontrastável**, seja sócio majoritário ou soberano, seja sociedade matriz ou dominante, nos grupos de sociedades, fácticos ou formalizados"*. E, aqui, o *"que importa basicamente é a verificação da resposta adequada à seguinte pergunta: no caso em exame, foi realmente a pessoa jurídica que agiu, ou foi ela mero instrumento nas mãos de outras pessoas, físicas ou jurídicas?"*[4]

Adaptadas tais noções ao caso, não há nenhuma dúvida de que quem, no plano jurídico que aqui interessa, agiu, na condição formal de proprietária e titular do poder de disposição do imóvel, foi a AL Ltda. mediante atuação da sociedade controladora, a L AG, sua proprietária material. Nesse sentido, a AL Ltda. foi usada como instrumento dos interesses da L AG. E essa é a visível razão por que, para decidir esta causa, não se deve desconsiderar, senão, antes, **reconhecer** todo o alcance da personalidade jurídica da sociedade controlada, à qual se hão de imputar as consequências jurídicas do ato último da transferência dominial da gleba arrendada, por força do negócio da cessão das cotas da sociedade controladora. É o que decorre da natureza de *negócio jurídico indireto*, transparente à cessão.

Negócio jurídico indireto *"è un modo di utilizzazione di uno schema negoziale per raggiungere uno scopo diverso o ulteriore da quello normalmente riconducibile a quel dato negozio"*,[5] na medida em que supõe formalização de negócio típico para alcançar um fim último indireto que, representado pelo escopo jurí-

---

[3] **Coelho**, Fábio Ulhoa. *Curso de direito comercial.* 8ª ed.. SP: Saraiva, 2005, p. 42.

[4] **Corrêa de Oliveira**, J. **Lamartine**. *A dupla crise da pessoa jurídica.* SP: Saraiva, 1979, p. 609, 610 e 613, nº 3. Grifos nossos.

[5] **Perlingieri**, Pietro, e **Perlingieri**, Giovanni. In: **Perlingieri**, Pietro. *Manuale di diritto civile.* 7ª ed.. Napoli: Ed. Scientifiche Italiane, 2014, p. 575, parte IV, nº 49.

dico-prático perseguido pelos contraentes, é estranho à sua função típica. Não há, nele, a rigor, divergência entre a causa típica e o motivo determinante, mas certa *"transcendência de escopo"*, que não é produto de convenção expressa ou tácita,[6] e, sim, decorrência indireta de *"atti diretti ad altri effetti, che con la loro combinazione realizzano egualmente il risultato desiderato"*.[7] Em palavras descongestionadas, dá-se negócio indireto, quando os contraentes adotam estrutura negocial típica para obter resultado prático estranho ou ulterior à tipicidade do negócio.

É o que se verifica na espécie, onde é negócio jurídico **indireto**, não apenas o contrato constitutivo da AL Ltda., cujo escopo último transcende o da mera instituição da sociedade unipessoal, em que nenhum interesse tem o sócio minoritário, mas, sobretudo, até por coerência, o contrato de cessão das cotas do sócio soberano, a qual, sem contrastar-lhe a função típica de transferir as cotas, se prestou ainda a operar o efeito jurídico ulterior de transmissão da propriedade da *Fazenda L*, como **motivo determinante** do negócio. Ou seja, na celebração do contrato de cessão das cotas, estavam os contraentes animados do propósito final de alcançar o resultado jurídico-empírico da venda e compra da *Fazenda*. É, aliás, o que se confirma *ad rem* pelo teor das cláusulas 7ª e 14ª do instrumento de promessa de "cessão de quotas", transcritas no recurso de apelação e nas quais os contraentes deixaram expressa a preocupação de regulamentar o destino da área arrendada e da residual da *Fazenda L*, enquanto objeto indisfarçável do compromisso de sua venda e compra, sob o esquema negocial típico de promessa de cessão de cotas sociais. Abstraído o evidente escopo da venda e compra de tal patrimônio do sócio majoritário, a promessa de cessão das cotas sociais careceria de todo interesse, e seu instrumento contratual não teria contido cláusulas estranhas a esse negócio típico, mas próprias de promessa de venda e compra de imóvel!

Em suma, a AL Ltda. **vendeu** a *Fazenda L*.

E esta era o único ativo valioso da vendedora, pois os imóveis considerados pela sentença, consistentes em quatro prédios urbanos, com pouco mais de 460m2 cada um, adquiridos em1990, foram vendidos pela Agropecuária em 2005, como se vê aos registros nas matrículas nº XXXX, XXXX,

---

[6] **CARVALHO, Orlando de**. *Negócio jurídico indirecto – teoria geral*. In: Boletim da Faculdade de Direito (Suplemento X). Coimbra: Coimbra Ed., 1952, p. 28, 29 e 36.

[7] **PERLINGIERI, Pietro**, e **PERLINGIERI, Giovanni**. *Op. e loc. cits.*. Vejam-se, ainda, parte IV, p. 460, nº 13, e p. 489-490, nº 24.

XXXX e XXXX, do Cartório de Registro de Imóveis da 4ª Circunscrição Imobiliária de Cuiabá, unificadas sob nº XXXXX. Mas, e aqui o ponto decisivo, ainda quando os tivesse outros a vendedora, o que constituiu o escopo último da cessão das cotas foi, como se demonstrou, a venda e compra da *Fazenda L.*

5. Da violação do direito de preferência

G.Ao fazê-lo mediante negócio jurídico indireto, sem advertir a arrendatária dando-lhe conhecimento prévio da intenção da venda para efeito de preempção, decerto para fraudar o contrato e a norma cogente que lho impunham (*fraus legis*) – cujo reconhecimento é, todavia, irrelevante ao desfecho desta causa –, afrontou o disposto no art. 92, § 3º, da Lei nº 4.504, de 30 de novembro de 1964, o Estatuto da Terra, e cujo direito de preferência é irrenunciável (art. 13, *caput*, IV, da Lei nº 4.947, de 6 de abril de 1966), bem como preceito contratual expresso (cláusula 16ª). Não consta nenhuma prova de que houvera notificado de modo informal a arrendatária, nem de conhecimento inequívoco desta, o qual, aliás, seria insuficiente.

H.Não colhem as objeções.

É desacertada a interpretação de que o direito de preempção só poderia ser exercido para aquisição total da *Fazenda L, ex vi* do art. 46, *caput* e § 1º, do Decreto nº 59.566, de 14 de novembro de 1966.

E é-o, em primeiro lugar, porque tal regra jurídica incide apenas na hipótese de *"o imóvel rural em venda estiver sendo explorado por **mais de um arrendatário"*,[8] segundo o enunciado literal do texto do seu *caput*, que, por rudimentar diretriz hermenêutica, condiciona a leitura do § 1º, no sentido de que este não pode referir-se a outra hipótese. Os parágrafos destinam-se apenas a explicitar, restringir ou regular o campo de incidência da norma prevista no *caput* a que se subordinam. Já ninguém o desconhece! Ora, o caso não é de imóvel objeto de exploração por mais de um arrendatário.

É-o, em segundo lugar, porque, ainda quando fosse ilimitado o alcance desse texto, estaria a introduzir, na disciplina do arrendamento rural, grave **restrição ao direito** de preferência, à revelia da Lei nº 4.504, de 1964, que a não prevê, de modo que seria ilegal, por exceder-lhe a competência legiferante, a norma regulamentar heterônoma, enquanto só vocacionada a prover os meios concretos necessários para execução da lei. Não é autô-

---

[8] Grifos nossos.

nomo, mas apenas executivo o decreto que a hospeda. Se o poder público, e isso é coisa velha, pretenda alterar disposição legal, *"está obrigado a servir--se da lei formal, não lhe bastando para isso o regulamento".*[9]

E, em terceiro lugar, porque, sob a mesma suposição retórica, ainda assim não prevaleceria sobre a norma individual que, prevista em cláusula expressa do contrato, adveio do legítimo exercício da autonomia privada, a qual, nos próprios termos do decreto regulamentar, autoriza *"as partes a ajustar outras estipulações que julgam convenientes aos seus interesses, desde que não infrinjam o Estatuto da Terra, a Lei 4.947/66 e o presente Regulamento"* (art. 12, § único). A cláusula 16ª, que confina o direito de preferência à aquisição da **gleba arrendada**, não viola nenhum cânone legal, nem regulamentar, e, como tal, é lícita.

I. Da boa afirmação de que o direito de preferência para compra de imóvel rural, objeto do art. 92, §§ 3º e 4º, da Lei nº 4.504, de 1964, tutela o agricultor familiar, não se pode inferir o sentido emergente absoluto de que só protegeria a pessoa física de quem seja desfavorecido do ponto de vista econômico e se dedique à agricultura dita de subsistência, como se fora estatuto exclusivo de resgate dos carentes homens do campo. Essa é visão curta que se não acomoda à racionalidade da lei, editada para reger a execução da reforma agrária, orientar a política agrícola e promover o desenvolvimento econômico do país, atendendo não só a princípios da justiça social, mas também ao aumento da produtividade (arts. 1º, *caput* e § 1º, e 16, *caput*).

Não seria exequível nenhum desses grandiosos objetivos legais, que exigem tecnologia e investimentos, se se cingisse o alcance de suas normas à proteção da agricultura familiar. Daí por que contemplou a figura da *empresa rural*, conceituada como todo empreendimento de pessoa física ou jurídica que explore, econômica e racionalmente, imóvel rural, como destinatário de suas normas (art. 4º, VI), sem discriminação de direitos subjetivos, entre os quais se conta o de preempção para compra de área arrendada em que concretize essa modalidade avançada de exploração e produção empresariais. Tal é o modelo legal em que se inserem, como reconhecem os litisconsortes passivos mesmos, as largas atividades agrícolas da ora consulente, tida como uma das maiores empresas do agronegócio. E a causa não retrata conflito entre ricos e pobres, mas entre empresas poderosas.

---

[9] **LEAL**, Victor Nunes. *Problemas de direito público.* 1ª ed.. RJ: Forense, 1960, p. 75, nº 10.

Não há, *data venia*, a nosso juízo, nenhum fundamento legal à interpretação, mais generosa que justa, de que não teria, a arrendatária, direito de preferência, cujo assento não está apenas em norma ampla da lei (art. 92, §§ 3º 4º), mas também na livre disposição de **cláusula contratual**, que até bastaria para justificá-lo, como se confirma a textual reconhecimento do egrégio Superior Tribunal de Justiça, o qual deixou inscrito em ementa de acórdão já referido nos autos:

> "O acórdão consignou que o arrendatário não se enquadra no perfil de agricultor familiar traçado pelo Estatuto. Excepcionalmente, porém, tal circunstância não é suficiente para provocar a revisão do julgado, pois, **na hipótese, o próprio contrato de arrendamento possuía cláusula expressa concedendo ao arrendatário o direito de preferência em caso de venda do imóvel**".[10]

6. Conclusão

J. Do exposto, estamos em que merece provida a apelação, para que, julgando procedente a ação, se adjudique à consulente VB S.A. a gleba de 8.000 ha, objeto de exploração agrícola e situada na área maior da chamada *Fazenda L*, com os consectários legais.

É o que, salvo melhor juízo, nos parece.

Brasília, 3 de novembro de 2014.

---

[10] **REsp nº 1.103.241-RS**, 3ª Turma, Rel. Min. Nancy Andrighi, j. 03.09.2009, DJe 16.10.2009. Grifos nossos.

26
Alteração Tácita e Prolongada da Disciplina Contratual. *Suppressio*

NEGÓCIO JURÍDICO. Contrato de prestação de serviços de som. Previsão de pagamento da remuneração três dias úteis após cada evento. Inobservância dessa cláusula durante os 11 (onze) anos consecutivos de vigência do contrato, sem ressalva. Pagamentos efetuados de acordo com outra disciplina negocial tacitamente acordada. Boa-fé incontroversa. Pretensão do prestador a receber diferenças devidas nos termos originais, após extinção do contrato. Inadmissibilidade. Caso típico de *suppressio (Verwirkung)*. Alcance dos arts. 187 e 422 do CC. *É paralisada e inabilitada pela figura da* **suppressio (Verwirkung)**, *a pretensão do ex-contraente que, durante mais de 11 (onze) anos de cumprimento do contrato, recebeu, sem ressalva, as remunerações pagas de boa-fé, mas de modo desconforme com as cláusulas contratuais, passa a exigir supostas diferenças após resilição do contrato.*

1. Consulta
A. O ilustre advogado JRPRN dá-nos a honra de consulta sobre a sorte de apelação interposta por sua cliente, VFE Ltda., contra sentença que, julgando, parcialmente, procedente ação de cobrança movida por GSSE, condenou aquela a pagar a esta a quantia de R$7.439.624,78 (sete milhões, quatrocentos e trinta e nove mil, seiscentos e vinte e quatro reais e setenta e oito centavos), atualizada até novembro de 2011, com compensação do depósito de R$835.806,00 (oitocentos e trinta e cinco mil e oitocentos e seis reais) feito, em juízo, pela ré, cuja reconvenção foi tida por improcedente. O fundamento da demanda, acolhido pela sentença, está em que teria a ré deixado de pagar, na forma prevista no contrato de prestação

de serviços de som, com fornecimento de mão de obra e equipamentos, que resiliu mediante denúncia, a totalidade dos preços convencionados, tendo-o feito apenas em parte, fora do termo, sem correção monetária, nem juros, devidos segundo a avença.

Além da arguição de preliminares, sustenta a apelante, em resumo, que teria a autora violado a boa-fé objetiva, porque, como o demonstrou a perícia e admitiu a própria sentença, o contrato foi, durante todos os onze anos de vigência, executado de modo diverso do pactuado em suas cláusulas, pois os serviços foram sempre prestados e pagos em datas variadas, sem ressalva nem oposição da autora, à vista de *autorizações de fornecimento*, emitidas pela ré e nas quais vinham descritos a natureza dos serviços por prestar, bem como os respectivos valores, os quais constaram das quitações. De modo que, salvo o valor reconhecido e depositado, já nada deve à autora, cujo comportamento insulta a proibição do *"venire contra factum proprium"*, uma vez caracterizada a figura da *suppressio*, que a sentença desconsiderou, infringindo o disposto nos arts. 113, 187 e 422 do Código Civil.

Estamos em que tem razão.

2. Dos fatos relevantes e incontroversos da causa

B. Sobre estarem comprovados por documentos hábeis e pela perícia, são *incontroversos* (art. 334, III, do revogado Código de Processo Civil)[1] dois conjuntos de fatos decisivos, na medida em que os não contestam as partes, e como tais foram admitidos pela sentença, que lhes não aplicou, todavia, o direito objetivo incidente, como há de ver-se *congruo tempore*.

O primeiro consiste em que, do instrumento do contrato de prestação de serviços, consta, deveras, que estes seriam pagos, por apresentação, em quantia certa, segundo se tratasse de shows, eventos fechados e ensaios, ou de atuação de operador de som em shows, eventos e ensaios com eventual uso de equipamentos. E cada pagamento deveria dar-se no terceiro dia útil da semana seguinte à prestação do serviço, exclusivamente em carteira, e, se efetuado com atraso, acarretaria correção monetária *pro rata* dos valores e incidência de juros de 12% ao ano, sem prejuízo de atualização anual dos preços originais pelo mesmo índice.

O segundo decompõe-se num subconjunto de fatos que demonstram, sem nenhuma dúvida, não terem sido nunca observadas, ***durante seus 11***

---

[1] Reproduzido no art. 374, II e III, do Código vigente.

ALTERAÇÃO TÁCITA E PROLONGADA DA DISCIPLINA CONTRATUAL. *SUPPRESSIO*

(onze) anos de vigência, essas disposições contratuais, objeto das cláusulas 3ª, 4ª e 5ª do instrumento negocial. É que os documentos e a perícia provam que os pagamentos realizados nunca o foram individualmente em relação a cada serviço, senão aos diversos serviços constantes de documento emitido, previamente, pela ré, denominado *Autorização de Fornecimento (AF)*, da qual, para efeito de cada encomenda, constavam sempre a natureza do serviço, seu valor, a data e a assinatura de quem solicitava e autorizava a prestação, com anotação posterior da data de seu pagamento e o número do cheque (*i*). Muitos desses serviços não estavam sequer compreendidos na relação da cláusula 3ª (*ii*). A autora nunca se opôs a essa forma, nem às datas aleatórias de pagamento (*iii*), cujos recibos jamais apresentaram qualquer ressalva, seja quanto a correção e juros por atrasos, seja sobre outra matéria (*iv*). E, por fim, durante toda a vigência do contrato, nunca se procedeu à atualização anual dos preços discriminados na cláusula 3ª, ou dos valores pagos fora do termo contratual, e tampouco a autora reclamou de inexecução do contrato, nem doutro modo exigiu estrito cumprimento de seu texto (*v*). É o que está, sem impugnação alguma, na documentada perícia contábil (cf., sobretudo, fls. 1546, 1550, 1551, 1553, 1554, 1558, 1560, 1561, 1569, 1570 e 1574).

3. O instituto da *Suppressio* (*Verwirkung*)

C. Como uma das modalidades de extinção de posições jurídicas ativas, ou de exercício inadmissível destas, diz-se *suppressio*, vocábulo latino adotado e difundido por MENEZES CORDEIRO para traduzir *Verwirkung* com mais propriedade que as propostas de termos equívocos, como caducidade, decadência, inibição, paralisação ou perda, "*a situação em que incorre a pessoa que, tendo suscitado noutra, por força de um não-exercício prolongado, a confiança de que a posição em causa não seria actuada, não pode mais fazê-lo por imposição da boa-fé.*"[2] Tal figura, nascida dentro do largo movimento de autônoma formação pretoriana e doutrinária de novos institutos jurídicos destinados a responder a questões recentes e imprevisíveis à totalidade do sistema positivo,[3] é obra do direito alemão, designadamente de sua sensível juris-

---

[2] MENEZES CORDEIRO, António Manuel da Rocha e. *Da boa fé no direito civil*. 5ª reimp.. Coimbra: Almedina, 2013, p. 378, nota nº 443. Cf., ainda, p. 797-798, § 30º, nº 74, I.

[3] CASTANHEIRA NEVES, António. *Questão-de-facto – questão-de-direito ou o problema metodológico da juridicidade*. Coimbra: Almedina, 1967, p. 289, § 13º, nº 1, "*e*", e nota nº 33.

prudência, como remédio eficaz contra os graves danos econômicos que, no conhecido quadro da incomensurável inflação que acometeu o país na década seguinte ao término da primeira grande guerra, o atraso injustificado no exercício de pretensões de caráter financeiro provocava aos devedores à conta da correção monetária, rompendo equilíbrio negocial que as exigências da *boa-fé objetiva* tinham de restaurar.[4]

D. Esta brevíssima reconstituição histórica, da qual ressalta a ideia clara de a figura ter-se inspirado na necessidade de tutela dos justos interesses do devedor, é também importante para sublinhar que sua laboriosa construção dogmática se radicou e consolidou no âmbito da proibição do *venire contra factum proprium*, como expressão qualificada da proteção da ***boa-fé objetiva*** contra as consequências da frustração da confiança baseada em prolongada inatividade do titular de posição ativa, na medida em que implica proscrição de comportamento contraditório. Em si, a contínua postura passiva do credor não deixa de constituir *factum proprium*. Não o descaracteriza tampouco o relevo que aí se dá ao tempo no exercício do direito subjetivo e aos indícios objetivos de que já não seria exercido, porque o tempo atua na formação da confiança, gerando expectativas sociais de que sua representação se mantém. E a trama conceitual do instituto não exclui que o conteúdo de desrespeito à boa-fé se reconduza ainda a uma forma de **abuso do direito**,[5] desde que não concebido este como violação da intencionalidade axiológico-normativa do direito subjetivo, senão da mesma *fides*, nem como ato ilícito específico,[6] porque, sobre as formas de manifestação de exercícios inadmissíveis, como a *suppressio*, a *exceptio doli*,

---

[4] Cf. **Ranieri**, **Filippo**. *Rinuncia tacita e verwirkung. Tutela dell'affidamento e decadenza da un diritto*. Padova: Cedam, 1971, p. 17; **Menezes Cordeiro**. *Op. cit.*, p. 801-802, § 30º, nº 74, III.

[5] Sobre o tratamento da *suppressio* e do *venire* no quadro do **abuso do direito** e da boa-fé, cf. **Pinto**, **Paulo Mota**. *Declaração tácita e comportamento concludente no negócio jurídico*. Coimbra: Almedina, 1995, p. 130-131, nº 11, "c", e nota nº 142, p. 766-767, nº 33, nota nº 71, e p. 814, nota nº 188. No direito italiano, a *Verwirkung* também é vista como qualificação de *"un comportamento scorretto, sleale"*, contrário à *"buona fede in senso oggettivo"* (**Perlingieri**, **Pietro**; **Minervini**, **Enrico**. *In:* **Perlingieri**, Pietro. *Manuale di diritto civile*. 7ª ed. Napoli: Ed. Scientifiche Italiane, 2012, p. 434, nº 105. *Idem*, **Perlingieri**, **Pietro**; **Femia**, **Pasquale**. *In:* **Perlingieri**, **Pietro**. *Op. cit.*, p. 98, nº 46.

[6] Como o define o texto do art. 187 do Código Civil. Para sua crítica, cf. **Tepedino**, **Gustavo**; **Barboza**, **Heloisa Helena**; **Moraes**, **Maria Celina Bodin de**. *Código civil interpretado*. 2ª ed. RJ: Renovar, 2007, vol. I, p. 345-346.

o *tu quoque*, etc., "[n]*ão há, como na altura se tornou compreensível e a jurisprudência ilustra, uma fronteira lógica estrita entre elas*."[7]

Daí poder assentar-se entre nós, sem risco de engano ou confusão, que a tipificação e a eficácia inabilitante da *suppressio* encontram direto suporte normativo no alcance dos arts. **187** e **422** do Código Civil, em cuja moldura a **boa-fé objetiva**, entendida como dever de lealdade, desempenha, para além de critério de interpretação e fonte de direitos e deveres contratuais, a função de limite ao exercício de direitos subjetivos, que é a que interessa ao caso da presente consulta.

E. A noção da *suppressio* compreende, em primeiro lugar, uma *situação de confiança* do devedor, oriunda de persistente comportamento anterior do outro sujeito, a qual é, objetivamente, capaz de despertar, noutrem, a segura convicção de que, no futuro, se comportará, com coerência, de igual modo. A mera passividade aturada do credor já basta para criar aquela situação, que, ao lado dessa influência determinante do fator temporal, é reforçada ou confirmada quase sempre por outros dados objetivos, como, p. ex., reiterada conduta do credor que, durante toda a execução do contrato, assume outra dinâmica de prestação e contraprestação, diversa da que resultaria do estrito cumprimento das textuais disposições do instrumento contratual, como se deu neste caso. Essa conformação objetiva do contraente a outro modo de execução do contrato, representando prolongada inércia quanto ao exercício de direito ou direitos irradiados dos termos do ajuste original, não deixa de traduzir comportamento negocial autovinculante, que o ordenamento valida sem sacrifício da liberdade jurídica do titular, pois acarreta apenas efeito de inibir ulterior comportamento contraditório, que atualizaria risco de dano à outra parte, frustrada na confiança legítima (*"venire contra factum proprium non licet"*).

F. O instituto supõe, ainda, a *boa-fé subjetiva* do devedor que ignora a discrepância entre a intenção aparente do outro sujeito, expressa no fato de sua longa inatividade, sem reserva, nem ressalva, quanto a exercício de lícitas pretensões contratuais, e a intenção real suposta ou adormecida. Trata-se da própria *ratio* da necessidade da proteção normativa de quem confiou sem descurar as cautelas usuais do tráfico jurídico, em circunstâncias nas quais não havia elementos fáticos objetivos que lhe indicassem o contrário ou suscitassem dúvidas fundadas. Se o contraente, na execução

---

[7] **Menezes Cordeiro.** *Op. cit.*, p. 899, § 34º, nº 84, II.

do contrato, age de modo contínuo em desacordo com as disposições originais, aceitando, sem resistência formal, nem tácita, nova dinâmica das interações, produz estado objetivo de coisas que leva, necessariamente, a outra parte a fiar em que não será, ao depois da extinção da relação contratual, surpreendida por abrupto comportamento contraditório, donde faz por merecer a tutela imposta pelo princípio da segurança jurídica. Neste passo, não se exige culpa do titular inativo do direito, porque sua inatividade não viola nenhum dever legal ou negocial. Basta a liberdade que desfrutou.

G. Deve estar também presente o que a doutrina chama de *investimento de confiança* no comportamento alheio, a significar consequente reorientação da vida econômica do devedor confiante, que a planeja em função da crença justificada pela dilatada passividade do credor, para tomar ou deixar de tomar decisões e iniciativas relevantes de ordem econômica, cujos resultados lhe desatariam danos em caso de frustração da confiança, que os inspirou na origem, de que o direito subjetivo já não seria exercido. Nesse sentido diz-se que as circunstâncias da *suppressio* "*devem informar uma situação tal que o exercício retardado do direito surja, para a contraparte, como injustiça, seja em sentido distributivo por lhe infringir uma desvantagem desconexa da panorâmica geral do espaço jurídico, seja, em sentido comutativo, por lhe acarretar um prejuízo não proporcional ao benefício arrecadado pelo exercente, tendo em conta a distribuição normal a operar pelo direito implicado.*"[8] É o que, de ordinário, se passa, quando o devedor redireciona os investimentos ou aplica noutras áreas o que, confiando na perseverança da alteração da dinâmica da experiência contratual, poupa ao não ter de pagar correção monetária e juros de mora que o credor nunca lhe exigiu ao longo da execução do contrato. Precisar de pagá-los a uma exigência tardia e desleal, sobretudo após extinta a relação jurídica, é injusta desvantagem que o ordenamento aborta com a incidência da *suppressio*.

H. Convém, por fim, acentuar que a figura da *suppressio* constitui reação estratégica da ordem jurídica à *violação gravosa*, enquanto comportamento contraditório, retardado, desleal e abusivo do titular do direito, à confiança

---

[8] **MENEZES CORDEIRO**. *Op. cit.*, p. 820, § 30º, nº 75, V. Já, antes, advertindo a mesma grave consequência do prejuízo da orientação conforme da vida econômica como "*uma desvantagem maior do que seu exercício atempado*", cf. **MACHADO, João Baptista**. *Tutela da confiança e 'venire contra factum proprium'. In: Obra dispersa*. Lisboa: Fundação Calouste Gulbenkian, s.d., vol. I, p. 406, 407 e 421.

ou expectativa legítima de que este já não seria exercitável. Noutras palavras, a figura presta-se a neutralizar ou paralisar, como inadmissível, o exercício de direito potestativo ou de pretensão de direito a prestação, sem o extinguir, a título de repressão da ofensa ao imperativo da boa-fé objetiva e, ao mesmo tempo, do abuso do direito, na medida em que, se admitido, seria lesivo ao patrimônio do devedor, cuja justa confiança seria defraudada por exigência extemporânea e incompatível com o sentido aparente da inércia anterior.

E, por boa consequência jurídica, a figura atua onde ainda se não tenha consumado prescrição ou decadência, que a tornariam irrelevante. É que sua racionalidade normativa, ou *ratio iuris*, não reside nas várias mas confluentes motivações da previsão do mero transcurso do tempo a que a lei condiciona o exercício do direito formativo e da pretensão, mas na particular valoração normativa do tempo como índice objetivo de um comportamento omissivo capaz de, associado a outros fatos, induzir a parte contrária a crer que tal pretensão ou direito já não será no futuro, a seu dano, exercido antes de esgotado o prazo prescricional ou decadencial. Daí, com a devida vênia, não haver lugar para conflito teórico entre os prazos legais de exercício, servis à estabilidade das relações jurídicas, e a configuração concreta de *suppressio*, vocacionada à tutela da confiança. De todo modo, não nega, quem o admite, que o valor de segurança dos prazos legais deva ceder, independentemente destes, à força da necessidade de tutela da boa-fé objetiva que opere uma como *prescrição de fato*.[9]

I.Tal conclusão é sobremodo irrespondível quando se atenta para os casos, como o da espécie, no qual, suposto não prescrita sobre todo o direito de crédito, o credor exerce pretensão de o receber com atraso desleal, depois do larguíssimo espaço de tempo que durou o contrato, afrontando a boa-fé objetiva, não apenas na sua função de tutela da confiança, mas também na emanação doutro dever de probidade negocial, o chamado *duty to mitigate the loss*,[10] que, como ônus acessório e dedutível à cláusula geral da *fides*, tende a reduzir os custos econômicos e sociais do inadimplemento, impondo ao credor tomar todas as providências hábeis por evitar o agra-

---

[9] Assim, **SCHREIBER, Anderson**. *A proibição de comportamento contraditório – tutela da confiança e venire contra factum proprium*. 2ª ed. RJ: Renovar, 2007, p. 191-192.

[10] Cf., a respeito, o ensaio pioneiro, entre nós, de **FRADERA, Véra Maria Jacob de**. *Pode o credor ser instado a diminuir o próprio prejuízo?* **In**: Revista Trimestral de Direito Civil. RJ, vol. 5, nº 19, jul./set. 2004, p.109-119.

vamento de seu prejuízo, entre as quais sobreleva a de buscar-lhe pronta reparação.[11]

4. Da concretização da *Supprressio* e sua consequência

J. À luz dessas noções, pode dizer-se, sem nenhuma dúvida, que estamos diante de caso nítido, típico e exemplar de *suppressio*,[12] que custa admitir não tenha sido vista pela sentença apelada.

É que, consoante já relembramos, usando dos poderes da autonomia privada, os contraentes imprimiram ao contrato de prestação de serviços, desde o início de sua vigência, mediante acerto tácito, disciplina estrutural e formas de execução absolutamente diversas das que constituíram objeto das cláusulas do instrumento, porque é de presumir-se atendiam a conveniências recíprocas. Esta é a única explicação inteligível para o fato induvidoso de que, até a resilição do contrato pela ré, a autora não só se absteve de exigir-lhe, nos expressos termos negociais, pagamento de correção monetária e juros a título de mora, e de atualização anual dos preços primitivos, enquanto larga, ininterrupta e significativa **inatividade**, como sobretudo acedeu nas práticas inovadas de encomenda, prestação e remuneração dos serviços, precedidas da emissão de *Autorização de Fornecimento,* caracterizando **dado objetivo** idôneo a solidificar a crença da outra parte de que o direito subjetivo original do credor àquelas verbas jamais seria exercido. Nesse contexto, onde avulta o caráter de boa-fé das mudanças consensuais na economia e na dinâmica do contrato, o exercício judicial da pretensão de cobrança, *só após a extinção da longa relação jurídico-negocial de onze anos*, que vigorou sem queixas, nem ressalvas da autora, desponta, com a força de evidência incontrastável, como *represália* à resilição do contrato por denúncia da ré, de modo que não pode obscurecer a deslealdade do comportamento tão contraditório.

Surpreende, daí, que, após haver reconhecido, perante as conclusões irrefutáveis da perícia documentada, que, na vigência do contrato, as par-

---

[11] Neste sentido, aludindo, embora sem aprofundamento, a "*dever avoluntarístico de mitigar o próprio dano*", veja-se **SOUZA, Wagner Mota Alves de**. *A teoria dos atos próprios – a proibição de venire contra factum proprium*. Salvador: Ed. Podium, 2008, p. 191.

[12] É mais do que oportuno reavivar que muitos dos julgados estrangeiros e dos exemplos doutrinários a respeito da tipificação e aplicação da *suppressio* tenham versado hipótese em que o credor, longamente inativo, entrou de repente a exigir ao devedor o pagamento de parcelas que, não fosse o comportamento contraditório, tardio e abusivo, seriam devidas *ex lege* ou *ex contractu*.

ALTERAÇÃO TÁCITA E PROLONGADA DA DISCIPLINA CONTRATUAL. *SUPPRESSIO*

tes adotaram modalidade de prestação e de remuneração dos serviços em franco **desacordo** com as disposições das cláusulas contratuais,[13] tenha a sentença, para julgar, em parte, procedente a ação, concluído erroneamente que não era de admitir "*a alegação da requerida de que ao longo da relação contratual as partes consensualmente se afastaram dos termos avençados, executando-o de forma distinta sem qualquer ressalva.*"

Nisso, não só errou, deixando de aplicar o disposto nos arts. **187** e **422** do Código Civil, que incidiram na espécie, como dissentiu da jurisprudência, em especial a do egrégio STJ, que, em casos idênticos e análogos, tem repelido o exercício de pretensão ou de direito subjetivo, quando configurados todos os requisitos elementares da figura da *suppressio*, como se vê a este escólio expressivo, tirado a acórdão de julgamento de causa onde o credor estava a cobrar correção monetária retroativa após o termo final do contrato:

> "Na hipótese específica dos autos, a recorrente abriu mão do reajuste anual das prestações mensais durante todos os 06 anos de vigência do contrato, despertando na recorrida, ao longo de toda a relação negocial, a justa expectativa de que a correção não seria exigida retroativamente.
>
> Na realidade, mais do que simples renúncia do direito ao reajuste, a recorrente abdicou da correção monetária para evitar a majoração da parcela mensal paga pela recorrida, assegurando, como isso, a manutenção do contrato. Vê-se, pois, que não se cuidou propriamente de liberalidade da recorrente, mas de uma medida que teve como contrapartida a preservação do vínculo contratual por 06 anos.
>
> Diante desse panorama, o princípio da boa-fé objetiva torna inviável a pretensão da recorrente, de exigir retroativamente valores a título de correção monetária, **que vinha regularmente dispensado, frustrando uma expectativa legítima, construída e mantida ao longo de toda a relação contratual.**"[14]

---

[13] O grifo ao substantivo é da sentença mesma!

[14] **REsp nº 1.202.514-SP**, 3ª Turma, Rel. Min. Nancy Andrighi, j. 21.06.2011, DJe 30.06.2011. Grifos nossos. No mesmo sentido, **Resp nº 1.374.830-SP**, 3ª Turma, Rel. Min. Ricardo Villas Bôas Cueva, j. 26.06.2015, DJe 03.08.2015; **Resp nº 1.096.639-DF**, 3ª Turma, Rel. Min. Nancy Andrighi, j. 09.12.2008, DJ 12.02.2009; **REsp nº 953.389-SP**, 3ª Turma, Rel. Min. Nancy Andrghi, j. 23.02.2010, DJ 15.03.2010; **REsp nº 214.680-SP**, 4ª Turma, Rel. Min. Ruy Rosado, j. 10.08.1999, DJ 16.11.1999, *RSTJ 130/366* e *LEXSTJ 128/228.*

5. Conclusão

K. Do exposto, estamos em que deve provida apelação, para reconhecer que, por ofensa ao disposto nos arts. 187 e 422 do Código Civil, não pode ser admitida a pretensão da autora, que, por força da *suppressio*, faz jus apenas ao valor incontroverso depositado, julgando-se improcedente a ação, com todas as suas consequências jurídico-materiais e processuais.

É que, salvo melhor juízo, nos parece.

Brasília, 8 de agosto de 2016.

27

Informática. Aplicativo *Guiabolso* e Sigilo Bancário

NEGÓCIO JURÍDICO. Contrato de prestação de serviço. Informática. *Guiabolso*. Aplicativo. **Programa de computador que organiza os dados financeiros do correntista, para fim de racionalização e gerenciamento do uso dos recursos, mediante acesso automático a conta bancária autorizado pelo cliente, com uso da senha. Arguição de violação do sigilo bancário, risco de dano aos consumidores e ao sistema de informatização das contas, exploração econômica de *software* de propriedade do Banco e concorrência desleal. Improcedência. Prova pericial da inofensividade absoluta do programa, insuscetível de gerar risco adicional ao sistema bancário de armazenamento de informações em *base de dados*. Desnecessidade de consentimento do Banco e de comunicação ou exibição de procuração pelo correntista. Interpretação do art. 5º, incs. X e XII, da CF, art. 1º, § 3º, inc. V, da LC nº 105, de 10 de janeiro de 2001, art. 10 da Lei nº 9.296, de 24 de julho de 1996, e art. 195, inc. III, da Lei nº 9.279, de 14 de maio de 1996.** *Provada, pericialmente, sua inofensividade absoluta à integridade do sistema bancário de armazenamento informatizado dos dados financeiros dos correntistas, ao qual não acresce nenhum risco pelo uso contratualmente autorizado e automático das senhas, a aplicação contratual do programa de computador que, sob nome de **Guiabolso**, organiza esses recursos para efeito de racionalização e gerenciamento de seu uso, não viola o sigilo bancário, não provoca risco de danos aos clientes que a contratam, não explora **software** de propriedade do Banco, não tipifica concorrência desleal, nem de qualquer outro modo infringe a ordem jurídica.*

1. Consulta

A. O ilustre advogado RJC dá-nos a honra de consulta sobre as considerações e conclusões do parecer jurídico oferecido pelo eminente prof. TSFJ, nos autos do processo de ação de obrigações de não fazer e de fazer, que, contra sua cliente GFCBS Ltda., perante a 11ª Vara Cível da comarca de São Paulo, move o Banco X S.A., para condená-la a abster-se de coletar dados pessoais de clientes, tais como agência, conta, senha e *token*, bem como de usar tais dados, também, mas não apenas para fim de acessar os ambientes de *Mobile Banking* e *Internet Banking*, para coletar dados de clientes no sistema do autor, e, ainda, a apagar os dados que coletou, tudo sob pena de multa diária, sem prejuízo de, em caso de impossibilidade de execução específica, determinação de providências que assegurem resultado prático equivalente ao adimplemento das obrigações. O consulente sustenta, em resumo, que se não aplicariam aos contornos do caso os fundamentos, nem as conclusões daquele parecer.

Estamos em que lhe assiste razão.

2. Da segurança e inocência das atividades sistemáticas da ré

B. Para responder à consulta, convém, posto que em síntese, reavivar as atividades da ré e, sobretudo, a segurança do seu mecanismo de pesquisa, em relação à incolumidade do sistema de armazenamento eletrônico de informações relativas às contas bancárias providas aos clientes do autor, não só porque tais aspectos em si interessem à decisão da causa, mas, em especial, porque, podendo interferir neste resultado, o erudito parecer apresentado tem, na invocação constante de supostos riscos de graves danos ao autor, a coluna vertebral de toda sua argumentação jurídica.

C. O objeto social e as atividades negociais da ré concentram-se na disposição de programa de computador que, similar a modelo vigente alhures, propicia a titulares de contas bancárias que lhe autorizem o uso informatizado apenas das senhas, mediante sincronização automática em uma única plataforma e consequente exposição periódica das informações financeiras, gerenciar, para efeito de controle, comparação, ponderação e decisão pessoal, os recursos e os gastos rotineiros dos correntistas. Seu objetivo imediato, que, como proveito e fim simultâneos, não deixa de concorrer para o saudável ideal de educação financeira dos usuários, está em apresentar aos clientes, que também o sejam de bancos, panorama analítico da vida financeira retratada nos lançamentos de cada conta bancária. Trata-se,

INFORMÁTICA. APLICATIVO *GUIABOLSO* E SIGILO BANCÁRIO

em suma, de *software* de estímulo à compreensão e racionalização do uso dos recursos pessoais que já induziu milhares de consumidores a pouparem, reduzindo ou atalhando pagamento de juros contingentes e despesas supérfluas, com salutar reorganização da vida econômica.

D. O aparato instrumental da ré, que se estrutura em altos padrões técnicos de arquitetura, processo e auditoria de segurança, objetos da rigorosa avaliação do perito judicial, está em funcionamento desde 2014, sem queixas dos clientes, nem doutras instituições bancárias, opera o acesso automático e consentido aos dados bancários do cliente, mediante compartilhamento da senha de mera visualização da conta, para análise ordenada do seu fluxo de caixa e do balanço, sem nenhuma possibilidade, nem necessidade de movimentação, dependente de outra senha (*token*), incomunicável. Já desta descrição simplicadíssima das suas complexas operações informatizadas, vê-se límpido que, simulando o acesso de qualquer correntista, a atuação do servidor da ré não pode implicar outro risco de dano à inviolabilidade do sistema de informatização bancária que não o remotamente implícito naquela via de acesso, porque os canais de comunicação são os mesmos e, como tais, dotados da mesmíssima proteção dos dados sigilosos.

E não o implica deveras, como demonstrou à saciedade o perito. Do laudo convincente, fundado nos resultados de testes e análises laboratoriais realizados na USP, relevam à consulta algumas conclusões decisivas, a partir dessa reiterada e enfática observação de o acesso do servidor da ré às informações bancárias não gerar nenhuma forma de ***risco adicional*** à segurança do sistema do banco, pois simula o acesso de cliente autêntico, cuja senha é suficientemente bem protegida. Tal invulnerabilidade é, ademais, garantida assim pelos algoritmos e protocolos criptográficos seguros, adotados pela ré, em particular na coleta, categorização e consolidação dos dados financeiros, processadas todas de modo automático, sem nenhuma interferência humana, pelo alto nível de segurança da senha de acesso primário ao aplicativo e pela periodicidade de rotação das chaves criptográficas, como pelo uso de ferramentas de prevenção e detecção de tentativas de invasão ao servidor e de auditoria do sistema. A conclusão relevante, que sintetiza todas as longas considerações de ordem técnica da perícia, é que o *software* da ré não representa nenhum risco de dano aos consumidores, até porque seus dados são utilizados sem identificação do titular e intervenção humana, nem tampouco ao sistema telemático do autor. Nesse limite é que se pode atribuir-lhe *inocência*, no sentido etimológico original da palavra (< *innocentia* < *innocens* < *in* + *nocere*).[1]

3. Das respostas ao parecer

E. Para facilitar o contraste das opiniões, vamos acompanhar o itinerário do erudito parecer apresentado, cujas textuais considerações preliminares tomam por premissa que a autorização do cliente a uso da senha por terceiro dependeria da concordância do banco, de modo a resguardar-lhe a incolumidade digital do sistema ante os riscos de violação do sigilo bancário. Mas pondera-se, desde logo, que não há *risco adicional* ao sistema, porque, como se viu, o acesso do servidor da ré aos dados da conta se dá pelo modo e canal legítimos de que dispõe o cliente, o qual anui à visualização das informações financeiras cujo sigilo se preordena a proteger-lhe a intimidade, donde não se conceber responsabilidade por ato ilícito absoluto ou relativo, que pressuporia a existência de dano específico, oriundo de acesso autônomo e malicioso ao sistema, salvo se se demonstre seja necessário assentimento concorrente do banco, *ex vi legis aut contractus*, além de prova da atualização do risco, a qual é, por definição, sempre gravosa. Não têm, portanto, nenhum fundamento técnico, as difusas preocupações do parecer quanto a hipotético aumento ou peculiaridade de riscos, sistêmicos ou não, à instituição bancária, em decorrência do acesso do servidor da ré às contas pela mesma via digital de comunicação dos correntistas que lho autorizam no interesse próprio.

F. A característica assinalada do *ciberespaço* de, como ubiquidade virtual, permitir, sem a presença física simultânea dos contraentes, aperfeiçoamento de negócios jurídicos que têm por objeto informações armazenadas em *base de dados*, cujo acesso não é, em tese, pré-excluído a outrem, mediante uso de senha, embora introduza, de fato, a questão do limite da tutela de extensão dos dados a terceiros, não envolve, nem impõe princípio absoluto de que ninguém lhes pode ter acesso sem prévia identificação digital do terceiro a quem seja confiado o uso da senha. É falso, com o devido respeito, quando menos no quadro factual e jurídico da causa *sub iudice*, que uma coisa seria ceder a outrem a posse de dados constantes de suporte físico (como papel, disquete, etc.), e outra, *"dar acesso à senha e*

---

[1] É a incapacidade causar dano (cf. **Ernout**, Alfred; **Meillet**, Alfred. *Dictionaire étymologique de la langue latine*. Paris: Klincksieck, 2001, verbete **noceo, -es, -ui, -itum, -ere**).

INFORMÁTICA. APLICATIVO *GUIABOLSO* E SIGILO BANCÁRIO

abrir comunicação on line." A disponibilidade ou, antes, a liberdade que tem o cliente de, no uso contratual da senha, ceder-lhe o uso a terceiro para fim lícito, sob sua exclusiva responsabilidade, é, ao mesmo tempo, consequência necessária da própria função instrumental da senha no mecanismo de acesso *on line* à base de dados e expressão de um direito subjetivo fundamental.

G. Não precisa grande esforço intelectual para ver, logo, que, a despeito de se inserir num circuito de comunicação, a autonomia funcional da senha resulta da arquitetura mesma do sistema informático de armazenamento de dados, dentro do qual seu uso anônimo, livre e eficaz, pelo titular, ou por quem este autorize mediante cessão dos códigos que a compõem, aparece como possibilidade ínsita na concepção do mecanismo comunicativo e como vantagem prática inerente à relativa facilidade de operação, despida de cautelas adicionais aos dispositivos de segurança. Noutras palavras, o atual sistema de senhas foi idealizado para aliviar o acesso imediato aos dados, da formalidade prévia de identificação do usuário e de assentimento do banco a cada operação, porque esse e aquela são garantidos, de forma mecânica e suficiente à segurança, pelos protocolos criptográficos, ou seja, pelos algoritmos de identificação, autenticação, integridade e garantia de privacidade, adotados pelos servidores do banco. Nesse sentido, pode dizer-se, sem risco de impropriedade, que é um ***idiotismo*** do sistema. Para, sob pretexto de preservar o processo de comunicação e supostos direitos autorais do banco, exigirem-se, no uso da senha, prévia e casuisticamente, identificação do usuário e concordância do banco, fora mister inventar outro sistema!

H. Tal liberdade do cliente é, ainda, manifestação do direito fundamental à inviolabilidade do seu âmbito pessoal íntimo, que, objeto do art. 5º, inc. X, da Constituição da República, abrange dois círculos concêntricos, o da intimidade propriamente dita, vista como o interior indevassável de cada pessoa (*secrecy*), e o da privacidade, consistente na esfera das pessoas próximas ao titular (*privacy*). E, quanto aos conteúdos informativos que a respeito dessa esfera podem constar de documentos e de análogos suportes materiais, a tutela constitucional vem dos direitos fundamentais complementares previstos no art. 5º, inc. XII, onde se protegem, por seu valor representativo, com o dever jurídico de sigilo, não só as correspondências, papéis e registros, mas também as comunicações telegráficas, telemáticas e telefônicas, salva autorização judicial.

PARECERES DE DIREITO PÚBLICO E PRIVADO

Parece-nos menos acertado, nesse contexto, sustentar que o disposto no art. 5º, inc. XII, só protegeria a **comunicação** de dados, considerada como evento de transmissão ou troca de informações, e não, também, os **dados em si**, pela boa razão de que a comunicação só é aí protegida para resguardar o sigilo dos dados que nela transitam como expressão da intimidade dos interlocutores,[2] sobretudo em relação à comunicação telemática, que não é tutelada como bem tecnológico, senão como fluxo de informações suscetíveis de dissipação. Daí, irradiando-se da proteção dos direitos fundamentais, o dever jurídico de sigilo bancário, explícito na legislação subalterna,[3] recobre não apenas a transmissão eletrônica dos dados, mas também, e sobremodo, os dados em si das contas, a título de proteção da inviolabilidade da intimidade do **cliente**. De modo que pode este, na condição de titular do direito correlato, sem a ele renunciar, nem acrescer risco à inteireza e à segurança do processo de comunicação eletrônica com o banco, dar a outrem, mediante uso regular da senha, acesso às suas informações financeiras, para fins lícitos, enquanto exercício pleno da liberdade jurídica que lhe advém da adesão contratual ao programa bancário, que lhe não prevê outro requisito ou restrição, senão apenas dever de responder pelas consequências danosas de uso criminoso da senha e de suportar os reflexos morais e patrimoniais do devassamento doloso ou abusivo do sigilo de seus dados bancários. Essa responsabilidade é o limite extremo de sua liberdade jurídica de uso. Donde nunca se duvidou da licitude do comportamento de correntista que, para propósitos legítimos, cede uso da senha, não só a bancária, mas também a de cartão de crédito, à mulher, ao marido ou a filho, ou, em caso de empresa, a contador ou preposto autorizado a acessar-lhe o fluxo de caixa. Nisso, que é *ato típico*, reproduzido pela ré, não há o mais pálido traço de alteração do **regime contratual de uso,** nem tampouco de **exploração econômica** do *software* de propriedade do banco.[4]

---

[2] Cf. **ILLUMINATI, Giulio**. *La disciplina processuale delle intercettazioni*. Milano: A. Giuffrè, 1983, p. 6, nº 2.

[3] Art. 1º, § único, da Lei federal nº 9.296, de 24 de julho de 1996.

[4] É manifestíssimo que o que a ré explora, legitimamente, não é o *software* do banco, mas os dados bancários que, de propriedade dos clientes, estão ali armazenados, como o podem estar noutro lugar qualquer, sem que isso signifique exploração econômica do *locus* ou sítio onde se hospedam.

INFORMÁTICA. APLICATIVO *GUIABOLSO* E SIGILO BANCÁRIO

I. Como já se adiantou, não há necessidade alguma, até porque nem sequer há possibilidade técnica de exigir à atuação da ré, para caracterização de exercício regular de direito do usuário, consentimento do autor como suposta parte lesada por risco derivado do acesso de terceiro, não só aos dados armazenados, como ao próprio *sistema* de armazenamento de cuja estrutura comunicacional participam. É que, abstraída a impossibilidade técnica à míngua de previsão do aplicativo, tal exigência não faz sentido na hipótese, de que se trata, de uso ordinário de via de acesso dotada de segurança que pré-exclui **risco adicional** ao sistema. Ademais, não constitui injunção do art. 1º, § 3º, inc. V, da Lei Complementar nº 105, de 10 de janeiro de 2001, e, muito menos, do art. 10 da Lei nº 9.296, de 1996, pois o primeiro, dirigindo-se apenas às instituições financeiras, obrigadas ao sigilo, que só podem quebrar nas hipóteses legais, não alcança os particulares, sobre os quais não pesa, como é óbvio, dever de observá-lo em relação a seus próprios dados, e o segundo tem por criminosa *interceptação* de comunicação telemática que nem de muito longe se esboça no caso, onde não existe direito do banco a impedir ao cliente a cessão de uso da senha para fins lícitos, sem sua anuência, sob pretexto de *"resguardar o acesso à comunicação mediante instrumentos adequados"*, quando a via de acesso já está resguardada pela aptidão técnica de que se reveste, pressuposta na regra funcional de uso anônimo da senha, e não se viola sigilo, nem se intercepta coisa alguma!

J. São essas, boas razões jurídicas para deixar patente que o caso não é de mandato, nem sequer de representação voluntária, que pedissem comunicação ou exibição de procuração ao banco. Não é de mandato, que seria tácito, porque tal modalidade de negócio jurídico, que tem por objeto típico prestação de serviço ou de obra, no interesse do mandante, não se configura aqui à falta de obra e de serviço que pudesse estar a ré a prestar aos consumidores no ato de acessar-lhes as contas bancárias; a prestação de serviços, essa está apenas na ordenação e na consolidação categorizada dos dados financeiros que servem à orientação pessoal dos usuários, enquanto cerne de outro contrato, estranho aos interesses do banco. Nem é de representação, onde há outorga unilateral de poderes jurídicos exigíveis a atuação em nome alheio, pois, na moldura do sistema informático de comunicação, não há lugar, nem necessidade de nova identificação do usuário da senha atribuída ao correntista, a cada ato de acesso regular, na medida em que o próprio sistema já imputa, automaticamente, cada ope-

PARECERES DE DIREITO PÚBLICO E PRIVADO

ração à responsabilidade jurídica do titular da conta, ainda quando, de fato, praticada por outrem.[5] Noutras palavras, o ato de acesso entra aqui, não como negócio jurídico ou ato jurídico *stricto sensu*, senão apenas como ato-fato jurídico, que prescinde de representação e de mandato.[6] Ao sistema basta a posse física da senha.

K. Afigura-se, por fim, frustrada a tentativa de caracterizar os procedimentos em que se desenvolve a exploração econômica da ré, a partir do acesso aos dados da movimentação bancária do cliente, como *concorrência desleal específica*, assim entendida a que é objeto de repressão de norma penal (art. 195, inc. III, da Lei federal nº 9.279, de 14 de maio de 1996), cujo tipo exige prova do emprego de *meio fraudulento*, para desviar, no caso, em proveito próprio, clientela alheia, a do autor. E a razão primeira e cabal é que, não havendo entre nós, salvo engano, outra empresa que exerça, a título principal, atividades idênticas ou semelhantes, consistentes na organização analítica, automatizada e periódica dos dados bancários do cliente, para efeito de percepção e eventual reavaliação dos rumos de sua vida financeira, a hipótese é de exemplar *falta de competição*, ou seja, de concorrência, porque, em se cuidando de mercado novo, onde introduz serviço até então não fornecido ao consumidor, o empresário lucra sem prejudicar concorrente.[7] E é de notar que a ré não desvia, em seu proveito, mas apenas compartilha clientela do autor, a qual pode ainda ser, e é, comum a muitas outras empresas, dada a diversidade dos negócios, sendo raro que correntistas deixem de sê-lo por achar que, em si, a conta bancária seja a causa do descontrole de gastos de que se conscientizam. Daí dizer-se que concorrência desleal, específica ou genérica, só é pensável onde empresas ou pessoas disputem o mesmo.[8]

De todo modo, ainda quando fosse, *ad argumentandum tantum*, outra a hipótese, na qual se pudesse vislumbrar aproveitamento parasitário de alguma forma de experiência alheia, como se a ideia operacional do sis-

---

[5] É interessante observar a coerência sistêmica no fato de que, tanto no uso alheio da senha, como no de *token*, os atos de acesso e de movimentação das contas, embora não praticados pelo titular, são válidos e eficazes perante o sistema, que lhes processa mecanicamente o registro e as ordens, que, até prova em contrário, atribui ao correntista.

[6] Cf. **MIRANDA, Pontes**. *Tratado de direito privado*. 3ª ed. RJ: Borsoi, 1972, t. XLIII, p. 41, § 4.681, nº 1.

[7] **COELHO, Fábio Ulhoa**. *Curso de direito comercial*. 19ª ed. SP: Saraiva, 2015, v. I, p. 261, n 2.

[8] Cf. **MIRANDA, Pontes**. *Op. cit..* 3ª ed. RJ: Borsoi, 1971, t. XVII, p. 269, § 2.093, nº 2.

tema informático das contas bancárias pertencera ao autor, seria mister demonstrar que, tornando censurável e ilícita a atividade empresarial da ré para atrair clientela, enquanto objetivo elementar de toda concorrência, o *meio* adotado fora imoral ou contrário a práticas do mercado, porque só aí seria *fraudulento*. Que desonestidade pode entrever-se no acesso consentido a dados bancários, de que poderia dispor, de outra forma, o titular, para o mesmo fim legítimo de consolidação proveitosa às suas deliberações financeiras? A forçada averbação de concorrência desleal, de caráter parasitário, que não impediu ao autor a confessada e fracassada tentativa de parceria com a ré, tornaria criminosa até a atividade profissional dos analistas de mercado financeiro e das empresas de investimento que se valem do histórico e do esquema de distribuição dos recursos dos clientes, para orientá-los na tomada de decisões a respeito! A ferramenta da ré nem chega a tanto; limita-se a organizar e classificar os dados bancários, comparando os recursos e as despesas, sem consultoria financeira, nem orientação formal, para que, diante desse espelho, possa o correntista saber como gasta seu dinheiro. Se delibera poupar, deixando de pagar juros ao banco e às empresas associadas de cartão de crédito, o que em consequência deixam esses de ganhar não é imputável à atividade empresarial da ré, senão diretamente à livre consciência do cliente, nem tampouco constitui dano injusto e reparável. E o não conformar-se com tais deliberações dos correntistas é que parece estar à raiz desta aventura judicial!

4. Conclusão
L. Do exposto, estamos em que deve ser julgada improcedente a ação.

É o que, salvo melhor juízo, nos parece.

Brasília, 30 de junho de 2019.

Direito da Família e Sucessões

28
Testamento. Liberdade do Testador.
Intervenção do Judiciário

TESTAMENTO. Herdeiros facultativos. Instituição. Atribuição de todo o disponível da testadora aos netos filhos das filhas casadas. Não contemplação das duas outras netas, filhas do único filho varão. Alegação de discriminação inconstitucional e abusiva por suposição de não lhes serem casados os pais. Direito das excluídas a um terço dos bens. Inexistência. Sentença que anulou o testamento e redistribuiu os bens testados. Ilegalidade manifesta. Interpretação do art. 227, § 6º, da Constituição da República. Inteligência dos arts. 1.857 e 1.858 do Código Civil, bem como do art. 1.973, inaplicável ao caso. *Embora não absoluta, é amplíssima a liberdade jurídica de que desfruta o testador, que, para instituir herdeiro ou legatário, pode deixar todos os bens ou parte deles a um, alguns ou todos que já lhe sejam herdeiros, a cônjuge, parentes, ou a quem bem entenda, desde que respeite a intangibilidade da legítima, podendo até, expressamente, excluir herdeiro não legitimário. A vontade do testador não pode ser substituída pela vontade de terceiro, nem sequer pela do Estado representado pelo juiz no exercício da jurisdição, donde é juridicamente inconcebível possa sentença ditar outro conteúdo a testamento, em substituição, total ou parcial, à que resulta da expressão da vontade declarada do testador.*

1. Consulta
A. Os ilustres advogados JTAA, SFPBJR e RXSR dão-nos a honra de consulta sobre a consistência jurídica de sentença proferida pelo juízo da 1ª Vara Cível da comarca de Guaxupé, a qual julgou procedente ação em que ACEB e MPFB moveram a seus clientes Espólio de OOSB e outros, para

que fosse declarado o direito das autoras a 1/3 (um terço) do disponível da herança da testadora LFSB, ou, subsidiariamente, fosse rompido o testamento em todas as cláusulas. O fundamento central da sentença assenta em que seria ofensivo ao disposto no art. 227, *caput* e § 6º, da Constituição da República, a disposição testamentária que, em partes iguais, distribuiu o disponível aos netos da testadora, filhos das duas filhas dela, excluindo da verba, por conseguinte, as autoras, filhas do quarto filho, vivo, da testadora, porque, segundo a petição inicial, nascidas de relação extramatrimonial dos pais, em discriminação abusiva. Sustentam os consulentes, em resumo, que, em não sendo herdeiras, não estariam as autoras, à míngua de direitos próprios, sob amparo daquelas normas constitucionais, que não autorizam o juiz a substituir a vontade da testadora, nem a romper o testamento.

Estamos em que lhes assiste razão.

2. Síntese dos fatos incontroversos e relevantes da causa

B. O fundamento da pretensão principal, declaratória do direito que teriam as autoras a 1/3 (um terço) dos bens compreendidos no disponível da herança da testadora, o qual não lhes foi assegurado no testamento da avó comum, é que, na igual condição de netas, foram alijadas da distribuição exclusiva desse acervo aos outros netos, filhos das duas filhas da testadora, em discriminação abusiva e contrária ao art. 227, *caput* e § 6º, da Constituição da República, porque nascidas de relação extramatrimonial do pai, único filho homem da testadora, embora *tal motivo não conste do testamento*. E o outro pedido, subsidiário, de ruptura do testamento, funda-se na alegação de o fato de a paternidade da primeira autora só ter sido reconhecida após a formalização da deixa, posto a inicial *não afirme que a testadora lhe ignorasse a existência*, atrair a aplicação do disposto no art. 1.973 do Código Civil.

C. Mais esforçada do que certa, repelindo as preliminares, a sentença acolheu o pedido principal, prejudicado o subsidiário, declarando o direito das autoras a 1/3 (um terço) da parte disponível da herança da testadora, **concedendo-lhes mais do que coube aos outros netos**. E toda sua larga fundamentação reduz-se à tese de que a censurável discriminação feita pela testadora, baseada em preconceito, o de que as autoras *"são fruto de relação não matrimonial havida, pelo único filho-homem da testadora, com duas distintas pessoas"*, enquanto os demais netos, contemplados no testamento, *"são fruto do casamento das filhas"*, configuraria abuso do direito e da liberdade de testar, sobremodo ofensivo ao disposto no art. 227, *caput* e § 6º, da Constituição da República. E, havendo admitido que a redação de trechos do testamento lhe teria dado a entender estarem todos os netos aí listados, o ilustre magistrado consignou que, embora tenha tido convivência com as autoras, comprovada por fotografia nos autos, a testadora *"nunca aceitou-as* (**sic**) *como suas netas"*, pois sua intenção fora apenas de aquinhoar os netos, assim considerados os nascidos de *"relação matrimonial"*.

D. Convém registrar, ainda, que, apreciando agravo de instrumento tirado, pelos réus, da decisão que deferiu gravíssima tutela provisória de urgência, a qual tornou indisponíveis vários bens do espólio da testadora, v. acórdão do Tribunal de Justiça acenou, contra preciso voto do segundo vogal, que lhe deu acertada interpretação, para incidência do **art. 1.973 do Código Civil**, sob motivação expressa de que não encontrara, nos autos, prova *"de que a testadora tinha conhecimento da existência das netas, ora agravadas, quando firmou o referido testamento"*, contrariando, em parte, o que veio a proclamar a sentença à vista de fotografias não questionadas.

3. Da errônea leitura dos arts. 1.857 e 1.858 do código civil

E. No estrito plano das normas de direito federal, incidentes na espécie, *sem inconstitucionalidade alguma*, como há de ver-se, errou, no introduzir limitação que não quadra à liberdade de testar, a laboriosa sentença. E o erro não foi sutil.

À leitura conjugada dos arts. 1.857, *caput* e § 1º, e 1.858 do Código Civil, ninguém tem dúvida de que, posto não seja absoluta, é ampla a liberdade jurídica de que desfruta o testador, que, para instituir herdeiro ou legatário, pode deixar todos os bens ou parte deles a um, alguns ou todos que já lhe sejam herdeiros, a cônjuge, parentes, ou a quem bem entenda, desde que respeite a intangibilidade da legítima, podendo até, expressamente, excluir herdeiro não legitimário, como se tira, *a fortiori*, ao art. 1.964.[1] Cuida-se de opção política do nosso e de outros ordenamentos jurídicos, perante os quais se diz que, em relação ao disponível, pode o testador *"disposer de sa fortune comme elle l'entend"*,[2] ou *"nel modo che più gli talenta, quanto alla misura*

---

[1] Cf. **Miranda, Pontes de**. *Tratado de direito privado*. 2ª ed., RJ: Borsoi, 1968, tomo LVI, pp. 104 e 105, § 5.666.

[2] **Planiol, Marcel; Ripert, George; Boulanger, Jean**. *Traité élémentaire de droit civil*. 3ª ed., Paris: Lib. Générale de Droit e de Jurisprudence, 1948, tomo III, p. 626, nº 1943.

e ai destinatari".[3] É que, nessa concepção, o testador guarda liberdade dispositiva análoga à que assiste ao sujeito ativo de qualquer negócio jurídico de liberalidade *inter vivos* (salva proibição de doação universal), em compondo a mesma classe de atos jurídicos, com as diferenças significativas de que o testamento é sempre obra, revogável *ad nutum*, de vontade unipessoal, submissa a formas rigorosas e dotada de eficácia *ad futurum*.[4]

F. A relatividade da amplitude do poder jurídico de testar decorre dos limites impostos pela regra da inviolabilidade das legítimas dos herdeiros necessários, a cuja subordinação já se atribuiu a sabedoria do nosso sistema normativo,[5] e por outras restrições legais, concernentes sobretudo às causas, genéricas e especiais, de nulidade e de anulabilidade, entre as quais se inclui a ilicitude que grave o móvel ou motivo **declarado** ou o conteúdo de disposição insultuosa à moral e aos bons costumes, nos mesmos termos em que gravaria e comprometeria outras modalidades de negócio jurídico, e para cuja caracterização não se podem reputar cânones de moral as regras de mera exteriorização social e de outros processos adaptativos, ainda que de sua moral interna, como as de religião, nem tampouco a opinião subjetiva dos juízes, porque a sanção de nulidade só *"pode resultar de infração grave"*,[6] como seria, *v. g.*, cláusula dispositiva de retribuição à prática de crime ou de outro ato ignóbil. Dentro do espaço aberto por essas limitações, é, para não a qualificar de absoluta, **amplíssima** a liberdade de testar, sotoposta às estremas gerais da autonomia privada, da qual é expressão.

G. Desse quadro normativo de definição do poder personalíssimo de testar, vertem consectários jurídicos incontrastáveis, como o dogma da impossibilidade, esta, absoluta, de a vontade do testador ser **substituída** pela vontade de terceiro, ainda quando seja a do Estado representado pelo juiz no exercício da jurisdição. É juridicamente inconcebível possa sentença ditar outro conteúdo a testamento, em substituição, total ou parcial, à

---

[3] **Messineo, Francesco.** *Manuale di diritto civile e commerciale.* 9ª ed., Milano: A. Giuffrè, 1962, vol. VI, p. 108, § 181, nº 6.

[4] Cf. **Josserand, Louis.** *Cours de droit positif français.* Paris: Sirey, 1933, vol. III, pp. 723 a 726, nº 1.258 e segs..

[5] **Nonato, Orozimbo.** *Do testamento.* Tese. S/l., Imp. Diocesana, 1932, pp. 147 e 181, nº 109 e segs..

[6] **Miranda, Pontes de.** *Op. e loc. cits.*, pp. 224, 225 e 229, § 5.697. Pontua o autor, para excluir os excessos de perigoso subjetivismo, alheio às noções jurídicas, que *"a simples condenabilidade de sentir não causa nulidade."* (*ibid.*, p. 229, nº 7)

TESTAMENTO. LIBERDADE DO TESTADOR. INTERVENÇÃO DO JUDICIÁRIO

que resulta da expressão da vontade declarada do testador! Ninguém testa por outrem, nem sequer na qualidade de mandatário munido de poderes especialíssimos. E isto não merece honras de discussão.

Pouco se dá, ao depois, que a disposição testamentária configure injustiça ou *esquecimento* doutrem. A ordem jurídica respeita de tal modo a autonomia da vontade do testador, ainda quando mal ordenada ou injusta, que, se não agride norma cogente, nenhum herdeiro, nem muito menos quem o não seja, podem, opondo-lhe *"ser imerecido o olvido em que o deixaram"*, embaraçar a livre escolha do disponente, nem é lícito ao juiz perquirir sobre *sentimentos de família* e outras considerações que, a seu aviso, deveriam ter guiado a disposição, pois lhe pesa o dever jurídico de ater-se à verdade do ato, sem que lhe seja dado *"jamais refazer a disposição segundo seu ideal de justiça e de equidade, substituir de facto, ou suprimir o que o de cujus quiz."*[7]

Donde se vê, logo, que não cabe indagar do *motivo* da disposição, o qual, não passando do simples impulso psíquico, confinado à esfera intima do testador, é de todo em todo irrelevante, a menos que, *declarado*, seja enunciado como razão determinante ou inserido em nexo condicional ou modal, quando então está subjugado à disciplina legal da *condição* ou do *modus*.[8] E nada tem com a *causa* negocial, que, correspondendo à finalidade empírica do ato dispositivo, consiste apenas na atribuição de bens por espírito de liberalidade, e, como tal, é, na matéria, sempre constante e invariável.[9] Carece de todo sentido, portanto, entrar-se a especular sobre o motivo, não declarado, que teria movido o testador a escolher os destinatários da deixa e a *excluir terceiros*, sejam, ou não, membros da família.

E, como nota típica dos negócios jurídicos de liberalidade, a cuja categoria dogmática pertence o testamento, não se aventa, nem propõe problema jurídico acerca de eventual prejuízo prático que decorra a terceiro, que poderia ter sido, mas não foi nele contemplado, por força da exclusão lógica, inerente à escolha dos herdeiros. É que a liberalidade obedece a pensamento de *generosidade* que se materialize numa *vantagem* efetiva aos

---

[7] **MAXIMILIANO, Carlos**. *Direito das sucessões*. 2ª ed., RJ: Freitas Bastos, 1043, vol. II, p. 95, nº 611. Grifos nossos. No mesmíssimo sentido, **BARASSI, Lodovico**. *Le sucessioni per causa di morte*. Milano: A. Giuffrè, 1944, p. 288, nº 998.

[8] Cf. **MIRANDA, Pontes de**. *Op. e loc. cits*., p. 310, § 5.719, nº 1.

[9] Cf. **BARASSI, Lodovico**. *Op. cit*., pp. 386 e 387, nº 132. Sobre a irrelevância do *motivo*, enquanto mera razão impulsiva, cf. **BIANCA, Massimo**. *Diritto civile*. 2ª ed., Milano: A. Giuffrè, 1989, vol. II, p. 557, nº 325 e nota nº 5.

beneficiados,[10] sem lesar terceiro, ou, noutras palavras, é da essência mesma do testamento beneficiar o herdeiro testamentário ou legatário, sem que releve à ordem jurídica o reflexo lógico que a eleição do destinatário do ato possa, do ponto de vista material ou econômico, a quem poderia e esperava ter sido beneficiado, mas não o foi, representar-lhe prejuízo virtual, ou, *rectius*, **frustração** da expectativa de proveito ou vantagem que se não atualizou, sem dano ao seu patrimônio. Seria despautério jurídico vislumbrar vício negocial invalidante na suposta preterição de pessoa ou pessoas que, destacadas de um universo indefinível, poderiam ter sido contempladas no testamento! Não há direito subjetivo a liberalidade.

H. O fundamento último dessa liberdade do testador radica-se no alto valor que, no quadro da autonomia privada, da qual é reputada expressão máxima *"per l'ampiezza del contenuto"*,[11] a ordem jurídica tributa, no interesse geral, à **pessoa humana** e à **vontade livre**.[12] Comentando o elemento *"voluntatis nostrae"* da conhecida definição de Modestino,[13] faz muito notou-se que essa vontade livre, assegurada pelo ordenamento, constitui a base das disposições testamentárias,[14] cujas escolhas da pessoa ou pessoas que receberão a liberalidade e oriundas dos mais abscônditos sentimentos do testador, não podem ser valoradas, até porque constituem manifestação direta das garantias constitucionais da livre iniciativa e da liberdade (**art. 1º, inc. IV, art. 5º, *caput*, e art. 170**).[15]

I. Ora, aplicadas tais noções ao caso, vê-se nítido que a instituição de alguns netos como herdeiros testamentários da avó não está eivada de nenhuma causa de nulidade ou de anulabilidade, que, aliás, nem foi, como

---

[10] Cf. **JOSSERAND, Louis**. *Op. e loc. cits.*, p. 723, nº 1257.

[11] **PERLINGIERI, Pietro; MARINARO, Gabriele**. *Manuale di diritto civile*. 7ª ed., Napoli: Soc. Scientifiche Italiane, 2014, p. 1291, nº 20.

[12] Cf. **TORRENTE, Andrea**. *Manuale di diritto privato*. 7ª ed., Milano: A. Giuffrè, 1968, p. 838, § 513; **MESSINEO, Francesco**. *Op. e loc. cits.*, p. 112, § 181, nº 10.

[13] *"Testamentum est voluntatis nostrae justa sententia de eo quod quis post mortem suam fieri velit"* (D., Liv. XXVIII, Tít. I, fr. 1º).

[14] **ALVES, Joaquim Augusto Ferreira**. *Do direito das sucessões*. **In:** *Manual do código civil brasileiro*, de Paulo de Lacerda. Vol. XIX. RJ: Jacintho Ribeiro dos Santos Ed., 1917, pp. 51 e 52, nº 9.

[15] **NEVARES, Ana Luiza Maia**. *A função promocional do testamento*. RJ: Renovar, 2009, p. 230, cc. pp. 179 e 180. Há quem, não sem razão, ainda vincule tal liberdade ao direito de propriedade definido no **art. 5º, incs. XXII e XXX**, da Constituição (cf. **ALMADA, Ney de Mello**. *Sucessões*. SP: Malheiros, 2006, p. 214, nº 5).

tal, alegada a título de *causa petendi (a)*, não se ressente de violação doutras normas de ordem pública *(b)*, nem de insulto à moralidade coletiva *(c)*, exprime vontade intransponível do testador, a qual o juiz não poderia nunca substituir, dispondo doutro modo sobre a repartição dos bens *(d)*, muito menos sob pretexto de tutelar sentimentos de família e de atender a particulares ideais de justiça e de equidade *(e)*, bem como de julgar a legitimidade moral das razões íntimas que, desconhecidas, induziram à escolha da testadora *(f)*, nem cede à objeção de preterição alegadamente injusta das netas não contempladas *(h)*, de modo que se contém, com folga, na liberdade que lhe garantia o alcance da conjugação dos **arts. 1.857, *caput* e § 1º, e 1.858 do Código Civil**, e era confortada dos **arts. 1º, inc. IV, 5º, *caput*, e 170, *caput*, da Constituição Federal**, todos os quais foram violados pela sentença.

Escusa grande acuidade por ver, logo, que, restringindo, sob aparência de adequação constitucional, a largueza normativa da liberdade de testar, mediante juízo axiológico de justiça, exclusivo do legislador, a sentença refez, em parte, o testamento, para, sobrepondo sua vontade à da testadora, a cujas disposições indevassáveis atribuiu motivação íntima discriminatória e abusiva, distribuir às autoras, em atenção a igualdade que lhe parecia constitucional e justa, um terço dos bens que a avó poderia ter deixado, sem nenhuma ofensa à ordem jurídica, a um, a alguns ou a nenhum dos netos, ou, até, a terceiros estranhos à família, e que, ***com desigualdade manifesta***, excede os quinhões deferidos aos outros netos!

Não pode a sentença subsistir, não só porque não subsiste o **fundamento constitucional** que invocou para dar amparo a todas essas visíveis transgressões do ordenamento jurídico subalterno, senão porque, nisso, ainda acabou por profanar, mais do que a memória, a **dignidade humana** póstuma da testadora, desrespeitando-lhe a vontade livre cuja autonomia a lei tem por substrato do poder jurídico de testar.

4. Da absoluta inexistência de inconstitucionalidade

J. É muito simples a equação jurídico-normativa que, armada pela sentença, está nisto, no entendimento de que a igualdade entre os filhos, assegurada pelas normas do art. 220, *caput* e § 6º, da Constituição da República, seria incompatível com interpretação dos arts. 1.857, *caput* e § 1º, e 1.858 do Código Civil, que dê ao testador liberdade ampla para, sem declinar razão ou motivo legítimo, instituir, destacadamente, herdeiros dentre os filhos ou netos, sem contemplar, de igual modo, a todos da estirpe ou classe do mesmo grau, porque tal escolha exclusiva tipificaria discriminação injusta e abuso do direito. Ou, noutra versão, que aquela igualdade constitucional não toleraria pudesse o testador deixar todos os bens disponíveis a um só ou mais dos filhos ou netos, na medida em que, em relação a uns e outros, teria desvalido as normas do Código Civil quanto à liberdade ampla de testar.

Não há, nem de longe, tal incompatibilidade.

A igualdade, garantida do art. **227, § 6º**, da Constituição da República,[16] veio, como se sabe, por termo às injustificáveis discriminações que, ao longo de nossa história, a legislação estabeleceu na previsão ou outorga de **direitos**, entre filhos legítimos, assim considerados os nascidos de relação matrimonial, e os demais, tidos por ilegítimos, a que iguais direitos eram negados, no todo ou em parte, dependendo da natureza da matéria normativa e das sucessivas qualificações que os distinguiam segundo a condição dos pais. Daí já se intui que sua norma de garantia se dirige primordialmente à lei ordinária, para subtrair o fundamento de validade de todas as regras discriminatórias vigentes, ou invalidá-las, e para impedir eficácia às que porventura lhe sobrevenham em sentido contrário. Numa palavra, já não vale norma jurídica ordinária que não assegure a todos os filhos, sejam, ou não, havidos de casamento ou de adoção, os mesmos direitos subjetivos e as mesmas qualificações e designações. A regra é a *igualdade de direitos*.

Nesse quadro não cabe a forçada argumentação da sentença. Caberia, para o só efeito de *anular a verba*, se, por hipótese, fora caso de cláusula testamentária que, mediante justificação expressa, instituísse herdeiro um dentre os irmãos por ser o único legítimo na concepção do testador. É que, então, estaria caracterizada ofensa à norma constitucional que proíbe discriminação de direito subjetivo com base na condição dos filhos não havidos de casamento. Não é, porém, a hipótese, pela razão manifestíssima de que os netos não foram considerados na condição de filhos, entre os quais

---

[16] A regra do **caput** cuida de tema genérico, isto é, do dever, que têm a família, a sociedade e o Estado, cada um na sua esfera de atuação, de colocar a criança, o adolescente e o jovem a salvo doutras formas de discriminação. Não serve de apoio hermenêutico à afirmação da sentença de que se prestaria a preservá-los de "*discriminação... de seus direitos, inclusive patrimoniais.*" A norma específica que trata da **igualdade de direitos é a do § 6º**, donde nem há de excogitar-se *conflito aparente de normas*, que se resolveria pelo critério da especialidade. Ademais, como se verá, o caso não é de discriminação de direitos subjetivos, porque, salvo os herdeiros necessários, outros parentes não têm direito algum a ser resguardado em testamento!

as autoras teriam sofrido preterição de **direito subjetivo à herança** por terem sido qualificadas como ilegítimas, mas apenas na qualidade de possíveis *beneficiárias teóricas* de disposição testamentária, em cuja classe de pessoas se situavam em pé de igualdade com outras que, não tendo relação de parentesco com a testadora, tivessem idêntica esperança e a mesma capacidade passiva para ser herdeiro. No caso da consulta, não se põe nenhum problema de *igualdade de direitos subjetivos*, porque ninguém o tem de ser contemplado em testamento. Quando muito, em dadas circunstâncias, alguns terão *adiáfora expectativa de fato*, como se viu.[17] Direito subjetivo, esse só o tem, e apenas desde a morte do testador, quem haja sido, no testamento, instituído herdeiro ou legatário! Ou seja, nenhum dos netos, nem as autoras, poderia, se não tivesse sido aquinhoado, afetar vulneração daquela norma constitucional sob pretexto de desigualdade discriminatória de direitos subjetivos ao disponível da testadora.

O haver a testadora, que respeitou a legítima dos filhos, favorecido alguns netos, quando poderia não ter favorecido a nenhum deles, não foi injustiça, mas, guardados seus imperscrutáveis desígnios, *superação da justiça* que observou e cumpriu aos herdeiros reservatários, indo além do que era devido *ex iure*. Não nos é dado julgar-lhe da generosidade.

5. Da inaplicabilidade do art. 1.973 do código civil

K. Não incide, no caso, o art. 1.973 do Código Civil.

Tal disposição vem-nos do direito romano, sob o qual a pressão da opinião pública forçou, por razões de piedade, a jurisprudência a reputar-lhe aniquilado o testamento, quando o *pater familias*, ignorando a existência ou superveniência do filho, o deixasse, à morte, sem nenhum dos bens, por tê-los distribuído todos. A suposição era de que, se o pai soubera que lhe nascera o filho, *adgnasci*, teria disposto de modo diverso no testamento, de modo que se entrou a adotar, então, o *ruptum adgnatione postumi*, em homenagem à vontade presumida do pai.[18]

Esta é a presunção jurídica que lateja naquele dispositivo legal, fundada na crença de que o testador disporia doutro modo, se tivesse tido conhecimento de **descendente sucessível** que lhe sobreveio à morte. Não é gra-

---

[17] Cf. *supra* **item nº 7**, pp. 5 e 6.
[18] Cf. **MAYNZ, Charles**. *Cours de droit romain*. 4ª ed., Bruxelles: Bruylant-Christophe & Cie, 1877, vol. III, pp. 246-248, § 367.

PARECERES DE DIREITO PÚBLICO E PRIVADO

tuita a alusão a descendente *sucessível*, pois descendentes há que, como os declarados indignos e os renunciantes, não são sucessíveis,[19] nem se consideram tais os de classe de grau mais remoto, preexcluídos, que são, pelos de grau mais próximo ao *de cuius*, salvo direito de representação (**art. 1.833** do Código Civil). E requisito essencial é que, ao tempo em que testou, o testador não tivesse filhos conhecidos, os quais seriam herdeiros necessários.[20] Reunidos esses elementos da *fattispecie*, dá-se a ruptura, revogação ou caducidade[21] do testamento, cessando-lhe toda a eficácia, sem lugar para absurda redistribuição judicial dos bens.

Ora, a razão evidentíssima e fulminante por que se não aplica ao caso o art. 1.973 do Código Civil está em que **nenhum** dos netos, nem, portanto, nenhuma das autoras, era **descendente sucessível** da testadora. Sucessíveis eram apenas os filhos, entre eles o pai das autoras, todos herdeiros necessários, cuja existência afastaria incidência daquela norma, ainda quando lhe tivessem sobrevindo outro filho ou outros netos. Daí ser de rematada inutilidade indagar se a testadora sabia serem, as autoras, suas netas, ou se teve, ou não, convivência com ambas, ou apenas com uma delas, antes de ter formalizado o testamento. Ignorância de *descendente não sucessível*, pela testadora, ao tempo em que testou, não lhe tolhia a liberdade de testar!

A ação é, portanto de improcedência ruidosa.

6. Observação final considerável

L. Ao acolher o pedido principal, declarando direito das autoras a 1/3 (um terço) do disponível, a sentença deferiu-lhes mais do que tocou aos outros netos, *discriminando-os*, sem configurar julgamento antecipado parcial, senão **total** do mérito (art. **356**, *caput*, do Código de Processo Civil). Mensuração do acervo e definição do valor da causa não são objeto de pedidos residuais. O recurso admissível é, pois, a apelação, que comporta efeito

---

[19] **TEPEDINO, Gustavo; BARBOZA, Heloisa Helena; MORAES, Maria Celina Bodin de.** *Código civil interpretado.* RJ: Renovar, 2014, vol. IV, p. 833.

[20] **LEITE, Eduardo de Oliveira.** *Comentários ao código civil – do direito das sucessões.* 5ª ed., RJ: Gen-Forense, 2009, vol. XXI, p. 780. Com apoio na jurisprudência do STJ, certíssimo o voto vencido no julgamento do agravo de instrumento, tirado na causa (cf. *supra* **item nº 4**, p. 2): **AgRg no AREsp nº 229.064-SP**, 4ª Turma, rel. Min. Luís Felipe Salomão, j. 03.10.2013, DJe 15.10.2013; **REsp nº 1.273.684-RS**, 3ª Turma, rel. Min. Sidnei Beneti, j. 08.05.2014, DJe 08.09.2014. Ver ainda **REsp nº 594.535-SP**, 4ª Turma, rel. Min. Hélio Quaglia Barbosa, j. 19.04.2007, DJ 28.05.2007.

[21] **ALMEIDA, Lacerda de.** *Sucessões.* RJ: Jacintho Ribeiro dos Santos, 1915, p. 512, § 94.

suspensivo capaz de afastar os danos da injurídica e precipitada medida liminar (art. **1.012**, *caput*, **inc. V**).

7. Conclusão

M. Do exposto, estamos que deve a ação ser julgada de todo improcedente. É o que, salvo melhor juízo, nos parece.

Brasília, 5 de setembro de 2018.

29
Investigação de Maternidade.
Paternidade Socioafetiva

1. PATERNIDADE. Maternidade. Ação de investigação, cumulada com pedido de alimentos. Pedidos julgados improcedentes. Irrevogabilidade de adoção plena. Sentença anulada em apelação, para cognição do pedido declaratório de paternidade e maternidade, para só fim de ciência da verdade biológica, bem como de alimentos, mantida a adoção. Trânsito em julgado do acórdão. Nova sentença. Procedência dos pedidos, confirmada em segundo grau. Recurso especial tendente a anulação da adoção e a declaração de filiação biológica e socioafetiva, com aplicação da tese fixada no julgamento do RE nº 898.060-SC. Incognoscibilidade. Coisa julgada material quanto à subsistência do registro da adoção. E inadmissibilidade de mutação extemporânea do pedido declaratório inicial. Aplicação do art. 5º, inc. LV, da CF, e dos arts. 2º, 141, 329, incs. I e II, 490 e 492 do vigente Código de Processo Civil. *Não pode ser conhecido recurso especial tendente a ver declarada, com consequente mutação do pedido inicial (**mutatio libelli**), a existência de paternidade socioafetiva já adjudicada e garantida por adoção plena, cuja irrevogabilidade foi, no mesmo processo, reconhecida por acórdão revestido de coisa jugada material.*

2. PARENTESCO. Filiação. Paternidade socioafetiva. Conceito. Inteligência dos arts. 1.593 e 1.605 do CC. Reconhecimento simultâneo do vínculo biológico de filiação, para efeitos próprios. Admissibilidade teórica. Tese fixada pelo STF. *Paternidade socioafetiva diz-se da relação factual de paternidade, declarada ou não, alheia à relação genética de consanguinidade e definida pela existência de vínculo afetivo entre duas pessoas que convivem e aparecem, perante a sociedade, como pai e filho, aos quais o direito reconhece posse do estado correspondente. Seu reconhecimento não impede o da existência simultânea do vínculo biológico de filiação, para efeitos próprios.*

1. Consulta

A. O ilustre advogado HRPN dá-nos a honra de consulta sobre a sorte de recurso especial interposto, pelo autor, contra acórdão que, perante recurso especial provido, em parte, pelo STJ, para afastar carência de ação decretada quanto aos pedidos de investigação de paternidade e de alimentos, formulados por AFS em face de seu cliente JRM e outros, negou provimento à apelação da sentença que julgou procedentes, sem alterar o registro da adoção coberto por coisa julgada, o pedido declaratório de paternidade e o de alimentos. É que, no recurso especial pendente, admitido na origem, o autor recorrente insistiu na procedência do pedido de anulação do registro de adoção e, subsidiariamente, entrou a pedir, inovando na causa, reconhecimento de dupla paternidade, tendo o parecer da Procuradoria da República opinado por acolhimento desta, com base em decisão do STF. Sustenta o consulente que se não justifica provimento ao recurso.

Estamos em que tem razão.

2. Síntese relevante do caso

B. AFS ajuizou, em face de JMS e IRS, ação anulatória do registro de paternidade e maternidade, em que esses litisconsortes constavam como seus pais, sob fundamento de falsidade ideológica, e cumulada com investigatória de paternidade e maternidade, em face de JRM e IRS, e de alimentos, em face de JRM. A petição inicial é claríssima quando, ao cabo, resume esses **três únicos pedidos principais,**[1] tendo por consectário o de que, com o novo assento pretendido, constassem *"os nomes dos pais verdadeiros e os nomes dos avós paternos e maternos"*,[2] o que, aliás, deixava não menos claro que, reforçando a pretensão de anulação e cancelamento das declarações tidas por ideologicamente falsas do registro então vigente, o autor nem sequer excogitava reconhecimento e registro simultâneos de dupla paternidade e maternidade.

A ação foi contestada por JRM, que demonstrou, com base em documentação incontrastável, não ser falso o registro, mas resultado de proce-

---

[1] Nesse cúmulo objetivo, constou, sob letra *d*, que os efeitos declaratórios da sentença alcançassem os litisconsortes passivos IRS, JFR, AFR e OFR, na condição de únicos irmãos e parentes sobrevivos de MF, a qual seria a mãe biológica do demandante. Mas esse pedido, que apenas identificava os sucessores da falecida como litisconsortes passivos, não guarda nenhuma relevância ao objeto da consulta.

[2] Cf. pedidos deduzidos sob as letras *a*, *b*, *c* e *e*, a fls. 08 dos autos originais e e-STJ Fl. 7 e 8.

INVESTIGAÇÃO DE MATERNIDADE. PATERNIDADE SOCIOAFETIVA

dimento de adoção plena, concedida por sentença na vigência do Código de Menores (Lei nº 6.697, de 10 de outubro de 1979), cujo art. 37 prescrevia ser a adoção plena **irrevogável**.[3]

A ação foi julgada de todo improcedente em primeiro e segundo graus. O STJ deu parcial provimento a recurso especial do autor, para, mantendo o registo lavrado a título de adoção plena, porque irretratável, autorizar instrução e cognição dos pedidos de investigação de paternidade e maternidade, para fins de ciência da verdade biológica, bem como de alimentos, que reputou *"não vedados pelo ordenamento jurídico".*[4] **Tal acórdão transitou em julgado**.

Após instrução regular, com perícia, deixou o juízo de conhecer do pedido de anulação e cancelamento do registro da adoção plena, uma vez mantida, pelo STJ, em acórdão recoberto por *res iudicata* material, a sentença que o julgou improcedente à vista da irretratabilidade da adoção, mas, provado o nexo biológico, acolheu os pedidos declaratórios de paternidade e maternidade, bem como o de alimentos.

Essa sentença foi mantida em grau de apelação. Do acórdão que negou provimento às duas apelações interpostas, assim à do réu, como à do autor, este apresentou segundo recurso especial, no qual reiterou o pedido de anulação e cancelamento do registro da adoção plena e, com indisfarçável inovação na causa, pediu, a título alternativo, registro de **dupla filiação**. E nele é que a Procuradoria da República, posto tendo por inadmissível o primeiro pedido diante da coisa julgada, entendeu aplicável ao segundo, nos termos de recente decisão do STF, a *"possibilidade de reconhecimento concomitante de filiação biológica e socioafetiva, por meio de tese assim firmada: 'A paternidade socioafetiva, declarada ou não em registro público, não impede o reconhecimento do vínculo de filiação concomitante baseado na origem biológica, com os efeitos jurídicos próprios' (tese fixada no julgamento do RE 898.060/SC, Rel. Min. Luiz Fux, Tribunal Pleno, em 22/9/2016, publicação no DJe de 30/9/2016)."*

---

[3] Tal comando normativo foi reeditado no art. 48 da Lei nº 8.069, de 10 de outubro de 1990, que dispôs sobre o *Estatuto da Criança e do Adolescente*, a que se remete hoje o art. 1.618 do atual Código Civil, com a redação introduzida pela Lei nº 12.010, de 3 de agosto de 2009.

[4] Cf. e-STJ FL. 602.

3. Da inadmissibilidade jurídica do pedido de dupla filiação

C. Incognoscível o pedido declaratório de dupla paternidade.

E é-o por duas curtas, mas decisivas razões, das quais a primeira está em que, como já acentuamos ao reconstituir a pretensão, representada pela *causa de pedir*, centrada na afirmação de falsidade ideológica do registro de nascimento, e pelos *pedidos*, voltados a reconhecimento da alegada paternidade e maternidade biológica, à consequente anulação e cancelamento do assento quanto ao nome dos pais e avós, para que constassem *"os nomes dos pais verdadeiros e os nomes dos avós paternos e maternos"*, e de alimentos, **o autor não deduziu**, na petição inicial, com era ônus seu, nem poderia, aliás, nos termos do cúmulo objetivo que formulou, sequer tê-lo deduzido, ***pedido declaratório de dupla paternidade***. E não o fez, até porque, para fazê-lo com lógica e aptidão processual, não podia ter averbado de ideologicamente falsa a paternidade constante do registro que, de modo absoluto, pretendia invalidar e cancelar. Nesse contexto, onde não havia lugar para pedido *subsidiário* a respeito, eventual pretensão ao reconhecimento de filiação dupla seria de todo incompatível com o desconstitutivo do registro da adoção plena. Não foi, por isso, então deduzido, nem é pertinente imaginar agora pedido declaratório de dupla paternidade, no quadro imutável da demanda posta pelo autor, que queria **excluir** uma delas, a subjacente à adoção plena!

Ora, não precisa muito esforço para avivar que, em sede de jurisdição dita contenciosa, *jurisdição* pura e simples, na qual o juiz atua sob regime de direito estrito, que lhe não permite conhecer de pretensão não deduzida, nem formular juízo prudencial em lugar de aplicação do direito objetivo, não é lícito ao Poder Judiciário expedir decisão que, ainda sob a mais edificante inspiração de justiça do caso concreto, adote, na solução da causa cujos termos estão estabilizados, providência de mérito que, posto lhe seja favorável, de nenhum modo tenha sido pedida pelo autor até a oportunidade processual prevista pela lei. É que impera velho princípio, elementar da garantia constitucional do *devido processo legal* e da *imparcialidade* imanente à ideia de jurisdição, segundo o qual o exercício desta está condicionado à iniciativa da parte (*ne procedat iudex ex officio* e *nemo iudex sine actore*).

Tal princípio, denominado de *inércia da jurisdição*, ou, ainda, da *demanda*, do qual decorre o da *adstrição judicial ao pedido*, que impõe correlação necessária entre o provimento jurisdicional e a demanda, compreendida como síntese dos pedidos e das causas de pedir, está positivado em conhecidas

INVESTIGAÇÃO DE MATERNIDADE. PATERNIDADE SOCIOAFETIVA

regras processuais (arts. 2º, 141, 329, I e II, 490 e 492 do vigente Código de Processo Civil), que não autorizam o juiz a decidir sem pedido, nem aquém, além ou fora dos pedidos (decisões *citra*, *ultra* e *extra petita*), sob pena de radical nulidade. A racionalidade dessas normas, que proíbem serôdia *mutatio* e *emendatio libelli*, é intuitiva, mas não custa enfatizar que decisão que, em grau de recurso, sem prévia discussão que possibilitasse audiência das partes, conceda ao autor tutela jurisdicional que nunca foi, nem poderia ter sido objeto de pedido oportuno, explícito, nem implícito, insulta, dentre outros valores jurídicos estruturais, o do **contraditório** (art. 5º, LV, da Constituição da República), sem o qual não há *devido processo legal* ou *justo processo da lei*,[5] na medida em que, instrumento e método de atuação da jurisdição, não pode haver processo que, conquanto **legal** ou oriundo da lei, não seja, ao mesmo tempo, **justo** ou équo, como postula a Constituição da República (art. 5º, LIV).[6]

Daí não conceber-se, no caso, possa o egrégio STJ deferir, no âmbito do recurso especial, sem hostilizar todos os princípios e normas invocados, pedido declaratório de dupla paternidade e maternidade que não foi, nem poderia ter sido antes deduzido pelo autor, ora recorrente. Seria decisão **extra petita**. E, em conhecendo, *contra legem*, de inadmissível pedido tardio, não constante da inicial, seria injurídico por modo agravado ao conhecer de recurso especial de acórdão que, limitando-se a apreciar os termos originais da demanda, não contrariou lei federal, não lhe negou vigência, nem deu interpretação diversa da que lhe haja atribuído outro tribunal

---

[5] Tal como hoje enuncia, com inteira propriedade, a Constituição italiana, no art. 111, *primo comma*: "*La giurisdizione si attua mediante* **il giusto processo regolato dalla legge**". Grifos nossos.

[6] O termo "*due*", na conhecida expressão da 5ª Emenda da Constituição norte-americana (*due process of law*), não pode corretamente traduzir-se por "regular" e, muito menos, por "legal" (que é ideia já retratada no adjunto "*of law*" e, como tal, seria redundante na tradução), porque "*è un appello fiducioso alla coscienza dell'uomo, ad una giustizia superiore fondata sulla natura e sulla ragione... termine 'giusto' l'único che possa rendere con efficacia il contenuto etico del termine 'due'*" (**VIGORITI, Vincenzo.** *Garanzie costituzionale del processo civile.* Milano: A. Giuffrè, 1973. p. 30, nota 12). "*The essential guarantee of the due process clause is that of fairness*" (**NOWAK, John E.; ROTUNDA, Ronald D.**. *Constitutional law.* 5ª ed. ST. Paul: West Publishing, 1995, p. 551). Aludir a "*justo processo da lei*" é, na verdade, o que mais bem evoca a noção de que, para atender à exigência constitucional (art. 5º, inc. LV), não basta seja **legal** o processo, pois que também deve ser **justo**. Sobre o ponto, vejam-se também votos que, no egrégio STF, proferimos como Relator no **HC nº 94.641** e no **AI nº 431.264 – AgR-AgR** (LEX – JSTF n° 349/52), ambos também insertos em **PELUSO, Antonio Cezar.** *Ministro magistrado – decisões de Cezar Peluso no supremo tribunal federal.* São Paulo: Saraiva, 2013, pp. 814 e 1282.

(art. 105, III, *a* e *c*, da Constituição da República). Ou seja, seria decisão **inconstitucional,** à míngua de competência.

D. E a segunda razão não é de menor tomo.

É certo que, em acórdão não unânime, o colendo STF assentou, não faz muito, a seguinte tese, em que se apoia o bem-intencionado, mas desavisado parecer da Procuradoria da República: *"A **paternidade socioafetiva,** declarada ou não em registro público, não impede o reconhecimento do vínculo de filiação concomitante baseado na origem biológica, com os efeitos jurídicos próprios."*[7]

Ora, na retórica suposição de que pudesse transposto aquele invencível óbice à própria cognição do recurso especial, enquanto veicula pedido antes não deduzido pelo autor recorrente, nem apreciado pelas instâncias ordinárias, cuja decisão recorrida, ademais, não pode arguir-se de ofensiva a texto de lei federal, nem divergente de interpretação que lhe haja atribuído outro tribunal, é de ver logo, com a evidência do apodítico, que o caso não é de pedido de reconhecimento concomitante de **paternidade socioafetiva**, senão de paternidade biológica já declarada, sob pálio de coisa julgada no mesmo processo, para efeito de ciência da ancestralidade genética e alimentos.

Paternidade socioafetiva, cujo conceito substancial se deve, entre nós, à fina sensibilidade doutrinária de João Baptista Villela,[8] diz-se da relação factual de paternidade, declarada ou não, alheia à relação genética de consanguinidade e definida pela existência de vínculo afetivo entre duas pessoas que convivem e aparecem, perante a sociedade, como pai e filho, aos quais, à vista dos arts. 1.593 e 1.605 do Código Civil, o direito reconhece *posse do estado* correspondente.[9] Tal paternidade, quando não desponte a

---

[7] **RE 898.060-SC**, Rel. Min. Luiz Fux, Pleno, j. em 22.09.2016, publicado no DJe de 30.09.2016.

[8] Este grande civilista deixou inscrito em pedra o fundamento da hoje difundida concepção da paternidade socioafetiva, nestes preciosos termos: *"Se se prestar atenta escuta às pulsações mais profundas da longa tradição cultural da humanidade, não será difícil identificar uma persistente intuição que associa a paternidade antes com o serviço que com a procriação. Ou seja: ser pai ou ser mãe não está tanto no fato de gerar quanto na circunstância de amar e servir."* (***Desbiologização da paternidade***. Separata da Revista da Faculdade de Direito [da] Universidade Federal de Minas Gerais. BH, ano XXVII, nº 21, maio 1979, pp. 408 e 409, nº 3).

[9] De há muito assim o entende o STJ (cf. **Resp nº 1.259.460-SP**, 3ª Turma, rel. Min. Nancy Andrighi, j. 19.06.2012, DJe 29.06.2012; **Resp nº 709.608-MS**, 4ª Turma, rel. Min. João Otávio de Noronha, j. 05.11.2009, DJe 23.11.2009, e *RT 893/194*; **Resp. nº 234.833-MG**, 4ª Turma, rel. Min. Hélio Quaglia Barbosa, j. 25.09.2007, DJ 22.10.2207; **Resp nº 119.346-GO**, 4ª Turma, rel. Min. Barros Monteiro, j. 01.04.2003, DJ 23.06.2003, e *RSTJ 180/410*.

INVESTIGAÇÃO DE MATERNIDADE. PATERNIDADE SOCIOAFETIVA

assento oriundo de **adoção**, como sucede neste caso, pode estar expressa ou encoberta por registro falso, mas, neste caso, seus efeitos jurídicos não nascem do registro em si, mas da legitimação que lhe empresta a afetividade, como reflexo da proteção normativa ao filho. Ou pode ter também outra origem, como a que resulte de reprodução assistida heteróloga.

Mas não é essa, a socioafetiva, a paternidade que o recorrente quer ver-lhe agora declarada em pretensão extemporânea de acréscimo, mas a genética, pois essoutra já lhe foi adjudicada e garantida pela **adoção** plena, cuja eficácia jurídica autônoma, ditada pelo propósito normativo de tutelar os interesses superiores do filho sob o ângulo da afetividade pressuposta ao ato de adotar, o inseriu em nova família, extinguindo todas as relações jurídicas oriundas da parentalidade biológica, ressalvada a obrigação alimentar, as quais em nada se entendem com o direito natural de ver reconhecida a ascendência genética. Tal a razão por que a adoção se reveste de **irrevogabilidade**, só excepcionada em casos singulares. Em suma, a paternidade socioafetiva, cuja recognoscibilidade judicial foi consagrada pelo STF, constitui, como lho predica a denominação, sábia construção técnica de que se vale o ordenamento para resguardar as primordiais necessidades afetivas da criança. E não é isso o que, no recurso especial inadmissível, pretende lograr o autor, adotado e cuidado com todo o afeto de seus pais presumidos (adotivos), senão indisfarçável proveito patrimonial, com inversão da tese assentada pelo STF.

Não pode ser ouvido na causa.

4. Conclusão

E. Do exposto, estamos em que não deve ser conhecido o recurso especial, que, conhecido e provido sem nenhum apoio no art. 105, III, *a* e *c*, da Constituição da República, implicaria decisão *extra petita*, insultuosa ao devido processo legal (art. 5º, LIV e LV) e a não poucas normas subalternas (arts. 2º, 141, 329, I e II, 490 e 492 do vigente Código de Processo Civil).

É o que, salvo melhor juízo, nos parece.

Brasília, 12 de outubro de 2017.

Responsabilidade Civil

30
Responsabilidade Civil do *Google*.
Pesquisa por Marca Comercial Não Autorizada

RESPONSABILIDADE CIVIL. Extracontratual ou aquiliana. Informática. *Internet*. Busca. Programa *AdWords* de *links* patrocinados do Google. Contrato de prestação de serviço. Marca comercial. Uso ilícito de marca protegida como palavra-chave (*keyword*) escolhida pelo anunciante para acesso ao site de seus produtos ou serviços. Estrutura técnica da ferramenta, em cujo âmbito a palavra-chave não exerce nenhuma das duas funções jurídicas do uso de marca comercial, senão de mero índice de pesquisa eletrônica. Responsabilidade solidária da Google Internet Brasil Ltda., que a excluiu de pronto, logo que cientificada da usurpação. Não ocorrência. Impossibilidade e inexistência de obrigação jurídica de fiscalização prévia da licitude da escolha do anunciante. Responsabilidade exclusiva deste. Jurisprudência do STJ. Legislação superveniente (arts. 18 e 19 da Lei nº 12.965, de 23 de abril de 2014). Inteligência dos arts. 220, § 1º, da CF, 189, I, 190, I, e 195, III e V, da Lei nº 9.279, de 1996, e 265 e 942, § único, do Código Civil. *A palavras-chave (**keyword**) não exerce, no âmbito do programa de pesquisa eletrônica **AdWords** de **links** patrocinados do Google, nenhuma das funções jurídicas próprias do uso comercial de marca, senão apenas de índice de busca do site de produtos ou serviços do anunciante, de modo que é exclusiva deste, que a escolhe, a responsabilidade civil pelos danos de uso ilícito de marca protegida. Não há, à falta de obrigação jurídica de fiscalização prévia da licitude dessa escolha, responsabilidade solidária da provedora Google Internet Brasil Ltda., a menos que, cientificada em razão de ordem judicial específica, denúncia ou outro meio, não a exclua de pronto, em atuação repressiva.*

1. Consulta

A. O ilustre advogado AZFC dá-nos a honra de consulta sobre v. acórdão do Tribunal de Justiça de São Paulo que deu parcial provimento a recurso da autora, interposto contra sentença que julgou improcedente ação declaratória de obrigação de não fazer, cumulada com pedido de indenização e de busca e apreensão de material contrafeito, movida por ECR Ltda., em face da Google Internet Brasil Ltda., da qual é gerente jurídico, e de MN, sob alegação de a ré estar comercializando anúncios pagos do seu litisconsorte, com violação de uso da marca *TS*, de titularidade da autora, e prática dos ilícitos previstos nos arts. 189, I, 190, I, e 195, III e V, da Lei nº 9.279, de 14 de maio de 1996. É que, nos anúncios, a ré permitiria uso daquela marca registrada, para comercialização de *"móveis e tudo o mais para sua casa em geral"*, como palavra-chave que, pesquisada no site de busca, remete, em primeiro lugar, ao do litisconsorte, ou sua empresa, com falsa informação de desconto dos produtos, enganando e desviando a clientela.

Nas contrarrazões, sustentou a ré, em síntese, que a ferramenta *Google AdWords* é meio publicitário de criação de anúncios de produtos e de serviços que, mediante uso de palavra-chave escolhida pelo anunciante, são exibidos junto com os resultados de pesquisa do *Google Web Search*. Não há, em princípio, restrição à escolha de marca registrada como palavra--chave, pois não se trata de uso com função de marca, de modo que eventuais questões a respeito devem ser resolvidas com o anunciante, único responsável pela escolha das palavras, pelas informações e *URLs* dos anúncios, bem como pelo conteúdo dos sites e das páginas eletrônicas a que os *links* direcionam os visitantes. Os controles do *Google* são repressivos, só atuando após denúncia expressa de usuário. Os anúncios são exibidos porque o anunciante paga a exibição do seu site em relevo e em resposta às palavras-chave. Não se caracteriza infração ao art. 123, I, da Lei nº 9.279, de 1996, porquanto esse mecanismo de busca não identifica, em si, a origem do produto ou do serviço, nem o distingue, senão que apenas desencadeia anúncios, mediante uso interno da palavra-chave como instrumento de busca, sem projeção para o mundo. A ré não tem obrigação, legal nem contratual, de monitoramento ou censura, como resulta do disposto nos arts. 18 e 19 da Lei nº 12.965, de 23 de abril de 2014, que positivou postura sedimentada da jurisprudência.

A despeito desses argumentos, o v. acórdão entendeu, em suma, que não se aplicariam essas normas, porque posteriores à violação do direito, para a qual a ré colaborou decisivamente ao celebrar contrato que *"viabilizou o uso da marca contrafeita"*, atraindo a incidência dos arts. 130, III, 190 e 195, II e V, da LPI, que, combinados com o art. 942, § único, do Código Civil, desatam responsabilidade aquiliana. Se, auferindo receitas, a ré vende anúncios em seu site, sem análise prévia do potencial lesivo do conteúdo inserido pelo anunciante, o caso seria de *"risco-proveito"* que lhe justificaria a condenação solidária à abstenção do uso da marca e à reparação dos danos materiais e morais, como se decidiu.

Data venia, estamos em que desacertou o venerando acórdão.

2. Breve perfil do *adwords* como ferramenta de pesquisa

B. O caso da consulta envolve uma situação particularizada do mecanismo de pesquisa *Google*, que, como é hoje de conhecimento difuso, permite aos usuários, mediante inserção de certos termos (*keywords*) em dado campo de pesquisa e ativação do ícone de busca no computador, encontrar páginas da web, que são documentos conexos, constantemente rastreados, indexados e atualizados, para efeito de publicação ou exibição em resposta às solicitações de pesquisa, pela atuação de um complexo sistema computadorizado do Google, cujos resultados, consistentes numa sequência de *links* ou vias gráficas de acesso a outras páginas, relacionados às palavras-chave (*keywords*), podem ser *naturais* ou *orgânicos*, sempre gratuitos, e *links patrocinados*.

É que só relevam à consulta os *links patrocinados*, resultantes da aplicação particularizada do programa *AdWords*, oferecido pelo site de busca do Google, os quais, diversamente dos *naturais* ou *orgânicos*, sempre classificados por ordem de importância em relação aos termos inseridos pelos usuários, segundo critérios objetivos da engrenagem de busca, decorrem da contratação, pelos interessados, desse programa específico, destinado à veiculação de anúncios de produtos e de serviços mediante escolha irrestrita, feita exclusivamente pelos anunciantes, de palavras-chave ligadas de modo direto ao conteúdo dos anúncios, e cuja inserção e acionamento desencadeiam pronta exibição dos *links* para os sites onde consta a propaganda que criaram. Nesse contexto, a ordem na relação dos *links* já não obedece ao mesmo algoritmo que comanda a relevância dos resultados *naturais* ou *orgânicos*, mas apenas às palavras-chave escolhidas pelos anunciantes como critérios de busca e a condições contratuais.

Trata-se, portanto, de evidente forma de publicidade em que a divulgação ao público se dá pela disponibilidade dos anúncios insertos em pági-

PARECERES DE DIREITO PÚBLICO E PRIVADO

nas da web, acessíveis, por mediação do site de busca do Google, com uso de palavras-chaves livremente eleitas pelos anunciantes e associadas aos produtos e serviços que oferecem em seus sites. Na aplicação desse programa de *links patrocinados* do *AdWords*, a prestação remunerada da Google Internet Brasil Ltda. se adscreve a prover, como mera intermediária, o meio físico pelo qual, à inserção e ativação, pelos usuários, das palavras-chaves especificadas pelos anunciantes, torna disponíveis, no seu site de busca, os *links* de acesso a anúncios constantes doutros sites, sem ter, pois, qualquer interferência ou responsabilidade sobre o conteúdo publicitário destes, nem sobre a escolha incondicional daquelas. Com os signos designados pelos contratantes, a Google indica o caminho, mas é alheia ao que exista nos locais de destino, ou seja, ao conteúdo dos sites alheios.

E, como as palavras-chave por escolher, devendo sempre vincular-se aos objetos dos anúncios, exatamente por isto não se limitam às que compõem o universo do dicionário e podem corresponder a marcas de produtos ou serviços, registradas ou notoriamente conhecidas, a questão substantiva que propõe a consulta está em saber se a ora ré responde, solidariamente, pelos gravames de eventual uso ilícito, que faça o anunciante, de marca protegida, ao adotá-la como palavra-chave. Para dar-lhe resposta, convém reavivar, posto que em síntese, o conceito e as funções das marcas, de todo ignorados pelo v. acórdão.

3. Do conceito e funções das marcas
C. Concebida marca nominativa de produto ou serviço como sinal verbal distintivo, visualmente perceptível, tira-se-lhe, do disposto no art. 123, I, da Lei nº 9.279, de 14 de maio de 1996, que se presta a indicar a origem do produto ou serviço, bem como a distingui-lo de outros, semelhantes ou afins, oferecidos por concorrentes. Nisto exaurem-se-lhe as duas conhecidas funções *jurídicas*. Ao lado e em consequência destas, são-lhe hoje reconhecidas funções que podem bem denominar-se **empíricas**, oriundas da sua capacidade factual de promover o consumo, quando objeto de comunicação publicitária, de assegurar retorno do capital investido na criação do produto ou serviço, de gerar informação sobre a qualidade de um ou de outro, e até de servir como signo de *status* social. É neste quadro que, não guardando nenhum nexo lógico com suas funções jurídicas, pode marca nominativa desempenhar também a função informática de *índice* de busca ou de pesquisa, ou seja, de palavra-chave (*keyword*) de *links*

patrocinados, como a desempenha qualquer outro termo verbal associado, de modo diverso, mas sem nenhuma diferença prática, aos produtos ou serviços anunciados nos sites a que remetem.

D. Só se pode, no entanto, cogitar de uso, lícito ou ilícito, de marca tutelada, quando esta seja empregada nos limites de uma ou de ambas as suas funções **jurídicas**, ou seja, quando sirva para identificar a origem de produto ou serviço, ou para discerni-lo de outros similares, capazes de induzir confusão danosa ao titular, ou a quem se apresente como tal. Se, porém, a palavra ou a expressão, correspondente a marca, é usada noutro contexto com propósito diverso, como, p. ex., se consumidor alardeia uso do produto por ela identificado, para jactar-se de elevada condição econômica ou social, não há aí lugar para nenhuma questão jurídica sobre licitude do **uso de marca** protegida, porque esta não é usada para revelar a procedência ou origem da mercadoria, nem para individualizá-la em relação a outros artigos da mesma classe, para efeito de concorrência comercial. A palavra ou a expressão em que se traduz a marca exerce, nessa hipótese, nítida função **extrajurídica**.

4. Da irresponsabilidade primária da google

E. Por eventuais danos que decorram do fato de, na execução de contrato de prestação dos serviços de *link patrocinado* do programa *AdWord*, anunciante ter escolhido termo ou expressão que reproduza marca alheia nominativa protegida, como palavra-chave cujo acionamento desata exibição de *link* de acesso ao site em que, sob tal marca, são anunciados produtos ou serviços, como regra a Google Internet Brasil Ltda. não responde solidariamente. É que, como a solidariedade se não presume, mas resulta sempre da lei ou do negócio jurídico (art. **265** do Código Civil), nem esse, nem aquela a fazem devedora concorrente em obrigação de indenizar o titular da marca usurpada. E não é difícil demonstrá-lo.

F. Aspecto imediato da questão, que não pode ser eliminado sem adulterá-la, está no respeito devido pelo intérprete à identidade funcional desse programa de *links patrocinados*, enquanto estrutura técnica que, concebida para consecução de certos fins empresariais e sociais, valiosos e legítimos, na área da comunicação eletrônica, se apresenta como realidade objetiva resistente e indeformável. Isto quer significar que, para estabelecer relação entre as suas atividades típicas e as consequentes obrigações legais e contratuais que pesam ao proprietário, é mister ater-se à natureza e aos limites dos serviços oferecidos, sem cair na tentação de argumentar com propriedades estranhas à concepção e às forças do programa, como parece estar subentendido na fundamentação superficial do v. acórdão.

Esta é uma das razões intuitivas que se opõem à pretensão de descobrir ou inventar à Google obrigação jurídica de **fiscalização prévia** da licitude da escolha, feita só pelo anunciante, da palavra-chave, para efeito de impedir-lhe eventual uso de expressão ou termo que, dirigido à publicidade de seus produtos ou serviços, reproduza marca alheia protegida, controlando, assim, o conteúdo da informação. O programa não foi, tecnicamente, pensado, nem estruturado para exercer também essa função, a qual, sobre entender-se com a responsabilidade jurídica exclusiva do anunciante, não poderia ser assumida pela Google, nem a ela imputada, por três insuperáveis motivos que lhe repelem toda ideia de obrigação.

G. O primeiro diz com *impossibilidade material.*

Ninguém ignora que o sistema do *Google Web Search* recebe, por ano, cerca de **2 (dois) trilhões** de buscas, cada uma das quais sempre implica disparo de palavras-chaves, previamente eleitas e adquiridas pelos anunciantes para gerar os anúncios publicitários de seus produtos ou serviços, e cujo volume monta hoje à casa dos **bilhões**. Ora, sem considerar que tais cifras astronômicas crescem a velocidades imprevisíveis, na proporção do incremento não menos imprevisível das novas demandas, é manifesto despropósito exigir que a Google reestruture o já altamente custoso e complexo mecanismo do programa para, sem perda da qualidade, da eficiência e da lucratividade dos serviços, encontrar fórmula capaz de vasculhar, nos órgãos competentes, todos os registros de marcas, e de, perante sua relação, excluir, com segurança, as expressões e termos que as reproduzam nas palavras-chave escolhidas. As dificuldades são insuperáveis, e nenhuma seria a probabilidade de eficácia. Mera correspondência entre termos ou expressões verbais nem sempre significa uso ilegítimo de marca tutelada: uma palavra-chave pode bem referir-se a ramos de atividades comerciais não cobertas pela eficácia dos direitos à marca.[1]

---

[1] Seria impossível à Google, p. ex., saber se a marca *"Estrela"*, registrada, está sendo escolhida e adquirida pelo anunciante para oferecer brinquedos ou filés de anchova, em seu site, cujo conteúdo publicitário está sujeito a **constantes mudanças**, sobre as quais a provedora não tem como nem por onde estar sempre atenta, em permanente vigília, nem, muito menos, exercer qualquer controle!

Essa exigência, mareada de tão vistosa irrazoabilidade dos pontos de vista técnico e econômico, que mutilaria a liberdade empresarial e comprometeria o dinamismo do programa, é tão aberrante quanto a de estar a mídia, sobretudo os *jornais*, a que esse se compara como veículo de comunicação, obrigada a efetuar exame sobre a licitude dos termos insertos nos anúncios publicitários, antes de publicá-los, para evitar igual risco de suposto uso de marca alheia! Censura prévia não é atividade intrínseca a nenhuma dessas instituições, que, como a Google e os jornais, não são obrigados, por lei, a fazer coisa de todo estranha à sua identidade orgânica, sob pena de insulto à Constituição da República (art. 5º, II).

H. O segundo concerne a *inutilidade prática.*

É que, ainda quando, por epítrope, fosse dever jurídico da Google proceder a esse controle prévio, a recusa de certas palavras como *keyword*, assim como até seu expurgo posterior, não impediria nunca que viessem ou continuassem a ser empregadas e acessadas, na internet, nos mesmos ou noutros sites alheios, sob título vário ou idêntico, demonstrando a falta de utilidade que tipifica a carência de *interesse processual* para demandas, como a do caso, em face do mero provedor de pesquisa.

Proibição absoluta de adoção de marca como palavra-chave ou índice de *link*, além de impedir-lhe o uso na internet ao próprio titular, representaria, aliás, enorme desserviço à sociedade, na medida em que prejudicaria atividades lícitas e proveitosas que se desenvolvem, dentro do espaço virtual, baseadas nela como simples meio de acesso a documentos sobre apreciação crítica da qualidade, de comparações úteis e de outras referências válidas de produtos e serviços, entre muitas que podem ocorrer em notável benefício comum.

I. O terceiro vem da *impertinência jurídica.*

Como já acentuamos,[2] para que se possa cogitar de **uso de marca** como objeto de problema jurídico sobre sua licitude ou ilicitude, é indispensável que tal evento histórico se situe em contexto no qual esteja em jogo a serventia de suas *funções jurídicas*, ou seja, quando o emprego da marca se predestine, de modo lícito ou ilícito, a revelar a origem do produto ou serviço, ou a diferenciá-lo de outros, semelhantes, análogos, ou doutra forma capazes de acarretar confusão, o que só é concebível em situações em que o usuário pretenda lograr vantagem comercial da exposição publicitária

---

[2] Cf., supra, itens nº **3** e **4**, p. 4.

do seu produto ou serviço, como decorrência direta do fato de servir-se da marca. **Uso de marca**, no sentido técnico-jurídico, envolve sempre essa relação finalística imediata entre ela e o bem ou serviço próprio que se quer com ela promover. Usada noutras circunstâncias, palavra ou expressão que substancie marca desempenha *função empírica*, sem nenhuma conotação jurídica.

É o caso de palavra-chave que, correspondendo a marca, figure apenas como **índice** informático de busca de *links patrocinados* no programa *AdWords*, em cujo âmbito não exerce função jurídica de indicar ou distinguir, para efeito comercial, algum produto ou serviço da Google, que, com ela, não está a oferecer à venda nem uma coisa, nem outra, até porque nem sequer se refere a serviço ou produto seu! *Mutatis mutandis*, desempenha papel idêntico ao dos números de lista telefônica empresarial, os quais não anunciam comércio de quem a edita, nem tampouco dos assinantes, sobre cujos produtos e serviços apenas servem de meio de acesso a informação. A Google não *"se dispõe a vender anúncios em seu site de pesquisa"*, como errônea e textualmente assentou o v. acórdão!

Em síntese, com uso de palavras-chaves que exprimam marcas protegidas, a Google não faz propaganda de produto, nem de serviço próprios, mas apenas torna disponíveis *links* para outros sites em que se anunciam produtos e serviços de terceiros, de modo que, só quando os acessem, **saindo do programa e do site da Google**, os usuários da internet podem ter certeza de que pertençam eles aos aparentes detentores das marcas, nunca pelo fato em si de estas constituírem elemento do mecanismo de acesso. Palavra-chave não anuncia conteúdo ilegal, nem diz coisa alguma sobre a relação entre a marca e os produtos e serviços que se anunciam alhures. Ou seja, no programa de *links patrocinados* do *AdWords* **não há uso de marca**, no preciso sentido jurídico do enunciado, porque ela não atua como tal nesse domínio. É o que se costuma advertir, dizendo que, nele, não há projeção do signo verbal das marcas para o mundo, no âmbito das atividades mercantis, senão reflexo físico interior ao mecanismo de busca.

J. Se não há ali uso de marca, não pode haver, a esse título, ofensa a direito subjetivo do seu titular, nem responsabilidade, civil ou criminal, que promane do descumprimento de obrigação que, modo direto ou indireto, a **lei** impusesse ao provedor, isto é, não há solidariedade deste *ex vi legis*.

Neste passo, as primeiras conclusões são tão óbvias, que dispensam largos latins. Porque é fato indiscutível que não reproduz marcas em palavras-

-chave, que são de escolha e responsabilidade exclusivas dos anunciantes, nem realiza qualquer modalidade de operação comercial de mercadorias próprias ou alheias, a Google Internet Brasil Ltda. não pode ser acusada de ato ilícito que, atribuível a ação pessoal de preposto seu, decorra da incidência dos arts. **189, I, 190, I, e 195, III e V**, da Lei nº 9.279, de 1996, até porque, constituindo tipos de injusto **doloso** de ação, suporiam prova, inexistente e nem sequer excogitada pelo v. acórdão, do dolo como vontade consciente de os realizar na sua objetividade, ainda que sob título de coautoria ou de mera participação.

Ao permitir, como característica do programa de *links patrocinados*, livre seleção de palavras-chave, que, por isso, podem eventualmente reproduzir ou imitar marca nominativa protegida, a Google nem pratica nenhum ato de adesão ao comportamento nocivo de anunciantes que leve a propaganda enganosa no site deles, até porque, sem formal denúncia prévia ou posterior, não tem razão, nem meios para sequer suspeitar do abuso, para além de, antes, ter de presumir a boa-fé dos contratantes, que de maneira expressa se obrigam a agir sempre de modo lícito! A palavra-chave exibe a um só tempo, entre os gratuitos resultados *orgânicos* ou *naturais* de busca, o mesmo *link* para o mesmíssimo site onde esteja a contrafação, corroborando que, com o programa de *links patrocinados*, a Google não concorre de nenhum modo para a prática do ilícito. Não lhe pesa, destarte, obrigação alguma de reparar, nascida *ex delicto*.

K. Não lhe pesa tampouco obrigação solidária de indenizar por suposta omissão objetiva de controle prévio sobre a escolha de palavras-chave, o qual, até por força da impossibilidade material, da inutilidade prática e da impertinência jurídica, já ressaltadas,[3] não deriva da natureza do serviço, nem lhe é adjudicado por nenhum dispositivo de lei.

E não lho é, porque, posto seja a Google prestadora de serviços, o fato de eventual palavra-chave, escolhida por outrem, corresponder a marca alheia protegida, não configura, para os fins do disposto no art. 14, § 1º, da Lei nº 8.078, de 11 de setembro de 1990, *defeito* da prestação, a qual não está nessa escolha, como é óbvio, mas na publicação ou exibição do *link patrocinado* de acesso ao site do anunciante, como resposta à solicitação de pesquisa, nem *vício*, que deveria consistir em falha de qualidade que, inerente ao serviço, o tornaria impróprio ao consumidor. Como já se viu, fis-

---

[3] Vejam-se, *supra*, os itens nº **7, 8 e 9**, pp. 6, 7 e 8.

calização prévia sobre a escolha da palavra-chave não constitui atividade intrínseca ao programa *AdWords*, nem o dano oriundo do uso de marca alheia provém das atividades próprias da Google, mas da escolha exclusiva do anunciante (art. 14, § 3º, I e II), contra o qual, sem estar desprotegido, deve voltar-se o lesado, aliás com grande facilidade, dada a identificabilidade instantânea do site onde se lhe terão violado os direitos sobre a marca, donde não caber a alusão ao art. **130, III**, da Lei nº 9.279, de 1996, pela curta razão de não estar impedido de zelar pela integridade material ou pela reputação de sua marca.

L. Daí por que nem lhe é aplicável o disposto no art. **927, § único**, do Código Civil, que hospeda a teoria do *risco criado*. E, neste tópico, o erro do v. acórdão não foi sutil.

É que, para desatar a responsabilidade objetiva, é preciso, antes de tudo, que a atividade profissional seja, de sua natureza, ***perigosa***, na medida em que, em si mesmo, seu exercício seja fonte potencial de lesão a direitos de outrem. Mas não basta tal periculosidade, que se diz *inerente* ou *natural*, a qual entra na esfera de legítimas expectativas gerais de segurança, pois, como requisito necessário, há de ultrapassar os limites toleráveis de tais expectativas, transformando-se em periculosidade denominada *adquirida*, como a que, por conta doutros fatores, resulta, *v. g.*, em eventual erro médico-cirúrgico.

Ora, escusa grande fineza intelectual para ver, logo, que, reduzindo-se a uma técnica refinada de pesquisa de *links patrocinados* de sites onde pode residir excepcional risco a direitos de marca pertencentes a terceiros, mas sobre cujo conteúdo publicitário, destituído de periculosidade *inerente*, não tem o prestador nenhuma influência, nem responsabilidade, o serviço da Google jamais pode ser averbado de ***perigoso*** em qualquer sentido. Trata-se de evidentíssimo meio de comunicação de massa, ***inofensivo por natureza***, que, como qualquer produto do engenho humano, pode tornar-se, por ação anômala de usuário, instrumento eventual da prática de ato ilícito absoluto. Assim como uma garrafa pode ser, em exemplo grosseiro, meio eficaz para comissão de homicídio, pode a escolha de palavra-chave, pelo anunciante, ser usada para, nos anúncios contido em seu site, ofender direitos de marca, sem que ao fabricante do vasilhame e à Google possam ser imputadas autoria ou coautoria dos ilícitos, à míngua de nexo de causalidade entre a prática destes e ação daqueles.

Não foi, portanto, feliz o v. acórdão ao tirar-lhe responsabilidade a título de *"risco-proveito"*, à luz do art. **942, § único**, do Código Civil, como se, pelo só fato de auferir receitas da prestação dos serviços, os jornais, as rádios e a televisão estivessem obrigados a *"arcar com as consequências de sua omissão"* (**sic**), ao não *"analisar previamente o potencial lesivo do conteúdo inserido por aquele com quem contrata"* (**sic**) para veiculação de publicidade em que pode o anunciante, por acaso, usar marca alheia! O v. acórdão criou peregrina obrigação para todos os veículos de comunicação de massa: exercer controle prévio sobre a licitude do uso das marcas constantes dos anúncios que publicam.

M. Nem do **contrato** verte, de regra, responsabilidade solidária da Google.

Equivocou-se, nisto, o v. acórdão, ao proclamar que o contrato entre as partes teria acabado por violar precisamente o direito da autora, ao permitir que o réu usasse como palavras-chave a expressão que compõe as marcas registradas da demandante. A realidade é muito diferente. E a razão radical é porque, antes que estatuir obrigação sua de impossível, inútil e impertinente controle **prévio** sobre a seleção de palavras-chave, as cláusulas do contrato de adesão, objeto dos *"Termos do Programa de Publicidade"*, estipulam às expressas que, como mera provedora de hospedagem, a Google não realiza controle editorial sobre a escolha de palavra-chave, nem sobre o conteúdo disponibilizado pelo programa, os quais são de responsabilidade exclusiva dos anunciantes,[4] a menos que seja notificada ou, por outra via, tome ciência de sua ilicitude, quando pode, senão que deve removê-la de imediato. De modo que, se não conhece, nem pode suspeitar de uso fraudulento de marca em site alheio através da funcionalidade da palavra-chave, não lhe nasce obrigação negocial de a remover do programa, nem culpa no ilícito.

N. Tal é a única disciplina sensata que se afeiçoa à singularidade do programa e à ordem jurídica: a Google Internet Brasil Ltda. só responde *in solidum*, mas a título de responsabilidade subjetiva, que pressupõe culpa, por danos irradiados indiretamente da escolha, pelo anunciante, de palavra-chave que reproduza ou imite marca alheia, quando, cientificada em razão de ordem judicial específica, denúncia ou outro meio, não a exclua de pronto, em atuação **repressiva**, como o fez no caso, tanto que intimada da concessão da liminar.

---

[4] A respeito, veja-se o que do *Termo* consta: *"Os anunciantes são responsáveis pelas palavras-chave que escolhem para gerar anúncios e também pelo texto usado nesses anúncios"*.

5. Da jurisprudência do stj e da lei superveniente

O. Essa é a conclusão que vem de jurisprudência de há muito assentada do Superior Tribunal de Justiça, que, em resguardo último à liberdade de informação (art. **220, § 1º**, da Constituição da República), negando correr aos provedores de aplicação, como o é a Google, dever jurídico de **controle prévio** sobre conteúdo danoso divulgado por usuário dos serviços, dos quais, enquanto limitados à exibição de índices e *links* para sites alheios, não constitui atividade intrínseca cuja inobservância os assujeitaria a responsabilidade, fixou como princípio que:

> "Em suma, pois, tem-se que os provedores de conteúdo: (i) não respondem objetivamente pela inserção no site, por terceiros, de informações ilegais; (ii) não podem ser obrigados a exercer um controle prévio do conteúdo das informações postadas no site por seus usuários; (iii) devem, assim que tiverem conhecimento inequívoco da existência de dados ilegais no site, removê-los imediatamente, sob pena de responderem pelos danos respectivos."[5]

Essa sedimentada orientação de cunho genérico, aplicável não apenas à hipótese de danos decorrentes de conteúdos ilícitos exibidos como resultados *orgânicos* ou *naturais*, mas ainda, pelas mesmas *rationes iuris*, aos casos de *links patrocinados*, induzidos por palavras-chave que remetam a uso ilegal de marca protegida, foi positivada nos arts. 18 e 19 da Lei nº 12.965, de 23 de abril de 2014, que, sobrevindos aos *leading cases* do STJ, agora prescrevem sem restrições, com inusual referência normativa à liberdade de expressão e à inadmissibilidade de censura, que os provedores de aplicações da internet não respondem por danos oriundos de conteúdo gerado por terceiros, senão quando, após específica ordem judicial, não o torne

---

[5] **REsp. 1.186.616-MG**, 3ª Turma, rel. Min. Nancy Andrighi, j. 23.08.2011, DJe 31.08.2011, *LEX 267/140. Idem*, entre muitos outros, **REsp. nº 1.316.921-RJ**, 3ª Turma, rel. Min. Nancy Andrigi, j. 26.06.2012, DJe 29.06.2012, *RSTJ 227/553*; **REsp nº 1.582.981-RJ**, 3ª Turma, rel. Min. Marco Aurélio Bellizze, j. 10.05.2016, DJe 19.05.2016 (tese reafirmada como premissa na discussão de caso sobre exclusão de dados incorretos ou inadequados); **REsp nº 1.568.935-RJ**, 3ª Turma, rel. Min. Ricardo Vilas Bôas Cueva, j. 05.04.2016, DJe 13.04.2016; **AgRg no AREsp nº 712.456-RJ**, 3ª Turma, rel. Min. João Otávio de Noronha, j. 17.03.2016, DJe 28.03.2016; **AgRg no AREsp nº 681.413-PR**, 4ª Turma, rel. Min. Raul Araujo, j. 08.03.2016, DJe 17.03.2016. A respeito da ênfase à liberdade constitucional de informação, cf. **Rcl nº 5.072-AC**, 2ª Seção, rel. Min. Nancy Andrighi, j. 11.12.2013, DJe 04.06.2014, e **REsp nº 1.407.271-SP**, 3ª Turma, rel. Min. Nancy Andrghi, j. 21.11.2013, DJe 29.11.2013.

indisponível dentro do prazo assinado, tal como se dá, em substância, no direito estrangeiro.[6] Conquanto não incidam essas normas no caso, cujos fatos lhes são anteriores, seria contrário aos princípios que, na sua vigência, fosse a causa da consulta decidida em contraste com o alcance que lhes inspirou jurisprudência ainda hoje dominante sob o império da lei especial. E, aqui, tornou a errar o v. acórdão ao supor que o caso versaria sobre *direitos conexos* aos de autor, objeto dos arts. 19, § 2º, e 31. *Direitos conexos* aos de autor são outra coisa, como, *v. g.*, os direitos dos artistas intérpretes ou executantes, dos produtores de fonogramas e dos organismos de radiodifusão, mui distintos dos que concernem à propriedade industrial.[7] E a atuação legítima da Google radica-se, sim, no direito constitucional da liberdade de informação.

Não vê-lo seria dar razão aos que se contentam com a superfície. *"To adapt a wellknown metaphor, they believe that the most effective way to stop the message is to stop the Messenger."*[8] O que, ajustado ao caso, poderia traduzir-se em que, para reprimir acesso a eventual mensagem eletrônica ilegal, cujo conteúdo lhe é estranho e desconhecido, seria despropósito responsabilizar o mensageiro!

6. Conclusão

P. Do exposto, estamos em que, por ter violado diretamente o disposto no art. **220**, § **1º**, da Constituição da República, cujo tema é de alta relevância geral, ter contrariado as normas dos arts. **130, III, 189, I, 190, I, e 195, III e V,** da Lei nº 9.279, de 1996, e do art. **942**, § **único,** do Código Civil, aplicando-as onde não incidiam e negando vigência ao art. **265** do Código Civil, bem como haver ainda destoado da jurisprudência do egrégio Supe-

---

[6] Dispõe, faz anos, o art. 17 da Lei espanhola nº 34, de 11 de julho de 2002 (Ley de Servicios de la Sociedad de Información – LISS): *"Los prestadores de servicios de la sociedad de la información que faciliten enlaces a otros contenidos o incluyan en los suyos directorios o instrumentos de búsqueda de contenidos non serán responsables por la información a la que dirijan a los destinatarios de sus servicios, siempre que: a) No tengan conocimiento efectivo de que la actividad o la información a la que remiten o recomiendan es ilícita o de que lesiona bienes o derechos de un tercero suscetibles de indemnización, o b) Si lo tienen, actúen con diligencia para suprimir o inutilizar el enlace correspondiente."*

[7] Cf., por todos, **ASCENSÃO**, **José de Oliveira**. *Direito autoral.* 2ª ed.. RJ-SP: Renovar, 2007, p.15, nº 9, pp. 20-21, nº 12, e pp. 463 e segs., nº 431, etc..

[8] **MADURO**, **Poiares**, advogado-geral, no parecer apresentado ao Tribunal de Justiça das Comunidades Europeias, nos casos **C236/08, C237/08** e **C8/08**, entre Google France, Goggle Inc. x Louis Vuitton Malletier, etc., em 22.09.2009.

rior Tribunal de Justiça, merece o venerando acórdão ser reformado em recurso extraordinário ou em recurso especial, para se restabelecer a certeira sentença, que deu pela improcedência da ação em relação à Google Internet Brasil Ltda..

É o que, salvo melhor juízo, nos parece.

Brasília, 17 de novembro de 2016.

31
Responsabilidade de Subempreiteira em Contrato de Empreitada de Obra Pública

RESPONSABILIDADE CONTRATUAL. Negócio jurídico. Contrato administrativo de empreitada de obra pública. Subcontratação prevista no edital de licitação. Má execução ou inexecução parcial. Responsabilidade contratual. Alegação de improbidade administrativa. Indenização e penas administrativas. Condenação solidária da subempreiteira. Inadmissibilidade. Inexistência de relação jurídica entre esta e a Administração. Contrato distinto entre empreiteira e subempreiteira, sujeito às normas de direito privado. Solidariedade inexistente. *Por força de contrato de empreitada de obra pública, com subcontratação lícita de parte da obra, que se não confunde com cessão contratual, e cuja relação jurídica se estabelece apenas entre a empreiteira e a subempreiteira, esta não responde por má execução ou inexecução daquela, perante a empreitante ou dona da obra.*

1. Consulta

A. Os ilustres advogados GHMN e AHMC dão-nos a honra de consulta sobre a sorte de apelação interposta por sua cliente, SCST, contra sentença do Juízo da 2ª Vara Federal da Subseção Judiciária de Marabá, que a condenou, solidariamente com os litisconsortes, nos termos do art. 12, incs. I e II, cc. art. 10, incs. VIII, IX e XI, da Lei nº 8.429, de 2 de junho de 1992, ao pagamento de R$550.923,26 à *F*, *"correspondente ao montante repassado e que não foi aprovado em relação ao convênio n. 2267/2001"*, à proibição de contratar com o Poder Público e receber benefícios creditícios fiscais por 10

PARECERES DE DIREITO PÚBLICO E PRIVADO

anos e ao pagamento de multa civil no valor de R$1.652.769,78. Tais condenações decorreriam de, como subcontratada pela EMSAM, litisconsorte vencedora de licitação para empreitada de obras de coleta de esgoto e de abastecimento de água, ter a S, com a empreiteira subcontratante, executado apenas 89,22% dos trabalhos contratados, cujo valor total fora pago com verba do referido convênio com o Ministério da Saúde.

O recurso, pendente, argui, em resumo, ausência de ato de improbidade imputável à apelante, a qual, como mera figurante de subcontratação parcial lícita, não manteve relação jurídica com a contratante principal, a administração pública, cujo vínculo era exclusivo com a empreiteira subcontratante e da qual não recebeu, pois, recurso algum, de modo que não responde solidariamente com os litisconsortes, únicos responsáveis pela hipotética omissão danosa ao erário, até porque cumpriu toda a subempreitada parcial. Aduz ainda ter-se consumado prescrição, cujo termo inicial se contaria do término do primeiro mandato do prefeito que compõe o litisconsórcio passivo. A condenação não teria observado, ademais, os princípios da razoabilidade e da proporcionalidade, diante do cunho irrisório que o dano representaria diante do valor do contrato e do rigor do prazo imposto à proibição de contratar com o Poder Público.

Estamos em que tem razão.

2. Síntese relevante da sentença condenatória

B. A sentença, prolatada em ação de improbidade administrativa, após desfazer, com acerto, confusão da inicial sobre contratos distintos, entendeu que, posto lícita a subcontratação parcial para execução de obras públicas contratadas com a EMSAM, uma vez prevista no edital da licitação, no respectivo contrato e na Lei nº 8.666, de 21 de junho de 1993 (art. 72), a S também responderia a título solidário, posto que na mera condição de subcontratada, pelo gravame consistente na inexecução de **10,78%** das obras ajustadas com a subcontratante, de acordo com mensuração contida no relatório técnico da Funasa, muito embora da petição inicial conste que todos *"os pagamentos, medições, faturas, notas fiscais e recibos emitidos estão em nome da EMSAM"* (fls. 07), que recebeu, pois, nos termos da autônoma relação jurídica primária, *a totalidade da retribuição contratual*, objeto de repasse das verbas oriundas do convênio com o Ministério da Saúde. Daí, *sem esclarecer quais obras deixaram de, nos limites da subempreitada parcial, ser realizadas pela subempreiteira S*, tê-la condenado, nas sanções já transcritas,

RESPONSABILIDADE DE SUBEMPREITEIRA EM CONTRATO DE EMPREITADA DE OBRA...

por fato típico de improbidade que se acomodaria às hipóteses do **art. 10, incs. VIII, IX e XI**, da Lei nº 8.429, de 2 de junho de 1992 (fls. 1820). Mas desacertou.

3. Da inexistência de improbidade imputável à subempreiteira

C. Ninguém ignora que, não obstante possa apresentar características e restrições impostas pelo ordenamento para tutela de interesses superiores da coletividade e, não raro, até constantes de disposições orgânicas complexas,[1] o contrato de empreitada de obra pública não guarda autonomia conceitual, pois se reconduz ao esquema do contrato de empreitada enquanto figura genérica do Direito das Obrigações, em cuja moldura dogmática aparece como contrato pelo qual alguém, denominado *empreiteiro*, se obriga, sem subordinação, a fazer a outrem, pessoa física ou jurídica, de direito público ou privado, chamado *empreitante* ou *dono da obra*, mediante remuneração deste, obra determinada ou determinável, com material próprio ou alheio. E, como pode o empreiteiro, de regra, sobretudo em relação a obras de alta complexidade ou especialização técnica, contratar a terceiro ou terceiros, de ordinário, a execução de parte da obra, sem ceder sua posição contratual originária, se o faz nos termos da lei, conclui contrato de **subempreitada**, criando nova relação jurídica, distinta da relação primária entre ele e o empreitante, o qual é estranho a esse vínculo derivado ou secundário, donde não haver, quanto à execução da empreitada, ação do subempreiteiro contra o empreitante, nem deste contra esse, salvo disposição legal ou negocial de teor diverso. Essa a razão por que *"o empreiteiro responderá, portanto, dentre outras coisas, pela **má execução da obra**, hipótese em que fica ressalvado o seu direito de regresso em face do subempreiteiro"*.[2]

---

[1] Como sucede, *v. g.*, na Itália, onde são disciplinadas no D. Lg. nº 163, 12 aprile 2006, chamado *Codice di Contratti Pubblici*, onde o contrato de *subappalto* é limitado a 30% (trinta por cento) do objeto do *appalto* (art. 118). Mas é de observar que o Estado e outros entes públicos podem recorrer a instrumentos de direito privado, quando, então, se lhes aplicam só as normas do Código Civil (cf., a este respeito, **PERLINGIERI, Pietro**, e **TATARANO, Giovanni**. In: **PERLINGIERI, Pietro**. *Manuale di diritto civile*. Napoli: Edizioni Scientifiche Italiane, 7ª ed. 2014, p. 714, nº 105).

[2] **TEPEDINO, Gustavo; BARBOZA, Heloisa Helena; MORAES, Maria Celina Bodin de**. *Código civil interpretado conforme a constituição da república*. RJ: Renovar, 2006, vol. II, p. 610, nº 2. Grifos nossos. No mesmo sentido, cf., por todos, **PEREIRA, Caio Mário da Silva**. *Instituições de direito civil*. 13ª ed. RJ: Gen-Forense, 2009, vol. III, p. 273, nº 243. *Má execução da obra* compreende não apenas eventuais defeitos, mas também *inexecução parcial*, como é

PARECERES DE DIREITO PÚBLICO E PRIVADO

Nesse breve quadro que sintetiza a substância do contrato, o que há de singular quanto às empreitadas de obra pública é apenas a exigência legal de algumas formalidades prévias, como a licitação, e a presença de certas cláusulas ditas exorbitantes, justificadas pela superioridade do interesse público e, como tais, imanentes aos contratos administrativos.[3] Mas não lhe falta a nota essencial, típica do instituto a que pertence, da mesma independência entre as relações jurídicas do contrato principal e do subcontrato, que, *de todo submisso ao direito privado*, não substancia contrato administrativo, como, aliás, se confirma a regras textuais sobre a concessão de obra pública (arts. 25, § 2º, e 31, § único, da Lei nº 8.987, de 13 de fevereiro de 1995), cuja analogia com a empreitada de obra pública é, sob esse aspecto, de inteira pertinência, uma vez que, em ambos os casos, a subcontratação é autônoma e está jungida a outro regime normativo.[4] Em palavras descongestionadas, a lícita **subempreitada** parcial de obra pública não estabelece nenhuma relação jurídica entre a administração pública empreitante e o subempreiteiro, que só responde ao empreiteiro nos termos do contrato de direito privado que medeia entre ambos.[5]

óbvio. Por outro lado, não se pode confundir o fato de a subcontratação não irradiar relação jurídica entre o subcontratado e a administração pública empreitante, contra a qual não pode "*demandar por qualquer questão relativa ao vínculo que mantém com o subcontratante*", com a responsabilidade que tem o subempreiteiro, perante o subcontratante, pela "*perfeição da obra*" como prestador de serviço na (sub)empreitada secundária. Tal distinção relevante não foi explicitada, como convinha, por **MARÇAL JUSTEN FILHO** (cf. *Comentários à lei de licitações e contratos administrativos*. 15ª ed. SP: Dialética, 2012, p. 948, nº 4). Desse notável livro constam, porém, decisões do TCU que condenam a divisão das responsabilidades do empreiteiro subcontratante, "*ainda que de forma solidária*" (cf. p. 949).

[3] Cf. **PIETRO. Maria Sylvia Zanella Di.** *Direito administrativo.* 25ª ed. SP: Atlas, 2012, p. 339, nº 8.8.2.1.

[4] "*São os contratos de obras e serviços a que se refere a Lei nº 8.666; no entanto, por serem contratados pela concessionária e não pelo poder concedente, não se submetem às normas dessa lei; não são contratos administrativos, mas contratos de direito privado*" (**DI PIETRO**, **Maria Sylvia Zanella.** *Parcerias na administração pública: concessão, permissão, franquia, terceirização e outras formas.* 3ª ed. SP: Atlas, 1999, p. 105).

[5] **SZKLAROWSKY, Leon Frejda.** *Subcontratação e cessão de contrato administrativo.* In: Revista de Direito Administrativo 214/149. No mesmo sentido corre a jurisprudência, bem invocada no recurso da Saneatins (TRF da 5ª Região, **AC nº 00046295020124058300**, 4ª Turma, rel. Des. Margarida Cantarelli, DJe 28.11.2013; TJRS, **Ap. Civ. Nº 70057533879**, 15ª Câmara Cível, rel. Des. Ana Beatriz Iser, j. 18.12.2013; TJDF, **AC nº 20040110804663**, 2ª Turma, rel. Des. J. J. Costa Carvalho, DJU 24.04.2007).

D. Essas noções fundamentais, que se radicam na configuração básica da *locatio conductio operis*, não constituem particularidade de nosso ordenamento jurídico, senão que, antes, refletem o perfil comum dos sistemas normativos da *civil law*, nos quais se reconhecem a autonomia da relação jurídica do contrato de subempreitada de obra pública e à qual é estranha a administração, bem como a responsabilidade direta e exclusiva do empreiteiro para com essa, a qual não tem ação contra o subempreiteiro, assim como este não tem ação contra aquela.[6]

Vejam-se, ao propósito, algumas das mais significativas manifestações da doutrina:

> *"En el subcontrato, sin embargo, no hay tal subrogación. Los subcontratistas quedan obligados solamente frente al contratista principal, que segue siendo plenamente responsable ante la Administración por la totalidad de la obra, servizio o sumministro."[7]*
>
> *"Il committente, pur se ha dato l'autorizzazione, non ha azione verso il subappalpatore: l'appalpatore principale resta responsabile exclusivo della esecuzione dell'opera."[8]*
>
> *É que, no subappalto, "il committente continua ad avvere rapporti unicamente con l'appalpatore originario, stipulando un nuovo e distinto rapporto con il terzo".[9]*

---

[6] É o que se vê, de modo geral, à doutrina e ao direito positivo comparados, como, p. ex., na obra de **Dromi, José Roberto** (*La licitación pública*. Buenos Aires: Astrea, 1980, p. 54-56), no *Real Decreto Legislativo espanhol nº 2/2000*, de 16 de junho (art. 115, inc. 3), no *Decreto-Lei nº 10/2008*, de Portugal (art. 321º), citados por **Motta, Carlos Pinto Coelho**. *Possibilidades de transferência a terceiro de contrato público. Limites da sub-rogação e subcontratação. A hipótese de pagamento direto da administração às empresas subcontratadas*. In: Revista Eletrônica de Direito Administrativo (REDAE), nº 24, p. 4-6.

[7] **Enterría, Eduardo García de; Fernández, Tomás-Ramon**. *Curso de derecho administrativo*. 12ª ed. Madrid: Thomson Civitas, 2005, vol I, p. 778. Itálico do original.

[8] **Perlingieiri, Pietro, e Tatarano, Giovanni**. *Op. cit.*, p. 715, nota nº 2164. Grifos nossos. **Domenico Rubino** sublinha que, ainda quando consinta na contratação do *subappalto*, esse *"rapporto rimane straneo al committente, il quale, nonostante la necessità della sua autorizazzione (che ha lo scopo di tutelare "l'intuitus personae"), non acquista diritti e non assume obblighi verso il subapalppatore, mentre per converso conserva tutti quelli originari verso il subappalpatore"* (Novíssimo digesto italiano. Torino: UTET, 1974, vol. I, verbete *Appalto Privato*, p. 689, nº 3. Grifos nosso. *Idem*, **Musolino, Giuseppe. In**: Gabrielli, Enrico (dir.). *Commentario del codice civile*. Torino: UTET Giuridica, 2011, p. 32).

[9] **Stolfi, Mario**. *Enciclopedia del diritto*. Milano: Giuffrè, 1958, vol. II, verberte *Appalto*, p. 667, nº 43.

Na decisão de velho caso de interesse à consulta, o Conselho de Estado da Itália relembrou as consequências da autonomia do contrato de subempreitada (*subappalto*) de obra pública, alheio à relação jurídica entre a administração e o empreiteiro, e sujeito a regime puro de direito privado:

> *"Poiché il subappalto è un contratto derivato, il quale, perciò, non incide sull'ambito dei diritti e degli obblighi scaturenti dal contratto principale, che rimane immutato tra le parti originarie (Cons. Stato, sez. V, 13 maggio 1995 n. 761), la pretesa azionata dalla ricorrente inerisce al rapporto contrattuale di natura privatistica con la sua dante causa ed al quale resta estraneo il Comune appellato, senza che sul suo svolgimento e relative posizioni di diritto ed obbligo abbiano incidenza i poteri di vigilanza in ordine all'adempimento delle obbligazioni che la legge riconosce alla pubblica Amministrazione appaltante."[10]*

E. Em suma, não se concebe nenhuma relação jurídico-contratual, nem de outra ordem, entre a administração pública, na condição de *empreitante* em contrato administrativo de empreitada de obra pública, e o *subempreiteiro*, cuja posição jurídico-subjetiva está sob domínio exclusivo dos direitos e obrigações de natureza privada que, irradiados de subempreitada parcial lícita, mantém ou manteve com o *empreiteiro*, só a quem responde em caso de inexecução. Esta é a razão óbvia por que, no caso, a petição inicial teve de reconhecer que, em sendo a *S* mera subcontratada, não recebeu nenhum recurso público, pois todas as verbas disponibilizadas pelo convênio foram pagas à empreiteira EMSAM, em cuja posse se lhe incorporaram *ope iuris* ao **patrimônio privado indiviso**, do qual saiu a remuneração contratual da subempreiteira, que não pode nem sequer ser tida por beneficiária de dinheiro público, pois sua contraprestação pecuniária seria paga, com recursos seus, pela empreiteira, ainda quando esta nada tivesse recebido da empreitante.

Vem daí, como inarredável e linear consequência jurídica, que, por conta de inadimplemento parcial da empreitada, não pode atribuído à subempreiteira, ainda quando se lhe provasse culpa nesse descumprimento, a título de ilícito gravoso ao erário, nenhum ato de improbidade administrativa, à míngua de qualquer relação jurídica com a *dona da obra*, que lhe não pagou, nem lhe devia pagar a retribuição devida por força do

---

[10] Consiglio di Stato, Sez. V, 20 maggio 2003, **nº 2755**.

subcontrato. A hipótese não é de **cessão da empreitada**, em cujos direitos e obrigações legais e contratuais se sub-roga o cessionário, substituindo o cedente!

F. Enxergar, aí, responsabilidade solidária da subempreiteira é afrontar o secular princípio de que a solidariedade decorre apenas da lei ou do contrato. É que não há norma legal nem contratual, explícita ou implícita, que estabeleça tal responsabilidade solidária pelos danos e outros efeitos da inexecução parcial do contrato de empreitada, pelos quais só pode responder, perante a dona da obra, quem tinha, como contraente, obrigação de executá-la. A subempreiteira, essa não era titular de direito, nem de obrigação em relação à administração pública, de modo que, até para esquivar absurda ideia de culpa, tampouco lhe cumpria fiscalizar o adimplemento das obrigações assumidas pela empreiteira para com a empreitante. E, se, por hipótese, o repasse de recursos públicos à empreiteira representou algum *benefício prático indireto* à subempreiteira, daí lhe não adviria responsabilidade, assim porque tal vantagem não guarda cunho jurídico, como porque fora rematado despropósito considerar, com base no raciocínio inverso, solidariamente responsáveis todas as pessoas cujos trabalhos ou mercadorias tenham sido pagos pela empreiteira com dinheiro recebido da administração pública, mantivessem, ou não, algum nexo com o contrato de empreitada. Até o dono do posto de gasolina responderia!

G. A condenação nas sanções propriamente ditas (proibição de contratar e pagamento de multa civil) também não resiste a outra crítica decisiva, na medida em que insulta a regra constitucional da **pessoalidade da pena** (art. 5º, inc. XLV), que, independendo da controversa teoria da unidade do *ius puniendi* estatal, é tida hoje, sem discussão, como norma também inerente ao direito administrativo sancionador, compreendida no pressuposto da culpabilidade e nas exigências de justiça do devido processo legal punitivo. A pena administrativa não pode ir além do agente culpado, pessoa física ou jurídica, de modo que, perante essa emanação da regra constitucional, não se admite dilatação subjetiva da responsabilidade para alcançar terceiro estranho ao ilícito, nem se pode tomar como tal a previsão de responsabilidade objetiva de ordem administrativa, a qual só pode significar, como fundamento para aplicação de multas ou de outras medidas pecuniárias, caso de responsabilidade civil sem culpa, cuja solidariedade passiva pode a lei estabelecer quando haja, entre o devedor primário e o terceiro ou terceiros a que se atribua corresponsabilidade, nexo racional que o legitime.[11] Mas não é o caso.

Quem descumpriu o contrato de empreitada de obra pública foi, como não poderia deixar de ser na espécie, a empreiteira EMSAM, não a *S*, à qual só se poderia, quando muito, imputar culpa por inadimplemento parcial do contrato de subempreitada, mediante iniciativa privativa da empreiteira, a qual, porém, nunca reclamou dos serviços prestados. E, como, à vista da incomunicabilidade das duas relações jurídicas e das responsabilidades consequentes, as sanções só poderiam impostas ao autor do ilícito figurado na inexecução parcial do contrato de empreitada, estendê-las à subempreiteira por solidariedade não prevista na lei ou no contrato e, pois, sem nenhuma razão jurídica, implicaria grave ofensa à regra constitucional.

4. Do agravo por desconsideração de fatos relevantes

H. Para além dessa clara impossibilidade de caracterização de improbidade administrativa da *S*, deixou a sentença de observar aspectos importantes da base empírica do pedido, começando por ignorar a substancial diferença entre as figuras da *subempreitada* e da *cessão* de contrato de empreitada, na cognição dos fatos da causa, o que a levou a dar-lhes qualificações jurídicas impertinentes.

Depois, não examinou os termos de ambos os contratos, o da empreitada e o da subempreitada, cujos instrumentos não foram juntados pelo demandante, a quem pesava o ônus de, admitindo cuidar-se de subempreitada parcial, separar as obrigações de cada contraente para definir a responsabilidade pela inexecução parcial lesiva ao patrimônio público. Não era, esse, ponto irrelevante, porque o autor, sem individualizar, nem discernir obrigações contratuais, afirmou que, de fato, a *S* é que teria executado toda a obra,[12] quando apenas se obrigou a fazê-lo em parte, sem concluir que, nesse caso, a subempreitada seria total e nula, nem que, por conseguinte, a culpa exacerbada da EMSAM atrairia, só por isso, juízo de sua responsabilidade exclusiva, como **inadimplente total**.

---

[11] E é oportuno não esquecer que: *"Pessoalidade da sanção administrativa veda, por certo, a chamada responsabilidade solidária, **ainda que estabelecida por lei**, porque a lei não pode violentar um princípio constitucional regente do Direito Administrativo Sancionador"* (**OSÓRIO**, **Fábio Medina**. *Direito administrativo sancionador*. 4ª ed. SP: Ed. RT, 2011, p. 383, nº 5.3. Grifos nossos).

[12] Cf. fls. 07 dos autos.

RESPONSABILIDADE DE SUBEMPREITEIRA EM CONTRATO DE EMPREITADA DE OBRA...

Nem viu ainda a sentença que, ao descumprir aquele ônus, o autor deixou de apontar quais componentes da obra não foram executados, limitando-se a aludir ao percentual de inexecução que constou do relatório da *F*, no qual não há tampouco discriminação das falhas, cuja omissão impede atribuir-lhes a responsabilidade material a esta ou àquela construtora nos termos contratuais. Sem tal esclarecimento, caiu no vazio a acusação da inicial de que a Saneatins teria agido dolosamente, em *"comunhão de esforços" (sic)* com a EMSAM,[13] porque não se sabe a que atos omissivos corresponderia o dolo. E, se não há individuação dalgum ato culposo da *S*, sua condenação solidária, além de ilegal, como se viu, se fundaria em graciosa *presunção de culpa!*

5. Do erro palmar e do excesso das sanções

I. Consoante já advertimos, a sentença subsumiu o pretenso ato ímprobo da *S* nos tipos previstos no **art. 10, incs. VIII, IX e XI**, da Lei nº 8.429, de 2 de junho de 1992 (fls. 1820), para justificar a imposição da responsabilidade e das sanções previstas no **art. 12, incs. I e II**, dentre as quais avulta a proibição de contratar com o Poder Público e de receber benefícios fiscais por 10 (dez) anos.

Ora, abstraindo-se, em pura epítrope, a inexistência de ato de improbidade administrativa daquela subempreiteira, não passa despercebido o conspícuo erro de qualificação normativa em que resvalou a sentença, ao dispor, sobretudo, a sanção da proibição de contratar por longos e desproporcionais 10 (dez) anos, a qual só quadra a qualquer dos tipos catalogados no **art. 9º** da Lei nº 8.429, de 1992 – nenhum dos quais é aplicável ao caso –, como está expresso no **art. 12, inc. I**. O fato típico teórico, que consistiria na vantagem econômica decorrente da liberação de pagamento da remuneração do contrato por obra não executada em parte, só caberia na moldura do **art. 10, inc. XI**, em nada dizendo respeito às hipóteses dos seus **incs. VIII e IX**, que cuidam doutros atos imputáveis a gestor de coisa pública.[14] Logo, a proibição de contratar só poderia perdurar por 5 (cinco) anos, como estatui o **art. 12, inc. II**.

J. E tão grave equívoco contaminou o cálculo da multa, que, fixada no valor de R$1.652.769,92, corresponde a **3 (três) vezes** o valor do dano

---

[13] Cf. fls. 08 dos autos.
[14] Cf. **Pazzaglini Filho, Marino**. *Lei de improbidade comentada*. 4ª ed. SP: Atlas, 2009, p. 73-74 e 89-93.

(R$550.923,26), quando, na forma do **art. 12, inc. II**, não poderia ultrapassar a *2 (duas) vezes.*

K. Mas, ainda assim, seriam excessivas as penalidades.

E sê-lo-iam por ponderáveis razões. É que, devendo a pena ser arbitrada mediante estima da latitude do dano, da gravidade da culpa e dos antecedentes profissionais do infrator, sua decisão há de observar, de um lado, que normas de cunho punitivo não comportam interpretação lata, mas *restritiva*, e, de outro, que, na colisão entre os direitos da administração, em particular do erário, e os das empresas, na condição de proprietárias de meios de produção, gravados com a hipoteca da função social, e, pois, como geradoras de empregos e agentes do desenvolvimento econômico e da satisfação doutros interesses superiores da coletividade, a diretriz da concordância prática exige que, na mensuração daqueles valores, atuem como critérios hermenêuticos decisivos os chamados postulados ou princípios da *razoabilidade* e, em especial, da ***proporcionalidade***, nos seus juízos sucessivos de adequação, necessidade e proporcionalidade *stricto sensu*, para que se não sacrifique o núcleo essencial de nenhum dos direitos em confronto. À sociedade não convém que o Estado destrua empresas, se a punição dos ilícitos, o restabelecimento da cultura da moralidade e a reparação efetiva dos danos administrativos podem ser promovidos de forma adequada e justa, com menor custo individual e coletivo.

Doutra parte, convém, perante o art. 87, incs. III e IV, da Lei nº 8.666, de 1993, ter presente a distinção que, com a devida vênia de opiniões contrarias, nos parece óbvia, entre as duas espécies de sanções, a de suspensão temporária de participação em licitação e impedimento de contratar com a administração (inc. III), *que é também a prevista na Lei nº 8.429, de 1992* (**art. 12**), e a de declaração de inidoneidade para contratar com a administração pública (inc. IV). À luz da manifesta superposição da eficácia desta segunda penalidade em relação à da primeira, porque, sendo ambas temporárias, a mera inidoneidade para licitar e contratar traz consigo, por implicitude, a consequência de impedir participação em licitação e contratar com a administração, não haveria como nem por onde atribuir algum sentido normativo a duas sanções previstas em textos diversos e contíguos, se não fossem dotadas de autonomia conceitual e alcances diferentes.

E, como consectário dessa distinção, guarda toda consistência jurídica a interpretação segundo a qual, subentendendo a menor censurabilidade de ato ilícito que as atrai, a penalidade da suspensão do direito de licitar e a do impedimento de contratar (inc. III) atuam apenas em relação aos corpos orgânicos da administração pública do ente federativo na qual se insere o órgão ou a autoridade que aplicou as sanções e, por analogia *in bonam partem*, *à esfera do órgão que sofreu o ato de improbidade*. Não são de louvar as posturas que, desatentas a tão cristalina distinção legal entre as duas categorias de sanção, sustentam sejam ambas eficazes em relação a todos os órgãos e esferas da administração pública. E não são de louvar, não só porque vulneram o sentido emergente de normas autônomas, ignorando o grau diverso de reprovabilidade dos atos ilícitos e das penas correlatas, mas sobretudo porque não transpõem, por conseguinte, o teste dos critérios da **proporcionalidade**, caindo na *proibição de excesso*, ao estender os largos efeitos da declaração de inidoneidade a atos de inexecução contratual cuja gravidade teórica não tem peso axiológico para justificar pena tão drástica em dano do direito de licitar e de contratar. Noutras palavras, sucumbem perante o requisito da proporcionalidade em sentido estrito.

L. No caso, isto significa, em resumo, que o modesto grau do dano financeiro ao erário só justificaria que a proibição de contratar com o Poder Público por **5 (cinco) anos** se restringisse aos órgãos da esfera municipal,[15] e que a multa fosse de valor inferior ao *limite legal* não observado pela sentença, para fazer justiça sem aniquilar a empresa. Doutro modo, sanções extremas pressuporiam tivesse sido **ampla** e **total** a inexecução do contrato de empreitada, quando é incontroverso que o não foi no caso!

6. Da prescrição

M. Se, no fundo do mérito, não fosse, como deve ser, improcedente a ação em relação à *S*, a pretensão estaria prescrita.

Na interpretação do art. 23, inc. I, da Lei nº 8.429, de 1992, confrontam-se duas conhecidas orientações doutrinárias e jurisprudenciais sobre o termo *a quo* do prazo prescricional, quando se trate de mandatos sucessivos. Uma, que o situa no término do exercício do segundo mandato; outra, no do primeiro. E esta soa acertada, em se conformando com a racionalidade do instituto.

---

[15] Assim, STJ, **REsp. nº1.003.179-RO**, 1ª Turma, rel. Min. Teori Albino Zavascki, j. 05.08.2008, DJe 18.08.2008; **EDcl no REsp nº 1.021.851**, 2ª Turma, rel. Min. Eliana Calmon, j. 23.06.2009, DJe 06.08.2009; **REsp nº 520.553-RJ**, 2ª Turma, rel. Min. Herman Benjamin, j. 03.11.2009, DJe 10.02.2011.

É que se predica hoje, *como razão superior e suficiente*, que a prescrição é uma das imposições ou consectários do princípio ou subprincípio constitucional da **segurança jurídica**, enquanto necessidade de estabilização das relações intersubjetivas, pelo decurso do tempo, na medida em que não convém à tutela desse valor supremo a perpetuação de incertezas, nem de situações conflituosas capazes de se exacerbar sob risco permanente de custosos litígios, judiciais ou não, sempre nocivos ao ideal da paz social. Mas é bom não subestimar, ainda, que, sem peias, a ação destrutiva do tempo tende a dificultar ou a impedir a apuração dos fatos controversos, em processo judicial ou administrativo, por força do perecimento ou esmaecimento das provas, sem as quais se torna impossível a reconstituição historiográfica do passado, o amplo exercício do direito de defesa e a justiça das decisões. Nem tampouco, que, como resposta estratégica do ordenamento à passividade inescusável do titular da pretensão durante o tempo, direta ou indiretamente previsto para seu integral exercício, cuja omissão denota descaso ou desinteresse incompatível com a *importância jurídico-subjetiva* do exercício da pretensão, estimulado pela previsão da prescrição, se legitime o sacrifício do direito subjetivo ou do poder punitivo de que aquela se originaria.

Consequência direta da **fundamentação constitucional** do instituto da prescritibilidade de todas as pretensões é que são de *ordem pública* as regras que, disciplinando a prescrição, não podem nunca ser interpretadas em desfavor dos sujeitos passivos aos quais beneficie seu reconhecimento, dada sua condição de destinatários da especialização do princípio da segurança jurídica no escalão das normas infraconstitucionais. Em curtas palavras, nenhum preceito que regule qualquer aspecto da prescrição tolera interpretação expansiva ou exegese de alcance dilatado, em dano de quem seria por ela favorecido, senão apenas *leitura restritiva*.

Ora, essas mesmas razões convêm para, suprindo a lacuna do art. 23, inc. I, quanto ao particular, por definição não sujeito a estatuto disciplinar de direito público, recorrer-se à aplicação analógica do art. 1º do Decreto nº 20.910, de 6 de janeiro de 1932, que, ditada por exigência de equidade e isonomia, lhe define o termo inicial à data do ato ou fato de que, em tese, nasce a pretensão. É este, aliás, resultado prático a que se chega também por via do prazo e termo previstos para exercício da ação popular, que tutela os mesmos interesses públicos (art. 21 da Lei nº 4.717, de 29 de junho de 1965).[16] Aplicada tal solução ao caso, estaria de há muito prescrita a pretensão.

7. Conclusão

N. Do exposto, estamos em que deve ser provida a apelação, para julgar-se de todo improcedente a ação em face da SCST, com os consectários legais. É o que, salvo melhor juízo, nos parece.

Brasília, 29 de abril de 2016.

---

[16] Para considerações similares, cf. **MATTOS, Mauro Roberto Gomes de**. *O limite da improbidade administrativa*. RJ: Gen-Forense, 5ª ed. 2010, p. 672-676.

32

Advocacia. Alcance da Garantia da Inviolabilidade Constitucional do Advogado

ADVOCACIA. Inviolabilidade profissional do advogado. Alcance da garantia constitucional. Tutela da imunidade pessoal, do sigilo profissional e da intangibilidade dos meios de trabalho. Desdobramentos. Ilegalidade de diligências policiais que violaram a garantia. Alcance dos arts. 5º, incs. X e XII, e 133 da CF, dos arts. 1º, *caput*, 7º, inc. II, e 33 da Lei nº 8.906/94, do art. 10 da Lei nº 9.296/96, do art. 1º da Lei 11.767/08, dos arts. 25 e 26 do Código de Ética, dos arts. 154 e 355 do CP, do art. 207 do CPP e do art. 448, inc. II, do CPC.

a) *Ao advogado não lhe pesa dever jurídico, nem tampouco ético de induzir o cliente a autoincriminar-se, nem muito menos de o denunciar à autoridade policial pela prática de crime de que tomou conhecimento na vigência e por força da relação profissional, mas apenas de aconselhar interrupção dessa prática, quando contínua. Está, antes, obrigado a eludir ou atenuar consequências do ilícito que tenha o cliente cometido;*

b) *O sigilo profissional do advogado alcança, sem exceção, todas as modalidades de informação que lhe confidencie o cliente, materializada sob forma documental lato sensu, como arquivos, informatizados ou não, cartas, papéis e outras representações gráficas, bem como as comunicações não escritas, consideradas em si mesmas, travadas entre o advogado e o cliente, ou entre este e terceiro, enquanto insuscetíveis de interceptação, e toda sua reprodução escrita, sonora ou visual, capaz de lhes devassar o conteúdo significativo;*

c) *A intangibilidade dos meios de trabalho apanha, de um lado, não apenas o escritório, entendido como local de trabalho, próprio ou alheio, de profissional autônomo, membro, ou não, de sociedade de advogados, mas também todos os outros locais em que, com ou sem relação de emprego, desempenhe, em caráter permanente ou transitório, atividades privativas da profissão, como, p. ex., outros espaços físicos ou virtuais e salas* *ou unidades de departamento jurídico de empresas. E só podem ser objeto de busca ou apreensão, se determinada por ordem prévia, específica e fundamentada da autoridade judiciária competente, com acompanhamento de representante da OAB.*

1. Consulta

A. BSA, representada por seus ilustres advogados, dá-nos a honra de formular consulta vazada nos seguintes termos:

> "Como é de conhecimento público, em 05 de março de 2018, a Polícia Federal deflagrou a denominada "Operação Trapaça", desdobramento da "Operação Carne Fraca", que teve como objetivo a apuração de supostas fraudes ocorridas no âmbito das atividades da BSA, nossa constituinte e ora consulente ("BRF" ou "consulente").

Dentre os alegados ilícitos objeto da inconclusa operação da Polícia Federal, e correspondentes medidas adotadas pelas autoridades responsáveis, identificam-se alguns de relevância a esta consulta, que aqui são colocados sob a elevada apreciação de Vossa Excelência, para que possam ser analisados à luz da ordem jurídica vigente.

É que a operação policial em causa envolveu, dentre outros colaboradores, advogados integrantes do jurídico da companhia, os quais, exercendo atividades inerentes à profissão, avaliaram a conveniência, sob o ponto de vista jurídico, da celebração de transação no âmbito de um processo judicial trabalhista em curso, no qual, além de se pedir verbas de natureza trabalhista e previdenciária, imputou-se à companhia a prática de supostas condutas fraudulentas.

Especificamente, a Polícia Federal formulou representação, em 20.07.17, na qual relatou que ex-funcionária da consulente, a Sra. AMC, apresentara reclamação trabalhista em 27.03.15, em que, a pretexto de fundamentar um pleito de indenização por danos morais, dispara uma série de acusações contra a BSA.

Segundo a ex-funcionária, ela, durante o tempo em que trabalhou na companhia, teria sido compelida a alterar ou simular o resultado de laudos de análise de amostras em determinados produtos fabricados na unidade da consulente localizada em Rio Verde, Goiás, para que, supostamente, fosse ocultada a identificação de agentes contaminantes em número maior do que aqueles permitidos pela legislação.

A ex-funcionária exercia tarefas típicas de gestão de qualidade dos produtos, junto ao laboratório da aludida unidade da BSA, nelas incluída a análise de produtos para a verificação da existência e da quantidade de certos elementos patógenos, bem como se sua quantidade e teor estavam ou não em conformidade com a legislação de regência.

Nas palavras da ex-funcionária, dentre suas atividades, "lhe incumbia a realização de análises sobre o produto fabricado destinado ao consumidor, nacional e internacional, e elaboração de laudo sobre a qualidade, 'saúde', do produto para controle interno e da inspeção federal".

Ainda segundo a sua petição inicial, "na grande maioria das vezes", "era obrigada a alterar o resultado das análises". Prossegue alegando que, "se a análise constatasse a presença de *salmonella* ou outro tipo de contaminação, por ordens expressas dos superiores, devia alterar os registros nos laudos publicados, os destinados à fiscalização".

Segundo consta do inquérito policial, o conteúdo da reclamação trabalhista, quando chegou ao conhecimento da consulente, foi primeiramente reportado em mensagem encaminhada no dia 13 de agosto de 2015, pela Dra. RP, integrante do departamento jurídico da BSA. Na mensagem, a funcionária advogada informa ao Sr. IP, gerente industrial da Unidade de Rio Verde, e à Sra. CP, gerente de qualidade da mesma Unidade, acerca do conteúdo da petição inicial e das alegações contidas nela.

Em sua mensagem, a Dra. RP ressalta que estava transmitindo "ao conhecimento de vocês um pedido de uma ex-colaboradora onde faz acusações graves contra a empresa. Ela requer indenização por danos morais em razão de ter sido compelida a alterar resultados de exames. As acusações são graves e agora públicas. Desconheço outra ação dessa natureza." A mensagem se encerra pedindo a avaliação das acusações "para que possamos direcionar o processo".

A mensagem, com o relato sobre a ação judicial, foi em sequência enviada pelo Sr. IP ao Sr. ALB, Diretor de Operações da BSA, que, por sua vez, encaminhou a mensagem ao Dr. LW, gerente responsável pelo setor trabalhista do departamento jurídico da consulente. Em mensagem datada de 03 de setembro de 2015, o Dr. LW informa que, "como medida emergencial estamos tomando as devidas providências para realizar um acordo e não deixar o processo andar, sob pena do Juiz enviar as informações para os órgãos competentes e complicar ainda mais a situação da empresa".

Na mesma data, o advogado LW informa a Diretora Jurídica da BSA, Dra. AR, sobre as medidas que havia adotado naquele caso. Em resposta, a mesma afirma que está "de acordo com a estratégia", e acrescenta que era preciso resolver a situação e que achava ser "o caso de consultarmos o M do BMA", advogado externo especialista em direito do trabalho, à época sócio de escritório que prestava serviços à empresa, para auxiliar na avaliação da estratégia jurídica. A mensagem é encerrada com a Diretora externando sua preocupação com as informações publicadas, e pedindo que ela fosse mantida a par do desenrolar do processo judicial.

Ressalte-se, a propósito, que, informada sobre o tema, a diretoria jurídica prontamente sugeriu ainda consulta a um escritório de advocacia terceirizado, para que pudesse auxiliar no caso, o que denota que sua manifestação se cingiu ao aspecto jurídico daquela questão.

Cumpre notar, ainda, que o processo trabalhista em questão é público, por não tramitar, no caso especifico, em segredo de justiça. Dessa forma, não seria possível impedir o acesso aos autos, bem como à informação neles contida, por qualquer interessado. Além disso, o aludido acordo judicial somente foi celebrado cerca de um ano depois do ajuizamento e da respectiva citação, pelo que, durante todo esse período, o processo permaneceu público e disponível a quem pudesse interessar.

A troca de mensagens, juntada ao inquérito policial, continua cerca de um mês depois, com o relato das tratativas com a reclamante para a realização de um acordo. As mensagens relacionadas às tratativas de acordo relatam um impasse entre o montante pretendido pela autora, de R$70 mil, o qual, ressalte-se, é significativamente inferior aos R$ 452.763,74 inicialmente buscados por ocasião do ajuizamento da ação —— e o valor que a companhia estaria, em princípio, disposta a pagar, correspondente a R$ 55 mil.

A propósito, ainda em setembro de 2015, a empresa recusou duas propostas da reclamante, uma no valor de R$ 90 mil e outra de R$ 70 mil.

Em outubro de 2015, o Sr. AB, em resposta à consulta sobre o valor do possível acordo, afirma seu entendimento de que o assunto deveria ser solucionado de forma rápida, deixando para a "área jurídica conduzir dentro dos valores entendidos justos pela empresa". O Dr. LW, concorda com a celebração do acordo no montante de R$ 70 mil, embora pondere que "o valor de uma reclamatória com menos de 02 anos não chegaria nem a R$ 15.000,00, mas como esse assunto temos esse problema vamos ter que pagar mais".

Verificado posteriormente, contudo, que na realidade a funcionária reclamante havia prestado serviços por muito mais que dois anos (cerca de 14 anos, na realidade), foi celebrado acordo judicial em 05 de julho de 2016, pelo valor de R$ 48.800,00, tendo sido protocolado nos autos da reclamação e devidamente homologado pela Justiça do Trabalho.

A autoridade policial, com base nesses fatos, formulou representação policial perante o MM. Juízo da 1ª Vara Federal de Ponta Grossa, da Seção Judiciária do Paraná, solicitando autorização para adotar diversas medidas coercitivas e investigativas.

Por decisão datada de 28 de fevereiro de 2018, o MM. Juízo Federal deferiu, dentre outras medidas, a busca e apreensão nos endereços de advogados integrantes do departamento jurídico da BSA e a condução coercitiva de alguns de seus integrantes para prestarem depoimento. Além disso, determinou-se a prisão temporária do Dr. LW.

Diante dessas circunstâncias, formulamos a Vossa Excelência os seguintes quesitos, a respeito dos fatos narrados acima:

1) O advogado que exerce a profissão no âmbito do departamento jurídico de uma companhia goza das mesmas prerrogativas e imunidades asseguradas pelo ordenamento jurídico aos demais profissionais integrantes de sua classe?

2) O advogado é obrigado a guardar sigilo a respeito de supostas transgressões à lei, cometidas pelo seu constituinte, de que venha a ter conhecimento em virtude do exercício da profissão?

3) É inerente ao exercício da profissão de advogado recomendar a adoção de medidas jurídicas que possam evitar repercussões negativas a seus constituintes?

4) Ao informar as autoridades públicas sobre supostas transgressões legais incorridas por seu cliente, estará o advogado violando o seu dever de sigilo?

5) A recomendação feita no caso concreto, pelos advogados da BSA, consistente na celebração de uma transação no âmbito de um processo judicial trabalhista, poderia ter configurado algum ilícito?

6) É possível identificar algum ilícito que tenha sido cometido pelos advogados da consulente, ou exigir deles que adotassem conduta diversa, considerando os fatos relatados na presente consulta?

7) As comunicações entre os advogados e seus clientes estão cobertas pelas prerrogativas da inviolabilidade e do sigilo profissional?

PARECERES DE DIREITO PÚBLICO E PRIVADO

8) As comunicações entre os advogados componentes do Departamento Jurídico de uma empresa e advogados componentes de escritórios de advocacia que lhe prestem serviços estão cobertas pelas prerrogativas da inviolabilidade e do sigilo profissional?

9) No caso de diligência de busca e apreensão contra advogado, que tratamento deve ser dado a material indevidamente apreendido? O eventual acesso da Autoridade executora da medida a documentos acobertados pelo sigilo e pela inviolabilidade inerentes à profissão de advogado constitui ilegalidade?

10) As razões e fundamentos invocados na decisão judicial que deferiu a realização de busca e apreensão no Departamento Jurídico da BSA S/A e nos endereços residenciais de alguns de seus componentes, atendem às exigências da lei processual penal?"

2. Da inviolabilidade profissional do advogado

B. A solução da consulta depende da consideração prévia de noções jurídicas imanentes ao conceito e ao alcance da chamada inviolabilidade do advogado (art. 133 da Constituição da República), que merecem reavivadas para condução do raciocínio. Essa conhecida garantia constitucional, como resulta logo do próprio texto em que se assenta, decorre da transcendente condição de ser o advogado, em nosso ordenamento, ingrediente essencial da administração da Justiça. Como organismo, esta não atua sem a participação do advogado, a qual, de sua natureza, constitui ainda um dos predicados elementares do princípio do justo processo da lei (*due process of law*), concebido como conjunto de garantias, algumas das quais estão explicitadas na Constituição. Não é preciso muito esforço por ver que, sem tal participação efetiva, não se concretizam as garantias do acesso à jurisdição, da paridade de armas, do contraditório, do direito de ampla defesa, em suma, da existência de processo de produção de sentença justa, ou seja, devido processo legal.

C. Vem daí toda a intuitiva relevância institucional da advocacia, cuja função pública só pode ser eficazmente exercida com plena observância da garantia da inviolabilidade do advogado, que, ditada pelas necessidades operacionais da profissão, não prescinde, dentre outros atributos, de independência absoluta e de não menor desassombro na defesa dos interesses que lhe são confiados com base em informações pessoais quase sempre íntimas, as quais devem resguardadas na relação de confiança que se estabelece com o constituinte ou com quem lhe toca *ex vi legis* defender ou representar. A independência e a intrepidez pressupostas estão à raiz do *status* de garantia constitucional da inviolabilidade, que distingue a advocacia doutras profissões onde se colhe análoga relação de confiança.

D. A inviolabilidade, que reveste e guarda o advogado em toda situação na qual se lhe defina ou vislumbre exercício de qualquer das suas amplas atividades profissionais (art. 1º, *caput*, da Lei nº 8.906, de 4 de julho de 1994), com ou sem representação judicial ou extrajudicial, com ou sem contrato expresso ou tácito, compreende a imunidade pessoal, o sigilo profissional e a intangibilidade dos meios de trabalho.

E. A imunidade pessoal reduz-se à garantia de estar o advogado, nos limites da lei, a salvo de responsabilidade criminal por atos ou opiniões que adote no desempenho do seu múnus, assim para defender os interesses do cliente em juízo, como para orientá-lo na deliberação de ações pessoais em juízo ou fora dele.

Esta legitimidade ou, antes, liberdade de orientação ao cliente, a qual releva à consulta, encontra, por definição, limite intrínseco na **licitude** do objeto da orientação, que, recobrindo todas as atitudes compatíveis com o direito constitucional de não se autoincriminar, como a de omitir e, até, a de mentir, só não autoriza o advogado a sugerir prática de crime, nem a praticá-lo ele próprio, como coautor ou não, no ato mesmo de sugerir comportamento.[1] Esta é a razão primária por que é lícito ao advogado propor ao cliente a adoção de providência que, não configurando destruição de prova, nem comissão doutro delito, como, *v. g.*, intimidação ou corrupção de testemunha, não o exponha a responsabilização penal, ainda que justa. Ao advogado não lhe pesa dever jurídico, nem tampouco ético de induzir o cliente a autoincriminar-se, nem muito menos de o denunciar à autoridade policial pela prática de crime de que tomou conhecimento na vigência e por força da relação profissional, mas apenas de aconselhar interrupção dessa prática, quando contínua. Está, antes, obrigado a eludir ou atenuar consequências do ilícito que tenha o cliente cometido, sem incorrer, por

---

[1] No plano ético, **Tomás de Aquino** já demonstrara ser lícito ao advogado ocultar, prudentemente, em juízo, todas as circunstâncias prejudiciais à defesa do cliente, sem usar de falsidade, vale dizer, de método criminoso: "*Unde et advocato defendendi causam iustam licet prudenter occultare ea quibus impediri posset processus eius; non autem licet ei aliqua falsitate uti.*" (*Summa Theologiae*. Secunda Secundae – Q. LXXI, Art. III). Veja-se o disposto no art. 6º do Código de Ética dos Advogados e nos arts. 5º, 77, inc. I, e 80, inc. II, do Código de Processo Civil.

isso, em censura ética ou jurídica, porque é injunção de patrocínio fiel aliviar o cliente do agravamento escusável de eventual responsabilidade civil ou penal.

F. O sigilo profissional é a qualidade que, para ser como tal preservado, a lei atribui ao segredo, entendido como toda informação de fato conhecido apenas do cliente, ou deste e de pessoas próximas, recebida pelo advogado em razão direta ou indireta do exercício da advocacia, sob consequente dever jurídico de reserva.

Trata-se, do ângulo do titular da informação, de expressão particular do direito à inviolabilidade do âmbito pessoal íntimo, que, objeto do art. 5º, inc. X, da Constituição da República, abrange dois círculos concêntricos, o da intimidade propriamente dita, vista como o interior indevassável de cada pessoa (*secrecy*), e o da privacidade, consistente na esfera das pessoas próximas ao titular (*privacy*), dos quais o primeiro é, por razões óbvias, tutelado mais intensamente contra toda indiscrição. E, como conteúdos informativos que podem constar de documentos e de análogos suportes materiais, o sigilo reputa-se também absorvido no alcance dos direitos fundamentais complementares previstos no art. 5º, inc. XII, onde se protegem, por seu valor representativo, não só as correspondências, papeis e registros, mas também as comunicações telegráficas, telemáticas[2] e telefônicas, salvo no caso ali expresso (art. 5º, inc. XII, cláusula final).[3]

E, do ponto de vista do advogado, cuida-se de dever jurídico que, ordenado a garantir a intransmissibilidade das informações recebidas a título de confiança na manutenção do sigilo, cuja ruptura só é admissível em casos excepcionais que a lei circunscreve (art. 25 do Código de Ética, cc. art. 33 da Lei nº 8.906, de 1994), a um só tempo impõe escrupuloso cumprimento ao profissional e se opõe à cognoscibilidade de terceiros, sobretudo das autoridades públicas, contra as quais, para sustentá-lo no patrocínio, o causídico está premunido da garantia da inviolabilidade. E, sem exceção,

---

[2] O art. 10 da Lei nº 9.296, de 24 de julho de 1996, e o art. 1º da Lei nº 11.767, de 7 de agosto de 2008, que deu nova redação ao art. 7º, inc. II, do Estatuto da OAB, só tornaram explícito o que já estava *in nuce* no alcance do art. 5º, inc. XII, da Constituição, à luz de sua racionalidade normativa (*ratio iuris*). O meio telemático não desnatura a comunicação, tutelada como tal.

[3] É errônea a postura de quem sustenta que o art. 5º, inc. XII, só protegeria a **comunicação** de dados, e não, também, os **dados em si**, pela boa razão de que a comunicação é protegida para preservar o sigilo dos dados, ou seja, para impedir conhecimento das conversações privadas (cf. **ILLUMINATI, Giulio**. *La disciplina processuale delle intercettazioni*. Milano: A. Giuffrè, 1983, p. 6, nº 2).

alcança todas as modalidades de informação que lhe confidencie o cliente, materializada sob forma documental *lato sensu*, como arquivos, informatizados ou não, cartas, papéis e outras representações gráficas, bem como as comunicações não escritas, consideradas em si mesmas, travadas entre o advogado e o cliente, ou entre este e terceiro, enquanto insuscetíveis de interceptação, e toda sua reprodução escrita, sonora ou visual, capaz de lhes devassar o conteúdo significativo.[4] É, nesses termos, uma das dimensões mais elevadas da dignidade profissional, que não por outras razões é recoberta por conspícuas normas éticas e jurídicas (art. 26 do Código de Ética, cc. art. 33 da Lei nº 8.906, de 1994, arts. 154 e 355 do Código Penal, art. 207 do Código de Processo Penal e art. 448, II, do Código de Processo Civil[5]).

F. Tais emanações ou consectários da inviolabilidade profissional seriam de certo modo inúteis, se não estivessem associados à garantia de intangibilidade dos meios de trabalho, os quais corporificam ferramentas indispensáveis ao cabal exercício da advocacia e, como tais, estão sob o pálio da imunidade pessoal e do sigilo profissional do advogado, de modo que não podem ser objeto de busca, nem de apreensão, salvo se determinada por ordem prévia, específica e fundamentada da autoridade judiciária competente, com acompanhamento de representante da OAB.

Seu assento normativo imediato é o art. 7º, inc. II, da Lei nº 8.906, de 1994, cuja larga denotação apanha, de um lado, não apenas o escritório, entendido como local de trabalho, próprio ou alheio, de profissional autônomo, membro, ou não, de sociedade de advogados, mas também todos os outros locais em que, com ou sem relação de emprego, desempenhe, em caráter permanente ou transitório, atividades privativas da profissão, como, p. ex., outros espaços físicos ou virtuais e salas ou unidades de departamento jurídico de empresas. O objeto dessa tutela não é, como logo se percebe, o lugar em si, mas sua *valia instrumental* para a prestação independente e eficaz do serviço de advocacia. Donde se vê, de modo não menos retilíneo, que, doutro lado, envolve todos os apetrechos necessários ou úteis de que disponha ou use o advogado, nos locais externos de trabalho

---

[4] Os *e-mails* e outros dados, enquanto armazenados no disco rígido do computador, são autênticas **comunicações**, cuja especificidade está apenas no meio ou canal de transmissão, e, uma vez transcritos, são **documentos** representativos da informação comunicada. Caem todos, assim, sob a mesma tutela jurídica.

[5] Art. 448 corresponde ao atual 359 do CPC/2015.

ou ainda em casa, para levar a cabo o exercício de suas atividades típicas, tais como armários, estantes, cofres, **computadores** e outros aparelhos.

3. Da atipicidade dos atos e das ilegalidades consequentes

H. Não subsiste nenhuma dúvida acerca dos fatos que, apurados nas investigações feitas sem prévia e *específica* autorização judicial para esse fim, foram, para justificá-las, então imputados, a título de envolvimento em supostos delitos criminais, a três dos advogados do departamento jurídico da empresa consulente, na representação da autoridade policial, como se passa a recordá-los de modo sintético, em relação a cada um dos alvos das diligências, para mostrar a vistosa *atipicidade* daqueles e a ostensiva *ilegalidade* destas, a partir da quebra do sigilo do teor dos *e-mails* gravados no disco rígido dos computadores de uso profissional daqueles três advogados, os quais foram, todos, objeto de condução coercitiva, busca e apreensão nos domicílios e locais de trabalho, e um, o gerente jurídico, também de prisão temporária.

I. À advogada RP atribuiu-se-lhe ter, em mensagem eletrônica, passado ao conhecimento de outros empregados, para avaliação das acusações e orientação processual, cópia da petição inicial de ação trabalhista em que a ex-empregada AMC afirmara, entre outras coisas, haver sido obrigada, pela ora consulente, então empregadora, a adulterar resultados de análises de diagnóstico de contaminação de produtos, na unidade de Rio Verde. Ao propósito, limitou-se a registrar este único juízo de valor: *"As acusações são graves e agora públicas. Desconheço outra ação dessa natureza."*

J. Ao advogado LW, gerente jurídico, a irrogação de pretenso ilícito, na qual se lhe fundou o decreto de prisão temporária, veio de que, alertado da propositura da reclamação trabalhista, dela deu ciência imediata aos colegas JR e AR, chefe do departamento jurídico, comunicando haver tomado providências para realizar acordo e abortar o processo, *"sob pena do Juiz enviar as informações para os órgãos competentes e complicar mais a situação da empresa."* E, ainda, de ter, na sequência, costurado o valor e os termos do acordo. Nada mais.

K. A advogada AR, esta cingiu-se a responder à mensagem de Luciano, 46 (quarenta e seis) segundos depois, como mostram os horários dos *e-mails*, assentindo à estratégia proposta do acordo, sob fundamento de precisar resolver a situação, uma vez que a preocupava *"o fato desta infos já estarem (**sic**) em processo judicial público,"* sobre o qual devia manter-se informada. Foi tudo.

L. Como deflui patente à representação da autoridade policial, esta devassou, ***sem ordem judicial específica***, nem presença de representante da OAB, os **computadores** usados como instrumentos de trabalho no exercício das atividades de advocacia prestadas à empresa consulente, no âmbito do departamento jurídico, acessando as mensagens eletrônicas armazenadas, as quais estavam, também na condição de correspondência entre advogados e cliente, resguardadas pelo sigilo ínsito na inviolabilidade profissional dos advogados, que no ato foi quebrada. A violação, aqui, ostensiva, atingiu os **locais**, os **meios** e as **correspondências** de trabalho, bem como a dignidade pessoal e profissional dos advogados.

M. Mas a ilicitude não parou aí. Por conta da longínqua conexão histórica das mensagens com os objetivos das investigações da operação policial denominada *Carne Fraca*, os três advogados *supra* nomeados foram ainda vítimas da execução de ordens judiciais ilegais e gravosas, na medida em que, desde logo, se apoiaram elas em ***provas ilícitas***, assim caracterizadas pela ilegalidade das diligências afrontosas à inviolabilidade profissional dos locais, meios e correspondências de trabalho daqueles três advogados, sem autorização judicial, *específica* para esse fim, como pela grosseira ***atipicidade*** dos atos invocados como fundamento do decreto judicial da *prisão temporária* de LBW e *da busca e apreensão* a que foram submetidos este e os colegas ALFRH e RMP, ambas também gravemente feridas na dignidade pessoal e na liberdade de locomoção, por força da ***injuridicidade*** inerente à não menos humilhante *condução coercitiva*, que padeceram sem amparo legal.[6]

N. São óbvias tais ilegalidades.

Como se viu, RP, responsável pelo contencioso, apenas revelou surpresa acerca da acusação da reclamante, e cujo teor transmitiu a outros dois funcionários da empresa para que fosse avaliada quanto à sua veracidade, para efeito de adequar a condução da defesa no processo. Esse único ato é, pois, a toda evidência, absolutamente irrelevante e anódino do ponto de vista jurídico-penal. Qualquer leigo poderia vê-lo desde logo.

LW aventou a estratégia defensiva de celebração de acordo, que, pondo cabo ao processo cuja publicidade já escancarara o teor da acusação da reclamante, preveniria eventual exasperação das consequências danosas à

---

[6] Tão espalmada ilegalidade desse insólito expediente de condução coercitiva, sobretudo de quem não foi antes intimado para testemunhar, foi agora pronunciada, em definitivo, pelo STF, no julgamento conjunto da **ADPF nº 395** e da **ADPF nº 444** (Pleno, rel. Min. Gilmar Mendes, j. 13.06.2018).

sua cliente, a empregadora reclamada, já então exposta a risco de medidas de ordem penal, dependentes de prova da simulação ilícita de laudos. AR, superiora hierárquica, sem tempo para estima do imprevisto, restringiu-se a concordar com a estratégia proposta e a declarar-se preocupada com os desdobramentos da publicidade que já assumira a increpação no bojo do processo. Nenhum desses comportamentos nem de longe tangenciava o ordenamento penal, assim porque a sugestão e a conclusão do acordo não constituíam ilícito de nenhuma ordem, como porque era justificável como estratégia defensiva, do ponto de vista ético e jurídico, na medida em que, não impedindo apuração daquele cogitado ilícito por iniciativa do juízo, já ciente da alegação, encurtava o processo, cuja continuidade poderia levar a exploração midiática nociva à imagem pública da empresa, com agravamento desnecessário das consequências de eventual culpa da cliente. E escusaria relembrar que aos advogados não seria lícito levar ao conhecimento da autoridade policial fato que, podendo incriminar a cliente, nem sequer sabiam ainda se era verdadeiro ou falso.

Ora, como eram de todo em todo *atípicos* esses atos profissionais dos advogados, que se presumia ignorassem a tal prática alegada de adulteração de laudos sobre contaminação de produtos, em longínqua unidade do interior, até porque a autoridade policial jamais excogitou que dela tivessem conhecimento anterior, nada, absolutamente nada justificava as medidas extremas e ilegais de busca, apreensão e prisão temporária de que foram vítimas, quando, diante desse paupérrimo quadro factual, em nenhuma hipótese poderia qualquer deles ser reputado *testemunha*, nem, muito menos, *suspeito* da prática dalgum crime! E, se o não poderia, como deveras não pode, não há fundamento jurídico algum capaz de legitimar as buscas, as apreensões e as conduções coercitivas, nas quais houve até invasão dos domicílios, nem tampouco *a fortiori* a violenta prisão temporária. É caso exemplar de *ilegalidade gravosa* que desata ao Estado obrigação jurídica de indenizar (art. 37, § 6º, da Constituição da República, e arts. 43 e 954, *caput* e § único, inc. III, do Código Civil).

4. Da resposta aos quesitos

1) O advogado que exerce a profissão no âmbito do departamento jurídico de uma companhia goza das mesmas prerrogativas e imunidades asseguradas pelo ordenamento jurídico aos demais profissionais integrantes de sua classe?

Resposta: Sim. Nem a relação de emprego, nem a natureza do local de exercício das atividades típicas de advocacia subtraem ao advogado as garantias inerentes à inviolabilidade profissional.

2) O advogado é obrigado a guardar sigilo a respeito de supostas transgressões à lei, cometidas pelo seu constituinte, de que venha a ter conhecimento em virtude do exercício da profissão?

Resposta: Sim. O advogado está juridicamente obrigado a guardar sigilo sobre a prática, pelo cliente, de eventual ilícito do qual tome conhecimento apenas na vigência e em razão do exercício da profissão.

3) É inerente ao exercício da profissão de advogado recomendar a adoção de medidas jurídicas que possam evitar repercussões negativas a seus constituintes?

Resposta: Sim. É obrigação primária do advogado recomendar ou adotar medidas jurídicas, lícitas por definição e tendentes a reduzir consequências negativas de eventual ilícito praticado pelo cliente.

4) Ao informar as autoridades públicas sobre supostas transgressões legais incorridas por seu cliente, estará o advogado violando o seu dever de sigilo?

Resposta: Sim, como já resulta logicamente da resposta ao segundo quesito.

5) A recomendação feita no caso concreto, pelos advogados da BRF, consistente na celebração de uma transação no âmbito de um processo judicial trabalhista, poderia ter configurado algum ilícito?

Resposta: De maneira nenhuma. Não há nada que obste a transação, que só pode recair sobre matéria disponível, entre maiores e capazes, no âmbito de processo judicial trabalhista, como sucedeu no caso.

6) É possível identificar algum ilícito que tenha sido cometido pelos advogados da consulente, ou exigir deles que adotassem conduta diversa, considerando os fatos relatados na presente consulta?

Resposta: Não, porque, como exposto, não praticaram ilícito algum, senão atos juridicamente adiáforos, ou, relevantes, ditados por seus deveres profissionais de defesa jurídica dos interesses da cliente empregadora.

7) As comunicações entre os advogados e seus clientes estão cobertas pelas prerrogativas da inviolabilidade e do sigilo profissional?

Resposta: Sim, trate-se de comunicação presencial, telegráfica, telemática ou telefônica.

8) As comunicações entre os advogados componentes do Departamento Jurídico de uma empresa e advogados componentes de escritórios de advocacia que lhe prestem serviços estão cobertas pelas prerrogativas da inviolabilidade e do sigilo profissional?

Resposta: Sim, como já exposto no corpo deste parecer e sintetizado na resposta ao primeiro quesito, sejam, ou não, os advogados, empregados da empresa ou dos escritórios de advocacia.

9) No caso de diligência de busca e apreensão contra advogado, que tratamento deve ser dado a material indevidamente apreendido? O eventual acesso da Autoridade executora da medida a documentos acobertados pelo sigilo e pela inviolabilidade inerentes à profissão de advogado constitui ilegalidade?

Resposta: O acesso da autoridade policial a documentos resguardados pelo sigilo e pela inviolabilidade profissionais dos advogados, sem autorização prévia, *específica* e fundamentada do juízo competente, nem acompanhamento de representante da OAB, é ilegal, de modo que são ilícitas as provas daí resultantes de maneira direta e indireta, ou seja, as representadas pelos documentos em si, bem como as que sejam produzidas com base neles e assim contaminadas pela ilegalidade original.

10) As razões e fundamentos invocados na decisão judicial que deferiu a realização de busca e apreensão no Departamento Jurídico da BRF S/A e nos endereços residenciais de alguns de seus componentes, atendem às exigências da lei processual penal?"

Resposta: Não. Como visto, os fatos em que se fundou eram penalmente atípicos em relação aos advogados, contra os quais não pesava nenhum indício, próximo ou remoto, de que mantivessem, no departamento ou nos domicílios, material probatório da prática de delito seu, nem de algum dos demais empregados ou presentantes da empresa, nem tampouco que os qualificasse como testemunhas de ilícitos objeto das investigações policiais. Por consequência, não se tipificava hipótese legal de excepcional acesso legítimo a sítios juridicamente invioláveis.

É o que, salvo melhor juízo, nos parece.

Brasília, 3 de julho de 2018.

Direito Comercial

33
Sociedade Anônima. Vantagens Pagas a Administrador Eleito por Acionistas

1. SOCIEDADE DE ECONOMIA MISTA. Acionista privado. Direito contratual de indicar diretores, membros do Conselho de Administração e assessores. Contraprestação adicional dos serviços pelo acionista, mediante pagamento autônomo ou reembolsado, em parte, pela companhia, com autorização do estatuto ou da assembleia geral. Licitude. Inexistência de conflito formal de interesses ou ilícito doutra ordem. Interpretação dos arts. 8º, § 6º, 18, *caput*, 41, § 5º, 42, § 3º, 47, *caput*, 104, § único, 118, § 9º, 135, § 1º, 141, § 4º, 153, 154, *caput* e §§ 1º e 2º, *c*, 158, *caput*, inc. III, e 159, § 7º, da Lei nº 6.404, de 1976, e arts. 312, 313, 316 e 317, cc. art. 327, §§ 1º e 2º, todos do Código Penal. *Ser o administrador de sociedade anônima remunerado pelo acionista que o indicou não caracteriza conflito **formal** ou **teórico** no desempenho de suas funções típicas, nem sequer quando, por conta da natural repercussão benéfica do exercício destas nos legítimos interesses daqueloutro, lhes receba vantagem pecuniária a título de retribuição autônoma ou adicional, justificada pela eficácia de relação jurídico-negocial, trabalhista ou não, que medeia entre ambos.*

2. SOCIEDADE ANÔNIMA. Administrador eleito por acionista. Vantagem financeira periódica que este lhe paga em razão do exercício do cargo, com autorização estatutária ou da assembleia geral. Licitude. Inexistência de violação de dever fiduciário. Conceito legal de *terceiros*. Inteligência do art. 154, § 2º, alínea *c*, cc. arts. 8º, § 6º, 41, § 5º, 42, § 3º, 47, *caput*, 104, § único, 135, § 1º, e 159, § 7º, todos da Lei nº 6.404, de 1976. *A palavra **terceiros**, constante do art. 154, § 2º, alínea c, da Lei nº 6.404, de 1976, não denota acionistas de qualquer das classes, muito menos aqueles que indicaram o administrador, senão apenas todas as demais pessoas que, a exemplo de fornecedores, agências*

de publicidade, seguradoras, concessionários de venda, etc., entram em relação com a companhia, mediante pagamento de propina ou outro tipo de vantagem pessoal, direta ou indireta, para lhe obter ou recompensar benefício econômico que, estranho e danoso aos interesses e aos fins imediatos e mediatos da sociedade, mareia de grave suspeita ou já de vistosa ilicitude os atos do administrador e dos terceiros.

1. Consulta

A. O ilustre advogado AMR dá-nos a honra de consulta sobre questão de licitude da remuneração de administradores de sociedade anônima, expondo que a Companhia GA, sociedade de economia mista a que incumbe explorar os serviços locais de gás canalizado, apresenta, na composição acionária, para além de 51% das ações ordinárias do Estado, 49% pertencentes à M S.A., que, como sócia privada, é ainda titular de todas as ações preferenciais. No acordo de acionistas e no estatuto social, cujas minutas constaram do edital da licitação vencida pela M S.A., garantiu-se-lhe a esta indicar dois dos três diretores, dois dos cinco membros do Conselho de Administração e, ainda, alguns assessores destinados a auxiliar o trabalho de diretores e conselheiros, no interesse comum da acionista privada e da companhia, em virtude de seu conhecimento sobre o mercado de gás. Esses profissionais especializados, além da relação mantida com a companhia, são contratados, sob figura de pessoas jurídicas, pela sócia privada, para também assessorá-la na tomada de decisões sociais. Neste quadro, indaga o consulente:

a) existe conflito de interesses ou outra espécie de ilícito administrativo no fato de o sócio privado de sociedade de economia mista, quanto ao pessoal que lhe cabe indicar, contratá-lo, por meio de pessoas jurídicas de que sejam titulares, para prestar assessoramento tendente a subsidiar o sócio privado com informações de natureza técnica, administrativa e financeira, dentre outras, sobre a companhia, para auxiliá-lo, por exemplo, nas deliberações sociais?

b) na hipótese de se considerar o preço do serviço pago às pessoas jurídicas dos indicados como remuneração adicional pelo exercício das funções na companhia, haveria alguma forma de ilícito ou desvio de conduta, observados os princípios e regras de direito público?

c) na eventualidade de a companhia passar a adotar a prática – comum nas estatais – de não realizar o pagamento da remuneração de forma direta ao indicado do sócio privado, fazendo-o, conforme aprova-

SOCIEDADE ANÔNIMA. VANTAGENS PAGAS A ADMINISTRADOR ELEITO POR ACIONISTAS

ção em assembleia geral, mediante ressarcimento parcial do que lhe pague o sócio privado, ao qual incumbiria realizar o pagamento total da remuneração devida, haveria algum tipo de ilícito ou desvio de conduta, observados os princípios e regras de direito público?

Estamos em que são negativas as respostas. Vejamos.

2. Breve perfil do caso

B. Como se vê à exposição substancial da consulta, a M S.A é a única acionista privada da sociedade de economia mista denominada Companhia GA, da qual detém 49% das ações ordinárias, cujos 51% pertencem ao Estado do Amazonas, e a totalidade das preferenciais. Nessa condição, foi-lhe assegurado, pelo estatuto social e por acordo de acionista, cujas minutas constaram do edital da licitação, o direito de indicar dois dos três diretores, dois dos cinco membros do Conselho de Administração e, ainda, alguns assessores que, por conta de provada experiência no mercado de gás canalizado, cuja exploração local constitui o objeto social da empresa, têm por função auxiliar o trabalho de diretores e conselheiros. Sua contratação pela acionista privada, sob veste de pessoas jurídicas de que são titulares, como pressuposto do vínculo que sua indicação estabelece com a companhia, a título de administradores de confiança da sócia minoritária, resulta da necessidade de atrair, perante o escasso mercado regional de trabalho, profissionais especializados que, no desempenho de funções societárias, possam atender aos propósitos e interesses comuns da companhia e da acionista privada. Daí se vê que sua remuneração por esta acionista é contrapartida negocial dos serviços que, concomitantes com as atividades societárias, lhe prestam em termos de informações e de orientação para o exercício dos direitos e consecução dos proveitos sociais, como o faz, de seu duplo, mas sincrético papel na companhia, qualquer dos representantes das classes de acionistas.

C. A princípio, não guarda, pois, especial relevo, para os efeitos da consulta, saber se a contraprestação pecuniária de tais serviços, considerados do ponto de vista da relação jurídica que medeia entre os administradores e a acionista que os indicou à companhia como seus representantes, assume a forma de retribuição adicional à da sociedade, ou se é objeto de reembolso parcial que, autorizado pela assembleia geral, essa faça àquela por seu pagamento total exclusivo, nos limites ditados pela política socie-

PARECERES DE DIREITO PÚBLICO E PRIVADO

tária, consoante já se observa em muitas empresas paraestatais. O cerne da questão ora submetida à consulta está em perquirir se a contratação em si pela acionista privada e qualquer dessas duas modalidades remuneratórias implicam conflito ilegal de interesses ou ilícitos doutra ordem, por contravenção a princípio ou regra de direito público, ou de direito societário.

3. Da absoluta licitude das práticas alvitradas

D. Para reconhecer a clara legitimidade dessas práticas, convém partir dos deveres fundamentais que pesam ao administrador de sociedade anônima como instrumento de realização dos seus fins imediato e mediato, representados, respectivamente, pelo objeto da empresa e pelo lucro potencial, os quais devem harmonizar-se com os interesses da coletividade (art. 154, *caput*, da Lei nº 6.404, de 15 de dezembro de 1976). Tais deveres fiduciários, cujo conteúdo normativo radica-se no conjunto dos atributos pessoais inerentes ao padrão de diligência concebido pela lei (art. 153),[1] compreendem a observância de proibições legais específicas, uma das quais guarda direta pertinência ao caso (art. 154, § 2º, alínea *c*), e são todos, sem exceção alguma, exigíveis ao administrador eleito pelos minoritários (arts. 18, *caput*, 118, § 9º, 141, § 4º, e 154, § 1º), o qual, posto haja de tutelar os direitos e interesses do grupo que o elege, não os pode sobrepor aos da companhia, senão que os deve conciliar a ambos à luz do critério de legalidade e de legitimidade dos atos de gestão. E é esta a razão por que, nesses limites objetivos, pode até adotar oposição sistemática às decisões dos administradores do grupo majoritário, quando contrárias aos escopos das suas funções (art. 154, *caput*).

E. É mister, neste passo, enfatizar o singular papel de legítima defesa dos acionistas minoritários que exerce o administrador por eles escolhido, ao qual se reconhece, como intrínseco à condição de sua elegibilidade, o dever fiduciário convergente de, a despeito da prevalência do interesse social em caso extremo de confronto, reservar-lhes, dentro daqueles limites objetivos, *"uma proteção e uma atenção especiais"*,[2] cuja previsão configura a própria racionalidade normativa do poder jurídico de os escolher e des-

---

[1] *Idem*, art. 1.011, *caput*, do Código Civil. Trata-se conceito amplo que se desdobra em múltiplos deveres jurídicos (de diligência, de cuidado, de lealdade, de governo, de informação, etc.).

[2] **CARVALHOSA, Modesto**. *Comentários à lei de sociedades anônimas*. 6ª ed. SP: Saraiva, 2015, vol. III, p. 399.

SOCIEDADE ANÔNIMA. VANTAGENS PAGAS A ADMINISTRADOR ELEITO POR ACIONISTAS

tituir *ad libitum*. Ou seja, não como mandatário, mas como representante funcional dos acionistas minoritários, ao administrador compete-lhe velar também pelos interesses destes na medida em que coincidam com os da companhia (art. 154, § 1º)[3] e, como tais, sejam comuns no modelo privado da sociedade anônima, o que significa, na expressão última do princípio, que tem dever jurídico de, independentemente de remuneração adicional paga pelos representados, guiar todas suas atividades institucionais ao fim de proveito de ambos, a salvo de atentado direto à lei (*agere contra legem*) e de fraude a ela (*agere in fraudem legis*), a que se reduzem as figuras do *excesso* e do *desvio de poder* no âmbito das companhias (art. 158, *caput*, inc. II).

F. Nessa moldura, a menos que ação ou omissão concreta do administrador dos minoritários revele conflito **material** de interesses, ofensivo à lei, de modo direto (*contra legem*) ou indireto (*fraus legis*), o que em nada depende de ser, ou não, remunerado por acionistas, não se caracteriza conflito **formal** ou **teórico** no desempenho de suas funções típicas, nem sequer quando, por conta da natural repercussão benéfica do exercício destas nos legítimos interesses daqueloutros, lhes receba vantagem pecuniária a título de retribuição autônoma ou adicional, justificada pela eficácia de relação jurídico-negocial, trabalhista ou não, entre os acionistas e o administrador. É que não incide aí, enquanto situação exemplar retratada nas alternativas da consulta, o disposto no art. 154, § 2º, alínea *c*, da Lei nº 6.404, de 1976.

G. E não incide por várias razões.

A primeira, porque, como é mais do que óbvio, essa norma não proíbe, *ad argumentandum tantum*, ao administrador sequer receber vantagens pessoais de *terceiros*, em razão do exercício do cargo, se autorizadas pelo estatuto ou pela assembleia geral, que exprimem a vontade da companhia,[4] como se dá no caso.

A segunda, porque a palavra *terceiros*, no enunciado normativo, não denota acionistas de qualquer das classes, muito menos aqueles que indicaram o administrador, senão apenas todas as demais pessoas que, como, p. ex., fornecedores, agências de publicidade, seguradoras, concessionários de venda, etc., *"entram em relação com a companhia, mediante pagamento*

---

[3] O texto deixa explícita, mais uma vez, a legitimidade da atuação *legal* do administrador em "*defesa do interesse dos que o elegeram.*"

[4] **CARVALHOSA, Modesto**. *Op. cit.*, p. 407.

de propina (comissões) ou outro tipo de vantagem pessoal, direta ou indireta,"[5] para lhe obter ou recompensar benefício econômico que, estranho e danoso aos interesses e aos fins imediatos e mediatos da sociedade, mareia de grave suspeita ou já de vistosa ilicitude os atos do administrador e dos terceiros. É o que se tira, não apenas da *ratio iuris* da norma interpretada (art. 154, § 2º, alínea *c*), mas também doutras que distinguem, literalmente, acionistas e terceiros (arts. 8º, § 6º, 41, § 5º, 42, § 3º, 47, *caput*, 104, § único, 135, § 1º, e 159, § 7º). Como se vê, tal proibição não alcança os acionistas, sobretudo quando, como na hipótese, usem retribuir, em dinheiro, ao administrador indicado, os serviços específicos que lhes presta, nos termos de contrato, para os efeitos legítimos de informá-los dos negócios sociais e de orientá-los na tomada de decisões societárias. E, *a fortiori*, muito menos, quando essa retribuição ou seu reembolso pela companhia sejam autorizados pelo estatuto ou pela assembleia geral, como também ocorre aqui.

H. É sobremodo importante sublinhar a licitude da hipótese de, autorizada por assembleia geral, a companhia adotar a prática, hoje rotineira noutras empresas paraestatais, de, em vez de pagar diretamente a remuneração por ela devida ao administrador eleito (art. 152, *caput*), reembolsar, em parte, a esse título, à acionista privada, quando lhe seja inferior, o que decida ou acorde esta retribuir àquele, na forma contratual, pelos serviços que lhe aproveitam. É que aí, embora deixando de pagar, apenas em via direta, o estipêndio exigível *ex vi legis*, a companhia não se forra desta sua obrigação, mas evita à acionista o desembolso adicional de valor suscetível de provocar interpretação maliciosa ou errônea de terceiros, sem incorrer, só por isso, em conflito formal ou material de interesses, *"pois a função do administrador, necessariamente remunerada, é exercida em benefício da sociedade"*[6] e, acrescentamos nós, em consequente proveito de todos os sócios.

I. Nada há de surpreendente nessas conclusões.

À mesma consequência prática se chegaria, se o administrador dos acionistas minoritários fosse, por hipótese, empregado de qualquer deles, e cujo contrato, máxime se celebrado com tal propósito, não se romperia pelo só fato da indicação para também representá-los na sociedade, nem permitiria, portanto, fosse suspenso ou interrompido, no curso do exercí-

---

[5] **LUCENA, José Waldecy.** *Das sociedades anônimas – comentários à lei.* RJ: Renovar, 2009, vol. II, p. 475.

[6] **CARVALHOSA, Modesto.** *Op. cit.*, p. 363.

SOCIEDADE ANÔNIMA. VANTAGENS PAGAS A ADMINISTRADOR ELEITO POR ACIONISTAS

cio dessa função externa temporária, durante o qual continuaria à disposição do empregador, o pagamento da remuneração contratual de índole trabalhista, que, para se revestir de licitude, nem precisaria de autorização do estatuto ou da assembleia geral, porque não provinda de *terceiro*. Em situação idêntica estaria o sócio ou diretor de acionista que, indicado por este como administrador, não perderia direito à percepção de lucro, dividendos ou *pro labore*, da empresa de que, na origem, participasse numa daquelas duas condições, ou de ambas, independentemente do estipêndio que lhe viesse a ser devido pelo exercício subsequente da função de conselheiro, diretor ou assessor, assumida na companhia.

Ademais, a remuneração paralela do administrador, pelo acionista, em si mesma não acarreta dano à sociedade e, no caso, à administração pública, nem gera presunção de ilicitude, até porque, não sendo essa juridicamente admissível, sugere, antes, ideia de reforço à curial exação no exercício do cargo, em proveito simultâneo do acionista e da companhia. Seria, deveras, absurdo imaginar que tal prática servisse a propósito escuso, na suposição de que o acionista pagaria ao assessor para atuar, de fato, em dano dos objetivos sociais, se tivesse poderes institucionais capazes de o viabilizar, quando, para lograr desígnio tão irracional, lhe seria muito mais eficiente esconder à companhia o pagamento que se faz com sua expressa aquiescência, a qual basta a torná-lo lícito, salva prova estreme de inconcebível conluio delituoso!

J. Avigora e remata as conclusões, a particularidade de que, na hipótese da consulta, os diretores e assessores indicados pela acionista privada nem dispõem de capacidade legal ou estatutária para, descumprindo os deveres fiduciários dos cargos, tomar decisões hostis aos interesses da sociedade e, em especial, aos da acionista estatal controladora. Eventuais desacordos no âmbito da diretoria são apenas resolúveis pelo critério de unanimidade previsto no estatuto e, no plano do Conselho de Administração, por deliberação da Assembleia Geral.

K. Consequência final direta da inexistência de ilicitude das práticas expostas na consulta, à míngua de vulneração de princípio ou regra de direito societário e de direito administrativo, até por conta de ausência formal de situação gravosa aos interesses públicos subjacentes às atividades da Companhia de Gás do Amazonas – CIGÁS, é que se não divisa tampouco ofensa teórica a norma de cunho penal, a título de autoria, coautoria ou cumplicidade.

PARECERES DE DIREITO PÚBLICO E PRIVADO

Conquanto administrador de sociedade de economia mista, cuja classe integra a extensão do conceito de entidade paraestatal, seja reputado *funcionário público* para efeitos penais (art. 327, §§ 1º e 2º, do Código Penal),[7] não há como nem por onde excogitar-se, em tese, nos atos de pagar, ou reembolsar, e de receber remuneração pelos serviços correlatos que também presta a acionista que o contratou, nos termos já considerados *supra*, tipificação de qualquer dos poucos crimes que guardam pertinência, ainda que longínqua, às hipóteses da consulta, como peculato (arts. 312 e 313), emprego irregular de verba pública (art. 315), concussão (art. 316), ou corrupção passiva (art. 317), pela razão brevíssima, mas decisiva, de que, sob nenhum ângulo daqueles comportamentos, há pagamento, aplicação, exigência ou percepção *indevidos* de dinheiro público, na precisa acepção jurídico-penal de contrários ao ordenamento.

4. Conclusão

L. Diante do exposto, são de todo em todo **negativas** as respostas aos três quesitos da consulta, porque, em nenhuma das hipóteses neles alvitradas, se tipifica conflito formal de interesses entre administradores indicados pela acionista privada, M S. A., e a Companhia GA, nem prática de ato ilícito de qualquer ordem, penal, civil ou administrativa.

É o que, salvo melhor juízo, nos parece.

Brasília, 16 de dezembro de 2016.

---

[7] Como consta, ainda, de normas doutros diplomas, como, *v. g.*, do art. 84, § 1º, da Lei federal nº 8.666, de 21 de junho de 1993.

34
Tributo. Conceito e Base de Cálculo da Taxa

1. TRIBUTO. Taxa. Conceito. Incidência sobre exercício de poder de polícia. Fiscalização sanitária adicional de produtos fumígenos. Atividade estatal não tipificada em lei como hipótese de taxa específica, nem prestada de fato. Hipótese de exercício dito *potencial*. Inexigibilidade. Caso não previsto na CF. Inconstitucionalidade do disposto no art. 23, § 3º, da Lei nº 9.782/99, cc. item 9.1 do Anexo II. Ofensa aos arts. 145, II, e 150, II, da CF. Jurisprudência do STF. *Não se concebe taxa incidente sobre possibilidade de exercício do poder de polícia, nem tampouco sobre exercício efetivo desse poder, quando a lei, embora o preveja em tese, não contenha norma expressa que tipifique essa atividade teórica de polícia como hipótese de taxa específica. Noutras palavras, se a lei atribui a determinado órgão estatal competência de polícia com previsão de múltiplos poderes, mas não elege, de maneira explícita, como hipótese de incidência, alguma ou algumas das atividades cuja prática configuraria exercício do poder correspondente, não há pensar na existência de taxa, mas apenas em mera autorização legal para criá-la.*

2. TRIBUTO. Taxa. Exercício de poder de polícia. Base de cálculo. Faturamento da empresa. Valores tributários diferenciados, dependentes do valor do faturamento. Consideração da capacidade econômica do contribuinte. Uso como fator de graduação dos valores do tributo. Ilegitimidade. Caracterização. Ofensa ao art. 145, inc. II e §§ 1º e 2º, da CF, e art. 77, § único, do CTN. *Taxa não pode ser calculada sobre o capital das empresas, nem **a fortiori** sobre o faturamento, o qual é dado econômico estranho à necessária relação de proporcionalidade entre a prestação do Estado e a contraprestação devida do contribuinte, sobretudo quando implique valores muito diferentes para atividade policial de natureza única.*

PARECERES DE DIREITO PÚBLICO E PRIVADO

1. A consulta

A. O prestigioso escritório de advocacia VA dá-nos a honra de consulta sobre a sorte do incidente de inconstitucionalidade instaurado, perante o egrégio Tribunal Federal da Primeira Região, nos autos das apelações interpostas por sua cliente, a empresa PMB S.A., e pela litisconsorte SC S.A., da sentença que lhes indeferiu pedido de segurança contra exigência da taxa de registro prevista na Lei federal nº 9.782, de 26 de janeiro de 1999. A arguição concerne ao disposto no art. 23, § 3º, da lei, e no item 9.1 e nota nº 1 do seu Anexo II, onde estão estabelecidos a hipótese de incidência, a base de cálculo e os valores fixos daquele tributo. É que as impetrantes têm essas normas por ofensivas a regra e princípios constitucionais, de modo que tal inconstitucionalidade deveria afastar-lhes a exigência do pagamento da quantia de R$100.000,00(cem mil reais), para fins de registro e sua renovação anual dos produtos fumígenos que fabricam e comercializam.

2. Situação e síntese da causa

B. Trata-se de incidente de inconstitucionalidade que, instaurado na cognição de apelações interpostas pelas empresas SC S.A. e PMB S.A. contra sentença que lhes denegou segurança de inexigibilidade da taxa de registro prevista na Lei federal nº 9.782, de 26 de janeiro de 1999, tem por objeto o disposto no art. 23, § 3º, desta, cc. item nº 9.1 e nota nº 1 do seu Anexo II.

Do julgamento ainda em curso perante o egrégio Tribunal Regional Federal da Primeira Região, distinguem-se, em síntese, para efeito da consulta, três posturas básicas transparentes aos doutos votos proferidos. A primeira, de que a norma ou normas questionadas seriam ofensivas ao que prescreve o art. 150, inc. II, da Constituição da República. A segunda, de que se não caracterizaria tal ofensa, porque, com propósito extrafiscal de desestímulo ao consumo nocivo de produtos fumígenos, seria legítimo prever à taxa valor elevado, tomando por referência o faturamento anual das empresas. E a terceira, de que a ofensa seria apenas reflexa, porque circunscrita ao conteúdo redutor da nota nº 1 do Anexo II, sem atingir a disposição do item nº 9.1, em virtude de à estima da taxa não repugnar consideração da capacidade contributiva.

C. Como tentaremos demonstrar adiante, a arguição de inconstitucionalidade não se restringe a um daqueles três referidos textos (art. 23, § 3º, da Lei nº 9.782, de 1999, item nº 9.1 e nota nº 1 do seu Anexo II), na

TRIBUTO. CONCEITO E BASE DE CÁLCULO DA TAXA

suposição de cada um enunciaria norma ou normas que, dotadas de relativa autonomia, disciplinariam aspectos algo diversos do regime da mesma taxa. Em substância, porém, não apenas o conteúdo semântico desses textos enuncia, segundo característica prática e ordinária da técnica de redação de leis, *fragmentos* de normas, mas também estas, enquanto produto da interpretação dos textos, guardam *sentido unitário* no âmbito da questão posta da inconstitucionalidade. Noutras palavras, para se lhes aferir a compatibilidade, ou não, com a Constituição da República, nos termos suscitados na causa, não cabe dissociar as normas emergentes. O de que se cuida é saber se a taxa, cuja exigibilidade é contestada, foi instituída ou não de acordo com a Constituição Federal ou, até, com ordem infraconstitucional de escalão superior à lei ordinária.

3. De algumas premissas necessárias

D. Apenas para ordenar o raciocínio, convém insistir em noções conhecidas, como a de que a vigente Constituição da República discerniu as duas principais classes de tributo com base nas distintas realidades pré-jurídicas cuja consideração lhes compõe a respectiva noção jurídica: os impostos, que pressupõem alguma dimensão da *ação* ou *situação do contribuinte* (art. 145, § 1º), e as taxas, baseadas em *ação estatal* referida ao obrigado, a qual pode consistir assim no exercício do poder de polícia, como na prestação ou disponibilização de serviço público específico e divisível (art. 145, inc. II).

Dessas características constitucionais advém que, enquanto deve o imposto ser graduado pela capacidade econômica do contribuinte, cuja circunstância econômica ou histórico-patrimonial (renda, faturamento, negócio jurídico etc.) integra a hipótese de incidência ou suporte fático, aquela condição pessoal é incompatível com a *fattispecie* da taxa, que recai sempre sobre a atividade do Estado, e, estranha à sua base de cálculo, que só pode exprimir, como critério de definição pecuniária do tributo e, portanto, também como um dos dois fatores de **graduação** do seu valor (o outro é a alíquota), o custo da atividade estatal. A tipicidade da taxa, sob esse aspecto, está no *sinalagma*.

Tal é a razão última por que, ainda segundo a atual Constituição, a taxa não pode ter base de cálculo **própria** de impostos (art. 145, § 2º), diversamente do que autorizava o art. 202 da Carta de 1946. Parece intuitivo que tal preceito não é ditado por suposta necessidade de evitar confusões conceituais ou práticas. Sua *ratio iuris*, perceptível na lógica daquela distinção jurídico-constitucional, está em garantir que a capacidade econômica do contribuinte, enquanto medida de sua riqueza, não pese de **nenhum modo** na fixação ou cálculo do valor da obrigação tributária oriunda da incidência da taxa, porque esta é concebida só como contraprestação da atividade estatal.[1] Daí por que ninguém tem dúvida de que a regra do art. 145, § 2º, cuja redação expungiu a ambiguidade senão erronia do art. 18, § 2º, da Emenda nº 1, de 1969, não significa que a grandeza considerada já tenha constituído base de algum imposto, mas apenas que seja **adequada** para tanto, segundo a natureza de imposto que se cogite instituir ou do já instituído. E é não menos perceptível, consoante a mesma lógica, que a capacidade econômica do contribuinte é tida, pela Constituição, como **própria** da base de cálculo de impostos, não de taxas. Isto, aliás, em nada se entende com o fato de a Constituição ou a lei poder **isentar** do pagamento de taxa, ou até de imposto, algumas pessoas ou instituições.

Está claro que, como não é materialmente possível estimar o valor econômico da utilidade advinda da prestação estatal ao contribuinte a que se refere,[2] à míngua da existência de mercado de iguais benefícios e doutros meios de avaliação, o valor da taxa é limitado pelo custo aproximado da atividade ou serviço, abstraídos, por definição, quaisquer elementos respeitantes à condição econômica do obrigado. Nessa contingência, não se cogita de sua exata apreciação ou ponderação pecuniária, senão do que se convencionou definir como juízo de *equivalência razoável*, em famosa decisão do egrégio STF.[3] Mas o que cumpre sobremodo advertir é que essa limi-

---

[1] Em acórdão recente e muito expressivo, onde reafirma sua jurisprudência, exarou o STF que taxa não pode ater-se a signos presuntivos de riqueza, comprometendo-se apenas com o custo do serviço (**RE nº 554.951-SP**, 1ª Turma, Rel. Min. **DIAS TOFFOLI**, j. 15.10.2013, DJe-227, p. 19.11.2013).

[2] Ainda da taxa exigível pelo **exercício do poder de polícia**, que atende a interesse coletivo, nasce vistosa utilidade ao contribuinte referido, na medida em que o Estado lhe remove obstáculo ou limitação à prática de atividade privada. Daí, a justiça de sua obrigação tributária individual, predestinada ao reembolso da despesa que o Estado suportou e não deve imputar à coletividade.

[3] *"Sendo – como já se acentuou – a taxa judiciária, em face do atual sistema constitucional, taxa que serve de contraprestação à atuação de órgãos da justiça cujas despesas não sejam cobertas por custas e emolumentos, tem ela -como toda taxa com caráter de contraprestação – um limite, que é o custo da atividade do Estado dirigido àquele contribuinte. Esse limite, evidentemente, é relativo, dada a dificuldade de se saber, exatamente, o custo dos serviços a que corresponde tal contraprestação. O que é certo, porém, é que não pode taxa dessa natureza ultrapassar uma **equivalência razoável** entre o custo real dos serviços e o montante a que pode ser compelido o contribuinte a pagar, tendo em vista a base de cálculo estabelecida*

TRIBUTO. CONCEITO E BASE DE CÁLCULO DA TAXA

tação tem a função constitucional de evitar **abusos, excessos** e **desvios legislativos**[4] que, capazes de corporificar impostos dissimulados e até confisco (art. 150, IV, da CF),[5] insultam o devido processo legal substantivo e o postulado da proibição de excesso.[6]

E é de não menor pertinência ao caso que, perante a disposição constitucional (art. 145, inc. II), não há como nem por onde dar por concretizado seu suporte fático (*fattispecie* concreta) e exigível a taxa, na hipótese em que esta recairia sobre **exercício** do poder de polícia, se tal atividade não é, deveras, prestada, ou seja, se não há exercício desse poder, mas possibilidade de que venha a ser exercido. Diz-se, para mal sustentar a incidência do tributo, que, em tais casos, o exercício seria **potencial**. Não há hipótese de incidência por exercício potencial de poder de polícia, pela razão breve de que não há exercício, que é ato. É o que de há muito, sem dissonância da doutrina, assenta o STF.[7]

Esta observação evoca outro princípio constitucional tributário, de interesse direto no caso da consulta, e segundo o qual o suporte fático ou a hipótese de incidência só pode ser, na sua vertente abstrata, o que está **descrito** como tipo na Constituição ou na lei, no primeiro membro do enunciado normativo, e, na vertente concreta, o que encontre correspondência histórica no mundo físico. Por isso, não se concebe taxa por mera possibilidade de exercício do poder de polícia, porque o não prevê a Cons-

---

pela lei e o quantum da alíquota por ela fixado." (**RP nº 1.077-RJ**, rel. Min. **MOREIRA ALVES**, j. 28.03.1984, in RTJ 112/1, p. 59. Grifos nossos)

[4] Como à larga cometidos, aliás, sob a vigência do art. 18, § 2º, da EC nº 1/1999, e do art. 77, § único, do CTN.

[5] Ao propósito, veja-se STF, **ADI-MC-QO nº 2.551**, Pleno, Rel. Min. **CELSO DE MELLO**, j. 02.04.2003 e DJ 20.04.2006.

[6] Sabe-se que o *substantive due process of law* é garantia constitucional de controle da racionalidade e da razoabilidade da lei, como produto do processo legislativo, e inspirada na velha percepção de que *"There are certain vital principles in our free republican governments which will determine and overrule an **apparent and flagrant abuse of legislative power**; as to authorize manifest injustice by positive law; or to take away that security for personal liberty, or private property, for the protection whereof government was established. An act of the legislature, contrary to the great first principles of the social compact, **cannot be considered a rightful exercise of the legislative authority...**"* (do voto condutor do Justice **SAMUEL CHASE** em *Calder x Bull* (3 U.S. 386 [1798], anterior ao próprio caso *Madison x Marbury*, que é de 1803. Grifos nossos).

[7] Cf., por todos, **RE nº 588.322-RO**, Pleno, Rel. Min. **GILMAR MENDES**, j. 16.06.2010, DJe-164, p. 03.09.2010, e RT v. 99, nº 902, p. 149-157, julgamento de que tivemos a honra de participar como presidente da Corte, com várias intervenções.

PARECERES DE DIREITO PÚBLICO E PRIVADO

tituição, nem se concebe tampouco por exercício desse poder, quando a lei, embora o preveja em tese, não contenha norma expressa que tipifique essa atividade teórica de polícia como hipótese de taxa específica. Noutras palavras, se a lei atribui a determinado órgão estatal competência de polícia com previsão de múltiplos poderes, mas não elege, de maneira explícita, como hipótese de incidência, alguma ou algumas das atividades cuja prática configuraria exercício do poder correspondente, não há pensar na existência de taxa. Há, nesse quadro, mera autorização legal para criação de taxa, não, porém, **taxa instituída**, que fosse exigível pelo exercício do poder. É o que há de ver-se no caso.

4. Da taxa de fiscalização de vigilância sanitária

E. A taxa de que se cuida aparece no contexto da Lei nº 9.782, de 1999, que, na estruturação do sistema nacional de vigência sanitária, criou a Agência Nacional de Vigilância Sanitária – ANVISA (art. 3º), à qual cometeu competência de regulamentar, controlar e fiscalizar os produtos nocivos à saúde pública, entre os quais se contam cigarros, cigarrilhas, charutos e outros produtos fumígenos, derivados ou não do tabaco (art. 8º, § 1°, inc. X). Posto que tão ampla competência encerre muitas atividades cuja prática corresponde ao exercício de típico poder de polícia, a Taxa de Fiscalização de Vigilância Sanitária instituída a título desse exercício, tem, na lei, hipótese de incidência **específica** e **restrita**, consistente na prática apenas dos atos previstos no seu Anexo II (art. 23, *caput* e § 1º), os quais são, literal e precisamente, o registro, a revalidação ou a renovação de registro de fumígenos (item nº 9.1), por sua vez regulamentados pela Resolução RDC nº 90, de 27 de dezembro de 2007.

E tal regulamentação, minuciosa, **define** e **limita**, como exercício do poder de polícia, a atividade estatal fiscalizatória, para efeito de concessão do registro, de sua revalidação ou renovação, à análise da petição instruída da larga documentação exigida às empresas fabricantes nacionais e às importadoras de produtos fumígenos (arts. 4º, 5º e 7º, cc. arts. 13, 18, § 3º, e 19). A extensão, a natureza técnica e grau analítico desses documentos, sem os quais não se defere, revalida, nem renova registro, e sem o qual **o produto não pode ser comercializado**, bastam, deveras, para verificação do nível de nocividade que, pelos padrões internacionais aceitos, não obste à comercialização dos produtos e, portanto, à concessão da licença (art. 20). E nisso exaure-se a hipótese de incidência da taxa.

Não há, portanto, dentre muitas outras atribuídas à competência da autarquia, nenhuma atividade fiscalizatória adicional, interna ou externa, **prevista na lei** – o que, como se viu, é condição necessária à existência de taxa –, mas nem tampouco consta do seu regulamento – o que já não bastaria –, e cujo exercício figure como hipótese de incidência ou suporte fático daquela taxa.[8] De modo que pertinência alguma guarda à solução da causa, argumentar com custos operacionais da prática de outros atos de fiscalização compreendidos no lato poder de polícia da agência – os quais, de todo modo, seriam sempre os mesmos para todos os contribuintes. Seu exercício poderia representar hipótese de incidência da mesma taxa, se o previsse a lei, que ainda a denomina de "*fato gerador*" (art. 23, § 3º), expressão imprópria, hoje abandonada. Seria, aliás, absurdo imaginar incidência da taxa por prática de atos fiscalizatórios da produção, ulteriores a registro já concedido. Haveria grave risco de comercialização de produto que ao depois se reputasse insuscetível de consumo!

5. Da base de cálculo da taxa

F. Antes de qualquer juízo crítico sobre a base de cálculo da taxa, é mister retomar a questão da identificação da **norma jurídica** que a estatui. E, para tanto, tem-se de partir da incontroversa diferença conceitual entre *texto* e *norma*, equivalente à que vige entre mensagem-significante e mensagem-significado.[9] O *texto* ou dispositivo legal, onde se contêm signos linguísticos, ordinariamente escritos, é apenas o suporte ou um dos suportes materiais da *norma*, enquanto objeto de interpretação que revele o enunciado desta.[10] Em palavras diretas, a norma é sempre o produto da interpretação de um ou mais textos, pois "*as normas jurídicas nem sempre correspondem a um certo dispositivo legal*",[11] antes quase nunca correspondem.[12] Como as

---

[8] A taxa para expedição de *Certificação de Boas Práticas de Fabricação e Controle*, objeto da Nota nº 4 do Anexo II, nada tem com o caso. E o próprio representante do Ministério Público, em manifestação transcrita na sentença, reconheceu que "***não existe nenhuma outra taxa instituída para as demais atividades de fiscalização e comercialização dos produtos que envolvam risco à saúde pública***" (fls. 378).

[9] Cf. **Eco, Humberto**. *Obra aberta*. Trad. de Sebastião Uchoa Leite. SP: Perspectiva, 1976, pp. 118-120.

[10] Para essa clara distinção entre "norma" entendida apenas como texto (= mero enunciado legislativo) e norma em acepção própria (= o significado do texto ou dos textos), veja-se **Guastini, Riccardo**. *Le fonti del diritto e l'interpretazione*. Milano: Giuffrè, 1993, pp. 17 e 18.

[11] **Bernardes de Mello, Marcos**. *Teoria do fato jurídico*. 5ª ed. SP: Saraiva, 1993, p. 20, nota nº 19.

normas são sempre apuradas a partir do efeito jurídico que se considere, o qual depende da estrutura da proposição hipotética que o condiciona, variável segundo a variabilidade do efeito,[13] é preciso colher, no conjunto de textos, aquele ou aqueles que descrevem os elementos factuais típicos cuja coexistência seja necessária e suficiente para imputação do efeito prescrito. De modo que, para se descobrir a base ou bases de cálculo da taxa, cumpre encontrar, sob o foco do efeito jurídico de sua exigibilidade, o texto ou textos cuja interpretação identifique a norma ou normas que as contemplem.

E, na espécie, a *norma* – vamos ater-nos ao singular por simplificação – não está apenas num único texto isolado, mas, precisamente, na conjugação de *três textos* (art. 23, § 3º, da Lei nº 9.782, de 1999, item nº 9.1 e Nota nº 1, alíneas *a, b, c, d* e *e*, do Anexo II), de cuja interpretação se extrai a **proposição normativa** segundo a qual o valor da taxa é variável, mas corresponde a quantias fixas, cuja variação depende dos montantes do **faturamento** anual da empresa contribuinte, previstos em tabela de seis faixas de valores, das quais cinco são definidas pelo resultado de redução percentual progressiva (15%, 30%, 60%, 90% e 95%) da quantia mais elevada em que se quantifica o tributo (R$100.000,00). Em síntese, extraída da conjugação daqueles três textos, a norma da base de cálculo da taxa reduz-se a este significado prescritivo substancial: o valor da taxa corresponde às quantias x, a, b, c, d e e, dependendo do montante do **faturamento** anual do obrigado, onde x é aquela importância máxima prevista.

Como se vê nítido, não há aí normas jurídicas diversas, correlatas aos diversos textos, mas uma unidade normativa que atribui seis valores fixos à taxa, calculados e fixados com base no **faturamento** anual das empresas, o qual é *ipso facto* a própria base de cálculo do tributo, no preciso sentido jurídico de *critério para realização de uma operação sobre números*.[14] A nota

---

[12] Está nisto a explicação das regras do ônus de prova, as quais distribuem, entre autor e réu, o ônus de provar, respectivamente, *fatos constitutivos* (art. 333, *caput*, I, do CPC) e *fatos liberatórios* (art. 333, *caput*, II), os quais, na verdade, representam a soma dos elementos factuais que compõem a *fattispecie* de certa **norma** fragmentada em **vários textos**. É que, se tal ônus não fosse repartido entre as partes, seria dificultoso, senão impossível a uma só delas provar a existência de todos os múltiplos dados do suporte fático da norma que invoque. Daí, o inteligente artifício legal de dividir esses dados a título de "fatos constitutivos" e "fatos liberatórios".

[13] É o que se denomina **relatividade da** *fattispecie*.

[14] **BARRETO, Aires F.**. *Curso de direito tributário municipal*. SP: Saraiva, 209, p. 155.

n⁰ 1, com suas alíneas, não tem significado algum sem o pressuposto e a referência do item n° 9.1 do Anexo II, o qual, por sua vez, só é inteligível como concretização do disposto no art. 23, § 3⁰, da Lei 9.782, de 1999! Ou seja, nenhum desses três textos, visto isoladamente, contém uma norma jurídica sobre todos os valores da taxa.

G. Essa modalidade de estruturação normativa é singular, e sua singularidade traz reflexo direto na questão da legitimidade da taxa. Há casos em que a base de cálculo não é expressa em termos financeiros, nem é a alíquota representada por percentual. E, quando a taxa é estabelecida em quantia prefixada, não se pode, a rigor, cogitar de base de cálculo, nem de alíquota.[15] Mas a situação, aqui, é mui peculiar, porque, não obstante os valores da taxa sejam quantias fixas (x, a, b, c, d e e), sua prefixação resulta de cálculos baseados numa grandeza, isto é, a taxa tem base de cálculo. E isto é de evidência cristalina: cada uma das 6 (seis) quantias fixas da taxa é calculada na forma aritmética de 1 (um) valor máximo predeterminado (R$100.000,00) e de 5 (cinco) outros resultantes da aplicação, sobre ele, de percentuais redutores (15%, 30%, 60%, 90% e 95%), distribuídos em faixas definidas por certo valor máximo de faturamento anual dos contribuintes. Numa síntese expressiva, **cada valor fixo da taxa depende do valor do faturamento**, porque sem este não se calcula nem apura aquele!

6. Da consequente ilegitimidade da base de cálculo

H. Escusam, aqui, largos latins. O substrato matemático do enunciado normativo de quantificação pecuniária da taxa não deixa, pois, nenhuma dúvida razoável de que o **faturamento** constitui sua **base de cálculo**. Por mera suposição retórica, apagadas as referências textuais ao faturamento, torna-se impossível calcular e apurar o valor ou valores da taxa!

Conquanto a aguçado rigor, o faturamento não signifique, como a renda líquida, signo presuntivo de riqueza, não deixa de ser sinal indiciário desta e da consequente *capacidade econômica* da empresa contribuinte, na medida em que se presta a revelar o grau de intensidade econômica de suas atividades negociais. E, como tal, foi tomado aqui, pela lei, para compor a base de cálculo da taxa na manifesta função de **fator de graduação** dos valores pecuniários em que se dimensiona e quantifica o tributo. É coisa tão óbvia,

---

[15] Assim, **MACHADO, Hugo de Brito**. *Curso de direito tributário*. 33ª ed.. SP: Malheiros, 2012, p. 441.

que nenhum dos votos até agora proferidos deixou de lhe reconhecer, na estrutura normativa da base de cálculo da taxa, a condição de índice da *capacidade econômica* do contribuinte.

I. Vem, daí, em linha reta, a primeira causa de ilegitimidade da taxa. Dando-lhe base de cálculo **própria** de impostos, na medida em que elegeu o faturamento como critério de cálculo e fator de graduação dos valores pecuniários da taxa, a norma que os estabeleceu em três textos conjugados ofende, escancaradamente, o disposto no art. 145, inc. II e §§ 1º e 2º, da Constituição da República, e no art. 77, § único, do Código Tributário Nacional. Ofende os primeiros comandos, constitucionais, porque, ordenada a categoria da taxa tão só ao reembolso das despesas da atividade estatal do exercício do poder de polícia (tributo vinculado), hospeda base de cálculo adequada apenas à classe dos impostos, discernindo e graduando-lhe o valor de acordo com a capacidade econômica do contribuinte. E ofende o segundo (art. 77, § único, do CTN) – que foi recebido pela nova ordem constitucional, na medida em que sua cláusula final apenas explicita consequência ínsita no alcance daquelas regras constitucionais a que repugna emprestar à taxa critério de dimensão só compatível com o imposto[16] –, porque, se taxa não pode calculada em função do capital das empresas, *a fortiori* não o pode em razão do faturamento. A *ratio* aí é idêntica. Lei ordinária não pode revogar lei complementar.

J. Segunda causa, não menos vistosa, está em outra ofensa às mesmas regras (art. 145, inc. II, e §§ 1º e 2º, da CF, e art. 77, *caput* e § único, do CTN), das quais decorre que, se o valor pecuniário da taxa deve, como visto, guardar *razoável equivalência* com o custo da atividade estatal correspondente ao exercício do poder de polícia, não pode, é claro, ser estimado com base no montante de faturamento das empresas, o qual é dado econômico estranho ao juízo de relação de proporcionalidade entre a prestação do Estado e a devida contraprestação do contribuinte, pois na base de cálculo concebida pela lei é **fator decisivo** o montante do faturamento. Este é que define cada uma das quantias em que é prefixada a medida pecuniária da taxa, sem ser medida do custo das atividades que a tipificam!

K. A terceira, de igual nitidez, vem de que, *et pour cause*, a previsão de 6 (seis) quantias fixadas em 1 (um) valor aleatório, mais 5 (cinco) frações

---

[16] Neste exato e correto sentido, cf. **Barreto, Aires F.**. *In*: Ives Gandra da Silva Martins (coord.). *Comentários ao código tributário nacional*. Vol. I. 6ª ed.. SP: Saraiva, 2011, pp. 702-703.

TRIBUTO. CONCEITO E BASE DE CÁLCULO DA TAXA

suas, cuja aplicação depende só do montante do faturamento apurado à vista de 6 (seis) faixas de valores pré-estabelecidos não menos aleatoriamente, não serve de critério para mensurar e exprimir o valor aproximado do custo do exercício do poder de polícia. E não serve, não só por sua visível impropriedade absoluta, mas sobretudo porque, ainda quando por hipótese se inspirasse em critério pertinente, sua fórmula violentaria o princípio da igualdade, ao conferir valores muito **diferentes** para **atividade policial de natureza única**, que é a análise de documentação para fins de concessão de registro, revalidação ou renovação de registro. Tal atividade fiscalizatória apresenta a mesma materialidade, qualquer que seja o valor do faturamento anual da empresa requerente, de modo que seu custo operacional também é sempre o mesmo! Nisto não precisa insistir. Como, portanto, entender-se apropriada e isonômica a previsão de seis valores díspares[17] para traduzir valor aproximado do custo de atuação estatal que é sempre a mesma em todos os casos e, como tal, deveria corresponder a contraprestação de **valor único** para todos os contribuintes, que perante o tributo se encontram em situação equivalente? A transgressão, aqui, é frontal aos arts. 5º, *caput*, e 150, II, da Constituição da República. E o vício não diz com desproporcionalidade, mas com relação absurda do ponto de vista lógico e de justiça elementar.

L. Não há outra conclusão possível. A norma emergente da combinação dos textos que regulam a base de cálculo da taxa é **inválida** em toda a extensão, por violação primária da norma superior constante do art. 77 do Código Tributário Nacional e, num segundo plano, por afronta aos arts. 5º, *caput*, 145, inc. II, e §§ 1º e 2º, e 150, II, da Constituição da República, sem lugar para distinção entre qualquer dos três dispositivos (art. 23, § 3º, da Lei nº 9.782, de 1999, item nº 9.1 e Nota nº 1, alíneas *a, b, c, d* e *e*, do Anexo II), pois todos concorrem para a **inválida fixação normativa dos seis valores da taxa**. Numa só palavra, nenhum desse valores é exigível.

7. Das objeções residuais

M. A primeira objeção estaria em que, com assento na extrafiscalidade, entendida como princípio indutor do uso da tributação para consecução

---

[17] E cuja disparidade vai de um valor extremo exuberante (R$100.000,00) a outro quase irrisório, por redução máxima de 95% (R$5.000,00), todos – eis um dos salientes aspectos do absurdo normativo – preordenados a representar o custo da prática da mesmíssima quantidade de atividade fiscalizatória!

PARECERES DE DIREITO PÚBLICO E PRIVADO

de fins político-sociais, o ordenamento jurídico pode criar estímulos ou desestímulos fiscais com esse escopo, de modo que lhe é dado exacerbar o valor da taxa com base na diferença de *capacidade econômica* do contribuinte. Nenhuma injuridicidade haveria, dessarte, em distinguir e graduar-lhe valores na proporção direta da capacidade representada pelo montante do faturamento anual, para desencorajar fabricação e comercialização de produto tido por prejudicial à saúde.

Quadram aqui algumas ponderações. A despeito da reconhecida perniciosidade dos produtos fumígenos, são lícitas sua fabricação e comercialização. Nesse quadro, já não parece compatível com a exigência de igualdade na ordem jurídico-constitucional, sob outro aspecto, nem eficiente do ângulo prático, na relação de adequação de meio a fim, **discriminar** os maiores produtores ao oberá-los com o mais elevado valor da taxa. Ou o Estado assume, na tributação, estratégia normativa dissuasiva unitária contra toda a indústria fumígena em si, por reputá-la lícita mas danosa, sem distinguir entre produtores grandes e pequenos, ou ousa proibi-la *ex radice*. O que se não compreende é que pudesse editar tratamento tão grosseiramente desigual[18] e desproporcional.[19]

O princípio da extrafiscalidade não é, ademais, absoluto. Seus limites lógicos não se compadecem com soluções contrárias a modelos constitucionais estruturados, como o da taxa, cujos recursos são alheios à capacidade contributiva, têm destino específico e, por conseguinte, não são idôneos para alcançar finalidade extrafiscal que, entrando na base de cálculo, é **própria** da função dos impostos. Não é coincidência sejam ineficazes os valores da taxa para fim de desestímulo: seu papel e limite teóricos são apenas os de contraprestação de atividade. E convém sublinhar que, à moda de interpretação autêntica, o Estado mesmo reconhece, pela voz da autarquia, terem sido tais recursos concebidos apenas para aprimorar sua máquina operacional (cf. fls. 1537 verso).

N. Não é, por fim, exato haja o egrégio Supremo Tribunal Federal, renegando sua aturada jurisprudência, admitido, em dois precedentes relativos à taxa de fiscalização dos mercados de títulos e valores mobiliários,

---

[18] Trata-se de aspecto particular da mesma ostensiva vulneração do disposto nos **arts. 5º, caput,** e **150, II,** da Constituição da República.

[19] A desproporcionalidade, aqui, vem da **inadequação** da medida normativa (agravar apenas os maiores produtores) para promover a suposta finalidade extrafiscal (desacoroçoar a produção geral de cigarro).

TRIBUTO. CONCEITO E BASE DE CÁLCULO DA TAXA

instituída pela Lei nº 7.940, de 20 de dezembro de 1989,[20] a constitucionalidade da inclusão do valor do patrimônio líquido, enquanto signo da *capacidade econômica* da empresa, na base de cálculo do tributo. O que, em ambos, assentou foi que, dada a natureza do objeto da fiscalização, figurado nos vários serviços profissionais especializados em negócios de valores mobiliários, a referência legal ao patrimônio líquido constituía critério de mensuração do **volume de atividades** de polícia exigido pela atuação de cada grupo de contribuintes. Ou seja, a capacidade contributiva não integrava, naquela hipótese, o núcleo da base de cálculo da taxa, para cuja expressão pecuniária servia só de índice da quantidade presumida e do respectivo custo dos complexos e variáveis serviços de fiscalização. Ali, a riqueza do contribuinte não era fator direto de graduação do valor da taxa, senão régua de medida da amplitude dos seus serviços e da extensão consequente das necessárias atividades fiscalizatórias da CVM, em razão das quais foram escalonadas as faixas de valores.

É o que se vê, com inexcedível clareza, aos registros expressivos dos acórdãos e dos votos. Do acórdão do julgamento do **RE nº 177.835**, a própria ementa já antecipa que a variação da taxa, *"em função do patrimônio líquido da empresa, não significa seja dito patrimônio a sua base em de cálculo"*. E essa proposição reflete e resume o teor do pensamento da Corte exposto de maneira inequívoca nos debates, dos quais consta:

> "É o patrimônio líquido – no nosso ponto de vista, creio que também no do Relator – um critério pelo qual se possa aferir o tipo de serviço prestado, considerado a circunstância de que, quanto maior o patrimônio líquido, maior a atividade desenvolvida na Bolsa, porque é condição para essa atividade as garantia de seu patrimônio" (Min. Nelson Jobim).
>
> "... parece óbvio que a sua atividade [da CVM] aumenta na ordem direta da dimensão da empresa fiscalizada, justificando-se, pois, a variação da taxa em razão do patrimônio" (Min. Ilmar Galvão).
>
> "Supõe-se que haja mais serviço para a fiscalização quanto maior for a empresa" (Min. Moreira Alves)
>
> "... não se pode negar razoabilidade a que se tome como índice da necessidade de fiscalização, do vulto e da quantidade de operações das empresas

---

[20] **RE nº 177.835-PE**, Pleno, Rel. Min. **Carlos Velloso**, j. 22.04.1999, DJ 25.05.2001, e **ADI nº 453**, Pleno, Rel. Min. **Gilmar Mendes**, j. 30.08.2006, DJ 16.03.2007.

que atuam no mercado de valores imobiliários, o seu patrimônio líquido" (Min. Sepúlveda Pertence).

"Parto da presunção de que esse patrimônio traduza o volume de operações da empresa na Bolsa" (Min. Néri da Silveira).

E ainda mais cristalino é o sentido do acórdão da **ADI nº 453**, que reafirmou esse pensamento, agora com adesão expressa do Min. Marco Aurélio, que ficara vencido no julgamento anterior. Independentemente de nosso testemunho como partícipe desse julgamento, confiram-se os excertos mais eloquentes do voto condutor do Min. Gilmar Mendes, relator da causa:

> "Os montantes devidos, no entanto, são fixados com base na quantidade de fiscalização que cada grupo de contribuintes exige... É a complexidade do serviço de fiscalização que fixa os níveis de cobrança da Taxa de que se cuida... A flutuação dos valores cobrados deriva da amplitude do patrimônio líquido do contribuinte, o que identifica uma maior necessidade de fiscalização. Em outras palavras, na medida em que maior o patrimônio líquido do fiscalizado, e consequentemente maior a taxa cobrada, evidencia-se também uma maior necessidade do exercício do poder de fiscalização... **No caso da Taxa de Fiscalização da CVM a variação dos valores lançados não só reflete a capacidade contributiva do interessado, bem como espelha a quantidade necessária de serviço público dispensado *uti singuli*, e que deve ser remunerado na exata proporção do trabalho de fiscalização efetivado.**"[21]

O. Como ressalta límpido, a tese de ambos esses precedentes do egrégio STF não só confirma a postura dogmática deste parecer, como evidencia a irredutível diversidade dos casos. Ali, o patrimônio líquido, conquanto signo de riqueza, é apenas índice da amplitude variável dos serviços profissionais e da consequente quantidade necessária das atividades de sua fiscalização, cujos custos predeterminam a escala de valores da taxa. Aqui, o faturamento também é tomado como expressão de riqueza, mas em nada se relaciona com o volume do serviço de fiscalização que, consistindo em exame de mera documentação para fins de registro, revalidação ou renovação de registro, não varia em razão dos montantes de faturamento, os quais operam como fatores autônomos de graduação e variação do valor

---

[21] Grifos nossos.

fixo da taxa e, como tais, tornam induvidoso e incontestável que a *capacidade econômica* do contribuinte é sua *base de cálculo*.

8. Conclusões

P. De todo o exposto, estamos em que, para além de ofensivas ao art. 77 do Código Tributário Nacional, são inconstitucionais a norma ou normas compreendidas no item nº 9.1 e na nota nº 1 do Anexo II da Lei federal nº 9.782, de 26 de janeiro de 1999, que concretizam o disposto no seu art. 23, § 3º. A razão resumida é porque da conjunção de ambos esses dispositivos legais (item nº 9.1 e nota nº 1) é que decorre a consequência jurídica do tabelamento dos valores da taxa em seis faixas estabelecidas com base no montante do faturamento das empresas contribuintes. O valor de R$100.000,00 (cem mil reais) é apenas a quantia máxima das seis constantes desse tabelamento.

Q. Isto significa que é inconstitucional a **estimação pecuniária** da taxa como um todo, enquanto escalonada em seis quantias fixas, todas calculadas com base no valor do faturamento anual dos contribuintes e, como tais, inexigíveis todas.

É o que, salvo melhor juízo, nos parece.

Brasília, 23 de fevereiro de 2014.

35
Sociedade Estrangeira e Presença em Juízo. Desconsideração da Personalidade

1. AÇÃO. Condição. Legitimidade para a causa (*legitimatio ad causam*). Conceito sob a concepção do direito de ação no CPC. Apuração em estado de asserção (*in statu assertionis*). Abstração da existência do direito, relação ou estado jurídico afirmado.Interpretação do at. 485, *caput*, inc. VI, do CPC em vigor. Jurisprudência. *A legitimação para a causa é apenas a titularidade meramente afirmada do direito subjetivo, relação ou estado jurídico cuja existência ou inexistência se pretende tutelar no processo, e, portanto, em juízo hipotético e provisório, abstrai a efetiva existência ou inexistência desse mesmo direito, relação ou estado jurídico.*

2. PESSOA JURÍDICA. Sociedade. Estrangeira. Parte na causa. Presentação ou representação em juízo. Gerente de filial ou sucursal existente no Brasil. Capacidade reconhecida. Falta de personalidade jurídica da filial ou sucursal. *Filial ou sucursal, existente no Brasil, de pessoa jurídica estrangeira, é apenas estabelecimento secundário desta, não outra pessoa, e, como tal, por definição, é destituída de personalidade jurídica própria, de modo que quem a administre ou gerencie pode ser reputado, pela lei processual, presentante ou representante daquela pessoa jurídica, a qual é que é parte na causa.*

3. PERSONALIDADE JURIDICA. Desconsideração. Inadmissibilidade. Dano a consumidor. Empresa que não participou, de nenhum modo, da relação de consumo. Inimputabilidade de qualquer ato ilícito aos seus cotistas. Interpretação do art. 28, *caput*, do CDC. Inaplicabilidade de precedente atípico do STJ. *Se empresa não manteve relação jurídica alguma com a vítima de ato ilícito, nem participou, por conseguinte, de modo direto ou indireto, da cadeia de criação, produção, importação, aprovação, comercialização e divulgação de produto perigoso, não pode ter a personalidade jurídica desconsiderada a título de responsabilidade por dano a consumidor.*

1. Consulta

A. O ilustre advogado SPM dá-nos a honra de consulta sobre questão da legitimidade da sua cliente, *TRB Ltda.*, para figurar no polo passivo de ações indenizatórias, já ajuizadas ou por ajuizar no país, de danos morais e materiais oriundos de implante de próteses mamárias alegadamente defeituosas, da marca PIP e de origem francesa, e cuja importação e comercialização teriam sido aprovadas pela autoridade brasileira, sendo que a empresa alemã *TR LGA PGH* emitiu certificado CE do exame de design e certificado do sistema de garantia de qualidade da PIP, nos termos da Diretiva de Dispositivos Médicos vigente na União Europeia. Alega, em síntese, que essa, para além de ser pessoa jurídica distinta, sem vínculo societário com sua cliente, a qual não praticou nenhum ato relacionado às próteses, avaliou, como contratada do fabricante, apenas o sistema de garantia de qualidade e o dossiê de design do produto, não a qualidade deste em si, nos termos da legislação europeia, e o certificado, que emitiu, nem era condição legal para o registro necessário à comercialização do produto no Brasil. Daí que, não sendo agência, filial, sucursal, representante, subsidiária, ou sócia da empresa alemã, nem havendo tampouco participado, de nenhum modo, do amplo processo de fabricação, fiscalização, aprovação, importação, registro e comercialização das próteses, a TRB Ltda. não é parte passiva legítima *ad causam* nas ações indenizatórias só por conta do fato de ter a mesma identificação social (T) da certificadora alemã.

Estamos em que tem razão.

2. Da noção de legitimidade passiva *ad causam*

B. Sobre a figura da *legitimatio ad causam*, que em nada sofreu, no seu perfil dogmático, com o advento do atual Código de Processo Civil, já tivemos oportunidade de enfatizar coisa óbvia:

> "... basta atentar em que se denomina *"legitimação* a coincidência entre a situação jurídica de uma pessoa, tal como resulta da postulação formulada perante o órgão judicial, e a situação legitimamente prevista na lei para a posição processual que a essa pessoa se atribui, ou que ela mesma pretenda assumir. Diz-se que determinado processo se constitui entre partes legítimas quando as situações jurídicas das partes, sempre consideradas ***in statu assertionis*** – isto é, independentemente da sua efetiva ocorrência, que só no curso do próprio processo se apurará – coincidem com as respectivas situações legitimantes" (Barbosa Moreira, "Apontamentos para um estudo sistemático da

SOCIEDADE ESTRANGEIRA E PRESENÇA EM JUÍZO. DESCONSIDERAÇÃO DA PERSONALIDADE

legitimação extraordinária", in *Direito Processual Civil (Ensaios e Pareceres)* Rio de Janeiro, Borsói, 1971, p. 59, n. 1).

Quer isto dizer que, segundo a concepção normativa do direito de ação, como autônomo, abstrato e conexo a uma pretensão de direito material, a legitimação *ad causam* é apenas **a titularidade meramente *afirmada* do direito subjetivo, relação ou estado jurídico cuja existência ou inexistência se pretende tutelar no processo**, e, portanto, abstrai a efetiva existência ou inexistência desse mesmo direito, relação ou estado jurídico, num juízo só provisório e hipotético. Seu conceito, na teoria abstrativa de nosso Código, é produto do discurso processual, enquanto verbalização das posições partidárias no processo, e, quando passiva, não se confunde com *a legitimidade para a defesa*, cuja situação legitimamente está no só fato da citação. Não deixa dúvidas, ao propósito, a doutrina nacional e estrangeira (cf. Barbosa Moreira, tb. "Legitimação para agir. Indeferimento da petição inicial", in *Temas de Direito Processual*, São Paulo, Saraiva, 1977, pp. 199-202, ns. 6-9, Hélio Tornaghi, *Comentários ao Código de Processo Civil* (LGL\1973\5), São Paulo, Ed. RT, 1ª ed., 1974, v. I/91; Donaldo **Armelin, ob. cit., p. 173 n. 3, e passim; Kazuo Watanabe, Contribuição ao Estudo da Cognição** *no Processo Civil*, São Paulo, 1985, tese, pp. 47-51 n. 21; Betti, *Diritto Processuale Civile Italiano*, Roma, Foro Italiano, 2ª ed., 1936, p. 159, n. 37; Luigi Monnacciani, *Azione e Legitimazione*, Milão, A. Giuffrè, 1951, pp. 76-78, n. 29; Aldo Attardi, *L'Interesse ad Agire*, Pádua, CEDAM, ristampa, 1958, pp. 7-12, n. 2; Fazzalari, ob. cit., pp. 31-33, § 4, e pp. 133-136, § 2, e tb. *Note in Tema di Diritto e Processo*, Milão, A. Giuffrè, 1957, pp. 133 e 134, n. 5; Mandrioli, *Comentario del Codice di Procedura Civile*, Turim, UTET, 1973, livro 1, t. 11/ /925, n. 1).

Fora daí, sobre contravir a direito expresso – que autoriza repropositura da ação e interdita a rescisória em casos de carência – **entala-se numa aporia**: se não há direito subjetivo senão personalizado, isto é, que predique um possessivo (cf. Cesarini Sforza, "Diritto soggettivo", in *Enciclopedia del Diritto*, Milão, A. Giuffrè, 1964, v. XII/691 e 692, n. 24), **não se pode reconhecer legitimação sem prévio reconhecimento da existência do direito, e não se pode afirmar existente este sem prévia afirmação da existência daquela!"**[1]

---

[1] TJSP, **Ag. Inst. nº 127.335-1**, 2ª Câmara Civil, Rel. Cezar Peluso, **in** *RT 653/111-112.* Grifos nossos. Essa conhecida *teoria da asserção* é, de há muito, adotada pelo STJ, sobretudo na temática da apuração da legitimação para a causa (cf. **REsp nº 1.354.983-ES**, 2ª Turma, Rel. Min. Herman Benjamin, j. 16.05.2013, DJe 22.05.2013; **REsp nº 879.188-RS**, 2ª Turma, Rel. Min. Humberto Martins, j. 21.05.2009, DJe 02.06.2009; **REsp nº 877.161-RJ**, 1ª Turma, Rel. Min.

Isto significa, em primeiro lugar, que não é lícito, nem lógico avançar, antes da instrução que admita a natureza da causa, juízo exauriente sobre a existência da relação jurídica que, afirmada na petição inicial, constitua objeto próprio do mérito, sem prévio reconhecimento da legitimidade das partes para a causa e apurável *in statu assertionis*. E, ao depois, que, para não cair na citada aporia, só se pode aferir a existência, ou não, da situação legitimante da posição processual daquele a quem se impute a condição de réu, perante os ***fatos descritos pelo autor na inicial***, eventualmente confrontados com os documentos que a instruam. De modo que, para se reconhecer legitimação ordinária passiva para a causa, é mister, nas ações positivas, que os atos ou fatos jurídicos ali afirmados pelo autor demonstrem, *si vera sint*, num juízo provisório, ser o indigitado réu a pessoa que, por força da hipotética relação jurídica consequente, deva suportar, em seu patrimônio *lato sensu*, a eficácia de eventual sentença de procedência da ação.[2] Em ações de responsabilidade civil, tal exigência traduz-se em que da satisfatória descrição fática da inicial decorra ter o réu praticado o ato ou atos ilícitos que lhe atribui o demandante. Se este não atribua àquele, nenhum ato certo, não pode o juiz, como é óbvio, à luz da instrução, suprir-lhe a falta e a inépcia para reconhecer existência de algum ato que, se tivera sido afirmado na inicial, caracterizaria a legitimidade passiva *ad causam*.

3. Dos fatos insuscetíveis de controvérsia

C. Em nenhuma das ações ajuizadas pôs-se em dúvida, à luz da fartíssima documentação por ela apresentada, que a TRB Ltda., criada como pessoa jurídica distinta, com diferente composição societária e patrimônio autônomo, aliás muito tempo depois de a empresa alemã *TV R LGA PG* ter expedido o certificado CE de exame de design e o do sistema de garantia de qualidade da PIP, não é, nem foi agência, filial, sucursal, representante, ou sócia da T alemã (***a***).

Francisco Falcão, j. 05.12.2006, DJ 01.02.2007; **REsp nº 823.370-MG**, 3ª Turma, Rel. Min. Nancy Andrighi, j. 02.08.2007, DJ 13.08.2007; **REsp nº 470.675-SP**, 2ª Turma, Rel. Min. Humberto Martins, j. 16.10.2007, DJ 29.10.2007; **AgRg-AREsp nº 205.533-SP**, 2ª Turma, Rel. Min. Mauro Campbell Marques, j. 02.10.2012, DJe 08.10.2012).

[2] Essa é a razão intuitiva por que alguns processualistas concebem a legitimação *ad causam* como aspecto, ou, *rectius*, pressuposto do **interesse de agir** do legitimado.

SOCIEDADE ESTRANGEIRA E PRESENÇA EM JUÍZO. DESCONSIDERAÇÃO DA PERSONALIDADE

Não sendo controladora, nem controlada desta, é apenas uma dentre outras pessoas jurídicas nacionais que, com a mesma denominação social (*T*) e análoga identidade e independência societárias, tem sido, aleatória e arbitrariamente, escolhida pelas autoras, sob débil fundamento, para figurar como litisconsorte passiva em ações de indenização por alegado defeito das próteses (*b*).

Já por consequência, não expediu, nem podia ter expedido certificado relacionado às próteses mamárias PIP, ou praticado qualquer ato elementar do amplo processo de fabricação, fiscalização, aprovação, importação, registro e comercialização das próteses mamárias, isto é, não participou, em nenhum passo, da complexa cadeia de sua produção e comercialização, nem aqui, nem alhures (*c*).

D. A censurável desatenção à incontrastabilidade e à relevância jurídica desse conjunto de fatos (*a*, *b* e *c*), não impugnados pelas autoras mediante pura negação formal, nem oposição doutros fatos, contrários, a título de base empírica das pretensões indenizatórias (ou ingredientes da *causa petendi*), é que responde pela insuficiência dos fundamentos da alegação de inexistente legitimidade passiva *ad causam* da TRB Ltda., bem como pelos graves equívocos das isoladas decisões judiciais que a têm reconhecido. É o que se passa a demonstrar.

4. Da confusão entre representação e legitimidade

E. Uma das decisões típicas dessa errônea declaração da legitimidade passiva funda-se em que, supondo notória a pertinência da TRB Ltda. a grupo empresarial de que participaria a TRLGAPG, a primeira estaria passivamente legitimada a figurar, na causa, como filial ou sucursal da segunda, enquanto pessoa jurídica estrangeira, nos termos do art. 12, inc. VIII, do revogado Código de Processo Civil. Mas o erro, aqui, não é sutil, não apenas porque professa condição não provada, senão falsa, da empresa brasileira como filial ou sucursal da alemã, coisa que nem sequer a autora mesma ousou sustentar, mas sobretudo porque encambulha conceitos jurídicos inconfundíveis. Filial ou sucursal, existente no Brasil, de pessoa jurídica estrangeira, é apenas estabelecimento secundário desta, não outra pessoa, e, como tal, por definição, é destituída de personalidade jurídica própria, de modo que quem a administre ou gerencie pode ser reputado, pela lei processual, presentante ou representante daquela pessoa jurídica, a qual é que é parte na causa.

Daí entender-se a clareza do art. 12, inc. VIII, cuja norma está, aliás, reproduzida no art. 75, inc. X, do Código vigente, ao preceituar que, em tal caso, a pessoa jurídica estrangeira, quando parte legítima *ad causam*, pode ser presentada ou representada, ativa e passivamente, em juízo, pelo gerente, representante ou administrador da filial, agência ou sucursal. Como pessoa jurídica brasileira regular, a TRB Ltda. não é, porém, estabelecimento daqueloutra empresa, a alemã, a qual não é parte nas ações de indenização, até porque, se *ad argumentandum* fosse presentante ou até representante dessa, não poderia ser demandada em **nome próprio**, como tem sido! Como é de distinção escolar, uma coisa é a parte da causa; outra, seu presentante ou representante. Numa síntese, a TRB Ltda. não é presentante, nem representante de pessoa jurídica estrangeira que não é parte nas causas, nem pode estar nelas como parte passiva legítima.

5. Da inviabilidade de desconsideração da personalidade

F. O segundo e não menor engano, em que resvalam raras decisões, está em aplicar ao caso o mecanismo da desconsideração da personalidade jurídica, quando, sobre não estar presente na causa a TR LGA PG, a petição inicial não traz, no âmbito das causas de pedir, menção a fatos que, atribuíveis à TRB Ltda., poderiam, em tese, autorizá-la como forma excepcional de tutela dos interesses das pretensas credoras da sociedade alemã. É que, abstraindo-se por ora a sua configuração no Código de Defesa do Consumidor, seria preciso, no quadro da norma geral inscrita no art. 50 do Código Civil, que, a despeito das reconhecidas deficiências desse texto, houvessem sido alegados e provados, agora sob contraditório próprio,[3] certos fatos geradores do poder judicial de estender ao patrimônio do sócio ou do administrador a responsabilidade pelo cumprimento de obrigação contraída pela pessoa jurídica da sociedade.

É assente, na doutrina e na jurisprudência, que o reto alcance daquela norma geral exige, para tipificação da hipótese de desconsideração, prova de ilícito representado pela prática de fraude contra credores ou de abuso de direito, compreendidos na expressão "*desvio de finalidade*", prescindindo-se da coexistência de confusão patrimonial, cujo sentido nem é muito preciso. Trata-se de exigência incontornável da construção teórica do instituto, o qual visa a evitar frustração do direito de credores que o respeito à justa

---

[3] Arts. 133 a 137 do vigente Código de Processo Civil, que tratam do **incidente** de desconsideração da personalidade jurídica.

regra da autonomia subjetivo-patrimonial das sociedades, consistente na separação entre a personalidade jurídica do sócio e a da pessoa jurídica,[4] produziria no caso concreto em que esta haja sido instrumento da prática de fraude ou de abuso prejudicial àqueles. Daí ser, a fraude ou o abuso, requisito sem o qual não é lícito desconsiderar a personalidade jurídica da sociedade, nem sequer para efeito de proteção da boa-fé, ou de garantia de adimplemento. E, como desdobramento dessa condição essencial à tipificação do poder de transpor a personalidade jurídica societária, é ainda necessário que a ilicitude seja decorrência de manipulação da personalidade jurídica da sociedade pelo sócio como autor material da fraude ou do abuso, a quem o ordenamento, por reação normativa, autoriza imputar a responsabilidade pela dívida que, na origem, seria da sociedade em cujo nome agiu.

Ora, se se pudesse excogitar desconsideração, esta só poderia ser, para responsabilização dos seus sócios ou acionistas, da personalidade da TR LGA PG, suposta devedora original, da qual, ausente da causa, não é, porém, sócia, nem administradora a TRB Ltda., que, em nome dela, não praticou, nem podia, pois, tampouco haver praticado ato ilícito fraudulento ou abusivo, gravoso às adquirentes de próteses mamárias, mediante uso ardiloso da personalidade da sociedade alemã, nem responder em seu lugar. Desconsiderar a personalidade jurídica da TRB Ltda., nas circunstâncias do caso, é puro *nonsense*. Para que fim? Para responsabilizar seus cotistas? Nem consta, aliás, dos feitos a cujos autos tivemos acesso, que alguma das autoras a houvesse increpado de qualquer ato semelhante. Logo, já *in statu assertionis*, não pode a TRB Ltda. responder por eventual obrigação imputável à TR LGA PG, sob pretexto de ser desconsiderada a personalidade jurídica desta, a qual, para tanto, deveria estar presente na causa e poder defender-se, até em eventual incidente de desconsideração, nem tampouco ser tida como parte passiva legítima *ad causam*, sob ininteligível fundamento de desconsiderar, sem razão jurídica, nem alcance prático, a sua própria personalidade!

6. Da inaplicabilidade da teoria da aparência

G. Outro frágil fundamento invocado para arquitetar a legitimidade da TRB Ltda. é a teoria da aparência, cuja locução subsiste apenas no mundo latino para designar o *princípio da confiança*, concebido como particular

---

[4] Arts. 44, inc. II, e 45, *caput*, do Código Civil.

PARECERES DE DIREITO PÚBLICO E PRIVADO

manifestação da boa-fé. Como tal, o princípio da aparência protege o estado de confiança na existência de aparente situação jurídica de titularidade do direito como eficácia de ato negocial. Ou seja, nos casos que prevê a lei, o ordenamento tutela a aparência em vez da realidade, tendo em vista a necessidade de atribuir relevo à crença de quem, sem culpa, confiou na situação aparente, ignorando a real.[5] Os pressupostos do princípio da confiança são análogos aos da tutela baseada na boa-fé: situação de boa-fé subjetiva e ética da pessoa que, sem descurar os deveres de cuidado, ignore lesionar posições alheias; dados objetivos que tornem razoável essa crença; e investimento de confiança mediante exercício de atividades jurídicas que lhe desaconselhem a preterição.[6]

Traduzidas essas noções ao caso, por amparar juízo de legitimidade passiva da TRB Ltda. ao abrigo do princípio da confiança, ou aparência, fora mister constasse da petição inicial, como vertente empírica da *causa petendi*, narração de fatos segundo os quais tivesse sido induzida a autora, perante dados objetivos convincentes, a crer, sem culpa, fosse ela a pessoa jurídica que emitiu o certificado CE de exame de design e o do sistema de garantia de qualidade da PIP, de modo que teria agido, na aquisição e implante do produto, movida por essa justificável aparência. Ora, nada disso é alegado pelas autoras, nem deveras aconteceu!

7. Da suposta relação de consumo

H. Como já se viu, nenhuma das autora jamais alegou, na inicial, nem ao depois, haver a TRB Ltda., com a qual não mantiveram relação jurídica alguma, participado de algum modo, direto ou indireto, da cadeia de criação, produção, importação, aprovação e comercialização das próteses, nem sequer de sua divulgação entre nós. Não se inseriu, portanto, em nenhuma das etapas em que se decompõe a correspondente *relação de consumo*, caracterizada pela conexidade de vínculos contratuais unificados pela finalidade última de fornecimento, por cujos *acidentes* só respondem as pessoas físicas ou jurídicas que atuam, direta e ativamente, no processo de criação e inclusão do produto no mercado, entre as quais estão o fabricante, o produtor, o construtor, o importador, o distribuidor e, em certas

---

[5] **Perlingieri**, Pietro, e **Panne**, Rosana, *in* **Perlingieri**, Pietro. *Manuale di diritto civile*. 7ª ed. Napoli: Ed. Scientifiche Italiane, 2014, p. 483-484, nº 22.

[6] **Menezes Cordeiro**, Antonio Manuel da Rocha e. *Da boa fé no direito civil*. 5ª reimp. Coimbra: Almedina, 2013, p. 1248, § 49º, nº III.

hipóteses, o comerciante (arts. 3º, *caput*, 12, *caput* e § 3º, inc. I, 13, *caput*, 18, *caput*, e 25, § 2º, do Código de Defesa do Consumidor). Donde se não concebe pudesse ter sua personalidade jurídica desconsiderada, agora à luz de regra específica da disciplina da *relação de consumo* (art. 28, *caput*), assim porque, não cabendo na classe daqueles responsáveis, integrantes da dita *cadeia de fornecimento*, não teria nenhum sentido jurídico deslocar responsabilidade, que não tem como pessoa jurídica, para o patrimônio de seus cotistas, como porque estes não cometeram abuso de direito, excesso de poder, infração da lei, violação do contrato social, nem ato ilícito doutra ordem, em nenhum passo do curso das várias operações de criação e introdução do produto no mercado![7]

I. Não convém à espécie o extravagante precedente do conhecido caso "*P*", que, objeto de acerbas críticas,[8] foi decidido, por maioria de um voto, pelo egrégio STJ. Tratava-se da aquisição, em outro país, de produto que se revelou portador de defeito que, enquanto pessoa jurídica distinta e alheia ao negócio, a PB Ltda. se recusava a consertar, mas cuja responsabilidade foi reconhecida sob argumento de, pertencendo ao mesmo grupo do fabricante, ter obrigação de prestar a assistência técnica. Não custa, para mostrar-lhe a impertinência ao caso, transcrever os trechos capitais do voto que prevaleceu, da lavra do saudoso Min. Sávio de Figueiredo Teixeira:

> "(...) se a economia globalizada não tem fronteiras rígidas e estimula e favorece a livre concorrência, é preciso que as leis de proteção ao consumidor ganhem maior expressão em sua exegese, na busca do equilíbrio que deve reger as relações jurídicas, dimensionando-se, inclusive, o fator risco, inerente à competitividade do comércio e dos negócios mercantis, sobretudo quando em escala internacional, em que presentes empresas poderosas, multinacionais, com sucursais em vários países, sem falar nas vendas hoje efetuadas pelo processo tecnológico da informática e no mercado consumidor que repre-

---

[7] Sobre o despropósito de uma interpretação literal do disposto no art. 28, § 5º, do Código de Defesa do Consumidor, segundo a qual bastaria a existência de prejuízo ao consumidor para justificar a desconsideração da personalidade jurídica da sociedade causadora, vejam-se as severas críticas de **FÁBIO ULHOA COELHO** (*Curso de direito comercial*. 19ª ed. SP: Saraiva, 2015, vol. II, p. 74-75). De todo modo, **tal preceito não incidiria no caso**, pela curta, mas decisiva razão de que a personalidade jurídica da TÜV Rheinland do Brasil Ltda. não é, nem nunca foi obstáculo ao ressarcimento dos danos alegados pelas portadoras de próteses mamárias.

[8] Cf., por todos, **NUNES, Márcio Tadeu Guimarães**. *Desconstruindo a desconsideração da personalidade jurídica*. SP: Quartier Latin do Brasil, 2007, p. 186-187, nº 11.2.

senta o nosso País. **O mercado consumidor, não se pode negar, vê-se hoje "bombardeado" por intensa e hábil propaganda, a induzir a aquisição de produtos levando em linha de conta diversos fatores, dentre os quais, e com relevo, a respeitabilidade da marca. Dentro dessa moldura, não há como dissociar a imagem da recorrida "Panasonic do Brasil Ltda" da marca mundialmente conhecida "Panasonic". Logo, se aquela se beneficia desta, e vice-versa, devem, uma e outra, arcar igualmente com as conseqüências de eventuais deficiências dos produtos que anunciam e comercializam**, não sendo razoável que seja o consumidor, a parte mais frágil nessa relação, aquele a suportar as conseqüências negativas da venda feita irregularmente, porque defeituoso o objeto. Claro que há, nos casos concretos, situações a ponderar. In casu, todavia, as circunstâncias favorecem o consumidor, pelo que tenho por violado o direito nacional invocado..."[9]

O *"direito nacional invocado"* no recurso, cuja adequação aos fatos da causa não está explícita, nem implícita no acórdão,[10] foram os arts. 3º, 6º, inc. IV, e 28, § 5º, do Código de Defesa do Consumidor, nenhum dos quais incide na espécie, não apenas por força de todas as razões já aqui avançadas, mas sobretudo porque a TRB nunca promoveu propaganda das próteses mamárias, não se beneficiou economicamente, na sua difusão, de marca comum à TR LGA PG, nem se deu o contrário, donde não há lugar para ideia de associação de imagens das empresas, *a qual de per si,* ainda quando por hipótese constituísse causa de pedir, *não legitimaria, de ângulo algum, aplicação do art. 28, § 5º e, muito menos, dos arts. 3º e 6º, inc. IV, do Código de Defesa do Consumidor.* É que os fatos relevantes das ações indenizatórias contra a TRB não se acomodam à *fattispecie* abstrata de nenhum desses dispositivos legais, que cuidam de hipóteses muitíssimo diversas. Outra inteligência afrontaria o princípio da legalidade (art. 5º, inc. II, da Constituição da República), além da velha regra processual da adstrição judicial à pretensão.[11]

---

[9] **REsp nº 63.981-SP**, 4ª Turma, rel. p/ ac. Min. Sávio de Figueiredo Teixeira, **vencidos** o relator sorteado, Min. Aldir Passarinho Júnior, e o Min. Barros Monteiro, j. 11.04.2000, DJ 20.11.2000, e *in* RSTJ 137/389 e LEXSTJ 139/59. Grifos nossos.

[10] O que dele transparece, a uma rigorosa e isenta análise crítica, é, *data venia*, que a decisão foi baseada em mero e discutível juízo subjetivo de **equidade**, sem apoio em nenhuma norma ou princípio jurídico, antes em contravenção à lei (art. 127 do Código de Processo Civil de 1973. *Idem*, art. 140, § único, do Código atual).

[11] Art. 128 do Código de Processo Civil, de 1973, e art. 141 do vigente Código de Processo Civil.

J. A objeção, que sobra, é, como fazem algumas autoras *sic et simpliciter*, reportar-se ao disposto no art. 28, § 2º, do Código de Defesa do Consumidor, alegando que as duas sociedades integrariam o mesmo grupo societário. É, todavia, fundamento grosseiramente insustentável.

E é-o, em primeiro lugar, porque não há nenhuma prova de que ambas pertençam ao mesmo grupo, o que se não pode afirmar pelo só fato de terem denominação idêntica (*TR*). Mas, supondo-se que pertençam, a hipotética responsabilidade da TRB Ltda. seria apenas **subsidiária**, como preceitua, de maneira expressa, clara e incontestável, aquela norma. Ora, ninguém tem dúvida de que responsabilidade subsidiária de pessoa física ou jurídica, se não tenha sido litisconsorte em ação com pedido sucessivo ou subsidiário, só pode arguida em juízo, **noutro processo**, quando, em processo anterior, definitivamente extinto, haja deveras falhado promoção da responsabilidade primária do devedor principal, citado para a causa. Isto significa, em palavras descongestionadas, que a TRB Ltda., na condição hipotética de responsável subsidiária, só poderia ser acionada como parte passiva legítima *ad causam*, quando tivesse fracassado ação e execução anterior, com sentença transitada em julgado, contra a TR LGA PG, que, no contexto das pretensões das portadoras de prótese, apareceria, *in statu assertionis*, como uma das responsáveis primárias pelas consequências do suposto ato ilícito relativo. De modo que, se nenhuma ação indenizatória nem sequer foi, antes, proposta contra a TR LGA PG, pensar em *responsabilidade subsidiária* da TRB Ltda., sob pretexto de integrar o mesmo grupo societário de direito ou de fato, é, quando menos, rematado despropósito jurídico, que mostra, desde logo, sua ostensiva ilegitimidade passiva para as causas.

8. Conclusão

K. Do exposto, estamos em que, à luz dos fatos fundantes das ações de indenização que lhe têm sido propostas e das disposições legais aplicáveis, a TRB Ltda. não é parte passiva legítima *ad causam* para figurar como tal em qualquer das ações relacionadas ao alegado defeito das próteses mamárias PIP.

É o que, *sub censura*, nos parece.

Brasília, 06 de julho de 2016.

36
Aquisição de Sociedade Mercantil.
Contrato Preliminar e Contingência

NEGÓCIO JURÍDICO. Contrato preliminar. Aquisição de sociedade mercantil. Carta de intenções. Previsão de auditoria para verificação do estado contábil da empresa. Apuração de alto risco de exposição fiscal. Contingência. Caracterização. Causa apta a justificar resilição unilateral do contrato. *Constitui causa de resilição unilateral de contrato preliminar de aquisição de sociedade mercantil, a apuração, em auditoria ajustada pelos contraentes, de alto risco de exposição fiscal, enquanto contingência, assim reputada a condição existente à data das demonstrações financeiras, cuja implementação, dependente de evento ou eventos futuros e incertos, acarretará perda de valor no ativo, aparecimento de algum passivo, aumento de ativos ou redução de passivo.*

1. Consulta

A. A empresa UQFN S.A., por sua ilustre advogada JOFLSM, dá-nos a honra de consulta sobre a sorte de recurso de apelação, interposto por FSV e outros, quotistas da sociedade LIF Ltda., contra sentença que julgou procedente ação intentada pela ora consulente em face dos apelantes, para reaver sinal e princípio de pagamento, dado em contrato preliminar cujo objeto era a aquisição das quotas daquela sociedade. Acolhendo a pretensão, a sentença reconheceu justificada a desistência do negócio por culpa exclusiva dos réus, que, segundo os fatos a seguir considerados, se negaram a responsabilizar-se por contingência fiscal, cuja existência tipificava justa causa negocial para resilição do contrato, com devolução do sinal pago. A apelação pende de julgamento perante o egrégio Tribunal de Justiça de São Paulo.

2. Sumário dos fatos básicos da causa

B. A autora e os réus avençaram, em Carta de Intenções, datada de 16 de abril de 2008, propósito da primeira em adquirir e, dos segundos, em vender as quotas sociais da empresa LIF Ltda., bem como fixar os principais termos e condições do contrato de compra e venda que viessem a firmar, pelo valor de R$36.310.90,91 (trinta e seis milhões, trezentos e dez mil, novecentos e nove reais e noventa e um centavos), dos quais a autora antecipou, no ato da assinatura da Carta, a quantia de R$3.584.511,14 (três milhões, quinhentos e oitenta e quatro mil e quatorze centavos), como sinal e princípio de pagamento. No mesmo instrumento, acordaram a realização de auditoria dividida em duas fases, uma, preliminar, destinada a confirmar, ou não, o preço ajustado, e outra, final, tendente à apuração de eventuais contingências relevantes no passivo da *L*.

Confirmado o preço na primeira fase, a mesma empresa indicada pela autora e aceita pelos réus encontrou, na segunda, consoante relatório de 19 de agosto de 2008, contingência fiscal, estimada em R$8.509.180,66 (oito milhões, quinhentos e nove mil, cento e oitenta reais e sessenta e seis centavos) e proveniente da forma e das circunstâncias dos empréstimos internacionais tomados à sociedade CI Ltd., sediada nas Ilhas Virgens Britânicas.

Diante desse achado, não obstante constasse da **cláusula 7.1** da minuta do contrato de compra e venda das quotas, anteriormente enviada à advogada dos réus, em 29 de julho de 2008, que se não previa limite à responsabilidade dos vendedores por obrigações pessoais destes e da sociedade até a data do contrato, os ora réus contrapropuseram redação que lhes restringia tal responsabilidade ao montante de R$1.500.000,00 (um milhão e quinhentos mil reais).

Não aceita a contraproposta, na qual insistiram os réus, a autora desistiu do negócio e reclamou imediata devolução do valor pago por conta do preço, invocando os termos das cláusulas 4.4 e 4.1.2 da Carta de Intenções. Opuseram-se os réus sob alegação substantiva de que, na forma da cláusula 4.6.2, confirmado o valor do preço, a autora perderia, em favor deles, o sinal pago, se desistisse do negócio. Daí, a lide processual representada por conflito entre pretensão da autora de reaver, com consectários, o valor do sinal, e a resistência dos réus que, contestando a demanda, aduziram ainda outras alegações, por considerar na resposta à consulta. A sentença de primeiro grau julgou de todo procedente a ação.

E, a meu juízo, acertou em cheio.

3. Do conceito e valor da contingência

C. Para descer ao cerne da controvérsia, é mister relembrar o alcance conceitual e o peso econômico do vocábulo *contingência*, na acepção contábil que interessa à causa. Seu uso linguístico, entre nós, funda-se na definição que lhe dá o Financial Accounting Standards Board (FASB), colegiado responsável pela normatização de princípios contábeis dos Estados Unidos, em seu "Statement of Financial Accounting Standards nº 5 – Accounting for Contingencies, March 1975", cujo § primeiro reza: *"a contingency is defined as an existing condition, situation, or set of circumstances involving uncertainty as to possible gain (hereinafter a "gain contingency") or loss (hereinafter a "loss contingency") to an enterprise that will ultimately be resolved when one or more future events occur or fail to occur".*[1]

Ou seja, reportada à situação econômica de empresa, trata-se de condição ou conjunto de condições existentes à data das demonstrações financeiras de que se trate, e cuja implementação, dependente de evento ou eventos futuros e incertos, acarretará perda de valor no ativo, aparecimento de algum passivo, aumento de ativos ou redução de passivo. Diz-se, nesse sentido, *passivo contingente*, a obrigação possível resultante de fato passado, mas cuja existência será confirmada apenas se sobrevier acontecimento futuro e incerto, sobre o qual a empresa não tem controle algum. E, como a responsabilidade jurídica da empresa pode originar-se de fatos certos, que se refletem em quantias certas nas demonstrações financeiras, ou de fatos futuros cuja ocorrência é incerta, a *incerteza* é que caracteriza a contingência, na medida em que sua eventual atualização histórica é capaz de, na dimensão do passivo societário, provocar efeitos patrimoniais negativos.

Vê-se, logo, que contingência incidente sobre o passivo é sempre um *risco*, enquanto grau de incerteza ligada à possibilidade da ocorrência de evento futuro e danoso. Posto que, em termos teóricos de grau, a superveniência do fato seja remota, possível, ou provável, basta mero juízo de razoável possibilidade de que se dê o fato e venha a ocorrer a perda consequente, para que, como exigência das modernas estratégias corporativas de equilíbrio financeiro e de outras decisões empresariais, se imponha séria gestão dessa condição potencial, porque o **risco tem perceptível valor econô-**

---

[1] Em nossa tradução livre: *"contingência é a condição, situação ou conjunto existente de circunstâncias que, envolvendo incerteza como possível ganho ou perda para uma empresa, se resolve quando ocorra ou deixe de ocorrer um ou mais eventos futuros".*

PARECERES DE DIREITO PÚBLICO E PRIVADO

mico. E tal é a razão por que, na moldura de relações e de negócios jurídicos, se adverte que *"a eliminação de um risco que pesa sobre o credor representa por si mesma um bem da vida, traduzível muita vez em preciso valor econômico"*.[2]

4. Da contingência encontrada por auditoria isenta

D. Vem daí a intuitiva explicação do sistemático expediente acautelatório do *due diligence*, o qual, incorporado, faz muito, aos nossos costumes comerciais, sobretudo nas tratativas de aquisição do poder de controle de sociedades mercantis, consiste em procedimento técnico e metódico, ordenado a colher informações precisas sobre os variados aspectos em que se traduz a situação de empresa objeto de negociação, tais como jurídico, fiscal, financeiro, mercadológico etc., para fins de decisão última do interessado em adquiri-la.

Foi exatamente isso que acertaram a autora e os réus, quando previram, na Carta de Intenções, a realização de auditoria, desdobrada em duas fases, a cargo de empresa técnica isenta, assim entendida a que escolheu a autora sem oposição nem reserva dos réus. Essa auditora, TMCT, após confirmar, na fase prévia, o preço estabelecido, em cotejo com os valores do fundo de comércio, do ativo imobilizado e da diferença residual entre o valor do ativo realizável e o passivo exigível, ambos no curto prazo, deparou, ao cabo da fase final, durante a qual procedeu à verificação de potenciais ativos fiscais, trabalhistas, previdenciários e de qualquer outra natureza, capazes de prejudicar ou embaraçar a compra das quotas, com contingência que, sem julgar o mérito da sua documentação, reputou dotada de *"alto risco de exposição fiscal à sociedade, eventualmente caracterizada pelas autoridades fiscais como omissão de receita ou suprimento de caixa indireta dos sócios"* (fls. 56).[3]

Estimada em R$8.509.180,66 (oito milhões, quinhentos e nove mil, cento e oitenta reais e sessenta e seis centavos), tal contingência decorria das circunstâncias que cercavam empréstimos, na ordem de US3.050.000.00 (três milhões e cinquenta mil dólares), tomados, entre abril de 2001 e maio de 2003, pela *L*, em sua fase pré-operacional, à CI Ltd., não quitados, nem exigidos até a data do relatório. É que essas operações suscitavam fundadas dúvidas a respeito da razão de escolha de empresa mutuante com sede em

---

[2] **COMPARATO**, Fábio Konder. *Obrigações de meios, de resultado e de garantia.* In: ARNOLD WALD (org). *Doutrinas essenciais – direito empresarial.* SP: RT, 2011, vol. IV, p. 77, nº 11.

[3] Grifos nossos.

AQUISIÇÃO DE SOCIEDADE MERCANTIL. CONTRATO PRELIMINAR E CONTINGÊNCIA

paraíso fiscal incluído na *black list* (*a*), da natureza do vínculo entre essa e a mutuária (*b*) e entre os respectivos sócios (*c*), da origem, quantidade e formação dos recursos (*d*), bem como dos dados de identificação da mutuante (*e*). E, como tais, poderiam sugerir ao Fisco a existência de simulação de empréstimos e desencadear fiscalização, autuação, lançamento e cobrança de tributos no valor estimado pela TM, enquanto avaliação econômica do **alto risco fiscal** a que a contingência expunha a sociedade.

E. Esse risco, apurado por empresa de consultoria técnica a cuja eleição os réus não opuseram ressalva alguma, nem designaram outra que a ela assistisse, foi, na substância, reafirmado pela perita judicial, cuja convicção encontrou apoio noutros elementos passíveis de figurar indícios de simulação, tais como ausência de garantia em operação internacional de montante tão elevado, não pagamento do principal, nem de juros, inexistência de prova de exigibilidade de pagamento pela credora, dúvida acerca da contabilização dos juros para reduzir a base de cálculo do imposto de renda, e outras contingências, como, *v. g.*, a oriunda da variação cambial sobre os empréstimos, tudo o que a levou a reconhecer, de maneira expressa, a presença de *"um componente de risco"*, em caso de fiscalização da Receita Federal, que o mero registro dos atos na contabilidade da empresa e no BACEN não inibiria, embora lhe não pudesse avaliar a extensão.

F. Foi esse, aliás, o fundamento textual da cirúrgica sentença para acolher as conclusões da auditoria sobre a contingência que justificava a resilição unilateral do negócio jurídico preliminar.

E, neste passo, enganam-se os réus, sem sutileza, quando arguem que, para fazê-lo, teria a r. sentença conhecido de fatos não deduzidos pela autora a título de causa de pedir. O que dela consta às claras, no tema, é a afirmação de que restava *"verificar se a contingência apontada pela empresa de consultoria era de relevância a apontar para a rescisão do negócio"*, e, então, depois de aludir àqueloutros elementos retóricos encontrados pela perita em termos de apoio à existência de indícios de possível simulação nos empréstimos, próprios da ideia de risco, rematou: *"Vê-se, por isso, que não há razão para afastar **as conclusões da auditoria"**.*[4] Ou seja, fundou sua convicção no fato constitutivo da apuração da contingência, tal como formulada pela TM e descrita na inicial como *causa petendi*, conquanto lhe tenham servido de reforço lógico os fatos simples e secundários considerados pela perícia à

---

[4] Grifos nossos.

471

PARECERES DE DIREITO PÚBLICO E PRIVADO

luz das circunstâncias e dos contornos dos empréstimos. Valeu-se, nisto, de mera e lícita argumentação subsidiária, cuja abstração em nada lhe altera ou compromete o *iudicium* de procedência da demanda!

5. Da incognoscibilidade e irrelevância de fatos novos

G. Em grau de apelação, já no âmbito do egrégio Tribunal de Justiça, juntaram os réus apelantes longo e esforçado parecer, que, da lavra de prestigioso jurista, se propõe a desqualificar os fundamentos e a conclusão da r. sentença, mediante eruditas digressões de direito tributário e apreciação crítica de achados empíricos e cálculos da auditoria e da perícia, bem como de fatos controvertidos no processo sob as garantias do contraditório.

Estamos em que, sem desapreço algum a tão insigne subscritor, a peça não mereceria permanecer nos autos, mas, em permanecendo, não deve ser conhecida.

É que, em primeiro lugar, seus não poucos recálculos, formulações e contraposições factuais configuram **alegação nova de fatos velhos**, insuscetíveis de cognição por força da regra do ônus da defesa concentrada, com efeito preclusivo, face passiva do princípio da eventualidade (arts. 300, 302, 303, 473 e, *a contrario sensu*, arts. 462 e 517, todos do Código de Processo Civil)[5]. Não havia óbice algum a que fossem expostos *congruo tempore*. Neste estágio do processo, sobre desrespeitar a preclusão, ressentem-se, dentro do quadro dos fatos discutíveis, das notas de inadmissível unilateralidade, na medida em que, sucedendo ao encerramento da instrução, só com plena reabertura desta poderiam ser rebatidos de maneira curial, como o assegura o contraditório.

H. Ao depois, e esta é objeção fulminante, enquanto conjunto de opiniões jurídicas, por mais respeitáveis que sejam elas, o parecer não guarda nenhuma relevância como matéria de defesa na *quaestio iuris* da caracterização da **justa causa** para a resilição unilateral do negócio jurídico preliminar. E não precisa muito para o demonstrar.

O motivo claro, que encheu a resilição unilateral, não era, nem é afirmação da existência de passivo certo, mas não revelado antes da auditoria, senão apenas de apuração de contingência mais do que razoável, na só condição conceitual de **alto risco** de exposição da sociedade a possíveis ações fiscais capazes de repercutir, de modo negativo, na proporção esti-

---

[5] Correspondem aos arts. 336, 341, 342, 493 e 1.014 do CPC/2015.

mada ou próxima, em sua situação financeira, com óbvio reflexo desestruturante da equação negocial da aquisição das quotas. O que desvendou a auditoria, na segunda fase, não foram dívidas da sociedade, caso em que até seria ou poderia ser diverso o rumo das tratativas, mas a só existência de elevado risco como ingrediente dotado de **valor econômico**. De modo que, ainda quando, por epítrope, se pudessem haver por valedias todas as justificações de ordem jurídico-tributária contidas no parecer– dentre as quais, muitas há, porém, *data venia*, quando menos, altamente contestáveis do ângulo fático e da qualificação jurídica –, apresentariam interesse **exclusivo** aos réus e à sua sociedade para que as opusessem ou oponham ao Fisco, se e quando sejam por este acionados.

Em palavras descongestionadas, toda a argumentação jurídico-tributária do parecer serve apenas a eventual defesa que tenham de apresentar a sociedade e até os réus, perante o Fisco, por conta dos empréstimos, sem aniquilar ou obscurecer a situação revelada de **contingência**, que se reduz ao alto risco de sofrerem ação fiscal e de consequente e custosa necessidade de se defenderem para livrar-se de prejuízo que não estava a autora obrigada a suportar como virtualidade, segundo as legítimas expectativas no negócio. E não há, aliás, sequer alguma garantia de que tão laboriosa defesa venha a ser acolhida, com exclusão definitiva da possibilidade de gravame!

Em suma, todo o conteúdo jurídico-tributário do engenhoso parecer é, portanto, absolutamente estranho à causa, na qual não se discute nem decide se houve, ou não, *omissão de receita* ou *suprimento de caixa indireto dos sócios* da *L*, mediante *simulação* dos empréstimos, que é coisa que só interessa a esses e à Receita Federal. À autora lhe era e é adiáforo que o tenha havido, ou não!

6. O sentido e alcance das cláusulas contratuais

I. Recompostos assim os limites da lide, são de perquirir o sentido e alcance das disposições constantes da Carta de Intenções, a qual, constituindo negócio jurídico preliminar, gera, na forma de suas cláusulas, obrigações de vinculatividade idêntica à das inerentes aos contratos definitivos. Sua função socioeconômica de preparar a celebração de outro contrato presta-se sobremodo a reger negociações preliminares mediante *"acordos provisórios, usualmente denominados de minutas, esboço ou **cartas de intenção**. Elas [as partes] já se vinculam a determinados pontos do negócio, mas sem se obrigar a cele-*

PARECERES DE DIREITO PÚBLICO E PRIVADO

brar o contrato principal enquanto não se acertam com relação aos demais aspectos",[6] como sucedeu no caso.

Nesse contexto é que se entende a avença da auditoria como *due diligence* de fases sucessivas, das quais a primeira tinha por finalidade declarada verificar, à luz do balancete, se os três elementos em que se decompunha o preço estabelecido para a venda e compra das quotas, consoante a cláusula 3.1, o confirmariam, ou não. Esta natureza de avaliação provisória decorre nítida à previsão, constante da mesma cláusula, de os contraentes poderem renegociar o preço, se não fora este confirmado pela curta auditoria preliminar, caso em que seu valor poderia ajustado, por acordo, à nova situação. A celebração do contrato definitivo, essa dependia do resultado da fase final da auditoria, cuja função era de, em análise mais acurada de toda a situação e documentação contábil da sociedade, apurar eventuais contingências passivas que obrigassem os contraentes a redefinir ou a abortar o contrato definitivo.

A previsão contratual da divisão dos trabalhos da auditoria em duas fases e, em particular, da auditoria final de finalidade específica, já pressupunha obrigação de garantia ou responsabilidade integral dos ora réus por eventual contingente passivo imputável à sociedade até a data da venda e compra, bem como a faculdade, que ficava à ora autora, de desistir do negócio em caso de aqueles se recusarem a assumir tal responsabilidade sem limitação. É que, doutro modo, tais previsões não fariam nenhum sentido; seriam absurdas! A que serviria a realização da chamada auditoria final? E, não por acaso, essa responsabilidade ilimitada pressuposta já constava da minuta original da **cláusula 7.1**, sugerida pela autora aos réus em 29 de julho de 2008, antes, portanto, da conclusão da auditoria final e da apresentação de seu relatório.

J. Esse é o inafastável quadro contratual em que se situa a lógica subjacente ao preciso significado normativo que, muito bem apreendido pela r. sentença, dimana da interpretação conjunta do disposto nas cláusulas 4.4 e 4.1.2 do instrumento contratual.

Preceitua de modo literal a primeira que, na hipótese de sem apuradas contingências, estaria facultado a qualquer dos contraentes assumi--las e manter o negócio (*a*), ou desistir deste, com observância do disposto

---

[6] **ROSENVALD, Nelson. In:** CEZAR PELUSO (coord.). *Código civil comentado – doutrina e jurisprudência*. SP: Manole, 8ª ed., 2014, p. 482. Grifos e parênteses nossos.

na cláusula 4.1.2 (*b*). E a segunda, objeto dessa referência textual ao caso específico de desistência motivada por apuração de passivo contingente, prevê, no seu enunciado final, enquanto único aproveitável para tal eventualidade, que será devida devolução pura e simples, sem nenhum acréscimo, do valor já recebido por conta do preço, excetuadas outras compensações de qualquer natureza. Numa palavra, apurada contingência, poderia qualquer dos contratantes e, pois, podia a autora desistir do negócio, com direito à restituição do que pagara a título de sinal e princípio de pagamento (*b*), sobretudo quando se recusassem os réus a contrair obrigação de garantia total do risco.

Tão fluída interpretação é de lógica negocial intuitiva e irretocável. A razão evidentíssima da faculdade de desistir do negócio, com reposição do desistente ao estado econômico anterior, vem de que o **risco**, próprio da noção de contingência, tem, como já expusemos, considerável **valor econômico** que romperia o equilíbrio contratual originário, ao reduzir, acentuadamente, a margem de ganho que o preço ajustado representava à ora autora como interessada na aquisição das quotas, independentemente do fato, também revestido de expressivo valor econômico, de, assumindo ela o risco, precisar ainda desembolsar significativa importância para contratação de bons profissionais e desenvolver atividades materiais custosas, na tentativa de defender-se, no futuro, de eventual ação fiscal!

Donde, ainda quando, nas tratativas, não se tivesse cogitado, como se cogitou, de responsabilidade integral dos réus pela contingência, era direito contratual da autora desistir do negócio e recuperar a parcela que adiantara na pressuposição de, sem intercorrência danosa ao cabo da auditoria final, celebrar o contrato definitivo, pela razão pedestre de não ser obrigada, pela lei, nem pelo contrato, a suportar o dano econômico imanente ao risco que correria sem nenhuma contrapartida.

O caso é típico de resilição unilateral **motivada por justa causa**.

7. Da despropositada interpretação dos réus

K. A disposição da cláusula 4.6.2, a que se aferram os apelantes, versa hipótese sem nenhuma pertinência à espécie, porque, regulando outra situação factual, que era de desistência imotivada do negócio pela autora, com perda do sinal pago, em caso de a *auditoria preliminar* haver confirmado o valor do preço, só incidiria antes do que a *auditoria final* apurasse como causa de desistência, cuja faculdade estava prevista noutra cláusula específica. Seu objeto normativo não era, dessarte, o caso de resilição unilateral **motivada** por revelação de contingência na auditoria final, mas o de resilição unilateral **imotivada**, ou **vazia**, que só poderia ocorrer depois da auditoria preliminar, mas antes que a auditoria final encontrasse motivo capaz de justificar a desistência do negócio. Foi essa a razão por que, no primeiro relatório, a Taxa Master registrou estar superada, do ponto de vista temporal e financeiro, a fase preliminar da auditoria. A cláusula 4.6.2 não trata da hipótese de **contingência**!

E é falsa, por outras razões de não menor tomo, a interpretação dos réus de que só estariam obrigados a restituir o sinal pago, se a auditoria preliminar não tivesse confirmado o valor do preço do negócio.

É que seria absurdo conceber, como consequência de resilição unilateral motivada, que, apurada a existência de passivo contingente, por cuja eventualidade os réus não se responsabilizassem em toda sua extensão, a autora viesse a perder o sinal, como o perderia *ex iure*, se, antes da auditoria final, desistisse do negócio sem causa jurídica. Não há equivalência possível entre situações tão díspares, até porque tal alvitre despojaria de racionalidade a previsão de auditoria final, esvaziaria de todo conteúdo a disciplina da cláusula 4.4, contrariaria prática do mercado e, *summa iniuria*, implicaria enriquecimento ilícito dos réus!

8. Da má-fé e culpa exclusiva dos réus

L. Os réus violaram a boa-fé objetiva (art. 422 do Código Civil), a qual é regra de comportamento que, modelado pelos padrões sociais de honestidade e correção, devem as partes observar nas relações que estabeleçam nas fases de **tratativas**, de conclusão, de execução e, até, de pós-execução de contratos de qualquer natureza.[7] E, como tal, deram causa à resilição, por culpa exclusiva.

M. Violaram-na desde logo, porque se insurgiram contra auditoria, conduzida por empresa a que de início não opuseram reserva, só depois que, na etapa final, aquela lhes apurou a alta contingência fiscal da sociedade, quando, então, conforme sequência cronológica documentada nos autos, entraram a questionar o alcance de responsabilidade que já se presumia integral às cláusulas do contrato preliminar e aos entendimentos

---

[7] Sobre tal extensão da regra, cf. **Tepedino, Gustavo et alii**. *Código civil interpretado*. RJ: Renovar2006. Vol. II, p. 15 e 16, nº 1.

AQUISIÇÃO DE SOCIEDADE MERCANTIL. CONTRATO PRELIMINAR E CONTINGÊNCIA

sobre redação do instrumento do contrato definitivo. Em sentido contrário, não há sequer indício de que sua tardia divergência sobre a extensão da responsabilidade pelo passivo contingente tenha precedido ao relatório final da TM, datado de 19 de agosto de 2008. Afinal, não podem afetar ignorância acerca dos riscos de avaliação negativa das circunstâncias dos empréstimos que tomaram! De modo que o súbito retrocesso na definição do alcance da obrigação de garantia só lhes inculca a deslealdade negocial.

N. Violaram-na ainda, quando propuseram irredutível limitação contratual da responsabilidade, dando justa causa à resilição unilateral motivada da autora, sem reconhecer-lhe o direito de recuperar o sinal pago, como previsto na conjugação de duas cláusulas especiais e expressas, às quais passaram a emprestar interpretação despropositada como fundamento formal de resistência que agrava os danos da autora. O fato de esta, depois de conhecida a contingência, ter mostrado interesse em concluir a compra e venda das quotas, não descaracteriza a justa causa, pois tal interesse era manifestamente *condicional*, na medida em que subsistiria se os réus assumissem inteira responsabilidade pelo valor em que viesse o risco a traduzir-se em ato. A circunstância só reforça a prova da boa-fé objetiva da autora, que tomou todas as providências a seu cargo para firmar o contrato definitivo, inviabilizado pela má-fé dos réus.

O. E continuam a violá-la, quando, na causa, pretendem cindir situação que é uma e incindível. A autora desistiu do negócio, valendo-se de faculdade assegurada em cláusulas de sentido peremptório, porque, revelada a contingência na auditoria final, os réus passaram a subordinar a venda das quotas à aceitação inadmissível de limitação da responsabilidade a R$1.500.000,00 (um milhão e quinhentos mil reais), quando as tratativas anteriores a subentendiam ilimitada. Não houve, pois, mudança alguma na motivação da autora: o motivo da resilição é **único**, o negarem-se os réus a assumir inteira responsabilidade pela contingência encontrada e oriunda de seus empréstimos.

P. E, neste tópico, não se pode fugir de uma evidência **decisiva**.

Se o juízo de contingência fiscal de alto risco apontada pela auditoria final não tivesse fundamento algum, como alegam os réus com apoio em relatório técnico e parecer jurídico recentes, por que teriam – modificando comportamento linear até então mantido nas conversações informais sobre a minuta do contrato definitivo e, aliás, correspondente à presunção ínsita em cláusulas do contrato preliminar – resolvido, após a revelação do risco, mudar a proposta de redação da **clausula 7.1**, para inserir-lhe previsão de responsabilidade pessoal limitada? Se lhes parece tão infundada a avaliação do risco, não se encontra nem descobre nenhuma razão séria para terem, de boa-fé, recusado concluir o negócio assumindo obrigação de garantia de pagamento integral de débito dependente de fato futuro que nunca sobreviria. Por que, como condição necessária para celebrar de boa-fé o contrato definitivo, não se responsabilizarem por potencial dívida tributária que, a seu juízo supostamente seguro, jamais seria reconhecida?

A resposta é óbvia. Os réus conhecem o **alto grau** do risco que negam!

9. Conclusão

Q. Do exposto, estamos em que deve improvida a apelação, para que subsista a concisa mas bem fundamentada sentença.

É o que, salvo melhor juízo, nos parece.

Brasília, 14 de junho de 2014.